DANIEL MAERKER

Virtuelle Haupt- und Sekundärinsolvenzverfahren

Beiträge zum Europäischen Wirtschaftsrecht

Begründet von Professor Dr. Wolfgang Blomeyer † und
Professor Dr. Karl Albrecht Schachtschneider

Band 94

Virtuelle Haupt- und Sekundärinsolvenzverfahren

Entwicklung eines Modells

Von

Daniel Maerker

Duncker & Humblot · Berlin

Die Rechtswissenschaftliche Fakultät
der Christian-Albrechts-Universität zu Kiel hat diese Arbeit
im Jahre 2023 als Dissertation angenommen.

Gefördert durch die Deutsche Forschungsgemeinschaft (DFG) –
Projektnummer 560700502.

Gefördert durch das Max-Planck-Institut für ausländisches
und internationales Privatrecht Hamburg.

Gefördert durch die Stiftung der Deutschen Wirtschaft (sdw).

Gefördert durch das Zentrum für Insolvenz und Sanierung
an der Universität Mannheim e.V. (ZIS).

Bibliografische Information der Deutschen Nationalbibliothek

Die Deutsche Nationalbibliothek verzeichnet diese Publikation in
der Deutschen Nationalbibliografie; detaillierte bibliografische Daten
sind im Internet über http://dnb.d-nb.de abrufbar.

Satz: 3w+p GmbH, Rimpar
Druck: Prime Rate Kft., Budapest, Ungarn

ISSN 0947-2452
ISBN 978-3-428-19255-7 (Print)
ISBN 978-3-428-59255-5 (E-Book)

Gedruckt auf alterungsbeständigem (säurefreiem) Papier
entsprechend ISO 9706 ♾

Verlagsanschrift: Duncker & Humblot GmbH, Carl-Heinrich-Becker-Weg 9,
12165 Berlin, Germany | E-Mail: info@duncker-humblot.de
Internet: https://www.duncker-humblot.de

Meinen Eltern

Vorwort

Nach dem Studium der Rechtswissenschaften habe ich zunächst als wissenschaftlicher Mitarbeiter in der Restrukturierungs- und Insolvenzabteilung von *Freshfields Bruckhaus Deringer* in Hamburg gearbeitet. Dort wurde mein Interesse am internationalen Insolvenzrecht geweckt. Während dieser Tätigkeit erhielt ich zudem die Anregung für das Thema dieser Arbeit.

Aufgrund einer schweren Erkrankung ist mir die Arbeit an der Dissertation nicht immer leicht gefallen. Dies hatte zur Folge, dass sich die Erstellung des Manuskripts über viele Jahre hinzog. Trotz der gesundheitlichen Beeinträchtigungen hat mir die Arbeit an der Dissertation große Freude bereitet. Ein ganz wesentlicher Grund lag darin, dass die Thematik bisher weitestgehend unerforscht war und daher viel Raum für neue Erkenntnisse bot. Ich hoffe, dass die Arbeit für diejenigen, die virtuelle Haupt- und Sekundärinsolvenzverfahren in Zukunft anwenden werden oder sich wissenschaftlich mit ihnen auseinandersetzen wollen, eine Hilfe bietet. Mit diesem Ziel habe ich die Arbeit verfasst.

Voraussetzung für eine Auseinandersetzung mit virtuellen Haupt- und Sekundärinsolvenzverfahren ist ein umfassendes Verständnis der realen Verfahrenspluralität. In diesem Zusammenhang möchte ich die Habilitationsschrift von Herrn *Professor Dr. Markus Fehrenbach* besonders erwähnen. Seine Erkenntnisse zum Zusammenspiel von realem Haupt- und Sekundärinsolvenzverfahren waren von unschätzbarem Wert für mich.

Den Direktoren des *Max-Planck-Instituts für ausländisches und internationales Privatrecht* in Hamburg Herrn *Professor Dr. Dr. h.c. mult. Jürgen Basedow, LL.M. (Harvard)*, Herrn *Professor Dr. Dr. h.c. Dr. h.c. Holger Fleischer, LL.M. (Michigan)*, Herrn *Professor Dr. Ralf Michaels, LL.M. (Cambridge)* und Herrn *Professor Dr. Dr. h.c. mult. Reinhard Zimmermann* sowie Frau *Elke Halsen-Raffel* danke ich für die Ermöglichung eines mehrjährigen Forschungsaufenthalts am Institut. Während dieses Forschungsaufenthalts habe ich nicht nur von den ausgezeichneten Arbeitsbedingungen und der äußerst umfangreichen Bibliothek am Institut profitiert, sondern auch viele hervorragende Wissenschaftler aus zahlreichen Ländern der Welt kennengelernt. So bestand die großartige Gelegenheit, mit Wissenschaftlern aus etlichen Staaten Fragen zum internationalen Privatrecht zu diskutieren. Die Zeit am Institut habe ich aus diesen Gründen als sehr bereichernd empfunden.

Der *Stiftung der Deutschen Wirtschaft (sdw)* in Berlin danke ich sehr für die langjährige finanzielle und ideelle Förderung sowohl während des Studiums als auch während der Promotion. In diesem Zusammenhang möchte ich zudem Herrn *Professor Dr. Arnd Arnold* und Herrn *Dr. Philipp Murmann* meinen besonderen Dank für ihre Empfehlungen gegenüber der *Stiftung der Deutschen Wirtschaft* aussprechen. Die *Stiftung der Deutschen Wirtschaft* hat es mir ermöglicht, abseits meines juristischen Bildungswegs eine Vielzahl an neuen, lehrreichen und äußerst wertvollen Erfahrungen zu machen. Ich habe nicht nur an zahlreichen Veranstaltungen und Seminaren von Unternehmen teilnehmen können, die mir Einblicke in etliche Bereiche des Wirtschaftslebens gewährten, sondern auch viele sehr interessante Menschen unterschiedlichster Fachrichtungen kennengelernt. Als Promovierendensprecher der *Stiftung der Deutschen Wirtschaft* durfte ich zudem die ca. 250 Promotionsstipendiaten in Deutschland, Frankreich, Großbritannien und der Schweiz repräsentieren und ihre Interessen vertreten. An die schöne Zeit als Stipendiat der *Stiftung der Deutschen Wirtschaft* erinnere ich mich sehr gern zurück.

Sehr dankbar bin ich zudem für die mir gewährten Druckkostenzuschüsse zur Veröffentlichung der Arbeit. Der *Deutschen Forschungsgemeinschaft (DFG)* in Bonn danke ich für die großzügige finanzielle Förderung zur Publikation. Des Weiteren gilt mein Dank dem *Zentrum für Insolvenz und Sanierung an der Universität Mannheim e. V. (ZIS)* für die Gewähr eines weiteren großzügigen Druckkostenzuschusses. Diesbezüglich möchte ich mich ganz herzlich bei Herrn *Professor Dr. Georg Bitter* dafür bedanken, dass er sich umgehend dazu bereit erklärt hat, die Veröffentlichung der Arbeit durch einen Druckkostenzuschuss zu fördern.

Für ihre Unterstützung danke ich zudem sehr herzlich Herrn *Professor Dr. Klaus-Stefan Hohenstatt*, Herrn *Professor Dr. Matthias Jacobs*, Herrn *Dr. Lars Westpfahl* und Herrn *Professor Dr. Mark Zeuner.*

Ich widme diese Arbeit meinen geliebten Eltern *Brigitte Maerker (geb. Obenhaupt)* und *Manfred Maerker.* Mein Vater ist leider bereits im Jahr 2003 im Alter von 56 Jahren gestorben. Meinen Eltern gegenüber empfinde ich unendliche Dankbarkeit.

Hamburg, im Sommer 2025 *Daniel Maerker*

Inhaltsübersicht

Inhaltsverzeichnis

Kapitel 2

Das Zusammenspiel von Haupt- und Sekundärinsolvenzverfahren als Grundlage für das Verständnis virtueller Sekundärinsolvenzverfahren 44

Kapitel 3

Grundlagen virtueller Sekundärinsolvenzverfahren 55

Kapitel 4

Von der Ist-Masse zur Soll-Masse 163

Kapitel 7

Teil 3

Kapitel 1

Teil 1

Grundlagen

Kapitel 1

Gegenstand und Verlauf der Untersuchung

A. Ziel dieser Arbeit

Im folgenden Abschnitt wird das Thema dieser Arbeit präzisiert und eingegrenzt. Zudem werden die Ziele, die in dieser Arbeit erreicht werden sollen, benannt. Dafür ist es zuvor allerdings erforderlich, die das virtuelle Sekundärinsolvenzverfahren betreffenden Regelungen thematisch zu ordnen und zu kategorisieren.

I. Strukturierung und Kategorisierung der relevanten Regelungen

Die für das virtuelle Sekundärinsolvenzverfahren wichtigste Norm ist Art. 36 EuInsVO. Regelungen zum virtuellen Sekundärinsolvenzverfahren finden sich zudem in Art. 37 Abs. 2 EuInsVO und Art. 38 Abs. 2 EuInsVO. Auch Art. 39 EuInsVO kann im Zusammenhang mit der Durchführung eines virtuellen Sekundärinsolvenzverfahrens Bedeutung gewinnen.

Das virtuelle Sekundärinsolvenzverfahren ist ein sehr neuartiges Instrument, das erst seit dem 26. Juni 2017 anwendbar ist.[1] Es existieren daher keine Vorgängernormen zum virtuellen Sekundärinsolvenzverfahren.

Die das virtuelle Sekundärinsolvenzverfahren betreffenden Regelungen sind äußerst komplex. Leider sind sie zudem wenig systematisch angeordnet. Es ist daher sinnvoll, diese Regelungen zunächst einmal zu ordnen und zu kategorisieren. Thematisch lassen sich die Regelungen zum virtuellen Sekundärinsolvenzverfahren in drei Komplexe gliedern. Zu unterscheiden sind der Weg zum virtuellen Sekundärinsolvenzverfahren, das virtuelle Sekundärinsolvenzverfahren selbst und Regelungen zum Rechtsschutz.

---

[1] Vgl. Art. 92 S. 2 EuInsVO.

1. Der Weg zum virtuellen Sekundärinsolvenzverfahren

Der Weg zum virtuellen Sekundärinsolvenzverfahren wird von der EuInsVO ausführlich geregelt.

Will der Verwalter des Hauptinsolvenzverfahrens ein virtuelles Sekundärinsolvenzverfahren durchführen, so muss er als erstes gemäß Art. 36 Abs. 1 S. 1 EuInsVO eine einseitige Zusicherung abgeben. Den Inhalt der Zusicherung kann der Verwalter nicht frei bestimmen. Vielmehr wird dieser in Art. 36 Abs. 1 S. 1 EuInsVO vom Gesetzgeber vorgegeben. Gemäß Art. 36 Abs. 1 S. 2 EuInsVO muss die Zusicherung zudem die ihr zugrunde liegenden tatsächlichen Annahmen nennen. Art. 36 Abs. 3 EuInsVO legt fest, in welcher Sprache die Zusicherung abzugeben ist, und Art. 36 Abs. 4 EuInsVO enthält Regelungen zur Form der Zusicherung.

Nachdem der Verwalter des Hauptinsolvenzverfahrens die Zusicherung abgegeben hat, stimmen die bekannten lokalen Gläubiger gemäß Art. 36 Abs. 5 EuInsVO über diese ab. Art. 2 Nr. 11 EuInsVO definiert, welche Gläubiger lokale Gläubiger sind. Gemäß Art. 36 Abs. 5 S. 2 EuInsVO gelten die Regeln über die qualifizierte Mehrheit und über die Abstimmung, die für die Annahme von Sanierungsplänen gemäß dem Recht des Staats, in dem ein Sekundärinsolvenzverfahren hätte eröffnet werden können, gelten, auch für die Billigung der Zusicherung.

Erreicht die Zusicherung nicht die erforderliche Mehrheit, so ist sie abgelehnt. In diesem Fall kann der Verwalter folglich kein virtuelles Sekundärinsolvenzverfahren durchführen. Sofern die Gläubiger die Eröffnung eines Sekundärinsolvenzverfahrens beantragen, kann das zuständige Gericht dieses nun eröffnen.

Erhält die Zusicherung hingegen die erforderliche Mehrheit, so ist sie gebilligt. Die Billigung hat zur Folge, dass die Zusicherung fortan gemäß Art. 36 Abs. 6 S. 1 EuInsVO für die Insolvenzmasse verbindlich ist.

Damit ist aber noch nicht entschieden, dass das virtuelle Sekundärinsolvenzverfahren tatsächlich durchgeführt werden kann. Denn Gläubiger sind gemäß Art. 37 Abs. 2 EuInsVO berechtigt, innerhalb von 30 Tagen nach Erhalt der Mitteilung über die Billigung der Zusicherung einen Antrag auf Eröffnung eines Sekundärinsolvenzverfahrens zu stellen. Wird innerhalb dieser Frist kein Antrag auf Eröffnung eines Sekundärinsolvenzverfahrens gestellt, so steht endgültig fest, dass statt eines Sekundärinsolvenzverfahrens ein virtuelles Sekundärinsolvenzverfahren durchgeführt wird.

Wird hingegen innerhalb der von Art. 37 Abs. 2 EuInsVO genannten Frist ein Antrag auf Eröffnung eines Sekundärinsolvenzverfahrens gestellt, so hat das mit diesem Antrag befasste Gericht den Verwalter des Hauptinsolvenzverfahrens gemäß Art. 38 Abs. 1 EuInsVO umgehend von dem Antrag zu unterrichten und ihm Gelegenheit zu geben, sich zu dem Antrag zu äußern. Wie sich aus Art. 38 Abs. 2 EuInsVO ergibt, kann der Verwalter wegen der Zusicherung beantragen, dass das Gericht kein Sekundärinsolvenzverfahren eröffnet.

Das Gericht eröffnet gemäß Art. 38 Abs. 2 EuInsVO kein Sekundärinsolvenzverfahren, wenn es der Überzeugung ist, dass die Zusicherung die allgemeinen Interessen der lokalen Gläubiger angemessen schützt. Ist das der Fall, so kann der Verwalter nun das virtuelle Sekundärinsolvenzverfahren durchführen.

Gelangt das Gericht hingegen zu der Überzeugung, dass die allgemeinen Interessen der lokalen Gläubiger nicht angemessen durch die Zusicherung geschützt werden, so eröffnet es ein Sekundärinsolvenzverfahren. Dies ergibt sich aus einem Umkehrschluss zu Art. 38 Abs. 2 EuInsVO.

Der Verwalter kann die Entscheidung zur Eröffnung eines Sekundärinsolvenzverfahrens allerdings gemäß Art. 39 EuInsVO mit der Begründung anfechten, das Gericht habe den Voraussetzungen und Anforderungen des Art. 38 EuInsVO nicht entsprochen. Weist das Gericht den Antrag des Verwalters als unbegründet ab, so ist sein Vorhaben, die Eröffnung eines Sekundärinsolvenzverfahrens zu verhindern und stattdessen ein virtuelles Sekundärinsolvenzverfahren durchzuführen, endgültig gescheitert. In diesem Fall hat der Verwalter gemäß Art. 36 Abs. 6 S. 2 EuInsVO Gegenstände der Masse, die er im Zeitraum zwischen Abgabe der Zusicherung und Eröffnung des Sekundärinsolvenzverfahrens aus dem Niederlassungsstaat entfernt hat, an den Verwalter des Sekundärinsolvenzverfahrens herauszugeben.

2. Das virtuelle Sekundärinsolvenzverfahren

Vom Weg zum virtuellen Sekundärinsolvenzverfahren ist naturgemäß das virtuelle Sekundärinsolvenzverfahren selbst zu unterscheiden. Gemeint ist damit der Teil des Gesamtverfahrens, der der Durchführung eines realen Sekundärinsolvenzverfahrens entspricht. In Abgrenzung zu den anderen in Art. 36 ff. EuInsVO enthaltenen Regelungskomplexen kann man insofern auch vom virtuellen Sekundärinsolvenzverfahren im engeren Sinn sprechen. Die Gesamtheit der Regelungen in den Art. 36 ff. EuInsVO lässt sich hingegen als virtuelles Sekundärinsolvenzverfahren im weiteren Sinn bezeichnen.

Das virtuelle Sekundärinsolvenzverfahren im engeren Sinn hat der Gesetzgeber in Art. 36 Abs. 2 S. 1 EuInsVO normiert. Wurde eine Zusicherung gegeben, so gilt gemäß Art. 36 Abs. 2 S. 1 EuInsVO für die Verteilung des Erlöses aus der Verwertung von Gegenständen der Masse nach Absatz 1, für den Rang der Forderungen und für die Rechte der Gläubiger in Bezug auf Gegenstände der Masse nach Absatz 1 das Recht des Staats, in dem das Sekundärinsolvenzverfahren hätte eröffnet werden können.

3. Rechtsschutz

Den dritten thematischen Komplex bilden verschiedene Regelungen zum Rechtsschutz. Diese finden sich in Art. 36 Abs. 7 – Abs. 10 EuInsVO. Ziel dieser

Rechtsbehelfe ist es, den lokalen Gläubigern Schutz für den Fall zu gewähren, dass der Verwalter die Regeln des virtuellen Sekundärinsolvenzverfahrens missachtet.

II. Eingrenzung des Themas und Begründung der Themenwahl

1. Eingrenzung des Themas

Eine wissenschaftliche Auseinandersetzung mit allen drei thematischen Komplexen des virtuellen Sekundärinsolvenzverfahrens im weiteren Sinn würde den Rahmen dieser Arbeit sprengen. Eine solche Untersuchung würde zwangsläufig oberflächlich bleiben. Eine vertiefte Prüfung der einzelnen Probleme wäre nicht möglich. Ziel dieser Arbeit ist es aber gerade, neue Erkenntnisse zu gewinnen und Lösungen zu entwickeln. Daher widmet sich diese Arbeit ausschließlich dem zweiten Themenkomplex, nämlich dem virtuellen Sekundärinsolvenzverfahren im engeren Sinn. Die Themenkomplexe 1 und 3, also der Weg zum virtuellen Sekundärinsolvenzverfahren und die Regelungen zum Rechtsschutz werden grundsätzlich nicht behandelt. Nur wenn es zum Verständnis des virtuellen Sekundärinsolvenzverfahrens im engeren Sinn erforderlich ist, werden auch diese Themenkomplexe erörtert.

2. Begründung der Themenwahl

Das virtuelle Sekundärinsolvenzverfahren im engeren Sinn ist der Kern der Gesamtthematik und Sinn des Ganzen. Ziel des Gesetzgebers war es, dem Verwalter des Hauptinsolvenzverfahrens die Möglichkeit einzuräumen, die Eröffnung eines Sekundärinsolvenzverfahrens im Niederlassungsstaat zu verhindern.[2] Gleichzeitig war ihm aber auch daran gelegen, den Gläubigern den Schutz zu gewähren, den diese in einem Sekundärinsolvenzverfahren erfahren würden.[3] Um beides zu ermöglichen, bedurfte es der Entwicklung des virtuellen Sekundärinsolvenzverfahrens im engeren Sinn.

Der Weg zum virtuellen Sekundärinsolvenzverfahren und die Regelungen zum Rechtsschutz haben hingegen nur eine dienende Funktion. Der Weg zum virtuellen Sekundärinsolvenzverfahren soll es den Gläubigern ermöglichen, eine Wahl zwischen der Eröffnung eines Sekundärinsolvenzverfahrens und der Durchführung eines virtuellen Sekundärinsolvenzverfahrens zu treffen. Ziel der Rechtsbehelfe ist es, den lokalen Gläubigern für den Fall, dass der Verwalter die Regeln des virtuellen Sekundärinsolvenzverfahrens missachtet, Schutz zu bieten. Ein über diese dienende Funktion hinausgehender Zweck kommt diesen Themenkomplexen nicht zu. Sie sind nicht der eigentliche Sinn der Neuregelung. Daher handelt es sich sowohl beim Weg

---

[2] Siehe hierzu ausführlich S. 97 f.

[3] Siehe hierzu ausführlich S. 107 f.

zum virtuellen Sekundärinsolvenzverfahren als auch bei den Regelungen zum Rechtsschutz um vergleichsweise unbedeutende Randthemen.

Leider kommt dieses Verhältnis der Themenkomplexe im Gesetz jedoch nicht zum Ausdruck. Während der Gesetzgeber dem virtuellen Sekundärinsolvenzverfahren im engeren Sinn nur einen Satz widmet, der viele Fragen unbeantwortet lässt, werden der Weg zum virtuellen Sekundärinsolvenzverfahren und die Rechtsschutzmöglichkeiten für die lokalen Gläubiger ausgiebig geregelt.

Vielleicht ist dies der Grund, warum im Schrifttum bisher weitgehend verkannt worden ist, dass das virtuelle Sekundärinsolvenzverfahren im engeren Sinn der Kern und der Sinn der Gesamtthematik ist. Jedenfalls widmen die meisten Autoren sich in ihren Beiträgen ausschließlich oder vornehmlich dem Weg zum virtuellen Sekundärinsolvenzverfahren und dem Rechtsschutz.

Die unzureichende Regelung des virtuellen Sekundärinsolvenzverfahrens im engeren Sinn durch den Gesetzgeber und die Vernachlässigung dieser Thematik durch das Schrifttum führen zu einem besonders großen Forschungsbedarf.

Zu beachten ist zudem, dass es eine natürliche Reihenfolge gibt, in der die drei Themenkomplexe erforscht werden müssen. Eine Erörterung des Wegs zum virtuellen Sekundärinsolvenzverfahren und der Rechtsbehelfe setzt eine Kenntnis der Grundsätze und Regeln des virtuellen Sekundärinsolvenzverfahrens im engeren Sinn voraus. Umgekehrt gilt dies aber grundsätzlich nicht.

III. Das virtuelle Sekundärinsolvenzverfahren im engeren Sinn

1. Ausgangslage

a) Fragestellungen

Erwägt der Verwalter ein virtuelles Sekundärinsolvenzverfahren durchzuführen, so möchte er zum einen wissen, in welchen Fällen ein virtuelles Sekundärinsolvenzverfahren anwendbar ist, und zum anderen, welche Regeln für dessen Durchführung gelten.

Dabei ist Folgendes zu beachten. Das virtuelle Sekundärinsolvenzverfahren im engeren Sinn fungiert als Ersatz für ein reales Sekundärinsolvenzverfahren. Daher stellen sich bei Durchführung eines virtuellen Sekundärinsolvenzverfahrens grundsätzlich die gleichen Fragen wie in einem realen Sekundärinsolvenzverfahren. Aus welchen Vermögensgegenständen setzt sich die Aktivmasse des virtuellen Sekundärinsolvenzverfahrens zusammen? Wie wird die Passivmasse des virtuellen Sekundärinsolvenzverfahrens gebildet? Welche Regeln gelten für die Anmeldung von Forderungen? Welches Recht gilt für die Aussonderung von Gegenständen? Wie werden Absonderungsrechte in einem virtuellen Sekundärinsolvenzverfahren behandelt? Nach welchem Recht richtet sich die Zulässigkeit der Aufrechnung? Wie sind Forderungen zu behandeln, die nach Eröffnung des Insolvenzverfahrens begründet werden? Welche Regeln gelten für die Insolvenzanfechtung? Wie wirkt sich die Durchführung eines virtuellen Sekundärinsolvenzverfahrens auf laufende Verträge des Schuldners aus? Handelt es sich bei Art. 36 Abs. 2 S. 1 EuInsVO um eine Kollisions- oder Sachnorm? Was ist zu beachten, wenn das Unternehmen im Wege der übertragenden Sanierung verwertet werden soll? Kann ein virtuelles Sekundärinsolvenzverfahren durchgeführt werden, wenn eine Sanierung des Rechtsträgers geplant ist?

b) Gesetzestext

Zu vielen der soeben aufgeworfenen Fragen gibt der Gesetzestext allerdings keine klare Auskunft.

Das virtuelle Sekundärinsolvenzverfahren im engeren Sinn hat der Gesetzgeber in Art. 36 Abs. 2 S. 1 EuInsVO normiert. Art. 36 Abs. 1 S. 1 EuInsVO beschreibt hingegen den Inhalt der Zusicherung. Naturgemäß dürfen Zusicherung und virtuelles Sekundärinsolvenzverfahren nicht isoliert betrachtet werden. Die Zusicherung ist das Versprechen gegenüber den Gläubigern, ein virtuelles Sekundärinsolvenzverfahren durchzuführen. Die Durchführung des virtuellen Sekundärinsolvenzverfahrens ist die Erfüllung dieses Versprechens. Zusicherung und virtuelles Sekundärinsolvenzverfahren müssen folglich inhaltlich übereinstimmen.

Zum Verständnis eines virtuellen Sekundärinsolvenzverfahrens müssen daher sowohl der Wortlaut des Art. 36 Abs. 1 S. 1 EuInsVO als auch der des Art. 36 Abs. 2 S. 1 EuInsVO herangezogen und ausgelegt werden. Dabei fällt auf, dass der Gesetzgeber in Art. 36 Abs. 1 S. 1 EuInsVO und Art. 36 Abs. 2 S. 1 EuInsVO unterschiedliche Begriffe verwendet. Das ist nicht verständlich und führt unter Umständen zu widersprüchlichen Auslegungsergebnissen. Vor allem aber sind Art. 36 Abs. 1 S. 1 EuInsVO und Art. 36 Abs. 2 S. 1 EuInsVO sehr umständlich und unpräzise formuliert. Art. 36 Abs. 1 S. 1 EuInsVO spricht davon, dass der Verwalter des Hauptinsolvenzverfahrens zur Vermeidung der Eröffnung eines Sekundärinsolvenzverfahrens in Bezug auf das Vermögen, das in dem Mitgliedstaat, in dem ein Sekundärinsolvenzverfahren eröffnet werden könnte, belegen ist, eine einseitige Zusicherung des Inhalts geben kann, dass er bei der Verteilung dieses Vermögens oder des bei seiner Verwertung erzielten Erlöses die Verteilungs- und Vorzugsrechte nach nationalem Recht wahrt, die Gläubiger hätten, wenn ein Sekundärinsolvenzverfahren in diesem Mitgliedstaat eröffnet worden wäre. Gemäß Art. 36 Abs. 2 S. 1 EuInsVO gilt für die Verteilung des Erlöses aus der Verwertung von Gegenständen der Masse nach Absatz 1, für den Rang der Forderungen und für die Rechte der Gläubiger in Bezug auf Gegenstände der Masse nach Absatz 1 das Recht des Mitgliedstaats, in dem das Sekundärinsolvenzverfahren hätte eröffnet werden können.

Auch die Erwägungsgründe helfen hier nicht weiter. Sie enthalten nur sehr allgemeine Aussagen und äußern sich nicht genauer zur Durchführung eines virtuellen

Sekundärinsolvenzverfahrens. Laut Erwägungsgrund Nr. 42 S. 1 sichert der Verwalter den lokalen Gläubigern zu, dass sie so behandelt werden, als wäre das Sekundärinsolvenzverfahren eröffnet worden. Erwägungsgrund Nr. 43 spricht davon, dass der Verwalter die Vorzugsrechte wahrt, die Gläubiger bei Eröffnung eines Sekundärinsolvenzverfahrens hätten.

Insgesamt gewinnt der Leser den Eindruck, dass der Gesetzgeber sich zu vielen Fragen eines virtuellen Sekundärinsolvenzverfahrens keine Gedanken gemacht hat. Der Gesetzestext beantwortet weder eindeutig die Frage, in welchen Fällen ein virtuelles Sekundärinsolvenzverfahren anwendbar ist, noch lässt sich ihm präzise entnehmen, wie ein solches Verfahren durchzuführen ist.

c) Bisheriger Forschungsstand

Mittlerweile sind zahlreiche Beiträge verschiedenster Art erschienen, die laut dem jeweiligen Titel das virtuelle bzw. synthetische Sekundärinsolvenzverfahren zum Thema haben. Viele dieser Publikationen erwecken den Eindruck, sämtliche Themenkomplexe des virtuellen Sekundärinsolvenzverfahrens im weiteren Sinn und somit auch das virtuelle Sekundärinsolvenzverfahren im engeren Sinn zu erörtern.

Bei näherer Untersuchung muss man allerdings feststellen, dass kaum eine dieser Schriften diesem Anspruch gerecht wird. Tatsächlich wird das virtuelle Sekundärinsolvenzverfahren im engeren Sinn in den meisten Beiträgen überhaupt nicht thematisiert. Es wird geradezu so getan, als gebe es gar kein virtuelles Sekundärinsolvenzverfahren im engeren Sinn. Stattdessen werden ausschließlich der Weg zum virtuellen Sekundärinsolvenzverfahren und die Regelungen zum Rechtsschutz erörtert. Einige Beiträge erschöpfen sich sogar in der Wiedergabe des Gesetzestextes. Viele Kommentatoren scheinen also zu verkennen, dass ein virtuelles Sekundärinsolvenzverfahren im engeren Sinn durchgeführt werden muss und sich in diesem Verfahren grundsätzlich die gleichen Fragen stellen wie in einem realen Sekundärinsolvenzverfahren. Das verwundert sehr, handelt es sich beim virtuellen Sekundärinsolvenzverfahren im engeren Sinn doch um den Kern und Sinn der Gesamtthematik. Zudem erscheint es wenig sinnvoll, den Weg zum virtuellen Sekundärinsolvenzverfahren und die Regelungen zum Rechtsschutz erörtern zu wollen, wenn noch völlig ungeklärt ist, in welchen Fällen ein virtuelles Sekundärinsolvenzverfahren angewendet werden kann und wie es durchzuführen ist.

Zusammenfassend ist zu sagen, dass es nur sehr wenige Beiträge gibt, in denen das virtuelle Sekundärinsolvenzverfahren im engeren Sinn wenigstens angesprochen wird.

2. Das konkrete Forschungsziel dieser Arbeit

a) Entwicklung eines Modells der virtuellen Verfahrenspluralität

Auf viele wichtige Fragen zu einem virtuellen Sekundärinsolvenzverfahren im engeren Sinn gibt der Gesetzestext keine unmittelbare Antwort. Im Schrifttum wurde die Durchführung eines virtuellen Sekundärinsolvenzverfahrens im engeren Sinn bisher kaum erörtert. Erst recht fehlt es an einer umfassenden Darstellung des virtuellen Sekundärinsolvenzverfahrens im engeren Sinn und einer Präsentation eines schlüssigen Gesamtkonzepts. Aus diesen Gründen ist bisher weder klar, in welchen Fällen die Anwendung eines virtuellen Sekundärinsolvenzverfahrens in Betracht kommt noch welche Regeln für die Durchführung des Verfahrens gelten. Dies hat zur Folge, dass ein Verwalter zum jetzigen Zeitpunkt realistischerweise kein virtuelles Sekundärinsolvenzverfahren durchführen kann.

Ziel dieser Arbeit ist es, dies zu ändern. Verwalter sollen durch diese Arbeit erstmals in die Lage versetzt werden, tatsächlich ein virtuelles Sekundärinsolvenzverfahren durchführen zu können. Zur Erreichung dieses Ziels wird auf Grundlage von Art. 36 EuInsVO ein vollständiges Modell eines virtuellen Haupt- und Sekundärinsolvenzverfahrens entwickelt. Dieses soll zum einen detailliert darüber Auskunft geben, wie ein virtuelles Haupt- und Sekundärinsolvenzverfahren durchzuführen ist, und zum anderen die Frage beantworten, in welchen Fällen ein solches Verfahren angewendet werden kann. Im Hauptteil der Arbeit werden alle Themenfelder eines virtuellen Haupt- und Sekundärinsolvenzverfahrens umfassend erörtert und Lösungen für alle ermittelten Probleme erarbeitet. Anschließend wird das Gesamtmodell des virtuellen Haupt- und Sekundärinsolvenzverfahrens vorgestellt. Dabei handelt es sich um eine Zusammenfassung der wichtigsten Ergebnisse, die so aufbereitet ist, dass sie von Verwaltern als Kurzanleitung für die Durchführung eines virtuellen Haupt- und Sekundärinsolvenzverfahrens verwendet werden kann.

b) Neue Erkenntnisse zur realen Verfahrenspluralität

Bei Durchführung eines virtuellen Sekundärinsolvenzverfahrens werden grundsätzlich die gleichen Themen wie im Fall der Eröffnung eines realen Sekundärinsolvenzverfahrens relevant.

Aufgabe in dieser Arbeit ist es, Lösungen für das virtuelle Sekundärinsolvenzverfahren zu entwickeln. Dafür ist es aber grundsätzlich erforderlich zu wissen, wie die jeweilige Thematik im Fall der Eröffnung eines realen Sekundärinsolvenzverfahrens behandelt wird. In dieser Arbeit wird daher immer auch Bezug auf die Rechtslage im Fall der Verfahrenspluralität genommen.

Allerdings besteht das Problem, dass viele Fragen, die sich im Fall der Eröffnung eines realen Sekundärinsolvenzverfahrens stellen, im Schrifttum bislang nicht ausreichend oder gar nicht erörtert wurden. Hinzu kommt, dass der Gesetzgeber im Zuge der Neufassung der EuInsVO auch hinsichtlich des Zusammenspiels von

Haupt- und Sekundärinsolvenzverfahren Rechtsänderungen vorgenommen hat. Einige dieser Änderungen sind ebenfalls noch nicht vom Schrifttum kommentiert worden.

Ist die Behandlung einer Thematik im Sekundärinsolvenzverfahren vom Schrifttum bisher nicht diskutiert worden, so werden in dieser Arbeit vor einer Auseinandersetzung mit dem virtuellen Sekundärinsolvenzverfahren die Rechtslage im Fall der Verfahrenspluralität erörtert und Problemlösungen für das reale Sekundärinsolvenzverfahren erarbeitet. Auf diese Weise werden in dieser Arbeit, obwohl es nicht ihr eigentliches Ziel ist, auch zahlreiche neue Erkenntnisse zum Zusammenspiel von Haupt- und Sekundärinsolvenzverfahren gewonnen. Daher leistet diese Arbeit auch einen wesentlichen Beitrag zum besseren Verständnis von Sekundärinsolvenzverfahren. Es bietet sich folglich an, diese Arbeit auch dann heranzuziehen, wenn ein reales Sekundärinsolvenzverfahren eröffnet wird.

B. Gang der Untersuchung und methodische Überlegungen

I. Gliederung der Arbeit

Für das Verständnis virtueller Sekundärinsolvenzverfahren ist die Kenntnis der grundlegenden Regeln der Verfahrenspluralität unerlässlich. Daher werden in Teil 1 Kapitel 2 zunächst die Grundzüge der realen Verfahrenspluralität, also das Zusammenspiel von Haupt- und Sekundärinsolvenzverfahren, erläutert. Zudem wird dargestellt, welche Funktionen einem Sekundärinsolvenzverfahren beigemessen werden.

Teil 1 Kapitel 3 dient dazu, die Grundlagen virtueller Sekundärinsolvenzverfahren zu erarbeiten. In Abschnitt A wird die Entstehungsgeschichte virtueller Sekundärinsolvenzverfahren dargestellt. Damit sich der Leser schnell einen Überblick über die Entstehungsgeschichte verschaffen kann, wird diese zunächst in Kurzform beschrieben. Anschließend folgen eine ausführliche Darstellung und Analyse der Entstehungsgeschichte. Die Idee zur Einführung virtueller Sekundärinsolvenzverfahren geht auf vier Entscheidungen englischer Gerichte zurück.[4] Jeder dieser Beschlüsse wird ausgewertet, übersetzt und zusammengefasst. Nach der Darstellung einer Entscheidung folgt jeweils eine Einordnung und Analyse des Beschlusses. Abschließend wird eine Gesamtbetrachtung dieser Entscheidungen vorgenommen. Im Jahr 2012 gab die Europäische Kommission eine externe Studie in Auftrag, in der ermittelt werden sollte, inwieweit die EuInsVO einer Reform bedurfte.[5] In dieser

---

[4] *High Court of Justice Birmingham*, Beschluss vom 11.5.2005, NZI 2005, 515 ff.; *High Court of Justice Birmingham*, Beschluss vom 30.3.2006, NZI 2006, 416 f.; *High Court of Justice London*, Beschluss vom 9.6.2006, NZI 2006, 654 ff.; *High Court of Justice London*, Beschluss vom 11.2.2009, ZIP 2009, 578 f.

[5] *Hess/Oberhammer/Pfeiffer*, European Insolvency Law Heidelberg-Luxembourg-Vienna Report, 2013.

Studie wurde auch der Vorschlag gemacht, virtuelle Sekundärinsolvenzverfahren einzuführen. Dieser Vorschlag wird in Teil 1 Kapitel 3 Abschnitt A vorgestellt und anschließend analysiert. Zuletzt wird der Weg des virtuellen Sekundärinsolvenzverfahrens im Gesetzgebungsverfahren nachgezeichnet. Die in den verschiedenen Phasen des Gesetzgebungsverfahrens gemachten Vorschläge zur Einführung virtueller Sekundärinsolvenzverfahren werden dargestellt und kommentiert.

In Teil 1 Kapitel 3 Abschnitt B wird ermittelt, welche übergeordneten Ziele der Gesetzgeber mit der Einführung virtueller Sekundärinsolvenzverfahren verfolgt. Die Funktionen virtueller Sekundärinsolvenzverfahren werden beschrieben.

Teil 2 und Teil 3 bilden den Hauptteil dieser Arbeit. In ihnen wird das virtuelle Sekundärinsolvenzverfahren im Sinne des Art. 36 EuInsVO untersucht und ein Modell zur Durchführung eines virtuellen Sekundärinsolvenzverfahrens entwickelt. Ziel ist es, für alle Themenfelder eines virtuellen Sekundärinsolvenzverfahrens Lösungen zu erarbeiten. Verwalter sollen durch diese Arbeit in die Lage versetzt werden, tatsächlich ein virtuelles Sekundärinsolvenzverfahren durchführen zu können. Da das virtuelle Sekundärinsolvenzverfahren als Ersatz für ein reales Sekundärinsolvenzverfahren fungiert, werden bei Durchführung eines virtuellen Sekundärinsolvenzverfahrens grundsätzlich die gleichen Themen wie im Fall der Eröffnung eines realen Sekundärinsolvenzverfahrens relevant. Diese Themen geben die Struktur dieser Arbeit auf natürliche Weise vor.

In Teil 2 wird die Frage beantwortet, wie ein virtuelles Haupt- und Sekundärinsolvenzverfahren durchzuführen ist. Teil 2 gliedert sich in Kapitel 1 – Aktivmasse, Kapitel 2 – Passivmasse, Kapitel 3 – Die tatsächlichen Annahmen nach Art. 36 Abs. 1 S. 2 EuInsVO, Kapitel 4 – Von der Ist-Masse zur Soll-Masse, Kapitel 5 – Forderungen, die vor Eröffnung des Insolvenzverfahrens begründet wurden, Kapitel 6 – Verteilungsverfahren und Kapitel 7 – Die Rechtsnatur des Art. 36 Abs. 2 S. 1 EuInsVO. Kapitel 4 – Von der Ist-Masse zur Soll-Masse ist des Weiteren unterteilt in die Unterkapitel Aussonderung, Absonderung, Aufrechnung, Forderungen, die nach Eröffnung des Insolvenzverfahrens begründet werden, Insolvenzanfechtung und Laufende Verträge.

In Teil 3 wird hingegen der Frage nachgegangen, in welchen Fällen überhaupt ein virtuelles Sekundärinsolvenzverfahren durchgeführt werden kann. In Teil 3 Kapitel 1 wird ermittelt, ob ein virtuelles Sekundärinsolvenzverfahren durchgeführt werden kann, wenn das Unternehmen im Rahmen einer übertragenden Sanierung verwertet werden soll. In Teil 3 Kapitel 2 wird untersucht, ob es möglich ist, ein virtuelles Sekundärinsolvenzverfahren durchzuführen, wenn eine Sanierung des Rechtsträgers des Unternehmens geplant ist.

In Teil 4 wird das in den vorherigen Teilen entwickelte Modell für ein virtuelles Haupt- und Sekundärinsolvenzverfahren vorgestellt. Dabei handelt es sich um eine Zusammenfassung der wichtigsten Ergebnisse, die so aufbereitet ist, dass sie als Arbeitsanleitung für die Durchführung eines virtuellen Haupt- und Sekundärinsolvenzverfahren verwendet werden kann.

II. Aufbau der Themenabschnitte im Hauptteil

Es wurde bereits darauf aufmerksam gemacht, dass bei Durchführung eines virtuellen Sekundärinsolvenzverfahrens grundsätzlich die gleichen Themen wie im Fall der Eröffnung eines realen Sekundärinsolvenzverfahrens relevant werden. Aufgabe in dieser Arbeit ist es, Lösungen für das virtuelle Sekundärinsolvenzverfahren zu entwickeln. Dafür ist es aber grundsätzlich erforderlich, die rechtliche Behandlung einer Thematik im Fall der Eröffnung eines realen Sekundärinsolvenzverfahrens zu kennen. In dieser Arbeit wird daher immer auch Bezug auf die Rechtslage im Fall der realen Verfahrenspluralität genommen. Dies geschieht auf zweierlei Weise.

Ist das betreffende Thema bereits im Fall der realen Verfahrenspluralität sehr komplex und gliedert sich in zahlreiche Unterthemen oder ist dessen Behandlung im Sekundärinsolvenzverfahren strittig, so wird ein zweistufiger Aufbau gewählt. Ein zweistufiger Aufbau wird auch dann angewandt, wenn festgestellt wird, dass die Behandlung der Thematik in Haupt- und Sekundärinsolvenzverfahren noch nicht ausreichend wissenschaftlich erörtert wurde.

Der zweistufige Aufbau zeichnet sich dadurch aus, dass zunächst gesondert die Rechtslage im Sekundärinsolvenzverfahren dargestellt wird. Erst anschließend wird eine Lösung für die Thematik im virtuellen Sekundärinsolvenzverfahren erarbeitet.

Ein zweistufiger Aufbau hat zwei entscheidende Vorteile. Komplexe Themen lassen sich auf diese Weise übersichtlich darstellen. Zudem können Inzidentprüfungen weitgehend vermieden werden.

Anhand des Themas Insolvenzanfechtung soll beispielhaft gezeigt werden, wie ein zweistufiger Aufbau aussehen kann. Zunächst wird separat erörtert, welche Regeln für die Insolvenzanfechtung im Fall der realen Verfahrenspluralität gelten. Diese Problematik wird in die Unterthemen Anfechtungsbefugnis, Zuständigkeit für Anfechtungsklagen, Anwendbares Recht, Rückgewähr des anfechtbar erlangten Gegenstands und Gegenansprüche des Anfechtungsgegners gegliedert. Anschließend wird für die Insolvenzanfechtung im virtuellen Sekundärinsolvenzverfahren eine Lösung erarbeitet. Die Gliederung in Unterthemen erfolgt spiegelbildlich zu der Darstellung der Insolvenzanfechtung im Sekundärinsolvenzverfahren. Es findet also auch hier eine Untergliederung in die Bereiche Anfechtungsbefugnis, Zuständigkeit für Anfechtungsklagen, Anwendbares Recht, Rückgewähr des anfechtbar erlangten Gegenstands und Gegenansprüche des Anfechtungsgegners statt.

Allerdings sind nicht alle Themen derart komplex, dass sie einen zweistufigen Aufbau erfordern. In diesen Fällen erfolgt keine separate Darstellung der Rechtslage im Sekundärinsolvenzverfahren.

Themen mit einem einfachen Aufbau:

Aktivmasse; Aussonderung; Absonderung; Verteilungsverfahren.

Themen mit einem zweistufigen Aufbau:

Passivmasse; Aufrechnung; Forderungen, die nach Eröffnung des Insolvenzverfahrens begründet werden; Insolvenzanfechtung; Laufende Verträge; Forderungen, die vor Eröffnung des Insolvenzverfahrens begründet wurden; Übertragende Sanierung und Sanierung des Rechtsträgers.

III. Auslegungsmethoden

Die Ergebnisse in dieser Arbeit werden im Wesentlichen durch eine grammatische und teleologische Auslegung des Art. 36 EuInsVO gewonnen. Teilweise können auch aus der Systematik Schlüsse gezogen werden.

Zu beachten ist, dass bei der Auslegung nur vereinzelt Erwägungsgründe herangezogen werden können, da diese sich kaum zur Durchführung eines virtuellen Sekundärinsolvenzverfahrens äußern. Das Gleiche gilt für die Gesetzgebungsmaterialien. Auch diesen lassen sich nur sehr wenig Informationen zum virtuellen Sekundärinsolvenzverfahren entnehmen.

Im Folgenden wird näher erläutert, auf welche Weise in dieser Arbeit der Wortlaut ausgelegt und der Sinn und Zweck des Art. 36 EuInsVO ermittelt wird.

1. Grammatische Auslegung

a) Das Verhältnis von Art. 36 Abs. 1 S. 1 und Abs. 2 S. 1 EuInsVO

Das virtuelle Sekundärinsolvenzverfahren im engeren Sinn hat der Gesetzgeber in Art. 36 Abs. 2 S. 1 EuInsVO normiert. Art. 36 Abs. 1 S. 1 EuInsVO beschreibt hingegen den Inhalt der Zusicherung.

Naturgemäß dürfen Zusicherung und virtuelles Sekundärinsolvenzverfahren nicht isoliert betrachtet werden. Die Zusicherung ist das Versprechen gegenüber den Gläubigern, ein virtuelles Sekundärinsolvenzverfahren durchzuführen. Die Durchführung des virtuellen Sekundärinsolvenzverfahrens ist die Erfüllung dieses Versprechens. Zusicherung und virtuelles Sekundärinsolvenzverfahren müssen folglich inhaltlich übereinstimmen.

Dennoch verwendet der Gesetzgeber in Art. 36 Abs. 1 S. 1 EuInsVO andere Begriffe als Art. 36 Abs. 2 S. 1 EuInsVO. Dies hat Folgen für die Untersuchung des virtuellen Sekundärinsolvenzverfahrens. Es müssen sowohl der Wortlaut des Art. 36 Abs. 1 S. 1 EuInsVO als auch der des Art. 36 Abs. 2 S. 1 EuInsVO herangezogen und ausgelegt werden. Unter Umständen führt eine Analyse des Wortlauts des Art. 36 Abs. 1 S. 1 EuInsVO zu einem anderen Ergebnis als eine Analyse des Art. 36 Abs. 2 S. 1 EuInsVO. In diesem Fall ist der Wortlaut des Art. 36 EuInsVO widersprüchlich und trägt folglich nicht zur Beantwortung der jeweiligen Frage bei. Dann muss eine Lösung anhand anderer Auslegungsmethoden gefunden werden.

b) Wortlautvergleiche

In vielen Fällen besteht das Problem, dass der Wortlaut des Art. 36 EuInsVO so unkonkret ist, dass eine Auslegung nach dem allgemeinen Sprachgebrauch zu keinem eindeutigen Ergebnis führt. Es bleibt also unklar, ob der Gesetzgeber eine bestimmte Fragestellung in Art. 36 EuInsVO regeln will oder nicht.

In diesen Fällen ist zu prüfen, ob sich der gesetzgeberische Wille durch einen Vergleich mit anderen Normen der EuInsVO erschließen lässt. Dies geschieht auf verschiedene Weise.

Regelt der Gesetzgeber die jeweilige Materie in weiteren Normen der EuInsVO, so ist zu prüfen, welche Begriffe er dort verwendet. Drückt der Gesetzgeber sich in der Vergleichsnorm anders aus als in Art. 36 EuInsVO, so ist dies ein Indiz dafür, dass der Gesetzgeber die aufgeworfene Fragestellung nicht in Art. 36 EuInsVO regeln wollte.

Unter Umständen ist die in Frage stehende Rechtsthematik aber nicht in weiteren Artikeln der EuInsVO normiert. In diesem Fall ist zu prüfen, ob sich der von Art. 36 EuInsVO verwendete Begriff, von dem unklar ist, welche Bedeutung ihm zukommt, auch noch in anderen Normen der EuInsVO finden lässt. Ist dies der Fall, so ist zu untersuchen, ob dem Begriff in diesen Normen bereits eine bestimmte Bedeutung beigemessen wird.

Es kann aber auch vorkommen, dass eine Rechtsfrage fest mit einem bestimmten Begriff assoziiert wird. Findet sich dieser Begriff nicht in Art. 36 EuInsVO, so ist zu prüfen, ob der Begriff der EuInsVO grundsätzlich bekannt ist. Wird der gesuchte Begriff von anderen Normen der EuInsVO verwendet, so ist dies ebenfalls ein Indiz dafür, dass der Gesetzgeber die aufgeworfene Rechtsfrage nicht in Art. 36 EuInsVO regeln will.

2. Teleologische Auslegung

Der Wortlaut des Art. 36 EuInsVO ist sehr wenig konkret und teilweise widersprüchlich. Einige Rechtsfragen, die sich bei Durchführung eines virtuellen Sekundärinsolvenzverfahrens zwingend stellen, haben im Wortlaut des Art. 36 EuInsVO überhaupt keinen Niederschlag gefunden. Dies hat zur Folge, dass die aufgeworfenen Fragen sich in den meisten Fällen nicht allein anhand des Wortlauts beantworten lassen.

Aus diesem Grund ist zu fragen, welche Ziele der Gesetzgeber mit der Schaffung virtueller Sekundärinsolvenzverfahren verfolgt. Der Auslegung des Sinns und Zwecks kommt in dieser Arbeit folglich eine überragende Bedeutung zu.

Das virtuelle Sekundärinsolvenzverfahren fungiert als Ersatz für das Sekundärinsolvenzverfahren, das nicht eröffnet wird. Allerdings darf dies nicht falsch verstanden werden. Es ist nicht Ziel eines virtuellen Sekundärinsolvenzverfahrens, ein reales Sekundärinsolvenzverfahren vollständig und in allen Einzelheiten zu simulieren. Vielmehr kommt dem virtuellen Sekundärinsolvenzverfahren ausschließlich die Aufgabe zu, die Schutzfunktion eines realen Sekundärinsolvenzverfahrens zu ersetzen. Ziel des virtuellen Sekundärinsolvenzverfahrens ist es also, die Gläubiger, deren Interessen im Normalfall durch die Eröffnung eines Sekundärinsolvenzverfahrens geschützt werden, so zu stellen, wie sie im Fall der Eröffnung eines Sekundärinsolvenzverfahrens stünden.

Diese Differenzierung hat erhebliche Bedeutung für die Entwicklung einer Lösung. Denn sie hat zur Folge, dass die in einem realen Sekundärinsolvenzverfahren geltenden Regeln nicht einfach auf ein virtuelles Sekundärinsolvenzverfahren übertragen werden können. Vielmehr hat in allen Fällen eine zweistufige Prüfung stattzufinden.

Als erstes ist zu ermitteln, ob das in Frage stehende Interesse in einem Sekundärinsolvenzverfahren geschützt wird. Ist dies zu verneinen, so darf die in einem Sekundärinsolvenzverfahren geltende Rechtslage grundsätzlich nicht auf das virtuelle Sekundärinsolvenzverfahren übertragen werden.

Wird hingegen das jeweilige Interesse in einem Sekundärinsolvenzverfahren tatsächlich geschützt, so muss in einem zweiten Schritt geprüft werden, ob der Gesetzgeber mit der Schaffung von Sekundärinsolvenzverfahren gerade das Ziel verfolgt, dieses Interesse zu schützen, oder ob es sich bloß um einen Reflex handelt. Schützt das Sekundärinsolvenzverfahren das Interesse nicht zielgerichtet, sondern nur reflexhaft, so darf die in einem Sekundärinsolvenzverfahren geltende Rechtslage grundsätzlich ebenfalls nicht auf das virtuelle Sekundärinsolvenzverfahren übertragen werden.

Von diesem Grundsatz ist allerdings eine Ausnahme zu machen. Hat die rechtliche Behandlung eines solchen Interesses Auswirkungen auf Interessen, die der Gesetzgeber zielgerichtet durch ein Sekundärinsolvenzverfahren schützen will, so kann es zum Schutz der letztgenannten Gruppe erforderlich sein, auch solche Interessen wie in einem Sekundärinsolvenzverfahren zu behandeln, die nur reflexartig durch ein Sekundärinsolvenzverfahren geschützt werden.

Schützt das Sekundärinsolvenzverfahren ein Interesse hingegen zielgerichtet, so muss dieser Schutz immer auch im virtuellen Sekundärinsolvenzverfahren gewährleistet werden. In diesem Fall ist die in einem Sekundärinsolvenzverfahren geltende Rechtslage auf das virtuelle Sekundärinsolvenzverfahren zu übertragen.

Die Frage, ob der Gesetzgeber mit der Schaffung von Sekundärinsolvenzverfahren das Ziel verfolgt, ein bestimmtes Interesse zu schützen, oder ob es sich bei dessen Schutz bloß um einen Reflex handelt, ist in vielen Fällen schwierig zu beantworten. Dabei ist zu beachten, dass sich diese Frage im Fall der Eröffnung eines Sekundärinsolvenzverfahrens in der Regel nicht stellt. Wird ein Sekundärinsolvenzverfahren eröffnet, so will der Rechtsanwender wissen, ob ein bestimmtes Interesse geschützt wird oder nicht. Für ihn ist es aber nicht von Belang, ob dieser Schutz zielgerichtet gewährt wird oder ob es sich bloß um einen Reflex handelt. Aus diesem Grund finden sich im Schrifttum keinerlei Beiträge, die sich mit derlei Fragen beschäftigen. Da die Auseinandersetzung mit dieser Art von Fragen für das Verständnis virtueller Sekundärinsolvenzverfahren aber zwingend erforderlich ist, werden in dieser Arbeit auch neue Erkenntnisse zum Sekundärinsolvenzverfahren gewonnen.

C. Verwendung von Begriffen

I. Virtuelle oder synthetische Sekundärinsolvenzverfahren?

Im Schrifttum werden für das in Art. 36 EuInsVO geregelte Verfahren zwei unterschiedliche Begriffe verwendet. Einige Autoren sprechen von virtuellen Sekundärinsolvenzverfahren,[6] andere hingegen von synthetischen Sekundärinsolvenzverfahren.[7] Allerdings begründet nur ein Kommentator seine Begriffswahl.

Mankowski behauptet, in den anderen Sprachen hätten sich *synthetic*, *synthétique* und deren Entsprechungen weitgehend durchgesetzt.[8] Wegen des internationalen Sprachgleichklangs solle man auch im Deutschen *synthetisch* den Vorzug geben, so Mankowski.[9]

Dieser Argumentation kann nicht gefolgt werden. Mankowski veröffentlichte seinen Beitrag Ende 2015, also nur wenige Monate nach Verabschiedung des Art. 36 EuInsVO durch das Europäische Parlament. Zu einem solch frühen Zeitpunkt ist aber noch gar nicht absehbar, ob sich im Schrifttum, in einer Vielzahl von Sprachen, ein Begriff gegen einen anderen durchsetzen wird. Zudem führt Mankowski selbst zahlreiche Autoren an, die von einem virtuellen Sekundärinsolvenzverfahren spre-

---

[6] So u. a. *Fehrenbach*, Haupt- und Sekundärinsolvenzverfahren, 2014, S. 368 ff.; *Fehrenbach*, GPR 2017, 38 (39); *Keller*, in: Vallender, EuInsVO, 2. Aufl. 2020, Art. 36 Rn. 3; *Madaus*, in: FS Pannen, 2017, S. 223; *Pluta/Keller*, in: FS Vallender, 2015, S. 437; *Prager/Keller*, WM 2015, 805 (807); *Undritz*, in: FS Vallender, 2015, S. 745 (772); *Vallender*, ZIP 2015, 1513 (1517); *Vallender*, in: FS Beck, 2016, S. 537 (548); *Wenner*, ZIP 2017, 1137 (1140); *Wimmer*, in: FS Beck, 2016, S. 587 (594).

[7] So u. a. *Brinkmann*, KTS 2014, 381 (395); *Dammann*, in: FS Beck, 2016, S. 73 (80); *Delzant*, in: Braun, InsO, 8. Aufl. 2020, Art. 36 EuInsVO Rn. 1; *Garcimartín*, ZEuP 2015, 694 (726); *Mankowski*, NZI 2015, 961 (962); *Mankowski*, in: Mankowski/Müller/J. Schmidt, EuInsVO, 1. Aufl. 2016, Art. 36 Rn. 4; *Parzinger*, NZI 2016, 63 (66); *Paulus*, in: Paulus, EuInsVO, 6. Aufl. 2021, Art. 36 Rn. 1; *Schultz*, in: Heidelberger Kommentar InsO, 10. Aufl. 2020, Art. 36 EuInsVO Rn. 3; *Skauradszun*, KTS 2016, 419 (420); *Wimmer*, in: FS Beck, 2016, S. 587.

[8] *Mankowski*, NZI 2015, 961 (962); *Mankowski*, in: Mankowski/Müller/J. Schmidt, EuInsVO, 1. Aufl. 2016, Art. 36 Rn. 4.

[9] *Mankowski*, NZI 2015, 961 (962); *Mankowski*, in: Mankowski/Müller/J. Schmidt, EuInsVO, 1. Aufl. 2016, Art. 36 Rn. 4.

chen.[10] Es ist auch nicht verständlich, warum es überhaupt darauf ankommen soll, ob im englisch- und französischsprachigen Schrifttum häufiger von virtuellen oder von synthetischen Sekundärinsolvenzverfahren die Rede ist. Ein solches Vorgehen wird der Bedeutung der deutschen Sprache und des deutschsprachigen Schrifttums innerhalb der Europäischen Union nicht gerecht. Naheliegender wäre es also zu prüfen, ob sich in der deutschsprachigen Literatur bereits ein Begriff weitgehend durchgesetzt hat.

Am sinnvollsten ist es allerdings zu ermitteln, ob der Gesetzgeber einen der Begriffe bevorzugt. Die EuInsVO verwendet keinen der beiden Begriffe. Weder in den Art. 36 ff. EuInsVO noch in den Erwägungsgründen spricht der Gesetzgeber von virtuellen oder synthetischen Sekundärinsolvenzverfahren. Einen offiziellen durch die Verordnung festgelegten Terminus gibt es somit nicht.

Daher ist zu prüfen, ob in den Gesetzgebungsmaterialien eine Präferenz des Gesetzgebers für einen der Begriffe zum Ausdruck kommt. In der deutschsprachigen Fassung des Kommissionsvorschlags zur Änderung der EuInsVO aus dem Jahr 2012 wird das Verfahren als virtuelles Sekundärinsolvenzverfahren bezeichnet.[11] Von synthetischen Sekundärinsolvenzverfahren ist hingegen keine Rede. Das Gleiche gilt beispielsweise auch für die französisch-,[12] spanisch-[13] und slowenischsprachige[14] Fassung des Kommissionsvorschlags, in denen von „procédures secondaires virtuelles“ bzw. „procedimientos secundarios virtuales“ bzw. „virtualnih sekundarnih postopkov“ gesprochen wird. Hingegen werden in der englisch-[15] und italienischsprachigen[16] Fassung des Kommissionsvorschlags die Begriffe „synthetic secondary proceedings“ bzw. „procedura secondaria sintetica“ verwendet. Es gibt aber auch einige Sprachfassungen des Kommissionsvorschlags, in denen sich gänzlich andere

[10] *Mankowski*, NZI 2015, 961 (962) (Fn. 17); *Mankowski*, in: Mankowski/Müller/J. Schmidt, EuInsVO, 1. Aufl. 2016, Art. 36 Rn. 4, Fn. 17.

[11] Vorschlag der Kommission für eine Verordnung des Europäischen Parlaments und des Rates zur Änderung der Verordnung (EG) Nr. 1346/2000 des Rates über Insolvenzverfahren vom 12. 12. 2012, COM (2012) 744 final, DE S. 8.

[12] Vorschlag der Kommission für eine Verordnung des Europäischen Parlaments und des Rates zur Änderung der Verordnung (EG) Nr. 1346/2000 des Rates über Insolvenzverfahren vom 12. 12. 2012, COM (2012) 744 final, FR S. 8.

[13] Vorschlag der Kommission für eine Verordnung des Europäischen Parlaments und des Rates zur Änderung der Verordnung (EG) Nr. 1346/2000 des Rates über Insolvenzverfahren vom 12. 12. 2012, COM (2012) 744 final, ES S. 8.

[14] Vorschlag der Kommission für eine Verordnung des Europäischen Parlaments und des Rates zur Änderung der Verordnung (EG) Nr. 1346/2000 des Rates über Insolvenzverfahren vom 12. 12. 2012, COM (2012) 744 final, SL S. 7.

[15] Vorschlag der Kommission für eine Verordnung des Europäischen Parlaments und des Rates zur Änderung der Verordnung (EG) Nr. 1346/2000 des Rates über Insolvenzverfahren vom 12. 12. 2012, COM (2012) 744 final, EN S. 7.

[16] Vorschlag der Kommission für eine Verordnung des Europäischen Parlaments und des Rates zur Änderung der Verordnung (EG) Nr. 1346/2000 des Rates über Insolvenzverfahren vom 12. 12. 2012, COM (2012) 744 final, IT S. 8.

Begriffe finden, die offenbar weder mit dem Wort virtuell noch dem Terminus synthetisch verwandt sind. Dies gilt beispielsweise für die Übersetzung des Vorschlags ins Litauische.[17] Dort wird das in Art. 36 EuInsVO geregelte Verfahren als „tariamos šalutinės bylos“ bezeichnet.

Im Ergebnis ist festzustellen, dass es eine Frage der Übersetzung ist, ob im Kommissionsvorschlag von virtuellen oder synthetischen Sekundärinsolvenzverfahren gesprochen wird oder ob ein völlig anderer Begriff gewählt wird. Eine Präferenz des Gesetzgebers für einen der Begriffe ist folglich nicht erkennbar. Es steht daher jedem Kommentator frei, von virtuellen oder von synthetischen Sekundärinsolvenzverfahren zu sprechen. In dieser Arbeit wird ausschließlich der Begriff virtuelles Sekundärinsolvenzverfahren verwendet.

II. Verfahrenspluralität

Fehrenbach spricht von Verfahrenspluralität, wenn neben dem Hauptinsolvenzverfahren ein oder mehrere Sekundärinsolvenzverfahren eröffnet werden.[18] Der Terminus Verfahrenspluralität beschreibt treffend das Phänomen der Eröffnung mehrerer Insolvenzverfahren über das Vermögen desselben Schuldners. Fehrenbach folgend, wird der Begriff der Verfahrenspluralität daher auch in dieser Arbeit verwendet.

Zu beachten ist allerdings, dass die Neufassung der EuInsVO, im Gegensatz zur Vorgängerverordnung, neben der Eröffnung eines Sekundärinsolvenzverfahrens alternativ die Möglichkeit vorsieht, die Eröffnung eines Sekundärinsolvenzverfahrens durch Abgabe einer Zusicherung gemäß Art. 36 EuInsVO zu verhindern und stattdessen ein virtuelles Sekundärinsolvenzverfahren durchzuführen. Aus diesem Grund ist es erforderlich, den Begriff der Verfahrenspluralität weiterzuentwickeln.

Wird neben dem Hauptinsolvenzverfahren tatsächlich ein Sekundärinsolvenzverfahren eröffnet, so wird dies im Folgenden als reale Verfahrenspluralität bezeichnet. Verhindert der Verwalter des Hauptinsolvenzverfahrens hingegen die Eröffnung eines Sekundärinsolvenzverfahrens durch Abgabe einer Zusicherung und führt ein virtuelles Sekundärinsolvenzverfahren durch, so wird hierfür der Begriff virtuelle Verfahrenspluralität gewählt. Schließlich entsteht durch Abgabe einer Zusicherung nicht nur ein virtuelles Sekundärinsolvenzverfahren, sondern auch ein virtuelles Hauptinsolvenzverfahren.[19]

---

[17] Vorschlag der Kommission für eine Verordnung des Europäischen Parlaments und des Rates zur Änderung der Verordnung (EG) Nr. 1346/2000 des Rates über Insolvenzverfahren vom 12.12.2012, COM (2012) 744 final, LT S. 7.

[18] *Fehrenbach*, Haupt- und Sekundärinsolvenzverfahren, 2014, S. 20 f., 24, 308, 350, 411, 430, 470.

[19] Siehe dazu ausführlich S. 109 f.

Kapitel 2

Das Zusammenspiel von Haupt- und Sekundärinsolvenzverfahren als Grundlage für das Verständnis virtueller Sekundärinsolvenzverfahren

Für das Verständnis virtueller Sekundärinsolvenzverfahren ist es unabdingbar, Struktur, Regeln und Ziele realer Sekundärinsolvenzverfahren zu kennen. Daher wird in diesem Kapitel erläutert, was ein Sekundärinsolvenzverfahren ist und welche Funktionen diesem beigemessen werden. Auf spezielle Probleme, die sich im Fall der realen Verfahrenspluralität ergeben, wird in den einzelnen Kapiteln dieser Arbeit näher eingegangen.

A. Grundsätze der Verfahrenspluralität

I. Die Eröffnung eines Hauptinsolvenzverfahrens

Der EuInsVO liegt das Prinzip der modifizierten Universalität zugrunde (vgl. Erwägungsgrund Nr. 22 und Erwägungsgrund Nr. 23).[20] Konkret bedeutet dies Folgendes.

Das Insolvenzverfahren über das Vermögen des Schuldners wird gemäß Art. 3 Abs. 1 S. 1 EuInsVO in dem Staat eröffnet, in dessen Gebiet der Schuldner den Mittelpunkt seiner hauptsächlichen Interessen hat. Dieses Insolvenzverfahren ist ein Hauptinsolvenzverfahren. Das Hauptinsolvenzverfahren hat universale Geltung (vgl. Erwägungsgrund Nr. 23 S. 2). Es wird gemäß Art. 19 Abs. 1 UAbs. 1 EuInsVO automatisch in allen anderen Mitgliedstaaten anerkannt. Gemäß Art. 20 Abs. 1 EuInsVO entfaltet die Eröffnung eines Hauptinsolvenzverfahrens in jedem anderen Mitgliedstaat, ohne dass es hierfür irgendwelcher Förmlichkeiten bedürfte, die Wirkungen, die das Recht des Staates der Verfahrenseröffnung dem Verfahren beilegt. Das Hauptinsolvenzverfahren bezieht sich auf das gesamte Vermögen des Schuldners, also auch auf die Vermögensgegenstände, die außerhalb des Staates, in dem das Hauptinsolvenzverfahren eröffnet wurde, belegen sind. Im Hauptinsolvenzverfahren findet grundsätzlich gemäß Art. 7 EuInsVO die *lex fori concursus* des Hauptinsolvenzverfahrens Anwendung.

---

[20] Vgl. dazu u. a. auch *Brinkmann*, in: Karsten Schmidt, InsO, 19. Aufl. 2016, Vor EuInsVO Rn. 8 f.; *Duursma-Kepplinger*, in: Duursma-Kepplinger/Duursma/Chalupsky, EuInsVO, 1. Aufl. 2002, Vorbemerkung zur EuInsVO Rn. 43 ff.; *Fehrenbach*, Haupt- und Sekundärinsolvenzverfahren, 2014, S. 16 ff.; *Smid*, in: Leonhardt/Smid/Zeuner Internationales, Insolvenzrecht, 2. Aufl. 2012, Vor Art. 1 EuInsVO Rn. 10.

II. Einschränkungen der Universalität

Allerdings kommt der Gesetzgeber zu dem Schluss, dass ein einziges Insolvenzverfahren mit universaler Geltung wegen der erheblichen Unterschiede im materiellen Recht nicht sinnvoll ist (vgl. Erwägungsgrund Nr. 22 S. 1). Daher schränkt er die universale Geltung des Hauptinsolvenzverfahrens auf zweierlei Weise ein (vgl. Erwägungsgrund Nr. 22 S. 6).

Erstens sehen die Art. 8 ff. EuInsVO Ausnahmen von der grundsätzlich geltenden *lex fori concursus* vor. Zweitens wird die universale Geltung des Hauptinsolvenzverfahrens durch die Eröffnung eines Sekundärinsolvenzverfahrens eingeschränkt.

III. Die Eröffnung eines Sekundärinsolvenzverfahrens

Unterhält der Schuldner außerhalb des Staates, in dem das Hauptinsolvenzverfahren eröffnet wurde, eine Niederlassung im Sinne des Art. 2 Nr. 10 EuInsVO, so kann in diesem Staat gemäß Art. 3 Abs. 2 S. 1 EuInsVO ein Sekundärinsolvenzverfahren eröffnet werden. Die Eröffnung eines Sekundärinsolvenzverfahrens kann gemäß Art. 37 Abs. 1 EuInsVO von dem Verwalter des Hauptinsolvenzverfahrens und jeder anderen Person oder Behörde, die nach dem Recht des Staats, in dessen Gebiet die Eröffnung des Sekundärinsolvenzverfahrens beantragt wird, dazu befugt ist, beantragt werden.

Gemäß Art. 34 S. 3 EuInsVO bezieht sich das Sekundärinsolvenzverfahren auf das im Niederlassungsstaat belegene Vermögen. Die sich dort befindenden Vermögensgegenstände werden durch die Eröffnung des Sekundärinsolvenzverfahrens aus dem Insolvenzbeschlag des Hauptinsolvenzverfahrens herausgelöst und bilden fortan die Aktivmasse des Sekundärinsolvenzverfahrens.[21] In welchem Staat ein Vermögensgegenstand belegen ist, wird von Art. 2 Nr. 9 EuInsVO geregelt. Der Verwalter des Hauptinsolvenzverfahrens kann über die zur Masse des Sekundärinsolvenzverfahrens gehörenden Vermögensgegenstände nicht mehr verfügen. Die Eröffnung eines Sekundärinsolvenzverfahrens führt also zu einer Teilung der zunächst universalen Aktivmasse.

Im Sekundärinsolvenzverfahren gilt gemäß Art. 7 Abs. 1 EuInsVO bzw. Art. 35 EuInsVO grundsätzlich die *lex fori concursus secundarii.*

---

[21] Vgl. auch *Brinkmann*, in: Karsten Schmidt, InsO, 19. Aufl. 2016, Art. 27 EuInsVO a.F. Rn. 16; *Herchen*, in: Pannen, EuInsVO, 1. Aufl. 2007, Art. 27 a.F. Rn. 45; *Mankowski*, in: Mankowski/Müller/J. Schmidt, EuInsVO, 1. Aufl. 2016, Vor Art. 34–51 Rn. 49; *Smid*, in: Leonhardt/Smid/Zeuner, Internationales Insolvenzrecht, 2. Aufl. 2012, Art. 27 EuInsVO a.F. Rn. 25.

IV. Die Passivmasse von Haupt- und Sekundärinsolvenzverfahren

Gläubiger können ihre Forderungen gemäß Art. 45 Abs. 1 EuInsVO sowohl für das Haupt- als auch für jedes Sekundärinsolvenzverfahren anmelden. Auf diese Weise können sie an den Erlösverteilungen aller Verfahren teilnehmen. Bei der Erlösverteilung im Hauptinsolvenzverfahren wird ihre Forderung gemäß Art. 7 Abs. 2 S. 2 lit. i) EuInsVO nach dem Recht des Staates, in dem das Hauptinsolvenzverfahren eröffnet wurde, behandelt. Für die Erlösverteilung im Sekundärinsolvenzverfahren gilt gemäß Art. 7 Abs. 2 S. 2 lit. i) EuInsVO das Recht des Staates, in dem das Sekundärinsolvenzverfahren eröffnet wurde.

V. Das Verhältnis von Haupt- und Sekundärinsolvenzverfahren

Haupt- und Sekundärinsolvenzverfahren sind Insolvenzverfahren über das Vermögen desselben Schuldners.

Dennoch handelt es sich bei Haupt- und Sekundärinsolvenzverfahren um zwei eigenständige Insolvenzverfahren.[22] Die Autonomie der Verfahren kommt beispielsweise dadurch zum Ausdruck, dass die Beendigung eines der Verfahren gemäß Art. 48 Abs. 1 EuInsVO nicht zur Einstellung des anderen Verfahrens führt.[23] Der Verwalter des Hauptinsolvenzverfahrens hat kein Weisungsrecht gegenüber dem Verwalter des Sekundärinsolvenzverfahrens.[24] Entscheidungen im Sekundärinsolvenzverfahren werden grundsätzlich unabhängig von etwaigen Beschlüssen im Hauptinsolvenzverfahren getroffen.

Dennoch hat der Verwalter des Hauptinsolvenzverfahrens verschiedene Möglichkeiten, Einfluss auf das Sekundärinsolvenzverfahren zu nehmen.[25] Die EuInsVO

---

[22] *Herchen*, in: Pannen, EuInsVO, 1. Aufl. 2007, Art. 27 a. F. Rn. 74; *Keller*, in: Vallender, EuInsVO, 2. Aufl. 2020, Art. 34 Rn. 5, 8; *Mankowski*, in: Mankowski/Müller/J. Schmidt, EuInsVO, 1. Aufl. 2016, Vor Art. 34–51 Rn. 3, 46, 55; *Reinhart*, in: Münchener Kommentar InsO, Band 4, 3. Aufl. 2016, Art. 27 EuInsVO 2000 Rn. 1; *Wimmer*, in: Wimmer/Bornemann/Lienau, Die Neufassung der EuInsVO, 2016, Rn. 489.

[23] So ebenfalls *Keller*, in: Vallender, EuInsVO, 2. Aufl. 2020, Art. 34 Rn. 8; *Mankowski*, in: Mankowski/Müller/J. Schmidt, EuInsVO, 1. Aufl. 2016, Vor Art. 34–51 Rn. 61; *Reinhart*, in: Münchener Kommentar InsO, Band 4, 3. Aufl. 2016, Art. 48 EuInsVO 2015 Rn. 1; *Wimmer*, in: Wimmer/Bornemann/Lienau, Die Neufassung der EuInsVO, 2016, Rn. 489.

[24] *Brinkmann*, in: Karsten Schmidt, InsO, 19. Aufl. 2016, Art. 27 EuInsVO a. F. Rn. 2 und Art. 31 EuInsVO a. F. Rn. 3; *Duursma-Kepplinger*, in: Duursma-Kepplinger/Duursma/Chalupsky, EuInsVO, 1. Aufl. 2002, Art. 27 a. F. Rn. 80; *Kindler*, in: Münchener Kommentar BGB, Band 13, 8. Aufl. 2021, Art. 41 EuInsVO Rn. 8; *Mankowski*, in: Mankowski/Müller/J. Schmidt, EuInsVO, 1. Aufl. 2016, Art. 41 Rn. 86; *Smid*, in: Leonhardt/Smid/Zeuner, Internationales Insolvenzrecht, 2. Auf. 2012, Art. 27 EuInsVO a. F. Rn. 31.

[25] *Brinkmann*, in: Karsten Schmidt, InsO, 19. Aufl. 2016, Art. 27 EuInsVO a. F. Rn. 2; *Mankowski*, in: Mankowski/Müller/J. Schmidt, EuInsVO, 1. Aufl. 2016, Vor Art. 34–51 Rn. 53.

enthält mehrere Normen, die den Verwalter des Hauptinsolvenzverfahrens berechtigen, auf das Sekundärinsolvenzverfahren einzuwirken.

Vor Eröffnung des Sekundärinsolvenzverfahrens kann der Verwalter des Hauptinsolvenzverfahrens gemäß Art. 38 Abs. 4 EuInsVO einen Antrag stellen, das für die Eröffnung des Sekundärinsolvenzverfahrens zuständige Gericht möge abweichend von der ursprünglich beantragten Art des Insolvenzverfahrens ein anderes Insolvenzverfahren eröffnen. Ist das Sekundärinsolvenzverfahren bereits eröffnet worden, so kann der Verwalter des Hauptinsolvenzverfahrens gemäß Art. 51 EuInsVO einen Antrag auf Umwandlung des Sekundärinsolvenzverfahrens in eine andere Art von Insolvenzverfahren stellen. Gemäß Art. 46 Abs. 1 EuInsVO hat der Verwalter des Hauptinsolvenzverfahrens zudem die Möglichkeit, die Aussetzung der Verwertung der Masse des Sekundärinsolvenzverfahrens zu beantragen.

Neben diesen Eingriffsrechten verleiht die EuInsVO dem Verwalter des Hauptinsolvenzverfahrens das Recht, im Sekundärinsolvenzverfahren bestimmte Vorschläge zu unterbreiten. Zum einen kann der Verwalter des Hauptinsolvenzverfahrens gemäß Art. 41 Abs. 2 lit. c) Hs. 2 EuInsVO Vorschläge zur Verwertung oder Verwendung der Masse des Sekundärinsolvenzverfahrens machen. Art. 47 Abs. 1 EuInsVO berechtigt ihn zudem, einen Sanierungsplan im Sekundärinsolvenzverfahren vorzuschlagen. Die Beteiligten des Sekundärinsolvenzverfahrens werden durch Vorschläge des Verwalters des Hauptinsolvenzverfahrens allerdings in keiner Weise gebunden. Schließlich sprechen sowohl Art. 41 Abs. 2 lit. c) Hs. 2 EuInsVO als auch Art. 47 Abs. 1 EuInsVO lediglich von Vorschlägen des Verwalters des Hauptinsolvenzverfahrens. Der Wortlaut ist insofern eindeutig.

B. Funktionen eines Sekundärinsolvenzverfahrens

Zu unterscheiden sind die Schutzfunktion und die Unterstützungsfunktion eines Sekundärinsolvenzverfahrens.

I. Schutzfunktion

1. Die Schutzfunktion in den Erwägungsgründen

Sekundärinsolvenzverfahren können dem Schutz der unterschiedlichen bzw. inländischen Interessen dienen (vgl. Erwägungsgrund Nr. 23 S. 3 und Erwägungsgrund Nr. 40 S. 1). Es stellt sich daher die Frage, was der Gesetzgeber meint, wenn er von unterschiedlichen bzw. inländischen Interessen spricht. Dies wird in den Erwägungsgründen nicht direkt erläutert.

Allerdings hilft eine Lektüre des Erwägungsgrunds Nr. 22 weiter. Gemäß Erwägungsgrund Nr. 22 S. 1 erkennt die EuInsVO die Tatsache an, dass aufgrund der großen Unterschiede im materiellen Recht ein einziges Insolvenzverfahren mit universaler Geltung für die Union nicht realisierbar ist. Die ausnahmslose Anwendung des Rechts des Staates der Verfahrenseröffnung würde vor diesem Hintergrund häufig zu Schwierigkeiten führen, so Erwägungsgrund Nr. 22 S. 2. In Erwägungsgrund Nr. 22 S. 4 macht der Gesetzgeber darauf aufmerksam, dass unter anderem die Vorrechte einzelner Gläubiger im Insolvenzverfahren in den Mitgliedstaaten teilweise vollkommen unterschiedlich ausgestaltet sind.

Formuliert der Gesetzgeber in den Erwägungsgründen Nr. 23 S. 3 und Nr. 40 S. 1, dass Sekundärinsolvenzverfahren die unterschiedlichen bzw. inländischen Interessen schützen, so meint er damit folglich das Interesse bestimmter Gläubiger an der Anwendung des Rechts des Staates, in dem das Sekundärinsolvenzverfahren eröffnet wird.

Lokale Gläubiger, die mit der Niederlassung Geschäfte tätigen, vertrauen unter Umständen darauf, dass im Fall der Insolvenz ihr heimisches Insolvenzrecht zur Anwendung kommt. Im Schrifttum kommen daher viele Stimmen zu dem Schluss, der Gesetzgeber verfolge mit der Schaffung von Sekundärinsolvenzverfahren das Ziel, dieses Vertrauen zu schützen.[26] Das ist sicherlich richtig. Leider hat der Gesetzgeber es aber unterlassen, dieses Ziel ausdrücklich in den Erwägungsgründen zu formulieren.

Aus den Erwägungsgründen wird aber auf jeden Fall deutlich, dass Sekundärinsolvenzverfahren dazu dienen, einen Kompromiss zwischen dem Interesse an der Anwendung der *lex fori concursus* des Hauptinsolvenzverfahrens einerseits und dem Interesse an der Anwendung des Rechts des Staates, in dem sich die Niederlassung befindet, andererseits herzustellen. Im Schrifttum wird zudem richtigerweise darauf aufmerksam gemacht, dass durch die Eröffnung eines Sekundärinsolvenzverfahrens die Wertentscheidungen des Gesetzgebers des Staates, in dem sich die Niederlassung befindet, zum Tragen gebracht werden.[27] Weitere Informationen hinsichtlich des Schutzzwecks eines Sekundärinsolvenzverfahrens lassen sich den Erwägungsgründen nicht entnehmen.

---

[26] *Duursma-Kepplinger*, Duursma-Kepplinger/Duursma/Chalupsky, EuInsVO, 1. Aufl. 2002, Art. 27 a.F. Rn. 10; *Herchen*, in: Pannen, EuInsVO, 1. Aufl. 2007, Art. 27 a.F. Rn. 5; *Keller*, in: Vallender, EuInsVO, 2. Aufl. 2020, Art. 34 Rn. 5; *Kindler*, in: Münchener Kommentar BGB, Band 13, 8. Aufl. 2021, Art. 34 EuInsVO Rn. 4; *Mankowski*, in: Mankowski/Müller/J. Schmidt, EuInsVO, 1. Aufl. 2016, Vor Art. 34–51 Rn. 45; *Undritz*, in: FS Vallender, 2015, S. 745 (750).

[27] *Brinkmann*, in: Karsten Schmidt, InsO, 19. Aufl. 2016, Art. 27 EuInsVO a.F. Rn. 4; *Fehrenbach*, Haupt- und Sekundärinsolvenzverfahren, 2014, S. 307, 309 f.

2. Die Schutzfunktion im Schrifttum

In den Erwägungsgründen kommt vor allem zum Ausdruck, dass ein Sekundärinsolvenzverfahren das Interesse der Gläubiger an der Anwendung des Rechts des Staates, in dem sich die Niederlassung befindet, schützen soll.

Im Schrifttum ist man allerdings der Ansicht, ein Sekundärinsolvenzverfahren solle nicht nur vor rechtlichen Nachteilen, die sich aus der Anwendung einer fremden Rechtsordnung ergeben können, schützen, sondern auch vor Nachteilen nichtrechtlicher Natur. Angesichts des sehr weiten Wortlauts der Erwägungsgründe Nr. 23 S. 3 und Nr. 40 S. 1, in denen lediglich davon gesprochen wird, dass Sekundärinsolvenzverfahren dem Schutz der unterschiedlichen bzw. inländischen Interessen dienen, ist es grundsätzlich möglich, Sekundärinsolvenzverfahren weitere Schutzfunktionen beizumessen.

Konkret wird vertreten, Sekundärinsolvenzverfahren sollten die im Niederlassungsstaat ansässigen Gläubiger vor einem Insolvenzverfahren in fremder Sprache schützen.[28] Insbesondere diene ein Sekundärinsolvenzverfahren dem Schutz von Kleingläubigern, für die die Teilnahme an einem ausländischen Insolvenzverfahren eine hohe Hürde darstelle und häufig mit unverhältnismäßigem Aufwand verbunden sei.[29] Für lokale Gläubiger sei es zudem von großer Bedeutung, dass ein Gericht in ihrem Heimatstaat für das Sekundärinsolvenzverfahren zuständig ist.[30] Zudem sei ein Sekundärinsolvenzverfahren im Interesse öffentlicher Stellen und Körperschaften des Niederlassungsstaats.[31] Des Weiteren könne dem Sekundärinsolvenzverfahren eine korrigierende Funktion zukommen, wenn sich der Mittelpunkt der hauptsächlichen Interessen im Sinne des Art. 3 Abs. 1 S. 2 EuInsVO eigentlich im Niederlassungsstaat befindet, das Hauptinsolvenzverfahren unrichtigerweise aber dennoch in einem anderen Staat eröffnet wurde.[32]

---

[28] *Brinkmann*, in: Karsten Schmidt, InsO, 19. Aufl. 2016, Art. 27 EuInsVO a.F. Rn. 4; *Herchen*, in: Pannen, EuInsVO, 1. Aufl. 2007, Art. 27 a.F. Rn. 5; *Keller*, in: Vallender, EuInsVO, 2. Aufl. 2020, Art. 34 Rn. 10; *Kindler*, in: Münchener Kommentar BGB, Band 13, 8. Aufl. 2021, Art. 34 EuInsVO Rn. 4; *Mankowski*, in: Mankowski/Müller/J. Schmidt, EuInsVO, 1. Aufl. 2016, Vor Art. 34–51 Rn. 6.

[29] *Brinkmann*, in: Karsten Schmidt, InsO, 19. Aufl. 2016, Art. 27 EuInsVO a.F. Rn. 4; *Duursma-Kepplinger*, in: Duursma-Kepplinger/Duursma/Chalupsky, EuInsVO, 1. Aufl. 2002, Art. 27 a.F. Rn. 10; *Kindler*, in: Münchener Kommentar BGB, Band 13, 8. Aufl. 2021, Art. 34 EuInsVO Rn. 4; *Mankowski*, in: Mankowski/Müller/J. Schmidt, EuInsVO, 1. Aufl. 2016, Vor Art. 34–51 Rn. 7. Fehrenbach hingegen hält den Schutz von Kleingläubigern durch ein Sekundärinsolvenzverfahren nicht für eine Funktion dieses Verfahrens, sondern nur für einen Reflex. *Fehrenbach*, Haupt- und Sekundärinsolvenzverfahren, 2014, S. 309.

[30] *Mankowski*, in: Mankowski/Müller/J. Schmidt, EuInsVO, 1. Aufl. 2016, Vor Art. 34–51 Rn. 6.

[31] *Mankowski*, in: Mankowski/Müller/J. Schmidt, EuInsVO, 1. Aufl. 2016, Vor Art. 34–51 Rn. 4.

[32] *Brinkmann*, KTS 2014, 381 (393f.); *Herchen*, in: Pannen, EuInsVO, 1. Aufl. 2007, Art. 27 a.F. Rn. 25ff.; *Mankowski*, in: Mankowski/Müller/J. Schmidt, EuInsVO, 1. Aufl. 2016, Vor. Art. 34–51 Rn. 48; *Wimmer*, in: Wimmer/Bornemann/Lienau, Die Neufassung der

II. Hilfsfunktion

Ein Sekundärinsolvenzverfahren kann gemäß Erwägungsgrund Nr. 40 S. 1 neben dem Schutz der inländischen Interessen auch anderen Zwecken dienen.

Erwägungsgrund Nr. 40 S. 2 nennt zwei Anwendungsfälle. Demnach kann die Eröffnung eines Sekundärinsolvenzverfahrens sinnvoll sein, wenn die Insolvenzmasse des Schuldners zu verschachtelt ist, um als Ganzes verwaltet zu werden,[33] oder weil die Unterschiede in den betroffenen Rechtssystemen so groß sind, dass sich Schwierigkeiten ergeben können, wenn das Recht des Staates der Verfahrenseröffnung seine Wirkung in den anderen Staaten, in denen Vermögensgegenstände belegen sind, entfaltet. Aus diesem Grund kann der Verwalter des Hauptinsolvenzverfahrens die Eröffnung eines Sekundärinsolvenzverfahrens beantragen, wenn dies für die effiziente Verwaltung der Masse erforderlich ist, so Erwägungsgrund Nr. 40 S. 3.

Im Schrifttum wird hieraus vielfach abgeleitet, dass dem Sekundärinsolvenzverfahren neben dem Schutz der inländischen Interessen eine Unterstützungs- oder Hilfsfunktion für das Hauptinsolvenzverfahren zukommt.[34]

Fehrenbach hingegen ist der Auffassung, dass das Sekundärinsolvenzverfahren nicht die Aufgabe hat, das Hauptinsolvenzverfahren zu unterstützen.[35] Vielmehr sei das Sekundärinsolvenzverfahren eine Hilfskonstruktion zur Bewältigung internationaler Insolvenzverfahren, so Fehrenbach.[36] Allerdings erkennt auch Fehrenbach an, dass es Fälle gibt, in denen es für den Verwalter des Hauptinsolvenzverfahrens

---

EuInsVO, 2016, Rn. 395. Vgl. zudem *Mankowski*, in: Mankowski/Müller/J. Schmidt, EuInsVO, 1. Aufl. 2016, Vor Art. 34–51 Rn. 20 ff.; *Reinhart*, in: Münchener Kommentar InsO, Band 4, 3. Aufl. 2016, Art. 27 EuInsVO 2000 Rn. 14.

[33] Die meisten Kommentatoren messen dieser Funktion eines Sekundärinsolvenzverfahrens allerdings nur wenig praktische Bedeutung zu. Vgl. *Brinkmann*, in: Karsten Schmidt, InsO, 19. Aufl. 2016, Art. 27 EuInsVO a.F. Rn. 5; *Herchen*, in: Pannen, EuInsVO, 1. Aufl. 2007, Art. 27 a.F. Rn. 13; *Smid*, in: Leonhardt/Smid/Zeuner, Internationales Insolvenzrecht, 2. Aufl. 2012, Art. 27 EuInsVO a.F. Rn. 7; *Wimmer*, in: Wimmer/Bornemann/Lienau, Die Neufassung der EuInsVO, 2016, Rn. 397. Nach Ansicht von Fehrenbach führt die Eröffnung eines Sekundärinsolvenzverfahrens nur in wenigen Ausnahmenfällen zu einer Vereinfachung der Vermögensstruktur. Sollte es aber tatsächlich einmal zu einer Vereinfachung der Vermögensstruktur kommen, so könne dennoch nicht von einer Unterstützung des Hauptinsolvenzverfahrens gesprochen werden, so Fehrenbach. Vielmehr werde die Abwicklung des Gesamtverfahrens vereinfacht. *Fehrenbach*, Haupt- und Sekundärinsolvenzverfahren, 2014, S. 314.

[34] So u.a. *Herchen*, in: Pannen, EuInsVO, 1. Aufl. 2007, Art. 27 a.F. Rn. 12; *Keller*, in: Vallender, EuInsVO, 2. Aufl. 2020, Art. 34 Rn. 5; *Kindler*, in: Münchener Kommentar BGB, Band 13, 8. Aufl. 2021, Art. 34 EuInsVO Rn. 3, 5; *Mankowski*, in: Mankowski/Müller/J. Schmidt, EuInsVO, 1. Aufl. 2016, Vor Art. 34–51 Rn. 46; *Smid*, in: Leonhardt/Smid/Zeuner, Internationales Insolvenzrecht, 2. Aufl. 2012, Art. 27 EuInsVO a.F. Rn. 7; *Undritz*, in: FS Vallender, 2015, S. 745 (754 ff.).

[35] *Fehrenbach*, Haupt- und Sekundärinsolvenzverfahren, 2014, S. 336.

[36] *Fehrenbach*, Haupt- und Sekundärinsolvenzverfahren, 2014, S. 336.

sinnvoll sein kann, die Eröffnung eines Sekundärinsolvenzverfahrens zu beantragen.[37]

1. Die Beantragung eines Sekundärinsolvenzverfahrens zur Vermeidung praktischer Schwierigkeiten

Für den Verwalter des Hauptinsolvenzverfahrens sei die Verwaltung des im Niederlassungsstaat belegenen Vermögens unter Umständen mit besonders großem Aufwand verbunden. Gründe könnten fehlende Kenntnisse des Verwalters der fremden Sprache[38] und des ausländischen Rechts[39] sein. Möglicherweise werde die Stellung des Verwalters des Hauptinsolvenzverfahrens von den beteiligten Akteuren im Niederlassungsstaat nicht ausreichend respektiert.[40] Auch eine große räumliche Distanz zwischen dem Staat der Verfahrenseröffnung und dem Niederlassungsstaat könne effizienzmindernd wirken.[41] Im Einzelfall könne es daher für den Verwalter des Hauptinsolvenzverfahrens sinnvoll sein, die Eröffnung eines Sekundärinsolvenzverfahrens zu beantragen, um die Verwaltung des im Niederlassungsstaat belegenen Vermögens dem Verwalter des Sekundärinsolvenzverfahrens zu überlassen.[42]

2. Die Beantragung eines Sekundärinsolvenzverfahrens zur Einbeziehung dinglicher Rechte

Gemäß Art. 8 EuInsVO wird das dingliche Recht eines Gläubigers oder eines Dritten an Gegenständen des Schuldners, die sich zum Zeitpunkt der Eröffnung des Insolvenzverfahrens im Gebiet eines anderen Mitgliedstaats befinden, von der Er-

---

[37] *Fehrenbach*, Haupt- und Sekundärinsolvenzverfahren, 2014, S. 317 ff.

[38] *Keller*, in: Vallender, EuInsVO, 2. Aufl. 2020, Art. 34 Rn. 10; *Mankowski*, in: Mankowski/Müller/J. Schmidt, EuInsVO, 1. Aufl. 2016, Vor Art. 34–51 Rn. 11.

[39] *Keller*, in: Vallender, EuInsVO, 2. Aufl. 2020, Art. 34 Rn. 10; *Mankowski*, in: Mankowski/Müller/J. Schmidt, EuInsVO, 1. Aufl. 2016, Vor Art. 34–51 Rn. 11; *Paulus*, in: Paulus, EuInsVO, 6. Aufl. 2021, Einleitung Rn. 113; *Reinhart*, in: Münchener Kommentar InsO, Band 4, 3. Aufl. 2016, Art. 27 EuInsVO 2000 Rn. 5.

[40] *Herchen*, in: Pannen, EuInsVO, 1. Aufl. 2007, Art. 27 a. F. Rn. 13.

[41] *Herchen*, in: Pannen, EuInsVO, 1. Aufl. 2007, Art. 27 a. F. Rn. 89; *Keller*, in: Vallender, EuInsVO, 2. Aufl. 2020, Art. 34 Rn. 10.

[42] *Herchen*, in: Pannen, EuInsVO, 1. Aufl. 2007, Art. 27 a. F. Rn. 13; *Keller*, in: Vallender, EuInsVO, 2. Aufl. 2020, Art. 34 Rn. 10; *Mankowski*, in: Mankowski/Müller/J. Schmidt, EuInsVO, 1. Aufl. 2016, Vor Art. 34–51 Rn. 10 ff.; *Paulus*, in: Paulus, EuInsVO, 6. Aufl. 2021, Einleitung Rn. 113; *Reinhart*, in: Münchener Kommentar InsO, Band 4, 3. Aufl. 2016, Art. 27 EuInsVO 2000 Rn. 5. Fehrenbach hingegen hält die Eröffnung eines Sekundärinsolvenzverfahrens nicht für erforderlich, um die genannten Schwierigkeiten zu vermeiden. Vielmehr könne der Verwalter des Hauptinsolvenzverfahrens sich Hilfspersonen und externer Berater im Niederlassungsstaat bedienen. *Fehrenbach*, Haupt- und Sekundärinsolvenzverfahren, 2014, S. 315 ff.

öffnung des Hauptinsolvenzverfahrens nicht berührt. Mit Art. 8 EuInsVO verfolgt der Gesetzgeber das Ziel, dingliche Rechte in besonderem Maße zu schützen. Hintergrund ist die besondere Bedeutung dinglicher Rechte für die Gewährung von Krediten (vgl. Erwägungsgrund Nr. 68 S. 1).

Unter Umständen braucht der Verwalter des Hauptinsolvenzverfahrens aber gerade den im Ausland belegenen und mit einem Absonderungsrecht belasteten Gegenstand zur (vorläufigen) Fortführung des Unternehmens. Auf Verwertungsbeschränkungen, die das Insolvenzrecht des Staates, in dem das Hauptinsolvenzverfahren eröffnet wurde, vorsieht, kann sich der Verwalter wegen Art. 8 EuInsVO nicht berufen.[43]

Umstritten ist, ob Art. 8 EuInsVO stattdessen auf das Recht des Belegenheitsstaates verweist. Würde es sich tatsächlich um eine Kollisionsnorm handeln, so könnte der Verwalter dem dinglich gesicherten Gläubiger Verwertungsbeschränkungen, die das Insolvenzrecht des Belegenheitsstaates kennt, entgegenhalten.

Die herrschende Meinung geht jedoch davon aus, dass es sich bei Art. 8 EuInsVO nicht um eine Kollisions-, sondern um eine Sachnorm handelt.[44] Art. 8 EuInsVO stelle lediglich fest, dass die dinglichen Rechte von der Eröffnung des Hauptinsolvenzverfahrens unberührt bleiben. Die Norm enthalte aber keine Verweisung auf das Recht des Belegenheitsstaates. Folgt man der herrschenden Auffassung zu Art. 8 EuInsVO, so unterliegen die dinglichen Rechte an Gegenständen, die sich zum Zeitpunkt der Verfahrenseröffnung im Gebiet eines anderen Staates befinden, überhaupt keinen insolvenzrechtlichen Beschränkungen. Das hat dann aber zur Folge, dass der absonderungsberechtigte Gläubiger den mit dem dinglichen Recht belasteten Gegenstand faktisch aussondern kann, obwohl er sowohl nach dem Recht des Staates des Hauptinsolvenzverfahrens als auch nach dem Recht des Belegenheitsstaates nur ein Recht auf abgesonderte Befriedigung hat.[45]

Unterhält der Schuldner in dem Staat, in dem der Sicherungsgegenstand belegen ist, eine Niederlassung im Sinne des Art. 2 Nr. 10 EuInsVO, so wird im Schrifttum vorgeschlagen, der Verwalter des Hauptinsolvenzverfahrens solle zur Lösung dieses

---

[43] Vgl. auch *Brinkmann*, in: Karsten Schmidt, InsO, 19. Aufl. 2016, Art. 5 EuInsVO a.F. Rn. 1; *Liersch*, in: Vallender, EuInsVO, 2. Aufl. 2020, Art. 8 Rn. 24; *Paulus*, in: Paulus, EuInsVO, 6. Aufl. 2021, Art. 8 Rn. 1; *Reinhart*, in: Münchener Kommentar InsO, Band 4, 3. Aufl. 2016, Art. 5 EuInsVO 2000 Rn. 19; *Schmidt*, in: Mankowski/Müller/J. Schmidt, EuInsVO, 1. Aufl. 2016, Art. 8 Rn. 34.

[44] So u.a. *Fehrenbach*, GPR 2017, 38 (41); *Ingelmann*, in: Pannen, EuInsVO, 1. Aufl. 2007, Art. 5 a.F. Rn. 16; *Liersch*, in: Vallender, EuInsVO, 2. Aufl. 2020, Art. 8 Rn. 24; *Reinhart*, in: Münchener Kommentar InsO, Band 4, 3. Aufl. 2016, Art. 5 EuInsVO 2000 Rn. 17a; *Schmidt*, in: Mankowski/Müller/J. Schmidt, EuInsVO, 1. Aufl. 2016, Art. 8 Rn. 34; a.A. u.a. *Brinkmann*, in: Karsten Schmidt, InsO, 19. Aufl. 2016, Art. 5 EuInsVO a.F. Rn. 17 ff.

[45] Dies wird u.a. kritisiert von *Brinkmann*, in: Karsten Schmidt, InsO, 19. Aufl. 2016, Art. 5 EuInsVO a.F. Rn. 19.

Problems die Eröffnung eines Sekundärinsolvenzverfahrens beantragen.[46] Der Tatbestand des Art. 8 EuInsVO ist in diesem Fall nicht erfüllt, da sich der Gegenstand, an dem das Sicherungsrecht besteht, zum Zeitpunkt der Eröffnung des Sekundärinsolvenzverfahrens in dem Staat befindet, in dem dieses Verfahren eröffnet wird. Das dingliche Recht wird folglich von der Eröffnung des Sekundärinsolvenzverfahrens berührt und unterliegt den insolvenzrechtlichen Beschränkungen des Staates, in dem das Sekundärinsolvenzverfahren eröffnet wurde. Enthält die *lex fori concursus secundarii* eine Verwertungsbeschränkung, so kann der Verwalter des Sekundärinsolvenzverfahrens diese gegenüber dem Absonderungsberechtigten geltend machen. Im Übrigen schlägt auch der Gesetzgeber dem Verwalter des Hauptinsolvenzverfahrens vor, die Eröffnung eines Sekundärinsolvenzverfahrens zu beantragen (vgl. Erwägungsgrund Nr. 68 S. 4).

Für den Verwalter des Hauptinsolvenzverfahrens ist die Beantragung des Sekundärinsolvenzverfahrens allerdings mit einem großen Nachteil verbunden. Der im Niederlassungsstaat belegene und mit einem Sicherungsrecht belastete Gegenstand wird Teil der Aktivmasse des Sekundärinsolvenzverfahrens, so dass der Verwalter des Hauptinsolvenzverfahrens nicht mehr auf diesen Gegenstand zugreifen kann.[47]

3. Die Beantragung eines Sekundärinsolvenzverfahrens zur Erweiterung der Anfechtungsmöglichkeiten

Die Eröffnung eines Sekundärinsolvenzverfahrens kann im Einzelfall zu einer Verbesserung der Anfechtungsmöglichkeiten führen.[48]

Vor Eröffnung eines Sekundärinsolvenzverfahrens können gläubigerbenachteiligende Rechtshandlungen gemäß Art. 7 Abs. 2 S. 2 lit. m) EuInsVO ausschließlich nach den Insolvenzanfechtungsregeln angefochten werden, die das Recht des Staates des Hauptinsolvenzverfahrens vorsieht. Ist nach diesen Insolvenzanfechtungsregeln die Anfechtung einer bestimmten Rechtshandlung nicht möglich, so muss der Verwalter prüfen, ob die Beantragung eines Sekundärinsolvenzverwahrens hilfreich ist.

Wird ein Sekundärinsolvenzverfahren eröffnet, so gelten hinsichtlich der Anfechtung gläubigerbenachteiligender Rechtshandlungen folgende Regeln.[49] Nach

---

[46] So u.a. *Herchen*, in: Pannen, EuInsVO, 1. Aufl. 2007, Art. 27 a.F. Rn. 14; *Liersch*, in: Vallender, EuInsVO, 2. Aufl. 2020, Art. 8 Rn. 26; *Mankowski*, in: Mankowski/Müller/J. Schmidt, EuInsVO, 1. Aufl. 2016, Vor Art. 34–51 Rn. 8 f.; *Reinhart*, in: Münchener Kommentar InsO, Band 4, 3. Aufl. 2016, Art. 27 EuInsVO 2000 Rn. 6; *Schmidt*, in: Mankowski/Müller/J. Schmidt, EuInsVO, 1. Aufl. 2016, Art. 8 Rn. 38.

[47] Dieses Problem erkennt auch Fehrenbach. Vgl. *Fehrenbach*, Haupt- und Sekundärinsolvenzverfahren, 2014, S. 324.

[48] Vgl. dazu auch *Fehrenbach*, Haupt- und Sekundärinsolvenzverfahren, 2014, S. 324 ff.; *Paulus*, in: Paulus, EuInsVO, 6. Aufl. 2021, Einleitung Rn. 100 und Art. 34 Rn. 1.

[49] Siehe dazu ausführlich S. 232 ff.

welchem Insolvenzstatut eine Rechtshandlung angefochten werden kann, ist davon abhängig, welcher Verwalter zur Anfechtung befugt ist. Der Verwalter des Sekundärinsolvenzverfahrens ist anfechtungsbefugt, wenn der Gegenstand, der in anfechtbarer Weise weggegeben wurde, zum Zeitpunkt der anfechtbaren Handlung im Niederlassungsstaat belegen war. Ist der Verwalter des Sekundärinsolvenzverfahrens anfechtungsbefugt, so kann dieser die Rechtshandlung gemäß Art. 7 Abs. 2 S. 2 lit. m) EuInsVO nur nach Anfechtungsregeln der *lex fori concursus secundarii* anfechten. War der anfechtbar weggegebene Gegenstand zum Zeitpunkt der anfechtbaren Handlung hingegen außerhalb des Niederlassungsstaats belegen, so ist ausschließlich der Verwalter des Hauptinsolvenzverfahrens anfechtungsbefugt. Die Rechtshandlung ist dann gemäß Art. 7 Abs. 2 S. 2 lit. m) EuInsVO nach dem Insolvenzanfechtungsrecht des Staates des Hauptinsolvenzverfahrens anzufechten.

Für beide Verwalter gilt, dass sie das Insolvenzanfechtungsrecht nicht wählen können.[50] Dem Verwalter des Hauptinsolvenzverfahrens ist es daher auch nach Eröffnung eines Sekundärinsolvenzverfahrens nicht möglich, eine Rechtshandlung nach den Insolvenzanfechtungsregeln des Staates, in dem das Sekundärinsolvenzverfahren eröffnet wurde, anzufechten. Umgekehrt kann der Verwalter des Sekundärinsolvenzverfahrens eine Rechtshandlung nicht nach den Anfechtungsregeln des Staates des Hauptinsolvenzverfahrens anfechten.

Daraus ergibt sich, dass die Beantragung eines Sekundärinsolvenzverfahrens zur Erweiterung der Anfechtungsmöglichkeiten nur dann sinnvoll ist, wenn folgende drei Voraussetzungen erfüllt sind. Die Anfechtungsregeln der *lex fori concursus secundarii* sind weiter gefasst als die der *lex fori concursus* des Hauptinsolvenzverfahrens und lassen die Anfechtung der betreffenden Rechtshandlung zu. Nach Eröffnung des Sekundärinsolvenzverfahrens muss gerade der Verwalter des Sekundärinsolvenzverfahrens befugt sein, die betreffende Rechtshandlung anzufechten, so dass gemäß Art. 7 Abs. 2 S. 2 lit. m) EuInsVO die Anfechtungsregeln des Staates des Sekundärinsolvenzverfahrens Anwendung finden. Zudem sollte es dem Anfechtungsgegner im Einzelfall nicht möglich sein, sich auf Art. 16 EuInsVO zu berufen.

Sind diese Voraussetzungen alle erfüllt, so kann der Verwalter des Hauptinsolvenzverfahrens die Eröffnung des Sekundärinsolvenzverfahrens beantragen, um die Anfechtung der Rechtshandlung durch den Verwalter des Sekundärinsolvenzverfahrens zu ermöglichen. Ficht der Verwalter des Sekundärinsolvenzverfahrens die Rechtshandlung an, so ist das anfechtbar weggegebene Vermögen an die Masse des Sekundärinsolvenzverfahrens herauszugeben. Die Eröffnung des Sekundärinsolvenzverfahrens ermöglicht in dem hier beschriebenen Fall die Anfechtung einer Rechtshandlung, die vor Eröffnung des Sekundärinsolvenzverfahrens nicht hätte angefochten werden können. Insofern erfüllt das Sekundärinsolvenzverfahren dann eine Hilfsfunktion.

---

[50] Hierauf macht auch Fehrenbach aufmerksam. *Fehrenbach*, Haupt- und Sekundärinsolvenzverfahren, 2014, S. 327.

Kapitel 3

Grundlagen virtueller Sekundärinsolvenzverfahren

A. Die Entstehungsgeschichte virtueller Sekundärinsolvenzverfahren

I. Die Entstehungsgeschichte virtueller Sekundärinsolvenzverfahren in Kurzform

Im Folgenden wird die Entstehungsgeschichte des virtuellen Sekundärinsolvenzverfahrens in Kurzform erläutert, damit sich der Leser eine schnelle Übersicht verschaffen kann. Eine detaillierte Darstellung der Entstehungsgeschichte findet sich in den darauffolgenden Abschnitten.

1. Entstehungsgeschichte der EuInsVO

Am 29. Mai 2000 wurde die Europäische Insolvenzverordnung (EuInsVO) verabschiedet.[51] Gemäß Art. 47 S. 1 EuInsVO a. F. trat die EuInsVO am 31. Mai 2002, also zwei Jahre nach ihrer Verabschiedung, in Kraft. Am 20. Mai 2015 wurde eine Neufassung der EuInsVO beschlossen.[52] Die Neufassung der EuInsVO gilt gemäß Art. 92 S. 2 EuInsVO n. F., abgesehen von drei Ausnahmen, seit dem 26. Juni 2017.

Die Verordnung ist in sämtlichen Staaten der Europäischen Union mit Ausnahme Dänemarks anwendbar (vgl. Erwägungsgrund Nr. 88). Die EuInsVO ist in allen grenzüberschreitenden Insolvenzverfahren innerhalb der Europäischen Union heranzuziehen. Laut Europäischer Kommission handelt es sich um ein grenzüberschreitendes Insolvenzverfahren, wenn der Schuldner Vermögen oder Verbindlichkeiten in mehr als einem Mitgliedstaat hat.[53]

Die EuInsVO enthält im Wesentlichen Regelungen zur internationalen Zuständigkeit der Gerichte, zum anwendbaren Recht und zur Anerkennung von Insolvenzverfahren in anderen Mitgliedstaaten. Des Weiteren beinhaltet sie Bestimmungen zur Eröffnung und Durchführung eines Sekundärinsolvenzverfahrens. In der Neufassung der EuInsVO findet sich zudem ein Kapitel über Insolvenzverfahren über das Vermögen von Mitgliedern einer Unternehmensgruppe.

---

[51] Verordnung (EG) Nr. 1346/2000 des Rates vom 29. Mai 2000 über Insolvenzverfahren, ABl. Nr. L 160 vom 30.6.2000, S. 1.

[52] Verordnung (EU) Nr. 2015/848 des Europäischen Parlaments und des Rates vom 20. Mai 2015 über Insolvenzverfahren (Neufassung), ABl. Nr. L 141 vom 5.6.2015, S. 19.

[53] Vorschlag der Kommission für eine Verordnung des Europäischen Parlaments und des Rates zur Änderung der Verordnung (EG) Nr. 1346/2000 des Rates über Insolvenzverfahren vom 12.12.2012, COM (2012) 744 final, S. 2.

2. Der Grundsatz der modifizierten Universalität

Der EuInsVO liegt das Prinzip der modifizierten Universalität zugrunde (vgl. Erwägungsgrund Nr. 22 und Erwägungsgrund Nr. 23).[54] Konkret bedeutet dies Folgendes.

Das Insolvenzverfahren über das Vermögen des Schuldners wird gemäß Art. 3 Abs. 1 S. 1 EuInsVO in dem Staat eröffnet, in dessen Gebiet der Schuldner den Mittelpunkt seiner hauptsächlichen Interessen hat. Dieses Insolvenzverfahren ist ein Hauptinsolvenzverfahren. Das Hauptinsolvenzverfahren hat universale Geltung (vgl. Erwägungsgrund Nr. 23 S. 2). Es wird gemäß Art. 19 Abs. 1 UAbs. 1 EuInsVO automatisch in allen anderen Mitgliedstaaten anerkannt. Gemäß Art. 20 Abs. 1 EuInsVO entfaltet die Eröffnung eines Hauptinsolvenzverfahrens in jedem anderen Mitgliedstaat, ohne dass es hierfür irgendwelcher Förmlichkeiten bedürfte, die Wirkungen, die das Recht des Staates der Verfahrenseröffnung dem Verfahren beilegt. Das Hauptinsolvenzverfahren bezieht sich auf das gesamte Vermögen des Schuldners, also auch auf die Vermögensgegenstände, die außerhalb des Staates, in dem das Hauptinsolvenzverfahren eröffnet wurde, belegen sind. Im Hauptinsolvenzverfahren findet gemäß Art. 7 EuInsVO grundsätzlich die *lex fori concursus* des Hauptinsolvenzverfahrens Anwendung.

Allerdings kommt der Gesetzgeber zu dem Schluss, dass ein einziges Insolvenzverfahren mit universaler Geltung wegen der erheblichen Unterschiede im materiellen Recht nicht sinnvoll ist (vgl. Erwägungsgrund Nr. 22 S. 1). Daher schränkt er die universale Geltung des Hauptinsolvenzverfahrens auf zweierlei Weise ein (vgl. Erwägungsgrund Nr. 22 S. 6). Erstens sehen die Art. 8 ff. EuInsVO Ausnahmen von der grundsätzlich geltenden *lex fori concursus* vor. Zweitens wird die universale Geltung des Hauptinsolvenzverfahrens durch die Eröffnung eines Sekundärinsolvenzverfahrens eingeschränkt.

Ein Sekundärinsolvenzverfahren kann gemäß Art. 3 Abs. 2 S. 1 EuInsVO eröffnet werden, wenn der Schuldner außerhalb des Staates, in dem das Hauptinsolvenzverfahren eröffnet wurde, eine Niederlassung unterhält. Sekundärinsolvenzverfahren dienen vor allem dem Schutz der unterschiedlichen bzw. inländischen Interessen (vgl. Erwägungsgrund Nr. 23 S. 3 und Erwägungsgrund Nr. 40 S. 1). Die Eröffnung eines Sekundärinsolvenzverfahrens hat gemäß Art. 34 S. 3 EuInsVO zur Folge, dass das im Niederlassungsstaat belegene Vermögen aus dem Insolvenzbeschlag des Hauptinsolvenzverfahrens herausgelöst wird. Diese Vermögensgegenstände bilden fortan die Aktivmasse des Sekundärinsolvenzverfahrens. Der Verwalter des Hauptinsolvenzverfahrens kann über diese Vermögensgegenstände nicht mehr verfügen. Die Eröffnung eines Sekundärinsolvenzverfahrens führt also zu einer Teilung

---

[54] Vgl. dazu u. a. auch *Brinkmann*, in: Karsten Schmidt, InsO, 19. Aufl. 2016, Vor EuInsVO Rn. 8 f.; *Duursma-Kepplinger*, in: Duursma-Kepplinger/Duursma/Chalupsky, EuInsVO, 1. Aufl. 2002, Vorbemerkung zur EuInsVO Rn. 43 ff.; *Fehrenbach*, Haupt- und Sekundärinsolvenzverfahren, 2014, S. 16 ff.; *Smid*, in: Leonhardt/Smid/Zeuner, Internationales Insolvenzrecht, 2. Aufl. 2012, Vor Art. 1 EuInsVO Rn. 10.

der zunächst universalen Aktivmasse. Im Sekundärinsolvenzverfahren gilt gemäß Art. 7 EuInsVO grundsätzlich die *lex fori concursus secundarii*. Die *lex fori concursus* des Hauptinsolvenzverfahrens wird insoweit verdrängt.

3. Virtuelle Sekundärinsolvenzverfahren nach englischem Recht

In England betrachtete man die Eröffnung von Sekundärinsolvenzverfahren nach der EuInsVO kritisch. Englische Insolvenzverwalter entwickelten daher eine Strategie zur Vermeidung von Sekundärinsolvenzverfahren. Sie sicherten den im Niederlassungsstaat ansässigen Gläubigern zu, sie im englischen Insolvenzverfahren so zu behandeln als sei ein Sekundärinsolvenzverfahren eröffnet worden.[55] Im Mai 2005 kam der High Court of Justice Birmingham erstmals zu dem Schluss, dass ein solches Vorgehen mit englischem Recht vereinbar ist.[56] In den darauffolgenden Jahren wurde in mehreren Entscheidungen bestätigt, dass solche Zusicherungen zur Vermeidung von Sekundärinsolvenzverfahren nach englischem Recht zulässig sind.[57] Man sprach fortan von virtuellen Sekundärinsolvenzverfahren oder alternativ auch von synthetischen Sekundärinsolvenzverfahren. Diese Rechtsprechung englischer Gerichte fand auch außerhalb Englands Beachtung. In Deutschland wurde die Vorgehensweise englischer Verwalter und Gerichte zur Vermeidung von Sekundärinsolvenzverfahren ebenfalls diskutiert.[58] Man war sich allerdings weitgehend einig, dass in einem deutschen Regelinsolvenzverfahren eine Zusicherung an ausländische Gläubiger, diese im deutschen Verfahren so zu behandeln als sei ein Sekundärinsolvenzverfahren eröffnet worden, wegen eines Verstoßes gegen den Gläubigergleichbehandlungsgrundsatz unzulässig wäre.[59]

---

[55] Siehe hierzu ausführlich S. 59 ff.

[56] *High Court of Justice Birmingham*, Beschluss vom 11.5.2005, NZI 2005, 515 (515 ff.).

[57] *High Court of Justice Birmingham*, Beschluss vom 30.3.2006, NZI 2006, 416 (416 ff.); *High Court of Justice London*, Beschluss vom 9.6.2006, NZI 2006, 654 (654 ff.); *High Court of Justice London*, Beschluss vom 11.2.2009, ZIP 2009, 578 (578 f.).

[58] *Herchen*, in: Pannen, EuInsVO, 1. Aufl. 2007, Art. 27 a. F. Rn. 8; *Köhler-Ma/Burkhard*, DZWIR 2007, 410 (411 ff.); *Mankowski*, NZI 2006, 418 (418 f.); *Mankowski*, EWiR 2006, 623 (623 f.); *Mankowski*, NZI 2009, 451 (451 f.); *Meyer-Löwy/Plank*, NZI 2006, 622 (622 ff.); *Mock*, ZInsO 2009, 895 (900 f.); *Nerlich*, in: Nerlich Römermann, InsO, Stand März 2009, Art. 4 EuInsVO a. F. Rn. 46; *Paulus*, EWiR 2009, 177 (177 f.); *Penzlin/Riedemann*, NZI 2005, 517 (518 ff.); *Vallender*, NZI 2007, 129 (134 ff.).

[59] So *Mankowski*, NZI 2006, 418 (419); *Meyer-Löwy/Plank*, NZI 2006, 622 (623); *Mock*, ZInsO 2009, 895 (900); *Penzlin/Riedemann*, NZI 2005, 517 (519 f.); *Vallender*, NZI 2007, 129 (136). Hingegen hielten *Köhler-Ma/Burkhard* Zusicherungen zur Vermeidung von Sekundärinsolvenzverfahren auch außerhalb eines Insolvenzplanverfahrens für möglich. Vgl. *Köhler-Ma/Burkhard*, DZWIR 2007, 410 (413).

4. Die Neufassung der EuInsVO

Gemäß Art. 46 EuInsVO a. F. war die Kommission verpflichtet, dem Europäischen Parlament, dem Rat und dem Wirtschafts- und Sozialausschuss bis zum 1. Juni 2012 einen Bericht über die Anwendung der EuInsVO vorzulegen.

Zur Vorbereitung dieses Berichts gab die Kommission eine externe Studie in Auftrag, welche Probleme bei der Anwendung der EuInsVO ermitteln sollte. Diese Studie wurde von den Universitäten Heidelberg und Wien unter Beteiligung des Max-Planck-Instituts Luxemburg[60] erstellt. Die Studie trägt daher den Namen Heidelberg-Luxembourg-Vienna Report.[61] Die Autoren dieser Studie teilten die bereits von Praktikern und Wissenschaftlern geäußerte Kritik an Sekundärinsolvenzverfahren.[62] Sie schlugen allerdings nicht die Abschaffung von Sekundärinsolvenzverfahren vor. Dies sei schon aus politischen Gründen kein realistisches Ziel.[63] Stattdessen solle man versuchen, die Zahl der Fälle, in denen ein Sekundärinsolvenzverfahren eröffnet wird, zu reduzieren.[64] Zur Erreichung dieses Ziels wird unter anderem vorgeschlagen, eine Norm in die EuInsVO aufzunehmen, die den Verwalter des Hauptinsolvenzverfahrens berechtigt, den ausländischen Gläubigern zuzusichern, sie im Hauptinsolvenzverfahren so zu behandeln als sei ein Sekundärinsolvenzverfahren eröffnet worden.[65] Nach Abgabe einer solchen Zusicherung solle die Eröffnung eines Sekundärinsolvenzverfahrens nicht mehr möglich sein.[66] Vorbild für solche Zusicherungen sei das Vorgehen englischer Verwalter und Gerichte in den Fällen MG Rover Belux SA/NV, Collins & Aikman und Re Nortel Networks SA.[67]

Im Anschluss an diese Studie veröffentlichte die Europäische Kommission am 12. 12. 2012 einen ersten Vorschlag zur Änderung der EuInsVO.[68] Dieser Vorschlag

---

[60] Max Planck Institute Luxembourg for International, European and Regulatory Procedural Law.

[61] *Hess/Oberhammer/Pfeiffer*, European Insolvency Law Heidelberg-Luxembourg-Vienna Report, 2013.

[62] *Oberhammer*, in: Hess/Oberhammer/Pfeiffer, European, Insolvency Law Heidelberg-Luxembourg-Vienna Report, 2013, Rn. 891, 900 ff.

[63] *Oberhammer*, in: Hess/Oberhammer/Pfeiffer, European Insolvency Law Heidelberg-Luxembourg-Vienna Report, 2013, Rn. 903.

[64] *Oberhammer*, in: Hess/Oberhammer/Pfeiffer, European Insolvency Law Heidelberg-Luxembourg-Vienna Report, 2013, Rn. 904.

[65] *Oberhammer*, in: Hess/Oberhammer/Pfeiffer, European Insolvency Law Heidelberg-Luxembourg-Vienna Report, 2013, Rn. 914.

[66] *Oberhammer*, in: Hess/Oberhammer/Pfeiffer, European Insolvency Law Heidelberg-Luxembourg-Vienna Report, 2013, Rn. 914.

[67] *Oberhammer*, in: Hess/Oberhammer/Pfeiffer, European Insolvency Law Heidelberg-Luxembourg-Vienna Report, 2013, Rn. 914 und Fn. 79.

[68] Vorschlag der Kommission für eine Verordnung des Europäischen Parlaments und des Rates zur Änderung der Verordnung (EG) Nr. 1346/2000 des Rates über Insolvenzverfahren vom 12. 12. 2012, COM (2012) 744 final.

sah die Einführung von Zusicherungen zur Vermeidung von Sekundärinsolvenzverfahren vor, wie vom Heidelberg-Luxembourg-Vienna Report vorgeschlagen.[69] Der Kommissionsvorschlag verwendete hierfür den Begriff „virtuelles Sekundärinsolvenzverfahren“.[70]

Im weiteren Gesetzgebungsverfahren wurde der Vorschlag der Kommission zur Einführung von Zusicherungen zur Vermeidung von Sekundärinsolvenzverfahren stark modifiziert und erweitert. Das virtuelle Sekundärinsolvenzverfahren findet sich nun in Art. 36 EuInsVO. Art. 36 EuInsVO trägt die Überschrift „Recht, zur Vermeidung eines Sekundärinsolvenzverfahrens eine Zusicherung zu geben“. Wie die allermeisten Artikel der Neufassung der EuInsVO gilt auch Art. 36 EuInsVO gemäß Art. 92 S. 2 EuInsVO seit dem 26. Juni 2017. Es ist nicht ersichtlich, dass bereits Verwalter eines Hauptinsolvenzverfahrens von der Möglichkeit der Abgabe einer Zusicherung und Durchführung eines virtuellen Sekundärinsolvenzverfahrens gemäß Art. 36 EuInsVO Gebrauch gemacht hätten. Erst recht sind noch keine gerichtlichen Entscheidungen ergangen, die sich mit Art. 36 EuInsVO und dem virtuellen Sekundärinsolvenzverfahren befassen.

II. Virtuelle Sekundärinsolvenzverfahren nach englischem Recht

Die Idee, die Eröffnung eines Sekundärinsolvenzverfahrens dadurch zu vermeiden, dass man den ausländischen Gläubigern zusichert, sie im Hauptinsolvenzverfahren so zu behandeln, als sei ein Sekundärinsolvenzverfahren eröffnet worden, wurde durch englische Insolvenzverwalter entwickelt. Englische Gerichte bestätigten in mehreren Entscheidungen, dass ein solches Vorgehen der Verwalter nach englischem Recht zulässig ist.

Der europäische Gesetzgeber nimmt in den Gesetzgebungsmaterialien zur Neufassung der EuInsVO ausdrücklich Bezug auf diese Rechtsprechung englischer Gerichte.[71] Virtuelle Sekundärinsolvenzverfahren nach englischem Recht werden dort als Ideengeber und Vorbild für virtuelle Sekundärinsolvenzverfahren auf europäischer Ebene genannt. Aus diesem Grund ist es unerlässlich, die Rechtsprechung englischer Gerichte hinsichtlich virtueller Sekundärinsolvenzverfahren zu kennen.

---

[69] Vorschlag der Kommission für eine Verordnung des Europäischen Parlaments und des Rates zur Änderung der Verordnung (EG) Nr. 1346/2000 des Rates über Insolvenzverfahren vom 12.12.2012, COM (2012) 744 final, S. 8, 18, 25.

[70] Vorschlag der Kommission für eine Verordnung des Europäischen Parlaments und des Rates zur Änderung der Verordnung (EG) Nr. 1346/2000 des Rates über Insolvenzverfahren vom 12.12.2012, COM (2012) 744 final, S. 8.

[71] Vorschlag der Kommission für eine Verordnung des Europäischen Parlaments und des Rates zur Änderung der Verordnung (EG) Nr. 1346/2000 des Rates über Insolvenzverfahren vom 12.12.2012, COM (2012) 744 final, S. 8.

1. Die Entscheidungen englischer Gerichte

Für die Kenntnis virtueller Sekundärinsolvenzverfahren nach englischem Recht sind vier Entscheidungen englischer Gerichte von Bedeutung. Diese werden im Folgenden dargestellt und kommentiert.

a) MG Rover I

Im Fall MG Rover hat der High Court of Justice Birmingham im Frühjahr 2005 zwei Entscheidungen getroffen, die gemeinsam betrachtet werden müssen.

aa) Beschluss des High Court of Justice Birmingham vom 18. April 2005

Zum MG Rover-Konzern gehörten u. a. Vertriebsgesellschaften in Deutschland, den Niederlanden, Belgien, Spanien, Italien, Portugal, Frankreich und Irland.[72] Aufgabe dieser Vertriebsgesellschaften war es, in dem jeweiligen Staat den Verkauf der Fahrzeuge der Marke Rover zu organisieren und die Produkte zu bewerben.[73] In der Entscheidung vom 18. April 2005 beschäftigte sich der High Court of Justice Birmingham mit der Frage, ob er international zuständig ist, Hauptinsolvenzverfahren über das Vermögen dieser Gesellschaften zu eröffnen.[74]

Gemäß Art. 3 Abs. 1 S. 1 EuInsVO a. F. (Art. 3 Abs. 1 S. 1 EuInsVO n. F.) sind für die Eröffnung des Insolvenzverfahrens die Gerichte des Staats zuständig, in dessen Gebiet der Schuldner den Mittelpunkt seiner hauptsächlichen Interessen hat. Als Mittelpunkt der hauptsächlichen Interessen sollte gemäß Erwägungsgrund Nr. 13 a. F. (vgl. ähnlichen Wortlaut des Art. 3 Abs. 1 S. 2 EuInsVO n. F.) der Ort gelten, an dem der Schuldner gewöhnlich der Verwaltung seiner Interessen nachgeht und damit für Dritte feststellbar ist. Bei Gesellschaften und juristischen Personen wird gemäß Art. 3 Abs. 1 S. 2 EuInsVO a. F. (Art. 3 Abs. 1 S. 3 EuInsVO n. F.) bis zum Beweis des Gegenteils vermutet, dass der Mittelpunkt ihrer hauptsächlichen Interessen der Ort des satzungsmäßigen Sitzes ist.

Die Vertriebsgesellschaften hatten ihren satzungsmäßigen Sitz jeweils in dem Staat, in dem sie für den Vertrieb der Fahrzeuge zuständig waren.[75] Beispielsweise befand sich der Sitz der deutschen Vertriebsgesellschaft in Deutschland und der Sitz der italienischen Vertriebsgesellschaft in Italien. Dennoch kam der High Court of Justice Birmingham zu dem Ergebnis, dass sich der Mittelpunkt der hauptsächlichen Interessen jeder einzelnen Vertriebsgesellschaft in England und Wales befand und nicht in den Staaten, in denen die Gesellschaften jeweils ihren satzungsmäßigen Sitz

---

[72] *High Court of Justice Birmingham*, Beschluss vom 18. 4. 2005, NZI 2005, 467.

[73] *High Court of Justice Birmingham*, Beschluss vom 18. 4. 2005, NZI 2005, 467.

[74] *High Court of Justice Birmingham*, Beschluss vom 18. 4. 2005, NZI 2005, 467.

[75] *High Court of Justice Birmingham*, Beschluss vom 18. 4. 2005, NZI 2005, 467 (468) (Rn. 10) (Rn. 16).

hatten.[76] Das Gericht sah die Vermutung des Art. 3 Abs. 1 S. 2 EuInsVO a. F. (Art. 3 Abs. 1 S. 3 EuInsVO n. F.) also als widerlegt an. Das Gericht stellte darauf ab, dass die Vertriebsgesellschaften in allen wichtigen Belangen von der Konzernzentrale in England kontrolliert würden und von dieser abhängig seien.[77] Dies gelte u. a. für die Managementstruktur und wichtige Personalentscheidungen,[78] für die Finanzierung der Vertriebsgesellschaften[79] und für die Belieferung von Produkten[80]. Der High Court of Justice Birmingham kam daher zu dem Schluss, dass die Vertriebsgesellschaften keine wirtschaftlich selbstständigen Unternehmen seien.[81] Daher befinde sich der Mittelpunkt der hauptsächlichen Interessen in allen Fällen in England.[82] Aus diesem Grund gelangte der High Court of Justice Birmingham zu dem Ergebnis, dass er für die Eröffnung von Hauptinsolvenzverfahren über das Vermögen dieser Gesellschaften international zuständig sei. In der Folge eröffnete der High Court of Justice Birmingham am 18. April 2005 Hauptinsolvenzverfahren über das Vermögen aller europäischen Vertriebsgesellschaften des MG Rover-Konzerns.[83]

bb) Beschluss des High Court of Justice Birmingham vom 11. Mai 2005

Der Beschluss des High Court of Justice Birmingham vom 11. Mai 2005 steht in direktem Zusammenhang mit dem Beschluss desselben Gerichts vom 18. April 2005. Der Richter geht einführend auch auf diese Entscheidung ein.[84] Sodann beschäftigt er sich mit den Folgen seiner Entscheidung vom 18. April 2005, Hauptinsolvenzverfahren über das Vermögen der europäischen Vertriebsgesellschaften in England zu eröffnen.

Erstens fände in den in England eröffneten Hauptinsolvenzverfahren gemäß Art. 4 EuInsVO a. F. (Art. 7 EuInsVO n. F.) englisches und nicht lokales Insolvenzrecht Anwendung.[85]

---

[76] *High Court of Justice Birmingham*, Beschluss vom 18.4.2005, NZI 2005, 467 (468) (Rn. 10).

[77] *High Court of Justice Birmingham*, Beschluss vom 18.4.2005, NZI 2005, 467 (468) (Rn. 11 ff.).

[78] *High Court of Justice Birmingham*, Beschluss vom 18.4.2005, NZI 2005, 467 (468) (Rn. 11).

[79] *High Court of Justice Birmingham*, Beschluss vom 18.4.2005, NZI 2005, 467 (468) (Rn. 12).

[80] *High Court of Justice Birmingham*, Beschluss vom 18.4.2005, NZI 2005, 467 (468) (Rn. 14).

[81] *High Court of Justice Birmingham*, Beschluss vom 18.4.2005, NZI 2005, 467 (468) (Rn. 16).

[82] *High Court of Justice Birmingham*, Beschluss vom 18.4.2005, NZI 2005, 467 (468) (Rn. 16).

[83] *High Court of Justice Birmingham*, Beschluss vom 18.4.2005, NZI 2005, 467 (468) (Rn. 22).

[84] *High Court of Justice Birmingham*, Beschluss vom 11.5.2005, NZI 2005, 515 (Rn. 1).

[85] *High Court of Justice Birmingham*, Beschluss vom 11.5.2005, NZI 2005, 515 (Rn. 2).

Zweitens könne in allen Fällen gemäß Art. 3 Abs. 2 EuInsVO a. F. (Art. 3 Abs. 2 EuInsVO n. F.) ein Sekundärinsolvenzverfahren in dem Staat eröffnet werden, in dem die jeweilige Vertriebsgesellschaft tätig sei, da jede Vertriebsgesellschaft dort eine Niederlassung unterhalte.[86] Sekundärinsolvenzverfahren müssten gemäß Art. 3 Abs. 3 EuInsVO a. F. als Liquidationsverfahren durchgeführt werden.[87] Der Richter sieht daher die Gefahr, dass das Ziel der englischen Hauptinsolvenzverfahren, nämlich das jeweilige Unternehmen als Ganzes zu erhalten („aim of rescuing the business as going concern"), durch die Eröffnung von Sekundärinsolvenzverfahren, in denen eine unmittelbare Zerschlagung stattfände, konterkariert wird.[88] Des Weiteren weist er daraufhin, dass über das Vermögen der niederländischen Vertriebsgesellschaft bereits ein Sekundärinsolvenzverfahren in den Niederlanden eröffnet wurde.[89]

(1) Die der Entscheidung zugrunde liegenden Anträge

Der Richter geht nun auf die, dieser Entscheidung zugrunde liegenden, Anträge ein.

Die Verwalter der Hauptinsolvenzverfahren über das Vermögen der europäischen Vertriebsgesellschaften hätten den Antrag gestellt, das Gericht möge die Pflichten und Handlungsbefugnisse der englischen Verwalter (*joint administrators*), die diese nach dem Insolvency Act 1986 haben, in einer ergänzenden gerichtlichen Verfügung (*supplemental order*) konkretisieren bzw. klarstellen.[90] Der Richter erläutert anschließend, warum die englischen Verwalter einen solchen Antrag gestellt haben. In der ursprünglichen gerichtlichen Verfügung, mit der die Verwalter als Hauptinsolvenzverwalter über das Vermögen der Vertriebsgesellschaften eingesetzt wurden, heiße es: „the affairs, business and property of the Company be managed by the administrators".[91] In England wisse man, so der Richter, dass eine solche Verfügung den Verwaltern die weiten Befugnisse des *Schedule B1 and by Schedule 1 to the 1986 Act* einräume.[92] Für Verfahrensbeteiligte in anderen europäischen Staaten bliebe aber unklar, welche Rechte die Verwalter der in England eröffneten Hauptinsolvenzverfahren konkret hätten.[93] Der Richter kommt daher zu dem Schluss, dass es sinnvoll sei, eine ergänzende Verfügung (*supplemental order*) zu erlassen.[94] Das Ziel einer solchen *supplemental order* sei es, die Befugnisse, die die Verwalter (*joint*

[86] *High Court of Justice Birmingham*, Beschluss vom 11.5.2005, NZI 2005, 515 (Rn. 2).

[87] *High Court of Justice Birmingham*, Beschluss vom 11.5.2005, NZI 2005, 515 (Rn. 2).

[88] *High Court of Justice Birmingham*, Beschluss vom 11.5.2005, NZI 2005, 515 (Rn. 2).

[89] *High Court of Justice Birmingham*, Beschluss vom 11.5.2005, NZI 2005, 515 (Rn. 2).

[90] *High Court of Justice Birmingham*, Beschluss vom 11.5.2005, NZI 2005, 515 (Rn. 3).

[91] *High Court of Justice Birmingham*, Beschluss vom 11.5.2005, NZI 2005, 515 (Rn. 4).

[92] *High Court of Justice Birmingham*, Beschluss vom 11.5.2005, NZI 2005, 515 (Rn. 4).

[93] *High Court of Justice Birmingham*, Beschluss vom 11.5.2005, NZI 2005, 515 (Rn. 4).

[94] *High Court of Justice Birmingham*, Beschluss vom 11.5.2005, NZI 2005, 515 (516) (Rn. 5).

administrators) nach dem Insolvency Act 1986 haben, zu benennen und eine Zusammenfassung der wichtigsten Bestimmungen zu geben.[95]

Die Verwalter der Hauptinsolvenzverfahren über das Vermögen der europäischen Vertriebsgesellschaften hatten aber nicht nur darum gebeten, das Gericht möge eine ergänzende Verfügung (*supplemental order*) erlassen, sondern sie hatten darüber hinaus auch beantragt, das Gericht möge in dieser Verfügung klarstellen, dass sie nach englischem Recht berechtigt seien, Zahlungen an die Arbeitnehmer der Vertriebsgesellschaften vorzunehmen, die denen entsprechen, die die Arbeitnehmer im Fall der Eröffnung eines Sekundärinsolvenzverfahrens erhalten hätten. Konkret unterbreiteten die Verwalter dem Gericht folgenden Formulierungsvorschlag für die ergänzende Verfügung:

> „Under paragraph 66 the joint administrators may make payments to the employees of the company, such that they receive the same monies as the employees would receive if secondary proceedings were commenced under article 27 of the EC Regulation on Insolvency Proceedings 2000 provided that the administrators think of the making of such payments is likely to assist achievement of the purpose of administration."[96]

(2) Gründe, die Arbeitnehmer der europäischen Vertriebsgesellschaften so behandeln zu wollen, wie in einem Sekundärinsolvenzverfahren

Nachdem der Richter den Antrag der Verwalter benannt hat, stellt er nun dar, warum die Verwalter einen solchen Antrag stellen.

Gemäß Art. 4 EuInsVO a.F. (Art. 7 EuInsVO n.F.) fände in einem Hauptinsolvenzverfahren das Insolvenzrecht des Staates Anwendung, in dessen Gebiet das Hauptinsolvenzverfahren eröffnet wurde.[97] Würde beispielsweise ein französischer Arbeitnehmer seinen Anspruch für das englische Hauptinsolvenzverfahren anmelden, so sei dieser Anspruch gemäß Art. 4 Abs. 2 S. 2 lit. i) EuInsVO a.F. (Art. 7 Abs. 2 S. 2 lit. i) EuInsVO n.F.) nach englischem Insolvenzrecht zu behandeln.[98] Forderungen von Arbeitnehmern würden nach englischem Insolvenzrecht aber generell schlechter behandelt als nach dem Insolvenzrecht anderer Mitgliedstaaten.[99]

Aus diesem Grund sei es sehr wahrscheinlich, dass die Arbeitnehmer der Vertriebsgesellschaften die Eröffnung von Sekundärinsolvenzverfahren beantragen

---

[95] *High Court of Justice Birmingham*, Beschluss vom 11.5.2005, NZI 2005, 515 (517) (Rn. 18).

[96] *High Court of Justice Birmingham*, Beschluss vom 11.5.2005, NZI 2005, 515 (516) (Rn. 7).

[97] *High Court of Justice Birmingham*, Beschluss vom 11.5.2005, NZI 2005, 515 (516) (Rn. 8).

[98] *High Court of Justice Birmingham*, Beschluss vom 11.5.2005, NZI 2005, 515 (516) (Rn. 8).

[99] *High Court of Justice Birmingham*, Beschluss vom 11.5.2005, NZI 2005, 515 (516) (Rn. 8).

würden.[100] In einem Sekundärinsolvenzverfahren würden die Forderungen schließlich gemäß Art. 28 EuInsVO a. F. (Art. 35 EuInsVO n. F.) nach dem Recht des Staates behandelt, in dem das Sekundärinsolvenzverfahren eröffnet wurde.[101] Die Eröffnung von Sekundärinsolvenzverfahren führe aber zu einer unkoordinierten Zerschlagung der einzelnen Gesellschaften und vereitele das Ziel der englischen Hauptinsolvenzverfahren, nämlich den Erhalt und die Rettung der Vertriebsgesellschaften.[102]

Weiter führt der Richter aus, dass die Wahrscheinlichkeit, dass die Arbeitnehmer der europäischen Vertriebsgesellschaften die Eröffnung von Sekundärinsolvenzverfahren beantragen, deutlich abnehmen würde, wenn die englischen Verwalter das Recht hätten, Zahlungen an die Arbeitnehmer der Vertriebsgesellschaften zu leisten, die denen in einem Sekundärinsolvenzverfahren entsprechen.[103]

(3) Rechtsgrundlage für das Abweichen vom englischen Rangsystem

Der Richter ermittelt im Folgenden, ob die englischen Verwalter tatsächlich berechtigt sind, Zahlungen an die Arbeitnehmer der europäischen Vertriebsgesellschaften zu leisten, die denen in einem Sekundärinsolvenzverfahren entsprechen. Er betont, dass es im englischen Insolvenzrecht keine Norm gebe, die den Verwaltern ausdrücklich eine solche Befugnis verleihe.[104]

Der Richter prüft sodann, ob solche Zahlungen an die Arbeitnehmer der Vertriebsgesellschaften von *paragraph 66 of Schedule B1* gedeckt seien.[105] *Paragraph 66 of Schedule B1* sei besonders weit gefasst.[106] Danach könne der Verwalter Zahlungen vornehmen, wenn er der Auffassung sei, dass die Zahlung dazu beitrage, die Ziele des Verfahrens zu erreichen („if he thinks it likely to assist achievement of the purpose of administration").[107]

Der Richter kommt daher zu dem Ergebnis, dass die Verwalter nach *paragraph 66 of Schedule B1* berechtigt seien, abweichend vom englischen Rangsystem, Zah-

---

[100] *High Court of Justice Birmingham*, Beschluss vom 11.5.2005, NZI 2005, 515 (516) (Rn. 10).

[101] *High Court of Justice Birmingham*, Beschluss vom 11.5.2005, NZI 2005, 515 (516) (Rn. 9).

[102] *High Court of Justice Birmingham*, Beschluss vom 11.5.2005, NZI 2005, 515 (516) (Rn. 10).

[103] *High Court of Justice Birmingham*, Beschluss vom 11.5.2005, NZI 2005, 515 (516) (Rn. 12).

[104] *High Court of Justice Birmingham*, Beschluss vom 11.5.2005, NZI 2005, 515 (516) (Rn. 7).

[105] *High Court of Justice Birmingham*, Beschluss vom 11.5.2005, NZI 2005, 515 (516 f.) (Rn. 13 ff.).

[106] *High Court of Justice Birmingham*, Beschluss vom 11.5.2005, NZI 2005, 515 (517) (Rn. 13 f.).

[107] *High Court of Justice Birmingham*, Beschluss vom 11.5.2005, NZI 2005, 515 (517) (Rn. 13).

lungen an die Arbeitnehmer der europäischen Vertriebsgesellschaften vorzunehmen, die denen in einem Sekundärinsolvenzverfahren entsprechen, wenn die Verwalter der Ansicht seien, dass diese Zahlungen helfen würden, die Ziele des englischen Hauptinsolvenzverfahrens (*administration*) zu erreichen.[108]

(4) Beschluss des Gerichts

Der Richter betont des Weiteren, dass die Verwalter nicht beantragt hätten, dass Gericht möge konkrete Zahlungen an ausländische Arbeitnehmer der Vertriebsgesellschaften billigen.[109] Ob die Verwalter von ihrem, sich aus *paragraph 66 of Schedule B1* ergebenden, Recht, solche Zahlungen zu leisten, Gebrauch machen würden, sei ihrer betriebswirtschaftlichen Entscheidung überlassen.[110] Stattdessen hatten die Verwalter nur beantragt, das Gericht möge in einer ergänzenden Verfügung (*supplemental order*) klarstellen, dass sie nach englischem Recht berechtigt seien, Zahlungen an die Arbeitnehmer der Vertriebsgesellschaften vorzunehmen, die denen entsprechen, die die Arbeitnehmer im Fall der Eröffnung eines Sekundärinsolvenzverfahrens erhalten hätten. Diesen Antrag genehmigt der Richter abschließend.[111]

cc) Kommentar

Die Entscheidung des High Court of Justice Birmingham vom 11. Mai 2005 ist die Geburtsstunde des virtuellen Sekundärinsolvenzverfahrens. Erstmals befindet ein englisches Gericht, dass Verwalter von Hauptinsolvenzverfahren nach englischem Recht befugt sind, abweichend von der englischen Rangordnung, Zahlungen an ausländische Gläubiger zu leisten, die denen in einem Sekundärinsolvenzverfahren entsprechen. Voraussetzung sei lediglich gemäß *paragraph 66 of Schedule B1*, dass der Verwalter im Einzelfall der Ansicht sei, die Sonderzahlungen würden dabei helfen, das Verfahrensziel zu erreichen. Weitere Voraussetzungen stellt das Gericht nicht auf. Die Zahlungen erfolgen daher nicht nach den Grundsätzen eines Sekundärinsolvenzverfahrens. Aus diesem Grund ist es natürlich genau genommen falsch, von einem virtuellen Sekundärinsolvenzverfahren zu sprechen. Vielmehr handelt es sich um Sonderzahlungen zur Abwendung von Sekundärinsolvenzverfahren. Zu beachten ist allerdings, dass der High Court im Mai 2005 nicht über die Zulässigkeit konkreter Zusicherungen oder Zahlungen an ausländische Gläubiger zu entscheiden

[108] *High Court of Justice Birmingham*, Beschluss vom 11.5.2005, NZI 2005, 515 (517) (Rn. 16).

[109] *High Court of Justice Birmingham*, Beschluss vom 11.5.2005, NZI 2005, 515 (517) (Rn. 16).

[110] *High Court of Justice Birmingham*, Beschluss vom 11.5.2005, NZI 2005, 515 (517) (Rn. 16).

[111] *High Court of Justice Birmingham*, Beschluss vom 11.5.2005, NZI 2005, 515 (517) (Rn. 17).

hatte. Vielmehr wollten die englischen Verwalter ganz generell wissen, ob sie nach englischem Recht befugt seien, solche Zahlungen vorzunehmen.

Beide Entscheidungen des High Court of Justice Birmingham sind aber noch aus weiteren Gründen interessant und kritikwürdig.

Zum einen sollte man beachten, wie es überhaupt zu dem Beschluss des High Court vom 11. Mai 2005 gekommen ist. Am 18. April 2005 hatte derselbe Richter bereits angeordnet, Hauptinsolvenzverfahren über das Vermögen aller europäischen Vertriebsgesellschaften in England zu eröffnen. Eine mehr als fragwürdige Entscheidung.

Für die Eröffnung des Hauptinsolvenzverfahrens sind gemäß Art. 3 Abs. 1 S. 1 EuInsVO a.F. (Art. 3 Abs. 1 S. 1 EuInsVO n.F.) die Gerichte des Staats zuständig, in dessen Gebiet der Schuldner den Mittelpunkt seiner hauptsächlichen Interessen hat. Bei Gesellschaften und juristischen Personen wird gemäß Art. 3 Abs. 1 S. 2 EuInsVO a.F. (Art. 3 Abs. 1 S. 3 EuInsVO n.F.) bis zum Beweis des Gegenteils vermutet, dass der Mittelpunkt ihrer hauptsächlichen Interessen der Ort ihres Sitzes ist. Alle Vertriebsgesellschaften hatten ihren Sitz jeweils in dem Staat, in dem sie für den Vertrieb der Fahrzeuge zuständig waren. Der gesetzlichen Vermutung zufolge hatten also alle Vertriebsgesellschaften den Mittelpunkt ihrer hauptsächlichen Interessen außerhalb Englands.

Es oblag also dem englischen High Court zu beweisen, dass die Vertriebsgesellschaften den Mittelpunkt ihrer hauptsächlichen Interessen entgegen der gesetzlichen Vermutung in England hatten. Mittelpunkt der hauptsächlichen Interessen ist der Ort, an dem der Schuldner gewöhnlich der Verwaltung seiner Interessen nachgeht und der für Dritte feststellbar ist (Erwägungsgrund Nr. 13 a.F.) (Art. 3 Abs. 1 S. 2 EuInsVO n.F.). Es kommt also entscheidend darauf an, dass dies für einen außenstehenden Dritten erkennbar ist. Dies interessierte den englischen Richter allerdings nicht.[112] Zwar erwähnte er Erwägungsgrund Nr. 13 a.F. (Art. 3 Abs. 1 S. 2 EuInsVO n.F.).[113] Dennoch stellte er bei der Ermittlung des Mittelpunkts der hauptsächlichen Interessen ausschließlich auf konzerninterne Strukturen ab,[114] die für einen Dritten gerade nicht ersichtlich sind. Dabei schien er nur das Ziel vor Augen zu haben, über das Vermögen aller europäischen Vertriebsgesellschaften Hauptinsolvenzverfahren in England zu eröffnen.

Man kann sich nicht des Eindrucks erwehren, dass es ihm vor allem darum ging, bestimmten englischen Verwaltern lukrative Verfahren zukommen zu lassen. Wie er selbst zugibt, beriet er sich vor seiner Entscheidung unter anderem mit einem *joint*

---

[112] Ebenfalls kritisch gegenüber dieser Entscheidung *Penzlin/Riedemann*, NZI 2005, 469 (471).

[113] *High Court of Justice Birmingham*, Beschluss vom 18.4.2005, NZI 2005, 467 (Rn. 6).

[114] *High Court of Justice Birmingham*, Beschluss vom 18.4.2005, NZI 2005, 467 (468) (Rn. 11 ff.).

administrator.[115] Dieser war bereits vor dem Beschluss des Gerichts als Verwalter über das Vermögen der europäischen Vertriebsgesellschaften vorgeschlagen worden. Sicherlich wird er dem Richter geraten haben, Hauptinsolvenzverfahren über das Vermögen aller Gesellschaften in England zu eröffnen.

Der Beschluss desselben Richters vom 11. Mai 2005 ist dann die konsequente Fortsetzung. Seine Entscheidung, über das Vermögen aller europäischen Vertriebsgesellschaften Hauptinsolvenzverfahren in England zu eröffnen, wäre weitgehend wirkungslos geblieben, hätten die Gläubiger die Eröffnung von Sekundärinsolvenzverfahren beantragt. Es ist davon auszugehen, dass der überwiegende Teil der Masse der Vertriebsgesellschaften in den jeweiligen Niederlassungsstaaten belegen war und nicht in England. Folglich wären die englischen Hauptinsolvenzverfahren nach Eröffnung von Sekundärinsolvenzverfahren äußerst massearm gewesen.

Die Idee, Zahlungen an die Arbeitnehmer der Vertriebsgesellschaften vorzunehmen, die denen in einem Sekundärinsolvenzverfahren entsprechen, stammt zwar von den englischen Verwaltern. Der Richter lässt allerdings durchblicken, dass er dieser Idee nur allzu gern folgt. Auch in diesem Fall scheint das Ergebnis von Anfang an festzustehen. Der Richter sucht lediglich nach der passenden Begründung. Beide Entscheidungen vermitteln den Eindruck, dass die englischen Verwalter und der Richter sehr eng zusammenarbeiten.

b) MG Rover II

aa) Beschluss des High Court of Justice Birmingham vom 30. März 2006

Der Beschluss des High Court of Justice Birmingham vom 30 März 2006 steht in direktem Zusammenhang mit den vorherigen Beschlüssen des High Court vom 18. April 2005 und 11. Mai 2005. Alle drei Entscheidungen erfolgen durch denselben Richter. Dieser geht eingangs auch auf seine beiden früheren Beschlüsse ein.

Am 18. April 2005 habe er entschieden, dass sich der Mittelpunkt der hauptsächlichen Interessen der belgischen Vertriebsgesellschaft (MG Rover Belux SA/NV) in England und Wales befindet.[116] Dementsprechend habe er ein Hauptinsolvenzverfahren gemäß Art. 3 Abs. 1 S. 1 EuInsVO a. F. (Art. 3 Abs. 1 S. 1 EuInsVO n. F.) über das Vermögen der belgischen Vertriebsgesellschaft in England eröffnet.[117] Die Eröffnung des Hauptinsolvenzverfahrens in England habe zur Folge gehabt, dass in dem Insolvenzverfahren über das Vermögen der belgischen Gesellschaft englisches Insolvenzrecht Anwendung fand, erläutert der Richter.[118]

[115] *High Court of Justice Birmingham*, Beschluss vom 18.4.2005, NZI 2005, 467 (468) (Rn. 9).

[116] *High Court of Justice Birmingham*, Beschluss vom 30.3.2006, NZI 2006, 416.

[117] *High Court of Justice Birmingham*, Beschluss vom 30.3.2006, NZI 2006, 416.

[118] *High Court of Justice Birmingham*, Beschluss vom 30.3.2006, NZI 2006, 416.

Des Weiteren habe er am 11. Mai 2005 ergänzende deklaratorische Verfügungen (*declaratory supplemental order*) erlassen.[119] In dieser ergänzenden Verfügung sei erklärt worden, dass der englische Verwalter berechtigt sei, Zahlungen an die Arbeitnehmer der belgischen Vertriebsgesellschaft vorzunehmen, die denen in einem möglichen belgischen Sekundärinsolvenzverfahren entsprechen, wenn der Verwalter der Ansicht sei, dies würde dazu beitragen, die Ziele des englischen Insolvenzverfahrens zu erreichen.[120] Der Richter weist zudem darauf hin, dass der englische Verwalter bereits Abfindungszahlungen, vergleichbar mit denen in einem möglichen belgischen Sekundärinsolvenzverfahren, an die Arbeitnehmer der belgischen Vertriebsgesellschaft geleistet hat.[121]

Der Richter geht nun auf den der Entscheidung zugrunde liegenden Antrag ein. Der englische Verwalter über das Vermögen von MG Rover Belux habe darum gebeten, das Gericht möge eine Befriedigung ungesicherter Gläubiger in dem Rang, den diese nach belgischem Recht hätten, genehmigen.[122] Der Verwalter berufe sich dabei auf *paragraph 65 (3) of Schedule B1 to the Insolvency Act 1986.*[123] Der Richter gibt an, dass er sich sicher sei, dass die vom Verwalter vorgeschlagene Verteilung im Interesse aller Gläubiger ist.[124]

Sodann merkt er an, dass eine gerichtliche Genehmigung der geplanten Verteilung bedeute, dass das Gericht auch der indirekten Anwendung belgischen Insolvenzrechts zustimme.[125] Schließlich würden die Empfänger der geplanten Verteilung danach bestimmt, welchen Rang ihre Forderung nach belgischem Insolvenzrecht hat.[126]

Dennoch zögere er nicht, die Genehmigung für die geplante Verteilung zu erteilen, so der Richter weiter.[127] Art. 3 EuInsVO a. F. (Art. 3 EuInsVO n. F.) entscheide über die internationale Zuständigkeit und damit auch über das anwendbare Recht.[128] Art. 3 EuInsVO a.F. (Art. 3 EuInsVO n.F.) verpflichte das zuständige Gericht al-

---

[119] *High Court of Justice Birmingham*, Beschluss vom 30.3.2006, NZI 2006, 416.

[120] *High Court of Justice Birmingham*, Beschluss vom 30.3.2006, NZI 2006, 416.

[121] *High Court of Justice Birmingham*, Beschluss vom 30.3.2006, NZI 2006, 416.

[122] *High Court of Justice Birmingham*, Beschluss vom 30.3.2006, NZI 2006, 416 (416 f.) (Rn. 10).

[123] *High Court of Justice Birmingham*, Beschluss vom 30.3.2006, NZI 2006, 416.

[124] *High Court of Justice Birmingham*, Beschluss vom 30.3.2006, NZI 2006, 416 (417) (Rn. 9).

[125] *High Court of Justice Birmingham*, Beschluss vom 30.3.2006, NZI 2006, 416 (417) (Rn. 10).

[126] *High Court of Justice Birmingham*, Beschluss vom 30.3.2006, NZI 2006, 416 (417) (Rn. 10).

[127] *High Court of Justice Birmingham*, Beschluss vom 30.3.2006, NZI 2006, 416 (417) (Rn. 10).

[128] *High Court of Justice Birmingham*, Beschluss vom 30.3.2006, NZI 2006, 416 (417) (Rn. 10).

lerdings nicht, auf der Anwendung nationalen Rechts zu bestehen.[129] Das Gericht müsse auch nicht darauf beharren, dass das ausländische Recht nur im Fall der Eröffnung eines Sekundärinsolvenzverfahrens gelte.[130] Er könne dem Verwalter daher die Erlaubnis erteilen, Verteilungen abweichend vom englischen Insolvenzrecht vorzunehmen, so der Richter.[131] Dies setze lediglich voraus, dass die Zahlungen dazu beitragen, die Ziele des englischen Insolvenzverfahrens (*administration*) zu erreichen.[132] Der Richter erteilt dem Verwalter über das Vermögen von MG Rover Belux daher die Genehmigung, die vorgeschlagene Verteilung vorzunehmen.[133]

Abschließend schreibt der Richter, dass das Insolvenzverfahren über das Vermögen von MG Rover Belux zeige, dass Art. 3 EuInsVO und die Regeln des *Insolvency Act 1986* ein großes Maß an Flexibilität böten, wenn sie im Geiste der Kooperation ausgelegt würden.[134]

bb) Kommentar

Zunächst einmal muss hier auf mehrere Widersprüche in der Entscheidung des High Court eingegangen werden.

Der Verwalter stützt die geplante Verteilung auf *paragraph 65 (3) of Schedule B1 to the Insolvency Act 1986*. Dort heißt es: „A payment may not be made by way of distribution under this paragraph to a creditor of the company who is neither secured nor preferential unless the court gives permission". Nach dieser Vorschrift bedarf der Verwalter also immer dann der gerichtlichen Genehmigung, wenn er Verteilungen an solche Gläubiger vornehmen will, die weder über ein Sicherungsrecht verfügen noch bevorrechtigt sind. Allerdings hatte der Richter, wie er selbst anfangs erläutert, bereits am 11. Mai 2005 ergänzende deklaratorische Verfügungen (*declaratory supplemental order*) erlassen.[135] In dieser ergänzenden Verfügung sei unter anderem festgehalten worden, dass der Verwalter berechtigt sei, ohne gerichtliche Genehmigung Zahlungen an solche Gläubiger vorzunehmen, die weder über ein Sicherungsrecht verfügen noch bevorrechtigt sind.[136] Nun stellt sich die Frage, warum der

[129] *High Court of Justice Birmingham*, Beschluss vom 30.3.2006, NZI 2006, 416 (417) (Rn. 10).

[130] *High Court of Justice Birmingham*, Beschluss vom 30.3.2006, NZI 2006, 416 (417) (Rn. 10).

[131] *High Court of Justice Birmingham*, Beschluss vom 30.3.2006, NZI 2006, 416 (417) (Rn. 10).

[132] *High Court of Justice Birmingham*, Beschluss vom 30.3.2006, NZI 2006, 416 (417) (Rn. 10).

[133] *High Court of Justice Birmingham*, Beschluss vom 30.3.2006, NZI 2006, 416 (417) (Rn. 12).

[134] *High Court of Justice Birmingham*, Beschluss vom 30.3.2006, NZI 2006, 416 (417) (Rn. 10).

[135] *High Court of Justice Birmingham*, Beschluss vom 30.3.2006, NZI 2006, 416.

[136] *High Court of Justice Birmingham*, Beschluss vom 30.3.2006, NZI 2006, 416.

Verwalter die geplante Verteilung dennoch auf *paragraph 65 (3) of Schedule B1 to the Insolvency Act 1986* stützt und eine gerichtliche Genehmigung beantragt. Leider geht der Richter auf diesen offensichtlichen Widerspruch nicht ein.

Da der Verwalter die Gläubiger im Insolvenzverfahren über das Vermögen von MG Rover Belux nach belgischem Recht behandeln wollte, stellt sich des Weiteren die Frage, ob es für die in *paragraph 65 (3) of Schedule B1 to the Insolvency Act 1986* genannte Vorrangstellung auf englisches oder belgisches Insolvenzrecht ankommt. Auch auf dieses Problem geht der Richter nicht ein.

Interessant ist die Entscheidung des High Court aber nicht wegen der soeben dargestellten Widersprüche, sondern weil das Gericht erstmals über eine konkrete Verteilung, die sich nach dem Recht des Staates richtet, in dem das Sekundärinsolvenzverfahren hätte eröffnet werden können, befindet. Dagegen hatte der High Court in seinem vorherigen Beschluss vom 11. Mai 2005 lediglich darüber entschieden, ob die englischen Verwalter grundsätzlich berechtigt sind, Zahlungen, abweichend vom Verteilungssystem nach englischem Recht, an Gläubiger einer Niederlassung zu leisten.[137]

In beiden Entscheidungen kommt jedoch zum Ausdruck, dass Verwalter und Gericht die Eröffnung eines Sekundärinsolvenzverfahrens unbedingt vermeiden wollen. In dem Beschluss vom 30. März 2006 wird zudem deutlich, dass die Beteiligten gewillt sind, sämtliche Ansprüche belgischer Gläubiger bei der Verteilung nach belgischem Recht zu behandeln. Das englische Rangsystem wird im Wesentlichen durch das belgische Rangsystem ersetzt. Der Richter betont ausdrücklich die Flexibilität englischen Insolvenzrechts.

Hervorzuheben ist zudem, dass die Forderungen der betroffenen Gläubiger nicht nur hinsichtlich der Verteilung des in Belgien belegenen Vermögens nach belgischem Recht behandelt werden, sondern bezogen auf die Verteilung der gesamte Masse. Insofern unterscheidet sich die Verteilung von der in einem möglichen Sekundärinsolvenzverfahren. Wäre nämlich in Belgien ein Sekundärinsolvenzverfahren eröffnet worden, so hätte nur das in Belgien belegene Vermögen, also die Masse des Sekundärinsolvenzverfahrens, gemäß Art. 7 Abs. 2 S. 2 lit. i) EuInsVO nach belgischem Recht verteilt werden können.

c) Collins & Aikman

Eine weitere wichtige Entscheidung traf der High Court of Justice London im Fall Collins & Aikman.

---

[137] *High Court of Justice Birmingham*, Beschluss vom 11.5.2005, NZI 2005, 515 (517) (Rn. 16 f.).

aa) Beschluss des High Court of Justice London vom 9. Juni 2006

Einleitend geht der Richter zunächst auf den Konzern Collins & Aikman ein. Collins & Aikman sei ein bedeutender Automobilzulieferer gewesen.[138] Der Konzern habe in Europa aus 24 Gesellschaften in zehn Ländern bestanden.[139] Des Weiteren habe zu Collins & Aikman auch eine Gesellschaft in den USA gehört.[140] Über das Vermögen dieser US-Gesellschaft sei am 17. Mai 2005 ein Verfahren gemäß *Chapter 11* des *US Bankruptcy Code* eröffnet worden.[141] In der Folge habe sich die finanzielle Situation der europäischen Konzerngesellschaften erheblich verschlechtert.[142] Am 15. Juli 2005 habe der High Court of Justice London über das Vermögen der 24 europäischen Konzerngesellschaften Hauptinsolvenzverfahren gemäß Art. 3 Abs. 1 EuInsVO a. F. (Art. 3 Abs. 1 S. 1 EuInsVO n. F.) in England und Wales eröffnet.[143] Von den 24 europäischen Gesellschaften hätten sechs ihren Sitz in England und Wales gehabt.[144] Die übrigen 18 Konzerngesellschaften seien Gesellschaften mit Sitz in Luxemburg, Deutschland, Belgien, den Niederlanden, Italien, Spanien und Schweden.[145]

(1) Inhalt und Zustandekommen der Zusicherungen

Der Richter führt weiter aus, den Verwaltern der Hauptinsolvenzverfahren sei bewusst gewesen, dass die Gläubiger berechtigt waren, die Eröffnung von Sekundärinsolvenzverfahren in den Staaten zu beantragen, in denen die Gesellschaften Niederlassungen unterhielten.[146] Die Verwalter der Hauptinsolvenzverfahren seien aber der Ansicht gewesen, dass die Eröffnung von Sekundärinsolvenzverfahren es erheblich erschweren würde, das Ziel der englischen Hauptinsolvenzverfahren (*administration*) zu erreichen.[147]

Um die Eröffnung von Sekundärinsolvenzverfahren zu vermeiden, hätten die Verwalter der Hauptinsolvenzverfahren den Gläubigern auf Gläubigerversammlungen mündlich zugesichert, dass bei der Verteilung der Verwertungserlöse in dem jeweiligen englischen Hauptinsolvenzverfahren das lokale Recht beachtet werde, wenn im Gegenzug kein Sekundärinsolvenzverfahren eröffnet würde.[148] Bei der Verteilung solle also nicht englisches Recht, sondern stattdessen indirekt lokales

---

[138] *High Court of Justice London*, Beschluss vom 9.6.2006, NZI 2006, 654 (655).

[139] *High Court of Justice London*, Beschluss vom 9.6.2006, NZI 2006, 654 (655).

[140] *High Court of Justice London*, Beschluss vom 9.6.2006, NZI 2006, 654 (655).

[141] *High Court of Justice London*, Beschluss vom 9.6.2006, NZI 2006, 654 (655).

[142] *High Court of Justice London*, Beschluss vom 9.6.2006, NZI 2006, 654 (655).

[143] *High Court of Justice London*, Beschluss vom 9.6.2006, NZI 2006, 654 (655).

[144] *High Court of Justice London*, Beschluss vom 9.6.2006, NZI 2006, 654 (655).

[145] *High Court of Justice London*, Beschluss vom 9.6.2006, NZI 2006, 654 (655).

[146] *High Court of Justice London*, Beschluss vom 9.6.2006, NZI 2006, 654 (655).

[147] *High Court of Justice London*, Beschluss vom 9.6.2006, NZI 2006, 654 (655).

[148] *High Court of Justice London*, Beschluss vom 9.6.2006, NZI 2006, 654 (655).

ausländisches Recht angewandt werden.[149] Von wenigen Ausnahmen abgesehen, hätten die meisten Gläubiger den Vorschlag der englischen Verwalter unterstützt.[150]

(2) Die der Entscheidung zugrunde liegenden Anträge

Im April 2006 sei die Verwertung der Masse abgeschlossen worden, so der Richter weiter.[151] Die Verwalter hätten daher damit beginnen wollen, die Verwertungserlöse an die Gläubiger zu verteilen und die von ihnen gemachten Zusicherungen zu erfüllen.[152] Die Verwalter seien der Auffassung, dass sie nach englischem Recht befugt seien, die Zusicherungen umzusetzen.[153] Sie würden sich dabei auf *paragraph 65* und *paragraph 66 of Schedule B1 to the Insolvency Act 1986* berufen.[154]

Dennoch seien die Verwalter der Ansicht, dass die versprochenen Zahlungen, wären die Zusicherungen nicht abgegeben worden, mit englischem Recht unvereinbar wären.[155] Deswegen würden die Verwalter nun gerichtliche Genehmigungen beantragen.[156] Die Anträge beträfen aber nur zehn der 24 europäischen Gesellschaften.[157] Sechs Gesellschaften hätten ihren Sitz in England und Wales und seien daher gar nicht von den Zusicherungen betroffen.[158] Über das Vermögen von drei Gesellschaften seien trotz der Zusicherungen Sekundärinsolvenzverfahren eröffnet worden.[159] Zudem gäbe es mehrere Insolvenzverfahren, in denen keine Verwertungserlöse vorhanden seien, die an die Gläubiger verteilt werden könnten.[160]

(3) Beschluss des Gerichts

Der Richter prüft sodann, ob die Verwalter tatsächlich berechtigt sind, die Zusicherungen zu erfüllen, also den Erlös abweichend vom englischen Recht zu verteilen.

Er teile die Ansicht des High Court of Justice Birmingham im Fall MG Rover Belux, dass das englisches Recht äußerst flexibel sei und dass Art. 3 EuInsVO a. F. (Art. 3 EuInsVO n. F.) kein Verbot enthalte, im Hauptinsolvenzverfahren eine fremde Rechtsordnung zu berücksichtigen.[161] Er komme zu dem Schluss, so der Richter, dass

[149] *High Court of Justice London*, Beschluss vom 9. 6. 2006, NZI 2006, 654 (655) (Rn. 14).
[150] *High Court of Justice London*, Beschluss vom 9. 6. 2006, NZI 2006, 654 (655).
[151] *High Court of Justice London*, Beschluss vom 9. 6. 2006, NZI 2006, 654 (655).
[152] *High Court of Justice London*, Beschluss vom 9. 6. 2006, NZI 2006, 654 (655).
[153] *High Court of Justice London*, Beschluss vom 9. 6. 2006, NZI 2006, 654 (655).
[154] *High Court of Justice London*, Beschluss vom 9. 6. 2006, NZI 2006, 654 (657) (Rn. 26).
[155] *High Court of Justice London*, Beschluss vom 9. 6. 2006, NZI 2006, 654 (655).
[156] *High Court of Justice London*, Beschluss vom 9. 6. 2006, NZI 2006, 654 (655).
[157] *High Court of Justice London*, Beschluss vom 9. 6. 2006, NZI 2006, 654 (655).
[158] *High Court of Justice London*, Beschluss vom 9. 6. 2006, NZI 2006, 654 (655).
[159] *High Court of Justice London*, Beschluss vom 9. 6. 2006, NZI 2006, 654 (655).
[160] *High Court of Justice London*, Beschluss vom 9. 6. 2006, NZI 2006, 654 (655).
[161] *High Court of Justice London*, Beschluss vom 9. 6. 2006, NZI 2006, 654 (658) (Rn. 34).

die englischen Verwalter berechtigt seien, von der englischen Verteilungsordnung abzuweichen und stattdessen indirekt ausländisches Recht anzuwenden.[162] Die Verwalter seien daher befugt, die gemachten Zusicherungen zu erfüllen. Er erteile den Verwaltern daher die beantragte Genehmigung, die Zusicherungen erfüllen zu dürfen.[163]

bb) Kommentar

(1) Gemeinsamkeiten der Verfahren MG Rover und Collins & Aikman

Das Vorgehen der englischen Verwalter und des High Court of Justice London im Fall Collins & Aikman ähnelt sehr der Strategie der Verwalter und des High Court of Justice Birmingham im Fall MG Rover.

In beiden Fällen hatten zahlreiche insolvente Gesellschaften ihren Sitz außerhalb Englands in anderen Mitgliedstaaten der Europäischen Union. Sowohl im Fall MG Rover als auch im Fall Collins & Aikman sahen die englischen Gerichte die Vermutung des Art. 3 Abs. 1 S. 2 EuInsVO a. F. (Art. 3 Abs. 1 S. 3 EuInsVO n. F.) als widerlegt an und verorteten den Mittelpunkt der hauptsächlichen Interessen aller Gesellschaften in England und Wales. Dementsprechend wurden in beiden Fällen über das Vermögen sämtlicher europäischer Gesellschaften Hauptinsolvenzverfahren in England eröffnet.

Sowohl im Fall MG Rover als auch im Fall Collins & Aikman befürchteten die englischen Verwalter, dass die Gläubiger die Eröffnung von Sekundärinsolvenzverfahren beantragen würden. Um die Eröffnung von Sekundärinsolvenzverfahren zu verhindern, bedienten sich die Verwalter in beiden Verfahren der gleichen Strategie. Sie sicherten den Gläubigern jeweils zu, dass die Verteilung der Verwertungserlöse, abweichend von der englischen Verteilungsordnung, nach lokalem Recht erfolgen werde.

(2) Unterschiede zwischen den Verfahren MG Rover und Collins & Aikman

Dennoch unterscheidet sich die Strategie der Verwalter im Fall Collins & Aikman in zwei Punkten von dem Vorgehen der Verwalter im Fall MG Rover.

Dies betrifft zum einen den Zeitpunkt der Beantragung der gerichtlichen Genehmigung für das Abweichen vom englischen Verteilungsrecht. Im Fall MG Rover hatten die Verwalter zunächst die Genehmigung durch den High Court abgewartet und erst dann Zusicherungen gegenüber den Gläubigern abgegeben. Dies war im Fall Collins & Aikman anders. Hier gaben die Verwalter gleich zu Beginn des Verfahrens Zusicherungen gegenüber den Gläubigern ab. Erst später beantragten sie die ge-

[162] *High Court of Justice London*, Beschluss vom 9. 6. 2006, NZI 2006, 654 (659) (Rn. 41 i. V. m. Rn. 14).

[163] *High Court of Justice London*, Beschluss vom 9. 6. 2006, NZI 2006, 654 (659) (Rn. 48 f.).

richtliche Genehmigung, die Zusicherungen erfüllen zu dürfen und dementsprechend die Erlöse abweichend vom englischen Recht zu verteilen. Daraus lässt sich schließen, dass die Verwalter sich im Fall Collins & Aikman sehr sicher waren, dass der High Court ihre Strategie billigen würde.

Die beiden Verfahren unterscheiden sich zudem hinsichtlich des Empfängerkreises der Zusicherungen. Im Fall MG Rover wurde zunächst nur den Arbeitnehmern zugesichert, dass ihre Forderungen nach lokalem Recht behandelt würden. Später gaben die Verwalter auch anderen Gläubigergruppen gegenüber Zusicherungen ab. Den Entscheidungen des High Court of Justice Birmingham lässt sich allerdings nicht entnehmen, ob letztendlich alle Gläubiger nach lokalem Recht behandelt wurden. Hingegen gaben die Verwalter im Fall Collins & Aikman zu Beginn der Verfahren allen Gläubigern gegenüber Zusicherungen ab. Sämtliche Gläubiger wurden bei der Verteilung nach lokalem Recht behandelt. Die englische Verteilungsordnung wurde folglich vollständig durch die Regelungen einer fremden Rechtsordnung verdrängt. Das Abweichen von der englischen Verteilungsordnung bedeutete für einige Gläubiger allerdings, dass sich ihre Rechtsposition verschlechterte.[164] Dennoch sei die Strategie der Verwalter auch für diese Gläubiger wirtschaftlich vorteilhaft, so betont es der Richter.[165]

(3) Relevanz der Entscheidung

Nun stellt sich abschließend die Frage, warum der Beschluss des High Court of Justice London im Fall Collins & Aikman überhaupt Beachtung fand, wenn er sich doch nur unwesentlich von den Entscheidungen des High Court of Justice Birmingham im Fall MG Rover unterscheidet. Schließlich wurde die Entscheidung des High Court of Justice London sogar in einer deutschen Zeitschrift abgedruckt und von mehreren deutschen Autoren kommentiert[166]. Bedeutung kam der Entscheidung zu, weil der High Court of Justice London in seinem Beschluss die Rechtsauffassung des High Court of Justice Birmingham (indirekt) bestätigte. Dies bot eine Gewähr dafür, dass auch andere englische Gerichte das Abweichen von der englischen Verteilungsordnung zur Vermeidung eines Sekundärinsolvenzverfahrens als rechtlich zulässig beurteilen würden.[167] Die Entscheidung des High Court of Justice London schuf zum damaligen Zeitpunkt ein großes Maß an Rechtssicherheit.

d) Nortel

Eine weitere wichtige Entscheidung traf der High Court of Justice London am 14. Januar 2009 im Fall Nortel. Soweit ersichtlich wurde dieser Beschluss zwar nicht veröffentlicht. Allerdings nahm ein anderer Richter des High Court of Justice

---

[164] *High Court of Justice London*, Beschluss vom 9.6.2006, NZI 2006, 654 (659) (Rn. 49).

[165] *High Court of Justice London*, Beschluss vom 9.6.2006, NZI 2006, 654 (659) (Rn. 49).

[166] *Mankowski*, EWiR 2006, 623 (623 f.); *Meyer-Löwy/Plank*, NZI 2006, 622 (622 ff.).

[167] Ähnlich auch *Mankowski*, EWiR 2006, 623 (624).

London in einer weiteren Entscheidung am 11. Februar 2009, die ebenfalls in Hinsicht auf Nortel erging, Bezug auf den vorherigen Beschluss vom 14. Januar 2009.[168] Im Folgenden wird daher ausschließlich auf den Beschluss des High Court of Justice London vom 11. Februar 2009 als Quelle verwiesen.

aa) Beschluss des High Court of Justice London vom 14. Januar 2009

Nortel war ein kanadischer Konzern, der Netzwerklösungen für Computersysteme und Telekommunikationsnetze anbot.[169]

Zum Nortel-Konzern gehörten auch etliche Gesellschaften mit Sitz in verschiedenen Staaten der Europäischen Union.[170] Über das Vermögen dieser europäischen Konzerngesellschaften eröffnete der High Court of Justice London am 14. Januar 2009 Hauptinsolvenzverfahren gemäß Art. 3 Abs. 1 S. 1 EuInsVO a. F. (Art. 3 Abs. 1 S. 1 EuInsVO n. F.) in England.[171]

Gleichzeitig erließ der High Court of Justice London Verfügungen (*Day One Orders*), mit denen das Gericht die englischen Verwalter ermächtigte, Verteilungen an Arbeitnehmer und bevorrechtigte Gläubiger der Konzerngesellschaften vorzunehmen, die ihrer Höhe nach den Beträgen entsprachen, die diese Gläubiger im Fall der Eröffnung eines Sekundärinsolvenzverfahrens erhalten hätten.[172]

bb) Kommentar

Das Vorgehen des High Court of Justice London im Fall Nortel entsprach dem des High Court of Justice Birmingham im Fall MG Rover und dem des High Court of Justice London im Fall Collins & Aikman.

Die Konzerngesellschaften hatten ihren Sitz außerhalb Englands in anderen Staaten der Europäischen Union. Der High Court hielt die Vermutung des Art. 3 Abs. 1 S. 2 EuInsVO a. F. (Art. 3 Abs. 1 S. 3 EuInsVO n. F.) dennoch für widerlegt und verortete den Mittelpunkt der hauptsächlichen Interessen aller europäischen Konzerngesellschaften in England. Folglich eröffnete das Gericht Hauptinsolvenzverfahren gemäß Art. 3 Abs. 1 S. 1 EuInsVO a. F. (Art. 3 Abs. 1 S. 1 EuInsVO n. F.) über das Vermögen aller europäischen Gesellschaften in England.

Allerdings bestand für die Gläubiger wiederum die Möglichkeit, diese Entscheidung durch Beantragung von Sekundärinsolvenzverfahren etwas zu korrigieren. Die Eröffnung von Sekundärinsolvenzverfahren wollten die Verwalter der

---

[168] *High Court of Justice London*, Beschluss vom 11. 2. 2009, ZIP 2009, 578.

[169] *High Court of Justice London*, Beschluss vom 11. 2. 2009, ZIP 2009, 578 (Rn. 2).

[170] *High Court of Justice London*, Beschluss vom 11. 2. 2009, ZIP 2009, 578 (Rn. 2 i. V. m. Rn. 13).

[171] *High Court of Justice London*, Beschluss vom 11. 2. 2009, ZIP 2009, 578 (Rn. 4).

[172] *High Court of Justice London*, Beschluss vom 11. 2. 2009, ZIP 2009, 578 (Rn. 5).

Hauptinsolvenzverfahren aber unbedingt verhindern.[173] Der Unterschied zu den Entscheidungen des High Court of Justice Birmingham im Fall MG Rover und des High Court of Justice London im Fall Collins & Aikman besteht darin, dass das Gericht die englischen Verwalter nun bereits zum Zeitpunkt der Eröffnung der Hauptinsolvenzverfahren ermächtigte, zur Vermeidung von Sekundärinsolvenzverfahren Verwertungserlöse abweichend von der englischen Verteilungsordnung zu verteilen. Dies macht deutlich, dass die vorherigen Entscheidungen des High Court of Justice Birmingham und des High Court of Justice London hinsichtlich der Abgabe von Zusicherungen zur Vermeidung von Sekundärinsolvenzverfahren und der Verteilung der Verwertungserlöse nach einer fremden Rechtsordnung sowohl den englischen Verwaltern als auch dem entscheidenden Richter im Fall Nortel bekannt waren. Spätestens nach der Entscheidung des High Court of Justice London im Fall Nortel musste man davon ausgehen, dass englische Verwalter und Gerichte nun immer so agieren würden.

Es soll hier noch auf ein interessantes Detail aufmerksam gemacht werden. Die im Fall Nortel erlassene Verfügung unterscheidet sich von den Ermächtigungen des High Court of Justice Birmingham im Fall MG Rover Belux und denen des High Court of Justice London im Fall Collins & Aikman. In den Fällen MG Rover Belux und Collins & Aikman hatte der jeweilige Richter darauf aufmerksam gemacht, dass die Verteilung der Erlöse unter indirekter Anwendung einer fremden Verteilungsordnung stattfinden würde. Davon war in der Verfügung des High Court im Fall Nortel keine Rede. Stattdessen hieß es, die Verwalter seien berechtigt, Zahlungen an die Gläubiger zu leisten, die ihrer Höhe nach den Beträgen entsprechen, die diese Gläubiger im Fall der Eröffnung eines Sekundärinsolvenzverfahrens erhalten würden („to make payments [...] corresponding to the amounts they would receive in the event that secondary insolvency proceedings were to be commenced").[174] Anzumerken ist allerdings, dass die Verwalter auch in diesem Fall letztlich ermächtigt wurden, von der englischen Verteilungsordnung abzuweichen.

Unklar bleibt im Fall Nortel zudem, ob sämtliche Gläubiger so behandelt werden sollten wie in einem Sekundärinsolvenzverfahren. Die gerichtliche Verfügung erwähnt lediglich Arbeitnehmer und bevorrechtigte Gläubiger. Im Fall Collins & Aikman wurden schließlich sämtliche Gläubiger bei der Verteilung nach der fremden Rechtsordnung behandelt.

2. Abschließende Analyse der Verfahren MG Rover, Collins & Aikman und Nortel

Nachdem die Fälle MG Rover, Collins & Aikman und Nortel ausführlich dargestellt und kommentiert wurden, stellt sich abschließend die Frage, wie sich die vom High Court of Justice Birmingham und die vom High Court of Justice London ge-

---

[173] *High Court of Justice London*, Beschluss vom 11.2.2009, ZIP 2009, 578 (Rn. 7).

[174] *High Court of Justice London*, Beschluss vom 11.2.2009, ZIP 2009, 578 (Rn. 5).

billigten Zahlungen charakterisieren lassen. Handelte es sich um Sonderzahlungen an einzelne Gläubiger oder tatsächlich um virtuelle Sekundärinsolvenzverfahren? Die Beantwortung dieser Frage ist durchaus von großer Bedeutung. Schließlich geht die Idee des europäischen Gesetzgebers zur Schaffung virtueller Sekundärinsolvenzverfahren auf die Verfahren MG Rover, Collins & Aikman und Nortel zurück.[175]

a) Sonderzahlungen zugunsten einzelner Gläubiger?

Teilweise wird behauptet, in den Fällen MG Rover, Collins & Aikman und Nortel hätten die Verwalter Sonderzahlungen an einzelne Gläubiger geleistet, die zuvor signalisiert hatten, die Eröffnung eines Sekundärinsolvenzverfahrens beantragen zu wollen.[176]

Das war aber definitiv nicht der Fall. In keinem der Verfahren wurden Sonderzahlungen an einzelne Gläubiger geleistet.

Im Fall Collins & Aikman wurde der Verteilung sämtlicher Verwertungserlöse das Recht des Staates, in dem das Sekundärinsolvenzverfahren hätte eröffnet werden können, zugrunde gelegt. Innerhalb der jeweiligen Insolvenzverfahren wurden also alle Gläubiger nach derselben Verteilungsordnung behandelt.

Den Entscheidungen in den Fällen MG Rover und Nortel lässt sich zwar nicht entnehmen, ob die Forderungen sämtlicher Gläubiger bei der Verteilung, abweichend von der englischen Verteilungsordnung, nach ausländischem Recht behandelt wurden. Ersichtlich ist allerdings, dass die Verwalter auch in diesen Verfahren keine Sonderzahlungen an einzelne antragwillige Gläubiger leisteten. Vielmehr wurden ganze Gläubigergruppen, beispielsweise Arbeitnehmer, bei der Verteilung der Verwertungserlöse nach dem Recht des Staates, in dem das Sekundärinsolvenzverfahren hätte eröffnet werden können, behandelt.

b) Virtuelle Sekundärinsolvenzverfahren?

In den Gesetzgebungsmaterialien wird davon gesprochen, dass in den Verfahren MG Rover, Collins & Aikman und Nortel das Konzept des virtuellen Sekundärinsolvenzverfahrens entwickelt worden sei.[177] Im Folgenden soll daher analysiert

---

[175] Vorschlag der Kommission für eine Verordnung des Europäischen Parlaments und des Rates zur Änderung der Verordnung (EG) Nr. 1346/2000 des Rates über Insolvenzverfahren vom 12.12.2012, COM (2012) 744 final, S. 8.

[176] So *Mankowski*, NZI 2015, 961 (961 f.) (971); *Mock*, ZInsO 2009, 895 (899 f.) (Fn. 32); *Schultz*, in: Heidelberger Kommentar InsO, 10. Aufl. 2020, Art. 36 EuInsVO Rn. 2; *Thole*, ZEuP 2014, 39 (65 f.); *Vallender*, ZIP 2015, 1513 (1517 f.).

[177] Vorschlag der Kommission für eine Verordnung des Europäischen Parlaments und des Rates zur Änderung der Verordnung (EG) Nr. 1346/2000 des Rates über Insolvenzverfahren vom 12.12.2012, COM (2012) 744 final, S. 8.

werden, ob das Vorgehen der englischen Verwalter tatsächlich mit einem Sekundärinsolvenzverfahren vergleichbar ist.

aa) Der Prüfungsmaßstab der englischen Gerichte

Die englischen Gerichte stellten in keinem der Verfahren Regeln zur Durchführung eines virtuellen Sekundärinsolvenzverfahrens auf. Konkret machten sich die Richter überhaupt nicht die Mühe, sich mit den Grundsätzen eines Sekundärinsolvenzverfahrens auseinanderzusetzen. Vielmehr prüften die englischen Gerichte ausschließlich die Vereinbarkeit der geplanten Verteilungen mit englischem Recht.

bb) Vergleich mit einem Sekundärinsolvenzverfahren

Dennoch ist zu ermitteln, ob die Erlösverteilung in den Verfahren MG Rover, Collins & Aikman und Nortel mit der Verteilung in einem Sekundärinsolvenzverfahren vergleichbar ist.

Haupt- und Sekundärinsolvenzverfahren verfügen jeweils über eine eigene Aktivmasse. Das Sekundärinsolvenzverfahren bezieht sich gemäß Art. 34 S. 3 EuInsVO ausschließlich auf das im Niederlassungsstaat belegene Vermögen. Die Aktivmasse des Hauptinsolvenzverfahrens besteht im Umkehrschluss aus allen Vermögensgegenständen, die nicht zur Aktivmasse eines Sekundärinsolvenzverfahrens gehören.

Gläubiger können ihre Forderungen gemäß Art. 45 Abs. 1 EuInsVO sowohl für das Haupt- als auch für jedes Sekundärinsolvenzverfahren anmelden. Auf diese Weise können sie an den Erlösverteilungen aller Verfahren teilnehmen. Bei der Erlösverteilung im Hauptinsolvenzverfahren wird ihre Forderung gemäß Art. 7 Abs. 2 S. 2 lit. i) EuInsVO nach dem Recht des Staates, in dem das Hauptinsolvenzverfahren eröffnet wurde, behandelt. Für die Erlösverteilung im Sekundärinsolvenzverfahren gilt gemäß Art. 7 Abs. 2 S. 2 lit. i) EuInsVO das Recht des Staates, in dem das Sekundärinsolvenzverfahren eröffnet wurde.

In den Fällen MG Rover, Collins & Aikman und Nortel verfuhren die Verwalter aber völlig anders als in einem Sekundärinsolvenzverfahren. In keinem dieser Verfahren wurde zwischen dem im Niederlassungsstaat belegenen Vermögensgegenständen und dem übrigen Vermögen unterschieden.[178] Es wurde also nicht getrennt zwischen der Masse eines virtuellen Hauptinsolvenzverfahrens und der Masse eines virtuellen Sekundärinsolvenzverfahrens.

Die Unterscheidung zweier Aktivmassen ist aber von entscheidender Bedeutung. Unterlässt man die Bildung zweier Teilmassen, so wird die einzelne Forderung,

---

[178] Schmidt behauptet, die Verwalter der in England eröffneten Hauptinsolvenzverfahren hätten Untermassen gebildet. *Schmidt*, Die Zusicherung nach Art. 36 EuInsVO, 2019, S. 124. Schmidts Behauptung ist unrichtig und entbehrt jeglicher Grundlage. Wer die Beschlüsse der englischen Gerichte tatsächlich analysiert, stellt fest, dass in keinem dieser Verfahren Untermassen gebildet wurden.

bezogen auf die Verteilung des gesamten Verwertungserlöses, einheitlich nach nur einer Rechtsordnung behandelt. Für einen Teil der Gläubiger ist dies vorteilhaft, da bei der Verteilung ausschließlich eine Rechtsordnung angewendet wird, die ihre Forderungen als vorrangig einstuft. Für andere Gläubiger wiederum ist dies nachteilhaft, weil nur eine für sie ungünstige Verteilungsordnung zur Anwendung kommt. Genau dies war in den englischen Verfahren der Fall.

Im Fall Collins & Aikman wurden sämtliche Gläubiger ausschließlich nach ausländischem Recht behandelt. Die englische Verteilungsordnung wurde folglich vollständig durch die Regelungen einer fremden Rechtsordnung verdrängt. Für die Arbeitnehmer war dies von Vorteil, da nur eine Verteilungsordnung zur Anwendung kam, die ihre Forderungen als vorrangig betrachtete. Für andere Gläubiger, die nach englischem Verteilungsrecht eine günstige Rechtsposition innegehabt hätten, war dies allerdings rechtlich nachteilhaft.

Auch in den Verfahren MG Rover und Nortel wurde nicht zwischen der Masse eines virtuellen Hauptinsolvenzverfahrens und der Masse eines virtuellen Sekundärinsolvenzverfahrens unterschieden. Beispielsweise wurden Forderungen der Arbeitnehmer bei der Verteilung der Verwertungserlöse ausschließlich nach dem Recht des Staates, in dem das Sekundärinsolvenzverfahren hätte eröffnet werden können, behandelt.

cc) Zwischenergebnis

Im Ergebnis ist festzustellen, dass das Vorgehen der englischen Verwalter zwar der Vermeidung eines Sekundärinsolvenzverfahrens diente, sich aber nicht mit einem solchen vergleichen lässt.

c) Ergebnis

In den Verfahren MG Rover, Collins & Aikman und Nortel wurden keine Sonderzahlungen an einzelne Gläubiger geleistet. Das Vorgehen der englischen Verwalter lässt sich allerdings auch nicht mit einem Sekundärinsolvenzverfahren vergleichen. Daher ist es genau genommen falsch, im Zusammenhang mit den Fällen MG Rover, Collins & Aikman und Nortel von virtuellen Sekundärinsolvenzverfahren zu sprechen. Dennoch wird diese Terminologie auch in dieser Arbeit verwendet, da sie sich bereits etabliert hat. Letztlich muss man zu dem Schluss kommen, dass die Art der Verteilung der Verwertungserlöse, wie sie in den Fällen MG Rover, Collins & Aikman und Nortel erfolgte, keiner Kategorie zugeordnet werden kann. Vielmehr handelte es sich um Erlösverteilungen eigener Art.

III. Heidelberg-Luxembourg-Vienna Report

Gemäß Art. 46 EuInsVO a.F. war die Kommission verpflichtet, dem Europäischen Parlament, dem Rat und dem Wirtschafts- und Sozialausschuss bis zum 1. Juni 2012 einen Bericht über die Anwendung der EuInsVO vorzulegen.

Zur Vorbereitung dieses Berichts gab die Kommission eine externe Studie in Auftrag, welche Probleme bei der Anwendung der EuInsVO ermitteln sollte. Diese Studie wurde von den Universitäten Heidelberg und Wien unter Beteiligung des Max-Planck-Instituts Luxemburg[179] erstellt. Die Studie trägt daher den Namen Heidelberg-Luxembourg-Vienna Report.[180]

In dieser Studie wird vorgeschlagen, eine Norm in die EuInsVO aufzunehmen, die den Verwalter des Hauptinsolvenzverfahrens berechtigt, den ausländischen Gläubigern zuzusichern, sie im Hauptinsolvenzverfahren so zu behandeln als sei ein Sekundärinsolvenzverfahren eröffnet worden.[181] Dieser Vorschlag und die im Heidelberg-Luxembourg-Vienna Report geäußerte Kritik an Sekundärinsolvenzverfahren werden im Folgenden ausführlich dargestellt und anschließend kommentiert.

1. In der Studie geäußerte Kritik an Sekundärinsolvenzverfahren

Das Kapitel *Coordination of Main and Secondary Proceedings* im Heidelberg-Luxembourg-Vienna Report wurde von Paul Oberhammer verfasst.[182] Ausgiebig kritisiert er dort Sekundärinsolvenzverfahren.

Die Eröffnung eines Sekundärinsolvenzverfahrens würde zusätzliche Kosten verursachen.[183] Die Kooperation zwischen den Verwaltern der verschiedenen Verfahren würde viel Zeit in Anspruch nehmen.[184] Ein erheblicher Teil an Arbeit würde doppelt anfallen.[185] Beispielsweise müssten sich sowohl der Verwalter des Hauptinsolvenzverfahrens als auch der Verwalter des Sekundärinsolvenzverfahrens mit

---

[179] Max Planck Institute Luxembourg for International, European and Regulatory Procedural Law.

[180] *Hess/Oberhammer/Pfeiffer*, European Insolvency Law Heidelberg-Luxembourg-Vienna Report, 2013.

[181] *Oberhammer*, in: Hess/Oberhammer/Pfeiffer, European Insolvency Law Heidelberg-Luxembourg-Vienna Report, 2013, Rn. 914.

[182] *Oberhammer*, in: Hess/Oberhammer/Pfeiffer, European Insolvency Law Heidelberg-Luxembourg-Vienna Report, 2013, Rn. 888 ff.

[183] *Oberhammer*, in: Hess/Oberhammer/Pfeiffer, European Insolvency Law Heidelberg-Luxembourg-Vienna Report, 2013, Rn. 900.

[184] *Oberhammer*, in: Hess/Oberhammer/Pfeiffer, European Insolvency Law Heidelberg-Luxembourg-Vienna Report, 2013, Rn. 900.

[185] *Oberhammer*, in: Hess/Oberhammer/Pfeiffer, European Insolvency Law Heidelberg-Luxembourg-Vienna Report, 2013, Rn. 900.

den Strukturen des jeweiligen Unternehmens vertraut machen.[186] Selbst dann, wenn der Verwalter des Sekundärinsolvenzverfahrens sich kooperativ verhalte, würde die Eröffnung eines Sekundärinsolvenzverfahrens vieles komplizierter machen.[187] Das gelte auch für die Tatsache, dass in Bezug auf dasselbe Unternehmen Insolvenzgesetze mehrerer Länder zur Anwendung kämen.[188] Des Weiteren könne es vorkommen, dass lokale Gläubiger in einem Sekundärinsolvenzverfahren ihre eigenen Ziele verfolgen, was zu Interessenkonflikten mit anderen Gläubigern führe.[189] Zudem stünden Sekundärinsolvenzverfahren dem Ziel, das gesamte Unternehmen zu liquidieren oder zu sanieren, im Wege.[190] Das gelte erst recht für den Fall, dass sich der Verwalter des Sekundärinsolvenzverfahrens unkooperativ verhält.[191] Ein solches Verhalten könne darin begründet sein, dass lokale Gläubiger Druck auf den Verwalter des Sekundärinsolvenzverfahrens ausüben, dieser seine eigenen wirtschaftlichen Interessen verfolge oder ihm das nötige Verständnis für grenzüberschreitende Insolvenzfälle fehle.[192]

Abschließend schreibt Oberhammer, man müsse akzeptieren, dass die Abschaffung von Sekundärinsolvenzverfahren aus politischen Gründen kein realistisches Ziel sei.[193] Daher solle man stattdessen versuchen, die Zahl der Fälle, in denen ein Sekundärinsolvenzverfahren eröffnet wird, zu reduzieren.[194] Zur Erreichung dieses Ziels schlägt Oberhammer unter anderem vor, eine Norm in die EuInsVO aufzunehmen, die den Verwalter des Hauptinsolvenzverfahrens berechtigt, den ausländischen Gläubigern zuzusichern, sie im Hauptinsolvenzverfahren so zu behandeln als sei ein Sekundärinsolvenzverfahren eröffnet worden.[195] Dieser Vorschlag wird im Folgenden ausführlich dargestellt.

---

[186] *Oberhammer*, in: Hess/Oberhammer/Pfeiffer, European Insolvency Law Heidelberg-Luxembourg-Vienna Report, 2013, Rn. 900.

[187] *Oberhammer*, in: Hess/Oberhammer/Pfeiffer, European Insolvency Law Heidelberg-Luxembourg-Vienna Report, 2013, Rn. 900.

[188] *Oberhammer*, in: Hess/Oberhammer/Pfeiffer, European Insolvency Law Heidelberg-Luxembourg-Vienna Report, 2013, Rn. 900.

[189] *Oberhammer*, in: Hess/Oberhammer/Pfeiffer, European Insolvency Law Heidelberg-Luxembourg-Vienna Report, 2013, Rn. 901.

[190] *Oberhammer*, in: Hess/Oberhammer/Pfeiffer, European Insolvency Law Heidelberg-Luxembourg-Vienna Report, 2013, Rn. 902.

[191] *Oberhammer*, in: Hess/Oberhammer/Pfeiffer, European Insolvency Law Heidelberg-Luxembourg-Vienna Report, 2013, Rn. 902.

[192] *Oberhammer*, in: Hess/Oberhammer/Pfeiffer, European Insolvency Law Heidelberg-Luxembourg-Vienna Report, 2013, Rn. 902.

[193] *Oberhammer*, in: Hess/Oberhammer/Pfeiffer, European Insolvency Law Heidelberg-Luxembourg-Vienna Report, 2013, Rn. 903.

[194] *Oberhammer*, in: Hess/Oberhammer/Pfeiffer, European Insolvency Law Heidelberg-Luxembourg-Vienna Report, 2013, Rn. 904.

[195] *Oberhammer*, in: Hess/Oberhammer/Pfeiffer, European Insolvency Law Heidelberg-Luxembourg-Vienna Report, 2013, Rn. 914.

2. In der Studie unterbreiteter Lösungsvorschlag

Englische Verwalter und Gerichte hätten in den Fällen MG Rover Belux SA/NV (MG Rover II), Collins & Aikman und Nortel ein vielversprechendes Vorgehen entwickelt, um die Eröffnung von Sekundärinsolvenzverfahren zu begrenzen.[196] In diesen Fällen hätte der jeweilige Verwalter des Hauptinsolvenzverfahrens den Gläubigern, die unter Umständen die Eröffnung eines Sekundärinsolvenzverfahrens beantragt hätten, ein verbindliches Angebot gemacht, dass er alle Vorrechte respektieren werde, die diese Gläubiger hätten, wäre ein Sekundärinsolvenzverfahren eröffnet worden.[197] Dieses Vorgehen könne als Modell für eine Weiterentwicklung der EuInsVO dienen, so Oberhammer.[198]

a) Regelungsbedürfnis

Sodann erklärt Oberhammer, warum der europäische Gesetzgeber eine gesetzliche Regelung schaffen müsse. Zum einen seien Gläubiger bisher [unter der EuInsVO 2000] nicht verpflichtet, einem solchen Abkommen mit dem Verwalter zuzustimmen.[199] Den Gläubigern könne es auch dann, wenn der Verwalter eine solche Zusicherung abgegeben habe, nicht verboten werden, die Eröffnung eines Sekundärinsolvenzverfahrens zu beantragen.[200] Zudem sei zu beachten, dass der Verwalter nach dem Recht des Staates, in dem das Insolvenzverfahren eröffnet wurde, unter Umständen nicht berechtigt sei, eine solche Zusicherung abzugeben.[201] Daher sei es sinnvoll, in der EuInsVO eine Regelung zu verankern, die den Verwalter berechtige, eine solche Zusicherung abzugeben.[202]

b) Vorschlag, Zusicherungen zur Vermeidung von Sekundärinsolvenzverfahren einzuführen

Sodann unterbreitet Oberhammer konkrete Vorschläge für eine gesetzliche Regelung in der EuInsVO.

---

[196] *Oberhammer*, in: Hess/Oberhammer/Pfeiffer, European Insolvency Law Heidelberg-Luxembourg-Vienna Report, 2013, Rn. 914.

[197] *Oberhammer*, in: Hess/Oberhammer/Pfeiffer, European Insolvency Law Heidelberg-Luxembourg-Vienna Report, 2013, Rn. 914.

[198] *Oberhammer*, in: Hess/Oberhammer/Pfeiffer, European Insolvency Law Heidelberg-Luxembourg-Vienna Report, 2013, Rn. 914.

[199] *Oberhammer*, in: Hess/Oberhammer/Pfeiffer, European Insolvency Law Heidelberg-Luxembourg-Vienna Report, 2013, Rn. 914.

[200] *Oberhammer*, in: Hess/Oberhammer/Pfeiffer, European Insolvency Law Heidelberg-Luxembourg-Vienna Report, 2013, Rn. 914.

[201] *Oberhammer*, in: Hess/Oberhammer/Pfeiffer, European Insolvency Law Heidelberg-Luxembourg-Vienna Report, 2013, Rn. 914.

[202] *Oberhammer*, in: Hess/Oberhammer/Pfeiffer, European Insolvency Law Heidelberg-Luxembourg-Vienna Report, 2013, Rn. 914.

Der Verwalter garantiere in der Zusicherung, dass die Rechte, die lokale Gläubiger im Fall der Eröffnung eines Sekundärinsolvenzverfahrens gehabt hätten, im Hauptinsolvenzverfahren beachtet würden.[203] Oberhammer merkt an, dies habe zur Folge, dass die Verteilung der Verwertungserlöse im Hauptinsolvenzverfahren vom Recht des Staates, in dem das Hauptinsolvenzverfahren eröffnet wurde, abweicht.[204]

Des Weiteren ist Oberhammer der Auffassung, dass die Eröffnung eines Sekundärinsolvenzverfahrens ab dem Zeitpunkt der Abgabe der Zusicherung nicht mehr möglich sein sollte.[205] Umgekehrt solle der Verwalter des Hauptinsolvenzverfahrens aber berechtigt sein, auch nach Eröffnung eines Sekundärinsolvenzverfahrens eine Zusicherung abzugeben.[206] Denn der Verwalter des Hauptinsolvenzverfahrens benötige unter Umständen einige Zeit, um zu ermitteln, welche Ansprüche in diesem Zusammenhang relevant sind.[207] Daher sei eine Regelung sinnvoll, nach der ein bereits eröffnetes Sekundärinsolvenzverfahren einzustellen sei, wenn der Verwalter des Hauptinsolvenzverfahrens eine Zusicherung abgibt.[208]

3. Kommentar

Oberhammer äußert, dass die englischen Verwalter und Gerichte in den Fällen MG Rover, Collins & Aikman und Nortel ein vielversprechendes Verfahren zur Vermeidung von Sekundärinsolvenzverfahren entwickelt hätten, das als Vorbild für eine mögliche Regelung in der EuInsVO dienen könne. Auffallend ist, dass sich Oberhammer in keiner Weise kritisch mit diesen Verfahren auseinandersetzt.

Die englischen Fälle ausschließlich positiv betrachtend, schlägt Oberhammer vor, die lokalen Gläubiger bei der Verteilung im Hauptinsolvenzverfahren nach dem Recht des Staates, in dem das Sekundärinsolvenzverfahren eröffnet werden könnte, zu behandeln. Dieser Vorschlag ist allerdings nicht praxistauglich und kann daher nicht als Modell für eine Regelung in der EuInsVO dienen. Ziel eines virtuellen Sekundärinsolvenzverfahrens muss es grundsätzlich sein, sämtliche Gläubiger so zu behandeln, als sei tatsächlich ein Sekundärinsolvenzverfahren eröffnet worden. Nur wenn das der Fall ist, wird allen Gläubigern der Anreiz genommen, die Eröffnung eines Sekundärinsolvenzverfahrens zu beantragen. Die von Oberhammer vorge-

---

[203] *Oberhammer*, in: Hess/Oberhammer/Pfeiffer, European Insolvency Law Heidelberg-Luxembourg-Vienna Report, 2013, Rn. 914.

[204] *Oberhammer*, in: Hess/Oberhammer/Pfeiffer, European Insolvency Law Heidelberg-Luxembourg-Vienna Report, 2013, Rn. 914.

[205] *Oberhammer*, in: Hess/Oberhammer/Pfeiffer, European Insolvency Law Heidelberg-Luxembourg-Vienna Report, 2013, Rn. 914.

[206] *Oberhammer*, in: Hess/Oberhammer/Pfeiffer, European Insolvency Law Heidelberg-Luxembourg-Vienna Report, 2013, Rn. 914.

[207] *Oberhammer*, in: Hess/Oberhammer/Pfeiffer, European Insolvency Law Heidelberg-Luxembourg-Vienna Report, 2013, Rn. 914.

[208] *Oberhammer*, in: Hess/Oberhammer/Pfeiffer, European Insolvency Law Heidelberg-Luxembourg-Vienna Report, 2013, Rn. 914.

schlagene Verteilung unterscheidet sich allerdings wesentlich von der im Fall der realen Verfahrenspluralität. Oberhammer unterscheidet nicht zwischen der Masse eines virtuellen Hauptinsolvenzverfahrens und der Masse eines virtuellen Sekundärinsolvenzverfahrens. Zudem sollen nur lokale Gläubiger nach dem Recht des Staates, in dem das Sekundärinsolvenzverfahren hätte eröffnet werden können, behandelt werden. Für alle nichtlokalen Gläubiger gilt demnach ausschließlich das Recht des Staates, in dem das Hauptinsolvenzverfahren eröffnet wurde. Insofern unterscheidet sich sein Vorschlag auch von der Erlösverteilung im Fall Collins & Aikman. In diesem Verfahren wurden sämtliche Gläubiger bei der Verteilung nach der ausländischen Verteilungsordnung behandelt.[209]

Denkt man den Vorschlag Oberhammers konsequent weiter, so hat dies zur Folge, dass bei der Verteilung des Verwertungserlöses (Oberhammer unterscheidet nicht zwischen der Masse eines virtuellen Hauptinsolvenzverfahrens und der Masse eines virtuellen Sekundärinsolvenzverfahrens) neben der Verteilungsordnung des Staates, in dem das Hauptinsolvenzverfahren eröffnet wurde, parallel die Verteilungsordnungen der Staaten, in denen Sekundärinsolvenzverfahren hätten eröffnet werden können, zur Anwendung kommen. Dies können bis zu 27 Rechtsordnungen sein. Das ist an sich bereits äußerst problematisch.

Vor allem aber lässt sich mit Oberhammers Vorschlag das Ziel, die Eröffnung von Sekundärinsolvenzverfahren zurückzudrängen, nicht erreichen. Da sich die von Oberhammer vorgeschlagene Verteilung von der in einem Sekundärinsolvenzverfahren unterscheidet, wird es immer Gläubiger geben, die im Ergebnis schlechter stehen als in einem Sekundärinsolvenzverfahren. Im Folgenden wird gezeigt, dass es sich dabei, abhängig vom Einzelfall, sowohl um nichtlokale als auch um lokale Gläubiger handeln kann. Diese Gläubiger werden, um einen drohenden Nachteil abzuwenden, die Eröffnung eines Sekundärinsolvenzverfahrens beantragen.

Ungünstig ist Oberhammers Vorschlag zum einen für nichtlokale Gläubiger, die zwar nach dem Recht des Staates, in dem das Sekundärinsolvenzverfahren eröffnet werden könnte, ein Vorrecht haben, nicht aber nach dem Recht des Staates, in dem das Hauptinsolvenzverfahren eröffnet wurde. Denn Oberhammers Vorschlag sieht vor, dass nichtlokale Gläubiger bei der Verteilung ausschließlich nach dem Recht des Staates, in dem das Hauptinsolvenzverfahren eröffnet wurde, behandelt werden.

Des Weiteren ist der Vorschlag Oberhammers für solche lokalen Gläubiger von Nachteil, denen nur die Verteilungsordnung des Staates, in dem das Hauptinsolvenzverfahren eröffnet wurde, ein Vorrecht einräumt. Nach dem Willen Oberhammers sollen lokale Gläubiger nämlich nur nach dem Recht des Staates, in dem das Sekundärinsolvenzverfahren eröffnet werden könnte, behandelt werden.

Darüber hinaus ist die von Oberhammer vorgeschlagene Verteilung im Einzelfall sogar für die lokalen Gläubiger, die nach dem Recht des Staates, in dem das Se-

---

[209] Siehe dazu ausführlich S. 70 ff.

kundärinsolvenzverfahren eröffnet werden könnte, ein Vorrecht haben, nachteilhaft. Dies lässt sich anhand eines einfachen Beispiels demonstrieren.

Sachverhalt: Die im Niederlassungsstaat belegenen Vermögensgegenstände haben einen Wert von 800.000 € und die außerhalb des Niederlassungsstaats belegenen Vermögensgegenstände einen Wert von 200.000 €. Die Masse hat also einen Gesamtwert von einer Million Euro.

Es gibt zwei nichtlokale Gläubiger (Gläubiger Nr. 1 und Nr. 2), die jeweils Forderungen in Höhe von zwei Millionen Euro gegen den Schuldner haben. Im hiesigen Beispielfall werden deren Forderungen nach dem Recht des Staates, in dem das Hauptinsolvenzverfahren eröffnet wurde, als vorrangig behandelt, nicht aber nach dem Recht des Staates, in dem das Sekundärinsolvenzverfahren eröffnet werden könnte.

Zudem gibt es zwei lokale Gläubiger (Gläubiger Nr. 3 und Nr. 4). Diese haben ebenfalls Ansprüche in Höhe von jeweils zwei Millionen Euro gegen den Schuldner. Im hiesigen Beispielfall werden ihre Forderungen nach dem Recht des Staates, in dem das Sekundärinsolvenzverfahren eröffnet werden könnte, vorrangig befriedigt, nicht aber nach dem Recht des Staates, in dem das Hauptinsolvenzverfahren eröffnet wurde.

Verteilung im Fall der Eröffnung eines Sekundärinsolvenzverfahrens: Im Sekundärinsolvenzverfahren können 800.000 € verteilt werden. Für die Erlösverteilung gilt gemäß Art. 7 Abs. 2 S. 2 lit. i) EuInsVO das Recht des Staates, in dem das Sekundärinsolvenzverfahren eröffnet wurde. Im Beispielfall haben nur die beiden lokalen Gläubiger (Gläubiger Nr. 3 und Nr. 4) nach dieser Verteilungsordnung ein Vorrecht. Die beiden lokalen Gläubiger (Gläubiger Nr. 3 und Nr. 4) erhalten daher jeweils 400.000 €. Die zwei nichtlokalen Gläubiger (Gläubiger Nr. 1 und Nr. 2) werden nicht befriedigt.

Im Hauptinsolvenzverfahren können 200.000 € verteilt werden. Für die Erlösverteilung gilt gemäß Art. 7 Abs. 2 S. 2 lit. i) EuInsVO das Recht des Staates, in dem das Hauptinsolvenzverfahren eröffnet wurde. Im Beispielfall haben die beiden nichtlokalen Gläubiger (Gläubiger Nr. 1 und Nr. 2) nach dieser Verteilungsordnung ein Vorrecht, die zwei lokalen Gläubiger (Gläubiger Nr. 3 und Nr. 4) aber nicht. Die nichtlokalen Gläubiger (Gläubiger Nr. 1 und Nr. 2) erhalten daher jeweils 100.000 €. Die lokalen Gläubiger (Gläubiger Nr. 3 und Nr. 4) werden nicht befriedigt.

Verteilungsvorschlag Oberhammers: Oberhammer unterscheidet nicht zwischen der Masse eines virtuellen Hauptinsolvenzverfahrens und der Masse eines virtuellen Sekundärinsolvenzverfahrens. Es können eine Million Euro an die Gläubiger verteilt werden.

Die nichtlokalen Gläubiger werden gemäß Oberhammers Vorschlag ausschließlich nach dem Recht des Staates, in dem das Hauptinsolvenzverfahren eröffnet wurde, behandelt. Im Beispielfall haben die nichtlokalen Gläubiger (Gläubiger Nr. 1 und Nr. 2) nach dieser Verteilungsordnung ein Vorrecht. Die lokalen

Gläubiger werden gemäß Oberhammers Vorschlag ausschließlich nach dem Recht des Staates, in dem das Sekundärinsolvenzverfahren eröffnet werden könnte, behandelt. Im Beispielfall räumt diese Verteilungsordnung den beiden lokalen Gläubigern (Gläubiger Nr. 3 und Nr. 4) ein Vorrecht ein. Alle vier Gläubiger haben in diesem Beispielfall also ein Vorrecht. Der Gesamterlös in Höhe von einer Million Euro ist daher unter den vier Gläubigern aufzuteilen. Jeder der Gläubiger erhält daher 250.000 €.

Die beiden lokalen Gläubiger (Gläubiger Nr. 3 und Nr. 4) stehen im Ergebnis deutlich schlechter als im Fall der Eröffnung eines Sekundärinsolvenzverfahrens. Sie würden folglich die Eröffnung eines Sekundärinsolvenzverfahrens beantragen wollen.

IV. Das Gesetzgebungsverfahren

Gemäß Art. 46 EuInsVO a. F. war die Kommission verpflichtet, dem Europäischen Parlament, dem Rat und dem Wirtschafts- und Sozialausschuss bis zum 1. Juni 2012 einen Bericht über die Anwendung der EuInsVO vorzulegen.

Zur Vorbereitung dieses Berichts gab die Kommission eine externe Studie in Auftrag, welche Probleme bei der Anwendung der EuInsVO ermitteln sollte. Diese Studie wurde von den Universitäten Heidelberg und Wien unter Beteiligung des Max-Planck-Instituts Luxemburg[210] erstellt. Sie trägt daher den Namen Heidelberg-Luxembourg-Vienna Report.[211] In dieser Studie wurde unter anderem vorgeschlagen, eine Norm in die EuInsVO aufzunehmen, die den Verwalter des Hauptinsolvenzverfahrens berechtigt, den ausländischen Gläubigern zuzusichern, sie im Hauptinsolvenzverfahren so zu behandeln als sei ein Sekundärinsolvenzverfahren eröffnet worden.[212]

Im Anschluss an diese Studie veröffentlichte die Europäische Kommission am 12. Dezember 2012 einen ersten Vorschlag zur Änderung der EuInsVO.[213] In diesem Vorschlag griff sie auch die von Oberhammer im Heidelberg-Luxembourg-Vienna Report geäußerte Idee auf, den Verwalter des Hauptinsolvenzverfahrens zu berechtigen, Zusicherungen zur Vermeidung von Sekundärinsolvenzverfahren abzu-

[210] Max Planck Institute Luxembourg for International, European and Regulatory Procedural Law.

[211] *Hess/Oberhammer/Pfeiffer*, European Insolvency Law Heidelberg-Luxembourg-Vienna Report, 2013.

[212] *Oberhammer*, in: Hess/Oberhammer/Pfeiffer, European Insolvency Law Heidelberg-Luxembourg-Vienna Report, 2013, Rn. 914.

[213] Vorschlag der Kommission für eine Verordnung des Europäischen Parlaments und des Rates zur Änderung der Verordnung (EG) Nr. 1346/2000 des Rates über Insolvenzverfahren vom 12. 12. 2012, COM (2012) 744 final.

geben.[214] Im Folgenden wird der Weg des virtuellen Sekundärinsolvenzverfahrens im Gesetzgebungsverfahren nachgezeichnet und kommentiert.

1. Der Vorschlag der Kommission zur Änderung der EuInsVO vom 12. Dezember 2012

Der Vorschlag der Kommission zur Änderung der EuInsVO vom 12. Dezember 2012 besteht aus zwei Dokumenten, dem eigentlichen Vorschlag zur Änderung der EuInsVO[215] und einer Zusammenfassung der Folgenabschätzung[216]. Hier wird zunächst auf die Folgenabschätzung eingegangen. In dieser stellt die Kommission dar, welche grundlegenden strategischen Optionen sie in Bezug auf die EuInsVO hatte. Sie legt dar, für welche der Optionen sie sich entschieden hat und begründet ihre Wahl. Der Änderungsvorschlag der Kommission baut auf dieser Entscheidung auf. Er wird daher als Zweites dargestellt.

a) Folgenabschätzung

Die Kommission stellte fest, dass sich bei der Anwendung der EuInsVO in der Vergangenheit zahlreiche Probleme ergeben hatten.[217] Zur Lösung dieser Probleme habe sie nun die Wahl zwischen drei strategischen Optionen.[218]

aa) Strategische Optionen

Die erste Option bestehe in einer Beibehaltung des Status quo bzw. einer Minimallösung.[219]

---

[214] Vorschlag der Kommission für eine Verordnung des Europäischen Parlaments und des Rates zur Änderung der Verordnung (EG) Nr. 1346/2000 des Rates über Insolvenzverfahren vom 12.12.2012, COM (2012) 744 final, S. 8, 18, 25.

[215] Vorschlag der Kommission für eine Verordnung des Europäischen Parlaments und des Rates zur Änderung der Verordnung (EG) Nr. 1346/2000 des Rates über Insolvenzverfahren vom 12.12.2012, COM (2012) 744 final.

[216] Zusammenfassung der Folgenabschätzung, Begleitunterlage zum Vorschlag der Kommission zur Änderung der Verordnung (EG) Nr. 1346/2000 des Rates über Insolvenzverfahren vom 12.12.2012, SWD (2012) 417 final.

[217] Zusammenfassung der Folgenabschätzung, Begleitunterlage zum Vorschlag der Kommission zur Änderung der Verordnung (EG) Nr. 1346/2000 des Rates über Insolvenzverfahren vom 12.12.2012, SWD (2012) 417 final, S. 9.

[218] Zusammenfassung der Folgenabschätzung, Begleitunterlage zum Vorschlag der Kommission zur Änderung der Verordnung (EG) Nr. 1346/2000 des Rates über Insolvenzverfahren vom 12.12.2012, SWD (2012) 417 final, S. 9.

[219] Zusammenfassung der Folgenabschätzung, Begleitunterlage zum Vorschlag der Kommission zur Änderung der Verordnung (EG) Nr. 1346/2000 des Rates über Insolvenzverfahren vom 12.12.2012, SWD (2012) 417 final, S. 9.

Die zweite Option, Option A genannt, bedeute eine Überarbeitung der bestehenden Verordnung, wobei an dem bisherigen Kräfteverhältnis zwischen Gläubigern und Schuldnern und der Mischung zwischen Universalität und Territorialität festgehalten werde.[220] Sekundärinsolvenzverfahren würde man beibehalten.[221] Allerdings solle die Abstimmung zwischen Haupt- und Sekundärinsolvenzverfahren sowohl im Vorfeld als auch während des Verfahrens verbessert werden.[222] Option A sehe zudem vor, dass der Verwalter und die Gerichte beschließen können, einheimische Gläubiger so zu behandeln als wäre ein Sekundärinsolvenzverfahren eröffnet worden („virtuelle Sekundärinsolvenzverfahren").[223]

Die dritte Option, Option B genannt, hätte eine Änderung der Grundelemente der Verordnung und eine teilweise Annäherung bzw. Angleichung der nationalen Insolvenzordnungen und -verfahren zur Folge, so die Kommission.[224] Sekundärinsolvenzverfahren würden abgeschafft.[225] An die Stelle der Sekundärinsolvenzverfahren trete ein einziges Hauptverfahren mit EU-weiter Wirkung, das für die Muttergesellschaft und alle Niederlassungen gelte.[226]

bb) Vergleich der Optionen

Die Kommission kam zu dem Ergebnis, dass die Beibehaltung des Status quo die ermittelten Probleme nicht lösen werde.[227] Eine ausführliche Abwägung fand daher nur zwischen den Optionen A und B statt.

---

[220] Zusammenfassung der Folgenabschätzung, Begleitunterlage zum Vorschlag der Kommission zur Änderung der Verordnung (EG) Nr. 1346/2000 des Rates über Insolvenzverfahren vom 12.12.2012, SWD (2012) 417 final, S. 9.

[221] Zusammenfassung der Folgenabschätzung, Begleitunterlage zum Vorschlag der Kommission zur Änderung der Verordnung (EG) Nr. 1346/2000 des Rates über Insolvenzverfahren vom 12.12.2012, SWD (2012) 417 final, S. 13.

[222] Zusammenfassung der Folgenabschätzung, Begleitunterlage zum Vorschlag der Kommission zur Änderung der Verordnung (EG) Nr. 1346/2000 des Rates über Insolvenzverfahren vom 12.12.2012, SWD (2012) 417 final, S. 13.

[223] Zusammenfassung der Folgenabschätzung, Begleitunterlage zum Vorschlag der Kommission zur Änderung der Verordnung (EG) Nr. 1346/2000 des Rates über Insolvenzverfahren vom 12.12.2012, SWD (2012) 417 final, S. 13.

[224] Zusammenfassung der Folgenabschätzung, Begleitunterlage zum Vorschlag der Kommission zur Änderung der Verordnung (EG) Nr. 1346/2000 des Rates über Insolvenzverfahren vom 12.12.2012, SWD (2012) 417 final, S. 9.

[225] Zusammenfassung der Folgenabschätzung, Begleitunterlage zum Vorschlag der Kommission zur Änderung der Verordnung (EG) Nr. 1346/2000 des Rates über Insolvenzverfahren vom 12.12.2012, SWD (2012) 417 final, S. 10 f.

[226] Zusammenfassung der Folgenabschätzung, Begleitunterlage zum Vorschlag der Kommission zur Änderung der Verordnung (EG) Nr. 1346/2000 des Rates über Insolvenzverfahren vom 12.12.2012, SWD (2012) 417 final, S. 13.

[227] Zusammenfassung der Folgenabschätzung, Begleitunterlage zum Vorschlag der Kommission zur Änderung der Verordnung (EG) Nr. 1346/2000 des Rates über Insolvenzverfahren vom 12.12.2012, SWD (2012) 417 final, S. 14.

Mit Option A ließen sich die politischen Ziele erreichen und die festgestellten Probleme lösen, ohne dass in die nationale Gesetzgebung oder Politik eingegriffen werden müsse, so die Kommission.[228]

Option B sei gemessen am wirtschaftlichen und gesellschaftlichen Nutzen für den Binnenmarkt möglicherweise zielführender als Option A.[229] Weiter führt die Kommission aus, dass Option B die Insolvenzverfahren in der EU insgesamt effektiver und effizienter machen würde.[230] Option B habe jedoch größere Auswirkungen auf die einzelstaatlichen Rechtsordnungen.[231] Die vorgeschlagenen Änderungen würden über eine reine Überarbeitung der europäischen Insolvenzordnung hinausgehen und würden eine vergleichende Untersuchung der nationalen Insolvenzordnungen erforderlich machen.[232] Aus diesem Grund sei eine sofortige Umsetzung der Option B unmöglich.[233]

Die Kommission kommt daher abschließend zu folgendem Ergebnis. Obwohl einiges für Option B spreche, sei Option A zum gegenwärtigen Zeitpunkt die angemessene Lösung.[234]

b) Vorschlag zur Änderung der EuInsVO

Im Folgenden werden die in Bezug auf das virtuelle Sekundärinsolvenzverfahren relevanten Textstellen des Kommissionvorschlags vorgestellt und kommentiert.

---

[228] Zusammenfassung der Folgenabschätzung, Begleitunterlage zum Vorschlag der Kommission zur Änderung der Verordnung (EG) Nr. 1346/2000 des Rates über Insolvenzverfahren vom 12.12.2012, SWD (2012) 417 final, S. 14.

[229] Zusammenfassung der Folgenabschätzung, Begleitunterlage zum Vorschlag der Kommission zur Änderung der Verordnung (EG) Nr. 1346/2000 des Rates über Insolvenzverfahren vom 12.12.2012, SWD (2012) 417 final, S. 14.

[230] Zusammenfassung der Folgenabschätzung, Begleitunterlage zum Vorschlag der Kommission zur Änderung der Verordnung (EG) Nr. 1346/2000 des Rates über Insolvenzverfahren vom 12.12.2012, SWD (2012) 417 final, S. 14.

[231] Zusammenfassung der Folgenabschätzung, Begleitunterlage zum Vorschlag der Kommission zur Änderung der Verordnung (EG) Nr. 1346/2000 des Rates über Insolvenzverfahren vom 12.12.2012, SWD (2012) 417 final, S. 15.

[232] Zusammenfassung der Folgenabschätzung, Begleitunterlage zum Vorschlag der Kommission zur Änderung der Verordnung (EG) Nr. 1346/2000 des Rates über Insolvenzverfahren vom 12.12.2012, SWD (2012) 417 final, S. 15.

[233] Zusammenfassung der Folgenabschätzung, Begleitunterlage zum Vorschlag der Kommission zur Änderung der Verordnung (EG) Nr. 1346/2000 des Rates über Insolvenzverfahren vom 12.12.2012, SWD (2012) 417 final, S. 15.

[234] Zusammenfassung der Folgenabschätzung, Begleitunterlage zum Vorschlag der Kommission zur Änderung der Verordnung (EG) Nr. 1346/2000 des Rates über Insolvenzverfahren vom 12.12.2012, SWD (2012) 417 final, S. 15.

aa) Begründung zur Einführung virtueller Sekundärinsolvenzverfahren

Das Konzept des virtuellen Sekundärinsolvenzverfahrens sei in einer Reihe von grenzüberschreitenden Insolvenzen entwickelt worden, bei denen das Hauptinsolvenzverfahren im Vereinigten Königreich eröffnet wurde (so u. a. die Verfahren Collins & Aikman, MG Rover und Nortel Networks).[235] Die englischen Gerichte hätten den englischen Verwaltern das Recht zugestanden, einen Teil der Verwertungserlöse nach dem Recht des Mitgliedstaats der Niederlassung zu verteilen.[236] Dies sei nach dem Recht zahlreicher Mitgliedstaaten nicht zulässig, so dass jetzt eine Bestimmung vorgesehen sei, wonach der Verwalter den Gläubigern am Ort der Niederlassung verbindliche Zusagen in Bezug auf die Insolvenzmasse machen könne.[237]

bb) Vorgeschlagener Normtext

Art. 18 Abs. 1 S. 3, S. 4 EuInsVO-Entwurf

„Er [der Verwalter des Hauptinsolvenzverfahrens] kann auch zusichern, dass die Verteilungs- und Vorzugsrechte, die einheimischen Gläubigern zugestanden hätten, wenn ein Sekundärinsolvenzverfahren eröffnet worden wäre, im Hauptinsolvenzverfahren gewahrt werden. Eine solche Zusicherung unterliegt den gegebenenfalls im Staat der Eröffnung des Hauptinsolvenzverfahrens bestehenden Formerfordernissen und ist in Bezug auf die Insolvenzmasse verbindlich und vollstreckbar.“[238]

cc) Kommentar

Die Kommission unterscheidet in ihrem Normvorschlag nicht zwischen der Masse eines virtuellen Hauptinsolvenzverfahrens und der Masse eines virtuellen Sekundärinsolvenzverfahrens. Einheimische Gläubiger sollen bei der Verteilung ausschließlich nach dem Recht des Staates, in dem das Sekundärinsolvenzverfahren hätte eröffnet werden können, behandelt werden. Für Gläubiger, die nicht einheimisch in diesem Sinne sind, gilt im Umkehrschluss allein das Recht des Staates, in dem das Hauptinsolvenzverfahren eröffnet wurde.

---

[235] Vorschlag der Kommission für eine Verordnung des Europäischen Parlaments und des Rates zur Änderung der Verordnung (EG) Nr. 1346/2000 des Rates über Insolvenzverfahren vom 12. 12. 2012, COM (2012) 744 final, S. 8.

[236] Vorschlag der Kommission für eine Verordnung des Europäischen Parlaments und des Rates zur Änderung der Verordnung (EG) Nr. 1346/2000 des Rates über Insolvenzverfahren vom 12. 12. 2012, COM (2012) 744 final, S. 8.

[237] Vorschlag der Kommission für eine Verordnung des Europäischen Parlaments und des Rates zur Änderung der Verordnung (EG) Nr. 1346/2000 des Rates über Insolvenzverfahren vom 12. 12. 2012, COM (2012) 744 final, S. 8.

[238] Vorschlag der Kommission für eine Verordnung des Europäischen Parlaments und des Rates zur Änderung der Verordnung (EG) Nr. 1346/2000 des Rates über Insolvenzverfahren vom 12. 12. 2012, COM (2012) 744 final, S. 25.

Es handelt sich genau um das Modell, das Oberhammer zuvor im Heidelberg-Luxembourg-Vienna Report vorgeschlagen hatte. Dieses Konzept ist allerdings nicht praxistauglich.[239] Da die Verteilung nicht der in einem Sekundärinsolvenzverfahren gleicht, würde es immer Gläubiger geben, die schlechter stehen als im Fall der realen Verfahrenspluralität. Um keinen Nachteil zu erleiden, würden diese Gläubiger die Eröffnung eines Sekundärinsolvenzverfahrens beantragen. Es scheint so, als habe die Kommission den Vorschlag Oberhammers lediglich abgeschrieben. Jedenfalls ist nicht ersichtlich, dass sie sich eigene Gedanken über ein tragfähiges Modell für virtuelle Sekundärinsolvenzverfahren gemacht hätte. Insbesondere setzt die Kommission sich nicht mit der Struktur und den Regeln eines realen Sekundärinsolvenzverfahrens auseinander. Daher fällt ihr auch nicht auf, dass das von ihr vorgeschlagene Modell nicht mit einem Sekundärinsolvenzverfahren vergleichbar ist. Stattdessen nennt die Kommission die englischen Verfahren MG Rover, Collins & Aikman und Nortel als Vorbild für eine europaweite Regelung virtueller Sekundärinsolvenzverfahren. Die Kommission analysiert diese Verfahren aber weder, noch setzt sie sich kritisch mit der Rechtsprechung der englischen Gerichte auseinander. Hätte die Kommission die englischen Verfahren tatsächlich studiert, so wäre ihr aufgefallen, dass zumindest im Fall Collins & Aikman der gesamte Verwertungserlös nach dem Recht des Staates, in dem das Sekundärinsolvenzverfahren hätte eröffnet werden können, verteilt wurde.[240] Das Recht des Staates, in dem das Hauptinsolvenzverfahren eröffnet wurde, fand hingegen überhaupt keine Anwendung. Eine solche Verteilung lässt sich nicht mit der in einem Sekundärinsolvenzverfahren vergleichen und kann folglich nicht als Vorbild für eine Regelung virtueller Sekundärinsolvenzverfahren in der EuInsVO dienen.

2. Das weitere Gesetzgebungsverfahren

Im Folgenden wird die weitere Entwicklung des virtuellen Sekundärinsolvenzverfahrens im Gesetzgebungsverfahren bis zur endgültigen vom Gesetzgeber verabschiedeten Fassung dargestellt.

Nachdem die Kommission im Dezember 2012 die Einführung virtueller Sekundärinsolvenzverfahren vorgeschlagen hatte, präsentierten das Europäische Parlament und der Rat eigene Entwürfe für ein virtuelles Sekundärinsolvenzverfahren. Diese Änderungsvorschläge werden hier gezeigt und anschließend kommentiert. Da diese Arbeit ausschließlich das virtuelle Sekundärinsolvenzverfahren im engeren Sinn untersucht, werden die Abschnitte des jeweiligen Normvorschlags, in denen die Abstimmung der lokalen Gläubiger über die Zusicherung und Möglichkeiten des Rechtsschutzes geregelt werden, nicht dargestellt.

---

[239] Siehe dazu ausführlich S. 83 ff.

[240] Zum Fall Collins & Aikman siehe ausführlich S. 70 ff.

a) Legislative Entschließung des Europäischen Parlaments vom 5. Februar 2014

Am 5. Februar 2014 legte das Europäische Parlament, in Kenntnis des Vorschlags der Kommission zur Änderung der EuInsVO vom 12. Dezember 2012, seinen Standpunkt in erster Lesung fest und nahm eine legislative Entschließung an.[241]

aa) Vorgeschlagener Normtext

Art. 18 Abs. 1 S. 3 – S. 5 EuInsVO-Entwurf

(1) […] „Er [der Verwalter des Hauptinsolvenzverfahrens] kann auch eine vollstreckbare und verbindliche Zusicherung abgeben, dass die Verteilungs- und Vorzugsrechte, die einheimischen Gläubigern zugestanden hätten, wenn ein Sekundärinsolvenzverfahren eröffnet worden wäre, im Hauptinsolvenzverfahren gewahrt werden. Diese Zusicherung spezifiziert ihre sachlichen Grundlagen, insbesondere in Bezug auf die Verteilung der örtlichen Ansprüche über das Vorrang- und Rangsystem nach dem Recht des Sekundärinsolvenzverfahrens, den Wert der verteilungsfähigen Vermögenswerte im Sekundärinsolvenzverfahren, die verfügbaren Möglichkeiten zur Verwertung dieser Vermögenswerte, das Verhältnis der Gläubiger im Hauptverfahren, die am Sekundärinsolvenzverfahren teilnehmen sowie die voraussichtlichen Kosten der Eröffnung eines Sekundärinsolvenzverfahrens. Etwaige Formerfordernisse der Zusicherung unterliegen dem Recht des Staats der Eröffnung des Hauptinsolvenzverfahrens."[242]

Das Europäische Parlament begründete die gegenüber dem Vorschlag der Kommission vorgenommenen Änderungen damit, dass die EuInsVO Mindestkriterien enthalten müsse, die eine Zusicherung erfüllen muss, um einen Mindestschutz für einheimische Gläubiger bereitzustellen.[243]

---

[241] Legislative Entschließung des Europäischen Parlaments vom 5. Februar 2014 zu dem Vorschlag für eine Verordnung des Europäischen Parlaments und des Rates zur Änderung der Verordnung (EG) Nr. 1346/2000 des Rates über Insolvenzverfahren (COM(2012)0744 – C7-0413/2012 – 2012/0360(COD)) (Ordentliches Gesetzgebungsverfahren: erste Lesung), ABl. Nr. C 93 vom 24.3.2017, S. 366 ff.

[242] Legislative Entschließung des Europäischen Parlaments vom 5. Februar 2014 zu dem Vorschlag für eine Verordnung des Europäischen Parlaments und des Rates zur Änderung der Verordnung (EG) Nr. 1346/2000 des Rates über Insolvenzverfahren (COM(2012)0744 – C7-0413/2012 – 2012/0360(COD)) (Ordentliches Gesetzgebungsverfahren: erste Lesung), ABl. Nr. C 93 vom 24.3.2017, S. 376.

[243] Entwurf einer legislativen Entschließung des Europäischen Parlaments zu dem Vorschlag für eine Verordnung des Europäischen Parlaments und des Rates zur Änderung der Verordnung (EG) Nr. 1346/2000 des Rates über Insolvenzverfahren (COM(2012)0744 – C7-0413/2012 – 2012/0360(COD)) (Ordentliches Gesetzgebungsverfahren: erste Lesung) vom 20.12.2013, A7-0481/2014, S. 28.

bb) Kommentar

Neu gegenüber dem Vorschlag der Kommission ist, dass die Zusicherung nun ihre sachlichen Grundlagen spezifizieren soll. Was mit der „Verteilung der örtlichen Ansprüche über das Vorrang- und Rangsystem nach dem Recht des Sekundärinsolvenzverfahrens" gemeint ist, bleibt unklar. Im Gegensatz zur Aktivmasse, die sich geografisch verorten lässt, ist die Passivmasse universal. Verwirrt bleibt der Leser auch dann zurück, wenn er liest, die Zusicherung solle das Verhältnis der Gläubiger im Hauptverfahren, die am Sekundärinsolvenzverfahren teilnehmen, nennen. Es bleibt rätselhaft, was sich die Autoren dieses Normvorschlags dabei gedacht haben. Neu ist gegenüber dem Kommissionsvorschlag zudem, dass es nun eine Klarstellung gibt, dass Formerfordernisse der Zusicherung dem Recht des Staats der Eröffnung des Hauptinsolvenzverfahrens unterliegen.

Interessant ist an dem Entwurf des Europäischen Parlaments aber vor allem, dass sich dieser in keiner Weise mit den Strukturen eines Sekundärinsolvenzverfahrens auseinandersetzt. So ließ das Parlament den ersten Satz, der das virtuelle Sekundärinsolvenzverfahren beschreibt, inhaltlich völlig unangetastet. Das Europäische Parlament unterscheidet nicht zwischen der Masse eines virtuellen Hauptinsolvenzverfahrens und der Masse eines virtuellen Sekundärinsolvenzverfahrens. Einheimische Gläubiger sollen demnach ausschließlich nach dem Recht des Staats, in dem das Sekundärinsolvenzverfahren hätte eröffnet werden können, behandelt werden. Für Gläubiger, die nicht einheimisch sind, gilt im Umkehrschluss nur das Recht des Staates, in dem das Hauptinsolvenzverfahren eröffnet wurde. Ein solches Modell lässt sich nicht mit dem Fall der realen Verfahrenspluralität vergleichen und ist insbesondere nicht praxistauglich.[244]

b) Kompromissvorschlag des Rates vom 5./6. Juni 2014

Am 5./6. Juni 2014 erreichte der Rat (Justiz und Inneres) eine Einigung über die geänderte EuInsVO (allgemeine Ausrichtung).[245]

aa) Vorgeschlagener Normtext

Art. 28a Abs. 1, Abs. 1a EunInsVO-Entwurf

„Recht, zur Vermeidung eines Sekundärinsolvenzverfahrens eine Zusicherung zu geben

(1) Um die Eröffnung eines Sekundärinsolvenzverfahrens zu vermeiden, darf der Insolvenzverwalter des Hauptinsolvenzverfahrens in Bezug auf in dem Mitgliedstaat, in dem ein Sekundärinsolvenzverfahren eröffnet werden könnte, belegene Gegenstände der

[244] Hinsichtlich der Mängel eines derartigen Modells siehe ausführlich S. 83 ff.

[245] Vgl. Begründung des Rates: Standpunkt (EU) Nr. 7/2015 des Rates in erster Lesung im Hinblick auf den Erlass einer Verordnung des Europäischen Parlaments und des Rates über Insolvenzverfahren (Neufassung), ABl. Nr. C 141 vom 28.4.2015, S. 55.

Masse eine einseitige Zusicherung (im Folgenden „die Zusicherung“) des Inhalts geben, dass er bei der Verteilung dieser Vermögen oder des bei ihrer Verwertung erzielten Erlöses die Verteilungs- und Vorzugsrechte nach nationalem Recht wahrt, die Gläubiger hätten, wenn ein Sekundärinsolvenzverfahren in diesem Mitgliedstaat eröffnet worden wäre. Die Zusicherung nennt ihre sachlichen Grundlagen, insbesondere in Bezug auf die in dem betreffenden Mitgliedstaat belegenen Gegenstände der Masse und die Möglichkeiten ihrer Verwertung.

(1a) Wurde eine Zusicherung im Einklang mit diesem Artikel gegeben, so gilt für die Verteilung des Erlöses aus der Verwertung von Gegenständen der Masse nach Absatz 1, für den Rang der Forderungen und für die Rechte der Gläubiger in Bezug auf Gegenstände der Masse nach Absatz 1 das Recht des Mitgliedstaats, in dem das Sekundärverfahren hätte eröffnet werden können. Maßgebender Zeitpunkt für die Feststellung, welche Gegenstände nach Absatz 1 betroffen sind, ist der Zeitpunkt der Abgabe der Zusicherung.“[246]

bb) Kommentar

Der Kompromissvorschlag des Rates für ein virtuelles Sekundärinsolvenzverfahren unterscheidet sich erheblich von den vorherigen Entwürfen der Kommission und des Europäischen Parlaments.

Anschließend wurden die das virtuelle Sekundärinsolvenzverfahren betreffenden Regelungen nur noch unwesentlich geändert. Die vom Rat im Juni 2014 vorgeschlagene Fassung ist daher der im Mai 2015 durch den Gesetzgeber verabschiedeten Regelung sehr ähnlich.

Im Gegensatz zu den Entwürfen der Kommission und des Europäischen Parlaments sieht der Vorschlag des Rates eine Teilung der Aktivmasse vor. Zu unterscheiden sind somit die Masse eines virtuellen Hauptinsolvenzverfahrens und die Masse eines virtuellen Sekundärinsolvenzverfahrens. In Absatz 1a S. 2 wird zudem die temporale Abgrenzung der Masse des virtuellen Hauptinsolvenzverfahrens und der Masse des virtuellen Sekundärinsolvenzverfahrens geregelt. Damit entfernt sich der Normentwurf von den englischen Fällen MG Rover, Collins & Aikman und Nortel, in denen keine Teilmassen gebildet wurden,[247] und nähert sich stattdessen der Struktur eines realen Haupt- und Sekundärinsolvenzverfahrens an.

Sehr interessant ist auch, dass der Entwurf des Rates nicht mehr von einheimischen Gläubigern spricht. Vielmehr heißt es ganz allgemein, dass bei der Verteilung des im Niederlassungsstaat belegenen Vermögens die Verteilungs- und Vorzugsrechte nach nationalem Recht gewahrt werden, die Gläubiger hätten, wenn ein Sekundärinsolvenzverfahren eröffnet worden wäre.

---

[246] Vorschlag für eine Verordnung des Europäischen Parlaments und des Rates zur Änderung der Verordnung (EG) Nr. 1346/2000 des Rates über Insolvenzverfahren [erste Lesung] – Allgemeine Ausrichtung vom 3.6.2014, 10284/14 ADD 1, S. 27.

[247] Zu den Fällen MG Rover, Collins & Aikman und Nortel siehe ausführlich S. 59 ff.

Des Weiteren finden sich in dem Vorschlag des Rates einige redaktionelle Änderungen, die lediglich klarstellenden Charakter haben. So wird erstmals davon gesprochen, dass die Abgabe der Zusicherung der Vermeidung eines Sekundärinsolvenzverfahrens dient. Zudem wird darauf hingewiesen, dass es sich bei der Zusicherung um einen einseitigen Rechtsakt handelt. Abschließend ist darauf hinzuweisen, dass das virtuelle Sekundärinsolvenzverfahren auch seinen Standort innerhalb der EuInsVO gewechselt hat. Dieses befindet sich nun im Kapitel über Sekundärinsolvenzverfahren.

Obwohl sich der Vorschlag des Rates erheblich von den Vorentwürfen der Kommission und des Europäischen Parlaments unterscheidet, findet sich in den Gesetzgebungsmaterialien keine Begründung für die vorgenommenen Änderungen. Die dem Vorschlag des Rates beigefügte Begründung bezieht sich nur auf die Abstimmung der Gläubiger über die Zusicherung, nicht aber auf das virtuelle Sekundärinsolvenzverfahren an sich.[248]

c) Vom Gesetzgeber verabschiedete Fassung

Am 20. Mai 2015 wurde die Neufassung der EuInsVO beschlossen.[249] Das Recht des Verwalters des Hauptinsolvenzverfahrens, zur Vermeidung eines Sekundärinsolvenzverfahrens eine Zusicherung abzugeben, findet sich nun in Art. 36 EuInsVO.

aa) Verabschiedeter Normtext

Art. 36 Abs. 1, Abs. 2 EuInsVO

Recht, zur Vermeidung eines Sekundärinsolvenzverfahrens eine Zusicherung zu geben

(1) Um die Eröffnung eines Sekundärinsolvenzverfahrens zu vermeiden, kann der Verwalter des Hauptinsolvenzverfahrens in Bezug auf das Vermögen, das in dem Mitgliedstaat, in dem ein Sekundärinsolvenzverfahren eröffnet werden könnte, belegen ist, eine einseitige Zusicherung (im Folgenden „Zusicherung") des Inhalts geben, dass er bei der Verteilung dieses Vermögens oder des bei seiner Verwertung erzielten Erlöses die Verteilungs- und Vorzugsrechte nach nationalem Recht wahrt, die Gläubiger hätten, wenn ein Sekundärinsolvenzverfahren in diesem Mitgliedstaat eröffnet worden wäre. Die Zusicherung nennt die ihr zugrunde liegenden tatsächlichen Annahmen, insbesondere in Bezug auf den Wert der in dem betreffenden Mitgliedstaat belegenen Gegenstände der Masse und die Möglichkeiten ihrer Verwertung.

(2) Wurde eine Zusicherung im Einklang mit diesem Artikel gegeben, so gilt für die Verteilung des Erlöses aus der Verwertung von Gegenständen der Masse nach Absatz 1, für den Rang der Forderungen und für die Rechte der Gläubiger in Bezug auf Gegenstände der

---

[248] Vgl. Vorschlag für eine Verordnung des Europäischen Parlaments und des Rates zur Änderung der Verordnung (EG) Nr. 1346/2000 des Rates über Insolvenzverfahren [erste Lesung] – Allgemeine Ausrichtung vom 3.6.2014, 10284/14 INIT, S. 7 f.

[249] Verordnung (EU) Nr. 2015/848 des Europäischen Parlaments und des Rates vom 20. Mai 2015 über Insolvenzverfahren (Neufassung), ABl. Nr. L 141 vom 5.6.2015, S. 19.

Masse nach Absatz 1 das Recht des Mitgliedstaats, in dem das Sekundärinsolvenzverfahren hätte eröffnet werden können. Maßgebender Zeitpunkt für die Feststellung, welche Gegenstände nach Absatz 1 betroffen sind, ist der Zeitpunkt der Abgabe der Zusicherung.

(3) …

bb) Kommentar

Die vom Gesetzgeber verabschiedete Regelung eines virtuellen Sekundärinsolvenzverfahrens unterscheidet sich nur unwesentlich von der vom Rat im Juni 2014 vorgeschlagenen Fassung. Am Text des Absatzes 2 (vormals Absatz 1a) wurden überhaupt keine Änderungen mehr vorgenommen. Lediglich Absatz 1 wurde nochmals überarbeitet. Die Änderungen sind überwiegend redaktioneller Natur.

In Absatz 1 S. 2 finden sich allerdings zwei interessante Unterschiede zur vorherigen Fassung des Rates. Im Entwurf des Rates wurde davon gesprochen, dass die Zusicherung ihre sachlichen Grundlagen nennt. In der vom Gesetzgeber verabschiedeten Fassung heißt es stattdessen, die Zusicherung nennt die ihr zugrunde liegenden tatsächlichen Annahmen. Der vom Gesetzgeber beschlossene Wortlaut ist für den Verwalter günstiger, muss er den Gläubigern nach diesem doch nur Annahmen nennen. Art. 36 Abs. 1 S. 2 EuInsVO verpflichtet den Verwalter zudem, den Gläubigern den Wert der im Niederlassungsstaat belegenen Vermögensgegenstände zu nennen. Hingegen hieß es im Entwurf des Rates, der Verwalter müsse über die im Niederlassungsstaat belegenen Gegenstände informieren. Für die lokalen Gläubiger, die eine Entscheidung zwischen der Eröffnung eines Sekundärinsolvenzverfahrens und der Durchführung eines virtuellen Sekundärinsolvenzverfahrens treffen sollen, ist gerade der Wert der Masse des virtuellen Sekundärinsolvenzverfahrens eine sehr wichtige Information. In den Gesetzgebungsmaterialien findet sich keine Begründung für die gegenüber der Fassung des Rates vorgenommenen Änderungen.

B. Funktionen virtueller Sekundärinsolvenzverfahren

Ein virtuelles Sekundärinsolvenzverfahren im Sinne des Art. 36 EuInsVO hat zwei Funktionen. Die Abgabe einer Zusicherung und die Durchführung eines virtuellen Sekundärinsolvenzverfahrens sollen es dem Verwalter des Hauptinsolvenzverfahrens ermöglichen, die Eröffnung eines Sekundärinsolvenzverfahrens zu verhindern (Verhinderungsfunktion). Zudem dient das virtuelle Sekundärinsolvenzverfahren dem Schutz der Gläubiger (Schutzfunktion).

I. Die Verhinderungsfunktion des virtuellen Sekundärinsolvenzverfahrens

Die Abgabe einer Zusicherung und die Durchführung eines virtuellen Sekundärinsolvenzverfahrens sollen es dem Verwalter des Hauptinsolvenzverfahrens gemäß Art. 36 Abs. 1 S. 1 EuInsVO ermöglichen, die Eröffnung eines Sekundärinsolvenzverfahrens zu verhindern. Für diese Aufgabe eines virtuellen Sekundärinsolvenzverfahrens wird hier der Begriff Verhinderungsfunktion gewählt.

Es stellt sich aber die Frage, warum der Gesetzgeber dem Verwalter des Hauptinsolvenzverfahrens künftig die Möglichkeit einräumt, die Eröffnung eines Sekundärinsolvenzverfahrens zu verhindern. Art. 36 EuInsVO selbst gibt dazu keine Auskunft. Zu prüfen ist daher, ob sich in den Erwägungsgründen und den Gesetzgebungsmaterialien Antworten auf diese Frage finden lassen. Des Weiteren soll auf Stellungnahmen im Schrifttum eingegangen werden.

1. Stellungnahmen des Gesetzgebers zur Verhinderungsfunktion

a) Die Verhinderungsfunktion in den Erwägungsgründen

Zunächst einmal ist Erwägungsgrund Nr. 40 zu beachten. Dieser benennt die Funktionen eines Sekundärinsolvenzverfahrens. Aus Erwägungsgrund Nr. 40 S. 1 ergibt sich, dass Sekundärinsolvenzverfahren darauf abzielen, die inländischen Interessen zu schützen. Ein Sekundärinsolvenzverfahren kann aber auch anderen Zwecken dienen, so Erwägungsgrund Nr. 40 S. 1. Welche Zwecke dies sein können, wird in Erwägungsgrund Nr. 40 S. 2 beschrieben. Danach kann die Durchführung eines Sekundärinsolvenzverfahrens dann sinnvoll sein, wenn die Insolvenzmasse des Schuldners zu verschachtelt ist, um als Ganzes verwaltet zu werden, oder wenn die Unterschiede in den betroffenen Rechtssystemen so groß sind, dass sich Schwierigkeiten ergeben können, wenn das Recht des Staates der Verfahrenseröffnung seine Wirkung in den anderen Staaten, in denen Vermögensgegenstände belegen sind, entfaltet.

Nachdem der Gesetzgeber in Erwägungsgrund Nr. 40 die Funktionen eines Sekundärinsolvenzverfahrens genannt hat, stellt er in Erwägungsgrund Nr. 41 S. 1 allerdings fest, dass Sekundärinsolvenzverfahren eine effiziente Verwaltung der Insolvenzmasse auch behindern können. Aus diesem Grund soll der Verwalter des Hauptinsolvenzverfahrens die Möglichkeit erhalten, die Eröffnung eines Sekundärinsolvenzverfahrens zu verhindern, indem er den lokalen Gläubigern die Zusicherung gibt, dass sie so behandelt werden, als wäre das Sekundärinsolvenzverfahren eröffnet worden (vgl. Erwägungsgrund Nr. 41 S. 2 und Erwägungsgrund Nr. 42 S. 1). Dem Verwalter des Hauptinsolvenzverfahrens wird das Recht, eine Zusicherung zur Vermeidung eines Sekundärinsolvenzverfahrens abzugeben, also eingeräumt, weil Sekundärinsolvenzverfahren im Einzelfall die effiziente Verwaltung der Insolvenzmasse behindern können.

Detailliertere Informationen lassen sich den Erwägungsgründen nicht entnehmen. Insbesondere wird in den Erwägungsgründen nicht näher darauf eingegangen, inwiefern ein Sekundärinsolvenzverfahren die effiziente Verwaltung der Masse behindern kann.

b) Die Verhinderungsfunktion in den Gesetzgebungsmaterialien

Es ist zu untersuchen, ob die Gesetzgebungsmaterialien Auskunft darüber geben, in welchen Fällen Sekundärinsolvenzverfahren die effiziente Verwaltung der Masse behindern. Hinweise hierzu finden sich im Vorschlag der Kommission zur Änderung der EuInsVO und der dazu gehörenden Zusammenfassung der Folgenabschätzung.

Der Verwalter des Hauptinsolvenzverfahrens habe bei Eröffnung eines Sekundärinsolvenzverfahrens nicht länger die Kontrolle über das in dem anderen Mitgliedstaat belegene Vermögen, was den Verkauf eines noch aktiven Unternehmens (als „going concern") erschwere, so die Kommission.[250] Zudem könne die mit der Eröffnung des Sekundärinsolvenzverfahrens einhergehende Teilung der Masse eine erfolgreiche Neuordnung des Unternehmens behindern.[251] An anderer Stelle äußerst die Kommission die Ansicht, dass ein Verzicht auf ein Sekundärinsolvenzverfahren aufgrund der Durchführung eines virtuellen Sekundärinsolvenzverfahrens die Chancen auf den Erhalt des Unternehmens erhöhen könne.[252] Unklar bleibt allerdings, ob die Kommission ausschließlich den Verkauf des Unternehmens im Rahmen einer übertragenden Sanierung meint oder auch an eine Sanierung des Rechtsträgers denkt. Des Weiteren stellt die Kommission fest, dass Sekundärinsolvenzverfahren auch höhere Verfahrenskosten zur Folge haben, da ein zusätzlicher Verwalter vergütet werden müsse.[253] Weitere Informationen lassen sich den Gesetzgebungsmaterialien nicht entnehmen.

---

[250] Vorschlag der Kommission für eine Verordnung des Europäischen Parlaments und des Rates zur Änderung der Verordnung (EG) Nr. 1346/2000 des Rates über Insolvenzverfahren vom 12.12.2012, COM (2012) 744 final, S. 3.

[251] Zusammenfassung der Folgenabschätzung, Begleitunterlage zum Vorschlag der Kommission zur Änderung der Verordnung (EG) Nr. 1346/2000 des Rates über Insolvenzverfahren vom 12.12.2012, SWD (2012) 417 final, S. 6.

[252] Mitteilung der Kommission an das Europäische Parlament gemäß Artikel 294 Absatz 6 des Vertrags über die Arbeitsweise der Europäischen Union betreffend den Standpunkt des Rates im Hinblick auf den Erlass einer Verordnung des Europäischen Parlaments und des Rates zur Änderung der Verordnung (EG) Nr. 1346/2000 über Insolvenzverfahren vom 13.4. 2015, COM (2015) 173 final, S. 2.

[253] Zusammenfassung der Folgenabschätzung, Begleitunterlage zum Vorschlag der Kommission zur Änderung der Verordnung (EG) Nr. 1346/2000 des Rates über Insolvenzverfahren vom 12.12.2012, SWD (2012) 417 final, S. 6f.

2. Stellungnahmen des Schrifttums zur Verhinderungsfunktion

Im Schrifttum ist man teilweise der Meinung, Gläubiger könnten ihr Recht zur Beantragung eines Sekundärinsolvenzverfahrens in missbräuchlicher Weise einsetzen. Zum einen wird behauptet, es habe in der Vergangenheit konkrete Fälle gegeben, in denen Gläubiger dem Verwalter des Hauptinsolvenzverfahrens mit der Beantragung eines Sekundärinsolvenzverfahrens gedroht hätten, um diesen zur Berücksichtigung ihrer Interessen im Hauptinsolvenzverfahren zu zwingen.[254] Andere Autoren sprechen zwar nicht von konkreten Fällen, sind aber dennoch der Meinung, dass das Institut des Sekundärinsolvenzverfahrens Erpressungspotenzial bietet.[255] Die Vertreter dieser beiden Thesen sind sich einig, dass der Gesetzgeber mit der Einführung virtueller Sekundärinsolvenzverfahren das Ziel verfolgt, dem Verwalter des Hauptinsolvenzverfahrens eine Möglichkeit zu geben, die Eröffnung eines Sekundärinsolvenzverfahrens zu verhindern, um möglichen Erpressungen durch Gläubiger entgegenzuwirken.[256]

Allerdings äußert sich der Gesetzgeber weder in den Erwägungsgründen noch in den Gesetzgebungsmaterialien in dieser Weise. Das verwundert nicht, stellen sich die im Schrifttum gemachten Behauptungen bei näherer Prüfung doch als falsch heraus.

Beide Thesen werden im Folgenden widerlegt. Das ist notwendig, da die Ausführungen im Schrifttum ein unrichtiges Bild sowohl von Sekundärinsolvenzverfahren als auch vom Sinn und Zweck des virtuellen Sekundärinsolvenzverfahrens

---

[254] *Flöther*, in: Kübler/Prütting/Bork, InsO, Band 5, Stand September 2020, Art. 36 EuInsVO Rn. 3 f., 9; *Hermann*, in: Uhlenbruck, InsO, Band 2, 15. Aufl. 2020, Art. 36 EuInsVO Rn. 1; *Kindler*, in: Münchener Kommentar BGB, Band 13, 8. Aufl. 2021, Art. 36 EuInsVO Rn. 1; *Mankowski*, NZI 2015, 961 (961 f.); *Mankowski*, in: Mankowski/Müller/J. Schmidt, EuInsVO, 1. Aufl. 2016, Art. 36 Rn. 1 ff.; *Parzinger*, NZI 2016, 63 (66); *Schultz*, in: Heidelberger Kommentar InsO, 10. Aufl. 2020, Art. 36 EuInsVO Rn. 2; *Thole*, ZEuP 2014, 39 (65 f.).

[255] *Brinkmann*, KTS 2014, 381 (392); *Brinkmann*, in: Karsten Schmidt, InsO, 19. Aufl. 2016, Art. 27 EuInsVO a.F. Rn. 4; *Keller*, in: Vallender, EuInsVO, 2. Aufl. 2020, Art. 36 Rn. 1; *Pluta/Keller*, in: FS Vallender, 2015, S. 437 (440); *Prager/Keller*, WM 2015, 805 (807); *Schmidt*, Die Zusicherung nach Art. 36 EuInsVO, 2019, S. 49; *Undritz*, in: FS Vallender, 2015, S. 745 (772); *Undritz*, in: Flöther, Konzerninsolvenzrecht, 2. Aufl. 2018, § 8 Rn. 70a; *Vallender*, ZIP 2015, 1513 (1518); *Wimmer*, in: Wimmer/Bornemann/Lienau, Die Neufassung der EuInsVO, 2016, Rn. 399.

[256] *Brinkmann*, KTS 2014, 381 (392 i.V.m. 395 f.); *Hermann*, in: Uhlenbruck, InsO, Band 2, 15. Aufl. 2020, Art. 36 EuInsVO Rn. 1; *Keller*, in: Vallender, EuInsVO, 2. Aufl. 2020, Art. 36 Rn. 1 ff.; *Kindler*, in: Münchener Kommentar BGB, Band 13, 8. Aufl. 2021, Art. 36 EuInsVO Rn. 1; *Mankowski*, NZI 2015, 961 (961 f.); *Mankowski*, in: Mankowski/Müller/J. Schmidt, EuInsVO, 1. Aufl. 2016, Vor Art. 34–51 Rn. 48 und Art. 36 Rn. 1 ff.; *Parzinger*, NZI 2016, 63 (66); *Pluta/Keller*, in: FS Vallender, 2015, S. 437 (440 ff.); *Prager/Keller*, WM 2015, 805 (807); *Schmidt*, Die Zusicherung nach Art. 36 EuInsVO, 2019, S. 49; *Schultz*, in: Heidelberger Kommentar InsO, 10. Aufl. 2020, Art. 36 EuInsVO Rn. 2 ff.; *Undritz*, in: FS Vallender, 2015, S. 745 (772); *Undritz*, in: Flöther, Konzerninsolvenzrecht, 2. Aufl. 2018, § 8 Rn. 70a; *Vallender*, ZIP 2015, 1513 (1517 f.); *Wimmer*, in: Wimmer/Bornemann/Lienau, Die Neufassung der EuInsVO, 2016, Rn. 399 ff.

vermitteln. Die Annahme, es habe in der Vergangenheit Insolvenzverfahren gegeben, in denen Gläubiger den Verwalter des Hauptinsolvenzverfahrens erpressten, kann schließlich dazu führen, dass Art. 36 EuInsVO teleologisch unrichtig ausgelegt wird. Dies zeigt der Beitrag Schumanns. Auch er behauptet, dass Gläubiger in den Verfahren MG Rover, Collins & Aikman und Nortel dem Verwalter des Hauptinsolvenzverfahrens drohten, die Eröffnung eines Sekundärinsolvenzverfahrens zu beantragen, um diesen zu veranlassen, ihnen rechtsgrundlose Sonderzahlungen zu gewähren.[257] Schumann meint zudem, die Schaffung des virtuellen Sekundärinsolvenzverfahrens nach Art. 36 EuInsVO sei eine Reaktion des europäischen Gesetzgebers auf derartige Erpressungsfälle.[258] Diese unrichtigen Behauptungen legt er seinen Ausführungen zugrunde und verwendet sie als Auslegungshilfe.[259]

a) Art. 36 EuInsVO als Reaktion auf Verfahren, in denen Verwalter durch Gläubiger erpresst wurden?

aa) Thesen im Schrifttum

Dass das virtuelle Sekundärinsolvenzverfahren gemäß Art. 36 EuInsVO eine Reaktion des Gesetzgebers auf Insolvenzverfahren sei, in denen Gläubiger den Verwalter des Hauptinsolvenzverfahrens erpressten, behauptet zum einen Mankowski.[260] Er schreibt, Art. 36 EuInsVO reagiere auf Entwicklungen, die sich in der Praxis der Sekundärinsolvenz unter der ursprünglichen EuInsVO ergeben hätten.[261] Das Inaussichtstellen eines Sekundärinsolvenzantrags sei als Mittel und Drohkulisse eingesetzt worden, um den Verwalter des Hauptinsolvenzverfahrens zur Berücksichtigung von Interessen sekundärinsolvenzberechtigter Gläubiger zu zwingen und solchen Gläubigern entgegenzukommen. Weiter äußert Mankowski, dass das Inaussichtstellen von Sekundärinsolvenzanträgen ein erhebliches Droh- und daraus folgend Erpressungspotenzial entwickelt habe bis hin zu parasitären Taktiken.[262]

---

[257] *Schumann*, Virtuelle Sekundärinsolvenzverfahren im europäischen Insolvenzrecht, 2020, S. 233 f.

[258] *Schumann*, Virtuelle Sekundärinsolvenzverfahren im europäischen Insolvenzrecht, 2020, S. 255, 269.

[259] *Schumann*, Virtuelle Sekundärinsolvenzverfahren im europäischen Insolvenzrecht, 2020, S. 283 f., 301, 387, 428, 433 ff., 440.

[260] *Mankowski*, NZI 2015, 961 (961 f.); *Mankowski*, in: Mankowski/Müller/J. Schmidt, EuInsVO, 1. Aufl. 2016, Art. 36 Rn. 1 ff.; vgl. zudem *Mankowski*, in: Mankowski/Müller/J. Schmidt, EuInsVO, 1. Aufl. 2016, Vor Art. 34–51 Rn. 48.

[261] *Mankowski*, NZI 2015, 961; *Mankowski*, in: Mankowski/Müller/J. Schmidt, EuInsVO, 1. Aufl. 2016, Art. 36 Rn. 1.

[262] *Mankowski*, NZI 2015, 961 (962); *Mankowski*, in: Mankowski/Müller/J. Schmidt, EuInsVO, 1. Aufl. 2016, Art. 36 Rn. 3.

Mankowski bezieht seine Ausführungen auf die Insolvenzverfahren MG Rover, Collins & Aikman, Nortel und EMTEC.[263]

Auch Thole verweist auf die Verfahren MG Rover, Collins & Aikman und Nortel.[264] In diesen Fällen hätten sich räuberische Gläubiger im Niederlassungsstaat das Antragsrecht mit Sonderzahlungen abkaufen lassen, so Thole.

In ähnlicher Weise äußert sich Kindler zu dieser Thematik.[265] Er schreibt, Art. 36 EuInsVO biete ein Instrument gegen den Missbrauch des Rechts zur Beantragung eines Sekundärinsolvenzverfahrens, wie er unter der EuInsVO häufig zu beobachten gewesen sei. Dabei hätten einzelne lokale Gläubiger mit einem Sekundärinsolvenzantrag gedroht, um den Verwalter des Hauptinsolvenzverfahrens zur bevorzugten Berücksichtigung ihrer Interessen zu zwingen. Allerdings nennt Kindler keine Insolvenzverfahren, die er seinen Ausführungen zugrunde legt. Stattdessen verweist er auf die Kommentierung Mankowskis.

Parzinger und Schultz sind ebenfalls der Meinung, Art. 36 EuInsVO sei eine Reaktion des Gesetzgebers auf Insolvenzfälle, in denen Gläubiger durch Drohung mit einem Sekundärinsolvenzantrag Sonderzahlungen vom Verwalter des Hauptinsolvenzverfahrens erpressten.[266] Aber auch sie beziehen sich in ihren Ausführungen nicht auf bestimmte Insolvenzverfahren, sondern berufen sich auf Beiträge anderer Autoren.

bb) Widerlegung der im Schrifttum aufgestellten Thesen

(1) Zusammenhang zwischen den im Schrifttum genannten Insolvenzfällen und Art. 36 EuInsVO?

Tatsächlich besteht zwischen den von Mankowski und Thole genannten Verfahren MG Rover, Collins & Aikman und Nortel und virtuellen Sekundärinsolvenzverfahren nach Art. 36 EuInsVO ein Zusammenhang. Diese Verfahren finden in den Gesetzgebungsmaterialien zur Änderung der EuInsVO im Hinblick auf die Einführung virtueller Sekundärinsolvenzverfahren Erwähnung.[267] Im Folgenden wird gezeigt, dass die im Schrifttum gemachten Behauptungen dennoch unrichtig sind.

Kein Zusammenhang besteht allerdings zwischen dem von Mankowski erwähnten Fall EMTEC und virtuellen Sekundärinsolvenzverfahren gemäß Art. 36

---

[263] *Mankowski*, NZI 2015, 961; *Mankowski*, in: Mankowski/Müller/J. Schmidt, EuInsVO, 1. Aufl. 2016, Art. 36 Rn. 2.

[264] *Thole*, ZEuP 2014, 39 (65 f.).

[265] *Kindler*, in: Münchener Kommentar BGB, Band 13, 8. Aufl. 2021, Art. 36 EuInsVO Rn. 1.

[266] *Parzinger*, NZI 2016, 63 (66); *Schultz*, in: Heidelberger Kommentar InsO, 10. Aufl. 2020, Art. 36 EuInsVO Rn. 2.

[267] Vorschlag der Kommission für eine Verordnung des Europäischen Parlaments und des Rates zur Änderung der Verordnung (EG) Nr. 1346/2000 des Rates über Insolvenzverfahren vom 12.12.2012, COM (2012) 744 final, S. 8.

EuInsVO. In den Gesetzgebungsmaterialien findet sich kein Wort zu dem Verfahren EMTEC.

(2) Keine Erpressungen in den Verfahren MG Rover, Collins & Aikman und Nortel

Die Verfahren MG Rover, Collins & Aikman und Nortel werden ausführlich im Abschnitt „Entstehungsgeschichte virtueller Sekundärinsolvenzverfahren“ dargestellt, analysiert und kommentiert. An dieser Stelle soll lediglich gezeigt werden, dass die im Schrifttum aufgestellte These des erpresserischen bzw. räuberischen Gläubigers jeglicher Grundlagen entbehrt und deswegen falsch ist. Daher werden die drei Verfahren hier nur kurz und zusammenfassend vorgestellt.

Die Insolvenzfälle MG Rover, Collins & Aikman und Nortel weisen erhebliche Parallelen auf. MG Rover, Collins & Aikman und Nortel waren allesamt große Konzerne mit Tochtergesellschaften in zahlreichen europäischen Staaten.

In allen drei Fällen verfolgten englische Gerichte und Verwalter das Ziel, die Insolvenzverfahren über die Vermögen der europäischen Konzerngesellschaften in England zu konzentrieren. Daher nahmen die englischen Gerichte den Mittelpunkt der hauptsächlichen Interessen der jeweiligen europäischen Konzerngesellschaft entgegen der gesetzlichen Vermutung des Art. 3 Abs. 1 S. 2 EuInsVO a. F. (Art. 3 Abs. 1 S. 3 EuInsVO n. F.) in England und Wales an. Dies ermöglichte es ihnen, Hauptinsolvenzverfahren gemäß Art. 3 Abs. 1 S. 1 EuInsVO a. F. (Art. 3 Abs. 1 S. 1 EuInsVO n. F.) über das Vermögen der europäischen Konzerngesellschaften in England zu eröffnen.

Die englischen Verwalter befürchteten aber, die Gläubiger könnten in dem Staat, in dem die jeweilige Konzerngesellschaft ihren Sitz hatte, die Eröffnung eines Sekundärinsolvenzverfahrens beantragen. Der Sitz einer Gesellschaft befugt zwar nicht zur Eröffnung eines Sekundärinsolvenzverfahrens in diesem Staat. Voraussetzung für die Eröffnung eines Sekundärinsolvenzverfahrens ist gemäß Art. 3 Abs. 2 S. 1 EuInsVO vielmehr das Bestehen einer Niederlassung im Sinne des Art. 2 Nr. 10 EuInsVO in dem Staat, in dem das Sekundärinsolvenzverfahren eröffnet werden soll. In den Fällen MG Rover, Collins & Aikman und Nortel unterhielten die europäischen Konzerngesellschaften am Ort ihres Sitzes allerdings auch Niederlassungen im Sinne des Art. 2 Nr. 10 EuInsVO, so dass die Voraussetzungen für die Eröffnung eines Sekundärinsolvenzverfahrens gegeben waren.

Um den Gläubigern den Anreiz zu nehmen, die Eröffnung eines Sekundärinsolvenzverfahrens zu beantragen, entwickelten die englischen Verwalter die Idee, Verwertungserlöse im englischen Hauptinsolvenzverfahren, abweichend vom englischen Verteilungsrecht, nach dem Recht des Staates, in dem das Sekundärinsolvenzverfahren hätte eröffnet werden können, zu verteilen. In mehreren Beschlüssen entschieden englische Gerichte, dass ein solches Vorgehen der Verwalter mit englischem Recht vereinbar ist.

Es ist zu betonen, dass die Idee der Verwalter, Verwertungserlöse unter Zugrundelegung einer ausländischen Rechtsordnung zu verteilen, in keiner Weise auf ein Verhalten der Gläubiger zurückzuführen ist. Weder drohten Gläubiger mit der Beantragung eines Sekundärinsolvenzverfahrens, um die Verwalter zur vorzugsweisen Berücksichtigung ihrer Interessen zu zwingen, noch kündigten sie in irgendeiner Form an, die Eröffnung eines Sekundärinsolvenzverfahrens beantragen zu wollen. Die Beschlüsse englischer Gerichte in den Verfahren MG Rover, Collins & Aikman und Nortel enthalten keinerlei Anhaltspunkte für ein unlauteres Verhalten der Gläubiger.

Die Initiative zu einer vom englischen Insolvenzrecht abweichenden Erlösverteilung ging in den Verfahren MG Rover und Collins & Aikman vielmehr von den englischen Verwaltern aus. Die Erlösverteilung unter Zugrundelegung ausländischen Insolvenzrechts vorzunehmen, war allein durch die Tatsache motiviert, dass Gläubiger berechtigt waren, die Eröffnung eines Sekundärinsolvenzverfahrens zu beantragen. Im Fall Nortel erließ das englische Gericht sogar schon zum Zeitpunkt der Eröffnung der Hauptinsolvenzverfahren über die Vermögen der europäischen Konzerngesellschaften Verfügungen, mit denen es die englischen Verwalter ermächtigte, Erlösverteilungen vorzunehmen, die denen in einem möglichen Sekundärinsolvenzverfahren entsprachen.

Auch die Behauptung, in den Verfahren MG Rover, Collins & Aikman und Nortel hätten die Verwalter Sonderzahlungen an einzelne besonders renitente Gläubiger geleistet, erweist sich als unwahr. Im Fall Collins & Aikman wurde der Verteilung sämtlicher Verwertungserlöse das Recht des Staates, in dem das Sekundärinsolvenzverfahren hätte eröffnet werden können, zugrunde gelegt. Innerhalb der jeweiligen Insolvenzverfahren wurden also alle Gläubiger nach derselben Verteilungsordnung behandelt. Den Entscheidungen in den Fällen MG Rover und Nortel lässt sich zwar nicht entnehmen, ob die Forderungen sämtlicher Gläubiger bei der Verteilung, abweichend von der englischen Verteilungsordnung, nach ausländischem Recht behandelt wurden. Ersichtlich ist allerdings, dass die Verwalter auch in diesen Verfahren keine Sonderzahlungen an einzelne antragwillige Gläubiger leisteten. Vielmehr wurden ganze Gläubigergruppen, beispielsweise Arbeitnehmer, bei der Verteilung der Verwertungserlöse nach dem Recht des Staates, in dem das Sekundärinsolvenzverfahren hätte eröffnet werden können, behandelt.

(3) Ergebnis

Die Behauptung, in den Verfahren MG Rover, Collins & Aikman und Nortel hätten Gläubiger den Verwaltern der Hauptinsolvenzverfahren mit der Beantragung eines Sekundärinsolvenzverfahrens gedroht, um diese zu Sonderzahlungen zu zwingen, ist schlichtweg falsch. Der „erpresserische“ oder „räuberische“ Gläubiger ist ein Mythos, der mit der Realität nichts zu tun hat.[268]

---

[268] Auch *Madaus* ist der Auffassung, dass sich das Bild des räuberischen Gläubigers nicht halten lässt. *Madaus*, in: FS Pannen, 2017, S. 223 (239).

Die im Schrifttum aufgestellten Thesen entbehren nicht nur jeglicher Grundlage, sondern stellen darüber hinaus eine völlige Verkehrung der Tatsachen dar. Den ausländischen Gläubigern in den Verfahren MG Rover, Collins & Aikman und Nortel ein unlauteres, gar kriminelles Verhalten vorzuwerfen, ist angesichts des Verhaltens englischer Gerichte und Verwalter besonders widersinnig. Schließlich verorteten die englischen Gerichte den Mittelpunkt der hauptsächlichen Interessen sämtlicher europäischer Konzerngesellschaften in England, obwohl es ausreichend Indizien gab, dass sich der Mittelpunkt der hauptsächlichen Interessen dieser Gesellschaften tatsächlich außerhalb Englands befand. Durch die regelwidrige Annahme des Mittelpunkts der hauptsächlichen Interessen in England wurden die im Niederlassungsstaat ansässigen Gläubiger um ein Hauptinsolvenzverfahren in ihrem Heimatstaat gebracht. Die englischen Verwalter, die sehr eng mit den englischen Gerichten zusammenarbeiteten, als Opfer erpresserischer oder räuberischer ausländischer Gläubiger darzustellen, ist angesichts dieser Tatsache noch weniger nachvollziehbar. Will man die Beteiligten dieser Verfahren schon in Gut und Böse unterteilen, so muss man die Täterrolle den englischen Gerichten und Verwaltern zuweisen und den Gläubigern die Opferrolle.

Abschließend ist Folgendes zu sagen. Da es keine Verfahren gab, in denen Gläubiger dem Verwalter unter Androhung der Beantragung eines Sekundärinsolvenzverfahrens Sonderzahlungen abpressten, kann Art. 36 EuInsVO auch keine Reaktion des Gesetzgebers auf derartige Fälle sein.

Der Zusammenhang zwischen den Verfahren MG Rover, Collins & Aikman und Nortel und virtuellen Sekundärinsolvenzverfahren nach Art. 36 EuInsVO ist daher auch ein ganz anderer. Aus dem Vorschlag der Kommission zur Änderung der EuInsVO geht eindeutig hervor, dass die Kommission die in diesen Verfahren vorgenommenen Erlösverteilungen als Vorbild für eine europaweite Regelung virtueller Sekundärinsolvenzverfahren betrachtete. Konkret äußerte die Kommission sich wie folgt. Das Konzept des virtuellen Sekundärinsolvenzverfahrens sei in einer Reihe von grenzüberschreitenden Insolvenzen entwickelt worden, bei denen das Hauptinsolvenzverfahren im Vereinigten Königreich eröffnet wurde (so u. a. die Verfahren Collins & Aikman, MG Rover und Nortel Networks).[269] Die englischen Gerichte hätten den englischen Verwaltern das Recht zugestanden, einen Teil der Verwertungserlöse nach dem Recht des Mitgliedstaats der Niederlassung zu verteilen.[270] Dies sei nach dem Recht zahlreicher Mitgliedstaaten nicht zulässig, so dass jetzt eine Bestimmung vorgesehen sei, wonach der Verwalter den Gläubigern am Ort der

[269] Vorschlag der Kommission für eine Verordnung des Europäischen Parlaments und des Rates zur Änderung der Verordnung (EG) Nr. 1346/2000 des Rates über Insolvenzverfahren vom 12.12.2012, COM (2012) 744 final, S. 8.

[270] Vorschlag der Kommission für eine Verordnung des Europäischen Parlaments und des Rates zur Änderung der Verordnung (EG) Nr. 1346/2000 des Rates über Insolvenzverfahren vom 12.12.2012, COM (2012) 744 final, S. 8.

Niederlassung verbindliche Zusagen in Bezug auf die Insolvenzmasse machen könne.[271]

b) Art. 36 EuInsVO als Reaktion auf das von einem Sekundärinsolvenzverfahren ausgehende Erpressungspotenzial?

aa) Thesen im Schrifttum

Eine weitere Gruppe Autoren ist der Meinung, Sekundärinsolvenzverfahren seien generell problematisch, da sie den Gläubigern Erpressungspotenzial böten.[272] Einzelne Gläubiger könnten dem Verwalter des Hauptinsolvenzverfahrens mit der Beantragung eines Sekundärinsolvenzverfahrens drohen, um diesen zur Berücksichtigung ihrer Interessen im Hauptinsolvenzverfahren zu zwingen. Um die Eröffnung eines Sekundärinsolvenzverfahrens zu verhindern, wäre der Verwalter des Hauptinsolvenzverfahrens in vielen Fällen bereit, den drohenden Gläubigern Sonderzahlungen zu gewähren.[273]

Diese Autoren behaupten allerdings nicht, dass es bereits konkrete Fälle gegeben habe, in denen der Verwalter durch die Gläubiger erpresst worden sei. Vielmehr reagiere der Gesetzgeber mit der Einführung virtueller Sekundärinsolvenzverfahren auf das von einem Sekundärinsolvenzverfahren grundsätzlich ausgehende Erpressungspotenzial.[274] Der Gesetzgeber verfolge mit der Schaffung von virtuellen Sekundärinsolvenzverfahren das Ziel, dem Verwalter des Hauptinsolvenzverfahrens eine Möglichkeit zu geben, die Eröffnung eines Sekundärinsolvenzverfahrens zu verhindern, um möglichen Erpressungen durch Gläubiger entgegenzuwirken.

---

[271] Vorschlag der Kommission für eine Verordnung des Europäischen Parlaments und des Rates zur Änderung der Verordnung (EG) Nr. 1346/2000 des Rates über Insolvenzverfahren vom 12.12.2012, COM (2012) 744 final, S. 8.

[272] *Brinkmann*, KTS 2014, 381 (392); *Brinkmann*, in: Karsten Schmidt, InsO, 19. Aufl. 2016, Art. 27 EuInsVO a.F. Rn. 4; *Keller*, in: Vallender, EuInsVO, 2. Aufl. 2020, Art. 36 Rn. 1; *Pluta/Keller*, in: FS Vallender, 2015, S. 437 (440); *Prager/Keller*, WM 2015, 805 (807); *Schmidt*, Die Zusicherung nach Art. 36 EuInsVO, 2019, S. 49; *Undritz*, in: FS Vallender, 2015, S. 745 (772); *Undritz*, in: Flöther, Konzerninsolvenzrecht, 2. Aufl. 2018, § 8 Rn. 70a; *Vallender*, ZIP 2015, 1513 (1518); *Wimmer*, in: Wimmer/Bornemann/Lienau, Die Neufassung der EuInsVO, 2016, Rn. 399.

[273] So insbesondere *Brinkmann*, KTS 2014, 381 (392); *Wimmer*, in: Wimmer/Bornemann/Lienau, Die Neufassung der EuInsVO, 2016, Rn. 399.

[274] *Brinkmann*, KTS 2014, 381 (392 i.V.m. 395 f.); *Keller*, in: Vallender, EuInsVO, 2. Aufl. 2020, Art. 36 Rn. 1 ff.; *Pluta/Keller*, in: FS Vallender, 2015, S. 437 (440 ff.); *Prager/Keller*, WM 2015, 805 (807); *Schmidt*, Die Zusicherung nach Art. 36 EuInsVO, 2019, S. 49; *Undritz*, in: FS Vallender, 2015, S. 745 (772); *Undritz*, in: Flöther, Konzerninsolvenzrecht, 2. Aufl. 2018, § 8 Rn. 70a; *Vallender*, ZIP 2015, 1513 (1517 f.); *Wimmer*, in: Wimmer/Bornemann/Lienau, Die Neufassung der EuInsVO, 2016, Rn. 399 ff.

bb) Widerlegung der im Schrifttum aufgestellten Thesen

Auch diese These erweist sich allerdings als unrichtig.

Selbstverständlich kann ein Gläubiger dem Verwalter des Hauptinsolvenzverfahrens drohen, die Eröffnung eines Sekundärinsolvenzverfahrens zu beantragen. Der Gläubiger kann den Verwalter des Hauptinsolvenzverfahrens auch auffordern, ihm Sondervorteile im Hauptinsolvenzverfahren zu gewähren. Allerdings wird sich der Verwalter des Hauptinsolvenzverfahrens in aller Regel nicht auf solche Geschäfte einlassen. Die Insolvenzgesetze der meisten Mitgliedstaaten werden Normen vorsehen, die es einem Verwalter verbieten, Sonderzahlungen an einzelne Gläubiger zu leisten. Nach deutschem Recht beispielsweise wären Sonderzahlungen an einzelne Gläubiger wegen eines Verstoßes gegen den Gläubigergleichbehandlungsgrundsatz verboten. Selbst in den englischen Verfahren MG Rover, Collins & Aikman und Nortel wurden keine Sonderzahlungen an einzelne Gläubiger geleistet.[275] Der Verwalter des Hauptinsolvenzverfahrens wird dem drohenden Gläubiger daher mitteilen, dass er an die Normen der *lex fori concursus* des Hauptinsolvenzverfahrens gebunden ist und ihn deswegen nicht besser als andere Gläubiger stellen kann. Die Drohung des Gläubigers bewirkt also keinen Erpressungserfolg. Das Sekundärinsolvenzverfahren entfaltet somit kein Erpressungspotenzial.

Sollte es aber tatsächlich Rechtsordnungen geben, die Sonderzahlungen an einzelne Gläubiger erlauben, so kann der These, dass Sekundärinsolvenzverfahren Erpressungspotenzial verursachen, dennoch nicht zugstimmt werden. Schließlich geht das Erpressungspotenzial in diesem Fall nicht vom Sekundärinsolvenzverfahren aus, sondern von derjenigen Rechtsordnung, die Absprachen zwischen dem Verwalter und einzelnen Gläubigern zulasten der Gläubigergesamtheit legalisiert.[276] Die Kritik sollte also an einer derartigen Rechtsordnung ansetzen.

Im Ergebnis ist festzustellen, dass Sekundärinsolvenzverfahren kein Erpressungspotenzial verursachen. Sekundärinsolvenzverfahren werden in dieser Hinsicht zu Unrecht kritisiert.

Da von Sekundärinsolvenzverfahren kein Erpressungspotenzial ausgeht, kann das virtuelle Sekundärinsolvenzverfahren nach Art. 36 EuInsVO auch keine Antwort auf ein derartiges Problem sein. Daher überrascht es wenig, dass sich weder in den Erwägungsgründen noch in den Gesetzgebungsmaterialien Textstellen finden lassen, in denen der Gesetzgeber davon spricht, dem Erpressungspotenzial von Sekundärinsolvenzverfahren begegnen zu wollen.

---

[275] Siehe ausführlich zu diesen Verfahren S. 59 ff.

[276] Siehe auch *Herchen*, in: Pannen, EuInsVO, 1. Aufl. 2007, Art. 27 a. F. Rn. 9.

c) Ergebnis

Weder hat es in der Vergangenheit Verfahren gegeben, in denen Gläubiger dem Verwalter des Hauptinsolvenzverfahrens mit der Beantragung eines Sekundärinsolvenzverfahrens drohten, um diesen zur besonderen Berücksichtigung ihrer Interessen im Hauptinsolvenzverfahren zu zwingen, noch geht vom Sekundärinsolvenzverfahren ein generelles Erpressungspotenzial aus. Da derartige Probleme nicht existieren, ist das virtuelle Sekundärinsolvenzverfahren nach Art. 36 EuInsVO auch keine Reaktion auf sie.

3. Gesamtergebnis Verhinderungsfunktion

In den Erwägungsgründen und Gesetzgebungsmaterialien kommt zum Ausdruck, dass der Gesetzgeber Sekundärinsolvenzverfahren grundsätzlich positiv betrachtet, gleichzeitig aber anerkennt, dass diese im Einzelfall hinderlich sein können. Insofern will er den Verfahrensbeteiligten mit der Schaffung virtueller Sekundärinsolvenzverfahren mehr Flexibilität einräumen. Diese sollen künftig entscheiden können, ob die Eröffnung eines Sekundärinsolvenzverfahrens oder die Vermeidung eines Sekundärinsolvenzverfahrens und Durchführung eines virtuellen Sekundärinsolvenzverfahrens die bessere Lösung darstellt.

Aus den Gesetzgebungsmaterialien geht zudem hervor, dass der Gesetzgeber mit der Einführung virtueller Sekundärinsolvenzverfahren vor allem das Ziel verfolgt, den Verkauf von Unternehmen im Rahmen einer übertragenden Sanierung zu erleichtern. Unklar bleibt hingegen, ob der Gesetzgeber mit der Schaffung virtueller Sekundärinsolvenzverfahren auch bezweckt, Sanierungen des Rechtsträgers zu vereinfachen.

Derweil steht fest, dass die in Teilen des Schrifttums aufgestellte Behauptung, das virtuelle Sekundärinsolvenzverfahren sei eine Reaktion auf das von einem Sekundärinsolvenzverfahren ausgehende Erpressungspotenzial, unrichtig ist. Weder hat es in der Vergangenheit Verfahren gegeben, in denen Gläubiger dem Verwalter des Hauptinsolvenzverfahrens mit der Beantragung eines Sekundärinsolvenzverfahrens drohten, um diesen zur besonderen Berücksichtigung ihrer Interessen im Hauptinsolvenzverfahren zu zwingen, noch geht vom Sekundärinsolvenzverfahren ein generelles Erpressungspotenzial aus.

II. Die Schutzfunktion des virtuellen Sekundärinsolvenzverfahrens

Neben der Verhinderungsfunktion besitzt das virtuelle Sekundärinsolvenzverfahren eine Schutzfunktion.

Dass eine solche Funktion existiert, zeigt ein einfacher Umkehrschluss. Hätte der Gesetzgeber lediglich dem Verwalter des Hauptinsolvenzverfahrens das Recht einräumen wollen, die Eröffnung eines Sekundärinsolvenzverfahrens zu verhindern, so hätte es keines virtuellen Sekundärinsolvenzverfahrens bedurft. Vielmehr hätte er normieren können, dass ein Sekundärinsolvenzverfahren künftig nur noch mit Einwilligung des Verwalters des Hauptinsolvenzverfahrens eröffnet werden kann.

Das virtuelle Sekundärinsolvenzverfahren dient den Gläubigern als Ersatz für das Sekundärinsolvenzverfahren, das nicht eröffnet wird. Die Schutzfunktion des virtuellen Sekundärinsolvenzverfahrens deckt sich daher mit der Schutzfunktion eines realen Sekundärinsolvenzverfahrens.[277] Wie ein reales Sekundärinsolvenzverfahren schützt auch das virtuelle Sekundärinsolvenzverfahren die unterschiedlichen bzw. inländischen Interessen. Geschützt wird das Interesse der Gläubiger an der Anwendung des Rechts des Staates, in dem sich die Niederlassung befindet. Wie Sekundärinsolvenzverfahren dienen auch virtuelle Sekundärinsolvenzverfahren dazu, einen Kompromiss zwischen dem Interesse an der Anwendung der *lex fori concursus* des Hauptinsolvenzverfahrens einerseits und dem Interesse an der Anwendung des Rechts des Staates, in dem sich die Niederlassung befindet, andererseits, herzustellen. Indem ein virtuelles Sekundärinsolvenzverfahren durchgeführt wird, werden die Wertentscheidungen des Gesetzgebers des Staates, in dem sich die Niederlassung befindet, zum Tragen gebracht.

---

[277] Zur Schutzfunktion eines realen Sekundärinsolvenzverfahrens siehe ausführlich S. 47 ff.

Teil 2

Modell eines virtuellen Haupt- und Sekundärinsolvenzverfahrens

Kapitel 1

Aktivmasse

A. Virtuelle Verfahrenspluralität

Art. 36 EuInsVO virtualisiert die im Fall der Eröffnung eines Sekundärinsolvenzverfahrens bestehende Verfahrenspluralität.[1] Wird ein Sekundärinsolvenzverfahren eröffnet, so kommt es zu einer Teilung der anfänglich universalen Aktivmasse.[2] Das im Niederlassungsstaat belegene Vermögen wird gemäß Art. 34 S. 3 EuInsVO aus dem Insolvenzbeschlag des Hauptinsolvenzverfahrens herausgelöst und bildet fortan die Aktivmasse des Sekundärinsolvenzverfahrens.[3] Vermögensgegenstände, die außerhalb des Niederlassungsstaats belegen sind, verbleiben in der Aktivmasse des Hauptinsolvenzverfahrens. Im Hauptinsolvenzverfahren gilt gemäß Art. 7 Abs. 1 EuInsVO grundsätzlich die *lex fori concursus* des Hauptinsolvenzverfahrens. Hingegen findet im Sekundärinsolvenzverfahren gemäß Art. 7 Abs. 1 EuInsVO bzw. Art. 35 EuInsVO grundsätzlich die *lex fori concursus secundarii* Anwendung.

Die Abgabe einer Zusicherung zur Vermeidung eines Sekundärinsolvenzverfahrens gemäß Art. 36 EuInsVO bewirkt ebenfalls eine Teilung der Aktivmasse. Gemäß Art. 36 Abs. 1 S. 1 EuInsVO kann der Verwalter des Hauptinsolvenzverfahrens in Bezug auf das Vermögen, das in dem Staat, in dem ein Sekundärinsolvenzverfahren eröffnet werden könnte, belegen ist, eine Zusicherung des Inhalts geben, dass er bei der Verteilung dieses Vermögens oder des bei seiner Verwertung erzielten Erlöses, die Verteilungs- und Vorzugsrechte nach nationalem Recht wahrt,

---

[1] Ebenso *Fehrenbach*, GPR 2017, 38 (41). Fehrenbach spricht davon, dass die Neufassung das Sekundärinsolvenzverfahren konsequent virtualisiert.

[2] Siehe dazu ausführlich S. 44 f.

[3] Vgl. auch *Brinkmann*, in: Karsten Schmidt, InsO, 19. Aufl. 2016, Art. 27 EuInsVO a. F. Rn. 16; *Herchen*, in: Pannen, EuInsVO, 1. Aufl. 2007, Art. 27 a. F. Rn. 45; *Mankowski*, in: Mankowski/Müller/J. Schmidt, EuInsVO, 1. Aufl. 2016, Vor Art. 34–51 Rn. 49; *Smid*, in: Leonhardt/Smid/Zeuner, Internationales Insolvenzrecht, 2. Aufl. 2012, Art. 27 EuInsVO a. F. Rn. 25.

die Gläubiger hätten, wenn ein Sekundärinsolvenzverfahren in diesem Staat eröffnet worden wäre. Wurde eine Zusicherung gegeben, so gilt gemäß Art. 36 Abs. 2 S. 1 EuInsVO für die Verteilung des Erlöses aus der Verwertung von Gegenständen der Masse nach Absatz 1, für den Rang der Forderungen und für die Rechte der Gläubiger in Bezug auf Gegenstände der Masse nach Absatz 1 das Recht des Staats, in dem das Sekundärinsolvenzverfahren hätte eröffnet werden können. Die Zusicherung bezieht sich also nur auf das im Niederlassungsstaat belegene Vermögen. Nur bezüglich dieses Teilvermögens gilt, partiell, das Recht des Staats, in dem das Sekundärinsolvenzverfahren hätte eröffnet werden können. Die Zusicherung bezieht sich hingegen nicht auf Vermögen, das außerhalb des Niederlassungsstaats belegen ist. Für dieses Vermögen gilt gemäß Art. 7 Abs. 1 EuInsVO ausschließlich das Recht des Staats, in dem das Hauptinsolvenzverfahren eröffnet wurde. Dies ergibt sich aus einem Umkehrschluss zu Art. 36 Abs. 2 S. 1 EuInsVO.

Festzustellen ist also, dass die Abgabe der Zusicherung eine Teilung der Aktivmasse bewirkt und die beiden Teilmassen rechtlich unterschiedlich zu behandeln sind. Dies kommt auch in Erwägungsgrund Nr. 43 zum Ausdruck. Durch Abgabe einer Zusicherung entsteht somit nicht nur ein virtuelles Sekundärinsolvenzverfahren, sondern auch ein virtuelles Hauptinsolvenzverfahren. Die im Fall der Eröffnung eines realen Sekundärinsolvenzverfahrens bestehende Verfahrenspluralität wird durch Abgabe einer Zusicherung folglich virtualisiert. Im Schrifttum ist dies bislang völlig übersehen worden. Jedenfalls findet sich kein Beitrag, in dem darauf aufmerksam gemacht wird, dass neben dem virtuellen Sekundärinsolvenzverfahren auch ein virtuelles Hauptinsolvenzverfahren entsteht. Zusammenfassend lässt sich Folgendes sagen. Gibt der Verwalter des Hauptinsolvenzverfahrens gemäß Art. 36 EuInsVO eine Zusicherung ab, so wird kein Sekundärinsolvenzverfahren eröffnet. Es gibt folglich nur ein Insolvenzverfahren. Dieses eine Insolvenzverfahren gliedert sich allerdings in ein virtuelles Haupt- und ein virtuelles Sekundärinsolvenzverfahren. Der Unterschied zur realen Verfahrenspluralität besteht vor allem darin, dass in einem virtuellen Sekundärinsolvenzverfahren das Recht des Staats, in dem das Sekundärinsolvenzverfahren hätte eröffnet werden können, nur partiell Anwendung findet.

B. Bestimmung der Aktivmassen

Territorial bezieht sich die Zusicherung gemäß Art. 36 Abs. 1 S. 1 EuInsVO auf das Vermögen, das in dem Staat, in dem ein Sekundärinsolvenzverfahren eröffnet werden könnte, belegen ist. Gegenstände, die sich außerhalb dieses Staats befinden, werden nicht von der Zusicherung erfasst. Die Aktivmasse des virtuellen Sekundärinsolvenzverfahrens ist territorial also genauso wie die Aktivmasse eines realen Sekundärinsolvenzverfahrens auf das in dem jeweiligen Niederlassungsstaat belegene Vermögen begrenzt. Im Fall der Eröffnung eines Sekundärinsolvenzverfahrens ergibt sich diese Begrenzung aus Art. 34 S. 3 EuInsVO. Will der Verwalter in verschiedenen Staaten die Eröffnung eines Sekundärinsolvenzverfahrens verhindern, so muss er folglich mehrere Zusicherungen abgeben.[4] Neben dem virtuellen Hauptinsolvenzverfahren können also, entsprechend der Anzahl möglicher realer Sekundärinsolvenzverfahren, viele virtuelle Sekundärinsolvenzverfahren durchgeführt werden. Art. 2 Nr. 9 EuInsVO regelt, in welchem Staat ein Vermögensgegenstand belegen ist.

Maßgebender Zeitpunkt für die Feststellung, welche Gegenstände von der Zusicherung betroffen sind, ist gemäß Art. 36 Abs. 2 S. 2 EuInsVO der Zeitpunkt der Abgabe der Zusicherung. Aus einem Umkehrschluss ergibt sich, dass Gegenstände, die im Zeitraum zwischen der Eröffnung des Insolvenzverfahrens und der Abgabe der Zusicherung aus dem Niederlassungsstaat entfernt werden, nicht von der Zusicherung erfasst und daher nicht Teil der Aktivmasse des virtuellen Sekundärinsolvenzverfahrens werden. Auch diese Regelung lässt sich grundsätzlich mit der Situation eines Sekundärinsolvenzverfahrens vergleichen. Die Aktivmasse eines Sekundärinsolvenzverfahrens wird aus den Vermögensgegenständen gebildet, die zum Zeitpunkt der Eröffnung des Sekundärinsolvenzverfahrens im Niederlassungsstaat belegen sind.[5] Dies ergibt sich aus einem Umkehrschluss zu Art. 21 Abs. 1 EuInsVO. Gemäß Art. 21 Abs. 1 S. 2 EuInsVO darf der Verwalter des Hauptinsolvenzverfahrens zur Masse gehörende Gegenstände aus dem Hoheitsgebiet eines anderen Mitgliedstaats entfernen, solange in dem anderen Staat nicht ein Sekundärinsolvenzverfahren eröffnet wurde. Die Gegenstände, die der Verwalter des Hauptinsolvenzverfahrens vor Eröffnung des Sekundärinsolvenzverfahrens aus dem Niederlassungsstaat entfernt, muss er auch nach Eröffnung des Sekundärinsolvenzverfahrens nicht an den Verwalter des Sekundärinsolvenzverfahrens herausgeben. Gemäß Art. 21 Abs. 2 S. 1 EuInsVO hat der Verwalter des Hauptinsolvenzverfahrens nur Gegenstände herauszugeben, die er nach Eröffnung des Sekundärinsolvenzverfahrens aus dem Niederlassungsstaat entfernt.[6] Der Verwalter des Sekundärinsolvenzverfahrens kann auch keine Anfechtungsklage gemäß Art. 21 Abs. 2 S. 2 EuInsVO gegenüber dem Verwalter des Hauptinsolvenzverfahrens erheben, da die Befugnisse des Verwalters des Hauptinsolvenzverfahrens aus Art. 21 Abs. 1 S. 2 EuInsVO ansonsten leerlaufen würden.[7] Die Aktivmasse des virtuellen Sekundärinsolvenzverfahrens wird gemäß Art. 36 Abs. 1 S. 1 i. V. m. Abs. 2 S. 2 EuInsVO also aus den Vermögensgegenständen gebildet, die zum Zeitpunkt der Abgabe der Zu-

---

[4] So ebenfalls *Mankowski*, NZI 2015, 961 (964); *Mankowski*, in: Mankowski/Müller/J. Schmidt, EuInsVO, 1. Aufl. 2016, Art. 36 Rn. 25.

[5] Vgl. u. a. *Brinkmann*, in: Karsten Schmidt, InsO, 19. Aufl. 2016, Art. 27 EuInsVO a. F. Rn. 16; *Keller*, in: Vallender, EuInsVO, 2. Aufl. 2020, Art. 34 Rn. 29; *Paulus*, in: Paulus, EuInsVO, 6. Aufl. 2021, Art. 34 Rn. 15; *Reinhart*, in: Münchener Kommentar InsO, Band 4, 3. Aufl. 2016, Art. 27 EuInsVO 2000 Rn. 24; *Smid*, in: Leonhardt/Smid/Zeuner, Internationales Insolvenzrecht, 2. Aufl. 2012, Art. 27 EuInsVO a. F. Rn. 28.

[6] Vgl. zudem *Knof*, in: Uhlenbruck InsO, Band 2, 15. Aufl. 2020, Art. 21 EuInsVO Rn. 20.

[7] So ebenfalls *Geroldinger*, Verfahrenskoordination im europäischen Insolvenzrecht, 2010, S. 179; Geroldinger folgend *Müller*, in: Mankowski/Müller/J. Schmidt, EuInsVO, 1. Aufl. 2016, Art. 21 Rn. 25.

sicherung im Niederlassungsstaat belegen sind. Die Aktivmasse des virtuellen Hauptinsolvenzverfahrens besteht aus den Vermögensgegenständen, die nicht zur Aktivmasse eines virtuellen Sekundärinsolvenzverfahrens gehören.

C. Grenzüberschreitende Vermögensverschiebungen

I. Grenzüberschreitende Vermögensverschiebungen im Fall der Eröffnung eines Sekundärinsolvenzverfahrens

Die folgenden Ausführungen beziehen sich auf den Fall der Eröffnung eines Sekundärinsolvenzverfahrens, ohne dass der Verwalter des Hauptinsolvenzverfahrens zuvor eine Zusicherung gemäß Art. 36 EuInsVO abgegeben hat.[8] Gemäß Art. 21 Abs. 1 S. 2 i.V.m. S. 1 EuInsVO darf der Verwalter des Hauptinsolvenzverfahrens zur Masse gehörende Gegenstände aus einem anderen Staat entfernen, solange in dem Staat, in dem diese sich befinden, kein Sekundärinsolvenzverfahren eröffnet wurde. Gegenstände, die vor Eröffnung eines Sekundärinsolvenzverfahrens aus dem Niederlassungsstaat entfernt werden, müssen auch nach Eröffnung eines Sekundärinsolvenzverfahrens nicht an die Masse des Sekundärinsolvenzverfahrens herausgegeben werden. Vielmehr verbleiben sie in der Aktivmasse des Hauptinsolvenzverfahrens. Dies ergibt sich aus einem Umkehrschluss zu Art. 21 Abs. 2 S. 1 EuInsVO. Der Verwalter des Sekundärinsolvenzverfahrens kann auch keine Anfechtungsklage gemäß Art. 21 Abs. 2 S. 2 EuInsVO gegenüber dem Verwalter des Hauptinsolvenzverfahrens erheben, da die Befugnisse des Verwalters des Hauptinsolvenzverfahrens nach Art. 21 Abs. 1 S. 2 EuInsVO ansonsten leerlaufen würden.[9] Werden hingegen nach Eröffnung eines Sekundärinsolvenzverfahrens Gegenstände aus dem Niederlassungsstaat entfernt, so kann der Verwalter des Sekundärinsolvenzverfahrens dies gemäß Art. 21 Abs. 2 S. 1 EuInsVO geltend machen. Der Verwalter des Hauptinsolvenzverfahrens muss folglich Gegenstände, die er nach Eröffnung des Sekundärinsolvenzverfahrens aus dem Niederlassungsstaat gebracht hat, an die Masse des Sekundärinsolvenzverfahrens zurückgewähren. Vermögensgegenstände, die nach Eröffnung eines Sekundärinsolvenzverfahrens in einen anderen Staat gebracht werden, verlieren nicht ihre Zugehörigkeit zur jeweiligen Aktivmasse.[10] Bringt beispielsweise der Verwalter des Sekundärinsolvenzverfahrens einen im Niederlassungsstaat belegenen Gegenstand in einen anderen Staat, so verliert dieser Gegenstand durch den Grenzübertritt nicht seine Zugehörigkeit zur

[8] Gibt der Verwalter des Hauptinsolvenzverfahrens zunächst eine Zusicherung ab, wird anschließend aber dennoch ein Sekundärinsolvenzverfahren eröffnet, so hat der Verwalter des Hauptinsolvenzverfahrens gegenüber dem Verwalter des Sekundärinsolvenzverfahrens besondere Herausgabepflichten. Siehe dazu ausführlich S. 118 ff.

[9] So ebenfalls *Geroldinger*, Verfahrenskoordination im europäischen Insolvenzrecht, 2010, S. 179; Geroldinger folgend *Müller*, in: Mankowski/Müller/J. Schmidt, EuInsVO, 1. Aufl. 2016, Art. 21 Rn. 25.

[10] So auch *Herchen*, in: Pannen, EuInsVO, 1. Aufl. 2007, Art. 27 a.F. Rn. 63.

Aktivmasse des Sekundärinsolvenzverfahrens. Ein solcher Gegenstand wird durch den Grenzübertritt nicht Bestandteil der Aktivmasse des Hauptinsolvenzverfahrens.

II. Grenzüberschreitende Vermögensverschiebungen im Fall der Durchführung eines virtuellen Sekundärinsolvenzverfahrens

Gibt der Verwalter des Hauptinsolvenzverfahrens gemäß Art. 36 EuInsVO eine Zusicherung ab, so ist er ebenfalls gemäß Art. 21 Abs. 1 S. 2 i. V. m. S. 1 EuInsVO berechtigt, im Niederlassungsstaat belegene Gegenstände in einen anderen Staat zu bringen. Die Abgabe der Zusicherung hat keine Auswirkungen auf das Recht des Verwalters des Hauptinsolvenzverfahrens Gegenstände aus dem Staat, in dem das Sekundärinsolvenzverfahren eröffnet werden könnte, zu entfernen. Eine Vorschrift, die es dem Verwalter verbieten würde, nach Abgabe der Zusicherung Gegenstände aus dem Niederlassungsstaat zu bringen, existiert nicht. Der Verwalter kann also auch nach Abgabe der Zusicherung Gegenstände, die in dem Staat des möglichen Sekundärinsolvenzverfahrens belegen sind, gemäß Art. 21 Abs. 1 S. 2 i. V. m. S. 1 EuInsVO in einen anderen Staat verlagern.[11] Der Zeitpunkt der Abgabe der Zusicherung spielt gemäß Art. 36 Abs. 2 S. 2 EuInsVO nur eine Rolle für die Feststellung, welche Gegenstände von der Aktivmasse des virtuellen Sekundärinsolvenzverfahrens erfasst werden. Wird ein zur Aktivmasse des virtuellen Sekundärinsolvenzverfahrens gehörender Gegenstand nach Abgabe der Zusicherung aus dem Niederlassungsstaat gebracht, so wird dadurch die Zugehörigkeit dieses Gegenstands zur Aktivmasse des virtuellen Sekundärinsolvenzverfahrens nicht aufgehoben.[12] Im umgekehrten Fall gilt dies selbstverständlich auch. Bringt der Verwalter einen zur

---

[11] A. A. *Schultz*, in: Heidelberger Kommentar InsO, 10. Aufl. 2020, Art. 36 EuInsVO Rn. 29.

[12] Dieser Auffassung sind auch Bornemann und Schmidt. *Bornemann*, in: Graf-Schlicker, InsO, 5. Aufl. 2020, Art. 36 EuInsVO Rn. 65; *Schmidt*, Die Zusicherung nach Art. 36 EuInsVO, 2019, S. 124. A. A. sind wohl Thole und Wimmer. Aus ihren Beiträgen geht hervor, dass sie der Ansicht sind, dass das Verbringen eines Gegenstands nach Abgabe der Zusicherung aus dem Niederlassungsstaat zur Folge hat, dass der Gegenstand Bestandteil der Masse des virtuellen Hauptinsolvenzverfahrens wird. So äußert Thole, dass das Entfernen eines Gegenstands nach Abgabe der Zusicherung aus dem Niederlassungsstaat einen Missbrauch darstellen könne. *Thole*, IPRax 2017, 213 (219). Wimmer meint, die lokalen Gläubiger könnten gemäß Art. 36 Abs. 9 EuInsVO einen Antrag mit dem Ziel stellen, dem Verwalter zu verbieten, einen Gegenstand nach Abgabe der Zusicherung aus dem Niederlassungsstaat zu bringen. *Wimmer*, in: FS Beck, 2016, S. 587 (598); *Wimmer*, in: Wimmer/Bornemann/Lienau, Die Neufassung der EuInsVO, 2016, Rn. 452. Ein Verbot, einen Gegenstand ins Ausland zu schaffen, ergibt aber nur dann Sinn, wenn man davon ausgeht, dass der Gegenstand durch den Grenzübertritt von der Masse des virtuellen Sekundärinsolvenzverfahrens in die Masse des virtuellen Hauptinsolvenzverfahrens wechselt. Ist man hingegen der hier vertretenen Auffassung, dass der Grenzübertritt keinen Massewechsel bewirkt, so bedarf es auch keines Verbringungsverbots.

Aktivmasse des virtuellen Hauptinsolvenzverfahrens gehörenden Gegenstand nach Abgabe der Zusicherung in den Niederlassungsstaat, so bleibt dieser Gegenstand dennoch Teil der Aktivmasse des virtuellen Hauptinsolvenzverfahrens.

D. Massesurrogation

Vom Neuerwerb sind die Fälle der Massesurrogation (oder auch Verwaltungssurrogation) abzugrenzen. Erwirbt der Verwalter mit Mitteln der Masse einen Gegenstand für die Masse, so handelt es sich nicht um einen Fall von Neuerwerb, sondern um einen Fall von Massesurrogation.[13]

I. Massesurrogation im Fall der Eröffnung eines Sekundärinsolvenzverfahrens

Erwirbt der Verwalter des Sekundärinsolvenzverfahrens mit Mitteln der Masse des Sekundärinsolvenzverfahrens einen Gegenstand für die Masse des Sekundärinsolvenzverfahrens, so wird dieser Gegenstand als Surrogat für den ursprünglichen Massegegenstand Teil der Aktivmasse des Sekundärinsolvenzverfahrens. Dabei spielt es keine Rolle, in welchem Staat sich der Erwerbsgegenstand zum Zeitpunkt des Erwerbs befindet. Es ist auch nicht entscheidend, in welchem Staat der Verwalter des Sekundärinsolvenzverfahrens den Gegenstand einsetzen will. Diese Grundsätze gelten natürlich auch für das Hauptinsolvenzverfahren. Erwirbt also der Verwalter des Hauptinsolvenzverfahrens mit Mitteln der Masse des Hauptinsolvenzverfahrens einen Gegenstand, so wird dieser Gegenstand als Surrogat für den ursprünglichen Massegegenstand Teil der Aktivmasse des Hauptinsolvenzverfahrens. Das ist auch dann der Fall, wenn sich der erworbene Gegenstand im Niederlassungsstaat befindet.

II. Massesurrogation im Fall der Durchführung eines virtuellen Sekundärinsolvenzverfahrens

1. Zuordnung des erworbenen Gegenstands zu einer Teilmasse

Hat der Verwalter einen Gegenstand mit Mitteln der Masse erworben, so stellt sich die Frage, welcher Teilmasse der erworbene Gegenstand zugeordnet werden muss. Die Grundsätze, die im Fall der realen Verfahrenspluralität gelten, sind entsprechend auf die Situation eines virtuellen Haupt- und Sekundärinsolvenzverfahrens zu übertragen. Für die Zuordnung des erworbenen Gegenstands zu einer Teilmasse kann

[13] Zur Abgrenzung von Neuerwerb und Massesurrogation im deutschen Recht siehe unter anderem *Henckel*, in: Jaeger, InsO, Band 1, 1. Aufl. 2004, § 35 Rn. 105; *Peters*, in: Münchener Kommentar InsO, Band 1, 4. Aufl. 2019, § 35 Rn. 69.

es daher nicht darauf ankommen, in welchem Staat sich der erworbene Gegenstand zum Zeitpunkt des Erwerbs befindet. Es ist auch nicht entscheidend, in welchen Staat der Verwalter den Gegenstand nach dem Erwerb bringt. Auch spielt es keine Rolle, in welchem Staat der Gegenstand bestimmungsgemäß eine Funktion erfüllen soll. Da es sich bei dem erworbenen Gegenstand um ein Surrogat für einen Massegegenstand handelt, kommt es vielmehr auf den Massegegenstand selbst an. Daher ist zu fragen, aus welcher Teilmasse der Verwalter die Mittel, mit denen er den Gegenstand erwarb, genommen hat.[14] Wurde der Gegenstand mit Mitteln der Masse des virtuellen Sekundärinsolvenzverfahrens erworben, so muss der erworbene Gegenstand als Surrogat der Masse des virtuellen Sekundärinsolvenzverfahrens zugeordnet werden. Wurde der Gegenstand hingegen mit Mitteln der Masse des virtuellen Hauptinsolvenzverfahrens erworben, so muss der erworbene Gegenstand der Masse des virtuellen Hauptinsolvenzverfahrens zugeordnet werden.

Art. 36 Abs. 2 S. 2 EuInsVO schützt die Gläubiger ab dem Zeitpunkt der Abgabe der Zusicherung vor weiteren Kürzungen der Masse des virtuellen Sekundärinsolvenzverfahrens. Daher müssen die Gläubiger sich ab dem Zeitpunkt der Abgabe der Zusicherung darauf verlassen können, dass der Verwalter die Massen von virtuellem Haupt- und Sekundärinsolvenzverfahren ihrem Wert nach unangetastet lässt. Anderenfalls wäre die Zusicherung wertlos. Allerdings muss es dem Verwalter möglich sein, die gegenständliche Zusammensetzung der Teilmassen zu ändern. Wäre ihm auch dies verboten, so würde man ihm jegliche Flexibilität nehmen. Das bedeutet auch, dass der Verwalter mit Mitteln der Masse des virtuellen Hauptinsolvenzverfahrens Gegenstände erwerben kann, die für die Niederlassung bestimmt sind. Umgekehrt kann der Verwalter mit Mitteln der Masse des virtuellen Sekundärinsolvenzverfahrens Gegenstände erwerben, die in dem Staat, in dem das Hauptinsolvenzverfahren eröffnet wurde, zum Einsatz kommen sollen. Entscheidend ist lediglich, dass Verwalter der Teilmasse, aus der er die Mittel zum Erwerb entnimmt, den erworbenen Gegenstand als Surrogat zuordnet. Tut er dies, so bleibt die betroffene Teilmasse ihrem Wert nach unangetastet.

2. Beispielfall

Sachverhalt: Die X-AG ist ein Hersteller von chemischen Produkten. Die X-AG hat den Mittelpunkt ihrer hauptsächlichen Interessen in Deutschland. Die X-AG

[14] Im Ergebnis ebenso *Bornemann*, in: Graf-Schlicker, InsO, 5. Aufl. 2020, Art. 36 EuInsVO Rn. 65. A. A. ist hingegen Schmidt. Schmidt ist der Meinung, der durch den Verwalter erworbene Gegenstand, also das Surrogat, sei der Masse des virtuellen Sekundärinsolvenzverfahrens zuzuordnen, wenn das vom Verwalter vorgenommene Rechtsgeschäft eine besondere Nähebeziehung zur Niederlassung hat. *Schmidt*, Die Zusicherung nach Art. 36 EuInsVO, 2019, S. 129 f. Schmidt übersieht allerdings, dass die von ihm vorgeschlagene Zuordnung des Surrogats zu den Teilmassen zu verbotenen Vermögensverschiebungen zwischen der Masse des virtuellen Hauptinsolvenzverfahrens und der Masse des virtuellen Sekundärinsolvenzverfahrens führen kann. Seiner Auffassung kann daher nicht gefolgt werden.

betreibt auch eine Niederlassung im Sinne des Art. 2 Nr. 10 EuInsVO in Ungarn. Zum Vermögen der X-AG gehört eine Fabrik zur Herstellung von Autolacken in der ungarischen Stadt Győr. Im April 2018 wird über das Vermögen der X-AG ein Hauptinsolvenzverfahren gemäß Art. 3 Abs. 1 EuInsVO in Deutschland eröffnet. Um die Eröffnung eines Sekundärinsolvenzverfahrens in Ungarn zu verhindern, gibt der Verwalter des in Deutschland eröffneten Hauptinsolvenzverfahrens im Mai 2018 eine Zusicherung gemäß Art. 36 EuInsVO ab und führt ein virtuelles Haupt- und Sekundärinsolvenzverfahren durch. Im Juni 2018 wird in der ungarischen Fabrik ein Kessel zur Herstellung von Autolacken zerstört. Um den Betrieb zumindest vorläufig aufrechterhalten zu können, kauft der Verwalter einen neuen Kessel. Der Kaufpreis für den Kessel beträgt eine Million Euro. Dieses Geld entnimmt er der Masse des virtuellen Hauptinsolvenzverfahrens. Der Kessel befindet sich zum Zeitpunkt des Erwerbs in Ungarn. Anschließend wird der Kessel bestimmungsgemäß in der ungarischen Fabrik eingesetzt.

Lösung: Es stellt sich die Frage, welcher Teilmasse der vom Insolvenzverwalter erworbene Kessel zugeordnet werden muss. Der Kessel befand sich zum Zeitpunkt des Erwerbs in Ungarn. Anschließend setzt der Verwalter den Kessel in einer ungarischen Fabrik ein. Jedoch kommt es hierauf nicht an. Der Verwalter hat den Kessel mit Mitteln der Masse erworben. Bei dem Kessel handelt es sich daher um ein Surrogat für einen Massegegenstand. Daher ist zu fragen, aus welcher Teilmasse der Verwalter die Mittel, mit denen er den Gegenstand erwarb, genommen hat. Das Geld entnahm er der Masse des virtuellen Hauptinsolvenzverfahrens. Durch die Entnahme der Gelder zum Erwerb des Kessels hat die Masse des virtuellen Hauptinsolvenzverfahrens einen Wertverlust erlitten. Aus diesem Grund muss der Kessel als das Surrogat der Masse des virtuellen Hauptinsolvenzverfahrens zugeordnet werden. Auf diese Weise erleidet die Masse des virtuellen Hauptinsolvenzverfahrens keinen Wertverlust.

Würde man den Kessel hingegen der Masse des virtuellen Sekundärinsolvenzverfahrens zuordnen, so würde die Masse des virtuellen Hauptinsolvenzverfahrens einen Wertverlust erleiden. Hingegen wäre die Masse des virtuellen Sekundärinsolvenzverfahrens ungerechtfertigt bereichert. Die Gläubiger, die ihre Forderungen für das virtuelle Sekundärinsolvenzverfahren anmelden, haben nämlich das Risiko der Zerstörung des Kessels und des daraus folgenden Wertverlusts zu tragen. Dieses Risiko würden sie nämlich auch im Fall der Eröffnung eines Sekundärinsolvenzverfahrens tragen.

E. Missbräuchliche Abgabe einer Zusicherung

Die Aktivmasse eines virtuellen Sekundärinsolvenzverfahrens besteht gemäß Art. 36 Abs. 1 S. 1 i. V. m. Abs. 2 S. 2 EuInsVO aus den Vermögensgegenständen, die zum Zeitpunkt der Abgabe der Zusicherung im Niederlassungsstaat belegen sind. Zur Bestimmung der Aktivmasse eines Sekundärinsolvenzverfahrens wird darauf abgestellt, welche Vermögensgegenstände sich zum Zeitpunkt der Eröffnung des Sekundärinsolvenzverfahrens im Niederlassungsstaat befinden.[15] Trotz dieser Ähnlichkeiten besteht ein bedeutender Unterschied zwischen beiden Fällen. Während der Verwalter des Hauptinsolvenzverfahrens auf den Zeitpunkt der Eröffnung eines Sekundärinsolvenzverfahrens grundsätzlich keinen Einfluss hat, kann er den Zeitpunkt der Abgabe der Zusicherung frei bestimmen. Dies ermöglicht es ihm, gemäß Art. 21 Abs. 1 S. 2 EuInsVO zur Masse gehörende Gegenstände aus dem Niederlassungsstaat zu entfernen und erst anschließend die Zusicherung abzugeben.[16] Gegenstände, die der Verwalter vor Abgabe der Zusicherung aus dem Niederlassungsstaat bringt, werden nicht von der Aktivmasse des virtuellen Sekundärinsolvenzverfahrens erfasst.

Wird tatsächlich ein virtuelles Sekundärinsolvenzverfahren durchgeführt, so erscheint das Entfernen von Gegenständen aus dem Niederlassungsstaat vor Abgabe der Zusicherung allerdings als wenig sinnvoll. Denn in diesem Fall verwaltet der Verwalter des Hauptinsolvenzverfahrens die gesamte Aktivmasse, also auch das im Niederlassungsstaat belegene Vermögen. Er hat daher keinen Grund vorsätzlich die Aktivmasse des virtuellen Sekundärinsolvenzverfahrens zu schmälern und auf diese Weise die Gläubiger zu verärgern. Anders stellt sich die Situation allerdings dar, wenn der Verwalter befürchtet, dass eine Mehrheit der lokalen Gläubiger die Zusicherung ablehnen und stattdessen die Eröffnung eines Sekundärinsolvenzverfahrens beantragen wird. Der Verwalter des Hauptinsolvenzverfahrens kann über die zur Aktivmasse des Sekundärinsolvenzverfahrens gehörenden Vermögensgegenstände nicht mehr verfügen.[17] Ein Sekundärinsolvenzverfahren bezieht sich auf die Gegenstände, die zum Zeitpunkt der Eröffnung des Sekundärinsolvenzverfahrens im Niederlassungsstaat belegen sind. Wurde vor Eröffnung eines Sekundärinsolvenzverfahrens eine Zusicherung abgegeben, so besteht allerdings eine Besonderheit. Gegenstände, die der Verwalter zwischen Abgabe der Zusicherung und Eröffnung des Sekundärinsolvenzverfahrens aus dem Niederlassungsstaat entfernt, muss er gemäß Art. 36 Abs. 6 S. 2 EuInsVO nach Eröffnung eines Sekundärinsolvenzverfahrens an den Verwalter des Sekundärinsolvenzverfahrens herausgeben. Diese Gegenstände werden also ebenfalls Teil der Aktivmasse des Sekundärinsolvenzverfahrens. Aus einem Umkehrschluss zu Art. 36 Abs. 6 S. 2 EuInsVO ergibt sich, dass der Verwalter des Hauptinsolvenzverfahrens Vermögensgegenstände, die er zwischen Eröffnung des Hauptinsolvenzverfahrens und Abgabe der Zusicherung aus

---

[15] Siehe dazu ausführlich S. 110 f.

[16] Dieses Problem wird auch von anderen Autoren gesehen. *Mankowski*, NZI 2015, 961 (964); *Mankowski*, in: Mankowski/Müller/J. Schmidt, EuInsVO, 1. Aufl. 2016, Art. 36 Rn. 23; *Paulus*, in: Paulus, EuInsVO, 6. Aufl. 2021, Art. 36 Rn. 7; *Wimmer*, in: Wimmer/Bornemann/Lienau, Die Neufassung der EuInsVO, 2016, Rn. 421. Schmidt ist hingegen der Auffassung, die Zusicherung verursache kein zusätzliches Missbrauchspotenzial. *Schmidt*, Die Zusicherung nach Art. 36 EuInsVO, 2019, S. 138. Dabei übersieht er allerdings, dass der Verwalter frei darüber entscheidet, zu welchem Zeitpunkt er die Zusicherung abgibt.

[17] Siehe dazu ausführlich S. 44 ff.

dem Niederlassungsstaat entfernt hat, nach Eröffnung eines Sekundärinsolvenzverfahrens nicht an den Verwalter des Sekundärinsolvenzverfahrens herausgeben muss. Diese Gegenstände verbleiben stattdessen in der Aktivmasse des Hauptinsolvenzverfahrens. Es besteht daher grundsätzlich die Gefahr, dass der Verwalter die Abgabe einer Zusicherung hinauszögert, um Gegenstände aus dem Niederlassungsstaat zu schaffen.

Die Gläubiger haben grundsätzlich keine Möglichkeit, derartige Vermögensverschiebungen zu verhindern. Zwar heißt es in Erwägungsgrund Nr. 46, dem Verwalter des Hauptinsolvenzverfahrens solle es im Interesse eines wirksamen Schutzes lokaler Interessen nicht möglich sein, das im Niederlassungsstaat befindliche Vermögen missbräuchlich an einen anderen Ort zu bringen, insbesondere wenn dies in der Absicht geschieht, die wirksame Befriedigung dieser Interessen für den Fall, dass im Anschluss ein Sekundärinsolvenzverfahren eröffnet wird, zu vereiteln. Allerdings hat Erwägungsgrund Nr. 46 keinen Niederschlag im Gesetzestext gefunden.[18] Art. 38 Abs. 3 UAbs. 2 S. 1 EuInsVO ist nicht anwendbar. Diese Norm kommt nur zum Tragen, wenn die Eröffnung eines Sekundärinsolvenzverfahrens ausgesetzt wurde.

F. Herausgabepflichten im Fall der Eröffnung eines Sekundärinsolvenzverfahrens nach vorheriger Abgabe einer Zusicherung

Die Abgabe einer Zusicherung gemäß Art. 36 EuInsVO verhindert nicht automatisch die Eröffnung eines Sekundärinsolvenzverfahrens. Es sind zwei Fälle denkbar, in denen trotz abgebender Zusicherung ein Sekundärinsolvenzverfahren eröffnet wird. Der Weg für ein reales Sekundärinsolvenzverfahren ist zum einen dann frei, wenn die lokalen Gläubiger die Zusicherung gemäß Art. 36 Abs. 5 EuInsVO mehrheitlich ablehnen und anschließend die Eröffnung eines Sekundärinsolvenzverfahrens beantragen. Erhält die Zusicherung hingegen die erforderliche Mehrheit, so ist sie gebilligt. Damit ist aber noch nicht entschieden, dass das virtuelle Sekundärinsolvenzverfahren tatsächlich durchgeführt werden kann. Denn Gläubiger sind gemäß Art. 37 Abs. 2 EuInsVO berechtigt, innerhalb von 30 Tagen nach Erhalt der Mitteilung über die Billigung der Zusicherung einen Antrag auf Eröffnung eines Sekundärinsolvenzverfahrens zu stellen. Wird innerhalb der von Art. 37 Abs. 2 EuInsVO genannten Frist ein Antrag auf Eröffnung eines Sekundärinsolvenzverfahrens gestellt, so hat das mit diesem Antrag befasste Gericht den Verwalter des Hauptinsolvenzverfahrens gemäß Art. 38 Abs. 1 EuInsVO umgehend von dem Antrag zu unterrichten und ihm Gelegenheit zu geben, sich zu dem Antrag zu äußern. Wie sich aus Art. 38 Abs. 2 EuInsVO ergibt, kann der Verwalter wegen der Zusicherung beantragen, dass das Gericht kein Sekundärinsolvenzverfahren eröffnet. Das Gericht eröffnet gemäß Art. 38 Abs. 2 EuInsVO kein Sekundärinsolvenzverfahren,

[18] Siehe zu Erwägungsgrund Nr. 46 auch *Paulus*, in: FS Beck, 2016, S. 393 (401).

wenn es der Überzeugung ist, dass die Zusicherung die allgemeinen Interessen der lokalen Gläubiger angemessen schützt. Gelangt das Gericht hingegen zu der Überzeugung, dass die allgemeinen Interessen der lokalen Gläubiger nicht angemessen durch die Zusicherung geschützt werden, so eröffnet es ein Sekundärinsolvenzverfahren. Dies ergibt sich aus einem Umkehrschluss zu Art. 38 Abs. 2 EuInsVO. Im Folgenden wird die Frage beantwortet, welche Gegenstände der Verwalter des Hauptinsolvenzverfahrens in diesen Fällen an den Verwalter des Sekundärinsolvenzverfahrens herausgeben muss. Anschließend wird ermittelt, welches Ziel der Gesetzgeber mit der Normierung besonderer Herausgabepflichten verfolgt.

I. Herausgabepflichten nach Zeiträumen

Hinsichtlich der Herausgabepflichten sind drei Zeiträume zu unterscheiden. Dabei handelt es sich um den Zeitraum zwischen Eröffnung des Hauptinsolvenzverfahrens und der Abgabe der Zusicherung, den Zeitraum zwischen Abgabe der Zusicherung und der Eröffnung des Sekundärinsolvenzverfahrens und den Zeitraum nach Eröffnung des Sekundärinsolvenzverfahrens.

Gegenstände der Masse, die der Verwalter des Hauptinsolvenzverfahrens vor Abgabe der Zusicherung aus dem Niederlassungsstaat entfernt, müssen auch nach Eröffnung des Sekundärinsolvenzverfahrens nicht an den Verwalter des Sekundärinsolvenzverfahrens herausgegeben werden. Dies ergibt sich aus einem Umkehrschluss zu Art. 36 Abs. 6 S. 2 EuInsVO.

Gegenstände, die im Zeitraum zwischen Abgabe der Zusicherung und Eröffnung des Sekundärinsolvenzverfahrens aus dem Staat des späteren Sekundärinsolvenzverfahrens gebracht werden, müssen nach Eröffnung des Sekundärinsolvenzverfahrens gemäß Art. 36 Abs. 6 S. 2 EuInsVO an den Verwalter des Sekundärinsolvenzverfahrens herausgegeben werden.[19] Dem Wortlaut nach setzt der Tatbestand des Art. 36 Abs. 6 S. 2 EuInsVO voraus, dass ein Sekundärinsolvenzverfahren

[19] Vgl. auch *Wimmer*, in: Wimmer/Bornemann/Lienau, Die Neufassung der EuInsVO, 2016, Rn. 447. Reinhart ist der Auffassung, es handele sich bei dem Herausgabeanspruch gemäß Art. 36 Abs. 6 S. 2 EuInsVO um eine Selbstverständlichkeit und dieser gehöre nicht zum Regelungskonzept der Zusicherung. *Reinhart*, in: Münchener Kommentar InsO, Band 4, 3. Aufl. 2016, Art. 36 EuInsVO 2015 Rn. 46. Dem ist nicht zu folgen. Reinhart übersieht nämlich, dass Art. 36 Abs. 6 S. 2 EuInsVO einen anderen Zeitraum abdeckt als Art. 21 Abs. 2 S. 1 EuInsVO. Gemäß Art. 36 Abs. 6 S. 2 EuInsVO können nämlich auch Gegenstände herausverlangt werden, die der Verwalter des Hauptinsolvenzverfahrens vor Eröffnung des Sekundärinsolvenzverfahrens aus dem Niederlassungsstaat entfernt hat. Dies wäre nach Art. 21 Abs. 2 S. 1 EuInsVO aber nicht möglich. Widersprüchlich sind die Ausführungen Schmidts. Mit Verweis auf Reinhart schreibt er, Art. 36 Abs. 6 S. 2 EuInsVO habe nur deklaratorischen Charakter. Die Norm weise lediglich die Masse des Sekundärinsolvenzverfahrens dem Sekundärinsolvenzverfahren zu. *Schmidt*, Die Zusicherung nach Art. 36 EuInsVO, 2019, S. 119. Andererseits äußert *Schmidt*, Art. 36 Abs. 6 S. 2 EuInsVO habe einen eigenen Anwendungsbereich gegenüber Art. 21 Abs. 2 S. 1 EuInsVO. *Schmidt*, Die Zusicherung nach Art. 36 EuInsVO, 2019, Fn. 476.

gemäß Art. 37, Art. 38 EuInsVO eröffnet wird. Durch die Nennung des Art. 38 EuInsVO entsteht der Eindruck, Voraussetzung eines Herausgabeanspruchs des Verwalters des Sekundärinsolvenzverfahrens gegen den Verwalter des Hauptinsolvenzverfahrens sei die Eröffnung eines Sekundärinsolvenzverfahrens gemäß Art. 38 Abs. 2 EuInsVO. Gemäß Art. 38 Abs. 2 EuInsVO wird trotz gebilligter Zusicherung ein Sekundärinsolvenzverfahren eröffnet, wenn das Gericht der Überzeugung ist, dass die Zusicherung die allgemeinen Interessen der lokalen Gläubiger nicht angemessen schützt. Wäre das aber tatsächlich der Fall, so bestünde kein Herausgabeanspruch gemäß Art. 36 Abs. 6 S. 2 EuInsVO, wenn ein Sekundärinsolvenzverfahren nach Ablehnung der Zusicherung durch die lokalen Gläubiger eröffnet wird. Gegen eine solche Annahme spricht allerdings der Sinn und Zweck der Norm.[20] Durch die Herausgabepflicht des Verwalters des Hauptinsolvenzverfahrens gegenüber dem Verwalter des Sekundärinsolvenzverfahrens sollen die Gläubiger eines Sekundärinsolvenzverfahrens vor einer Entwertung dieses Verfahrens aufgrund von geringer Masse geschützt werden. Für die Gläubiger eines Sekundärinsolvenzverfahrens macht es aber keinen Unterschied, ob ein Sekundärinsolvenzverfahren nach Ablehnung der Zusicherung oder nach deren Billigung gemäß Art. 37 Abs. 2, Art. 38 Abs. 2 EuInsVO eröffnet wird. Es ist daher davon auszugehen, dass es sich bei der Formulierung in Art. 36 Abs. 6 S. 2 EuInsVO um ein redaktionelles Versehen handelt. Entgegen des unpräzisen Wortlauts muss der Verwalter des Hauptinsolvenzverfahrens Gegenstände der Masse, die er zwischen Abgabe der Zusicherung und Eröffnung des Sekundärinsolvenzverfahrens dem Niederlassungsstaat entnommen hat, auch dann an den Verwalter des Sekundärinsolvenzverfahrens herausgeben, wenn das Sekundärinsolvenzverfahren nach Ablehnung der Zusicherung durch die lokalen Gläubiger gemäß Art. 36 Abs. 5 EuInsVO eröffnet wurde.

Die Tatsache, dass der Verwalter auch solche Gegenstände herausgeben muss, die er vor Eröffnung des Sekundärinsolvenzverfahrens aus dem Niederlassungsstaat entfernte, stellt eine Besonderheit des Art. 36 EuInsVO dar. Hätte der Verwalter des Hauptinsolvenzverfahrens keine Zusicherung abgegeben, so müsste er Gegenstände, die er vor Eröffnung des Sekundärinsolvenzverfahrens außer Landes brachte, nicht herausgeben.[21] Art. 36 Abs. 6 S. 2 EuInsVO kollidiert insofern mit Art. 21 Abs. 1 S. 2 i. V. m. S. 1 EuInsVO. Der Verwalter darf im Zeitraum zwischen Abgabe der Zusicherung und Eröffnung des Sekundärinsolvenzverfahrens zwar Gegenstände gemäß Art. 21 Abs. 1 S. 2 i. V. m. S. 1 EuInsVO aus dem Niederlassungsstaat entfernen, muss diese nach Eröffnung eines Sekundärinsolvenzverfahrens gemäß Art. 36 Abs. 6 S. 2 EuInsVO aber wieder herausgeben. Der Zeitpunkt der Abgabe der Zusicherung wirkt sich auf das Recht des Verwalters, Gegenstände aus dem Niederlassungsstaat zu entfernen, also nur dann aus, wenn zu einem späteren Zeitpunkt ein Sekundärinsolvenzverfahren eröffnet wird.

---

[20] Siehe ausführlich zum Sinn und Zweck des Art. 36 Abs. 6 S. 2 EuInsVO im nächsten Abschnitt.

[21] Siehe dazu ausführlich S. 112.

Gegenstände, die der Verwalter des Hauptinsolvenzverfahrens nach Eröffnung des Sekundärinsolvenzverfahrens aus dem Niederlassungsstaat bringt, hat er auch im Fall der vorherigen Abgabe einer Zusicherung gemäß Art. 21 Abs. 2 S. 1 EuInsVO an die Masse des Sekundärinsolvenzverfahrens herauszugeben. Zu beachten ist also, dass Art. 36 Abs. 6 S. 2 EuInsVO nur den Zeitraum zwischen Abgabe der Zusicherung und Eröffnung des Sekundärinsolvenzverfahrens abdeckt. Daher ist Art. 36 Abs. 6 S. 2 EuInsVO nicht lex specialis gegenüber Art. 21 Abs. 2 S. 1 EuInsVO.

II. Sinn und Zweck des Art. 36 Abs. 6 S. 2 EuInsVO

Durch Abgabe einer Zusicherung verkürzt sich der Zeitraum, in dem der Verwalter des Hauptinsolvenzverfahrens Gegenstände aus dem Niederlassungsstaat entfernen kann, ohne sie nach Eröffnung eines Sekundärinsolvenzverfahrens an den Verwalter des Sekundärinsolvenzverfahrens herausgeben zu müssen. Denn entgegen Art. 21 Abs. 2 S. 1 EuInsVO kommt es für die Rückgabepflicht nicht auf den Zeitpunkt der Eröffnung eines Sekundärinsolvenzverfahrens an, sondern gemäß Art. 36 Abs. 6 S. 2 EuInsVO schon auf den Zeitpunkt der Abgabe der Zusicherung. Für die Gläubiger eines Sekundärinsolvenzverfahrens bedeutet das Folgendes. Wird keine Zusicherung abgegeben, so sind sie gemäß Art. 21 Abs. 2 S. 1 EuInsVO ab dem Zeitpunkt der Eröffnung des Sekundärinsolvenzverfahrens gegen grenzüberschreitende Vermögensverschiebungen geschützt. Wird vor Eröffnung des Sekundärinsolvenzverfahrens hingegen eine Zusicherung abgegeben, so sind sie gemäß Art. 36 Abs. 6 S. 2 EuInsVO bereits ab dem Zeitpunkt der Abgabe der Zusicherung gegen grenzüberschreitende Vermögensverschiebungen geschützt. Fraglich ist aber, warum der Gesetzgeber im Fall der vorherigen Abgabe einer Zusicherung hinsichtlich der Herausgabepflicht des Verwalters an einen früheren Zeitpunkt anknüpft. Dafür gibt es wohl mehrere Gründe.

Wird keine Zusicherung abgegeben, so wird in der Regel bald nach Eröffnung des Hauptinsolvenzverfahrens ein Sekundärinsolvenzverfahren eröffnet, vorausgesetzt es wird ein entsprechender Antrag gestellt. Wird hingegen zunächst eine Zusicherung abgegeben, so verzögert sich die Eröffnung eines Sekundärinsolvenzverfahrens erheblich. Denn das Gericht, das über den Antrag auf Eröffnung eines Sekundärinsolvenzverfahrens entscheidet, wird die Abgabe der Zusicherung und die Abstimmung der lokalen Gläubiger über die Zusicherung abwarten. Wird die Zusicherung nämlich durch eine Mehrheit der lokalen Gläubiger gebilligt, so kann es ein Sekundärinsolvenzverfahren nur noch unter den engen Voraussetzungen des Art. 38 Abs. 2 EuInsVO eröffnen. Abgabe und Abstimmung über die Zusicherung nehmen einige Zeit in Anspruch. Wären die Gläubiger auch in diesem Fall erst ab Eröffnung eines Sekundärinsolvenzverfahrens gegen grenzüberschreitende Vermögensverschiebungen geschützt, so würde sich die Situation für die Gläubiger eines Sekundärinsolvenzverfahrens durch die Abgabe einer Zusicherung erheblich verschlechtern. Daher ist es richtig, dass Art. 36 Abs. 6 S. 2 EuInsVO nicht an den Zeitpunkt der

Eröffnung des Sekundärinsolvenzverfahrens anknüpft, sondern an den Zeitpunkt der Abgabe der Zusicherung. Der Zeitpunkt der Abgabe der Zusicherung lässt sich nämlich mit dem Zeitpunkt vergleichen, zu dem im Regelfall ein Sekundärinsolvenzverfahren eröffnet werden würde. Zu beachten ist, dass der Verwalter die Zusicherung meist relativ bald nach Eröffnung des Hauptinsolvenzverfahrens abgeben wird, also zu einem Zeitpunkt, zu dem regelmäßig ein Sekundärinsolvenzverfahren eröffnet werden würde.

Würde Art. 36 Abs. 6 S. 2 EuInsVO hinsichtlich der Rückgabepflicht nicht an den Zeitpunkt der Abgabe der Zusicherung, sondern an den Zeitpunkt der Eröffnung des Sekundärinsolvenzverfahrens anknüpfen, bestünde zudem die Gefahr, dass der Verwalter im Zeitraum zwischen Abgabe der Zusicherung und Abstimmung über diese gezielt Gegenstände aus dem Niederlassungsstaat entfernt, um die lokalen Gläubiger bei der Abstimmung über die Zusicherung unter Druck zu setzen. Hat er nämlich bereits vor Abstimmung über die Zusicherung einen großen Teil des Vermögens aus dem Staat des möglichen Sekundärinsolvenzverfahrens entfernt und müsste er dieses nach Eröffnung eines Sekundärinsolvenzverfahrens nicht an den Verwalter des Sekundärinsolvenzverfahrens herausgeben, so würde die Eröffnung eines Sekundärinsolvenzverfahrens mangels Masse für die lokalen Gläubiger uninteressant. Die Gegenstände, die der Verwalter im Zeitraum zwischen Abgabe der Zusicherung und der Abstimmung über diese aus dem Niederlassungsstaat bringt, würden aber von der Aktivmasse des virtuellen Sekundärinsolvenzverfahrens erfasst. Für die Bestimmung der Aktivmasse des virtuellen Sekundärinsolvenzverfahrens kommt es gemäß Art. 36 Abs. 1 S. 1 i. V. m. Abs. 2 S. 2 EuInsVO nämlich darauf an, welche Gegenstände zum Zeitpunkt der Abgabe der Zusicherung im Niederlassungsstaat belegen sind. Daher würden die lokalen Gläubiger notgedrungen für die Durchführung eines virtuellen Sekundärinsolvenzverfahrens stimmen.

Zudem muss Art. 36 Abs. 6 S. 2 EuInsVO auch im Zusammenhang mit Art. 37 Abs. 2 EuInsVO gesehen werden. Würde es für die Herausgabepflicht entgegen Art. 36 Abs. 6 S. 2 EuInsVO auf den Zeitpunkt der Eröffnung des Sekundärinsolvenzverfahrens ankommen, so könnte der Verwalter nach Billigung der Zusicherung durch eine Mehrheit der lokalen Gläubiger, aber vor Eröffnung eines Sekundärinsolvenzverfahrens, Gegenstände aus dem Niederlassungsstaat entfernen. Ein Antrag auf Eröffnung eines Sekundärinsolvenzverfahrens gemäß Art. 37 Abs. 2 EuInsVO würde mangels Masse keinen Sinn mehr ergeben.

Kapitel 2

Passivmasse

A. Die Passivmasse von realem Haupt- und Sekundärinsolvenzverfahren

Im Fall der Eröffnung eines Sekundärinsolvenzverfahrens kann gemäß Art. 45 Abs. 1 EuInsVO jeder Gläubiger seine Forderung im Hauptinsolvenzinsolvenzverfahren und in jedem Sekundärinsolvenzverfahren anmelden. Art. 45 Abs. 1 EuInsVO trifft zwei wichtige Aussagen. Aus Art. 45 Abs. 1 EuInsVO ergibt sich zum einen, dass die Teilnahme an einem Haupt- oder Sekundärinsolvenzverfahren nicht auf einen bestimmten Gläubigerkreis beschränkt ist. Vielmehr kann grundsätzlich jeder Gläubiger an der Erlösverteilung jedes Insolvenzverfahrens teilnehmen. Für ein Sekundärinsolvenzverfahren bedeutet dies, dass neben lokalen Gläubigern im Sinne des Art. 2 Nr. 11 EuInsVO auch alle nichtlokalen Gläubiger ihre Forderungen in diesem Verfahren anmelden und an der Verteilung des vom Sekundärinsolvenzverfahren erfassten Vermögens partizipieren können.[22] Weder der Gläubiger noch dessen Forderung müssen einen Bezug zur Niederlassung oder zum Niederlassungsstaat aufweisen. Art. 45 Abs. 1 EuInsVO berechtigt einen Gläubiger zudem, dieselbe Forderung in mehreren Verfahren zum vollen Wert anzumelden.[23] Meldet ein Gläubiger dieselbe Forderung in verschiedenen Verfahren an, so muss allerdings eine mehrfache Befriedigung dieser Forderung verhindert werden. Diese Aufgabe übernimmt Art. 23 Abs. 2 EuInsVO. Demnach nimmt ein Gläubiger, der in einem Insolvenzverfahren eine Quote auf seine Forderung erlangt hat, an der Verteilung im Rahmen eines anderen Verfahrens erst dann teil, wenn die Gläubiger gleichen Ranges oder gleicher Gruppenzugehörigkeit in diesem anderen Verfahren die gleiche Quote erlangt haben.

Bei der Erlösverteilung im Hauptinsolvenzverfahren wird eine Forderung gemäß Art. 7 Abs. 2 S. 2 lit. i) EuInsVO nach dem Recht des Staates, in dem das Hauptinsolvenzverfahren eröffnet wurde, behandelt. Für die Erlösverteilung im Sekundärinsolvenzverfahren gilt gemäß Art. 7 Abs. 2 S. 2 lit. i) EuInsVO das Recht des Staates, in dem das Sekundärinsolvenzverfahren eröffnet wurde.

---

[22] Siehe u. a. auch *Mankowski*, in: Mankowski/Müller/J. Schmidt, EuInsVO, 1. Aufl. 2016, Art. 45 Rn. 3; *Reinhart*, in: Münchener Kommentar InsO, Band 4, 3. Aufl. 2016, Art. 32 EuInsVO 2000 Rn. 5, 8.

[23] Vgl. u. a. auch *Mankowski*, in: Mankowski/Müller/J. Schmidt, EuInsVO, 1. Aufl. 2016, Art. 45 Rn. 4; *Paulus*, in: Paulus, EuInsVO, 6. Aufl. 2021, Art. 45 Rn. 5.

B. Die Passivmasse von virtuellem Haupt- und Sekundärinsolvenzverfahren

In diesem Kapitel sollen die Passivmasse des virtuellen Hauptinsolvenzverfahrens und die Passivmasse des virtuellen Sekundärinsolvenzverfahrens bestimmt werden. Bei einer Lektüre des Art. 36 EuInsVO fällt auf, dass der Gesetzgeber an etlichen Stellen von lokalen Gläubigern spricht. Bevor die Passivmasse des virtuellen Hauptinsolvenzverfahrens und die Passivmasse des virtuellen Sekundärinsolvenzverfahrens bestimmt werden können, muss daher zunächst ermittelt werden, was der Gesetzgeber unter einem lokalen Gläubiger versteht und welche Gläubiger demnach nichtlokal sind.

I. Lokale und nichtlokale Gläubiger

Der Begriff nichtlokale Gläubiger wird nirgends in der EuInsVO verwendet. Vielmehr wird in dieser Arbeit von nichtlokalen Gläubigern gesprochen, um die Gläubiger beschreiben zu können, die eben keine lokalen Gläubiger sind.

Die EuInsVO definiert hingegen in Art. 2 Nr. 11 EuInsVO den Begriff des lokalen Gläubigers. Diese Definition dient als Ausgangspunkt zur Bestimmung des Begriffs des lokalen Gläubigers im Sinne des Art. 36 EuInsVO. Unter einem lokalen Gläubiger wird gemäß Art. 2 Nr. 11 EuInsVO ein Gläubiger verstanden, dessen Forderungen gegen den Schuldner aus oder in Zusammenhang mit dem Betrieb einer Niederlassung in einem anderen Mitgliedstaat als dem Mitgliedstaat entstanden sind, in dem sich der Mittelpunkt der hauptsächlichen Interessen des Schuldners befindet. Diese Definition kann in dieser Form allerdings nicht zur Beschreibung der lokalen Gläubiger im Sinne des Art. 36 EuInsVO verwendet werden. Der Kreis der lokalen Gläubiger im Sinne des Art. 36 EuInsVO ist enger als der Kreis der lokalen Gläubiger im Sinne des Art. 2 Nr. 11 EuInsVO. Art. 2 Nr. 11 EuInsVO spricht davon, dass es ausreichend sei, wenn die Forderung aus dem Betrieb (irgend-)einer Niederlassung stammt, solange es sich nicht um die Niederlassung in dem Staat handelt, in dem der Schuldner den Mittelpunkt seiner hauptsächlichen Interessen im Sinne des Art. 3 Abs. 1 S. 2 EuInsVO hat. Um als lokaler Gläubiger im Sinne des Art. 36 EuInsVO zu gelten, ist es allerdings nicht ausreichend, dass die Forderung aus dem Betrieb irgendeiner Niederlassung stammt. Vielmehr muss die Forderung im Zusammenhang mit dem Betrieb einer ganz bestimmten Niederlassung entstanden sein. Dabei muss es sich um die Niederlassung handeln, die in dem Staat liegt, in dem das Vermögen belegen ist, auf das sich die Zusicherung bezieht. Wie sich aus Art. 36 Abs. 1 S. 1 EuInsVO ergibt, bezieht sich die Zusicherung nur auf das Vermögen, das in dem Staat, in dem ein Sekundärinsolvenzverfahren eröffnet werden könnte, belegen ist. Dies entspricht der territorialen Begrenzung eines Sekundärinsolvenzverfahrens.[24]

[24] Vgl. dazu ausführlich S. 110f.

Die Zusicherung erfasst also immer nur das Vermögen in einem Staat. Dies gilt auch dann, wenn in mehreren Staaten die Eröffnung von Sekundärinsolvenzverfahren droht. Will der Verwalter des Hauptinsolvenzverfahrens in verschiedenen Staaten Sekundärinsolvenzverfahren vermeiden, so muss er mehrere Zusicherungen abgeben. Dieser territorialen Begrenzung der Zusicherung entsprechend bezweckt diese auch nur den Schutz der Gläubiger, deren Forderungen aus dem Betrieb der Niederlassung in dem Staat stammen, in dem das Vermögen belegen ist, auf das sich die Zusicherung bezieht. Demnach müssen Gläubiger, deren Forderungen aus dem Betrieb anderer Niederlassungen stammen, bezüglich dieser Zusicherung als nichtlokal im Sinne des Art. 36 EuInsVO gelten.[25]

Die soeben beschriebenen Regeln lassen sich anhand des folgenden Beispiels verdeutlichen.

Beispielfall: Der Mittelpunkt der hauptsächlichen Interessen des Schuldners im Sinne des Art. 3 Abs. 1 S. 2 EuInsVO befindet sich in Österreich. Daher wird das Hauptinsolvenzverfahren gemäß Art. 3 Abs. 1 S. 1 EuInsVO in Österreich eröffnet. Der Schuldner unterhält zudem Niederlassungen im Sinne des Art. 2 Nr. 10 EuInsVO in Frankreich und Deutschland.

Der Verwalter des in Österreich eröffneten Hauptinsolvenzverfahrens möchte die Eröffnung eines Sekundärinsolvenzverfahrens in Frankreich verhindern. Aus diesem Grund gibt er in Bezug auf das in Frankreich belegene Vermögen eine Zusicherung gemäß Art. 36 EuInsVO ab.

Gläubiger, deren Forderungen aus dem Betrieb der französischen Niederlassung stammen, gelten hinsichtlich dieser Zusicherung als lokal im Sinne des Art. 36 EuInsVO. Die Gläubiger, deren Forderungen aus dem Betrieb der deutschen Niederlassung stammen, gelten bezüglich der genannten Zusicherung hingegen als nichtlokal im Sinne des Art. 36 EuInsVO. Diese Gläubiger können nicht an der Abstimmung über die Zusicherung gemäß Art. 36 Abs. 5 EuInsVO teilnehmen. Gläubiger, deren Forderungen aus dem Betrieb der österreichischen Hauptniederlassung stammen, gelten ebenfalls als nichtlokal im Sinne des Art. 36 EuInsVO. Da es sich hierbei um Gläubiger handelt, deren Forderungen aus dem Betrieb der Niederlassung stammen, die in dem Staat liegt, in dem der Schuldner den Mittelpunkt seiner hauptsächlichen Interessen hat, sind diese schon nach der Definition in Art. 2 Nr. 11 EuInsVO als nichtlokal anzusehen.

II. Bestimmung der Passivmasse

Die Abgabe einer Zusicherung zur Vermeidung eines Sekundärinsolvenzverfahrens gemäß Art. 36 EuInsVO bewirkt eine Teilung der Aktivmasse.[26] Zu unter-

---

[25] Im Ergebnis ebenso *Fehrenbach*, GPR 2017, 38 (40).

[26] Siehe dazu ausführlich S. 109 f.

scheiden sind die Aktivmasse des virtuellen Sekundärinsolvenzverfahrens und die Aktivmasse des virtuellen Hauptinsolvenzverfahrens. Die Aktivmasse des virtuellen Sekundärinsolvenzverfahrens wird gemäß Art. 36 Abs. 1 S. 1 i.V.m. Abs. 2 S. 2 EuInsVO aus den Vermögensgegenständen gebildet, die zum Zeitpunkt der Abgabe der Zusicherung im Niederlassungsstaat belegen sind. Bezüglich dieses Teilvermögens gilt gemäß Art. 36 Abs. 2 S. 1 EuInsVO partiell das Recht des Staats, in dem das Sekundärinsolvenzverfahren hätte eröffnet werden können. Die Aktivmasse des virtuellen Hauptinsolvenzverfahrens besteht aus den Vermögensgegenständen, die nicht zur Aktivmasse eines virtuellen Sekundärinsolvenzverfahrens gehören. Für dieses Vermögen gilt gemäß Art. 7 Abs. 1 EuInsVO ausschließlich das Recht des Staats, in dem das Hauptinsolvenzverfahren eröffnet wurde. Dies ergibt sich aus einem Umkehrschluss zu Art. 36 Abs. 2 S. 1 EuInsVO.

Für jede Aktivmasse ist gesondert der Umfang der Passivmasse zu ermitteln. Konkret stellt sich die Frage, welche Gläubiger berechtigt sind, an der Erlösverteilung des virtuellen Sekundärinsolvenzverfahrens teilzunehmen, und welche Gläubiger an der Erlösverteilung des virtuellen Hauptinsolvenzverfahrens partizipieren können. Dabei ist generell zu beachten, dass sich Art. 36 EuInsVO ausschließlich zum virtuellen Sekundärinsolvenzverfahren äußert, nicht aber zum virtuellen Hauptinsolvenzverfahren. Aus diesem Grund soll zunächst der Umfang der Passivmasse des virtuellen Sekundärinsolvenzverfahrens bestimmt werden. Art. 36 EuInsVO spricht an vielen Stellen von lokalen Gläubigern. Beispielsweise können gemäß Art. 36 Abs. 5 S. 1 EuInsVO nur lokale Gläubiger über die Zusicherung abstimmen. Auch die in Art. 36 Abs. 7 – Abs. 10 EuInsVO enthaltenen Rechtsbehelfe können nur von lokalen Gläubigern in Anspruch genommen werden. Durch diese Regelungen entsteht der Gesamteindruck, das virtuelle Sekundärinsolvenzverfahren diene ausschließlich dem Schutz lokaler Gläubiger. Daher stellt sich die Frage, ob es sich bei der Aktivmasse des virtuellen Sekundärinsolvenzverfahrens um eine Sondermasse handelt, die nur der Befriedigung der lokalen Gläubiger dient, oder ob auch nichtlokale Gläubiger an der Verteilung dieser Teilmasse partizipieren können. Letzteres wäre der Fall, wenn sich der für ein Sekundärinsolvenzverfahren geltende Grundsatz der unbeschränkten Anmelde- und Teilnahmeberechtigung auf Art. 36 EuInsVO übertragen ließe.

1. Wortlaut der Norm

Art. 36 EuInsVO äußert sich nicht explizit zum Umfang der Passivmasse des virtuellen Sekundärinsolvenzverfahrens. An keiner Stelle wird davon gesprochen, dass nichtlokale Gläubiger bzw. alle Gläubiger an der Verteilung der Aktivmasse des virtuellen Sekundärinsolvenzverfahrens partizipieren können. Eine Teilnahme der nichtlokalen Gläubiger an der Verteilung dieser Teilmasse wird allerdings auch nicht ausdrücklich ausgeschlossen.

Auffällig ist allerdings, dass der Gesetzgeber in Art. 36 EuInsVO zwei unterschiedliche Gläubigerbegriffe verwendet. Die Regelungen in den Absätzen 5 und 7 bis 10 richten sich explizit nur an lokale Gläubiger. Hingegen wird in den Absätzen 1 und 2, in denen unter anderem die Erlösverteilung im virtuellen Sekundärinsolvenzverfahren behandelt wird, ganz allgemein von Gläubigern gesprochen. Es stellt sich die Frage, ob der Gesetzgeber sich bewusst für die Verwendung zweier verschiedener Begriffe entschieden hat, um zum Ausdruck zu bringen, dass sich die Regelungen an unterschiedliche Gläubigergruppen richten, oder ob in sämtlichen Absätzen ausschließlich lokale Gläubiger angesprochen werden sollen, es sich also um ein redaktionelles Versehen handelt. Die Verwendung der unterschiedlichen Gläubigerbegriffe fällt dem Leser relativ schnell auf, was grundsätzlich gegen ein redaktionelles Versehen spricht. Andererseits ist zu beachten, dass dem Gesetzgeber auch an anderer Stelle Formulierungsfehler unterlaufen. In Art. 36 Abs. 5 S. 1 EuInsVO regelt der Gesetzgeber, dass nur lokale Gläubiger berechtigt sind, über die Zusicherung abzustimmen. Aus diesem Grund müsste man davon ausgehen, dass der Gesetzgeber in allen weiteren Regelungen zum Billigungsverfahren ebenfalls von lokalen Gläubigern spricht. Dies ist aber nicht der Fall. Stattdessen formuliert er in Art. 36 Abs. 5 S. 3 EuInsVO, Gläubiger könnten über Fernkommunikationsmittel an der Abstimmung teilnehmen. Der Gesetzgeber spricht also von Gläubigern, obwohl sich aus dem Kontext eindeutig ergibt, dass nur lokale Gläubiger gemeint sind. Dass der Gesetzgeber Art. 36 EuInsVO nur unzureichend redigiert hat, zeigt sich zudem daran, dass Art. 36 Abs. 5 S. 3 EuInsVO einen Grammatikfehler enthält. Dort heißt es wörtlich: „Die Gläubiger können über Fernkommunikationsmittel an der Abstimmung *teilzunehmen*". Diese offensichtlichen Fehler lassen es denkbar erscheinen, dass auch andere Abschnitte des Gesetzestextes ungenau formuliert sind. Da weitere Formulierungsungenauigkeiten des Gesetzgebers also nicht ausgeschlossen werden können, bleibt unklar, ob die Verwendung des Begriffs Gläubiger in den Absätzen 1 und 2 tatsächlich implizieren soll, dass sämtliche Gläubiger an der Erlösverteilung im virtuellen Sekundärinsolvenzverfahren teilnehmen können.

Sollte die Aktivmasse des virtuellen Sekundärinsolvenzverfahrens tatsächlich als Sondermasse fungieren, an deren Verteilung nur die lokalen Gläubiger teilnehmen können, so hätte der Gesetzgeber sich allerdings auch zum Status der Aktivmasse des virtuellen Hauptinsolvenzverfahrens äußern müssen. Schließlich wäre dann festzulegen, ob die Aktivmasse des virtuellen Hauptinsolvenzverfahrens eine Sondermasse zugunsten der nichtlokalen Gläubiger darstellt oder ob an der Verteilung dieser Teilmasse sämtliche Gläubiger partizipieren können. Zum Status der Aktivmasse des virtuellen Hauptinsolvenzverfahrens nimmt der Gesetzgeber allerdings überhaupt nicht Stellung. Diese Tatsache ist ein Indiz dafür, dass es sich bei der Aktivmasse des virtuellen Sekundärinsolvenzverfahrens nicht um eine Sondermasse zugunsten der lokalen Gläubiger handelt, sondern vielmehr alle Gläubiger berechtigt sind, an deren Verteilung teilzunehmen.

2. Zweck der Norm

In grenzüberschreitenden Insolvenzfällen werden die Interessen der lokalen Gläubiger grundsätzlich durch die Eröffnung eines Sekundärinsolvenzverfahrens geschützt.[27] Soll die Eröffnung eines Sekundärinsolvenzverfahrens vermieden werden, so kann dieses seinen Schutzzweck nicht erfüllen. Der Schutz der lokalen Gläubiger muss und soll daher durch das virtuelle Sekundärinsolvenzverfahren gewährleistet werden. Das virtuelle Sekundärinsolvenzverfahren ist also der Ersatz für das nicht eröffnete Sekundärinsolvenzverfahren und dessen Schutzfunktion. Der Schutz der lokalen Gläubiger bei Durchführung eines virtuellen Sekundärinsolvenzverfahrens darf folglich nicht hinter dem Schutz durch ein Sekundärinsolvenzverfahren zurückbleiben. Maßstab für die Erlösverteilung im virtuellen Sekundärinsolvenzverfahren muss somit die Verteilung in einem Sekundärinsolvenzverfahren sein. Im Fall der Eröffnung eines Sekundärinsolvenzverfahrens könnten gemäß Art. 45 Abs. 1 EuInsVO auch nichtlokale Gläubiger ihre Forderungen für dieses Verfahren anmelden und würden an der Verteilung der Aktivmasse des Sekundärinsolvenzverfahrens partizipieren. Der Schutz der lokalen Gläubiger erfordert es mithin nicht, die Aktivmasse des virtuellen Sekundärinsolvenzverfahrens als Sondermasse zu behandeln und die nichtlokalen Gläubiger von der Erlösverteilung im virtuellen Sekundärinsolvenzverfahren auszuschließen. Es stellt sich aber die Frage, ob eine Teilnahme der nichtlokalen Gläubiger an der Verteilung der Aktivmasse des virtuellen Sekundärinsolvenzverfahrens auch geboten ist. Schließlich sollen laut Erwägungsgrund Nr. 42 S. 1 lokale Gläubiger so behandelt werden, als wäre ein Sekundärinsolvenzverfahren eröffnet worden. Es ist hingegen keine Rede davon, dass dies auch für nichtlokale Gläubiger gilt. Zur Beantwortung dieser Frage muss man sich zunächst verdeutlichen, welches Ziel mit der Gewähr der unbeschränkten Anmelde- und Teilnahmeberechtigung im Fall der Eröffnung eines Sekundärinsolvenzverfahrens verfolgt wird. Wird ein Sekundärinsolvenzverfahren eröffnet, so kommt es zu einer Teilung der anfänglich universalen Aktivmasse.[28] Die Aktivmasse des Sekundärinsolvenzverfahrens wird gemäß Art. 34 S. 3 EuInsVO aus den Vermögensgegenständen gebildet, die zum Zeitpunkt der Eröffnung des Sekundärinsolvenzverfahrens im Niederlassungsstaat belegen sind. Vermögensgegenstände, die nicht zur Aktivmasse eines Sekundärinsolvenzverfahrens gehören, bilden die Aktivmasse des Hauptinsolvenzverfahrens. In der Regel ist in einem der beiden Staaten mehr Vermögen belegen als in dem anderen, was zur Folge hat, dass die Aktivmassen von Haupt- und Sekundärinsolvenzverfahren unterschiedlich groß sind. Könnten lokale Gläubiger ihre Forderungen nur im Sekundärinsolvenzverfahren und nichtlokale Gläubiger ihre Forderungen nur im Hauptinsolvenzverfahren anmelden, so würde die Eröffnung eines Sekundärinsolvenzverfahrens die Befriedigungsaussichten der Gläubiger erheblich verändern. Aus diesem Grund haben gemäß Art. 45 Abs. 1 EuInsVO alle Gläubiger das Recht, ihre Forderungen in jedem

[27] Vgl. hierzu ausführlich S. 47 ff.

[28] Siehe dazu ausführlich S. 44 f.

Verfahren anzumelden und an jedem Verfahren teilzunehmen. Art. 45 Abs. 1 i. V. m. Art. 23 Abs. 2 EuInsVO stellen eine gerechte und gleiche Befriedigung aller Gläubiger sicher. Die unbeschränkte Anmelde- und Teilnahmeberechtigung gewährleistet die Umsetzung des Gläubigergleichbehandlungsgrundsatzes in grenzüberschreitenden Insolvenzfällen.[29] Die Abgabe einer Zusicherung durch den Verwalter des Hauptinsolvenzverfahrens gemäß Art. 36 EuInsVO bewirkt ebenfalls eine Teilung der Aktivmasse.[30] Auch in diesem Fall besteht in der Regel das Problem, dass die beiden Teilmassen unterschiedlich groß sind. Die Situation gleicht also der der realen Verfahrenspluralität. Eine gleichmäßige und gerechte Befriedigung sämtlicher Gläubiger kann daher nur gewährleistet werden, wenn alle Gläubiger berechtigt sind, ihre Forderungen für beide Teilmassen anzumelden und somit an der Erlösverteilung beider Teilmassen partizipieren können. Wäre dies nicht möglich, so würden sich die Befriedigungsaussichten der nichtlokalen Gläubiger durch die Abgabe einer Zusicherung erheblich verschlechtern. Ein solches Ergebnis ist aber nicht mit dem Sinn und Zweck des Art. 36 EuInsVO vereinbar. Das virtuelle Sekundärinsolvenzverfahren dient den Gläubigern als Ersatz für ein reales Sekundärinsolvenzverfahren. Ziel des Art. 36 EuInsVO ist es, die Verfahrenspluralität zu virtualisieren. Der Grundsatz der Gläubigergleichbehandlung gilt daher auch im Fall der Durchführung eines virtuellen Sekundärinsolvenzverfahrens. Aus diesem Grund ist es geboten, auch die nichtlokalen Gläubiger an der Erlösverteilung im virtuellen Sekundärinsolvenzverfahren teilnehmen zu lassen.

3. Ergebnis

Die Aktivmasse des virtuellen Sekundärinsolvenzverfahrens ist keine Sondermasse zugunsten der lokalen Gläubiger. Vielmehr sind alle Gläubiger, also auch sämtliche nichtlokale Gläubiger, berechtigt, an der Erlösverteilung im virtuellen Sekundärinsolvenzverfahren teilzunehmen.[31] Der Wortlaut des Art. 36 EuInsVO ist

---

[29] So ebenfalls *Wiórek*, Das Prinzip der Gläubigergleichbehandlung im Europäischen Insolvenzrecht, 2005, S. 286.

[30] Siehe dazu ausführlich S. 109 f.

[31] Zu diesem Ergebnis kommen ebenfalls *Bornemann*, in: Graf-Schlicker, InsO, 5. Aufl. 2020, Art. 36 EuInsVO Rn. 7, 24 f.; *Fehrenbach*, GPR 2017, 38 (40 ff.); *Konecny*, in: Mayr, Handbuch des europäischen Zivilverfahrensrechts, 2017, Rn. 17.238, 17.245; *Mohr*, in: Nunner-Krautgasser/Garber/Jaufer, Grenzüberschreitende Insolvenzen im europäischen Binnenmarkt, 2017, S. 219 (228); *Paulus*, in: Paulus, EuInsVO, 6. Aufl. 2021, Art. 36 Rn. 17, 23; *Schmidt*, Die Zusicherung nach Art. 36 EuInsVO, 2019, S. 31 f.; *Schultz*, in: Heidelberger Kommentar InsO, 10. Aufl. 2020, Art. 36 EuInsVO Rn. 16, 24; *Schumann*, Virtuelle Sekundärinsolvenzverfahren im europäischen Insolvenzrecht, 2020, S. 271 ff.; *Wenner/Schuster*, in: Frankfurter Kommentar InsO, 9. Aufl. 2018, Art. 36 EuInsVO Rn. 9; *Wimmer*, in: Wimmer/Bornemann/Lienau, Die Neufassung der EuInsVO, 2016, Rn. 417, 420, 427, 431, 437; *Wimmer*, in: FS Beck, 2016, S. 587 (590) (592); wohl auch *Pluta/Keller*, in: FS Vallender, 2015, S. 437 (446). A. A. sind wohl *Fritz*, BB 2017, 131 (133 f.); *Madaus*, in: FS Pannen, 2017, S. 223 (231); *Mankowski*, NZI 2015, 961 (963) (966) (971); *Mankowski*, in: Mankowski/Müller/J. Schmidt, EuInsVO, 1. Aufl. 2016, Art. 36 Rn. 13 f., 40 f. Unklar bleibt, welche

diesbezüglich zwar nicht eindeutig, da unklar bleibt, ob der Begriff Gläubiger in den Absätzen 1 und 2 alle Gläubiger oder nur lokale Gläubiger meint. Der Sinn und Zweck des Art. 36 EuInsVO gebietet es allerdings, alle Gläubiger an der Verteilung der Aktivmasse im virtuellen Sekundärinsolvenzverfahren teilnehmen zu lassen. Ziel des Gesetzgebers war es, den Gläubigern Ersatz für das nicht eröffnete Sekundärinsolvenzverfahren und dessen Schutzfunktion zu bieten. Daher müssen die Grundsätze der Verfahrenspluralität auch im Fall der Durchführung eines virtuellen Haupt- und Sekundärinsolvenzverfahrens gelten. Im Fall der Eröffnung eines Sekundärinsolvenzverfahrens wird eine Gleichbehandlung aller Gläubiger dadurch erreicht, dass alle Gläubiger ihre Forderungen sowohl für das Haupt- als auch für das Sekundärinsolvenzverfahren anmelden und grundsätzlich an der Vermögensverteilung beider Verfahren teilnehmen können. Nur dieses System gewährleistet, dass kein Gläubiger benachteiligt wird.

Zum Status der Aktivmasse des virtuellen Hauptinsolvenzverfahrens äußert sich Art. 36 EuInsVO überhaupt nicht. Aus dem soeben Gesagten ergibt sich aber, dass es sich auch bei der Aktivmasse des virtuellen Hauptinsolvenzverfahrens nicht um eine Sondermasse handeln kann, an deren Verteilung nur ein begrenzter Gläubigerkreis teilnimmt. Vielmehr können an der Erlösverteilung im virtuellen Hauptinsolvenzverfahren ebenfalls sämtliche Gläubiger partizipieren.

III. Anmeldung der Forderungen für die virtuellen Insolvenzverfahren

1. Erforderlichkeit der Forderungsanmeldung

Gibt der Verwalter des Hauptinsolvenzverfahrens gemäß Art. 36 EuInsVO eine Zusicherung ab, so wird kein Sekundärinsolvenzverfahren eröffnet. Es gibt folglich nur ein Insolvenzverfahren. Alle Gläubiger, die an diesem Verfahren teilnehmen wollen, müssen ihre Forderungen anmelden. Dieses eine Insolvenzverfahren gliedert sich allerdings in ein virtuelles Haupt- und ein virtuelles Sekundärinsolvenzverfahren. Im virtuellen Sekundärinsolvenzverfahren findet gemäß Art. 36 Abs. 2 S. 1 EuInsVO partiell das Recht des Staats, in dem das Sekundärinsolvenzverfahren hätte eröffnet werden können, Anwendung. Für das virtuelle Hauptinsolvenzverfahren gilt gemäß Art. 7 Abs. 1 EuInsVO ausschließlich das Recht des Staats, in dem das Hauptinsolvenzverfahren eröffnet wurde. Dies ergibt sich aus einem Umkehrschluss zu Art. 36 Abs. 2 S. 1 EuInsVO. Es stellt sich daher die Frage, ob die Gläubiger, die ihre Forderungen für das Insolvenzverfahren angemeldet haben, automatisch sowohl am virtuellen Hauptinsolvenzverfahren als auch am virtuellen Sekundärinsolvenzverfahren teilnehmen oder ob sie ihre Forderungen zusätzlich für das virtuelle Insolvenzverfahren, an dem sie partizipieren wollen, anmelden müssen. Art. 36 Eu-

---

Auffassung Schuster vertritt, da seine Ausführungen insgesamt widersprüchlich sind. *Schuster*, NZI 2017, 873 (874) (876 f.) (879).

InsVO äußert sich nicht zu einer derartigen internen Forderungsanmeldung. Es findet sich auch an keiner Stelle ein Verweis auf Art. 45 Abs. 1, Abs. 2 EuInsVO. Der Gesetzgeber hat es ferner unterlassen, Art. 45 Abs. 1, Abs. 2 EuInsVO für den Fall der Durchführung eines virtuellen Haupt- und Sekundärinsolvenzverfahrens zu modifizieren. Die Erwägungsgründe enthalten ebenfalls keine Informationen zu dieser Thematik. Man könnte nun davon ausgehen, dass alle Gläubiger automatisch sowohl an der Erlösverteilung im virtuellen Hauptinsolvenzverfahren als auch an der Erlösverteilung im virtuellen Sekundärinsolvenzverfahren teilnehmen.

Unter Umständen gebietet aber der Sinn und Zweck des Art. 36 EuInsVO, nach Anmeldung der Forderungen für das Insolvenzverfahren, eine gesonderte Forderungsanmeldung für das virtuelle Haupt- und Sekundärinsolvenzverfahren durchzuführen. Ziel des Art. 36 EuInsVO ist es, die Gläubiger, deren Interessen im Normalfall durch die Eröffnung eines Sekundärinsolvenzverfahrens geschützt werden, so zu stellen, wie sie im Fall der Eröffnung eines solchen Verfahrens stünden. Das virtuelle Sekundärinsolvenzverfahren ist also der Ersatz für das nicht eröffnete reale Sekundärinsolvenzverfahren. Der Schutzzweck eines virtuellen Sekundärinsolvenzverfahrens deckt sich daher mit dem Schutzzweck eines realen Sekundärinsolvenzverfahrens. Art. 36 EuInsVO will die Situation eines Sekundärinsolvenzverfahrens aber nicht vollständig und in allen Einzelheiten simulieren. Aus diesem Grund muss zunächst geprüft werden, ob die Regelungen zur Forderungsanmeldung im Fall der Eröffnung eines Sekundärinsolvenzverfahrens gerade dem Schutz der Gläubiger dienen. Ist dies zu bejahen, so ist zudem festzustellen, ob die Situation im Fall der Durchführung eines virtuellen Sekundärinsolvenzverfahrens mit der der realen Verfahrenspluralität vergleichbar ist. Nach Art. 45 Abs. 1 EuInsVO kann jeder Gläubiger seine Forderung im Hauptinsolvenzverfahren und in jedem Sekundärinsolvenzverfahren anmelden. Gemäß Art. 45 Abs. 2 EuInsVO melden die Verwalter in den jeweils anderen Verfahren die Forderungen an, die in dem Verfahren, für das sie bestellt sind, bereits angemeldet worden sind, soweit dies für die Gläubiger zweckmäßig ist und vorbehaltlich des Rechts dieser Gläubiger, eine solche Anmeldung abzulehnen oder die Anmeldung ihrer Ansprüche zurückzunehmen, sofern das anwendbare Recht dies vorsieht. Aus Art. 45 Abs. 1, Abs. 2 EuInsVO ergibt sich Folgendes. Ein Gläubiger, der seine Forderung für ein Haupt- oder Sekundärinsolvenzverfahren angemeldet hat, nimmt nicht automatisch auch an dem jeweils anderen Verfahren teil. Vielmehr muss die Forderung für jedes Verfahren gesondert angemeldet werden. Den Gläubigern steht es frei, ob sie ihre Forderungen nur für das Haupt- oder nur für das Sekundärinsolvenzverfahren oder für beide Verfahren anmelden. An welchem Verfahren sie partizipieren, obliegt letztendlich immer ihrer Entscheidung. Gläubiger sind nicht verpflichtet, an dem jeweils anderen Verfahren teilzunehmen. Dafür gibt es mehrere Gründe. Zum einen soll kein Gläubiger zur Teilnahme an einem aus seiner Sicht im Ausland stattfindenden Insolvenzverfahren genötigt werden. Des Weiteren ist jede Verfahrensteilnahme für den Gläubiger mit Kosten verbunden, weshalb er das Recht haben soll, nur an einem Verfahren zu partizipieren.[32] Gibt der Verwalter des Hauptinsolvenzverfahrens gemäß Art. 36 EuInsVO eine Zusicherung zur Vermeidung eines Sekundärinsolvenzverfahrens ab, so stellt sich die Situation aber anders dar. Eine Teilnahme am virtuellen Haupt- oder Sekundärinsolvenzverfahren lässt sich nicht mit der Teilnahme an einem ausländischen Insolvenzverfahren vergleichen. Für den Gläubiger ist die Teilnahme an einem im Ausland eröffneten Insolvenzverfahren typischerweise mit Nachteilen, wie fremder Sprache und räumlicher Distanz, verbunden. Die Teilnahme an einem virtuellen Haupt- oder Sekundärinsolvenzverfahren stellt den Gläubiger hingegen nicht vor derartige Herausforderungen. Virtuelles Haupt- und Sekundärinsolvenzverfahren sind schließlich Bestandteile ein- und desselben Insolvenzverfahrens. Will der Gläubiger an der Erlösverteilung beider virtueller Verfahren partizipieren, entstehen für ihn auch keine weiteren Kosten.

Das Recht der Gläubiger zu entscheiden, ob sie ihre Forderungen ausschließlich für das Haupt- oder Sekundärinsolvenzverfahren oder für beide Verfahren anmelden, besteht allerdings noch aus einem weiteren Grund. Gläubiger haben unter Umständen ein Interesse daran, nur an einem Insolvenzverfahren teilzunehmen, welches nach einem ihnen bekannten Recht durchgeführt wird. Mit einer ihnen fremden Rechtsordnung wollen sie sich nicht auseinandersetzen müssen. Dieses Interesse der Gläubiger schützt der Gesetzgeber, indem er ihnen das Recht einräumt, nur an dem Insolvenzverfahren teilzunehmen, für das Insolvenzgesetze gelten, die ihnen vertraut sind.[33] Die Situation im Fall der Durchführung eines virtuellen Sekundärinsolvenzverfahrens ähnelt der der realen Verfahrenspluralität. Für das virtuelle Hauptinsolvenzverfahren gilt gemäß Art. 7 Abs. 1 EuInsVO ausschließlich das Recht des Staats, in dem das Hauptinsolvenzverfahren eröffnet wurde. Hingegen findet im virtuellen Sekundärinsolvenzverfahren gemäß Art. 36 Abs. 2 S. 1 EuInsVO partiell das Recht des Staats, in dem das Sekundärinsolvenzverfahren hätte eröffnet werden können, Anwendung. Da für das virtuelle Haupt- und Sekundärinsolvenzverfahren unterschiedliche Rechtsordnungen gelten, können Gläubiger auch in diesem Fall ein Interesse haben, an der Erlösverteilung nur eines virtuellen Insolvenzverfahrens teilzunehmen. Da sich der Schutzzweck eines virtuellen Sekundärinsolvenzverfahrens mit dem Schutzzweck eines realen Sekundärinsolvenzverfahrens deckt, muss den Gläubigern auch im Fall der virtuellen Verfahrenspluralität das Recht eingeräumt werden zu entscheiden, ob sie an einem oder mehreren virtuellen Insolvenzverfahren partizipieren wollen. Eine automatische Teilnahme der Gläubiger

[32] So u. a. *Duursma-Kepplinger/Chalupsky*, in: Duursma-Kepplinger/Duursma/Chalupsky, EuInsVO, 1. Aufl. 2002, Art. 32 a. F. Rn. 15; *Mankowski*, in: Mankowski/Müller/J. Schmidt, EuInsVO, 1. Aufl. 2016, Art. 45 Rn. 40 f.; *Paulus*, in: Paulus, EuInsVO, 6. Aufl. 2021, Art. 45 Rn. 16; *Smid*, in: Leonhardt/Smid/Zeuner, Internationales Insolvenzrecht, 2. Aufl. 2012, Art. 32 EuInsVO a. F. Rn. 10.

[33] Ähnlich argumentiert auch Herchen. Die lex fori concursus könne negative Auswirkungen auf die Forderung oder ein Sicherungsrecht haben, was der Gläubiger aber vermeiden wolle. Auch dies könne ein Grund sein, die Anmeldung abzulehnen oder zurückzunehmen. *Herchen*, in: Pannen, EuInsVO, 1. Aufl. 2007, Art. 32 a. F. Rn. 40.

an der Erlösverteilung beider virtueller Verfahren verbietet sich daher.[34] Vielmehr müssen die Gläubiger ihre Forderungen, nach Anmeldung für das Insolvenzverfahren, gesondert für das virtuelle Haupt- und Sekundärinsolvenzverfahren anmelden.

2. Anwendbarkeit der Art. 45, Art. 23 Abs. 2 EuInsVO

Art. 45 EuInsVO ist seinem Wortlaut nach nicht direkt anwendbar. Vom Wortlaut des Art. 45 EuInsVO wird nur die Anmeldung der Forderungen für das Haupt- und Sekundärinsolvenzverfahren erfasst, also der Fall der realen Verfahrenspluralität. Es kommt daher nur eine analoge Anwendung des Art. 45 EuInsVO in Betracht.[35]

Die Voraussetzungen für eine analoge Anwendung des Art. 45 Abs. 1 EuInsVO sind gegeben. Die Anmeldung der Forderungen für das virtuelle Haupt- und Sekundärinsolvenzverfahren wird von Art. 36 EuInsVO nicht geregelt. Es besteht also eine planwidrige Regelungslücke. Der Tatbestand des Art. 36 EuInsVO ist auch mit dem des Art. 45 Abs. 1 EuInsVO vergleichbar. Art. 45 Abs. 1 EuInsVO setzt die Eröffnung eines Haupt- und eines Sekundärinsolvenzverfahrens voraus. Die Abgabe einer Zusicherung gemäß Art. 36 EuInsVO hat das Entstehen eines virtuellen Haupt- und Sekundärinsolvenzverfahrens zur Folge. Art. 45 Abs. 2 EuInsVO ist ebenfalls analog anwendbar. Der Verwalter des Hauptinsolvenzverfahrens meldet also alle für das Insolvenzverfahren bereits angemeldeten Forderungen für das virtuelle Haupt- und Sekundärinsolvenzverfahren an, soweit dies für die Gläubiger zweckmäßig ist und vorbehaltlich des Rechts dieser Gläubiger, eine solche Anmeldung abzulehnen.

Im Fall der Eröffnung eines Sekundärinsolvenzverfahrens untersuchen die Verwalter im Rahmen der von Art. 45 Abs. 2 EuInsVO geforderten Zweckmäßigkeitsprüfung, ob die Gläubiger durch die Anmeldung ihrer Forderungen für das jeweils andere Verfahren einen Gewinn erzielen können.[36] Diese Prüfung ergibt auch

[34] Eine automatische Teilnahme der Gläubiger an beiden virtuellen Insolvenzverfahren scheint auch Wimmer abzulehnen. Er ist der Auffassung, die Gläubiger müssten, um an der Erlösverteilung im virtuellen Sekundärinsolvenzverfahren teilnehmen zu können, auf das ihnen nach dem Recht des Staats, in dem das Sekundärinsolvenzverfahren hätte eröffnet werden können, zustehende Vorrecht hinweisen. *Wimmer*, in: Wimmer/Bornemann/Lienau, Die Neufassung der EuInsVO, 2016, Rn. 437. A. A. ist Mohr. Er ist der Meinung, die Gläubiger, die ihre Forderungen für das reale Insolvenzverfahren angemeldet haben, würden automatisch sowohl an der Erlösverteilung im virtuellen Hauptinsolvenzverfahren als auch an der Erlösverteilung im virtuellen Sekundärinsolvenzverfahren teilnehmen. Einer weiteren Anmeldung bedürfe es nicht, so Mohr. *Mohr*, in: Nunner-Krautgasser/Garber/Jaufer, Grenzüberschreitende Insolvenzen im europäischen Binnenmarkt, 2017, S. 219 (229). Allerdings begründet Mohr seine Ansicht nicht.

[35] Zur Rechtsfortbildung des Sekundärrechts im Allgemeinen, siehe u. a. *Neuner*, in: Riesenhuber, Europäische Methodenlehre, 1. Aufl. 2006, § 13 Rn. 26 ff.

[36] So u. a. *Herchen*, in: Pannen, EuInsVO, 1. Aufl. 2007, Art. 32 a. F. Rn. 23; *Mankowski*, in: Mankowski/Müller/J. Schmidt, EuInsVO, 1. Aufl. 2016, Art. 45 Rn. 40; *Paulus*, in: Paulus, EuInsVO, 6. Aufl. 2021, Art. 45 Rn. 16.

dann Sinn, wenn der Verwalter eine Zusicherung abgibt und ein virtuelles Haupt- und Sekundärinsolvenzverfahren durchführt. Da die Erlösverteilung im virtuellen Hauptinsolvenzverfahren gemäß Art. 7 Abs. 1 EuInsVO nach dem Recht des Staates, in dem das Hauptinsolvenzverfahren eröffnet wurde, erfolgt, für die Verteilung im virtuellen Sekundärinsolvenzverfahren aber gemäß Art. 36 Abs. 2 S. 1 EuInsVO das Recht des Staats, in dem das Sekundärinsolvenzverfahren hätte eröffnet werden können, gilt, ist die Zweckmäßigkeitsprüfung des Verwalters auch im Fall der Abgabe einer Zusicherung für die Gläubiger von großem Vorteil. Die Zweckmäßigkeitsprüfung im Fall der Durchführung eines virtuellen Haupt- und Sekundärinsolvenzverfahrens unterscheidet sich von der Zweckmäßigkeitsprüfung im Fall der realen Verfahrenspluralität allerdings in einem Punkt. Im Fall der Eröffnung eines Sekundärinsolvenzverfahrens müssen die Verwalter auch berücksichtigen, welche Kosten dem Gläubiger durch Teilnahme an einem weiteren Insolvenzverfahren entstehen würden.[37] Eine Teilnahme an einem weiteren Verfahren ist nur dann zweckmäßig, wenn der Gläubiger trotz der Kosten für die weitere Verfahrensteilnahme einen Gewinn erzielen kann.[38] Die Anmeldung der Forderungen für das virtuelle Haupt- und Sekundärinsolvenzverfahren verursacht aber grundsätzlich keine Kosten, so dass der Verwalter diese im Rahmen der Zweckmäßigkeitsprüfung auch nicht zu berücksichtigen braucht.

Abschließend ist darauf hinzuweisen, dass im Fall der virtuellen Verfahrenspluralität auch Art. 23 Abs. 2 EuInsVO analog anzuwenden ist.

3. Durchführung der Forderungsanmeldung

Gibt der Verwalter des Hauptinsolvenzverfahrens gemäß Art. 36 EuInsVO eine Zusicherung ab, so wird kein Sekundärinsolvenzverfahren eröffnet. Es gibt folglich nur ein Insolvenzverfahren, für das die Gläubiger ihre Forderungen anmelden können. Aus diesem Grund stellt sich die Frage, wie die Anmeldung der Forderungen für das virtuelle Haupt- und Sekundärinsolvenzverfahren erfolgen kann. Wimmer schlägt vor, dass die Gläubiger, die an der Erlösverteilung im virtuellen Sekundärinsolvenzverfahren teilnehmen wollen, schon bei der Anmeldung ihrer Forderungen für das reale Hauptinsolvenzverfahren darauf hinweisen, dass sie nach dem Recht des Staates, in dem das Sekundärinsolvenzverfahren eröffnet werden könnte, ein Vorrecht besitzen.[39] Dieser Vorschlag erweist sich allerdings als nicht praktikabel. Zu beachten ist nämlich, dass der Verwalter des Hauptinsolvenzverfahrens zum Zeitpunkt der Eröffnung des Insolvenzverfahrens unter Umständen noch gar nicht ent-

---

[37] So u. a. *Herchen*, in: Pannen, EuInsVO, 1. Aufl. 2007, Art. 32 a. F. Rn. 23; *Mankowski*, in: Mankowski/Müller/J. Schmidt, EuInsVO, 1. Aufl. 2016, Art. 45 Rn. 40; *Paulus*, in: Paulus, EuInsVO, 6. Aufl. 2021, Art. 45 Rn. 16.

[38] So u. a. *Herchen*, in: Pannen, EuInsVO, 1. Aufl. 2007, Art. 32 a. F. Rn. 23; *Mankowski*, in: Mankowski/Müller/J. Schmidt, EuInsVO, 1. Aufl. 2016, Art. 45 Rn. 40; *Paulus*, in: Paulus, EuInsVO, 6. Aufl. 2021, Art. 45 Rn. 16.

[39] *Wimmer*, in: Wimmer/Bornemann/Lienau, Die Neufassung der EuInsVO, 2016, Rn. 437.

schieden hat, ob er eine Zusicherung abgeben wird oder nicht. Zudem stünde noch nicht fest, ob die Zusicherung überhaupt von den lokalen Gläubigern gebilligt wird. Des Weiteren ist darauf hinzuweisen, dass alle Gläubiger ihre Forderungen für das virtuelle Sekundärinsolvenzverfahren anmelden können, also nicht nur solche, die nach dem Recht des Staats, in dem das Sekundärinsolvenzverfahren hätte eröffnet werden, ein Vorrecht genießen. Fraglich bliebe außerdem, wie Forderungen für das virtuelle Hauptinsolvenzverfahren angemeldet werden können. Um solche Schwierigkeiten zu vermeiden, wird hier stattdessen ein dreistufiges Anmeldungsverfahren vorgeschlagen.

a) Anmeldung für das reale Insolvenzverfahren

Zunächst einmal melden alle Gläubiger ihre Forderungen für das Hauptinsolvenzverfahren an, da es sich um das einzige Insolvenzverfahren handelt. Es melden also auch die Gläubiger ihre Forderungen für das Hauptinsolvenzverfahren an, die ausschließlich am virtuellen Sekundärinsolvenzverfahren partizipieren wollen. Die Forderungsanmeldung richtet sich gemäß Art. 7 Abs. 2 S. 2 lit. h) EuInsVO nach dem Recht des Staates der Verfahrenseröffnung. Wird das Hauptinsolvenzverfahren in Deutschland eröffnet, so gelten die §§ 28, 174 ff. InsO. Für ausländische Gläubiger sind vorrangig die Art. 53 ff. EuInsVO zu beachten.

b) Anmeldung für die virtuellen Insolvenzverfahren nach Art. 45 Abs. 1 EuInsVO analog

Als Nächstes melden alle Gläubiger ihre Forderungen gemäß Art. 45 Abs. 1 EuInsVO analog für das virtuelle Haupt- und Sekundärinsolvenzverfahren an. Zu beachten ist hierbei, dass auch solche lokalen Gläubiger, die gemäß Art. 36 Abs. 5 EuInsVO für die Zusicherung gestimmt haben, berechtigt sind, ihre Forderungen ausschließlich für das virtuelle Hauptinsolvenzverfahren anzumelden. Sinnvoll ist es, die Anmeldung der Forderungen für das virtuelle Haupt- und Sekundärinsolvenzverfahren erst nach Billigung der Zusicherung durch die lokalen Gläubiger durchzuführen. Es liegt im Ermessen des Verwalters, ob er zudem noch den Ablauf der in Art. 37 Abs. 2 EuInsVO genannten Frist abwartet.

aa) Anwendbarkeit der Art. 53 ff. EuInsVO und nationaler Rechtsnormen

Bei der Anmeldung der Forderungen für das virtuelle Haupt- und Sekundärinsolvenzverfahren sind die Art. 53 ff. EuInsVO weder direkt noch analog anzuwenden. Das Gleiche gilt für die jeweiligen nationalen Regelungen zur Forderungsanmeldung für Insolvenzverfahren. Auch diese finden keine Anwendung. Denn die Forderungsanmeldung für das virtuelle Haupt- und Sekundärinsolvenzverfahren ist nicht mit der Forderungsanmeldung für ein reales Insolvenzverfahren vergleichbar.

Zu berücksichtigen ist der unterschiedliche Sinn und Zweck der beiden Forderungsanmeldungen.

Für die Gläubiger ist eine Anmeldung ihrer Forderungen für das Insolvenzverfahren Grundvoraussetzung, um am späteren Verwertungserlös partizipieren zu können. Im deutschen Recht folgt der Forderungsanmeldung für das Insolvenzverfahren gemäß § 176 InsO der Prüfungstermin. Widerspricht niemand der Forderungsanmeldung im Prüfungstermin, so gilt die Forderung gemäß § 178 Abs. 1 S. 1 InsO als festgestellt. Erst wenn die Forderung festgestellt ist, ist der Gläubiger berechtigt, an der zu einem späteren Zeitpunkt stattfindenden Erlösverteilung teilzunehmen.[40] Aus Sicht des Verwalters dienen Forderungsanmeldung und anschließende Feststellung der Forderungen im Prüfungstermin der Bildung der Passivmasse des Insolvenzverfahrens.

Mit der Anmeldung der Forderungen für das virtuelle Haupt- und Sekundärinsolvenzverfahren wird hingegen ein anderes Ziel verfolgt. Hier geht es nicht darum, Forderungen anzumelden, um diese anschließend zu prüfen und sie festzustellen. Dies ist bereits geschehen. Vielmehr sollen die Gläubiger eine Wahlentscheidung treffen, ob sie am virtuellen Haupt- oder Sekundärinsolvenzverfahren oder an beiden virtuellen Verfahren teilnehmen wollen, da für die Erlösverteilungen im virtuellen Haupt- und Sekundärinsolvenzverfahren unterschiedliche Verteilungsordnungen gelten. Aus Sicht des Verwalters dient die Forderungsanmeldung für das virtuelle Haupt- und Sekundärinsolvenzverfahren der Bildung der Passivmasse des jeweiligen virtuellen Insolvenzverfahrens.

bb) Einzelheiten der Forderungsanmeldung

Der Verwalter des Hauptinsolvenzverfahrens muss alle Gläubiger über die Billigung der Zusicherung informieren und sie auffordern, ihre Forderungen für das virtuelle Haupt- und Sekundärinsolvenzverfahren gemäß Art. 45 Abs. 1 EuInsVO analog anzumelden. Diese Unterrichtung und Aufforderung sollten durch individuelle Übersendung eines Vermerks erfolgen. Da die Gläubiger ihre Forderungen bereits für das Insolvenzverfahren angemeldet haben, rechnen sie nicht damit, diese ein weiteres Mal anmelden zu müssen. Insbesondere obliegt es dem Verwalter, die Gläubiger in diesem Vermerk darauf aufmerksam zu machen, dass für das virtuelle Haupt- und Sekundärinsolvenzverfahren unterschiedliche Rechtsordnungen gelten. Die Gläubiger benötigen diese Information, um eine fundierte Entscheidung treffen zu können, an welchem virtuellen Verfahren sie partizipieren werden. Adressaten dieser Aufforderung sind alle Gläubiger, die bereits ihre Forderungen für das reale Hauptinsolvenzverfahren angemeldet haben.

Es bleibt der Entscheidung des Verwalters überlassen, in welcher Form die Forderungsanmeldung für das virtuelle Haupt- und Sekundärinsolvenzverfahren

---

[40] Vgl. u. a. *Riedel*, in: Münchener Kommentar InsO, Band 2, 4. Aufl. 2019, § 176 Rn. 1; *Thiele*, in: Kölner Kommentar InsO, Band 3, 1. Aufl. 2017, § 178 Rn. 2.

erfolgen soll. Zu beachten ist lediglich, dass ausländische Gläubiger hinsichtlich der Form genauso behandelt werden müssen wie inländische Gläubiger. In Art. 53 EuInsVO kommt der gesetzgeberische Wille zum Ausdruck, dass grundsätzlich alle Gläubiger hinsichtlich der Form gleich zu behandeln sind.[41] Dieser Wille des Gesetzgebers muss auch bei der Anmeldung der Forderungen für das virtuelle Haupt- und Sekundärinsolvenzverfahren respektiert werden.

Der Inhalt der Forderungsanmeldung für das virtuelle Haupt- und Sekundärinsolvenzverfahren unterscheidet sich vom Inhalt der Forderungsanmeldung für das reale Insolvenzverfahren. Bei der Anmeldung einer Forderung für das virtuelle Haupt- und Sekundärinsolvenzverfahren müssen weder der Grund noch der Betrag der Forderung genannt werden. Beides erfolgte bereits bei Anmeldung der Forderung für das Insolvenzverfahren.[42] Bei der hiesigen Forderungsanmeldung muss der Gläubiger lediglich hinreichend klar zum Ausdruck bringen, ob er sowohl am virtuellen Hauptinsolvenzverfahren als auch am virtuellen Sekundärinsolvenzverfahren partizipieren will oder ob er nur an einem der virtuellen Insolvenzverfahren teilnehmen möchte. Plant der Gläubiger, nur an einem der virtuellen Verfahren zu partizipieren, so hat er dieses zu benennen.

Die Gläubiger können ihre Forderungen für das virtuelle Haupt- und Sekundärinsolvenzverfahren zum einen in der Amtssprache des Staats, in dem das Hauptinsolvenzverfahren eröffnet wurde, anmelden, zum anderen in der Amtssprache des Staats, in dem das Sekundärinsolvenzverfahren hätte eröffnet werden können. Letzteres ergibt sich aus einer Analogie zu Art. 36 Abs. 3 EuInsVO. Zudem muss auch Art. 55 Abs. 5 S. 1 EuInsVO analog angewandt werden, so dass ausländische Gläubiger ihre Forderungen in jeder beliebigen Amtssprache der Organe der Europäischen Union anmelden können. Ausländische Gläubiger, deren Sprache weder mit der Amtssprache des Staats, in dem das Hauptinsolvenzverfahren eröffnet wurde, noch mit der Amtssprache des Staats, in dem das Sekundärinsolvenzverfahren hätte eröffnet werden können, identisch ist, sind bei der Anmeldung ihrer Forderungen für das virtuelle Haupt- und Sekundärinsolvenzverfahren genauso schutzbedürftig wie bei der Anmeldung ihrer Forderungen für das reale Insolvenzverfahren.

Es bleibt dem Verwalter überlassen, ob er den Gläubigern eine Frist zur Anmeldung ihrer Forderungen für das virtuelle Haupt- und Sekundärinsolvenzverfahren setzt. Sollte ein Gläubiger diese Frist nicht einhalten oder sich überhaupt nicht dazu äußern, an welchem virtuellen Verfahren er partizipieren will, so hat dies allerdings nicht zur Folge, dass er von den Erlösverteilungen ausgeschlossen wird. Auch dieser

---

[41] Art. 39 EuInsVO a. F. verlangte von ausländischen Gläubigern, dass diese ihre Forderungen schriftlich anmeldeten. Art. 39 EuInsVO a. F. wurde im Zuge der Neufassung der EuInsVO durch Art. 53 EuInsVO n. F. ersetzt, der das Schriftformerfordernis nicht mehr vorsieht. Stattdessen können sich nun auch ausländische Gläubiger zur Forderungsanmeldung aller Kommunikationsmittel bedienen, die nach dem Recht des Staats der Verfahrenseröffnung zulässig sind.

[42] Für ein Insolvenzverfahren, das in Deutschland eröffnet wurde, ist insofern § 174 Abs. 2 InsO zu beachten. Für ausländische Gläubiger gilt vorrangig Art. 55 EuInsVO.

Gläubiger hat seine Forderung für das reale Insolvenzverfahren angemeldet und damit hinreichend zum Ausdruck gebracht, dass er an der Erlösverteilung des Insolvenzverfahrens teilnehmen möchte. Allerdings stellt sich in diesem Fall die Frage, an welchem virtuellen Insolvenzverfahren dieser Gläubiger partizipieren wird. Das Verhalten des Gläubigers kann nur so ausgelegt werden, dass er auf sein Wahlrecht verzichtet. Folglich nimmt er dann sowohl am virtuellen Hauptinsolvenzverfahren als auch am virtuellen Sekundärinsolvenzverfahren teil. Diese Rechtsfolge ist konsequent. Zu beachten ist nämlich, dass der Verwalter im nächsten Schritt gemäß Art. 45 Abs. 2 EuInsVO analog die Forderungen ohnehin für beide virtuellen Insolvenzverfahren anmeldet, sofern dies für die Gläubiger zweckmäßig ist und vorbehaltlich des Rechts dieser Gläubiger, eine solche Anmeldung abzulehnen. In der Aufforderung zur Forderungsanmeldung für das virtuelle Haupt- und Sekundärinsolvenzverfahren sollte der Verwalter die Gläubiger über die hier beschriebene Rechtsfolge allerdings in Kenntnis setzen.

c) Anmeldung für die virtuellen Insolvenzverfahren nach Art. 45 Abs. 2 EuInsVO analog

Nachdem alle Gläubiger ihre Forderungen für das virtuelle Haupt- und Sekundärinsolvenzverfahren angemeldet haben, meldet der Verwalter gemäß Art. 45 Abs. 2 EuInsVO analog die Forderungen, die von den Gläubigern bislang nur für eines der virtuellen Insolvenzverfahren angemeldet worden sind, für das jeweils andere Verfahren an, soweit dies für die Gläubiger zweckmäßig ist und vorbehaltlich des Rechts dieser Gläubiger, eine solche Anmeldung abzulehnen.

Kapitel 3

Die tatsächlichen Annahmen nach Art. 36 Abs. 1 S. 2 EuInsVO

A. Die Bedeutung des in der Zusicherung zu nennenden Werts

Gemäß Art. 36 Abs. 1 S. 2 EuInsVO nennt die Zusicherung die ihr zugrunde liegenden tatsächlichen Annahmen, insbesondere in Bezug auf den Wert der in dem betroffenen Staat belegenen Gegenstände der Masse und die Möglichkeiten ihrer Verwertung. Demnach muss der Verwalter in der Zusicherung den Wert der Masse des virtuellen Sekundärinsolvenzverfahrens nennen und Verwertungsmöglichkeiten darstellen. Es stellt sich die Frage, ob der in der Zusicherung genannte Wert der Masse des virtuellen Sekundärinsolvenzverfahrens den lokalen Gläubigern zugesichert und der Verteilung im virtuellen Sekundärinsolvenzverfahren zugrunde gelegt wird oder nicht.

I. Äußerungen im Schrifttum

Der Verwalter muss in der Zusicherung gemäß Art. 36 Abs. 1 S. 2 EuInsVO den Wert der in dem Niederlassungsstaat belegenen Massegegenstände angeben. Einige Stimmen in der Literatur nehmen an, dass der in der Zusicherung gemäß Art. 36 Abs. 1 S. 2 EuInsVO genannte Wert den Gläubigern zugesichert und der Verteilung im virtuellen Sekundärinsolvenzverfahren zugrunde gelegt wird. Demnach soll es bei der Verteilung im virtuellen Sekundärinsolvenzverfahren nicht auf den tatsächlichen Erlös aus der Verwertung der Masse des virtuellen Sekundärinsolvenzverfahrens ankommen. Entscheidend sei nur der vom Verwalter zum Zeitpunkt der Abgabe der Zusicherung geschätzte Wert der im Niederlassungsstaat belegenen Massegegenstände. Dieser Auffassung ist beispielsweise Wimmer. Er ist der Ansicht, dass den Gläubigern zugesichert wird, dass ein bestimmter Wert nach den Regeln des Staates, in dem das Sekundärinsolvenzverfahren hätte eröffnet werden können, verteilt wird.[43] Des Weiteren schreibt er, entscheidend sei der Wert, den die Gegenstände zum Zeitpunkt der Abgabe der Zusicherung hatten. Spätere Veränderungen dieses Wertes müssten unberücksichtigt bleiben.[44] Der vom Verwalter zum Zeitpunkt der Abgabe der Zusicherung ermittelte Wert des im Niederlassungsstaat belegenen Vermögens stelle die vermögensmäßige Obergrenze der Zusicherung dar.[45] Auch Madaus, Mankowski und Keller scheinen der Meinung zu sein, dass der in der Zusicherung gemäß Art. 36 Abs. 1 S. 2 EuInsVO genannte Wert den Gläubigern zugesichert und der Verteilung im virtuellen Sekundärinsolvenzverfahren zugrunde gelegt wird. Zwar äußern sie dies nicht ausdrücklich. Allerdings lassen ihre Ausführungen auf diese Sichtweise schließen. So kritisiert Madaus, dass nachträgliche Änderungen der gemäß Art. 36 Abs. 1 S. 2 EuInsVO in der Zusicherung genannten Werte von der EuInsVO nicht vorgesehen seien.[46] Und Mankowski schreibt, dass veränderte Umstände und bessere Erkenntnisse über den tatsächlichen Umfang der hypothetischen Sekundärinsolvenzmasse nachträgliche Änderungen [Anm. der Zusicherung] sehr sinnvoll erscheinen lassen.[47] Es müsse gelten, dass volle Bindung nur fortbesteht, wenn sich die bei Abgabe zugrunde gelegten Umstände nicht wesentlich geändert haben.[48] Eine nachträgliche Änderung des in der Zusicherung gemäß Art. 36 Abs. 1 S. 2 EuInsVO genannten Werts wäre aber nur dann erforderlich, wenn man der Ansicht ist, dass dieser Wert den Gläubigern zugesichert wurde und der Verteilung im virtuellen Sekundärinsolvenzverfahren zugrunde gelegt

[43] *Wimmer*, in: Wimmer/Bornemann/Lienau, Die Neufassung der EuInsVO, 2016, Rn. 420, 429, 432 und Fn. 54.

[44] *Wimmer*, in: Wimmer/Bornemann/Lienau, Die Neufassung der EuInsVO, 2016, Rn. 429.

[45] *Wimmer*, in: Wimmer/Bornemann/Lienau, Die Neufassung der EuInsVO, 2016, Fn. 54.

[46] *Madaus*, in: FS Pannen, 2017, S. 223 (235).

[47] *Mankowski*, NZI 2015, 961 (965); *Mankowski*, in: Mankowski/Müller/J. Schmidt, EuInsVO, 1. Aufl. 2016, Art. 36 Rn. 27; Keller schließt sich der Meinung von Mankowski an, ohne etwas hinzuzufügen. *Keller*, in: Vallender, EuInsVO, 2. Aufl. 2020, Art. 36 Rn. 10.

[48] *Mankowski*, NZI 2015, 961 (965); *Mankowski*, in: Mankowski/Müller/J. Schmidt, EuInsVO, 1. Aufl. 2016, Art. 36 Rn. 27.

werden muss. Ist man hingegen der Auffassung, dass nicht der in der Zusicherung gemäß Art. 36 Abs. 1 S. 2 EuInsVO genannte Wert der Verteilung im virtuellen Sekundärinsolvenzverfahren zugrunde gelegt wird, sondern der tatsächlich mit der Masse des virtuellen Sekundärinsolvenzverfahrens erzielte Verwertungserlös, so ist eine nachträgliche Änderung des in der Zusicherung genannten Werts auch dann nicht erforderlich, wenn sich der Wert der Masse des virtuellen Sekundärinsolvenzverfahrens nach Abgabe der Zusicherung ändert.

II. Untersuchung und Kritik

Im Folgenden soll geprüft werden, ob der Verteilung im virtuellen Sekundärinsolvenzverfahren der in der Zusicherung genannte Wert der Masse des virtuellen Sekundärinsolvenzverfahrens oder der Erlös aus der Verwertung der Masse des virtuellen Sekundärinsolvenzverfahrens zugrunde zu legen ist.

1. Wortlaut der Norm

Zunächst einmal sind Wortlaut und Systematik des Art. 36 Abs. 1 EuInsVO zu untersuchen. Ausweislich des ausdrücklichen Wortlauts wird der Inhalt der Zusicherung in Art. 36 Abs. 1 S. 1 Hs. 2 EuInsVO definiert. Gemäß Art. 36 Abs. 1 S. 1 Hs. 2 EuInsVO wird den Gläubigern zugesichert, dass bei der Verteilung des Vermögens, das in dem Staat, in dem das Sekundärinsolvenzverfahren eröffnet werden könnte, belegen ist, oder des bei seiner Verwertung erzielten Erlöses die Verteilungs- und Vorzugsrechte nach nationalem Recht gewahrt werden, die Gläubiger hätten, wenn ein Sekundärinsolvenzverfahren eröffnet worden wäre. Die Zusicherung bezieht sich also auf das Vermögen, das tatsächlich im Niederlassungsstaat belegen ist. Dies kommt insbesondere auch dadurch zum Ausdruck, dass Art. 36 Abs. 1 S. 1 Hs. 2 EuInsVO davon spricht, dass der Verteilung der Verwertungserlös zugrunde gelegt wird. Der in der Zusicherung gemäß Art. 36 Abs. 1 S. 2 EuInsVO genannte Wert der in dem Niederlassungsstaat belegenen Massegegenstände wird den Gläubigern hingegen nicht zugesichert. Dies ergibt sich zum einen aus einem Umkehrschluss zu Art. 36 Abs. 1 S. 1 Hs. 2 EuInsVO. Wird in Art. 36 Abs. 1 S. 1 Hs. 2 EuInsVO bereits festgelegt, dass der Verteilung im virtuellen Sekundärinsolvenzverfahren das im Niederlassungsstaat belegene Vermögen bzw. der durch die Verwertung dieses Vermögens erzielte Erlös zugrunde gelegt wird, so kann den Gläubigern nicht gleichzeitig zugesichert werden, dass der Verteilung im virtuellen Sekundärinsolvenzverfahren ein bestimmter Wert zugrunde gelegt wird. Anderenfalls käme es immer dann zu einem unauflösbaren Widerspruch, wenn der Erlös aus der Verwertung der Masse des virtuellen Sekundärinsolvenzverfahrens nicht mit dem vom Verwalter zuvor in der Zusicherung genannten Wert der Masse des virtuellen Sekundärinsolvenzverfahrens übereinstimmt. Zum anderen spricht auch der Wortlaut des Art. 36 Abs. 1 S. 2 EuInsVO dafür, dass der in der Zusicherung genannte

Wert der Masse des virtuellen Sekundärinsolvenzverfahrens den Gläubigern nicht zugesichert wird. Der Wortlaut des Art. 36 Abs. 1 S. 2 EuInsVO unterscheidet sich nämlich deutlich von dem des Art. 36 Abs. 1 S. 1 Hs. 2 EuInsVO. Während Art. 36 Abs. 1 S. 1 Hs. 2 EuInsVO den Inhalt der Zusicherung statuiert, spricht Art. 36 Abs. 1 S. 2 EuInsVO lediglich von Annahmen, die der Zusicherung zugrunde liegen. Zu beachten ist insbesondere auch, dass die Verteilung in Art. 36 Abs. 1 S. 2 EuInsVO, im Gegensatz zu Art. 36 Abs. 1 S. 1 Hs. 2 EuInsVO, überhaupt nicht erwähnt wird. Art. 36 Abs. 1 S. 2 EuInsVO enthält keine Aussage, dass der vom Verwalter in der Zusicherung genannte Wert der Masse des virtuellen Sekundärinsolvenzverfahrens der Verteilung zugrunde gelegt werden muss. Es fehlt daher jeglicher Bezug zwischen dem in der Zusicherung genannten Wert und der Verteilung.

Es ist zudem der Wortlaut des Art. 36 Abs. 2 S. 1 EuInsVO zu prüfen. Art. 36 Abs. 2 S. 1 EuInsVO bestimmt die Rechtsfolgen einer gegebenen Zusicherung. Dort heißt es, dass der Erlös aus der Verwertung von Gegenständen der Masse nach Absatz 1 verteilt wird. Der Verteilung im virtuellen Sekundärinsolvenzverfahren wird also nicht der in der Zusicherung genannte Wert zugrunde gelegt, sondern der durch Verwertung der Masse des virtuellen Sekundärinsolvenzverfahrens tatsächlich erzielte Erlös. Des Weiteren ist zu beachten, dass auch Art. 36 Abs. 7 S. 1 EuInsVO davon spricht, dass Erlöse verteilt werden.

2. Zweck der Norm

Aus dem Wortlaut des Art. 36 EuInsVO ergibt sich eindeutig, dass der Verteilung im virtuellen Sekundärinsolvenzverfahren nicht der in der Zusicherung genannte Wert der Masse des virtuellen Sekundärinsolvenzverfahrens, sondern der Erlös aus der Verwertung der Masse des virtuellen Sekundärinsolvenzverfahrens zugrunde zu legen ist. Im Folgenden wird erläutert, warum eine Verteilung unter Zugrundelegung des in der Zusicherung genannten Werts darüber hinaus aber auch mit dem Sinn und Zweck des virtuellen Sekundärinsolvenzverfahrens unvereinbar wäre. Dabei wird zwischen Fällen unterschieden, in denen der Erlös aus der Verwertung der Masse des virtuellen Sekundärinsolvenzverfahrens niedriger ist als der in der Zusicherung genannte Wert, und Fällen, in denen der Erlös aus der Verwertung der Masse des virtuellen Sekundärinsolvenzverfahrens höher ist als der in der Zusicherung genannte Wert.

a) Verwertungserlös niedriger als der in der Zusicherung genannte Wert

Der Erlös aus der Verwertung der Masse des virtuellen Sekundärinsolvenzverfahrens kann niedriger sein als der in der Zusicherung genannte Wert. Dies kann zwei Ursachen haben. Zum einen kann der Verwalter sich zum Zeitpunkt der Abgabe der Zusicherung über den tatsächlichen Wert der Masse des virtuellen Sekundärinsolvenzverfahrens irren. In diesem Fall ist der vom Verwalter in der Zusicherung genannte Wert von Anfang an objektiv unrichtig.

Beispielfall: Das im Niederlassungsstaat belegene Vermögen besteht aus einem Grundstück, auf dem sich ein 20-stöckiges Bürohaus befindet. Das Hochhaus ist mit Asbest belastet. Eine Sanierung des Hochhauses ist nicht möglich. Vielmehr muss das Hochhaus abgerissen werden. Aufgrund der hohen Abrisskosten hat das Grundstück mit Hochhaus nur einen Wert von 2 Millionen Euro. Wäre das Hochhaus nicht mit Asbest belastet, müsste es nicht abgerissen werden. Das Grundstück mit Hochhaus hätte dann einen Wert von 20 Millionen Euro. Zum Zeitpunkt der Abgabe der Zusicherung ist niemandem die Asbestbelastung bekannt. Der Verwalter gibt daher in der Zusicherung an, dass die Masse des virtuellen Sekundärinsolvenzverfahrens einen Wert von 20 Millionen Euro hat. Vor dem Verkauf des Grundstücks wird die Asbestbelastung des Hochhauses bekannt. Das Grundstück kann daher nur zu einem Kaufpreis von 2 Millionen Euro verkauft werden.

Denkbar sind aber auch Fälle, in denen der vom Verwalter in der Zusicherung genannte Wert zum Zeitpunkt der Abgabe der Zusicherung objektiv richtig ist, sich aber im Zeitraum zwischen Abgabe der Zusicherung und Verwertung der Masse des virtuellen Sekundärinsolvenzverfahrens ändert.

Beispielfall: Das im Niederlassungsstaat belegene Vermögen besteht aus einem Grundstück, auf dem sich ein Einkaufszentrum befindet. Das Grundstück mit dem Einkaufszentrum hat zum Zeitpunkt der Abgabe der Zusicherung einen Wert von 50 Millionen Euro. Der Verwalter benennt den Wert der Masse des virtuellen Sekundärinsolvenzverfahrens in der Zusicherung richtigerweise mit 50 Millionen Euro. Im Zeitraum zwischen Abgabe der Zusicherung und Verwertung der Masse des virtuellen Sekundärinsolvenzverfahrens wird nur wenige Kilometer von dem Einkaufszentrum entfernt ein weiteres Einkaufszentrum gebaut. Mieter des zum Vermögen des Insolvenzschuldners gehörenden Einkaufszentrums, deren Mietvertrag ausläuft, verlängern diesen nicht. Sie ziehen stattdessen in das neu gebaute Einkaufszentrum. Da nun ein großer Teil der Ladenflächen nicht mehr vermietet ist, verliert das zum Vermögen des Insolvenzschuldners gehörende Einkaufszentrum erheblich an Wert. Das Grundstück mit dem Einkaufszentrum kann daher nur zu einem Preis von 20 Millionen Euro verkauft werden.

Legt man der Verteilung im virtuellen Sekundärinsolvenzverfahren den in der Zusicherung genannten Wert zugrunde und ist der Erlös aus der Verwertung der Masse des virtuellen Sekundärinsolvenzverfahrens niedriger als der in der Zusicherung genannte Wert, so müsste der Differenzbetrag der Masse des virtuellen Hauptinsolvenzverfahrens entnommen werden. Ein solches Vorgehen ist allerdings nicht mit dem Sinn und Zweck des virtuellen Sekundärinsolvenzverfahrens vereinbar. Das virtuelle Sekundärinsolvenzverfahren ist der Ersatz für ein reales Sekundärinsolvenzverfahren. Sinn und Zweck des virtuellen Sekundärinsolvenzverfahrens ist es, die lokalen Gläubiger so zu behandeln, als wäre das Sekundärinsolvenzverfahren eröffnet worden. Maßstab für das virtuelle Sekundärinsolvenzverfahren ist daher grundsätzlich ein reales Sekundärinsolvenzverfahren. In einem Sekundärinsolvenzverfahren wird der Verteilung ausschließlich der Erlös aus der

Verwertung der Masse des Sekundärinsolvenzverfahrens zugrunde gelegt. Die Gläubiger des Sekundärinsolvenzverfahrens tragen also das Risiko, dass der Wert der Masse des Sekundärinsolvenzverfahrens zwischen der Eröffnung des Sekundärinsolvenzverfahrens und der Verwertung der Masse sinkt. Ein Rückgriff auf Verwertungserlöse des Hauptinsolvenzverfahrens oder weiterer Sekundärinsolvenzverfahren ist nicht möglich. Schließlich handelt es sich um eigenständige[49] Insolvenzverfahren, deren Insolvenzmassen strikt voneinander zu trennen sind.[50] Von der strikten Trennung der Aktivmassen macht die EuInsVO lediglich in Art. 49 EuInsVO eine Ausnahme. Gemäß Art. 49 EuInsVO hat der Verwalter des Sekundärinsolvenzverfahrens einen Überschuss im Sekundärinsolvenzverfahren an das Hauptinsolvenzverfahren abzuführen. Aus einem Umkehrschluss zu Art. 49 EuInsVO ergibt sich, dass umgekehrt ein Überschuss im Hauptinsolvenzverfahren nicht an das Sekundärinsolvenzverfahren herauszugeben wäre.[51] Ist aber nicht einmal ein Überschuss des Hauptinsolvenzverfahrens an das Sekundärinsolvenzverfahren abzuführen, so darf der Verwalter des Hauptinsolvenzverfahrens erst recht nicht Verwertungserlöse, die nicht Überschuss sind, an das Sekundärinsolvenzverfahren übergeben. Würde man der Verteilung im virtuellen Sekundärinsolvenzverfahren den in der Zusicherung genannten Wert zugrunde legen, so würden die lokalen Gläubiger in den Fällen, in denen der Erlös aus der Verwertung der Masse des virtuellen Sekundärinsolvenzverfahrens niedriger als der in der Zusicherung angegebene Wert ist, also besser behandelt als in einem Sekundärinsolvenzverfahren. Hat sich der Verwalter zum Zeitpunkt der Abgabe der Zusicherung über den tatsächlichen Wert der Masse des virtuellen Sekundärinsolvenzverfahrens geirrt, so würden die lokalen Gläubiger von diesem Irrtum profitieren. Sie würden auch nicht das Risiko tragen, dass der Wert der Masse des virtuellen Sekundärinsolvenzverfahrens zwischen Abgabe der Zusicherung und Verwertung sinkt. Da der Differenzbetrag zwischen dem in der Zusicherung genannten Wert und dem tatsächlichen Erlös der Masse des virtuellen Hauptinsolvenzverfahrens entnommen werden müsste, würden die Gläubiger, die ihre Forderungen für das virtuelle Hauptinsolvenzverfahren angemeldet haben, schlechter behandelt als im Fall der Eröffnung von Haupt- und Sekundärinsolvenzverfahren. Die Entnahme des Differenzbetrags aus der Masse des virtuellen Hauptinsolvenzverfahrens wäre zudem ein Verstoß gegen den auch bei

---

[49] So auch *Keller*, in: Vallender, EuInsVO, 2. Aufl. 2020, Art. 34 Rn. 5, 8; *Mankowski*, in: Mankowski/Müller/J. Schmidt, EuInsVO, 1. Aufl. 2016, Vor Art. 34–51 Rn. 55; *Paulus*, in: Paulus, EuInsVO, 6. Aufl. 2021, Art. 20 Rn. 7 und Art. 34 Fn. 6; *Reinhart*, in: Münchener Kommentar InsO, Band 4, 3. Aufl. 2016, Art. 27 EuInsVO 2000 Rn. 1.

[50] *Fehrenbach*, Haupt- und Sekundärinsolvenzverfahren, 2014, S. 188; *Herchen*, in: Pannen, EuInsVO, 1. Aufl. 2007, Art. 27 a.F. Rn. 3; *Keller*, in: Vallender, EuInsVO, 2. Aufl. 2020, Art. 34 Rn. 8.

[51] So ebenfalls *Herchen*, in: Pannen, EuInsVO, 1. Aufl. 2007, Art. 35 a.F. Rn. 3. Fehrenbach hält hingegen eine analoge Anwendung des Art. 35 EuInsVO a.F. (Art. 49 EuInsVO n.F.) für geboten. Demnach müsste der Verwalter des Hauptinsolvenzverfahrens einen Überschuss im Hauptinsolvenzverfahren analog Art. 35 EuInsVO a.F. (Art. 49 EuInsVO n.F.) an den Verwalter des Sekundärinsolvenzverfahrens herausgeben. *Fehrenbach*, Haupt- und Sekundärinsolvenzverfahren, 2014, S. 459 f.

Durchführung eines virtuellen Sekundärinsolvenzverfahrens geltenden Grundsatz der strikten Trennung der Aktivmassen.

b) Verwertungserlös höher als der in der Zusicherung genannte Wert

Der Erlös aus der Verwertung der Masse des virtuellen Sekundärinsolvenzverfahrens kann aber auch höher sein als der in der Zusicherung genannte Wert. Auch dies kann zwei Ursachen haben. Zum einen kann der Verwalter sich zum Zeitpunkt der Abgabe der Zusicherung über den tatsächlichen Wert der Masse des virtuellen Sekundärinsolvenzverfahrens irren. In diesem Fall ist der vom Verwalter in der Zusicherung genannte Wert von Anfang an objektiv unrichtig.

Beispielfall: Das im Niederlassungsstaat belegene Vermögen besteht aus einem Grundstück, auf dem sich ein Bürogebäude befindet. Das Grundstück verfügt bisher nicht über einen schnellen Internetzugang. Dies mindert die Attraktivität und folgend den Wert des Grundstücks erheblich. Ohne einen schnellen Internetzugang hat das Grundstück mit dem Bürogebäude lediglich einen Wert von 10 Millionen Euro. Vor Abgabe der Zusicherung beschließt die zuständige Provinzregierung die Gemeinde, in der das Grundstück liegt, an das schnelle Internet anzuschließen. Auch das Grundstück des Insolvenzschuldners wird künftig über schnelles Internet verfügen. Durch den Beschluss der Provinzregierung steigt der Wert des Grundstücks erheblich. Dieses hat nun einen Wert von 15 Millionen Euro. Zum Zeitpunkt der Abgabe der Zusicherung haben allerdings weder der Insolvenzschuldner noch der Verwalter Kenntnis von dem Beschluss der Provinzregierung. Aus diesem Grund gibt der Verwalter in der Zusicherung an, dass die Masse des virtuellen Sekundärinsolvenzverfahrens einen Wert von 10 Millionen Euro hat. Nach Abgabe der Zusicherung erfährt der Verwalter von dem Beschluss der Provinzregierung. Anschließend wird das Grundstück mit dem Bürogebäude zu einem Preis von 15 Millionen Euro verkauft.

Denkbar sind aber auch Fälle, in denen der vom Verwalter in der Zusicherung genannte Wert zum Zeitpunkt der Abgabe der Zusicherung objektiv richtig ist, sich aber im Zeitraum zwischen Abgabe der Zusicherung und Verwertung der Masse des virtuellen Sekundärinsolvenzverfahrens ändert.

Beispielfall: Das im Niederlassungsstaat belegene Vermögen besteht aus einem Grundstück, auf dem sich eine Spedition befindet. Zum Zeitpunkt der Abgabe der Zusicherung hat das Grundstück einen Wert von 25 Millionen Euro. Dementsprechend gibt der Verwalter in der Zusicherung an, dass die Masse des virtuellen Sekundärinsolvenzverfahrens einen Wert von 25 Millionen Euro hat. Nach Abgabe der Zusicherung beschließt das zuständige Regionalparlament in der Nähe des Grundstücks des Insolvenzschuldners eine Schnellstraße samt Anschlussstelle zu bauen. Durch diesen Beschluss des Regionalparlaments steigt der Wert des Grundstücks erheblich. Dieses hat nun einen Wert von 40 Millionen Euro. Aufgrund des beschlossenen Baus der Schnellstraße kann der Verwalter das Grundstück zu einem Preis von 40 Millionen Euro verkaufen.

Legt man der Verteilung im virtuellen Sekundärinsolvenzverfahren den in der Zusicherung genannten Wert zugrunde und ist der Erlös aus der Verwertung der Masse des virtuellen Sekundärinsolvenzverfahrens höher als der in der Zusicherung genannte Wert, so müsste der Mehrerlös der Masse des virtuellen Hauptinsolvenzverfahrens gutgeschrieben werden. Ein solches Vorgehen ist allerdings erst recht nicht mit dem Sinn und Zweck des virtuellen Sekundärinsolvenzverfahrens vereinbar. Das virtuelle Sekundärinsolvenzverfahren ist der Ersatz für ein reales Sekundärinsolvenzverfahren. Sinn und Zweck des virtuellen Sekundärinsolvenzverfahrens ist es, die lokalen Gläubiger so zu behandeln, als wäre das Sekundärinsolvenzverfahren eröffnet worden. Maßstab für das virtuelle Sekundärinsolvenzverfahren ist daher grundsätzlich ein reales Sekundärinsolvenzverfahren.

In einem Sekundärinsolvenzverfahren wird der Verteilung der Erlös aus der Verwertung der Masse des Sekundärinsolvenzverfahrens zugrunde gelegt. Mehrerlöse, die sich durch Wertsteigerungen der Masse des Sekundärinsolvenzverfahrens zwischen Eröffnung des Sekundärinsolvenzverfahrens und Verwertung der Masse ergeben, werden nicht an das Hauptinsolvenzverfahren abgeführt. Schließlich handelt es sich um zwei eigenständige[52] Insolvenzverfahren, deren Insolvenzmassen strikt voneinander zu trennen sind.[53] Von der strikten Trennung der Aktivmassen macht die EuInsVO lediglich in Art. 49 EuInsVO eine Ausnahme. Gemäß Art. 49 EuInsVO hat der Verwalter des Sekundärinsolvenzverfahrens einen Überschuss im Sekundärinsolvenzverfahren an das Hauptinsolvenzverfahren abzuführen. Aus einem Umkehrschluss zu Art. 49 EuInsVO ergibt sich, dass Erlöse, die nicht Überschuss sind, nicht an das Hauptinsolvenzverfahren herauszugeben sind. Die Gläubiger, die ihre Forderungen für das Sekundärinsolvenzverfahren angemeldet haben, profitieren folglich von Wertsteigerungen der Masse des Sekundärinsolvenzverfahrens zwischen Eröffnung des Sekundärinsolvenzverfahrens und der Verwertung der Masse.

Würde man der Verteilung im virtuellen Sekundärinsolvenzverfahren den in der Zusicherung genannten Wert zugrunde legen, so würden die Gläubiger in den Fällen, in denen der Erlös aus der Verwertung der Masse des virtuellen Sekundärinsolvenzverfahrens höher als der in der Zusicherung angegebene Wert ist, also schlechter behandelt als in einem Sekundärinsolvenzverfahren. Hat sich der Verwalter zum Zeitpunkt der Abgabe der Zusicherung über den tatsächlichen Wert der Masse des virtuellen Sekundärinsolvenzverfahrens geirrt, so würde dieser Irrtum zulasten der

---

[52] So auch *Keller*, in: Vallender, EuInsVO, 2. Aufl. 2020, Art. 34 Rn. 5, 8; *Mankowski*, in: Mankowski/Müller/J. Schmidt, EuInsVO, 1. Aufl. 2016, Vor Art. 34–51 Rn. 55; *Paulus*, in: Paulus, EuInsVO, 6. Aufl. 2021, Art. 20 Rn. 7 und Art. 34 Fn. 6; *Reinhart*, in: Münchener Kommentar InsO, Band 4, 3. Aufl. 2016, Art. 27 EuInsVO 2000 Rn. 1.

[53] *Fehrenbach*, Haupt- und Sekundärinsolvenzverfahren, 2014, S. 188; *Herchen*, in: Pannen, EuInsVO, 1. Aufl. 2007, Art. 27 a.F. Rn. 3; *Keller*, in: Vallender, EuInsVO, 2. Aufl. 2020, Art. 34 Rn. 8.

lokalen Gläubiger gehen. Steigt der Wert der Masse des virtuellen Sekundärinsolvenzverfahrens zwischen der Abgabe der Zusicherung und der Verwertung der Masse des virtuellen Sekundärinsolvenzverfahrens, so würden die lokalen Gläubiger auch nicht von dieser Wertsteigerung profitieren.[54] Da der Mehrerlös der Masse des virtuellen Hauptinsolvenzverfahrens gutgeschrieben werden müsste, würden die Gläubiger, die ihre Forderungen für das virtuelle Hauptinsolvenzverfahren angemeldet haben, besser behandelt als im Fall der Eröffnung von Haupt- und Sekundärinsolvenzverfahren. Wird der Mehrerlös der Masse des virtuellen Hauptinsolvenzverfahrens gutgeschrieben, so wäre dies zudem ein Verstoß gegen den auch bei Durchführung eines virtuellen Sekundärinsolvenzverfahrens geltenden Grundsatz der strikten Trennung der Aktivmassen.

c) Summierter Verwertungserlös aller Teilmassen niedriger als der in der Zusicherung genannte Wert

Der Vorschlag, den in der Zusicherung genannten Wert der Verteilung im virtuellen Sekundärinsolvenzverfahren zugrunde zu legen, verstößt aber nicht nur gegen den Wortlaut des Art. 36 EuInsVO und den Sinn und Zweck des virtuellen Sekundärinsolvenzverfahrens, sondern führt unter bestimmten Umständen sogar dazu, dass der Verwalter die Zusicherung nicht wird erfüllen können.

Beispielfall: Das im Niederlassungsstaat belegene Vermögen besteht aus einem Grundstück, auf dem sich seit 1965 eine Chemiefabrik befindet. Bis 1985 wurden chemische Stoffe immer wieder illegal auf dem Grundstück entsorgt. Der Boden des Grundstücks ist daher stark kontaminiert. Aus diesem Grund hat das Grundstück lediglich einen Wert von einer Million Euro. Ohne die Bodenkontamination hätte das Grundstück einen Wert von 50 Millionen Euro. Unterlagen über die Bodenverunreinigungen existieren nicht. Zum Zeitpunkt der Abgabe der Zusicherung hat der Verwalter daher keine Kenntnis von der Bodenkontamination. Der Verwalter gibt in der Zusicherung an, dass die Masse des virtuellen Sekundärinsolvenzverfahrens einen Wert von 50 Millionen Euro hat. Nach Abgabe der Zusicherung erfährt der Verwalter von der Bodenkontamination. Das Grundstück wird zu einem Preis von einer Million Euro verkauft. Der Erlös aus der Verwertung der Masse des virtuellen Hauptinsolvenzverfahrens beträgt 25 Millionen Euro.

---

[54] Wimmer hingegen sieht darin kein Problem. Er ist der Meinung, spätere Wertveränderungen müssten unberücksichtigt bleiben. Der in der Zusicherung genannte Wert solle die vermögensmäßige Obergrenze der Zusicherung darstellen. Weiter schreibt Wimmer, dass ein Verwalter, der über diesen Wert hinausgeht, eine Pflichtverletzung begehen würde. *Wimmer*, in: Wimmer/Bornemann/Lienau, Die Neufassung der EuInsVO, 2016, Rn. 429 und Fn. 54. Das Gegenteil ist allerdings der Fall. Ein Verwalter, der eine Wertsteigerung der Masse des virtuellen Sekundärinsolvenzverfahrens zwischen Abgabe der Zusicherung und Verwertung der Masse des virtuellen Sekundärinsolvenzverfahrens nicht bei der Verteilung im virtuellen Sekundärinsolvenzverfahren berücksichtigt, begeht eine Pflichtverletzung.

Im vorliegenden Fall beträgt die Differenz zwischen dem in der Zusicherung genannten Wert und dem Erlös aus der Verwertung der Masse des virtuellen Sekundärinsolvenzverfahrens 49 Millionen Euro. Würde man der Verteilung im virtuellen Sekundärinsolvenzverfahren den in der Zusicherung genannten Wert zugrunde legen, so müsste der Differenzbetrag in Höhe von 49 Millionen Euro der Masse des virtuellen Hauptinsolvenzverfahrens entnommen werden. Der Erlös aus der Verwertung der Masse des virtuellen Hauptinsolvenzverfahrens beträgt vorliegend allerdings nur 25 Millionen Euro. Es bliebe also ein Fehlbetrag von 24 Millionen Euro.

Ist also der in der Zusicherung genannte Wert höher als der summierte Erlös aus der Verwertung der Masse des virtuellen Sekundärinsolvenzverfahrens und der Verwertung der Masse des virtuellen Hauptinsolvenzverfahrens, so führt die oben beschriebene Ansicht dazu, dass der Verwalter die Zusicherung nicht wird erfüllen können. Das würde wiederum die Frage aufwerfen, ob der Verwalter den lokalen Gläubigern auf Schadensersatz gemäß Art. 36 Abs. 10 EuInsVO haftet. Zudem würde im virtuellen Hauptinsolvenzverfahren gar keine Verteilung stattfinden. An die Gläubiger, die ihre Forderungen für das virtuelle Hauptinsolvenzverfahren angemeldet haben, könnte nichts verteilt werden. Dies zeigt, dass die Ansicht, den in der Zusicherung genannten Wert der Verteilung im virtuellen Sekundärinsolvenzverfahren zugrunde zu legen, nicht nur gegen Wortlaut und Sinn und Zweck des Art. 36 EuInsVO verstößt, sondern auch weitere Folgeprobleme verursacht.

d) Zusammenfassung der Ergebnisse

Die Ansicht, die der Verteilung im virtuellen Sekundärinsolvenzverfahren den in der Zusicherung genannten Wert zugrunde legen will, verstößt gegen den Sinn und Zweck des virtuellen Sekundärinsolvenzverfahrens. Sinn und Zweck des virtuellen Sekundärinsolvenzverfahrens ist es, die lokalen Gläubiger so zu behandeln, als wäre das Sekundärinsolvenzverfahren eröffnet worden. Würde man der Verteilung im virtuellen Sekundärinsolvenzverfahren den in der Zusicherung genannten Wert zugrunde legen, so würde sich die Situation der lokalen Gläubiger gegenüber der eines realen Sekundärinsolvenzverfahrens in vielen Fällen aber erheblich verändern. Ist der Erlös aus der Verwertung der Masse des virtuellen Sekundärinsolvenzverfahrens niedriger als der in der Zusicherung genannte Wert, so würden die lokalen Gläubiger besser behandelt als in einem Sekundärinsolvenzverfahren. Ist der Erlös aus der Verwertung der Masse des virtuellen Sekundärinsolvenzverfahrens hingegen höher als der in der Zusicherung genannte Wert, so würden die lokalen Gläubiger schlechter behandelt als in einem Sekundärinsolvenzverfahren. Ist der in der Zusicherung genannte Wert höher als der summierte Erlös aus der Verwertung der Masse des virtuellen Sekundärinsolvenzverfahrens und der Verwertung der Masse des virtuellen Hauptinsolvenzverfahrens, so könnte der Verwalter die Zusicherung nicht erfüllen. Die beschriebene Ansicht verstößt darüber hinaus gegen den Grundsatz der strikten Trennung der Aktivmassen, der auch bei Durchführung eines virtuellen Sekundärinsolvenzverfahrens gilt.

3. Gesamtergebnis

Der gemäß Art. 36 Abs. 1 S. 2 EuInsVO in der Zusicherung zu nennende Wert der Masse des virtuellen Sekundärinsolvenzverfahrens wird den lokalen Gläubigern nicht zugesichert. Dieser Wert wird nicht der Verteilung im virtuellen Sekundärinsolvenzverfahren zugrunde gelegt.[55] Stattdessen bezieht sich die Zusicherung gemäß

---

[55] So im Ergebnis auch *Mohr*, in: Nunner-Krautgasser/Garber/Jaufer, Grenzüberschreitende Insolvenzen im europäischen Binnenmarkt, 2017, S. 219 (223). Allerdings kann seiner Aussage, dass der in der Zusicherung genannte Wert dann relevant ist, wenn die Masse des virtuellen Hauptinsolvenzverfahrens und die Masse des virtuellen Sekundärinsolvenzverfahrens zusammen verwertet werden, nicht zugestimmt werden. A. A. sind *Madaus*, in: FS Pannen, 2017, S. 223 (235); *Mankowski*, NZI 2015, 961 (965); *Mankowski*, in: Mankowski/Müller/J. Schmidt, EuInsVO, 1. Aufl. 2016, Art. 36 Rn. 27; *Wimmer*, in: Wimmer/Bornemann/Lienau, Die Neufassung der EuInsVO, 2016, Rn. 420, 429, 432 und Fn. 54. Keller schließt sich der Meinung Mankowskis an, ohne etwas hinzufügen. *Keller*, in: Vallender, EuInsVO, 2. Aufl. 2020, Art. 36 Rn. 10. Unklar bleibt, welche Auffassung Skauradszun vertritt, da seine Ausführungen widersprüchlich sind. Er schreibt einerseits, die lokalen Gläubiger hätten den Wunsch, dass der Verwalter denjenigen Wert zugrunde legt, der sich aus demjenigen Rechnungslegungsstandard ergibt, der diesen Gegenstand am höchsten bewertet. *Skauradszun*, ZIP 2016, 1563 (1568). Weiter führt Skauradszun aus, die übrigen Gläubiger könnten einwenden, die lokalen Gläubiger dürften durch die Wahl des Rechnungslegungsstandards nicht bevorzugt werden. *Skauradszun*, ZIP 2016, 1563 (1568). Des Weiteren äußert er, dass die lokalen Gläubiger im Falle eines Auseinanderfallens von Buch- und Verkehrswert den jeweils höheren Wert zugrunde legen wollten. *Skauradszun*, ZIP 2016, 1563 (1569). Die lokalen Gläubiger haben aber nur ein Interesse an der höchstmöglichen Bewertung des im Niederlassungsstaat belegenen Vermögens, wenn der in der Zusicherung genannte Wert der Verteilung im virtuellen Sekundärinsolvenzverfahren zugrunde gelegt wird. Auch die übrigen Gläubiger werden nur dann eine Bevorzugung der lokalen Gläubiger durch eine hohe Bewertung des im Niederlassungsstaat belegenen Vermögens befürchten, wenn der Wert der Verteilung zugrunde gelegt wird. Dient der in der Zusicherung genannte Wert hingegen ausschließlich als Information, so haben die lokalen Gläubiger kein Interesse an der höchstmöglichen Bewertung des im Niederlassungsstaat belegenen Vermögens. Vielmehr haben sie dann nur ein Interesse an einer möglichst richtigen Bewertung, auf deren Grundlage sie eine Entscheidung über die Zusicherung treffen können. Ist der Wert lediglich eine Information, die der Abstimmung über die Zusicherung dient, so wird es den übrigen Gläubigern völlig egal sein, welchen Rechnungslegungsstandard der Verwalter seiner Bewertung zugrunde legt. Skauradszuns Ausführungen über das Interesse der lokalen Gläubiger an einer hohen Bewertung des im Niederlassungsstaat belegenen Vermögens sprechen also dafür, dass er der Auffassung ist, dass der in der Zusicherung genannte Wert der Verteilung im virtuellen Sekundärinsolvenzverfahren zugrunde gelegt wird. An anderer Stelle schreibt Skauradszun dann allerdings, es werde eine Rechtsposition zugesichert, die der Verwalter auch dann wahren könne, wenn die der Zusicherung zugrunde liegenden tatsächlichen Annahmen von Anfang an falsch waren oder sich geändert haben. *Skauradszun*, ZIP 2016, 1563 (1573). Diese Aussage deutet andererseits daraufhin, dass Skauradszun der Ansicht ist, dass der in der Zusicherung genannte Wert nicht der Verteilung im virtuellen Sekundärinsolvenzverfahren zugrunde gelegt wird. Vgl. insgesamt *Skauradszun*, ZIP 2016, 1563 ff.

Art. 36 Abs. 1 S. 1 i.V.m. Abs. 2 S. 2 EuInsVO auf das Vermögen, das zum Zeitpunkt der Abgabe der Zusicherung im Niederlassungsstaat belegen ist. Der Verteilung im virtuellen Sekundärinsolvenzverfahren wird ausschließlich der Erlös aus der Verwertung der Masse des virtuellen Sekundärinsolvenzverfahrens zugrunde gelegt. Dieses Ergebnis ergibt sich zum einen aus dem Wortlaut des Art. 36 EuInsVO, der diesbezüglich eindeutig ist und keine andere Auslegung zulässt. Zudem ist nur das hier genannte Ergebnis mit dem Sinn und Zweck des virtuellen Sekundärinsolvenzverfahrens vereinbar.

B. Der Zweck der tatsächlichen Annahmen

Gemäß Art. 36 Abs. 1 S. 2 EuInsVO nennt die Zusicherung die ihr zugrunde liegenden tatsächlichen Annahmen, insbesondere in Bezug auf den Wert der in dem Niederlassungsstaat belegenen Gegenstände der Masse und die Möglichkeiten ihrer Verwertung. Der in der Zusicherung genannte Wert der Masse des virtuellen Sekundärinsolvenzverfahrens wird den Gläubigern nicht zugesichert und nicht der Verteilung im virtuellen Sekundärinsolvenzverfahren zugrunde gelegt.[56] Dann stellt sich aber die Frage, warum der Verwalter den Wert der Masse des virtuellen Sekundärinsolvenzverfahrens überhaupt in der Zusicherung angeben muss. Der gemäß Art. 36 Abs. 1 S. 2 EuInsVO in der Zusicherung zu nennende Wert ist im Zusammenhang mit der Abstimmung über die Zusicherung gemäß Art. 36 Abs. 5 EuInsVO zu sehen. Stimmen die lokalen Gläubiger über die Zusicherung ab, so treffen sie letztlich eine Wahl zwischen der Eröffnung eines Sekundärinsolvenzverfahrens und der Durchführung eines virtuellen Sekundärinsolvenzverfahrens. Ein Gläubiger kann aber nur dann zwischen zwei Optionen wählen, wenn er Informationen erhält, auf deren Grundlage er seine Entscheidung treffen kann. Der Wert des im Niederlassungsstaat belegenen Vermögens ist eine solche Information. Ist der Wert des im Niederlassungsstaat belegenen Vermögens beispielsweise niedrig, so kann dies für die lokalen Gläubiger unter Umständen ein Grund sein, sich für die Durchführung eines virtuellen Sekundärinsolvenzverfahrens und gegen die Eröffnung eines realen Sekundärinsolvenzverfahrens zu entscheiden. Zu beachten ist nämlich, dass die Eröffnung eines Sekundärinsolvenzverfahrens in der Regel mit höheren Verfahrenskosten verbunden sein wird als die Durchführung eines virtuellen Sekundärinsolvenzverfahrens. Ist der Wert des im Niederlassungsstaat belegenen Vermögens niedrig, so wird das Verhältnis zwischen der Masse des Sekundärinsolvenzverfahrens und den Kosten eines Sekundärinsolvenzverfahrens besonders ungünstig sein. Die Eröffnung eines Sekundärinsolvenzverfahrens erscheint dann nicht mehr lohnend. Der Wert der Masse des virtuellen Sekundärinsolvenzverfahrens, den der Verwalter gemäß Art. 36 Abs. 1 S. 2 EuInsVO in der Zusicherung zu nennen hat, dient also ausschließlich der Information der lokalen Gläubiger. Dies gilt aber nicht nur für den Wert der Masse des virtuellen Sekundärinsolvenzverfahrens, sondern für sämtliche

---

[56] Siehe dazu ausführlich im vorherigen Abschnitt.

tatsächliche Annahmen, die der Zusicherung zugrunde gelegt werden, also auch für die gemäß Art. 36 Abs. 1 S. 2 EuInsVO in der Zusicherung zu nennenden Möglichkeiten der Verwertung. Diese Informationen werden den Gläubigern gerade nicht zugesichert.[57] Der Verwalter wird durch diese Angaben nicht gebunden. Die der Zusicherung zugrunde liegenden tatsächlichen Annahmen sollen den lokalen Gläubigern lediglich die Entscheidung zwischen der Eröffnung eines Sekundärinsolvenzverfahrens und der Durchführung eines virtuellen Sekundärinsolvenzverfahrens erleichtern.

Der Sinn und Zweck des Art. 36 Abs. 1 S. 2 EuInsVO lässt sich in gewisser Weise mit Sinn und Zweck des § 151 Abs. 2 S. 1 InsO vergleichen. Gemäß § 151 Abs. 2 S. 1 InsO hat der Verwalter für jeden Massegegenstand dessen Wert anzugeben. Auch § 151 Abs. 2 S. 1 InsO dient ausschließlich der Information der Gläubiger. Die Gläubigerversammlung soll durch Erhalt dieser Informationen in die Lage versetzt werden, gemäß § 157 InsO eine Entscheidung über die Stilllegung oder Fortführung des Unternehmens treffen zu können.[58] Der Verwalter wird durch die gemäß § 151 Abs. 2 InsO gemachten Wertangaben nicht gebunden.

C. Pflicht zur Nennung weiterer tatsächlicher Annahmen?

Der Wert der Masse des virtuellen Sekundärinsolvenzverfahrens und die Möglichkeiten der Verwertung sind Annahmen, die der Verwalter in der Zusicherung nennen muss. Hierbei handelt es sich um Pflichtangaben.[59] Dies ergibt sich aus dem Wortlaut des Art. 36 Abs. 1 S. 2 EuInsVO, der davon spricht, dass die Zusicherung diese Angaben nennt.

Ob der Verwalter der Zusicherung noch weitere tatsächliche Annahmen zugrunde legt, bleibt seiner Entscheidung überlassen.[60] Es liegt also im Ermessen des Verwalters, ob und wenn ja, welche weiteren Angaben er machen will. Dies ergibt sich aus einem Umkehrschluss zu Art. 36 Abs. 1 S. 2 EuInsVO. Wären weitere tatsächliche Annahmen zwingend in der Zusicherung zu nennen, so hätte der Gesetzgeber diese in Art. 36 Abs. 1 S. 2 EuInsVO konkret benannt. Zudem ist auch noch einmal auf den Sinn und Zweck der tatsächlichen Annahmen hinzuweisen. Diese dienen nur dazu, den lokalen Gläubigern die Entscheidung zwischen der

[57] A. A. *Poltsch/Reckenzaun*, in: Nunner-Krautgasser/Garber/Jaufer, Grenzüberschreitende Insolvenzen im europäischen Binnenmarkt, 2017, S. 235 (239).

[58] Vgl. u.a. *Depré*, in: Heidelberger Kommentar InsO, 10. Aufl. 2020, § 151 Rn. 6; *Eckardt*, in: Jaeger, InsO, Band 5 – Teil 1, 1. Aufl. 2016, § 151 Rn. 36f.; *Jarchow*, in: Hamburger Kommentar InsO, 7. Aufl. 2019, § 151 Rn. 1; *Jungmann*, in: Karsten Schmidt, InsO, 19. Aufl. 2016, § 151 Rn. 14; *Sinz*, in: Uhlenbruck, InsO, Band 1, 15. Aufl. 2019, § 151 Rn. 1, 6; *Smid*, in: Rattunde/Smid/Zeuner, InsO, Band 2, 4. Aufl. 2019, § 151 Rn. 6; *Wipperfürth*, in: Kübler/Prütting/Bork, InsO, Band 3, Stand November 2018, § 151 Rn. 1.

[59] So ebenfalls *Skauradszun*, ZIP 2016, 1563 (1563 f.).

[60] A. A. wohl *Paulus*, in: Paulus, EuInsVO, 6. Aufl. 2021, Art. 36 Rn. 8.

Eröffnung eines Sekundärinsolvenzverfahrens und der Durchführung eines virtuellen Sekundärinsolvenzverfahrens zu erleichtern. Macht der Verwalter neben dem Wert der Masse des virtuellen Sekundärinsolvenzverfahrens und den Möglichkeiten der Verwertung keine weiteren Angaben in der Zusicherung, erhält aber die Zustimmung der lokalen Gläubiger zur Durchführung eines virtuellen Sekundärinsolvenzverfahrens gemäß Art. 36 Abs. 5 EuInsVO, so zeigt dies, dass die lokalen Gläubiger die Informationen des Verwalters bereits als ausreichend erachteten. Reichen den lokalen Gläubigern die in der Zusicherung gemachten Angaben hingegen nicht aus, so werden sie dies dem Verwalter mitteilen bzw. die Zusicherung nicht billigen. Der Verwalter wird das Informationsinteresse der lokalen Gläubiger befriedigen wollen, da er die Zustimmung der lokalen Gläubiger zur Durchführung des virtuellen Sekundärinsolvenzverfahrens erhalten will. Es hängt also vom konkreten Einzelfall ab, ob und wenn ja, welche weiteren Annahmen der Verwalter der Zusicherung zugrunde legen sollte.[61] Weiß der Verwalter bereits, dass bestimmte Gläubiger ein konkretes Informationsinteresse haben oder haben könnten, dann sollte er diese Informationen auch in der Zusicherung nennen. Dies ist schließlich in seinem Interesse, da es sein Ziel ist, die lokalen Gläubiger von der Zusicherung zu überzeugen.

D. Anforderungen an den in der Zusicherung zu nennenden Wert

Im Schrifttum wird darüber diskutiert, ob der Verwalter bei der Berechnung des Werts der Masse des virtuellen Sekundärinsolvenzverfahrens Buch- oder Verkehrswerte[62] bzw. Liquidations- oder Fortführungswerte[63] zugrunde legen muss. Beispielsweise ist Mohr der Auffassung, dass der Verwalter verpflichtet ist, Verkehrswerte zu nennen.[64] Skauradszun geht zudem darauf ein, ob nationale oder internationale Rechnungslegungsstandards bei der Berechnung maßgebend sind.[65]

Die Erörterung dieser Fragen ist nicht wirklich zielführend. Auch hier muss noch einmal auf den Sinn und Zweck des Art. 36 Abs. 1 S. 2 EuInsVO eingegangen werden. Der in der Zusicherung zu nennende Wert der Masse des virtuellen Sekundärinsolvenzverfahrens wird den Gläubigern nicht zugesichert und nicht der

---

[61] Folgende Autoren geben Beispiele für weitere tatsächliche Annahmen, die der Verwalter in der Zusicherung nennen kann. *Mankowski*, NZI 2015, 961 (964); *Mankowski*, in: Mankowski/Müller/J. Schmidt, EuInsVO, 1. Aufl. 2016, Art. 36 Rn. 19; *Paulus*, in: Paulus, EuInsVO, 6. Aufl. 2021, Art. 36 Rn. 8; *Skauradszun*, ZIP 2016, 1563 (1572 f.).

[62] *Mohr*, in: Nunner-Krautgasser/Garber/Jaufer, Grenzüberschreitende Insolvenzen im europäischen Binnenmarkt, 2017, S. 219 (223); *Skauradszun*, ZIP 2016, 1563 (1569 f.).

[63] *Mohr*, in: Nunner-Krautgasser/Garber/Jaufer, Grenzüberschreitende Insolvenzen im europäischen Binnenmarkt, 2017, S. 219 (223); *Skauradszun*, ZIP 2016, 1563 (1570 f.).

[64] *Mohr*, in: Nunner-Krautgasser/Garber/Jaufer, Grenzüberschreitende Insolvenzen im europäischen Binnenmarkt, 2017, S. 219 (223).

[65] *Skauradszun*, ZIP 2016, 1563 (1568 f.).

Verteilung im virtuellen Sekundärinsolvenzverfahren zugrunde gelegt. Aus diesem Grund haben die lokalen Gläubiger nicht den Wunsch, dass der Verwalter in der Zusicherung höchstmögliche Werte nennt.[66] Vielmehr dient der in der Zusicherung genannte Wert den lokalen Gläubigern lediglich als Information, auf deren Grundlage sie eine Entscheidung zwischen der Eröffnung eines Sekundärinsolvenzverfahrens und der Durchführung eines virtuellen Sekundärinsolvenzverfahrens treffen können. Die lokalen Gläubiger wollen ein ungefähres Bild des Vermögens erhalten, das im Niederlassungsstaat belegen ist. Ob der Verwalter seinen Berechnungen nationale oder internationale Rechnungslegungsstandards zugrunde legt, wird ihnen in der Regel völlig egal sein.[67] Letztlich ist es auch nicht entscheidend, ob der Verwalter Buch- oder Verkehrswerte bzw. Liquidations- oder Fortführungswerte heranzieht. Nennt der Verwalter in der Zusicherung beispielsweise ausschließlich Buchwerte und billigen die lokalen Gläubiger die Zusicherung gemäß Art. 36 Abs. 5 EuInsVO, so hat der Verwalter sein Ziel erreicht. Es kann auch sein, dass die lokalen Gläubiger sich für die Durchführung eines virtuellen Sekundärinsolvenzverfahrens entscheiden, ganz gleich ob der Verwalter ihnen Buch- oder Verkehrswerte bzw. Liquidations- oder Fortführungswerte nennt. Der umgekehrte Fall ist natürlich auch denkbar. Die lokalen Gläubiger lehnen, unabhängig davon, welche Werte der Verwalter seinen Berechnungen zugrunde legt, die Durchführung eines virtuellen Sekundärinsolvenzverfahrens ab. Die in der Zusicherung zu nennenden tatsächlichen Annahmen dienen dem Verwalter dazu, die lokalen Gläubiger von der Durchführung eines virtuellen Sekundärinsolvenzverfahrens zu überzeugen. Dann ist es aber richtig, dem Verwalter die Entscheidung zu überlassen, ob er den Berechnungen Buch- oder Verkehrswerte bzw. Liquidations- oder Fortführungswerte zugrunde legt. Ist er beispielsweise der Auffassung, dass bereits die Nennung von Liquidationswerten ausreicht, um die lokalen Gläubiger von der Zusicherung zu überzeugen, so soll er diesen Versuch unternehmen. Erachten die lokalen Gläubiger die Nennung von Liquidationswerten hingegen als nicht ausreichend, so werden sie dies dem Verwalter mitteilen bzw. die Zusicherung nicht billigen. Im eigenen Interesse wird der Verwalter dann nachbessern. Der Verwalter kann also völlig frei entscheiden, welche Werte er seinen Berechnungen zugrunde legt. Eine Pflicht zur Nennung bestimmter Werte ist abzulehnen. Dafür spricht auch, dass der Gesetzgeber auf die Frage, welche Werte der Verwalter seinen Berechnungen zugrunde legen muss, in Art. 36 Abs. 1 S. 2 EuInsVO nicht eingegangen ist. Es ist grundsätzlich ausreichend, wenn der Verwalter den Wert des im Niederlassungsstaat belegenen Vermögens grob

[66] A. A. ist Skauradszun. Er schreibt, die lokalen Gläubiger hätten den Wunsch, dass der Verwalter denjenigen Wert zugrunde legt, der sich aus demjenigen Rechnungslegungsstandard ergibt, der diesen Gegenstand am höchsten bewertet. *Skauradszun*, ZIP 2016, 1563 (1568). Des Weiteren äußert er, dass die lokalen Gläubiger im Fall eines Auseinanderfallens von Buch- und Verkehrswert den jeweils höheren Wert zugrunde legen wollten. *Skauradszun*, ZIP 2016, 1563 (1569).

[67] Skauradszun ist hingegen der Auffassung, die lokalen Gläubiger hätten den Wunsch, dass der Verwalter den Wert zugrunde legt, der sich aus dem Rechnungslegungsstandard ergibt, der diesen Gegenstand am höchsten bewertet. *Skauradszun*, ZIP 2016, 1563 (1568).

schätzt. Im Ergebnis ist zu sagen, dass an das Erfordernis der Wertangabe in der Zusicherung keine zu hohen Anforderungen gestellt werden dürfen.[68] Die der Zusicherung zugrunde liegenden tatsächlichen Annahmen sollten keine große Hürde auf dem Weg zum virtuellen Sekundärinsolvenzverfahren sein.

Im eigenen Interesse sollte der Verwalter seine Berechnungen allerdings transparent machen. Er sollte also in der Zusicherung angeben, ob er seinen Berechnungen Buch- oder Verkehrswerte bzw. Liquidations- oder Fortführungswerte zugrunde gelegt hat. Können die lokalen Gläubiger die Berechnungen nämlich nicht nachvollziehen, so lehnen sie die Durchführung eines virtuellen Sekundärinsolvenzverfahrens unter Umständen ab. In der Regel wird der Verwalter die Zusicherung bald nach Eröffnung des Hauptinsolvenzverfahrens abgeben wollen. Er hat dann nur wenig Zeit, um den Wert des im Niederlassungsstaat belegenen Vermögens zu ermitteln und zu berechnen.[69] Daher kann es sich bei dem in der Zusicherung genannten Wert nur um eine grobe Schätzung handeln. Zudem muss damit gerechnet werden, dass die Berechnungen nicht fehlerfrei sind. Auf beides sollte der Verwalter die lokalen Gläubiger in der Zusicherung hinweisen, um zu vermeiden, dass die lokalen Gläubiger verärgert sind, wenn spätere Werte von den anfänglich angenommenen Werten abweichen.

E. Der Irrtum über die tatsächlichen Annahmen

Der Verwalter muss in der Zusicherung gemäß Art. 36 Abs. 1 S. 2 EuInsVO den Wert der Masse des virtuellen Sekundärinsolvenzverfahrens nennen und Verwertungsmöglichkeiten aufzeigen. In der Regel wird der Verwalter die Zusicherung bald nach Eröffnung des Hauptinsolvenzverfahrens abgeben. Ist das der Fall, so hat er nicht viel Zeit, um den Umfang der Masse des virtuellen Sekundärinsolvenzverfahrens zu ermitteln und deren Wert zu berechnen. Daher ist die Wahrscheinlichkeit hoch, dass der in der Zusicherung genannte Wert objektiv unrichtig ist. Dies kann zum einen daran liegen, dass der Verwalter den Umfang der Masse des virtuellen Sekundärinsolvenzverfahrens falsch einschätzt. Zum anderen kann er sich aber auch über den Wert einzelner Massegegenstände irren. Fraglich ist, welche Folgen es hat, wenn der in der Zusicherung genannte Wert aufgrund eines Irrtums des Verwalters von Anfang an unrichtig ist. Bei Beantwortung dieser Frage ist zwischen den Interessen des Verwalters und den Interessen der Gläubiger zu unterscheiden.

---

[68] So im Ergebnis auch *Schultz*, in: Heidelberger Kommentar InsO, 10. Aufl. 2020, Art. 36 EuInsVO Rn. 18. A. A. *Skauradszun*, ZIP 2016, 1563 (1564).

[69] So ebenfalls *Madaus*, in: FS Pannen, 2017, S. 223 (235); *Skauradszun*, ZIP 2016, 1563 (1564).

I. Der Irrtum über die tatsächlichen Annahmen aus Sicht des Verwalters

Mankowski äußert sich zu einem Irrtum des Verwalters über die tatsächlichen Umstände, der dazu führt, dass die der Zusicherung zugrunde liegenden tatsächlichen Annahmen objektiv unrichtig sind.[70] Er ist der Meinung, ein solcher Irrtum des Verwalters könne zwei verschiedene Folgen haben. Denkbar sei einerseits, dass der Irrtum Irrtumsfolgen, also Nichtigkeit oder Anfechtbarkeit, auslöse. Möglich sei aber auch ein Anpassungsanspruch wegen Fehlens der subjektiven Geschäftsgrundlage. Mankowski ist also der Auffassung, der Verwalter habe im Fall eines Irrtums über tatsächliche Umstände ein Bedürfnis, sich entweder von der Zusicherung zu lösen oder diese zu ändern. Tatsächlich hat der Verwalter aber überhaupt kein Interesse, sich von der Zusicherung zu lösen oder diese zu ändern.[71] Der Irrtum des Verwalters über den Umfang oder Wert der Masse des virtuellen Sekundärinsolvenzverfahrens hat nämlich keinerlei Folgen für die Durchführung des virtuellen Sekundärinsolvenzverfahrens. Der in der Zusicherung genannte Wert wird den Gläubigern nicht zugesichert und nicht der Verteilung im virtuellen Sekundärinsolvenzverfahren zugrunde gelegt.[72] Die in der Zusicherung genannten tatsächlichen Annahmen dienen den lokalen Gläubigern lediglich als Information, auf deren Grundlage sie eine Entscheidung zwischen der Eröffnung eines Sekundärinsolvenzverfahrens und der Durchführung eines virtuellen Sekundärinsolvenzverfahrens treffen können.[73] Die tatsächlichen Annahmen sind also nur für und bis zur Abstimmung über die Zusicherung relevant. Dann muss das Gleiche aber auch für den Irrtum des Verwalters über die tatsächlichen Annahmen gelten. Hat der Verwalter aber kein Interesse, sich von der Zusicherung zu lösen oder diese zu ändern, so erübrigt sich folglich auch jegliche Diskussion darüber, unter welchen Voraussetzungen er von der Zusicherung zurücktreten kann.[74]

---

[70] *Mankowski*, NZI 2015, 961 (964); *Mankowski*, in: Mankowski/Müller/J. Schmidt, EuInsVO, 1. Aufl. 2016, Art. 36 Rn. 20. A. A. ist Keller, der den Vorschlag von Mankowski insoweit ablehnt. Er begründet dies damit, dass Art. 102c § 17 Abs. 1 S. 2 EGInsO nicht auf § 240 InsO verweise, der eine Anpassung ermöglicht hätte. *Keller*, in: Vallender, EuInsVO, 2. Aufl. 2020, Art. 36 Rn. 10. Allerdings verkennt auch Keller, dass der Verwalter überhaupt kein Interesse hat, sich von der Zusicherung zu lösen.

[71] Abgesehen davon ist eine Änderung der Zusicherung auch gar nicht möglich. Der Inhalt jeder Zusicherung ist gesetzlich festgelegt.

[72] Siehe dazu ausführlich S. 140 ff.

[73] Siehe dazu ausführlich S. 149 f.

[74] Auch Skauradszun lehnt den Vorschlag von Mankowski ab. Er ist ebenfalls der Ansicht, dass der Verwalter keinen Grund hat, sich von der Zusicherung zu lösen, wenn die der Zusicherung zugrunde liegenden tatsächlichen Annahmen von Anfang an falsch waren. Skauradszun begründet das damit, dass eine Rechtposition zugesichert werde, die der Verwalter auch dann wahren könne, wenn die tatsächlichen Annahmen von Beginn an unrichtig waren. *Skauradszun*, ZIP 2016, 1563 (1573). Skauradszun ist zuzustimmen, dass eine Rechtsposition zugesichert wird. Allerdings übersieht er, dass sich die Zusicherung zudem auf etwas Tatsächliches bezieht, nämlich das im Niederlassungsstaat belegene Vermögen. Da die Zusiche-

II. Der Irrtum über die tatsächlichen Annahmen aus Sicht der Gläubiger

Ist der vom Verwalter in der Zusicherung genannte Wert der Masse des virtuellen Sekundärinsolvenzverfahrens bereits zum Zeitpunkt der Abgabe der Zusicherung objektiv unrichtig, so stellt sich die Frage, ob die lokalen Gläubiger Rechtsschutzmöglichkeiten geltend machen können.

1. Geltendmachung des in der Zusicherung genannten Werts

Die lokalen Gläubiger können nicht geltend machen, der Verwalter habe den in der Zusicherung genannten Wert der Verteilung im virtuellen Sekundärinsolvenzverfahren zugrunde zu legen. Der in der Zusicherung genannte Wert wird den Gläubigern nämlich nicht zugesichert.[75] Vielmehr dient der in der Zusicherung genannte Wert den lokalen Gläubigern lediglich als Information, auf deren Grundlage sie eine Entscheidung zwischen der Eröffnung eines Sekundärinsolvenzverfahrens und der Durchführung eines virtuellen Sekundärinsolvenzverfahrens treffen können.[76] Die lokalen Gläubiger können auch nicht gemäß Art. 36 Abs. 7 S. 2 EuInsVO die geplante Verteilung mit der Begründung anfechten, der in der Benachrichtigung über die geplante Verteilung genannte Wert entspreche nicht dem in der Zusicherung genannten Wert. Art. 36 Abs. 7 S. 2 EuInsVO setzt nämlich tatbestandlich voraus, dass die Benachrichtigung über die beabsichtigte Verteilung nicht dem Inhalt der Zusicherung entspricht. Die in der Zusicherung gemäß Art. 36 Abs. 1 S. 2 EuInsVO zu nennenden tatsächlichen Annahmen sind aber nicht Teil des Inhalts der Zusicherung. Der Inhalt der Zusicherung wird abschließend in Art. 36 Abs. 1 S. 1 EuInsVO definiert.

2. Nachträgliche Eröffnung eines Sekundärinsolvenzverfahrens

Der in der Zusicherung genannte Wert soll den lokalen Gläubigern helfen, gemäß Art. 36 Abs. 5 EuInsVO eine Entscheidung über die Zusicherung zu treffen.[77] Bei der Abstimmung über die Zusicherung handelt es sich letztlich um eine Wahl zwischen der Eröffnung eines Sekundärinsolvenzverfahrens und der Durchführung eines virtuellen Sekundärinsolvenzverfahrens. Ist der in der Zusicherung genannte Wert bereits zum Zeitpunkt der Abgabe der Zusicherung unrichtig, so treffen die lokalen Gläubiger ihre Entscheidung zwischen der Eröffnung eines Sekundärinsolvenzver-

---

rung das im Niederlassungsstaat belegene Vermögen allerdings abstrakt beschreibt, wirkt sich ein Irrtum des Verwalters über die Masse des virtuellen Sekundärinsolvenzverfahrens nicht auf den Inhalt der Zusicherung aus.

[75] Siehe dazu ausführlich S. 140 ff.

[76] Siehe dazu ausführlich S. 149 f.

[77] Siehe dazu ausführlich S. 149 f.

fahrens und der Durchführung eines virtuellen Sekundärinsolvenzverfahrens auf Grundlage unrichtiger Informationen. Steht fest, dass eine Mehrheit der lokalen Gläubiger die Zusicherung auch dann gebilligt hätte, wenn der Verwalter den richtigen Wert in der Zusicherung genannt hätte, so hat die Nennung des unrichtigen Werts keinerlei Folgen. Die Nennung des unrichtigen Werts ist nur dann problematisch, wenn sich eine Mehrheit der lokalen Gläubiger bei Kenntnis des richtigen Werts für die Eröffnung eines Sekundärinsolvenzverfahrens entschieden hätte. Ist das der Fall, so muss geprüft werden, ob dieses Ziel noch erreicht werden kann. Wollen die lokalen Gläubiger nun die Eröffnung eines Sekundärinsolvenzverfahrens beantragen, so stellt sich die Frage, ob sie die Frist des Art. 37 Abs. 2 EuInsVO zu beachten haben. Die Frist des Art. 37 Abs. 2 EuInsVO beginnt nur dann zu laufen, wenn die Zusicherung im Einklang mit Art. 36 EuInsVO bindend geworden ist. Eine Zusicherung ist dann bindend, wenn sie vom Verwalter abgegeben und von den lokalen Gläubigern gebilligt wurde. Dies ergibt sich aus Art. 36 Abs. 6 S. 1 EuInsVO. Im vorliegenden Fall haben die lokalen Gläubiger die Zusicherung zwar auf Grundlage unrichtiger Informationen gebilligt. Dennoch ist diese Billigung wirksam. Die EuInsVO sieht auch keine Möglichkeit vor, dass die lokalen Gläubiger ihre Zustimmung zur Zusicherung anfechten oder widerrufen können. Da die Zusicherung wirksam gebilligt wurde, ist sie bindend geworden. Die lokalen Gläubiger können die Eröffnung eines Sekundärinsolvenzverfahrens folglich nur innerhalb der von Art. 37 Abs. 2 EuInsVO genannten Frist beantragen. Wird der Antrag auf Eröffnung eines Sekundärinsolvenzverfahrens innerhalb der Frist des Art. 37 Abs. 2 EuInsVO gestellt, so bedeutet dies aber noch nicht die Eröffnung des Sekundärinsolvenzverfahrens. Der Verwalter hat die Möglichkeit beim zuständigen Gericht gemäß Art. 38 Abs. 2 EuInsVO einen Antrag zu stellen, das Gericht möge wegen der Zusicherung kein Sekundärinsolvenzverfahren eröffnen. Stellt der Verwalter diesen Antrag, so muss das Gericht gemäß Art. 38 Abs. 2 EuInsVO prüfen, ob die Zusicherung die allgemeinen Interessen der lokalen Gläubiger angemessen schützt. Ist die in Art. 37 Abs. 2 EuInsVO genannte Frist bereits abgelaufen, so kann kein Sekundärinsolvenzverfahren mehr beantragt werden.

3. Schadensersatzanspruch nach Art. 36 Abs. 10 EuInsVO

Ist der in der Zusicherung genannte Wert von Beginn an unrichtig, so können die lokalen Gläubiger auch prüfen, ob sie einen Anspruch auf Schadensersatz gemäß Art. 36 Abs. 10 EuInsVO gegen den Verwalter geltend machen können. Paulus hält Art. 36 Abs. 10 EuInsVO für eine Kollisionsnorm, die auf die *lex fori concursus* des Hauptinsolvenzverfahrens verweist.[78] Dem kann nicht gefolgt werden. Art. 36 Abs. 10 EuInsVO ist eindeutig eine Sachnorm.[79] Der Wortlaut des Art. 36 Abs. 10

[78] *Paulus*, in: Paulus, EuInsVO, 6. Aufl. 2021, Art. 36 Rn. 29.

[79] So im Ergebnis auch *Keller*, in: Vallender, EuInsVO, 2. Aufl. 2020, Art. 36 Rn. 36; *Mankowski*, NZI 2015, 961 (969); *Mankowski*, in: Mankowski/Müller/J. Schmidt, EuInsVO, 1. Aufl. 2016, Art. 36 Rn. 67; *Reinhart*, in: Münchener Kommentar InsO, Band 4, 3. Aufl.

EuInsVO enthält überhaupt keine Anhaltspunkte dafür, dass es sich um eine Kollisionsnorm handelt. Art. 36 Abs. 10 EuInsVO verweist auf Rechtsfolgenseite gerade nicht auf eine andere Rechtsordnung. Wäre Art. 36 Abs. 10 EuInsVO tatsächlich eine Kollisionsnorm, so bliebe auch völlig unklar, ob die *lex fori concursus* des Hauptinsolvenzverfahrens oder das Recht des Staates, in dem das Sekundärinsolvenzverfahren hätte eröffnet werden können, anzuwenden wäre. Art. 36 Abs. 10 EuInsVO entscheidet vielmehr abschließend in der Sache selbst. Unmittelbare Rechtsfolge des Art. 36 Abs. 10 EuInsVO ist die Haftung des Verwalters für den entstandenen Schaden. Auch das Argument von Paulus, Art. 36 Abs. 10 EuInsVO müsse eine Kollisionsnorm sein, weil es schwer nachvollziehbar wäre, dass eine verschuldensunabhängige Haftung im Wege einer Sachnorm eingeführt wird,[80] überzeugt nicht. Zwar ist es richtig, dass der Tatbestand des Art. 36 Abs. 10 EuInsVO kein Verschulden voraussetzt.[81] Trotzdem ist das Haftungsrisiko des Verwalters gering. Dieser haftet nur für eine Nichterfüllung. Hingegen haftet er nicht für eine Schlechterfüllung.[82] Ziel des Gesetzgebers war es, einen speziellen europäischen Schadensersatzanspruch für den Fall der Durchführung eines virtuellen Sekundärinsolvenzverfahrens zu schaffen. Dieser gesetzgeberische Wille ist zu akzeptieren. Im Übrigen ist auch der deutsche Gesetzgeber zu dem Schluss gekommen, dass es sich bei Art. 36 Abs. 10 EuInsVO um eine Sachnorm handelt. Anderenfalls hätte der Gesetzgeber in Art. 102c § 14 EGInsO nämlich einen Verweis auf § 60 InsO aufgenommen. Ein solcher Verweis fehlt dort aber. Im Folgenden sind die Tatbestandsvoraussetzungen des Art. 36 Abs. 10 EuInsVO zu prüfen.

a) Nichterfüllung einer Pflicht

Der Schadensersatzanspruch gemäß Art. 36 Abs. 10 EuInsVO setzt voraus, dass der Verwalter eine sich aus Art. 36 EuInsVO ergebene Pflicht nicht erfüllt hat. Art. 36 Abs. 10 EuInsVO nimmt hinsichtlich der Pflichten des Verwalters keine Einschränkungen vor. Es sind daher sämtliche sich aus Art. 36 EuInsVO für den Verwalter ergebene Pflichten gemeint. Dazu gehört auch die Pflicht des Verwalters gemäß Art. 36 Abs. 1 S. 2 EuInsVO den Wert der Masse des virtuellen Sekundärinsolvenzverfahrens zu nennen und die Möglichkeiten der Verwertung zu beschreiben.[83]

2016, Art. 36 EuInsVO 2015 Rn. 44; *Schultz*, in: Heidelberger Kommentar InsO, 10. Aufl. 2020, Art. 36 EuInsVO Rn. 30; *Skauradszun*, ZIP 2016, 1563 (1564); *Wimmer*, in: Wimmer/Bornemann/Lienau, Die Neufassung der EuInsVO, 2016, Rn. 453.

[80] *Paulus*, in: Paulus, EuInsVO, 6. Aufl. 2021, Art. 36 Rn. 29.

[81] So auch *Mankowski*, NZI 2015, 961 (969); *Mankowski*, in: Mankowski/Müller/J. Schmidt, EuInsVO, 1. Aufl. 2016, Art. 36 Rn. 68; siehe zudem *Keller*, in: Vallender, EuInsVO, 2. Aufl. 2020, Art. 36 Rn. 37.

[82] Siehe dazu ausführlich im nächsten Abschnitt.

[83] So im Ergebnis auch *Skauradszun*, ZIP 2016, 1563 (1564) (1573).

Fraglich ist des Weiteren, wie das Tatbestandsmerkmal Nichterfüllung auszulegen ist. Mankowski und Schultz halten entgegen des Wortlauts des Art. 36 Abs. 10 EuInsVO eine Schlechterfüllung für ausreichend.[84] Mankowski schreibt, dies werde aus der englischen Fassung des Art. 36 Abs. 10 EuInsVO deutlicher, die von *non-compliance* spreche.[85] Diese Argumentation überzeugt aber schon deswegen nicht, weil Mankowski den Begriff *non-compliance* unrichtig übersetzt. *Non-compliance* bedeutet nicht Schlechterfüllung, sondern Nichterfüllung.[86] Es spricht also gerade auch die englische Fassung dafür, dass der Tatbestand des Art. 36 Abs. 10 EuInsVO eine Nichterfüllung voraussetzt. Eine Auslegung des Tatbestands des Art. 36 Abs. 10 EuInsVO abweichend von dessen Wortlaut kommt aus zwei Gründen nicht in Betracht. Zum einen fehlt es an einer zweideutigen Formulierung, die Raum für eine anderweitige Auslegung ließe. Insbesondere ist der Begriff Nichterfüllung kein Oberbegriff für jegliche Verletzung von Pflichten, unter den sich auch eine Schlechterfüllung subsumieren ließe. Vielmehr handelt es sich bei einer Nichterfüllung um etwas qualitativ anderes als einer Schlechterfüllung. Hätte der Gesetzgeber gewollt, dass bereits eine Schlechterfüllung die Haftung des Verwalters auslöst, so hätte er eine andere Formulierung gewählt. Beispielsweise würde es dann in Art. 36 Abs. 10 EuInsVO heißen, dass der Verwalter für jeden Schaden infolge der Verletzung seiner Pflichten aus Art. 36 EuInsVO haftet. Des Weiteren würde eine vom Wortlaut des Art. 36 Abs. 10 EuInsVO abweichende Auslegung aber auch ein Ergebnis zur Folge haben, das vom Gesetzgeber nicht gewollt sein kann. Zu beachten ist, dass der Tatbestand des Art. 36 Abs. 10 EuInsVO kein Verschulden des Verwalters voraussetzt. Eine verschuldensunabhängige Haftung erscheint aber nur dann angebracht, wenn der Verwalter eine sich aus Art. 36 EuInsVO ergebene Pflicht überhaupt nicht erfüllt hat. Hingegen wäre es nicht sachgerecht, wenn der Verwalter verschuldensunabhängig für jeden Schaden infolge der Schlechterfüllung einer Pflicht haften würde. Anderenfalls wäre die Durchführung eines virtuellen Sekundärinsolvenzverfahrens für den Verwalter mit erheblichen und nicht kalkulierbaren Risiken verbunden. Aufgrund der unabsehbaren Risiken würde wohl kaum ein Verwalter ein virtuelles Sekundärinsolvenzverfahren durchführen wollen. Ein solches Ergebnis ist aber weder im Sinne des Verwalters noch im Sinne der Gläubiger. Es ist daher festzustellen, dass Art. 36 Abs. 10 EuInsVO wortgetreu ausgelegt werden muss. Jegliche vom Wortlaut abweichende Auslegung verbietet sich. Die Schlechterfüllung einer Pflicht wird folglich nicht von Art. 36 Abs. 10 EuInsVO erfasst.

---

[84] *Mankowski*, NZI 2015, 961 (969); *Mankowski*, in: Mankowski/Müller/J. Schmidt, EuInsVO, 1. Aufl. 2016, Art. 36 Rn. 67; *Schultz*, in: Heidelberger Kommentar InsO, 10. Aufl. 2020, Art. 36 EuInsVO Rn. 30.

[85] *Mankowski*, NZI 2015, 961 (969); *Mankowski*, in: Mankowski/Müller/J. Schmidt, EuInsVO, 1. Aufl. 2016, Art. 36 Rn. 67.

[86] Vgl. u.a. von *Beseler/Jacobs-Wüstenfeld*, Law Dictionary English-German, 4. Aufl. 1986, S. 1110; Langenscheidt Studienwörterbuch Englisch, 2005, S. 419. Das Oxford English Dictionary definiert *non-compliance* als *failure or refusal to comply*. The New Shorter Oxford English Dictionary, Band 2, 4. Aufl. 1993, S. 1934.

Ein lokaler Gläubiger kann also nur dann einen Schadensersatzanspruch gemäß Art. 36 Abs. 10 EuInsVO geltend machen, wenn der Verwalter eine sich für ihn aus Art. 36 EuInsVO ergebene Pflicht nicht erfüllt hat. Der Verwalter erfüllt die Pflicht aus Art. 36 Abs. 1 S. 2 EuInsVO dann nicht, wenn er überhaupt keinen Wert für die Masse des virtuellen Sekundärinsolvenzverfahrens nennt. Eine Nichterfüllung liegt aber auch dann vor, wenn der Verwalter einen Wert für die Masse des virtuellen Sekundärinsolvenzverfahrens frei erfindet. Zu beachten ist nämlich, dass Art. 36 Abs. 1 S. 2 EuInsVO den Verwalter nicht nur verpflichtet, den Wert in der Zusicherung zu nennen, sondern diesen zuvor auch zu berechnen. Denkt der Verwalter sich aber einen Wert aus, so nimmt er keine Berechnungen vor. Folglich nennt der Verwalter den lokalen Gläubigern dann nicht Werte im Sinne des Art. 36 Abs. 1 S. 2 EuInsVO, sondern frei erfundene Zahlen. Das Gleiche gilt auch dann, wenn der Verwalter in der Zusicherung vorsätzlich falsche Werte präsentiert. Unterliegt der Verwalter bei der Berechnung des Werts der Masse des virtuellen Sekundärinsolvenzverfahrens hingegen einem Irrtum, so dass der in der Zusicherung genannte Wert bereits zum Zeitpunkt der Abgabe der Zusicherung unrichtig ist, so handelt es sich lediglich um eine Schlechterfüllung. Eine Schlechterfüllung erfüllt aber nicht den Tatbestand des Art. 36 Abs. 10 EuInsVO. Irrt sich der Verwalter also über den Wert der Masse des virtuellen Sekundärinsolvenzverfahrens und nennt deswegen in der Zusicherung einen unrichtigen Wert, so haftet er den lokalen Gläubigern nicht gemäß Art. 36 Abs. 10 EuInsVO.[87]

b) Kausaler Schaden

Hat der Verwalter gar keinen Wert oder vorsätzlich einen falschen Wert genannt oder den in der Zusicherung präsentierten Wert frei erfunden, so hat er die sich aus Art. 36 Abs. 1 S. 2 EuInsVO ergebene Pflicht nicht erfüllt. In diesem Fall kann jeder lokale Gläubiger prüfen, ob er einen Schadensersatzanspruch gemäß Art. 36 Abs. 10 EuInsVO geltend machen kann. Ein solcher Anspruch setzt des Weiteren voraus, dass die soeben genannte Pflichtverletzung des Verwalters kausal einen Schaden beim lokalen Gläubiger verursacht hat. Ein Schaden ist zu bejahen, wenn der lokale Gläubiger bei pflichtgemäßem Verhalten des Verwalters mit seiner Forderung ein besseres Befriedigungsergebnis erzielt hätte. Ob bei pflichtgemäßem Verhalten des Verwalters aber überhaupt ein besseres Befriedigungsergebnis des lokalen Gläubigers denkbar ist, hängt vom hypothetischen Abstimmungsverhalten der lokalen Gläubiger ab. Hätte eine Mehrheit der lokalen Gläubiger die Zusicherung auch dann gebilligt, wenn der Verwalter pflichtgemäße Angaben über die Masse des virtuellen Sekundärinsolvenzverfahrens gemacht hätte, so wäre ebenfalls ein virtuelles Sekundärinsolvenzverfahren durchgeführt worden. Der lokale Gläubiger hätte mit seiner Forderung dann kein besseres, sondern das gleiche Ergebnis erzielt. In diesem Fall ist ein Schaden des lokalen Gläubigers folglich zu verneinen. Hätte bei pflichtgemäßen Angaben des Verwalters eine Mehrheit der lokalen Gläubiger die

---

[87] A. A. ist wohl *Skauradszun*, ZIP 2016, 1563 (1564) (1573).

Zusicherung hingegen abgelehnt und die Eröffnung eines Sekundärinsolvenzverfahrens beantragt, so ist ein besseres Befriedigungsergebnis des lokalen Gläubigers im Sekundärinsolvenzverfahren zumindest denkbar. In diesem Fall ist sodann zu prüfen, ob der lokale Gläubiger in einem Sekundärinsolvenzverfahren mit seiner Forderung tatsächlich ein besseres Befriedigungsergebnis als im virtuellen Sekundärinsolvenzverfahren erzielt hätte. Nur wenn dies bejaht werden kann, hat die Pflichtverletzung des Verwalters kausal einen Schaden des lokalen Gläubigers verursacht. Will der lokale Gläubiger also einen Schadensersatzanspruch gemäß Art. 36 Abs. 10 EuInsVO geltend machen, so muss er zwei Dinge beweisen: erstens, dass die Mehrheit der lokalen Gläubiger bei pflichtgemäßen Angaben des Verwalters die Zusicherung abgelehnt und die Eröffnung eines Sekundärinsolvenzverfahrens beantragt hätte, und zweitens, dass er in einem Sekundärinsolvenzverfahren mit seiner Forderung ein besseres Befriedigungsergebnis als im virtuellen Sekundärinsolvenzverfahren erzielt hätte. Es dürfte dem lokalen Gläubiger in der Regel äußerst schwer fallen, dies beides zu beweisen. Eine Beweislastumkehr zugunsten des lokalen Gläubigers enthält Art. 36 Abs. 10 EuInsVO nämlich gerade nicht.

c) *Ergebnis*

Irrt sich der Verwalter über den Wert der Masse des virtuellen Sekundärinsolvenzverfahrens und nennt deswegen in der Zusicherung einen unrichtigen Wert, so haftet er den lokalen Gläubigern nicht gemäß Art. 36 Abs. 10 EuInsVO. Ein Schadensersatzanspruch gemäß Art. 36 Abs. 10 EuInsVO kommt nur dann in Betracht, wenn der Verwalter gar keinen Wert oder vorsätzlich einen falschen Wert in der Zusicherung genannt hat oder den in der Zusicherung präsentierten Wert frei erfunden hat. Ist dies der Fall, so muss der lokale Gläubiger aber weiterhin beweisen, dass er bei pflichtgemäßen Angaben des Verwalters mit seiner Forderung ein besseres Ergebnis erzielt hätte.

4. Schadensersatzanspruch nach § 60 InsO

Ist der in der Zusicherung genannte Wert bereits zum Zeitpunkt der Abgabe der Zusicherung unrichtig, so stellt sich des Weiteren die Frage, ob lokale und nichtlokale Gläubiger auch Schadensersatzansprüche nach der *lex fori concursus* des Hauptinsolvenzverfahrens geltend machen können. Ist das Hauptinsolvenzverfahren in Deutschland eröffnet worden, so kommt grundsätzlich ein Schadensersatzanspruch nach § 60 InsO in Betracht. Umstritten ist aber bereits, ob § 60 InsO überhaupt anwendbar ist, wenn der Verwalter eine sich aus der EuInsVO ergebene Pflicht verletzt.[88] § 60 Abs. 1 S. 1 InsO spricht nämlich von Pflichten, die dem Verwalter

[88] Siehe zu diesem Streit u. a. *Heiderhoff*, in: Haß/Huber/Gruber/Heiderhoff, EuInsVO, 1. Aufl. 2005, Art. 31 a. F. Rn. 9; *Reinhart*, in: Münchener Kommentar InsO, Band 4, 3. Aufl. 2016, Art. 31 EuInsVO 2000 Rn. 38; *Thole*, in: Karsten Schmidt, InsO, 19. Aufl. 2016, § 60 Rn. 15; *Weitzmann*, in: Hamburger Kommentar InsO, 7. Aufl. 2019, § 60 Rn. 11.

nach diesem Gesetz obliegen. Hält man sich streng an den Wortlaut des § 60 Abs. 1 S. 1 InsO, so sind nur Pflichten des Verwalters gemeint, die sich aus der InsO ergeben. Auf diesen Streit soll hier aber nicht näher eingegangen werden. Der Einfachheit halber wird davon ausgegangen, dass § 60 InsO auch Pflichten meint, die sich für den Verwalter aus der EuInsVO ergeben. Allerdings wäre § 60 InsO dann nicht anwendbar, wenn Art. 36 Abs. 10 EuInsVO einen abschließenden Charakter hat, der Schadensersatzansprüche nach nationalem Recht ausschließt. Die Beantwortung dieser Frage ist für die lokalen Gläubiger bedeutsam, weil ein Verwalter gemäß § 60 InsO, im Gegensatz zu Art. 36 Abs. 10 EuInsVO, auch für eine Schlechterfüllung haftet. Einige Stimmen in der Literatur sind der Auffassung, dass Art. 36 Abs. 10 EuInsVO nicht abschließend ist.[89] Folglich sei neben Art. 36 Abs. 10 EuInsVO auch ein Schadensersatzanspruch gemäß § 60 InsO möglich. Allerdings begründen diese Autoren ihre Auffassung nicht. Der Meinung dieser Autoren wird hier nicht gefolgt. Denn es sprechen gewichtige Gründe dafür, dass Art. 36 Abs. 10 EuInsVO abschließend über die Frage des Schadensersatzes entscheidet und weitere Schadensersatzansprüche nach nationalem Recht ausgeschlossen sind. Wären auch Schadensersatzansprüche nach nationalem Recht möglich, so wäre zu erwarten, dass Art. 36 EuInsVO darauf ausdrücklich hinweist. Ein solcher Hinweis fehlt aber in Art. 36 EuInsVO. Zudem hätte der Gesetzgeber dann auch entscheiden müssen, ob weitere Schadensersatzansprüche nach der *lex fori concursus* des Hauptinsolvenzverfahrens oder nach dem Recht des Staates, in dem das Sekundärinsolvenzverfahren hätte eröffnet werden können, möglich sein sollen. Wären auch Schadensersatzansprüche nach nationalem Recht möglich, so würde dies zudem die Frage aufwerfen, warum der Gesetzgeber einen eigenständigen europäischen Schadensersatzanspruch in Art. 36 Abs. 10 EuInsVO geschaffen hat. Art. 36 Abs. 10 EuInsVO deutet vielmehr darauf hin, dass der Europäische Gesetzgeber eine Haftung des Verwalters nach nationalem Recht als nicht passend empfand. Des Weiteren ist zu beachten, dass eine zusätzliche Haftung des Verwalters nach nationalem Recht auch zu Wertungswidersprüchen führen würde. Gemäß Art. 36 Abs. 10 EuInsVO haftet der Verwalter nur den lokalen Gläubigern. Nach nationalem Recht würde er aber allen Gläubigern, also auch den nichtlokalen Gläubigern, haften. Ein Schadensersatzanspruch nach Art. 36 Abs. 10 EuInsVO setzt die Nichterfüllung einer Pflicht voraus. Hingegen reicht nach § 60 InsO bereits eine Schlechterfüllung aus. Die in Art. 36 Abs. 10 EuInsVO aufgestellten Voraussetzungen könnten also durch Schadensersatzansprüche nach nationalem Recht umgangen werden. Ein solches Ergebnis wird der Europäische Gesetzgeber aber sicherlich nicht gewollt haben. Es ist daher davon auszugehen, dass der Gesetzgeber die Frage des Schadensersatzes für den Fall des virtuellen Sekundärinsolvenzverfahrens abschließend in Art. 36 Abs. 10 EuInsVO regeln wollte.

[89] So *Reinhart*, in: Münchener Kommentar InsO, Band 4, 3. Aufl. 2016, Art. 36 EuInsVO 2015 Rn. 44; *Wimmer*, in: Wimmer/Bornemann/Lienau, Die Neufassung der EuInsVO, 2016, Rn. 453. Sich Reinhart anschließend *Schultz*, in: Heidelberger Kommentar InsO, 10. Aufl. 2020, Art. 36 EuInsVO Rn. 30.

Folglich schließt Art. 36 Abs. 10 EuInsVO Schadensersatzansprüche nach nationalem Recht aus. Dies gilt auch für den Schadensersatzanspruch nach § 60 InsO.

5. Ergebnis

Sind die in der Zusicherung gemachten Wertangaben aufgrund eines Irrtums des Verwalters unrichtig, so bestehen für die Gläubiger folgende Reaktionsmöglichkeiten. Der in der Zusicherung genannte Wert wird den Gläubigern nicht zugesichert. Daher können die lokalen Gläubiger nicht geltend machen, der Verwalter habe den in der Zusicherung genannten Wert der Verteilung im virtuellen Sekundärinsolvenzverfahren zugrunde zu legen. Alle Gläubiger können aber innerhalb der Frist des Art. 37 Abs. 2 EuInsVO die Eröffnung eines Sekundärinsolvenzverfahrens beantragen. Allerdings kann der Verwalter dann gemäß Art. 38 Abs. 2 EuInsVO einen Antrag stellen, das Gericht möge wegen der Zusicherung kein Sekundärinsolvenzverfahren eröffnen. Ist die Frist des Art. 37 Abs. 2 EuInsVO bereits abgelaufen, kann kein Sekundärinsolvenzverfahren mehr beantragt werden. Ein Schadensersatzanspruch gemäß Art. 36 Abs. 10 EuInsVO scheidet ebenfalls aus. Der Tatbestand des Art. 36 Abs. 10 EuInsVO setzt die Nichterfüllung einer Pflicht voraus. Unrichtige Angaben über den Wert der Masse des virtuellen Sekundärinsolvenzverfahrens infolge eines Irrtums des Verwalters stellen aber lediglich eine Schlechterfüllung dar. Die Gläubiger können auch keine Schadensersatzansprüche nach nationalem Recht gegen den Verwalter geltend machen. Art. 36 Abs. 10 EuInsVO ist eine abschließende Regelung für die Frage des Schadensersatzes, die weitere Schadensersatzansprüche nach nationalem Recht ausschließt.

III. Gesamtergebnis

Irrt sich der Verwalter über Umfang oder Wert der Masse des virtuellen Sekundärinsolvenzverfahrens und macht deswegen in der Zusicherung unrichtige Angaben, so ist dies für ihn völlig unproblematisch. Die von einigen Autoren in diesem Zusammenhang dargestellten Probleme bestehen nicht.[90] Der Verwalter hat kein Interesse, sich von der Zusicherung zu lösen oder diese zu ändern. Der in der Zusicherung genannte Wert wird den Gläubigern nicht zugesichert und nicht der Verteilung im virtuellen Sekundärinsolvenzverfahren zugrunde gelegt. Der Verwalter haftet den Gläubigern auch nicht auf Schadensersatz. Lediglich die Gläubiger haben möglicherweise ein Interesse, sich von der Zusicherung zu lösen. Die einzige Möglichkeit für sie, sich von der Zusicherung loszusagen, besteht allerdings darin,

[90] Vgl. nochmals *Keller*, in: Vallender, EuInsVO, 2. Aufl. 2020, Art. 36 Rn. 10; *Madaus*, in: FS Pannen, 2017, S. 223 (235); *Mankowski*, NZI 2015, 961 (964 f.); *Mankowski*, in: Mankowski/Müller/J. Schmidt, EuInsVO, 1. Aufl. 2016, Art. 36 Rn. 20, 27. Skauradszun hält einen Schadensersatzanspruch gemäß Art. 36 Abs. 10 EuInsVO für denkbar. *Skauradszun*, ZIP 2016, 1563 (1564) (1573).

innerhalb der Frist des Art. 37 Abs. 2 EuInsVO die Eröffnung eines Sekundärinsolvenzverfahrens zu beantragen.

Kapitel 4

Von der Ist-Masse zur Soll-Masse

A. Einführung

Gemäß Art. 36 Abs. 1 S. 1 i.V.m. Abs. 2 S. 2 EuInsVO bezieht sich die Zusicherung auf das Vermögen, das zum Zeitpunkt der Abgabe der Zusicherung im Niederlassungsstaat belegen ist. Dieses Vermögen bildet die Aktivmasse des virtuellen Sekundärinsolvenzverfahrens. Dabei handelt es sich aber noch nicht um die Masse, aus deren Verwertungserlös die Insolvenzgläubiger des virtuellen Sekundärinsolvenzverfahrens befriedigt werden. Vielmehr ist die Masse des virtuellen Sekundärinsolvenzverfahrens zum Zeitpunkt der Abgabe der Zusicherung noch eine Ist-Masse. Aus dieser Ist-Masse muss der Verwalter im Laufe des Insolvenzverfahrens die Soll-Masse des virtuellen Sekundärinsolvenzverfahrens herstellen. Die Ist-Masse des virtuellen Sekundärinsolvenzverfahrens wird einerseits noch verringert, unter Umständen aber auch noch angereichert. Dass es sich zum Zeitpunkt der Abgabe der Zusicherung um die Ist-Masse und noch nicht um die Soll-Masse handelt, ergibt sich aus einem Vergleich mit einem Sekundärinsolvenzverfahren.

Ein Sekundärinsolvenzverfahren wird in der Regel bald nach Eröffnung des Hauptinsolvenzverfahrens beantragt und eröffnet. In dem kurzen Zeitraum zwischen Eröffnung des Hauptinsolvenzverfahrens und Eröffnung des Sekundärinsolvenzverfahrens ist es dem Verwalter des Hauptinsolvenzverfahrens nicht möglich, die Ist-Masse zur Soll-Masse zu bereinigen. Zum Zeitpunkt der Eröffnung des Sekundärinsolvenzverfahrens ist die Masse des Sekundärinsolvenzverfahrens daher eine Ist-Masse. Es ist Aufgabe des Verwalters des Sekundärinsolvenzverfahrens, diese Ist-Masse im Laufe des Sekundärinsolvenzverfahrens zur Soll-Masse zu wandeln. Hierbei ist zu beachten, dass es sich bei einem Sekundärinsolvenzverfahren grundsätzlich um ein ganz normales Insolvenzverfahren handelt. Dessen Aktivmasse wird im Laufe des Verfahrens einerseits durch Aussonderung, Absonderung, Aufrechnung und Erfüllung von Masseforderungen gemindert. Andererseits kann die Masse des Sekundärinsolvenzverfahrens auch noch gemehrt werden. Dazu kommt es insbesondere dann, wenn ein Anfechtungsgegner einen Gegenstand zur Masse des Sekundärinsolvenzverfahrens zurückgewährt. Hat der Verwalter des Sekundärinsolvenzverfahrens die Soll-Masse hergestellt, so verwertet er diese. Der Verwertungserlös wird dann an die Insolvenzgläubiger verteilt, die ihre Forderungen gemäß Art. 45 Abs. 1 EuInsVO für das Sekundärinsolvenzverfahren angemeldet haben. Sollte es im Sekundärinsolvenzverfahren einen Überschuss geben, so ist dieser gemäß Art. 49 EuInsVO an den Verwalter des Hauptinsolvenzverfahrens abzuführen.

Die Situation eines virtuellen Sekundärinsolvenzverfahrens lässt sich mit der eines realen Sekundärinsolvenzverfahrens vergleichen. Der Verwalter wird die Zusicherung in der Regel bald nach Eröffnung des Hauptinsolvenzverfahrens abgeben, um einem Antrag auf Eröffnung eines Sekundärinsolvenzverfahrens zuvorzukommen. Der Zeitpunkt der Abgabe der Zusicherung lässt sich folglich mit dem Zeitpunkt vergleichen, zu dem in anderen Fällen ein Sekundärinsolvenzverfahren eröffnet wird. In dem kurzen Zeitraum zwischen Eröffnung des Hauptinsolvenzverfahrens und Abgabe der Zusicherung ist es dem Verwalter nicht möglich, die Ist-Masse zur Soll-Masse zu bereinigen. Zum Zeitpunkt der Abgabe der Zusicherung ist die Masse des virtuellen Sekundärinsolvenzverfahrens daher eine Ist-Masse. Es ist Aufgabe des Verwalters, aus der Ist-Masse des virtuellen Sekundärinsolvenzverfahrens die Soll-Masse des virtuellen Sekundärinsolvenzverfahrens herzustellen. Die Masse des virtuellen Sekundärinsolvenzverfahrens wird einerseits noch gemindert, kann andererseits aber auch noch gemehrt werden. Hat der Verwalter die Soll-Masse des virtuellen Sekundärinsolvenzverfahrens hergestellt, so kann diese verwertet werden. Der Erlös aus der Verwertung der Masse des virtuellen Sekundärinsolvenzverfahrens wird an die Gläubiger verteilt, die ihre Forderungen gemäß Art. 45 Abs. 1 EuInsVO analog für das virtuelle Sekundärinsolvenzverfahren angemeldet haben. Bei der Verteilung des Erlöses aus der Verwertung der Masse des virtuellen Sekundärinsolvenzverfahrens werden die Forderungen gemäß Art. 36 Abs. 2 S. 1 EuInsVO nach dem Recht des Staates behandelt, in dem das Sekundärinsolvenzverfahren hätte eröffnet werden können. Können bei der Verwertung der Masse des virtuellen Sekundärinsolvenzverfahrens alle für das virtuelle Sekundärinsolvenzverfahren angemeldeten Forderungen befriedigt werden, so hat der Verwalter einen verbleibenden Überschuss gemäß Art. 49 EuInsVO analog an die Masse des virtuellen Hauptinsolvenzverfahrens abzuführen.

In den folgenden Kapiteln wird ausführlich dargestellt, wie die Ist-Masse des virtuellen Sekundärinsolvenzverfahrens zur Soll-Masse zu bereinigen ist. Es werden zuerst die Fälle dargestellt, in denen es zu einer Minderung der Masse des virtuellen Sekundärinsolvenzverfahrens kommen kann (Aussonderung, Absonderung, Aufrechnung und Erfüllung von Forderungen, die nach Eröffnung des Insolvenzverfahrens entstanden sind). Sodann werden die Fälle erörtert, in denen eine Anreicherung der Masse des virtuellen Sekundärinsolvenzverfahrens denkbar ist (Insolvenzanfechtung). Abschließend wird beschrieben, wie laufende Verträge bei Durchführung eines virtuellen Sekundärinsolvenzverfahrens zu behandeln sind.

An dieser Stelle soll noch ein Hinweis zum Schrifttum erfolgen. Die Bereinigung der Ist-Masse zur Soll-Masse bei Durchführung eines virtuellen Sekundärinsolvenzverfahrens ist im Schrifttum bisher kaum erörtert worden. Die meisten Autoren, die zu Art. 36 EuInsVO Stellung genommen haben, sind auf diesen Themenkomplex überhaupt nicht eingegangen. Bei Erstellung der folgenden Kapitel konnte daher kaum Bezug auf Literatur genommen werden.

B. Aussonderung

Grundsätzlich ist denkbar, dass sich unter den Gegenständen, die gemäß Art. 36 Abs. 1 S. 1 i. V. m. Abs. 2 S. 2 EuInsVO vom virtuellen Sekundärinsolvenzverfahren erfasst werden, auch solche befinden, die nicht zum Vermögen des Schuldners gehören. Nach deutschem Recht ist gemäß § 47 S. 1 InsO aussonderungsberechtigt, wer aufgrund eines dinglichen oder persönlichen Rechts geltend machen kann, dass ein Gegenstand nicht zur Insolvenzmasse gehört. Dies betrifft insbesondere das Eigentum und die Inhaberschaft von Forderungen.[91] Fraglich ist, wie die Aussonderungsberechtigten bei Durchführung eines virtuellen Sekundärinsolvenzverfahrens zu behandeln sind. Das hängt davon ab, ob die Aussonderungsberechtigten von der Nichteröffnung des Sekundärinsolvenzverfahrens betroffen sind. Von der Nichteröffnung des Sekundärinsolvenzverfahrens wären sie dann betroffen, wenn das Sekundärinsolvenzverfahren auch ihrem Schutz dient. Das ist aber nicht der Fall. Das Recht auf Aussonderung eines Gegenstands wird durch die Eröffnung eines ausländischen Hauptinsolvenzverfahrens nicht tangiert. Dies ergibt sich für das Recht des Eigentümers auf Aussonderung seines Eigentums aus Art. 8 Abs. 1, Abs. 2 lit. c) EuInsVO[92] und für das Recht des Forderungsinhabers auf Aussonderung seiner Forderung aus Art. 8 Abs. 1, Abs. 2 lit. b) EuInsVO. Im Fall des einfachen Eigentumsvorbehalts ist Art. 10 Abs. 1 EuInsVO zu beachten. Da die Rechte der Aussonderungsberechtigten durch die Eröffnung eines ausländischen Hauptinsolvenzverfahrens nicht berührt werden, bedürfen diese auch nicht des Schutzes durch ein Sekundärinsolvenzverfahren. Sekundärinsolvenzverfahren haben daher nicht den Schutz von Aussonderungsberechtigten zum Ziel. Dies kommt auch dadurch zum Ausdruck, dass Aussonderungsberechtigte nach deutschem Recht nicht berechtigt sind, die Eröffnung eines Sekundärinsolvenzverfahren zu beantragen.[93] Ein Aussonderungsberechtigter kann also nicht geltend machen, dass er durch die Nichteröffnung eines Sekundärinsolvenzverfahrens benachteiligt wird. Daher werden Aussonderungsberechtigte bei Durchführung eines virtuellen Sekundärinsolvenz-

---

[91] Vgl. dazu u. a. *Ganter*, in: Münchener Kommentar InsO, Band 1, 4. Aufl. 2019, § 47 Rn. 37, 204; *Thole*, in: Karsten Schmidt, InsO, 19. Aufl. 2016, § 47 Rn. 16, 51.

[92] *Schmidt*, in: Mankowski/Müller/J. Schmidt, EuInsVO, 1. Aufl. 2016, Art. 8 Rn. 17.

[93] Ob jemand anderes als der Verwalter des Hauptinsolvenzverfahrens die Eröffnung eines Sekundärinsolvenzverfahrens beantragen kann, richtet sich gemäß Art. 37 Abs. 1 lit. b) EuInsVO nach dem Recht des Staates, in dessen Hoheitsgebiet die Eröffnung des Sekundärinsolvenzverfahrens beantragt wird. Im deutschen Insolvenzrecht sind §§ 13, 14 InsO entscheidend. Gemäß § 13 Abs. 1 S. 2 InsO sind die Gläubiger berechtigt die Eröffnung eines Insolvenzverfahrens zu beantragen. Entgegen des weiten Wortlauts sind die Aussonderungsberechtigten jedoch nicht antragsberechtigt. Dies ergibt sich aus dem Sinn und Zweck des § 13 InsO. So richtigerweise *Gerhardt*, in: Jaeger, InsO, Band 1, 1. Aufl. 2004, § 13 Rn. 4.

verfahrens nicht so behandelt, wie sie stünden, wäre ein Sekundärinsolvenzverfahren eröffnet worden. Stattdessen gilt für die Aussonderung des Eigentums Art. 8 Abs. 1, Abs. 2 lit. c) EuInsVO und für die Aussonderung von Forderungen Art. 8 Abs. 1, Abs. 2 lit. b) EuInsVO. Da wegen der Zusicherung kein Sekundärinsolvenzverfahren eröffnet wird, muss das Aussonderungsrecht gegen den Verwalter des Hauptinsolvenzverfahrens geltend gemacht werden.

C. Absonderung

I. Das Sicherungsrecht

1. Der Schutz der Interessen des Absonderungsberechtigten

Zur Aktivmasse des virtuellen Sekundärinsolvenzverfahrens gehören in aller Regel auch Gegenstände, an denen Absonderungsrechte bestehen. Fraglich ist, ob für derartige Absonderungsrechte das Recht des Staats, in dem das Sekundärinsolvenzverfahren hätte eröffnet werden können, gilt. Die Antwort ergibt sich aus Art. 8 EuInsVO. Gemäß Art. 8 EuInsVO wird das dingliche Recht eines Gläubigers oder eines Dritten an Gegenständen des Schuldners, die sich zum Zeitpunkt der Eröffnung des Insolvenzverfahrens im Gebiet eines anderen Mitgliedstaats befinden, von der Eröffnung des Hauptinsolvenzverfahrens nicht berührt. Aus diesem Grund bedürfen die Absonderungsberechtigten auch nicht des Schutzes durch ein Sekundärinsolvenzverfahren. Folglich ist der Schutz der Absonderungsberechtigten auch nicht das Ziel eines Sekundärinsolvenzverfahrens.[94] Die Nichteröffnung eines Sekundärinsolvenzverfahrens als Folge der Zusicherung berührt die Interessen der Absonderungsberechtigten also nicht. Diese müssen daher nicht so behandelt werden, wie sie stünden, wäre ein Sekundärinsolvenzverfahren eröffnet worden. Stattdessen können die Absonderungsberechtigten sich auf Art. 8 EuInsVO berufen und die im Niederlassungsstaat belegenen Gegenstände, an denen Absonderungsrechte bestehen, verwerten.[95]

2. Die Verwertung des mit dem Sicherungsrecht belasteten Gegenstands

Im Fall eines Absonderungsrechts wird der mit dem Sicherungsrecht belastete Gegenstand verwertet und der Verwertungserlös bis zur Höhe der gesicherten For-

---

[94] *Reinhart*, in: Münchener Kommentar InsO, Band 4, 3. Aufl. 2016, Art. 36 EuInsVO 2015 Rn. 9.

[95] Im Ergebnis genauso *Madaus*, in: FS Pannen, 2017, S. 223 (236); *Reinhart*, in: Münchener Kommentar InsO, Band 4, 3. Aufl. 2016, Art. 36 EuInsVO 2015 Rn. 9; *Wimmer*, in: Wimmer/Bornemann/Lienau, Die Neufassung der EuInsVO, 2016, Rn. 430, 441; *Wimmer*, in: FS Beck, 2016, S. 587 (595). A. A. *Schmidt*, Die Zusicherung nach Art. 36 EuInsVO, 2019, S. 85. Unklar bleibt, welche Auffassung Paulus vertritt, da seine Ausführungen diesbezüglich nicht verständlich sind. *Paulus*, in: Paulus, EuInsVO, 6. Aufl. 2021, Art. 36 Rn. 27.

derung zur Befriedigung des gesicherten Gläubigers verwendet.[96] Es gibt zum einen Fälle, in denen der gesicherte Gläubiger die Verwertung selbst durchführen darf,[97] und zum anderen Fälle, in denen die Verwertung ausschließlich dem Verwalter obliegt.[98] Problematisch sind grundsätzlich die Fälle, in denen das Verwertungsrecht dem Gläubiger zusteht, da dieser den Gegenstand dann dem Unternehmen entziehen kann. Unter Umständen braucht der Verwalter aber gerade diesen Gegenstand zur Fortführung des Unternehmens. Ist das der Fall, so will er natürlich eine vorzeitige Verwertung des Gegenstands durch den gesicherten Gläubiger abwenden. Unter Umständen hat der Verwalter in diesem Fall ein Recht, die Verwertung durch den Gläubiger zu verhindern.[99]

Im Fall eines Absonderungsrechts stellt sich also immer zunächst die Frage, ob der gesicherte Gläubiger oder der Verwalter die Verwertung durchführen darf. Obliegt die Verwertung des Gegenstands dem Gläubiger und braucht der Verwalter den betroffenen Gegenstand zur Fortführung oder Sanierung des Unternehmens, so muss zudem die Frage beantwortet werden, ob der Verwalter ein Recht hat, die Verwertung des Gegenstands durch den Gläubiger zu verhindern. Beide Fragen werden nicht durch die EuInsVO, sondern durch das jeweils anwendbare nationale Recht beantwortet.[100] Führt der Verwalter ein virtuelles Haupt- und Sekundärinsolvenzverfahren durch und befindet sich der mit einem Absonderungsrecht belastete Gegenstand zum Zeitpunkt der Eröffnung des realen Insolvenzverfahrens im Niederlassungsstaat, so muss geklärt werden, welches Recht zur Beantwortung dieser Fragen anwendbar ist.

---

[96] Vgl. u. a. *Brinkmann*, in: Uhlenbruck, InsO, Band 1, 15. Aufl. 2019, § 49 Rn. 1; *Ganter*, in: Münchener Kommentar InsO, Band 1, 4. Aufl. 2019, Vor §§ 49 bis 52 Rn. 1; *Thole*, in: Karsten Schmidt, InsO, 19. Aufl. 2016, § 49 Rn. 1.

[97] Nach deutschem Recht etwa können die gesicherten Gläubiger, wenn das Absonderungsrecht am unbeweglichen Vermögen besteht, auch nach Eröffnung des Insolvenzverfahrens die Zwangsversteigerung oder die Zwangsverwaltung betreiben. Vgl. u. a. *Adolphsen*, in: Gottwald/Haas, InsO, 6. Aufl. 2020, § 42 Rn. 92.

[98] Besteht das Sicherungsrecht an einem beweglichen Gegenstand, so unterscheidet das deutsche Recht bezüglich der Verwertungsbefugnis danach, ob sich die Sache im Besitz des Insolvenzverwalters befindet oder nicht. Befindet sich der Gegenstand im Besitz des Insolvenzverwalters, so steht ihm gemäß § 166 Abs. 1 InsO das ausschließliche Verwertungsrecht zu. Vgl. u. a. *Adolphsen*, in: Gottwald/Haas, InsO, 6. Aufl. 2020, § 42 Rn. 131 ff., 187 ff.

[99] Nach deutschem Recht kann der Insolvenzverwalter die Verwertung einer Immobilie durch den gesicherten Gläubiger verhindern. Unter bestimmten Voraussetzungen hat der Verwalter ein Recht die einstweilige Einstellung des Zwangsversteigerungsverfahrens zu beantragen. Vgl. dazu u. a. *Adolphsen*, in: Gottwald/Haas, InsO, 6. Aufl. 2020, § 42 Rn. 98 ff.; *Brinkmann*, in: Uhlenbruck, InsO, Band 1, 15. Aufl. 2019, § 49 Rn. 74 f.; *Ganter*, in: Münchener Kommentar InsO, Band 1, 4. Aufl. 2019, § 49 Rn. 90; *Thole*, in: Karsten Schmidt, InsO, 19. Aufl. 2016, § 49 Rn. 27 f.

[100] Befindet sich der mit dem dinglichen Recht belastete Gegenstand zum Zeitpunkt der Verfahrenseröffnung im Staat der Verfahrenseröffnung, so ist Art. 8 EuInsVO tatbestandlich nicht anwendbar. Aus einem Umkehrschluss zu Art. 8 EuInsVO ergibt sich, dass dann das Recht des Staates, in dem das Verfahren eröffnet wurde, auf das dingliche Recht Anwendung findet.

a) Das Recht des Staats des Hauptinsolvenzverfahrens

Wie bereits angesprochen, wird gemäß Art. 8 EuInsVO das dingliche Recht eines Gläubigers oder eines Dritten an Gegenständen des Schuldners, die sich zum Zeitpunkt der Eröffnung des Hauptinsolvenzverfahrens im Niederlassungsstaat befinden, von der Eröffnung des Hauptinsolvenzverfahrens nicht berührt. Das Recht des Staates, in dem das Hauptinsolvenzverfahren eröffnet wurde, ist also nicht anwendbar. Daher kann dieses Recht auch nicht die Frage klären, wer die Verwertung durchführen darf und ob der Verwalter eine etwaige Verwertung durch den Schuldner verhindern könnte.[101]

b) Das Recht des Staats des Belegenheitsorts

In Betracht kommt, dass die Beantwortung der Fragen nach dem Insolvenzrecht des Staates des Belegenheitsorts zu beurteilen ist. Dies wäre der Fall, wenn Art. 8 EuInsVO auf das Recht des Staates des Belegenheitsorts verweisen würde. Sieht das Insolvenzrecht des Belegenheitsstaates insolvenzrechtliche Einschränkungen der dinglichen Rechte vor, so könnte der Verwalter des Hauptinsolvenzverfahrens sich diese zunutze machen kann. Ob Art. 8 EuInsVO aber tatsächlich auf das Recht des Staates des Belegenheitsortes verweist, ist sehr umstritten. Die herrschende Meinung geht davon aus, dass es sich bei Art. 8 EuInsVO nicht um eine Kollisions-, sondern um eine Sachnorm handelt.[102] Art. 8 EuInsVO stelle lediglich fest, dass die dinglichen Rechte von der Eröffnung des Hauptinsolvenzverfahrens unberührt bleiben. Die Norm enthalte aber keine Verweisung auf das Recht des Belegenheitsstaates. Folgt man der herrschenden Auffassung zu Art. 8 EuInsVO, so unterliegen die dinglichen Rechte an Gegenständen, die sich zum Zeitpunkt der Verfahrenseröffnung im Gebiet eines anderen Staates befinden, überhaupt keinen insolvenzrechtlichen Beschränkungen. Das hat dann aber zur Folge, dass der absonderungsberechtigte Gläubiger den mit dem dinglichen Recht belasteten Gegenstand faktisch aussondern kann, obwohl er sowohl nach dem Recht des Staates des Hauptinsolvenzverfahrens als auch nach dem Recht des Belegenheitsstaates nur ein Recht auf abgesonderte Befriedigung hat.[103] Der Verwalter des Hauptinsolvenzverfahrens kann keine insol-

---

[101] Vgl. insofern auch *Brinkmann*, in: Karsten Schmidt, InsO, 19. Aufl. 2016, Art. 5 EuInsVO a.F. Rn. 1; *Liersch*, in: Vallender, EuInsVO, 2. Aufl. 2020, Art. 8 Rn. 24; *Paulus*, in: Paulus, EuInsVO, 6. Aufl. 2021, Art. 8 Rn. 1; *Reinhart*, in: Münchener Kommentar InsO, Band 4, 3. Aufl. 2016, Art. 5 EuInsVO 2000 Rn. 19; *Schmidt*, in: Mankowski/Müller/J. Schmidt, EuInsVO, 1. Aufl. 2016, Art. 8 Rn. 34.

[102] So u. a. *Fehrenbach*, GPR 2017, 38 (41); *Ingelmann*, in: Pannen, EuInsVO, 1. Aufl. 2007, Art. 5 a.F. Rn. 16; *Liersch*, in: Vallender, EuInsVO, 2. Aufl. 2020, Art. 8 Rn. 24; *Reinhart*, in: Münchener Kommentar InsO, Band 4, 3. Aufl. 2016, Art. 5 EuInsVO 2000 Rn. 17a; *Schmidt*, in: Mankowski/Müller/J. Schmidt, EuInsVO, 1. Aufl. 2016, Art. 8 Rn. 34. A.A. u. a. *Brinkmann*, in: Karsten Schmidt, InsO, 19. Aufl. 2016, Art. 5 EuInsVO a.F. Rn. 17 ff.

[103] Dies wird u. a. kritisiert von Brinkmann. *Brinkmann*, in: Karsten Schmidt, InsO, 19. Aufl. 2016, Art. 5 EuInsVO a.F. Rn. 19.

venzrechtlichen Rechte geltend machen, die den gesicherten Gläubiger von der Verwertung abhalten. Zur Lösung dieses Problems wird vorgeschlagen, der Verwalter solle die Eröffnung eines Sekundärinsolvenzverfahrens beantragen.[104] Wird das Sekundärinsolvenzverfahren in dem Staat eröffnet, in dem sich der mit dem dinglichen Recht belastete Gegenstand befindet, so ist Art. 8 EuInsVO tatbestandlich nicht anwendbar. Das dingliche Recht wird stattdessen von der Eröffnung des Sekundärinsolvenzverfahrens berührt und unterliegt den insolvenzrechtlichen Beschränkungen des Staates, in dem das Sekundärinsolvenzverfahren eröffnet wurde. Gibt der Verwalter des Hauptinsolvenzverfahrens gemäß Art. 36 EuInsVO eine Zusicherung ab, so will er aber gerade die Eröffnung eines Sekundärinsolvenzverfahrens verhindern, so dass ihm dieser Vorschlag nicht hilft.

c) Das Recht des Staats, in dem das Sekundärinsolvenzverfahren hätte eröffnet werden können

Oben wurde bereits dargestellt, dass Sekundärinsolvenzverfahren nicht dem Schutz der Absonderungsberechtigten dienen, da Absonderungsberechtigte bereits durch Art. 8 EuInsVO vor den Folgen des Hauptinsolvenzverfahrens geschützt werden. Die Nichteröffnung des Sekundärinsolvenzverfahrens als Folge der Abgabe der Zusicherung wirkt sich daher nicht negativ auf die Interessen der Absonderungsberechtigten aus. Aus diesem Grund müssen die Absonderungsberechtigten im Fall der virtuellen Verfahrenspluralität auch nicht so behandelt werden, wie sie stünden, wäre ein Sekundärinsolvenzverfahren eröffnet worden. Fraglich ist aber, ob Art. 36 EuInsVO dem Verwalter des Hauptinsolvenzverfahrens das Recht gibt, die Absonderungsberechtigten so zu stellen, wie sie stünden, wäre ein Sekundärinsolvenzverfahren eröffnet worden. Für den Verwalter des Hauptinsolvenzverfahrens hätte dies einen entscheidenden Vorteil. Sieht das Recht des Staates, in dem das Sekundärinsolvenzverfahren hätte eröffnet werden können, insolvenzrechtliche Beschränkungen der dinglichen Rechte vor, so könnte der Verwalter des Hauptinsolvenzverfahrens diese Beschränkungen gegenüber den Absonderungsberechtigten geltend machen. Das Problem, dass Art. 8 EuInsVO nach h. M. nicht auf das Recht des Staates des Belegenheitsortes verweist und die Absonderungsrechte deswegen überhaupt keinen insolvenzrechtlichen Beschränkungen unterliegen, ließe sich so lösen.

aa) Wortlaut der Norm

Art. 36 Abs. 2 S. 1 EuInsVO spricht davon, dass für die Rechte der Gläubiger in Bezug auf Gegenstände der Masse das Recht des Staates gilt, in dem das Sekundärinsolvenzverfahren hätte eröffnet werden können. Fraglich ist, ob damit dingliche Rechte gemeint sind. Gegen eine solche Annahme spricht aber ein Vergleich mit dem

[104] So u. a. *Liersch*, in: Vallender, EuInsVO, 2. Aufl. 2020, Art. 8 Rn. 26.

Wortlaut des Art. 8 EuInsVO, der sich explizit auf dingliche Rechte bezieht. Während Art. 36 Abs. 2 S. 1 EuInsVO von Rechten „in Bezug" auf Gegenstände spricht, wird in Art. 8 EuInsVO von Rechten „an" Gegenständen gesprochen. Zwar bleibt unklar, was Art. 36 Abs. 2 S. 1 EuInsVO genau meint. Aus dem Wortlautvergleich ergibt sich aber jedenfalls, dass Art. 36 Abs. 2 S. 1 EuInsVO nicht das Gleiche meint wie Art. 8 EuInsVO, sich also nicht auf dingliche Rechte bezieht.[105] Außerdem lässt sich aus einem Wortlautvergleich auch der Schluss ziehen, dass Art. 36 Abs. 2 S. 1 EuInsVO sich auf eine schwächere Rechtsposition bezieht als Art. 8 EuInsVO. Wird von einem Recht in Bezug auf einen Gegenstand gesprochen, so wird damit eine gewisse Distanz zu dem Gegenstand zum Ausdruck gebracht. Besteht das Recht am Gegenstand, so besteht diese Distanz gerade nicht.

Im Übrigen ist auch zu berücksichtigen, dass Art. 36 Abs. 2 S. 1 EuInsVO davon spricht, dass das Recht des Mitgliedsstaats, in dem das Sekundärinsolvenzverfahren hätte eröffnet werden können, für die Verteilung des Erlöses aus der Verwertung von Gegenständen und für den Rang der Forderungen gilt. Das Recht des Staates des möglichen Sekundärinsolvenzverfahrens gilt also nur für Verteilungsfragen. Die Frage, ob der gesicherte Gläubiger oder der Verwalter die Verwertung durchführen darf, betrifft aber nicht die Verteilung. Die Verwertung eines Gegenstands ist der Verteilung des Erlöses vielmehr zeitlich vorgeschaltet. Der Wortlaut des Art. 36 Abs. 2 S. 1 EuInsVO enthält also keinen Hinweis darauf, dass auch Absonderungsberechtigte so gestellt werden können, wie sie stünden, wäre ein Sekundärinsolvenzverfahren eröffnet worden.

bb) Zweck der Norm

Wird kein Sekundärinsolvenzverfahren eröffnet, so unterliegen die absonderungsberechtigten Gläubiger nach h. M. überhaupt keinen insolvenzrechtlichen Beschränkungen, da Art. 8 EuInsVO nicht auf das Recht des Belegenheitsstaats verweist.[106] Wären die Absonderungsberechtigten bei Durchführung eines virtuellen Haupt- und Sekundärinsolvenzverfahrens so zu behandeln wie im Fall der realen Verfahrenspluralität, müssten sie die insolvenzrechtlichen Beschränkungen des Staats, in dem das Sekundärinsolvenzverfahren hätte eröffnet werden können, gegen sich gelten lassen. Ihre Rechtsposition würde sich folglich verschlechtern. Ein solches Ergebnis ist aber unvereinbar mit der Schutzfunktion eines virtuellen Sekundärinsolvenzverfahrens. Ziel eines virtuellen Sekundärinsolvenzverfahrens ist es lediglich, die Gläubiger, deren Interessen im Normalfall durch die Eröffnung eines Sekundärinsolvenzverfahrens geschützt würden, so zu stellen, wie sie im Fall der Eröffnung eines solchen Verfahrens stünden. Art. 36 EuInsVO soll lediglich die Nachteile ausgleichen, die Gläubiger durch die Nichteröffnung eines Sekundärin-

---

[105] A. A. *Paulus*, in: Paulus, EuInsVO, 6. Aufl. 2021, Art. 36 Rn. 27.

[106] Siehe hierzu ausführlich S. 168 f.

solvenzverfahrens erleiden würden. Hingegen ist eine vollständige Simulation eines Sekundärinsolvenzverfahrens nicht vom Gesetzgeber gewollt.

Wenn Art. 36 EuInsVO davon spricht, die Gläubiger so zu stellen, wie sie im Fall der Eröffnung eines Sekundärinsolvenzverfahrens stünden, so dient dies ausschließlich dem Schutz der Gläubiger, nicht aber den Interessen des Verwalters. Zu beachten ist auch, dass der Verwalter sich widersprüchlich verhalten würde, wenn er einerseits die Eröffnung eines ihm lästigen Sekundärinsolvenzverfahrens durch die Abgabe einer Zusicherung verhindern würde, sich aber andererseits auf die insolvenzrechtlichen Beschränkungen des Staates, in dem das Sekundärinsolvenzverfahren hätte eröffnet werden können, berufen würde. Es wäre ein Fall von Rosinenpickerei, die der Gesetzgeber nicht bezweckte.

cc) Systematik

Das Problem, dass dingliche Rechte an Gegenständen überhaupt keinen insolvenzrechtlichen Beschränkungen unterliegen, besteht immer dann, wenn sich der Gegenstand zum Zeitpunkt der Eröffnung des Hauptinsolvenzverfahrens in einem anderen Staat befindet und anschließend kein Sekundärinsolvenzverfahren eröffnet wird. Es handelt sich somit nicht um eine exklusive Problematik des virtuellen Sekundärinsolvenzverfahrens. Daher wäre es nicht sinnvoll, wenn der Gesetzgeber eine Lösung ausschließlich für den Fall der Durchführung eines virtuellen Sekundärinsolvenzverfahrens entwickeln würde. Vielmehr ist er aufgefordert, für sämtliche Fälle, in denen kein Sekundärinsolvenzverfahren eröffnet wird, eine Antwort auf das Problem zu finden. Dafür ist es erforderlich, den Wortlaut des Art. 8 EuInsVO zu ändern. Art. 36 EuInsVO wäre hingegen der falsche Standort zur Behandlung dieses Problems. Auch insofern darf eine Lösung nicht in Art. 36 Abs. 2 S. 1 EuInsVO hineingelesen werden.

d) Ergebnis

Das dingliche Recht eines Gläubigers an einem Gegenstand des Schuldners, der sich zum Zeitpunkt der Eröffnung des Hauptinsolvenzverfahrens im Niederlassungsstaat befindet, unterliegt im Fall der Durchführung eines virtuellen Haupt- und Sekundärinsolvenzverfahrens überhaupt keinen insolvenzrechtlichen Beschränkungen. Der gesicherte Gläubiger kann sich auf Art. 8 EuInsVO berufen,[107] der nach h.M. nicht auf die insolvenzrechtlichen Beschränkungen des Belegenheitsstaats verweist. Das dingliche Recht unterfällt auch nicht Art. 36 EuInsVO, so dass die insolvenzrechtlichen Beschränkungen des Staats, in dem das Sekundärinsolvenz-

[107] Zu diesem Ergebnis kommen ebenfalls *Reinhart*, in: Münchener Kommentar InsO, Band 4, 3. Aufl. 2016, Art. 36 EuInsVO 2015 Rn. 9; *Wimmer*, in: Wimmer/Bornemann/Lienau, Die Neufassung der EuInsVO, 2016, Rn. 441; *Wimmer*, in: FS Beck, 2016, S. 587 (595); wohl auch *Fehrenbach*, GPR 2017, 38 (42). A.A. *Schmidt*, Die Zusicherung nach Art. 36 EuInsVO, 2019, S. 85.

verfahren hätte eröffnet werden können, nicht auf die Absonderungsrechte angewendet werden können.

3. Folgerungen hinsichtlich der Sinnhaftigkeit virtueller Sekundärinsolvenzverfahren

Hintergrund der Schaffung des Art. 36 EuInsVO ist der gesetzgeberische Wille, insbesondere Sanierungen zu erleichtern.[108] Der Gesetzgeber hatte erkannt, dass die Eröffnung eines Sekundärinsolvenzverfahrens die Bemühungen des Verwalters des Hauptinsolvenzverfahrens, das Unternehmen zu sanieren, erschweren oder sogar vereiteln kann, da die Eröffnung eines Sekundärinsolvenzverfahrens eine Teilung der Insolvenzmasse zur Folge hat. Der Verwalter des Hauptinsolvenzverfahrens kann dann nicht mehr auf die Gegenstände zugreifen, die im Niederlassungsstaat belegen sind, da diese nun die Masse des Sekundärinsolvenzverfahrens bilden. Das führt zu großen Problemen, wenn er diese Gegenstände braucht, um das Unternehmen zu sanieren. Künftig wird der Verwalter eine Zusicherung abgeben können, um die Eröffnung eines Sekundärinsolvenzverfahrens zu verhindern. In diesem Fall kommt es lediglich zu einer verfahrensinternen Teilung der Insolvenzmasse. Dennoch wird auch weiterhin ein Teil der Insolvenzmasse faktisch dem Zugriff des Insolvenzverwalters entzogen sein. Die Tatsache, dass das dingliche Recht des Gläubigers an einem Gegenstand, der sich im Niederlassungsstaat befindet, im Fall der Durchführung eines virtuellen Haupt- und Sekundärinsolvenzverfahrens überhaupt keinen insolvenzrechtlichen Beschränkungen unterliegt, führt praktisch dazu, dass aus dem Absonderungs- ein Aussonderungsrecht wird. Der Verwalter des Hauptinsolvenzverfahrens hat keine rechtliche Möglichkeit, den gesicherten Gläubiger von der Verwertung des Gegenstands abzuhalten. Das ist ein sehr großes Problem, da in vielen Fällen die im Niederlassungsstaat belegenen Gegenstände mit Sicherungsrechten belastet sind.[109] Deswegen werden Sanierungen künftig auch dann schwierig sein, wenn der Verwalter durch Abgabe einer Zusicherung die Eröffnung eines Sekundärinsolvenzverfahrens verhindert. Das Ziel des Gesetzgebers, Unternehmenssanierungen durch Schaffung virtueller Sekundärinsolvenzverfahren wesentlich zu erleichtern, wird nicht erreicht. An dieser Stelle soll an den Gesetzgeber appelliert werden, dieses Problem zu lösen. Am besten wäre es, wenn Art. 8 EuInsVO dahingehend geändert würde, dass dieser ausdrücklich auf das Recht des Staates des Belegenheitsorts verweist.

Der Verwalter kann nur versuchen mit jedem einzelnen gesicherten Gläubiger eine Einigung zu erzielen, dass dieser von seinem Verwertungsrecht keinen Ge-

---

[108] Siehe dazu ausführlich S. 97 f.

[109] Darauf weist ebenfalls Reinhart hin. *Reinhart*, in: Münchener Kommentar InsO, Band 4, 3. Aufl. 2016, Art. 5 EuInsVO 2000 Rn. 18.

brauch macht.[110] Dies ist aber mit viel Aufwand und Zeit verbunden. Soweit das Recht des Staates, in dem das Hauptinsolvenzverfahren eröffnet wurde, es zulässt, kann der Verwalter auch die Forderung des gesicherten Gläubigers vollständig erfüllen, um das störende Sicherungsrecht an dem Gegenstand zu beseitigen.[111]

II. Die gesicherte Forderung

Wie gerade dargestellt, unterliegt das dingliche Recht eines Gläubigers an einem im Niederlassungsstaat belegenen Gegenstand im Fall der Durchführung eines virtuellen Haupt- und Sekundärinsolvenzverfahrens überhaupt keinen insolvenzrechtlichen Beschränkungen. Der gesicherte Gläubiger kann sich auch im Fall der virtuellen Verfahrenspluralität auf Art. 8 EuInsVO berufen. Er kann den Gegenstand verwerten, ohne auf insolvenzrechtliche Verwertungsbeschränkungen Rücksicht nehmen zu müssen. Möglicherweise reicht der Verwertungserlös aber nicht aus, um die Forderung vollständig zu erfüllen. Dann stellt sich die Frage, ob und inwieweit der Gläubiger mit seiner Restforderung an der Erlösverteilung im virtuellen Hauptinsolvenzverfahren und an der Erlösverteilung im virtuellen Sekundärinsolvenzverfahren teilnehmen kann. Zu prüfen ist, welches Recht zur Beantwortung dieser Fragen heranzuziehen ist.

1. Die gesicherte Forderung im Fall der realen Verfahrenspluralität

Gibt der Insolvenzverwalter keine Zusicherung ab, so ist danach zu unterscheiden, ob ein Sekundärinsolvenzverfahren eröffnet wird oder nicht. Wird kein Sekundärinsolvenzverfahren eröffnet, so ist hinsichtlich des Sicherungsrechts Art. 8 EuInsVO tatbestandlich anwendbar. Der gesicherte Gläubiger kann die Sicherheit frei von insolvenzrechtlichen Beschränkungen verwerten.[112] Inwieweit er mit dem nicht befriedigten Teil seiner Forderung am Insolvenzverfahren teilnehmen kann, bestimmt sich gemäß Art. 7 Abs. 2 S. 2 lit. i) EuInsVO nach dem Recht des Staates der Verfahrenseröffnung, in diesem Fall also nach dem Recht des Staates, in dem das Hauptinsolvenzverfahren eröffnet wurde. Wird hingegen ein Sekundärinsolvenzverfahren eröffnet, so ist Art. 8 EuInsVO tatbestandlich nicht anwendbar, da sich der mit dem Sicherungsrecht belastete Gegenstand in dem Staat befindet, in dem das Sekundärinsolvenzverfahren eröffnet wurde. Darum muss der gesicherte Gläubiger die insolvenzrechtlichen Beschränkungen des Staates des Sekundärinsolvenzverfahrens gegen sein Sicherungsrecht gelten lassen. Haftet der Schuldner dem Gläu-

---

[110] So ebenfalls *Reinhart*, in: Münchener Kommentar InsO, Band 4, 3. Aufl. 2016, Art. 36 EuInsVO 2015 Rn. 9.

[111] So richtigerweise *Liersch*, in: Vallender, EuInsVO, 2. Aufl. 2020, Art. 8 Rn. 26; *Reinhart*, in: Münchener Kommentar InsO, Band 4, 3. Aufl. 2016, Art. 5 EuInsVO 2000 Rn. 19.

[112] Bezüglich des Streits, ob es sich bei Art. 8 um eine Kollisions- oder um eine Sachnorm handelt, siehe bereits S. 168 f.

biger auch persönlich, so kann der Gläubiger seine Forderung gemäß Art. 45 Abs. 1 EuInsVO sowohl für das Haupt- als auch das Sekundärinsolvenzverfahren anmelden. Inwieweit er mit dem nicht befriedigten Teil seiner Forderung an diesen Verfahren teilnehmen kann, bestimmt sich in beiden Fällen gemäß Art. 7 Abs. 2 S. 2 lit. i) EuInsVO nach dem Recht des Staates der Verfahrenseröffnung. Nach h. M. ist Art. 7 Abs. 2 S. 2 lit. i) EuInsVO nämlich auch auf Sekundärinsolvenzverfahren anwendbar.[113] Inwieweit er mit seiner Restforderung am Sekundärinsolvenzverfahren teilnehmen kann, bestimmt sich also nach dem Recht des Staats des Sekundärinsolvenzverfahrens, und inwieweit er mit seiner Restforderung am Hauptinsolvenzverfahren teilnehmen kann, richtet sich nach dem Recht des Staates des Hauptinsolvenzverfahrens.

2. Die gesicherte Forderung im Fall der virtuellen Verfahrenspluralität

Reicht der Erlös aus der Verwertung der Sicherheit nicht aus, um die Forderung des Gläubigers zu erfüllen, so stellt sich die Frage, ob und inwieweit der Gläubiger mit seiner Restforderung an den Erlösverteilungen im virtuellen Haupt- und Sekundärinsolvenzverfahren teilnehmen kann. Auch hier muss geklärt werden, welches Recht zur Beantwortung dieser Fragen anwendbar ist. Dabei muss zwischen virtuellem Hauptinsolvenzverfahren und virtuellem Sekundärinsolvenzverfahren unterschieden werden. Ob der Gläubiger berechtigt ist, mit seiner Restforderung an der Erlösverteilung im virtuellen Hauptinsolvenzverfahren zu partizipieren, bestimmt sich gemäß Art. 7 Abs. 2 S. 2 lit. i) EuInsVO nach der *lex fori concursus.* Fraglich ist aber, welches Recht darüber entscheidet, ob der Gläubiger mit seiner Restforderung an der Erlösverteilung des virtuellen Sekundärinsolvenzverfahrens teilnehmen kann. Zu prüfen ist, ob diesbezüglich das Recht des Staats, in dem das Sekundärinsolvenzverfahren hätte eröffnet werden können, gilt.

a) Wortlaut der Norm

Art. 36 Abs. 2 S. 1 EuInsVO spricht davon, dass für die Rechte der Gläubiger in Bezug auf Gegenstände das Recht des Staats gilt, in dem das Sekundärinsolvenzverfahren hätte eröffnet werden können. Wie bereits festgestellt, bezieht sich diese

[113] Umstritten ist, ob Art. 7 EuInsVO auch auf Sekundärinsolvenzverfahren anwendbar ist, oder ob Art. 35 EuInsVO als lex specialis vorgeht. Letztlich kommt es auf diesen Streit aber nicht an, da beide Normen das Recht des Staates, in dem das Insolvenzverfahren eröffnet wurde, für anwendbar erklären. Der Streit ist also rein dogmatischer Natur. Für eine Anwendbarkeit des Art. 7 EuInsVO auch auf Sekundärinsolvenzverfahren sprechen sich u. a. folgende Autoren aus: *Brinkmann*, in: Karsten Schmidt, InsO, 19. Aufl. 2016, Art. 4 EuInsVO a. F. Rn. 3; *Liersch*, in: Vallender, EuInsVO, 2. Aufl. 2020, Art. 7 Rn. 36; *Müller*, in: Mankowski/Müller/J. Schmidt, EuInsVO, 1. Aufl. 2016, Art. 7 Rn. 7; *Reinhart*, in: Münchener Kommentar InsO, Band 4, 3. Aufl. 2016, Art. 4 EuInsVO 2000 Rn. 1. Eine Anwendung des Art. 35 EuInsVO als Spezialgesetz befürwortet u. a. Fehrenbach. *Fehrenbach*, Haupt- und Sekundärinsolvenzverfahren, 2014, S. 227.

Formulierung nicht auf das Sicherungsrecht selbst. Bezüglich des Sicherungsrechts gilt uneingeschränkt Art. 8 EuInsVO. Zu prüfen ist aber, ob damit auf die Frage Bezug genommen wird, ob und inwieweit der gesicherte Gläubiger nach Verwertung seiner Sicherheit mit seiner Restforderung an der Erlösverteilung im virtuellen Sekundärinsolvenzverfahren teilnehmen kann. Was der Gesetzgeber mit „Rechten der Gläubiger in Bezug auf Gegenstände" meint, erschließt sich nicht aus dem Wortlaut selbst. Daher muss diese Formulierung mit dem Wortlaut des Art. 7 Abs. 2 S. 2 lit. i) EuInsVO verglichen werden. Art. 7 Abs. 2 S. 2 lit. i) EuInsVO spricht explizit von Rechten der Gläubiger, die nach Eröffnung des Insolvenzverfahrens aufgrund eines dinglichen Rechts teilweise befriedigt wurden. Würde der Gesetzgeber in Art. 7 Abs. 2 S. 2 lit. i) EuInsVO und Art. 36 Abs. 2 S. 1 EuInsVO das Gleiche meinen, so hätte er die Formulierung des Art. 7 Abs. 2 S. 2 lit. i) EuInsVO einfach in Art. 36 Abs. 2 S. 1 EuInsVO übernehmen können. Die Tatsache, dass er das nicht getan hat, spricht grundsätzlich dafür, dass Art. 36 Abs. 2 S. 1 EuInsVO etwas anderes meint als Art. 7 Abs. 2 S. 2 lit. i) EuInsVO. Der Wortlaut des Art. 36 EuInsVO hilft also nicht bei der Beantwortung der oben aufgeworfenen Frage.[114]

b) Zweck der Norm

Wie bereits erläutert, wird der gesicherte Gläubiger hinsichtlich seines Sicherungsrechts gemäß Art. 8 EuInsVO vor den Wirkungen des für ihn fremden Insolvenzrechts geschützt und bedarf daher nicht des Schutzes durch ein Sekundärinsolvenzverfahren. Wird dieses nicht eröffnet, weil der Verwalter eine Zusicherung abgegeben hat, so berührt dies nicht die Interessen des Absonderungsberechtigten. Folglich wird dieser bei Durchführung eines virtuellen Sekundärinsolvenzverfahrens nicht so behandelt, wie er stünde, wäre ein Sekundärinsolvenzverfahren eröffnet worden. Hinsichtlich einer nach Verwertung der Sicherheit verbleibenden Restforderung stellt sich die Situation aber anders dar. Auf die Forderung ist Art. 8 EuInsVO nicht anwendbar. Hinsichtlich seiner Restforderung wird der Gläubiger also nicht vor den Wirkungen des für ihn fremden Insolvenzrechts geschützt. Vielmehr ordnet Art. 7 Abs. 2 S. 2 lit. i) EuInsVO an, dass für die Rechte der Gläubiger, die aufgrund eines dinglichen Rechts teilweise befriedigt wurden, das Recht des Staats der Verfahrenseröffnung gilt. Es ist also zunächst einmal das Recht des Staates anwendbar, in dem das Hauptinsolvenzverfahren eröffnet wurde. Da es sich um ein für den Gläubiger fremdes Recht handelt, ist dieser schutzbedürftig. Schutz vor dem fremden Recht erhält der Gläubiger durch die Eröffnung eines Sekundärinsolvenzverfahrens. Wird ein Sekundärinsolvenzverfahren eröffnet, so wird die Restforderung gemäß Art. 7 Abs. 2 S. 2 lit. i) EuInsVO nach dem Recht des Staates, in dem das Sekundärinsolvenzverfahren eröffnet wurde, behandelt. Die Eröffnung eines Sekundärinsolvenzverfahrens bezweckt also auch den Schutz der dinglich gesicherten

[114] A. A. ist Paulus. Er meint, der Wortlaut des Art. 36 Abs. 2 S. 1 EuInsVO bezöge sich auf Gläubiger mit einem Recht auf abgesonderte Befriedigung. *Paulus*, in: Paulus, EuInsVO, 6. Aufl. 2021, Art. 36 Rn. 27.

Gläubiger hinsichtlich ihrer nach Verwertung der Sicherheit verbleibenden Restforderung. Wird infolge der Abgabe einer Zusicherung kein Sekundärinsolvenzverfahren eröffnet, so berührt dies die Interessen der Gläubiger, die aufgrund eines dinglichen Rechts nur teilweise befriedigt wurden. Der Sinn und Zweck des Art. 36 EuInsVO gebietet es daher, die Gläubiger, die aufgrund eines dinglichen Rechts teilweise befriedigt wurden, hinsichtlich des nichtbefriedigten Teils ihrer Forderung so zu stellen, wie sie stünden, wäre ein Sekundärinsolvenzverfahren eröffnet worden.[115]

Wird in einem Staat außerhalb Deutschlands ein Hauptinsolvenzverfahren eröffnet und gibt der Verwalter eine Zusicherung ab, um die Eröffnung eines Sekundärinsolvenzverfahrens in Deutschland zu verhindern, so ist der absonderungsberechtigte Gläubiger hinsichtlich seiner nach Verwertung der Sicherheit verbleibenden Restforderung so zu stellen, als sei in Deutschland ein Sekundärinsolvenzverfahren eröffnet worden. Der absonderungsberechtigte Gläubiger kann in diesem Fall mit seiner Restforderung als Insolvenzgläubiger (§§ 38, 52, 190 InsO) an der Erlösverteilung im virtuellen Sekundärinsolvenzverfahren teilnehmen.

Ob er berechtigt ist, mit seiner Restforderung an der Erlösverteilung im virtuellen Hauptinsolvenzverfahren zu partizipieren, bestimmt sich hingegen gemäß Art. 7 Abs. 2 S. 2 lit. i) EuInsVO nach der *lex fori concursus*.

III. Gesamtergebnis

Das Gesamtergebnis verwundert allerdings. Für absonderungsberechtigte Gläubiger ist die Durchführung eines virtuellen Haupt- und Sekundärinsolvenzverfahrens von großem Vorteil. Ihre Rechtsposition verbessert sich gegenüber dem Fall der realen Verfahrenspluralität. Führt der Verwalter ein virtuelles Haupt- und Sekundärinsolvenzverfahren durch, so kann sich der Gläubiger, der ein Sicherungsrecht an einem im Niederlassungsstaat belegenen Gegenstand hat, auf Art. 8 EuInsVO berufen. Nach h.M. verweist Art. 8 EuInsVO nicht auf das Recht des Staates des Belegenheitsorts. Daher unterliegt das Sicherungsrecht überhaupt keinen insolvenzrechtlichen Beschränkungen. Der gesicherte Gläubiger kann die Sicherheit verwerten, ohne auf irgendwelche insolvenzrechtlichen Verwertungsbeschränkungen Rücksicht nehmen zu müssen. Hinsichtlich seiner Restforderung wird der Gläubiger bei Durchführung eines virtuellen Haupt- und Sekundärinsolvenzverfahrens genauso behandelt wie im Fall der realen Verfahrenspluralität. Würde hingegen tatsächlich ein Sekundärinsolvenzverfahren eröffnet werden, so könnte der gesicherte Gläubiger sich nicht auf Art. 8 EuInsVO berufen. Art. 8 EuInsVO wäre tatbestandlich nicht anwendbar, da sich der Gegenstand, an dem das Sicherungsrecht

---

[115] Im Ergebnis genauso *Paulus*, in: Paulus, EuInsVO, 6. Aufl. 2021, Art. 36 Rn. 27; *Wimmer*, in: Wimmer/Bornemann/Lienau, Die Neufassung der EuInsVO, 2016, Rn. 430; *Wimmer*, in: FS Beck, 2016, S. 587 (592).

besteht, im Staat der Eröffnung des Sekundärinsolvenzverfahrens befände. Der gesicherte Gläubiger müsste die insolvenzrechtlichen Verwertungsbeschränkungen des Staates, in dem das Sekundärinsolvenzverfahren eröffnet wurde, gegen sich gelten lassen. Für den gesicherten Gläubiger stellt sich die Durchführung eines virtuellen Haupt- und Sekundärinsolvenzverfahrens somit als Glückfall dar.

Das Ergebnis kann man kritisieren, da Art. 36 EuInsVO soweit wie möglich die Situation eines Sekundärinsolvenzverfahrens widerspiegeln soll. Die hier aufgezeigten Widersprüche lassen sich aber nicht sachgerecht auflösen. Hinsichtlich des Teils der Forderung, der trotz Verwertung der Sicherheit nicht befriedigt werden konnte, muss der Gläubiger so gestellt werden, wie er stünde, wäre ein Sekundärinsolvenzverfahren eröffnet worden. Dies gebietet die Schutzfunktion des virtuellen Sekundärinsolvenzverfahrens. Bezüglich des Sicherungsrechts kann sich der Gläubiger auf Art. 8 EuInsVO berufen. Da sich Art. 36 EuInsVO nichts Gegenteiliges entnehmen lässt, muss davon ausgegangen werden, dass Art. 8 EuInsVO auch bei Durchführung eines virtuellen Haupt- und Sekundärinsolvenzverfahrens anwendbar ist.

D. Aufrechnung

I. Reale Verfahrenspluralität

Hat ein Gläubiger eine Forderung gegen den Insolvenzschuldner, der Insolvenzschuldner aber auch eine Forderung gegen den Gläubiger, so kann der Gläubiger sich unter Umständen durch Aufrechnung befriedigen. Eine wirksame Aufrechnung setzt zum einen voraus, dass alle materiellrechtlichen Aufrechnungsvoraussetzungen erfüllt sind. Zum anderen muss die Aufrechnung auch insolvenzrechtlich zulässig sein.

1. Aufrechnungslage nach materiellem Recht

Zunächst einmal ist zu prüfen, ob nach materiellem Recht eine Aufrechnungslage gegeben ist. Umstritten ist allerdings, ob die materiellrechtlichen Voraussetzungen der Aufrechnung nach dem Aufrechnungs- oder dem Insolvenzstatut erfüllt sein müssen.

a) Materielle Aufrechnungsvoraussetzungen nach dem Insolvenzstatut

Zum Teil wird vertreten, aus Art. 7 Abs. 2 S. 2 lit. d) EuInsVO ergebe sich, dass die materiellrechtlichen Voraussetzungen der Aufrechnung nach der *lex fori con-*

cursus vorliegen müssen.[116] Art. 7 Abs. 2 S. 2 lit. d) EuInsVO beziehe sich nicht nur auf die insolvenzrechtliche Zulässigkeit der Aufrechnung, sondern auch auf die Voraussetzungen der Aufrechnung nach materiellem Recht.

Folgt man dieser Auffassung, so ist es von Bedeutung, ob die Forderung des Insolvenzschuldners, gegen die aufgerechnet wird, zur Aktivmasse des Haupt- oder zur Aktivmasse des Sekundärinsolvenzverfahrens gehört. Gehört die Forderung, gegen die aufgerechnet wird, zur Aktivmasse des Hauptinsolvenzverfahrens, so würden sich die materiellrechtlichen Aufrechnungsvoraussetzungen nach der *lex fori concursus* des Hauptinsolvenzverfahrens bestimmen. Gehört die Forderung, gegen die aufgerechnet wird, hingegen zur Aktivmasse des Sekundärinsolvenzverfahrens, so müssten die materiellrechtlichen Aufrechnungsvoraussetzungen nach der *lex fori concursus secundarii* erfüllt sein.

Eine Forderung des Insolvenzschuldners, die zum Zeitpunkt der Eröffnung des Sekundärinsolvenzverfahrens im Niederlassungsstaat belegen ist, gehört gemäß Art. 34 S. 3 EuInsVO zur Aktivmasse des Sekundärinsolvenzverfahrens. Ist die Forderung des Insolvenzschuldners im Niederlassungsstaat belegen, so kann es zu folgender Situation kommen. Vor Eröffnung des Sekundärinsolvenzverfahrens wird die im Niederlassungsstaat belegene Forderung vom universalen Insolvenzbeschlag des Hauptinsolvenzverfahrens erfasst. Die materiellrechtlichen Aufrechnungsvoraussetzungen würden sich zu diesem Zeitpunkt nach der *lex fori concursus* des Hauptinsolvenzverfahrens bestimmen. Nach Eröffnung des Sekundärinsolvenzverfahrens gehört die Forderung zur Aktivmasse des Sekundärinsolvenzverfahrens. Nun würden sich die materiellrechtlichen Aufrechnungsvoraussetzungen nach der *lex fori concursus secundarii* richten. Sind die materiellrechtlichen Aufrechnungsvoraussetzungen der *lex fori concursus* des Hauptinsolvenzverfahrens erfüllt, die materiellrechtlichen Aufrechnungsvoraussetzungen der *lex fori concursus secundarii* aber nicht, so kann der Gläubiger nur bis zum Zeitpunkt der Eröffnung des Sekundärinsolvenzverfahrens aufrechnen.

b) Materielle Aufrechnungsvoraussetzungen nach dem Aufrechnungsstatut

Überwiegend wird die Auffassung, dass die materiellrechtlichen Aufrechnungsvoraussetzungen des Insolvenzstatuts entscheidend seien, abgelehnt. Die h. M. ist der Auffassung, dass sich Art. 7 Abs. 2 S. 2 lit. d) EuInsVO nur auf die insolvenzrechtliche Zulässigkeit der Aufrechnung bezieht, im deutschen Recht also auf die §§ 94 ff. InsO.[117] Hingegen meine Art. 7 Abs. 2 S. 2 lit. d) EuInsVO nicht die

---

[116] *Duursma-Kepplinger*, in: Duursma-Kepplinger/Duursma/Chalupsky, EuInsVO, 1. Aufl. 2002, Art. 4 a. F. Rn. 16; *Jeremias*, Internationale Insolvenzaufrechnung, 2005, S. 255; *Kindler*, in: Münchener Kommentar BGB, Band 13, 8. Aufl. 2021, Art. 7 EuInsVO Rn. 27.

[117] *Brinkmann*, in: Karsten Schmidt, InsO, 19. Aufl. 2016, Art. 4 EuInsVO a. F. Rn. 25 f.; *Liersch*, in: Vallender, EuInsVO, 2. Aufl. 2020, Art. 7 Rn. 20 und Art. 9 Rn. 7 f.; *Müller*, in: Mankowski/Müller/J. Schmidt, EuInsVO, 1. Aufl. 2016, Art. 7 Rn. 26; *Reinhart*, in: Mün-

materiellrechtlichen Aufrechnungsvoraussetzungen. Für die materiellrechtlichen Aufrechnungsvoraussetzungen könne es nicht auf die *lex fori concursus* ankommen. Vor Eröffnung des Insolvenzverfahrens richten sich die materiellrechtlichen Aufrechnungsvoraussetzungen nach dem Aufrechnungsstatut. Es sei nicht ersichtlich, dass durch Art. 7 Abs. 2 S. 2 lit. d) EuInsVO ein Statutenwechsel bewirkt werden soll.[118] Ein Statutenwechsel könne zudem dazu führen, dass ein Gläubiger nach Eröffnung des Insolvenzverfahrens unter den Voraussetzungen der *lex fori concursus* aufrechnen kann, obwohl ihm dies vor Eröffnung des Insolvenzverfahrens nach dem Aufrechnungsstatut nicht möglich war. Für eine solche Privilegierung des Gläubigers gebe es aber keinen Grund.[119] Die Eröffnung des Insolvenzverfahrens führe hinsichtlich der materiellrechtlichen Aufrechnungsvoraussetzungen daher nicht zu einem Statutenwechsel. Zudem wird zu Recht darauf hingewiesen, dass Art. 7 Abs. 1 EuInsVO seinem ausdrücklichen Wortlaut nach die *lex fori concursus* nur in Bezug auf das Insolvenzverfahren und seine Wirkungen für anwendbar erklärt.[120] Die materiellrechtlichen Aufrechnungsvoraussetzungen werden demnach nicht durch die *lex fori concursus* bestimmt.

Die Frage, welches Recht für die materiellrechtlichen Aufrechnungsvoraussetzungen entscheidend ist, werde auch nicht durch die EuInsVO beantwortet. Das Aufrechnungsstatut sei vielmehr nach allgemeinen Kollisionsregeln des IPR zu ermitteln.[121] Gemäß Art. 17 Rom I-VO gilt für die Aufrechnung das Recht, dem die Forderung unterliegt, gegen die aufgerechnet wird, wenn das Recht zur Aufrechnung nicht vertraglich vereinbart ist. Zunächst ist also immer zu prüfen, ob die Parteien eine vertragliche Vereinbarung über das Aufrechnungsstatut getroffen haben (vgl. insofern auch Art. 3 Rom I-VO). Wurde von der Freiheit der Rechtswahl kein Gebrauch gemacht, so ist für die materiellrechtlichen Aufrechnungsvoraussetzungen gemäß Art. 17 Rom I-VO das Recht entscheidend, dem die Forderung des Insolvenzschuldners unterliegt.

Folgt man der h. M., so ist es für die Prüfung der materiellrechtlichen Aufrechnungsvoraussetzungen irrelevant, ob die Forderung des Insolvenzschuldners, gegen die aufgerechnet wird, zur Aktivmasse des Haupt- oder Sekundärinsolvenzverfahrens gehört. Denn die materiellrechtlichen Voraussetzungen der Aufrechnung bestimmen sich nicht nach der *lex fori concursus* des Hauptinsolvenzverfahrens bzw.

---

chener Kommentar InsO, Band 4, 3. Aufl. 2016, Art. 4 EuInsVO 2000 Rn. 24; wohl auch *Paulus*, in: Paulus, EuInsVO, 6. Aufl. 2021, Art. 7 Rn. 28 und Art. 9 Rn. 4.

[118] *Reinhart*, in: Münchener Kommentar InsO, Band 4, 3. Aufl. 2016, Art. 4 EuInsVO 2000 Rn. 24.

[119] *Brinkmann*, in: Karsten Schmidt, InsO, 19. Aufl. 2016, Art. 4 EuInsVO a. F. Rn. 26; *Liersch*, in: Vallender, EuInsVO, 2. Aufl. 2020, Art. 7 Rn. 20.

[120] *Liersch*, in: Vallender, EuInsVO, 2. Aufl. 2020, Art. 7 Rn. 20; *Reinhart*, in: Münchener Kommentar InsO, Band 4, 3. Aufl. 2016, Art. 4 EuInsVO 2000 Rn. 24.

[121] *Brinkmann*, in: Karsten Schmidt, InsO, 19. Aufl. 2016, Art. 4 EuInsVO a. F. Rn. 25; *Müller*, in: Mankowski/Müller/J. Schmidt, EuInsVO, 1. Aufl. 2016, Art. 7 Rn. 26; *Reinhart*, in: Münchener Kommentar InsO, Band 4, 3. Aufl. 2016, Art. 4 EuInsVO 2000 Rn. 25.

der *lex fori concursus secundarii*. Vielmehr wird das Aufrechnungsstatut, unabhängig von der Eröffnung eines Insolvenzverfahrens, nach allgemeinen Kollisionsregeln des IPR bestimmt.

2. Insolvenzrechtliche Zulässigkeit der Aufrechnung

Sind alle materiellrechtlichen Aufrechnungsvoraussetzungen erfüllt, so ist in einem zweiten Schritt zu prüfen, ob die Aufrechnung auch insolvenzrechtlich zulässig ist. Es muss ermittelt werden, ob Vorschriften bestehen, die eine Aufrechnung nach Eröffnung des Insolvenzverfahrens verbieten.[122] Die insolvenzrechtliche Zulässigkeit der Aufrechnung richtet sich gemäß Art. 7 Abs. 2 S. 2 lit. d) EuInsVO nach der *lex fori concursus*.

Für den aufrechnenden Gläubiger kann es daher von entscheidender Bedeutung sein, ob die Forderung des Insolvenzschuldners, gegen die der Gläubiger aufrechnen will, zur Aktivmasse des Haupt- oder zur Aktivmasse des Sekundärinsolvenzverfahrens gehört. Gehört die Forderung des Insolvenzschuldners, gegen die der Gläubiger aufrechnen will, zur Aktivmasse des Hauptinsolvenzverfahrens, so richtet sich die insolvenzrechtliche Zulässigkeit der Aufrechnung gemäß Art. 7 Abs. 2 S. 2 lit. d) EuInsVO nach der *lex fori concursus* des Hauptinsolvenzverfahrens. Ist die Forderung des Insolvenzschuldners, gegen die der Gläubiger aufrechnen will, hingegen Teil der Aktivmasse des Sekundärinsolvenzverfahrens, so ist gemäß Art. 7 Abs. 2 S. 2 lit. d) EuInsVO zu prüfen, ob die Aufrechnung nach der *lex fori concursus secundarii* zulässig ist. Sollte die Aufrechnung nach dem jeweils anwendbaren Recht unzulässig sein, so kann gemäß Art. 9 EuInsVO aber trotzdem aufgerechnet werden, wenn die Aufrechnung nach dem für die Forderung des insolventen Schuldners maßgeblichen Recht zulässig ist. Auch Art. 9 EuInsVO gilt sowohl für Haupt- als auch für Sekundärinsolvenzverfahren.[123]

Wie sich aus Art. 34 S. 3 EuInsVO ergibt, gehört eine Forderung des Insolvenzschuldners zur Aktivmasse des Sekundärinsolvenzverfahrens, wenn sie zum Zeitpunkt der Eröffnung des Sekundärinsolvenzverfahrens im Niederlassungsstaat belegen ist. Ist die Forderung außerhalb des Niederlassungsstaats belegen, ist sie Teil der Aktivmasse des Hauptinsolvenzverfahrens. In welchem Staat eine Forderung belegen ist, wird in Art. 2 Nr. 9 viii) EuInsVO bestimmt. Danach ist eine Forderung des Insolvenzschuldners gegen einen Drittschuldner in dem Staat belegen, in dessen Gebiet der zur Leistung verpflichtete Dritte den Mittelpunkt seiner hauptsächlichen Interessen im Sinne des Art. 3 Abs. 1 EuInsVO hat. Es kommt also nicht darauf an, in welchem Staat der Insolvenzschuldner den Mittelpunkt seiner hauptsächlichen Interessen hat. Hat der Drittschuldner gemäß Art. 3 Abs. 1 EuInsVO den Mittelpunkt

---

[122] Im deutschen Recht ist die Zulässigkeit der Aufrechnung nach Eröffnung eines Insolvenzverfahrens in den §§ 94 ff. InsO geregelt.

[123] Vgl. u. a. *Schmidt*, in: Mankowski/Müller/J. Schmidt, EuInsVO, 1. Aufl. 2016, Art. 9 Rn. 6; *Tashiro*, in: Braun, InsO, 8. Aufl. 2020, Art. 9 EuInsVO Rn. 5.

seiner hauptsächlichen Interessen zum Zeitpunkt der Eröffnung des Sekundärinsolvenzverfahrens im Niederlassungsstaat, so ist die Forderung des Insolvenzschuldners gegen den Drittschuldner zum Zeitpunkt der Eröffnung des Sekundärinsolvenzverfahrens im Niederlassungsstaat belegen und wird folglich Teil der Aktivmasse des Sekundärinsolvenzverfahrens. Befindet sich der Mittelpunkt der hauptsächlichen Interessen des Drittschuldners zum Zeitpunkt der Eröffnung des Sekundärinsolvenzverfahrens hingegen außerhalb des Niederlassungsstaats, so ist auch die Forderung des Insolvenzschuldners gegen den Drittschuldner außerhalb des Niederlassungsstaats belegen. In diesem Fall gehört die Forderung des Insolvenzschuldners gegen den Drittschuldner zur Aktivmasse des Hauptinsolvenzverfahrens.

3. Abschließender Beispielfall

a) Sachverhalt

Die C-AG ist ein Hersteller von Bodenbelägen. Die C-AG hat den Mittelpunkt ihrer hauptsächlichen Interessen im Sinne des Art. 3 Abs. 1 EuInsVO in Calw in Deutschland. Die C-AG betreibt auch eine Niederlassung im Sinne des Art. 2 Nr. 10 EuInsVO im italienischen Cremona. Die T S.r.l.[124] ist ein italienischer Großhändler für Bodenbeläge. Die T S.r.l. hat den Mittelpunkt ihrer hauptsächlichen Interessen im Sinne des Art. 3 Abs. 1 EuInsVO im italienischen Tortona. Die T S.r.l. kauft regelmäßig Bodenbeläge bei der C-AG. Die C-AG hat gegen die T S.r.l. einen noch nicht erfüllten Anspruch auf Kaufpreiszahlung in Höhe von 25.000 €. Da die C-AG Bodenbeläge mehrmals mit mehrmonatiger Verspätung lieferte, hat die T S.r.l. gegen die C-AG einen Anspruch auf Zahlung einer Vertragsstrafe in Höhe von 10.000 €.

Die Kaufverträge zwischen der C-AG und der T S.r.l. enthalten jeweils eine Klausel, die bestimmt, dass für die Aufrechnung deutsches Recht gelten soll.

Über das Vermögen der C-AG wird am 1. September 2018 ein Hauptinsolvenzverfahren in Deutschland eröffnet. Am 1. Oktober 2018 wird über das in Italien belegene Vermögen der C-AG ein Sekundärinsolvenzverfahren eröffnet. Die T S.r.l. möchte nun mit ihrer Forderung auf Zahlung einer Vertragsstrafe gegen die Kaufpreisforderung der C-AG aufrechnen.

b) Lösung

aa) Aufrechnungslage nach materiellem Recht

Zunächst einmal müssen alle materiellrechtlichen Aufrechnungsvoraussetzungen erfüllt sein. Strittig ist allerdings, ob sich die materiellrechtlichen Aufrechnungsvoraussetzungen nach dem Insolvenz- oder dem Aufrechnungsstatut richten.

---

[124] S.r.l. ist die Abkürzung für Società a responsabilità limitata. Es handelt sich um eine Kapitalgesellschaft italienischen Rechts.

Folgt man der Ansicht, die das Insolvenzstatut für entscheidend hält, so kommt es darauf an, zu welchem Zeitpunkt die T S.r.l. die Aufrechnung erklärt. Im Zeitraum zwischen 1. und 30. September gibt es nur ein Hauptinsolvenzverfahren. Dieses erfasst auch das in Italien belegene Vermögen. Da das Hauptinsolvenzverfahren in Deutschland eröffnet wurde, würden sich die materiellrechtlichen Voraussetzungen der Aufrechnung nach deutschem Recht richten. Erklärt die T S.r.l. die Aufrechnung erst nach dem 30. September, so kommt es darauf an, ob der Anspruch der C-AG gegen die T S.r.l. auf Kaufpreiszahlung zur Aktivmasse des Hauptinsolvenzverfahrens oder zur Aktivmasse des Sekundärinsolvenzverfahrens gehört. Das italienische Sekundärinsolvenzverfahren erfasst gemäß Art. 34 S. 3 EuInsVO das Vermögen, das am 1. Oktober in Italien belegen ist. Die Belegenheit des Anspruchs auf Kaufpreiszahlung bestimmt sich nach Art. 2 Nr. 9 viii) EuInsVO. Gemäß Art. 2 Nr. 9 viii) EuInsVO ist der Anspruch in dem Staat belegen, in dem der Drittschuldner den Mittelpunkt seiner hauptsächlichen Interessen im Sinne des Art. 3 Abs. 1 EuInsVO hat. Da die T S.r.l. den Mittelpunkt ihrer hauptsächlichen Interessen in Italien hat, ist die Kaufpreisforderung in Italien belegen und gehört folglich zur Aktivmasse des Sekundärinsolvenzverfahrens. Aus diesem Grund würden sich die materiellrechtlichen Aufrechnungsvoraussetzungen nach italienischem Recht bestimmen. Die vertragliche Vereinbarung zwischen der C-AG und der T S.r.l. über das Aufrechnungsstatut bleibt nach dieser Ansicht in der Insolvenz unberücksichtigt.

Die h.M. ist hingegen der Ansicht, dass die materiellrechtlichen Aufrechnungsvoraussetzungen nach dem Aufrechnungsstatut zu bestimmen sind. Demnach kommt es nicht darauf an, ob die Forderung des Insolvenzschuldners, gegen die aufgerechnet werden soll, zur Aktivmasse des Haupt- oder zur Aktivmasse des Sekundärinsolvenzverfahrens gehört. Im vorliegenden Fall ist entscheidend, dass die C-AG und die T S.r.l. vertraglich vereinbart hatten, dass für die Aufrechnung deutsches Recht gelten soll. (vgl. auch Art. 3 Rom I-VO). Selbst wenn die T S.r.l. die Aufrechnung erst nach Eröffnung des Sekundärinsolvenzverfahrens erklärt, richten sich die materiellrechtlichen Aufrechnungsvoraussetzungen aufgrund der von den Vertragsparteien getroffenen Rechtswahl nach deutschem Recht.

bb) Insolvenzrechtliche Zulässigkeit der Aufrechnung

Ob die Aufrechnung insolvenzrechtlich zulässig ist, bestimmt sich gemäß Art. 7 Abs. 2 S. 2 lit. d) EuInsVO nach der *lex fori concursus*. Erklärt die T S.r.l. vor Eröffnung des Sekundärinsolvenzverfahrens die Aufrechnung, so bestimmt sich insolvenzrechtliche Zulässigkeit der Aufrechnung nach deutschem Recht. Die §§ 94 ff. InsO sind dann anwendbar. Wird die Aufrechnung hingegen erst nach Eröffnung des Sekundärinsolvenzverfahrens erklärt, so ist entscheidend, ob der Anspruch der C-AG auf Kaufpreiszahlung zur Aktivmasse des Haupt- oder zur Aktivmasse des Sekundärinsolvenzverfahrens gehört. Im vorliegenden Fall gehört der Anspruch zur Aktivmasse des italienischen Sekundärinsolvenzverfahrens. Die insolvenzrechtliche

Zulässigkeit der Aufrechnung richtet sich daher gemäß Art. 7 Abs. 2 S. 2 lit. d) EuInsVO nach der *lex fori concursus secundarii*, also nach italienischem Recht.

II. Virtuelle Verfahrenspluralität

1. Aufrechnungslage nach materiellem Recht

Die h.M. ist der Auffassung, dass sich die materiellrechtlichen Voraussetzungen der Aufrechnung auch in der Insolvenz nach dem Aufrechnungsstatut bestimmen.[125] Das Insolvenzstatut sei für die materiellrechtlichen Aufrechnungsvoraussetzungen ohne Bedeutung. Daher spielt es auch keine Rolle, ob die Forderung des Insolvenzschuldners zur Aktivmasse des Haupt- oder zur Aktivmasse des Sekundärinsolvenzverfahrens gehört. Folgt man dieser Meinung, so ergeben sich auch bei Durchführung eines virtuellen Sekundärinsolvenzverfahrens keinerlei Probleme. Die materiellrechtlichen Aufrechnungsvoraussetzungen würden sich auch im Fall der virtuellen Verfahrenspluralität nach dem Aufrechnungsstatut bestimmen. Dann hat es keine Bedeutung, ob der Aufrechnende die Aufrechnung vor oder nach Abgabe der Zusicherung erklärt. Genauso wenig spielt es eine Rolle, zu welcher Teilmasse die Forderung des Insolvenzschuldners, gegen die aufgerechnet werden soll, gehört.

Die Vertreter der Gegenmeinung sind der Auffassung, dass sich die materiellrechtlichen Aufrechnungsvoraussetzungen nach dem Insolvenzstatut richten.[126] Gehört die Forderung des Insolvenzschuldners, gegen die der Gläubiger aufrechnen will, zur Aktivmasse des Hauptinsolvenzverfahrens, so würden sich die materiellrechtlichen Aufrechnungsvoraussetzungen nach der *lex fori concursus* des Hauptinsolvenzverfahrens bestimmen. Ist die Forderung hingegen Teil der Aktivmasse des Sekundärinsolvenzverfahrens, so würden sich die materiellrechtlichen Aufrechnungsvoraussetzungen nach der *lex fori concursus secundarii* richten. Wer dieser Meinung folgt, muss bei Durchführung eines virtuellen Haupt- und Sekundärinsolvenzverfahrens daher die Frage klären, ob sich die materiellrechtlichen Aufrechnungsvoraussetzungen nach dem Recht des Staates, in dem das Sekundärinsolvenzverfahren hätte eröffnet werden können, richten, wenn gegen eine Forderung des Insolvenzschuldners aufgerechnet wird, die zur Aktivmasse des virtuellen Sekundärinsolvenzverfahrens gehört.

2. Insolvenzrechtliche Zulässigkeit der Aufrechnung

Die insolvenzrechtliche Zulässigkeit der Aufrechnung richtet sich gemäß Art. 7 Abs. 2 S. 2 lit. d) EuInsVO nach der *lex fori concursus*.[127] Will ein Gläubiger nach

---

[125] Siehe dazu ausführlich S. 178 ff.

[126] Siehe dazu ausführlich S. 177 f.

[127] Siehe dazu ausführlich S. 180 f.

Eröffnung des Sekundärinsolvenzverfahrens aufrechnen, so ist zu prüfen, ob die Forderung des Insolvenzschuldners, gegen die der Gläubiger aufrechnen möchte, zur Aktivmasse des Haupt- oder zur Aktivmasse des Sekundärinsolvenzverfahrens gehört. Gehört die Forderung des Insolvenzschuldners, gegen die aufgerechnet werden soll, zur Aktivmasse des Sekundärinsolvenzverfahrens, so bestimmt sich die insolvenzrechtliche Zulässigkeit der Aufrechnung gemäß Art. 7 Abs. 2 S. 2 lit. d) EuInsVO nach der *lex fori concursus secundarii*. Bei Durchführung eines virtuellen Haupt- und Sekundärinsolvenzverfahrens stellt sich daher die Frage, ob sich die insolvenzrechtliche Zulässigkeit der Aufrechnung nach dem Recht des Staates, in dem das Sekundärinsolvenzverfahren hätte eröffnet werden können, richtet, wenn gegen eine Forderung des Insolvenzschuldners aufgerechnet werden soll, die zur Aktivmasse des virtuellen Sekundärinsolvenzverfahrens gehört.

a) Wortlaut der Norm

Das Aufrechnungsrecht wird in Art. 36 EuInsVO nicht erwähnt. Die EuInsVO aber kennt den Begriff Aufrechnung. Der Gesetzgeber verwendet das Wort Aufrechnung in Art. 7 Abs. 2 S. 2 lit. d) EuInsVO, in Art. 9 EuInsVO und in Art. 55 Abs. 2 lit. h) EuInsVO. Die Tatsache, dass der Gesetzgeber in anderen Artikeln von Aufrechnung spricht, diesen Begriff aber nicht in Art. 36 EuInsVO verwendet, ist ein Indiz dafür, dass das Aufrechnungsrecht nicht von Art. 36 EuInsVO erfasst wird und daher gemäß Art. 7 Abs. 2 S. 2 lit. d) EuInsVO ausschließlich nach der *lex fori concursus* behandelt werden soll. Allerdings ist es eben nur ein Indiz. Ein Umkehrschluss kann aus dieser Tatsache nicht gezogen werden. Ein Umkehrschluss wäre nur dann möglich, wenn der Gesetzgeber in Art. 36 EuInsVO die einzelnen Gläubigerrechte präzise aufgelistet, dabei aber auf die Nennung des Aufrechnungsrechts verzichtet hätte. Das ist aber nicht der Fall. Art. 36 EuInsVO enthält keine präzise Nennung der Gläubigerrechte, die von der Zusicherung betroffen sind. Stattdessen wird in Art. 36 Abs. 1 S. 1 EuInsVO davon gesprochen, dass der Verwalter eine Zusicherung abgibt, dass er bei Verteilung des im Niederlassungsstaat belegenen Vermögens oder des bei seiner Verwertung erzielten Erlöses die Verteilungs- und Vorzugsrechte nach nationalem Recht wahrt, die Gläubiger hätten, wenn ein Sekundärinsolvenzverfahren eröffnet worden wäre. Und in Art. 36 Abs. 2 S. 1 EuInsVO heißt es, dass für die Verteilung des Erlöses, für den Rang der Forderungen und für die Rechte der Gläubiger in Bezug auf Gegenstände der Masse das Recht des Staats, in dem das Sekundärinsolvenzverfahren hätte eröffnet werden können, gilt. Es muss daher geprüft werden, ob der Gesetzgeber mit den in Art. 36 EuInsVO verwendeten Begriffen auch das Aufrechnungsrecht meint. Dafür ist es erforderlich, das Aufrechnungsrecht rechtlich einzuordnen. Die EuInsVO spricht in Erwägungsgrund Nr. 70 davon, dass der Aufrechnung eine Garantiefunktion zukommen soll. In der Literatur werden aufrechenbare Forderungen mit gesicherten Forderungen verglichen.[128] Eine Aufrechnungsbefugnis habe Ähnlichkeiten mit einem Absonderungsrecht.[129]

aa) Rang der Forderungen

Art. 36 Abs. 2 S. 1 EuInsVO spricht davon, dass für den Rang der Forderungen das Recht des Staats, in dem das Sekundärinsolvenzverfahren hätte eröffnet werden können, gilt. Zu prüfen ist, was unter Forderungsrang in diesem Sinn zu verstehen ist. Vor Eröffnung eines Insolvenzverfahrens werden grundsätzlich alle Forderungen rechtlich gleichbehandelt. Nach Eröffnung eines Insolvenzverfahrens ist dies nicht mehr der Fall. Die Gläubiger werden in Gruppen eingeteilt. Es wird grundsätzlich zwischen vorrangig und nachrangig zu bedienenden Forderungen unterschieden. Jeder Forderung, unabhängig davon, ob es sich um eine gesicherte Forderung handelt oder nicht, wird nach Eröffnung des Insolvenzverfahrens ein bestimmter Rang zugewiesen. Der Tatsache, dass nicht alle Forderungen im Insolvenzverfahren gleichbehandelt werden, liegen sozialpolitische oder andere Gerechtigkeitserwägungen zugrunde. Im deutschen Recht werden beispielsweise Forderungen auf Rückzahlung von Gesellschafterdarlehen gemäß § 39 Abs. 1 Nr. 5 InsO als nachrangig behandelt. Im französischen Recht wiederum werden die Forderungen von Arbeitnehmern als vorrangig behandelt, da Arbeitnehmer als besonders schützenswert angesehen werden.[130] Bedeutung hat der Forderungsrang letztlich nur für die ungesicherten Gläubiger. Der gesicherte Gläubiger kann hingegen das Sicherungsrecht verwerten, unabhängig davon, welchen Rang die gesicherte Forderung nach dem jeweils anwendbaren Recht hat.[131] Rang der Forderungen im Sinne des Art. 36 EuInsVO meint also die unterschiedliche Behandlung von Forderungen bei der Erlösverteilung durch das jeweilige Insolvenzgesetz.

Hingegen sind nicht Sicherungsrechte gemeint, wenn Art. 36 EuInsVO vom Rang der Forderungen spricht. Sicherungsrechte sind rechtlich strikt von der Forderung zu unterscheiden, die sie absichern sollen.[132] Weist das jeweilige Insolvenzrecht der

---

[128] *Liersch*, in: Vallender, EuInsVO, 2. Aufl. 2020, Art. 9 Rn. 1; *Paulus*, in: Paulus, EuInsVO, 6. Aufl. 2021, Einleitung Rn. 95 und Art. 7 Rn. 35.

[129] *Paulus*, in: Paulus, EuInsVO, 6. Aufl. 2021, Art. 55 Rn. 11; *Reinhart*, in: Münchener Kommentar InsO, Band 4, 3. Aufl. 2016, Art. 6 EuInsVO 2000 Rn. 1; *Smid*, in: Leonhardt/Smid/Zeuner, Internationales Insolvenzrecht, 2. Aufl. 2012, Art. 6 EuInsVO a. F. Rn. 1.

[130] Vgl. dazu u. a. *Mankowski*, NZI 2015, 961 (963); *Mankowski*, in: Mankowski/Müller/J. Schmidt, EuInsVO, 1. Aufl. 2016, Art. 36 Rn. 17; *Niggemann*, in: Münchener Kommentar InsO, Band 4, 3. Aufl. 2016, Frankreich Rn. 65 f.; *Wimmer*, in: Wimmer/Bornemann/Lienau, Die Neufassung der EuInsVO, 2016, Rn. 426.

[131] Dies ist zumindest nach deutschem Recht der Fall. Vgl. dazu u. a. *Ganter*, in: Münchener Kommentar InsO, Band 1, 4. Aufl. 2019, § 52 Rn. 5; *Lohmann*, in: Heidelberger Kommentar InsO, 10. Aufl. 2020, § 52 Rn. 2; *Thole*, in: Karsten Schmidt, InsO, 19. Aufl. 2016, § 52 Rn. 3.

[132] Dass dies auch im Insolvenzverfahren gilt, ergibt sich im deutschen Recht aus § 52 InsO.

Forderung eine nachrangige Position zu, so hat dies grundsätzlich keinen Einfluss auf das Sicherungsrecht. Das Aufrechnungsrecht ist einem Sicherungsrecht sehr ähnlich.[133] Daher muss man zu dem Schluss kommen, dass auch das Recht zur Aufrechnung nicht von dem Begriff Forderungsrang im Sinne des Art. 36 EuInsVO erfasst wird.

bb) Verteilungsrechte

Gemäß Art. 36 EuInsVO gilt das Recht des Staates, in dem das Sekundärinsolvenzverfahren hätte eröffnet werden können, auch für die Verteilungsrechte. Das Recht zur Aufrechnung ist aber kein Verteilungsrecht.[134] Erklärt ein Gläubiger wirksam die Aufrechnung, so wird seine Forderung unmittelbar durch Aufrechnung vorab befriedigt. An der späteren Erlösverteilung nimmt er dann nicht teil. Auch insofern ist das Aufrechnungsrecht mit anderen Sicherungsrechten vergleichbar.

cc) Vorzugsrechte

Das Recht zur Aufrechnung ist wohl auch kein Vorzugsrecht im Sinne des Art. 36 EuInsVO. Hierfür spricht ein Vergleich mit Art. 55 EuInsVO. In Art. 55 Abs. 2 S. 1 lit. f) EuInsVO und Art. 55 Abs. 2 S. 1 lit. h) EuInsVO wird zwischen bevorrechtigten und zur Aufrechnung berechtigten Gläubigern unterschieden. Demnach ist ein zur Aufrechnung befugter Gläubiger nicht ein bevorrechtigter Gläubiger im Sinne der EuInsVO.

dd) Ergebnis

Der Wortlaut des Art. 36 EuInsVO spricht dafür, dass das Recht zur Aufrechnung nicht von Art. 36 EuInsVO erfasst wird.

b) Zweck der Norm

Der Wortlaut des Art. 36 EuInsVO spricht dafür, dass sich die Zusicherung nicht auf das Recht der Aufrechnung bezieht. Im Folgenden soll geprüft werden, ob aber der Sinn und Zweck des Art. 36 EuInsVO ein anderes Ergebnis gebietet. Ziel des Art. 36 EuInsVO ist es, die Gläubiger, deren Interessen im Normalfall durch die Eröffnung eines Sekundärinsolvenzverfahrens geschützt werden, so zu stellen, wie sie im Fall der Eröffnung eines solchen Verfahrens stünden. Das virtuelle Sekundärinsolvenzverfahren ist also der Ersatz für das nicht eröffnete reale Sekundärinsolvenzverfahren. Der Schutzzweck eines virtuellen Sekundärinsolvenzverfahrens

---

[133] Siehe dazu im vorherigen Abschnitt.

[134] A. A. *Schmidt*, Die Zusicherung nach Art. 36 EuInsVO, 2019, S. 88. Allerdings begründet Schmidt seine Meinung nicht.

deckt sich daher mit dem Schutzzweck eines realen Sekundärinsolvenzverfahrens. Art. 36 EuInsVO will die Situation eines Sekundärinsolvenzverfahrens aber nicht vollständig und in allen Einzelheiten simulieren. Aus diesem Grund muss zunächst geprüft werden, ob ein Sekundärinsolvenzverfahren gerade auch das Aufrechnungsrecht des lokalen Gläubigers schützen will.

aa) Zweck eines Sekundärinsolvenzverfahrens

Die Forderung und das Aufrechnungsrecht sind strikt auseinander zu halten. Der im Niederlassungsstaat ansässige Gläubiger vertraut grundsätzlich darauf, dass seine Forderung im Insolvenzverfahren nach dem ihm vertrauten Recht behandelt wird. Dieses Vertrauen wird durch die Eröffnung eines Sekundärinsolvenzverfahren geschützt. Meldet der Gläubiger seine Forderung für das Sekundärinsolvenzverfahren an, so wird die Forderung im Sekundärinsolvenzverfahren gemäß Art. 7 Abs. 2 S. 2 lit. i) EuInsVO nach der ihm vertrauten *lex fori concursus secundarii* behandelt.

Fraglich ist aber, ob das Sekundärinsolvenzverfahren auch das Aufrechnungsrecht des lokalen Gläubigers vor den Wirkungen eines fremden Rechtstatuts schützen will. Ob die Aufrechnung insolvenzrechtlich zulässig ist, bestimmt sich gemäß Art. 7 Abs. 2 S. 2 lit. d) EuInsVO nach der *lex fori concursus*. Will der Gläubiger gegen eine Forderung aufrechnen, die zur Aktivmasse des Sekundärinsolvenzverfahrens gehört, so richtet sich die insolvenzrechtliche Zulässigkeit der Aufrechnung gemäß Art. 7 Abs. 2 S. 2 lit. d) EuInsVO nach der *lex fori concursus secundarii*. Die Forderung, gegen die aufgerechnet werden soll, gehört dann zur Aktivmasse des Sekundärinsolvenzverfahrens, wenn sie zum Zeitpunkt der Eröffnung des Sekundärinsolvenzverfahrens im Niederlassungsstaat belegen ist. Gemäß Art. 2 Nr. 9 viii) EuInsVO ist die Forderung in dem Staat belegen, in dessen Gebiet der zur Leistung verpflichtete Dritte den Mittelpunkt seiner hauptsächlichen Interessen im Sinne des Art. 3 Abs. 1 EuInsVO hat. Das bedeutet letztlich, dass die Forderung, gegen die der im Niederlassungsstaat ansässige Gläubiger aufrechnen will, immer zur Aktivmasse des Sekundärinsolvenzverfahrens gehört und sich die insolvenzrechtliche Zulässigkeit der Aufrechnung gemäß Art. 7 Abs. 2 S. 2 lit. d) EuInsVO folglich nach der *lex fori concursus secundarii* richtet. Trotzdem stellt sich die Frage, ob es Sinn und Zweck eines Sekundärinsolvenzverfahrens ist, den lokalen Gläubiger hinsichtlich seines Rechts zur Aufrechnung vor den Wirkungen eines für ihn fremden Rechtstatuts zu schützen. Denn mit Art. 9 EuInsVO existiert eine Norm, deren explizites Ziel es ist, das Aufrechnungsrecht vor den insolvenzrechtlichen Wirkungen eines fremden Rechtstatuts zu schützen. Es bedarf daher einer näheren Analyse des Art. 9 EuInsVO.

Gemäß Art. 9 EuInsVO wird die Befugnis eines Gläubigers, mit seiner Forderung gegen eine Forderung des Schuldners aufzurechnen, von der Eröffnung des Insolvenzverfahrens nicht berührt, wenn diese Aufrechnung nach dem für die Forderung des insolventen Schuldners maßgeblichen Recht zulässig ist. Tatbestandsvoraussetzung ist also, dass die Aufrechnung nach dem Rechtsstatut, das für die Forderung des Insolvenzschuldners (Statut der Hauptforderung) gilt, insolvenzrechtlich zulässig ist. Welche Rechtsordnung das im Einzelfall ist, muss nach den allgemeinen Kollisionsregeln des IPR ermittelt werden.[135] Gemäß Art. 3 Rom I-VO steht es den Parteien grundsätzlich frei, dass auf die Forderung anwendbare Recht zu wählen. Ist die Aufrechnung nach dem Statut der Hauptforderung insolvenzrechtlich zulässig, so kann der Gläubiger auch dann aufrechnen, wenn die Aufrechnung nach der *lex fori concursus* unzulässig ist. Der Gesetzgeber geht also davon aus, dass der Gläubiger darauf vertraut, dass im Fall der Eröffnung eines Insolvenzverfahrens das Statut der Hauptforderung Anwendung findet.[136] Dieses Vertrauen schützt der Gesetzgeber in Art. 9 EuInsVO. Wie sich aus Erwägungsgrund Nr. 70 S. 2 ergibt, soll durch diese Norm der Sicherungscharakter der Aufrechnung gewahrt werden.

Aus dem Normzweck des Art. 9 EuInsVO lassen sich folgende Schlüsse für den Schutzzweck eines Sekundärinsolvenzverfahrens ziehen. Vertraut der Gläubiger darauf, dass im Fall der Eröffnung eines Insolvenzverfahrens das Statut der Hauptforderung für die insolvenzrechtliche Zulässigkeit der Aufrechnung maßgebend ist, so kann er nicht gleichzeitig darauf vertrauen, dass auch die *lex fori concursus secundarii* für die insolvenzrechtliche Zulässigkeit der Aufrechnung gilt. Der Gläubiger kann nicht auf die Anwendung verschiedener Rechtsstatute vertrauen. Das wäre ein widersprüchliches Verhalten.

Im Übrigen wäre es auch nicht gerechtfertigt, jegliches Vertrauen darauf, dass die Aufrechnung insolvenzrechtlich zulässig ist, zu schützen. Hinsichtlich der einem Aufrechnungsrecht zugrunde liegenden Forderung eines lokalen Gläubigers gilt nämlich, dass nur das Vertrauen des Gläubigers auf die Anwendbarkeit eines Insolvenzstatuts geschützt wird. Indem der Gesetzgeber dem lokalen Gläubiger die Möglichkeit gibt, die Eröffnung eines Sekundärinsolvenzverfahrens zu beantragen, schützt er dessen Vertrauen darauf, dass seine Forderung im Insolvenzverfahren nach lokalem Recht behandelt wird. Der lokale Gläubiger kann in Bezug auf seine Forderung aber nicht geltend machen, auf die Anwendbarkeit eines weiteren Insolvenzstatuts vertraut zu haben. Für die dem Aufrechnungsrecht zugrunde liegende Forderung enthält die EuInsVO nämlich keine mit Art. 9 EuInsVO vergleichbare Norm. Der Forderungsinhaber wird vor einem fremden Insolvenzstatut also ausschließlich durch die Eröffnung eines Sekundärinsolvenzverfahrens geschützt.

Folglich muss man davon ausgehen, dass das Aufrechnungsrecht vor einem fremden Insolvenzstatut ausschließlich durch Art. 9 EuInsVO geschützt werden soll.

---

[135] Vgl. u.a. *Liersch*, in: Vallender, EuInsVO, 2. Aufl. 2020, Art. 9 Rn. 7; *Schmidt*, in: Mankowski/Müller/J. Schmidt, EuInsVO, 1. Aufl. 2016, Art. 9 Rn. 13; *Smid*, in: Leonhardt/Smid/Zeuner, Internationales Insolvenzrecht, 2. Aufl. 2012, Art. 6 EuInsVO a.F. Rn. 5.

[136] Siehe zum Normzweck auch *Brinkmann*, in: Karsten Schmidt, InsO, 19. Aufl. 2016, Art. 6 EuInsVO a.F. Rn. 1; *Dornblüth*, in: Heidelberger Kommentar InsO, 10. Aufl. 2020, Art. 9 EuInsVO Rn. 1; *Liersch*, in: Vallender, EuInsVO, 2. Aufl. 2020, Art. 9 Rn. 2; *Reinhart*, in: Münchener Kommentar InsO, Band 4, 3. Aufl. 2016, Art. 6 EuInsVO 2000 Rn. 1, 9; *Schmidt*, in: Mankowski/Müller/J. Schmidt, EuInsVO, 1. Aufl. 2016, Art. 9 Rn. 3, 16; *Smid*, in: Leonhardt/Smid/Zeuner, Internationales Insolvenzrecht, 2. Aufl. 2012, Art. 6 EuInsVO a.F. Rn. 1.

Hingegen dienen Sekundärinsolvenzverfahren nicht dem Schutz des Aufrechnungsrechts. Dass das Recht zur Aufrechnung im Sekundärinsolvenzverfahren gemäß Art. 7 Abs. 2 S. 2 lit. d) EuInsVO trotzdem nach der *lex fori concursus secundarii* behandelt wird, hat einen einfachen Grund. Müssten Verwalter von Sekundärinsolvenzverfahren und das Insolvenzgericht im Niederlassungsstaat ein für sie fremdes Rechtsstatut anwenden, so würde die Effizienz des Insolvenzverfahrens leiden.

bb) Ergebnis

Das virtuelle Sekundärinsolvenzverfahren ist der Ersatz für das nicht eröffnete reale Sekundärinsolvenzverfahren. Der Schutzzweck eines virtuellen Sekundärinsolvenzverfahrens deckt sich daher mit dem Schutzzweck eines realen Sekundärinsolvenzverfahrens. Das Aufrechnungsrecht wird nicht vom Schutzzweck eines Sekundärinsolvenzverfahrens erfasst. Folglich bezweckt auch Art. 36 EuInsVO nicht den Schutz des Aufrechnungsrechts.

c) Gesamtergebnis

Die insolvenzrechtliche Zulässigkeit der Aufrechnung richtet sich bei Durchführung eines virtuellen Sekundärinsolvenzverfahrens gemäß Art. 7 Abs. 2 S. 2 lit. d) EuInsVO ausschließlich nach der *lex fori concursus*.[137] Dies gilt auch für die Fälle, in denen der Gläubiger gegen eine Forderung des Insolvenzschuldners aufrechnen möchte, die zur Aktivmasse des virtuellen Sekundärinsolvenzverfahrens gehört. Das Recht des Staates, in dem das Sekundärinsolvenzverfahren hätte eröffnet werden können, ist nicht anwendbar. Die Zusicherung bezieht sich nämlich nicht auf das Recht zur Aufrechnung. Für dieses Ergebnis spricht sowohl der Wortlaut als auch der Sinn und Zweck des Art. 36 EuInsVO.

Hat der Verwalter gemäß Art. 36 EuInsVO eine Zusicherung abgegeben und stellt ein Gläubiger einen Antrag auf Eröffnung eines Sekundärinsolvenzverfahrens, so hat das mit dem Antrag befasste Gericht gemäß Art. 38 Abs. 2 EuInsVO zu prüfen, ob die Zusicherung die allgemeinen Interessen der lokalen Gläubiger angemessen schützt. Das Gericht hat bei seiner Entscheidung zu beachten, dass Sekundärinsolvenzverfahren nicht dem Schutz des Aufrechnungsrechts dienen. Folglich kann der Aufrechnende nicht geltend machen, durch die Nichteröffnung des Sekundärinsolvenzverfahrens infolge der Zusicherung in seinen Interessen berührt zu sein. Daher muss das Gericht den Antrag auf Eröffnung eines Sekundärinsolvenzverfahrens gemäß Art. 38 Abs. 2 EuInsVO zurückweisen. Der Schutz des Aufrechnungsrechts wird auch bei Durchführung eines virtuellen Sekundärinsolvenzverfahrens ausschließlich über Art. 9 EuInsVO erreicht.

---

[137] A. A. *Reinhart*, in: Münchener Kommentar InsO, Band 4, 3. Aufl. 2016, Art. 36 EuInsVO 2015 Rn. 13; *Schmidt*, Die Zusicherung nach Art. 36 EuInsVO, 2019, S. 89.

E. Forderungen, die nach Eröffnung des Insolvenzverfahrens begründet werden

Gläubiger, deren Forderungen erst nach Eröffnung eines Insolvenzverfahrens begründet werden, sind nach deutschem Recht gemäß §§ 53 ff. InsO Massegläubiger. Die Forderungen der Massegläubiger sind gemäß § 53 InsO vorweg aus der Insolvenzmasse zu befriedigen. Im Gegensatz zu Insolvenzgläubigern müssen Massegläubiger ihre Forderungen nicht zur Tabelle anmelden.[138] Erst nachdem alle Massegläubiger vollständig befriedigt wurden, wird die verbleibende Insolvenzmasse an die Insolvenzgläubiger verteilt.[139]

Fraglich ist, wie Massegläubiger im Fall der Durchführung eines virtuellen Haupt- und Sekundärinsolvenzverfahrens zu stellen sind. Müssen auch die Massegläubiger so behandelt werden, wie sie stünden, wäre ein Sekundärinsolvenzverfahren eröffnet worden? Die Beantwortung dieser Frage ist sehr schwierig. Das hat auch damit zu tun, dass bereits die Behandlung der Massegläubiger im Fall der realen Verfahrenspluralität stark umstritten ist. Daher wird hier zunächst einmal ausführlich dargestellt, wie Massegläubiger im Fall der Eröffnung eines realen Sekundärinsolvenzverfahrens stehen. Auf dieser Darstellung aufbauend, wird sodann erörtert, wie Massegläubiger im Fall der Durchführung eines virtuellen Haupt- und Sekundärinsolvenzverfahrens gestellt werden müssen.

Gemäß § 55 Abs. 1 Nr. 2 InsO gelten auch Ansprüche, die vor Eröffnung des Insolvenzverfahrens begründet wurden, als Masseverbindlichkeiten, wenn sie aus gegenseitigen Verträgen stammen und deren Erfüllung vom Insolvenzverwalter zur Insolvenzmasse verlangt wird oder für die Zeit nach Eröffnung des Insolvenzverfahrens erfolgen muss. Die Behandlung dieser Ansprüche im Fall der virtuellen Verfahrenspluralität wird in einem gesonderten Kapitel dargestellt.[140]

I. Reale Verfahrenspluralität

Wird ein Sekundärinsolvenzverfahren eröffnet, so muss hinsichtlich der Behandlung von Masseforderungen zwischen drei verschiedenen Gruppen von Masseforderungen unterschieden werden. Die erste Gruppe bilden Masseforderungen, die im Zeitraum zwischen Eröffnung des Haupt- und der Eröffnung des Sekundärinsolvenzverfahrens vom Verwalter des Hauptinsolvenzverfahrens begründet wer-

---

[138] Vgl. u.a. *Hefermehl*, in: Münchener Kommentar InsO, Band 1, 4. Aufl. 2019, § 53 Rn. 18; *Sinz*, in: Uhlenbruck, InsO, Band 1, 15. Aufl. 2019, § 53 Rn. 3; *Thole*, in: Karsten Schmidt, InsO, 19. Aufl. 2016, § 53 Rn. 2; *Wimmer*, in: Gottwald/Haas, InsO, 6. Aufl. 2020, § 58 Rn. 2.

[139] Vgl. u.a. *Hefermehl*, in: Münchener Kommentar InsO, Band 1, 4. Aufl. 2019, § 53 Rn. 12; *Thole*, in: Karsten Schmidt, InsO, 19. Aufl. 2016, § 53 Rn. 7; *Wimmer*, in: Gottwald/Haas, InsO, 6. Aufl. 2020, § 58 Rn. 5.

[140] Siehe hierzu S. 268 ff.

den. Diese Forderungen werden auch Altmasseforderungen genannt.[141] Die zweite Gruppe bilden Masseforderungen, die nach Eröffnung des Sekundärinsolvenzverfahrens vom Verwalter des Hauptinsolvenzverfahrens begründet wurden. Masseforderungen, die nach Eröffnung des Sekundärinsolvenzverfahrens vom Verwalter des Sekundärinsolvenzverfahrens begründet wurden, bilden die dritte Gruppe. Masseforderungen, die nach Eröffnung des Sekundärinsolvenzverfahrens durch den Verwalter des Haupt- oder den Verwalter des Sekundärinsolvenzverfahren begründet wurden, werden Neumasseforderungen genannt.[142] Die Eröffnung eines Sekundärinsolvenzverfahrens führt zu einer Teilung der ursprünglichen Universalmasse des Vermögensträgers. Daher stellt sich in allen drei Fällen die Frage, welche Massen für die jeweilige Masseforderung haften. Denn während Insolvenzgläubiger ihre Forderungen gemäß Art. 45 Abs. 1 EuInsVO sowohl für das Haupt- als auch für jedes Sekundärinsolvenzverfahren anmelden können, ist dies Massegläubigern nicht möglich. Art. 45 Abs. 1 EuInsVO ist auf Massegläubiger nicht anwendbar.[143] Daher ist für die Massegläubiger die Frage entscheidend, welches Vermögen ihnen als Haftungsmasse zur Verfügung steht. Zudem muss in allen Fällen geklärt werden, nach welchem Recht die Ansprüche der Massegläubiger behandelt werden.

1. Neumasseforderungen

Unproblematisch ist die Behandlung der Neumasseforderungen, also all der Masseforderungen, die nach Eröffnung des Sekundärinsolvenzverfahrens begründet werden. Für Neumasseforderungen haftet jeweils nur die Masse des Verfahrens, für das der Verwalter, der die Forderung begründet hat, verwaltungs- und verfügungsbefugt war.[144] Die Masse des jeweils anderen Verfahrens steht hingegen als Haftungsmasse nicht zur Verfügung. Die Massegläubiger, deren Forderungen nach Eröffnung des Sekundärinsolvenzverfahrens begründet werden, sind insofern auch nicht schutzbedürftig, da ihnen zum Zeitpunkt der Begründung ihrer Forderung bekannt ist, dass es zwei Insolvenzverfahren gibt. Die rechtliche Behandlung der Forderung richtet sich gemäß Art. 7 Abs. 2 S. 2 lit. g) EuInsVO jeweils nach dem Recht des Staates der Verfahrenseröffnung.[145]

---

[141] Die Begriffe Alt- und Neumasseforderungen wurden von Duursma-Kepplinger entwickelt. *Duursma-Kepplinger*, ZIP 2007, 752 (754). Anschließend wurden diese Bezeichnungen auch von anderen Autoren verwendet. *Beck*, NZI 2007, 1 (2 ff.); *Blersch*, in: FS Pannen, 2017, S. 125 (137); *Fehrenbach*, Haupt- und Sekundärinsolvenzverfahren, 2014, S. 237 ff.

[142] Siehe dazu die vorherige Fußnote.

[143] *Paulus*, in: Paulus, EuInsVO, 6. Aufl. 2021, Art. 45 Rn. 1.

[144] *Beck*, NZI 2007, 1 (2); *Duursma-Kepplinger*, ZIP 2007, 752 (761); *Herchen*, in: Pannen, EuInsVO, 1. Aufl. 2007, Art. 27 a.F. Rn. 51; *Mankowski*, in: Mankowski/Müller/J. Schmidt, EuInsVO, 1. Aufl. 2016, Vor Art. 34–51 Rn. 34; *Paulus*, in: Paulus, EuInsVO, 6. Aufl. 2021, Art. 35 Rn. 10; *Ringstmeier/Homann*, NZI 2004, 354 (358).

[145] Zu Einzelheiten vgl. u.a. *Brinkmann*, in: Karsten Schmidt, InsO, 19. Aufl. 2016, Art. 4 EuInsVO a.F. Rn. 32; *Liersch*, in: Vallender, EuInsVO, 2. Aufl. 2020, Art. 7 Rn. 26 ff.; *Müller*, in: Mankowski/Müller/J. Schmidt, EuInsVO, 1. Aufl. 2016, Art. 7 Rn. 50 f.; *Paulus*, in:

Konkret heißt das also Folgendes. Wird nach Eröffnung des Sekundärinsolvenzverfahrens eine Forderung durch den Verwalter des Hauptinsolvenzverfahrens begründet, so haftet für diese Neumasseforderung ausschließlich die Masse des Hauptinsolvenzverfahrens. Die Masse des Sekundärinsolvenzverfahrens haftet nicht für die durch den Verwalter des Hauptinsolvenzverfahrens nach Eröffnung des Sekundärinsolvenzverfahrens begründeten Forderungen. Gemäß Art. 7 Abs. 2 S. 2 lit. g) EuInsVO werden diese Forderungen nach dem Recht des Staates des Hauptinsolvenzverfahrens behandelt. Wird das Hauptinsolvenzverfahren in Deutschland eröffnet, so sind gemäß Art. 7 Abs. 2 S. 2 lit. g) EuInsVO also die §§ 53 ff. InsO anwendbar. Wird eine Forderung hingegen durch den Verwalter des Sekundärinsolvenzverfahrens begründet, so haftet für diese Neumasseforderung ausschließlich die Masse des Sekundärinsolvenzverfahrens. Die Masse des Hauptinsolvenzverfahrens haftet für die durch den Verwalter des Sekundärinsolvenzverfahrens begründeten Forderungen nicht. Gemäß Art. 7 Abs. 2 S. 2 lit. g) EuInsVO werden diese Forderungen nach dem Recht des Staates des Sekundärinsolvenzverfahrens behandelt.

2. Altmasseforderungen

Wird die Forderung im Zeitraum zwischen der Eröffnung des Haupt- und der Eröffnung des Sekundärinsolvenzverfahrens begründet, so stellt sich die Frage, ob den Gläubigern nach Eröffnung des Sekundärinsolvenzverfahrens neben der Masse des Hauptinsolvenzverfahrens auch die Masse des Sekundärinsolvenzverfahrens haftet. Diese Frage stellt sich aus folgendem Grund. Zum Zeitpunkt, zu dem die Forderung begründet wird, gibt es lediglich ein Insolvenzverfahren. Dieses Insolvenzverfahren umfasst die universale Insolvenzmasse. Den Massegläubigern haftet also zunächst einmal das gesamte Vermögen des Schuldners.[146] Mit Eröffnung des Sekundärinsolvenzverfahrens wird das im Niederlassungsstaat belegene Vermögen ex nunc aus dem universalen Insolvenzbeschlag herausgelöst.[147] Dieses Vermögen bildet dann die Masse des Sekundärinsolvenzverfahrens. Daher stellt sich die Frage, ob die Masse des Sekundärinsolvenzverfahrens für die vom Verwalter des Hauptinsolvenzverfahrens zuvor begründeten Masseverbindlichkeiten forthaftet oder ob die Haftung an den im Niederlassungsstaat belegenen Gegenständen mit Eröffnung des Sekundärinsolvenzverfahrens endet. Diese Frage ist weder gesetzlich geregelt,

---

Paulus, EuInsVO, 6. Aufl. 2021, Art. 7 Rn. 36; *Reinhart*, in: Münchener Kommentar InsO, Band 4, 3. Aufl. 2016, Art. 4 EuInsVO 2000 Rn. 36 f.

146 *Fehrenbach*, Haupt- und Sekundärinsolvenzverfahren, 2014, S. 236 f.; *Paulus*, in: Paulus, EuInsVO, 6. Aufl. 2021, Art. 35 Rn. 10.

147 Vgl. u. a. *Brinkmann*, in: Karsten Schmidt, InsO, 19. Aufl. 2016, Art. 27 EuInsVO a. F. Rn. 16; *Mankowski*, in: Mankowski/Müller/J. Schmidt, EuInsVO, 1. Aufl. 2016, Vor Art. 34–51 Rn. 49.

noch hat sich die Rechtsprechung bisher damit beschäftigt.[148] Im Schrifttum wird die Frage intensiv diskutiert und es werden verschiedene Lösungswege vertreten. Im Folgenden werden die im Schrifttum vertretenen Auffassungen kurz dargestellt. Die Kenntnis der verschiedenen Ansichten ist wichtig, um eine sachgerechte Lösung für den Fall der Durchführung eines virtuellen Haupt- und Sekundärinsolvenzverfahrens erarbeiten zu können.

a) Trennungstheorie

Die Vertreter der Trennungstheorie sind der Auffassung, dass die Masse des Sekundärinsolvenzverfahrens nicht für die zuvor vom Verwalter des Hauptinsolvenzverfahrens begründeten Forderungen haftet.[149] Den Massegläubigern haftet zunächst zwar das universale Vermögen des Schuldners.[150] Die Eröffnung eines Sekundärinsolvenzverfahrens führe aber dazu, dass die im Niederlassungsstaat belegenen Gegenstände enthaftet werden.[151] Das im Niederlassungsstaat belegene Vermögen steht den Massegläubigern also nicht mehr als Haftungsmasse zur Verfügung. Nach Eröffnung des Sekundärinsolvenzverfahrens haftet den Gläubigern also nur noch das Vermögen, dass nun die Masse des Hauptinsolvenzverfahrens bildet. Ist ein Großteil des Vermögens im Niederlassungsstaat belegen, so führt diese Auffassung dazu, dass den Massegläubigern ein Großteil ihrer ursprünglichen Haftmasse entzogen wird. In einem solchen Fall können die Massegläubiger möglicherweise nicht vollständig befriedigt werden. Diese Gefahr wird auch von den Vertretern dieses Lösungsvorschlags gesehen. Ein solches Ergebnis sei aber hinzunehmen. Die Massegläubiger seien insofern auch nicht schutzbedürftig, da sie zum Zeitpunkt der Entstehung ihrer Forderung grundsätzlich davon ausgehen müssten, dass zu einem späteren Zeitpunkt ein Sekundärinsolvenzverfahren eröffnet wird.[152] Begründet wird dieser Lösungsvorschlag unter anderem damit, dass die vom Verwalter des Hauptinsolvenzverfahrens begründeten Masseforderungen weder rechtlich noch wirtschaftlich dem Sekundärinsolvenzverfahren zugeordnet werden könnten.[153] Dies liege daran, dass der Beschlag des Sekundärinsolvenzverfahrens Vorrang vor dem Beschlag des Hauptinsolvenzverfahrens habe. Aus diesem Grund

[148] *Blersch*, in: FS Pannen, 2017, S. 125 (130 f.). Blersch weist zwar auf zwei Urteile hin. Er kommt allerdings zu dem Schluss, dass diese Entscheidungen die Problematik nur am Rand streifen und deswegen nicht näher auf das Problem eingehen.

[149] *Fehrenbach*, Haupt- und Sekundärinsolvenzverfahren, 2014, S. 247 ff.; *Mankowski*, in: Mankowski/Müller/J. Schmidt, EuInsVO, 1. Aufl. 2016, Vor Art. 34–51 Rn. 34; *Thole*, in: Münchener Kommentar InsO, Band 4, 3. Aufl. 2016, Art. 17 EuInsVO 2000 Rn. 13.

[150] *Fehrenbach*, Haupt- und Sekundärinsolvenzverfahren, 2014, S. 236 f.

[151] *Mankowski*, in: Mankowski/Müller/J. Schmidt, EuInsVO, 1. Aufl. 2016, Vor Art. 34–51 Rn. 37.

[152] *Fehrenbach*, Haupt- und Sekundärinsolvenzverfahren, 2014, S. 238; *Thole*, in: Münchener Kommentar InsO, Band 4, 3. Aufl. 2016, Art. 17 EuInsVO 2000 Rn. 13.

[153] *Mankowski*, in: Mankowski/Müller/J. Schmidt, EuInsVO, 1. Aufl. 2016, Vor Art. 34–51 Rn. 36.

würden die im Niederlassungsstaat belegenen Gegenstände für die Dauer des Sekundärinsolvenzverfahrens in keiner Weise mehr vom Beschlag des Hauptinsolvenzverfahrens erfasst.

b) Mithaftungstheorie

Die Vertreter der Mithaftungstheorie sind der Ansicht, dass auch die Aktivmasse des Sekundärinsolvenzverfahrens für Altmasseforderungen haftet, die der Verwalter des Hauptinsolvenzverfahrens vor Eröffnung des Sekundärinsolvenzverfahrens begründet hat.[154] Sie begründen ihre Auffassung vor allem mit allgemeinen Haftungsgrundsätzen[155] und Gläubigerschutzerwägungen[156]. Zu dem Zeitpunkt, zu dem die Forderung begründet wird, gebe es nur ein universales Insolvenzverfahren, dass auch das im Niederlassungsstaat belegene Vermögen umfasse. Folglich hafte auch das im Niederlassungsstaat belegene Vermögen für die Masseforderung. Die EuInsVO enthalte aber keine Vorschrift, nach der das im Niederlassungsstaat belegene Vermögen durch Eröffnung eines Sekundärinsolvenzverfahrens enthaftet wird.[157] Der Insolvenzbeschlag des Hauptinsolvenzverfahrens ende auch nicht durch die Eröffnung des Sekundärinsolvenzverfahrens, sondern sei durch den spezielleren Insolvenzbeschlag des Sekundärinsolvenzverfahrens lediglich teilweise überlagert.[158] Zudem seien die Altmassegläubiger schutzwürdig. Sie dürften berechtigterweise davon ausgehen, dass ihnen das gesamte Vermögen als Haftmasse zur Verfügung steht.

In welchem Umfang die Masse des Sekundärinsolvenzverfahrens haftet, ist unter den Vertretern der Mithaftungstheorie allerdings umstritten. Soweit ersichtlich, werden diesbezüglich drei Meinungen vertreten.

aa) Unbeschränkte Außenhaftung und interner Ausgleichsanspruch

Teilweise wird vertreten, dass die Aktivmasse des Sekundärinsolvenzverfahrens nach außen unbeschränkt für die Altmasseforderungen haftet, intern aber ein Aus-

---

[154] *Beck*, NZI 2007, 1 (3 f.); *Blersch*, in: FS Pannen, 2017, S. 125 (137); *Brinkmann*, in: Karsten Schmidt, InsO, 19. Aufl. 2016, Art. 27 EuInsVO a. F. Rn. 20; *Duursma-Kepplinger*, ZIP 2007, 752 (761); *Herchen*, in: Pannen, EuInsVO, 1. Aufl. 2007, Art. 27 a. F. Rn. 55 ff.; *Paulus*, in: Paulus, EuInsVO, 6. Aufl. 2021, Art. 35 Rn. 10; *Ringstmeier/Homann*, NZI 2004, 354 (358).

[155] *Blersch*, in: FS Pannen, 2017, S. 125 (137); *Duursma-Kepplinger*, ZIP 2007, 752 (761); *Paulus*, in: Paulus, EuInsVO, 6. Aufl. 2021, Art. 35 Rn. 10; *Ringstmeier/Homann*, NZI 2004, 354 (358).

[156] *Beck*, NZI 2007, 1 (3); *Duursma-Kepplinger*, ZIP 2007, 752 (755) (761).

[157] *Duursma-Kepplinger*, ZIP 2007, 752 (761).

[158] *Duursma-Kepplinger*, ZIP 2007, 752 (761); *Ringstmeier/Homann*, NZI 2004, 354 (358).

gleich zwischen den Verfahren stattfinde.[159] Ein Altmassegläubiger könne seinen Anspruch gegen die Masse des Sekundärinsolvenzverfahrens geltend machen und vom Verwalter des Sekundärinsolvenzverfahrens Erfüllung seiner Forderung verlangen. Entgegen Art. 7 Abs. 2 S. 2 lit. g) EuInsVO sei die Altmasseforderung auch dann nach dem Recht des Staates des Hauptinsolvenzverfahrens als Masseforderung zu qualifizieren, wenn der Gläubiger diese Forderung gegen die Masse des Sekundärinsolvenzverfahrens geltend macht.[160] Die Forderung verliere nicht ihren einmal erworbenen Status als Masseforderung. Der Altmassegläubiger sei insofern schutzwürdig. Wird die Masse eines der Verfahren außergewöhnlich stark durch Altmasseforderungen belastet, so kann dies die Masseunzulänglichkeit in einem der Verfahren zur Folge haben. Um dieser Gefahr zu begegnen, finde intern zwischen den Verfahren ein Ausgleich statt.[161] Es sei aber eben Aufgabe der Verwalter und nicht der Massegläubiger eine interessengerechte Lösung zur Verteilung der Haftung zu finden.[162]

bb) Unbeschränkte Außenhaftung ohne internen Ausgleich

Auch nach dieser Ansicht haften sowohl die Masse des Hauptinsolvenzverfahrens als auch die Masse des Sekundärinsolvenzverfahrens im Außenverhältnis unbeschränkt für Altmasseforderungen.[163] Der rechtliche Status, den die Altmasseforderung nach dem Recht des Staates des Hauptinsolvenzverfahrens hat, gelte auch dann, wenn die Forderung gegen die Masse des Sekundärinsolvenzverfahrens geltend gemacht werde. Der Unterschied zu der vorher beschriebenen Ansicht besteht aber darin, dass die Vertreter dieser Ansicht einen internen Ausgleich zwischen Haupt- und Sekundärinsolvenzverfahren grundsätzlich ablehnen.[164] Für einen Innenausgleich zwischen den Verfahren fehle es schlicht an der erforderlichen Rechtsgrundlage für einen Ausgleichsanspruch.[165] Führt die Haftung des Sekundärinsolvenzverfahrens für Altmasseforderungen dazu, dass das Sekundärinsolvenzverfahren eingestellt werden muss bzw. gar nicht erst eröffnet werden kann, so sei dies hinzunehmen.

---

[159] So *Beck*, NZI 2007, 1 (3 f.); *Brinkmann*, in: Karsten Schmidt, InsO, 19. Aufl. 2016, Art. 27 EuInsVO a. F. Rn. 20; *Duursma-Kepplinger*, ZIP 2007, 752 (761).

[160] *Duursma-Kepplinger*, ZIP 2007, 752 (761).

[161] *Duursma-Kepplinger*, ZIP 2007, 752 (761).

[162] *Beck*, NZI 2007, 1 (3).

[163] *Paulus*, in: Paulus, EuInsVO, 6. Aufl. 2021, Art. 35 Rn. 10; *Ringstmeier/Homann*, NZI 2004, 354 (358).

[164] *Paulus*, in: Paulus, EuInsVO, 6. Aufl. 2021, Art. 35 Rn. 10; *Ringstmeier/Homann*, NZI 2004, 354 (358).

[165] So insbesondere *Ringstmeier/Homann*, NZI 2004, 354 (358).

cc) Ausfallhaftung

Genauso wie die vorherigen Theorien gehen auch die Autoren dieses Vorschlags davon aus, dass neben der Masse des Hauptinsolvenzverfahrens auch die Masse des Sekundärinsolvenzverfahrens für Altmasseverbindlichkeiten haftet.[166] Es handele sich dabei allerdings nicht um eine unbeschränkte Außenhaftung der Masse des Sekundärinsolvenzverfahrens. Vielmehr hafte die Masse des Sekundärinsolvenzverfahrens für Altmasseverbindlichkeiten nur dann, wenn die Masse des Hauptinsolvenzverfahrens wider Erwarten nicht ausreicht, um alle Altmasseforderungen erfüllen zu können.[167] Zudem hafte die Masse des Sekundärinsolvenzverfahrens auch nur mit den Vermögensgegenständen, die bei Eröffnung des Sekundärinsolvenzverfahrens bereits vorhanden waren.[168] Denn nur dieses Vermögen fiel vor Eröffnung des Sekundärinsolvenzverfahrens in die Masse des universalen Insolvenzverfahrens und haftete deswegen für die Masseforderung. Voraussetzung für eine Ausfallhaftung der Masse des Sekundärinsolvenzverfahrens sei zudem, dass sowohl der Verwalter des Hauptinsolvenzverfahrens als auch der Altmassegläubiger darauf vertrauen durften, die universale Masse des Insolvenzverfahrens würde ausreichen, um alle Masseforderungen zu erfüllen.[169] Die Teilung der Insolvenzmasse durch Eröffnung eines Sekundärinsolvenzverfahrens müsse der Verwalter des Hauptinsolvenzverfahrens bei Begründung der Forderung nicht einkalkulieren. Die Qualifikation als Masseforderung durch das Recht des Staats, in dem das Hauptinsolvenzverfahren eröffnet wurde, sei auch dann zu akzeptieren, wenn die Forderung gegen die Masse des Sekundärinsolvenzverfahrens geltend gemacht werde.[170] Dieser Vorschlag wird letztlich damit begründet, dass es gelte, allgemeine Haftungsgrundsätze und den Schutz des Sekundärinsolvenzverfahrens miteinander in Einklang zu bringen.[171]

II. Virtuelle Verfahrenspluralität

1. Reichweite der Wirkungen der virtuellen Verfahrenspluralität

Fraglich ist, wie Forderungen, die nach Eröffnung des Insolvenzverfahrens begründet werden, zu behandeln sind, wenn der Verwalter eine Zusicherung gemäß

[166] *Blersch*, in: FS Pannen, 2017, S. 125 (137); *Herchen*, in: Pannen, EuInsVO, 1. Aufl. 2007, Art. 27 a.F. Rn. 55 ff.

[167] *Blersch*, in: FS Pannen, 2017, S. 125 (137); *Herchen*, in: Pannen, EuInsVO, 1. Aufl. 2007, Art. 27 a.F. Rn. 57.

[168] *Herchen*, in: Pannen, EuInsVO, 1. Aufl. 2007, Art. 27 a.F. Rn. 53.

[169] *Herchen*, in: Pannen, EuInsVO, 1. Aufl. 2007, Art. 27 a.F. Rn. 55.

[170] *Blersch*, in: FS Pannen, 2017, S. 125 (137); *Herchen*, in: Pannen, EuInsVO, 1. Aufl. 2007, Art. 27 a.F. Rn. 59.

[171] *Blersch*, in: FS Pannen, 2017, S. 125 (137); *Herchen*, in: Pannen, EuInsVO, 1. Aufl. 2007, Art. 27 a.F. Rn. 55 ff.

Art. 36 EuInsVO abgibt und ein virtuelles Haupt- und Sekundärinsolvenzverfahren durchführt. Müssen auch die Massegläubiger so gestellt werden, wie sie im Fall der realen Verfahrenspluralität stünden, oder gelten für sie ausschließlich die Wirkungen des Hauptinsolvenzverfahrens ohne Beachtung der Zusicherung und des virtuellen Haupt- und Sekundärinsolvenzverfahrens?

Soweit ersichtlich, wurde die Frage der Behandlung von Masseforderungen im Fall der virtuellen Verfahrenspluralität bisher nur von sehr wenigen Autoren aufgeworfen.[172] Eine überzeugende Lösung zur Behandlung dieses Problems hat aber keiner dieser Autoren präsentiert. Dabei ist diese Frage von entscheidender Bedeutung. Denn die Abgabe einer Zusicherung bewirkt eine Spaltung der Aktivmasse. Nach Abgabe der Zusicherung muss zwischen der Masse des virtuellen Hauptinsolvenzverfahrens und der Masse des virtuellen Sekundärinsolvenzverfahrens unterschieden werden. Keine allzu großen Auswirkungen hat die Teilung der Masse auf die Insolvenzgläubiger. Diese sind gemäß Art. 45 Abs. 1 EuInsVO analog berechtigt, ihre Forderungen sowohl für das virtuelle Hauptinsolvenzverfahren als auch für das virtuelle Sekundärinsolvenzverfahren anzumelden. Aus diesem Grund können sie an den Erlösverteilungen beider virtueller Insolvenzverfahren partizipieren.[173] Anders würde sich die Situation aber für die Massegläubiger darstellen, sollte man zu dem Ergebnis gelangen, dass auch sie so zu behandeln sind, wie sie im Fall der Eröffnung eines Sekundärinsolvenzverfahrens stünden. In diesem Fall würde den Massegläubigern nämlich jeweils nur die Masse des virtuellen Hauptinsolvenzverfahrens oder die Masse des virtuellen Sekundärinsolvenzverfahrens haften. Im Fall der Eröffnung eines Sekundärinsolvenzverfahrens haftet den Massegläubigern nämlich auch nur die Masse des Insolvenzverfahrens, für das der Verwalter, der die Forderung begründet hat, verwaltungs- und verfügungsbefugt war.[174] Kommt man hingegen zu dem Ergebnis, dass die Massegläubiger nicht so zu stellen sind, wie sie stünden, wäre ein Sekundärinsolvenzverfahren eröffnet worden, so würde ihnen die Universalmasse des Insolvenzverfahrens haften.

a) Wortlaut der Norm

Zu prüfen ist zunächst einmal, ob sich dem Wortlaut des Art. 36 EuInsVO entnehmen lässt, ob auch die Gläubiger, deren Forderungen nach Eröffnung des Insolvenzverfahrens begründet werden, so gestellt werden müssen, wie sie stünden,

---

[172] Folgende Autoren werfen die Frage der Behandlung von Massegläubigern im Rahmen eines virtuellen Sekundärinsolvenzverfahrens auf: *Mohr*, in: Nunner-Krautgasser/Garber/Jaufer, Grenzüberschreitende Insolvenzen im europäischen Binnenmarkt, 2017, S. 219 (228); *Poltsch/Reckenzaun*, in: Nunner-Krautgasser/Garber/Jaufer, Grenzüberschreitende Insolvenzen im europäischen Binnenmarkt, 2017, S. 235 (240); *Reinhart*, in: Münchener Kommentar InsO, Band 4, 3. Aufl. 2016, Art. 36 EuInsVO 2015 Rn. 6, 10, 33, 40; *Schmidt*, Die Zusicherung nach Art. 36 EuInsVO, 2019, S. 77 ff., 190 ff.

[173] Siehe dazu ausführlich S. 124 ff.

[174] Siehe dazu ausführlich S. 190 ff.

wäre ein Sekundärinsolvenzverfahren eröffnet worden. Art. 36 EuInsVO verwendet den Begriff Massegläubiger nicht. Auch die EuInsVO kennt diesen Begriff nicht. In Art. 7 Abs. 2 S. 2 lit. g) EuInsVO spricht der Gesetzgeber stattdessen von Forderungen, die nach Eröffnung des Insolvenzverfahrens entstehen, und meint damit Masseforderungen im Sinne der InsO.[175] In Art. 36 EuInsVO ist aber keine Rede von Forderungen, die nach Eröffnung des Insolvenzverfahrens entstehen. Daher ist umgekehrt zu prüfen, ob die Formulierungen, die sich in Art. 36 Abs. 1 S. 1, Abs. 2 S. 1 EuInsVO finden, auch auf Masseforderungen beziehen. Zunächst einmal ist festzustellen, dass in Art. 36 Abs. 1, Abs. 2 EuInsVO ganz allgemein von Gläubigern gesprochen wird und keine weiteren Einschränkungen hinsichtlich des Gläubigerkreises vorgenommen werden.

aa) Wortlaut des Art. 36 Abs. 1 S. 1 EuInsVO

Gemäß Art. 36 Abs. 1 S. 1 EuInsVO gibt der Verwalter eine Zusicherung ab, dass er bei der Erlösverteilung die Verteilungs- und Vorzugsrechte wahrt, die Gläubiger im Fall der Eröffnung eines Sekundärinsolvenzverfahrens hätten. Bei Masseforderungen müsste es sich also um Verteilungs- oder Vorzugsrechte handeln. Eine Definition, was genau unter Verteilungs- und Vorzugsrechten verstanden werden muss, enthält die EuInsVO weder in Art. 36 EuInsVO noch in Art. 2 EuInsVO.

Eine Masseforderung kann sowohl als Verteilungsrecht als auch als Vorzugsrecht verstanden werden. Der allgemeine Sprachgebrauch lässt dies zu. Genauso gut kann man aber auch zu dem gegenteiligen Ergebnis kommen. Reinhart ist der Ansicht, dass der Begriff der Verteilungs- und Vorzugsrechte weit auszulegen sei und auch Masseforderungen erfasst.[176] Allerdings begründet er seine Auffassung nicht. Zudem schränkt er seine Aussage wieder ein, indem er schreibt, dass die Frage, wie Masseverbindlichkeiten, die im Rahmen der Verwaltung und Verwertung begründet wurden, zu bedienen sind, nicht notwendig Inhalt der Zusicherung sein müssen. Letztlich muss man feststellen, dass eine Auslegung der in Art. 36 Abs. 1 S. 1 EuInsVO verwendeten Formulierungen nach dem allgemeinen Sprachgebrauch zu keinem eindeutigen Ergebnis führt. Daher ist zu prüfen, ob die EuInsVO die Begriffe Verteilungs- und Vorzugsrechte noch an anderer Stelle verwendet. Sollte das der Fall sein, so können eventuell Rückschlüsse zur Auslegung dieser Begriffe im Rahmen des Art. 36 Abs. 1 S. 1 EuInsVO gezogen werden. Soweit ersichtlich, wird der Begriff des Verteilungsrechts neben Art. 36 EuInsVO nicht noch einmal in der EuInsVO verwendet. Auch der Begriff Vorzugsrecht taucht nicht noch einmal in der EuInsVO auf. Die EuInsVO spricht in Art. 54 Abs. 2 S. 2 EuInsVO und in Art. 55

[175] Vgl. auch *Liersch*, in: Vallender, EuInsVO, 2. Aufl. 2020, Art. 7 Rn. 26; *Müller*, in: Mankowski/Müller/J. Schmidt, EuInsVO, 1. Aufl. 2016, Art. 7 Rn. 48 f.; *Paulus*, in: Paulus, EuInsVO, 6. Aufl. 2021, Art. 7 Rn. 36; *Reinhart*, in: Münchener Kommentar InsO, Band 4, 3. Aufl. 2016, Art. 4 EuInsVO 2000 Rn. 37.

[176] *Reinhart*, in: Münchener Kommentar InsO, Band 4, 3. Aufl. 2016, Art. 36 EuInsVO 2015 Rn. 6.

Abs. 2 S. 1 lit. f) EuInsVO aber von bevorrechtigen Gläubigern. Es soll daher geprüft werden, ob unter bevorrechtigten Gläubigern im Sinne des Art. 54 Abs. 2 S. 2 EuInsVO und des Art. 55 Abs. 2 S. 1 lit. f) EuInsVO auch Massegläubiger zu verstehen sind. Art. 54 EuInsVO statuiert eine Pflicht für das Insolvenzgericht und den Verwalter unmittelbar nach Eröffnung des Insolvenzverfahrens, alle ausländischen Gläubiger über die Eröffnung des Insolvenzverfahrens zu informieren. Die Unterrichtung erfolgt durch einen Vermerk. Gemäß Art. 54 Abs. 2 S. 2 EuInsVO ist in dem Vermerk auch anzugeben, ob die bevorrechtigten Gläubiger ihre Forderungen anmelden müssen. Spricht Art. 54 Abs. 2 S. 2 EuInsVO von bevorrechtigten Gläubigern, so sind damit also nur Gläubiger gemeint, deren Forderungen vor Eröffnung des Insolvenzverfahrens entstanden sind. Das Gleiche gilt für Art. 55 Abs. 2 S. 1 lit. f) EuInsVO, denn Art. 55 EuInsVO bezieht sich auf die gleichen Gläubiger wie Art. 54 EuInsVO. Art. 55 EuInsVO regelt das Verfahren für die Forderungsanmeldung. Nach Art. 55 EuInsVO können ausländische Gläubiger ihre Forderungen mithilfe eines Standardformulars anmelden. Dieses Standardformular enthält gemäß Art. 55 Abs. 2 S. 1 lit. f) EuInsVO die Angabe, ob ein Status als bevorrechtigter Gläubiger beansprucht wird. Sprechen Art. 54 Abs. 2 S. 2 EuInsVO und Art. 55 Abs. 2 S. 1 lit. f) EuInsVO von bevorrechtigten Gläubigern, so meinen sie damit also ausschließlich Gläubiger, deren Forderungen vor Eröffnung des Insolvenzverfahrens entstanden sind.[177] Massegläubiger sind gerade nicht gemeint. Daraus kann allerdings nicht der Schluss gezogen werden, dass auch Art. 36 EuInsVO sich nur auf solche Forderungen bezieht, die vor Eröffnung des Insolvenzverfahrens entstanden sind. Dafür ist die Regelungsmaterie von Art. 54f. EuInsVO und Art. 36 EuInsVO ist zu unterschiedlich. Ob unter Verteilungs- und Vorzugsrechten im Sinne des Art. 36 Abs. 1 S. 1 EuInsVO auch Masseforderungen zu verstehen sind, lässt sich also nicht durch einen Vergleich mit anderen Normen der EuInsVO klären. Es ist daher festzustellen, dass sich dem Wortlaut des Art. 36 Abs. 1 S. 1 EuInsVO nicht eindeutig entnehmen lässt, ob auch Gläubiger, deren Forderungen nach Eröffnung des Insolvenzverfahrens entstehen, so gestellt werden müssen, wie sie stünden, wäre ein Sekundärinsolvenzverfahren eröffnet worden.

bb) Wortlaut des Art. 36 Abs. 2 S. 1 EuInsVO

Gemäß Art. 36 Abs. 2 S. 1 EuInsVO gilt für die Verteilung des Erlöses, für den Rang der Forderungen und für die Rechte der Gläubiger in Bezug auf Gegenstände das Recht des Staates, in dem das Sekundärinsolvenzverfahren hätte eröffnet werden können. Der Wortlaut des Art. 36 Abs. 2 S. 1 EuInsVO unterscheidet sich von dem des Art. 36 Abs. 1 S. 1 EuInsVO. Da Absatz 2 andere Begriffe verwendet als Absatz 1, müssen die Formulierungen des Absatz 2 gesondert ausgelegt werden. Zu prüfen ist also, ob der Gesetzgeber, wenn er von der Erlösverteilung und dem Rang der Forderungen spricht, auch Masseforderungen meint. Auch für die Begriffe Er-

---

[177] Vgl. zudem *Paulus*, in: Paulus, EuInsVO, 5. Aufl. 2017, Art. 54 Rn. 11; *Paulus*, in: Paulus, EuInsVO, 6. Aufl. 2021, Art. 55 Rn. 9.

lösverteilung und Rang der Forderungen finden sich keine Definitionen in der EuInsVO. Eine Auslegung nach dem allgemeinen Sprachgebrauch führt ebenfalls zu keinem eindeutigen Ergebnis. Nimmt eine Masseforderung an der Erlösverteilung teil? Man kann dies bejahen. Man kann aber auch zu dem Ergebnis kommen, dass an der Erlösverteilung nur Insolvenzgläubiger teilnehmen. Hat eine Masseforderung einen bestimmten Rang? Auch hierzu lassen sich sicherlich verschiedene Auffassungen vertreten. Wimmer ist der Ansicht, dass mit der Formulierung „Verteilung des Erlöses“ sämtliche Verteilungsfragen abgedeckt werden. Leider geht er aber nicht darauf ein, ob dies auch auf Masseforderungen zutrifft.[178] Reinhart ist der Auffassung, dass der Begriff „Verteilung“ weit auszulegen sei und auch Zahlungen an Massegläubiger beinhalte.[179] Er bezieht seine Aussagen allerdings auf den Verteilungsbegriff des Absatzes 7. Zudem begründet er seine Auffassung nicht. Der Wortlaut der InsO kann nicht hilfsweise zur Auslegung herangezogen werden, da die EuInsVO autonom auszulegen ist.[180] Daher ist auch hier zu prüfen, ob die in Art. 36 Abs. 2 S. 1 EuInsVO verwendeten Begriffe ebenfalls in anderen Artikeln der EuInsVO zu finden sind. Dies ist der Fall. Die Begriffe „Erlösverteilung“ und „Rang der Forderungen“ verwendet der Gesetzgeber auch in Art. 7 Abs. 2 S. 2 lit. i) EuInsVO. Im Schrifttum wird zudem die Auffassung vertreten, dass die Regelungsmaterie des Art. 36 Abs. 2 S. 1 EuInsVO weitgehend der Reglungsmaterie des Art. 7 Abs. 2 S. 2 lit. i) EuInsVO entspricht.[181] Würde der Gesetzgeber mit „Erlösverteilung“ und „Rang der Forderungen“ in Art. 7 Abs. 2 S. 2 lit. i) EuInsVO auch Masseforderungen meinen, so könnte man gegebenenfalls davon ausgehen, dass dies auch für Art. 36 EuInsVO gilt. Die Frage der Einordnung einer Forderung als Insolvenz- oder als Masseforderung, also das Ob, unterfällt Art. 7 Abs. 2 S. 2 lit. g) EuInsVO. Strittig ist allerdings, ob die Behandlung einer Masseforderung als vorrangig im Insolvenzverfahren, also das „Wie“, von Art. 7 Abs. 2 S. 2 lit. g) EuInsVO oder von Art. 7 Abs. 2 S. 2 lit. i) EuInsVO erfasst wird.[182] Aus diesem Grund taugt der Wortlaut des

---

[178] *Wimmer*, in: Wimmer/Bornemann/Lienau, Die Neufassung der EuInsVO, 2016, Rn. 425.

[179] *Reinhart*, in: Münchener Kommentar InsO, Band 4, 3. Aufl. 2016, Art. 36 EuInsVO 2015 Rn. 33, 40.

[180] Vgl. u.a. *Müller*, in: Mankowski/Müller/J. Schmidt, EuInsVO, 1. Aufl. 2016, Einleitung Rn. 36; *Paulus*, in: Paulus, EuInsVO, 6. Aufl. 2021, Einleitung Rn. 21; *Zipperer*, in: Vallender, EuInsVO, 2. Aufl. 2020, Einleitung Rn. 17 ff.

[181] Auf den gleichen Wortlaut weist auch Wimmer hin und kommt zu dem Ergebnis, dass Art. 36 Abs. 2 EuInsVO sich auf die gleiche Regelungsmaterie bezieht wie Art. 7 Abs. 2 S. 2 lit. i) EuInsVO. Insofern könne man auch Rechtsprechung und Literatur zu Art. 7 Abs. 2 S. 2 lit. i) EuInsVO heranziehen, um den Umfang der Zusicherung zu bestimmen. *Wimmer*, in: Wimmer/Bornemann/Lienau, Die Neufassung der EuInsVO, 2016, Rn. 424. Sich Wimmer anschließend *Paulus*, in: Paulus, EuInsVO, 6. Aufl. 2021, Art. 36 Rn. 24.

[182] Insbesondere Mankowski kommt zu dem Ergebnis, dass sowohl die Einordnung einer Forderung als Insolvenz- oder Masseforderung (also das Ob) als auch die Frage, ob eine Masseforderung vorrangig zu befriedigen ist (also das Wie) unter Art. 7 Abs. 2 S. 2 lit. g) EuInsVO subsumiert werden muss. *Mankowski*, in: Mankowski/Müller/J. Schmidt, EuInsVO, 1. Aufl. 2016, Art. 7 Rn. 48 ff., 55. Dieser Ansicht ist wohl auch Paulus, denn in seiner Kommentierung des Art. 7 Abs. 2 S. 2 lit. i) EuInsVO nennt er zwar §§ 187 ff., §§ 38 ff., § 52

Art. 7 Abs. 2 S. 2 lit. i) EuInsVO nicht, um daraus Rückschlüsse für Art. 36 EuInsVO ziehen zu können. Daher kann nicht abschließend geklärt werden, ob der Gesetzgeber, wenn er in Art. 36 Abs. 2 S. 1 EuInsVO von der „Verteilung des Erlöses" und dem „Rang der Forderungen" spricht, auch Masseforderungen meint.

cc) Insolvenzforderungen mit Supervorrechten

Zu beachten ist auch, dass Forderungen, die nach Eröffnung eines Insolvenzverfahrens entstehen, nicht in jedem Land als Masseforderung behandelt werden. Fehrenbach weist richtigerweise daraufhin, dass es Sache des nationalen Gesetzgebers ist, ob er eine Forderung als Masseforderung ausgestaltet oder als Insolvenzforderung mit einem Supervorrecht.[183] Handelt es sich aber um eine Insolvenzforderung mit einem Supervorrecht, so nimmt diese Forderung als bevorrechtigt an der Erlösverteilung teil. Der weite Wortlaut des Art. 36 Abs. 1 S. 1, Abs. 2 S. 1 EuInsVO lässt es auf jeden Fall zu, dass man solche Insolvenzforderungen mit Supervorrechten unter die Begriffe Vorzugsrecht und Forderungsrang subsumiert. Dies wiederum könnte dafür sprechen, dass der Wortlaut generell weit verstanden werden muss und auch sämtliche Forderungen erfasst, die nach Eröffnung des Insolvenzverfahrens begründet werden.

dd) Ergebnis

Der Wortlaut des Art. 36 Abs. 1 S. 1, Abs. 2 S. 1 EuInsVO ist sehr weit und unkonkret. Daher lässt sich dem Wortlaut des Art. 36 Abs. 1 S. 1, Abs. 2 S. 1 EuInsVO nicht sicher entnehmen, ob auch Gläubiger, deren Forderungen nach Eröffnung des Insolvenzverfahrens entstehen, so behandelt werden müssen, wie sie stünden, wäre ein Sekundärinsolvenzverfahren eröffnet worden.

b) Zweck der Norm

Aus dem Wortlaut des Art. 36 Abs. 1 S. 1, Abs. 2 S. 1 EuInsVO ergibt sich nicht, ob auch Gläubiger, deren Forderungen nach Eröffnung des Insolvenzverfahrens

---

InsO, aber nicht §§ 53 ff. InsO. Vgl. *Paulus*, in: Paulus, EuInsVO, 6. Aufl. 2021, Art. 7 Rn. 39. A. A. ist wohl Liersch, der darauf hinweist, dass der Anwendungsbereich des Art. 7 Abs. 2 S. 2 lit. g) EuInsVO sich mit dem Anwendungsbereich des Art. 7 Abs. 2 S. 2 lit. i) EuInsVO überschneidet. Vgl. *Liersch*, in: Vallender, EuInsVO, 2. Aufl. 2020, Art. 7 Rn. 27. Fehrenbach ist der Auffassung, dass eine Masseforderung nicht unbedingt als eigene Kategorie gedacht werden muss. Man könne eine Masseforderung auch als eine mit einem Supervorrecht ausgestatte Insolvenzforderung begreifen, der dann Verteilungswirkung zukomme. Die Erlösverteilung falle aber unter Art. 7 Abs. 2 S. 2 lit. i) EuInsVO. Letztlich sei es aber die Entscheidung des nationalen Gesetzgebers, ob Masseforderungen eine eigene Kategorie bilden oder ob sie bevorrechtigte Insolvenzforderungen sind. *Fehrenbach*, Haupt- und Sekundärinsolvenzverfahren, 2014, S. 249.

[183] *Fehrenbach*, Haupt- und Sekundärinsolvenzverfahren, 2014, S. 249.

begründet werden, so gestellt werden müssen, wie sie stünden, wäre ein Sekundärinsolvenzverfahren eröffnet worden. Aus diesem Grund muss anhand des Sinn und Zwecks des Art. 36 EuInsVO ermittelt werden, wie diese Gläubiger zu behandeln sind.

aa) Interessen der Gläubiger, deren Forderungen nach Eröffnung des Insolvenzverfahrens begründet werden

Das virtuelle Sekundärinsolvenzverfahren dient den Gläubigern als Ersatz für das Sekundärinsolvenzverfahren, das nicht eröffnet wird. Die Schutzfunktion des virtuellen Sekundärinsolvenzverfahrens deckt sich daher mit der Schutzfunktion eines realen Sekundärinsolvenzverfahrens. Ziel des virtuellen Sekundärinsolvenzverfahrens ist es also, die Gläubiger, deren Interessen im Normalfall durch die Eröffnung eines Sekundärinsolvenzverfahrens geschützt werden, so zu stellen, wie sie im Fall der Eröffnung eines Sekundärinsolvenzverfahrens stünden. Daher muss zunächst einmal geprüft werden, ob ein Sekundärinsolvenzverfahren auch den Schutz von lokalen Massegläubigern bezweckt. Gemeint sind solche Gläubiger, deren Forderungen nach Eröffnung des Hauptinsolvenzverfahrens in Zusammenhang mit dem Betrieb der Niederlassung begründet werden.

(1) Zweck eines Sekundärinsolvenzverfahrens

Zu beachten ist ein wichtiger Unterschied zwischen Insolvenzgläubigern, deren Forderungen vor Eröffnung des Insolvenzverfahrens entstanden sind, und solchen Massegläubigern, deren Forderungen nach Eröffnung des Insolvenzverfahrens begründet werden. Zweck eines Sekundärinsolvenzverfahrens ist es u. a., die Interessen der im Niederlassungsstaat ansässigen Insolvenzgläubiger zu schützen.[184] Deren Forderungen entstanden vor Eröffnung des Insolvenzverfahrens. Zu diesem Zeitpunkt gingen sie davon aus, dass auf ihre Forderung ausschließlich das ihnen vertraute nationale Recht Anwendung finden würde.[185] Die Eröffnung eines ausländischen Hauptinsolvenzverfahrens und die Behandlung ihrer Forderungen nach einem für sie fremden Insolvenzrecht kommen für sie daher überraschend. Aus diesem Grund können sie die Eröffnung eines Sekundärinsolvenzverfahrens beantragen und dadurch das ihnen vertraute Recht zur Anwendung bringen. Wird eine Forderung

---

[184] Zum Schutzzweck des Sekundärinsolvenzverfahrens vgl. u. a. *Brinkmann*, in: Karsten Schmidt, InsO, 19. Aufl. 2016, Art. 27 EuInsVO a. F. Rn. 3 f.; *Herchen*, in: Pannen, EuInsVO, 1. Aufl. 2007, Art. 27 a. F. Rn. 5; *Keller*, in: Vallender, EuInsVO, 2. Aufl. 2020, Art. 34 Rn. 5; *Mankowski*, in: Mankowski/Müller/J. Schmidt, EuInsVO, 1. Aufl. 2016, Vor Art. 34–51 Rn. 5 ff., 45; *Reinhart*, in: Münchener Kommentar InsO, Band 4, 3. Aufl. 2016, Art. 27 EuInsVO 2000 Rn. 4; *Schmüser*, Das Zusammenspiel zwischen Haupt- und Sekundärinsolvenzverfahren nach der EuInsVO, 2009, S. 35 ff.; *Smid*, in: Leonhardt/Smid/Zeuner, Internationales Insolvenzrecht, 2. Aufl. 2012, Art. 27 EuInsVO a. F. Rn. 3.

[185] So u. a. *Herchen*, in: Pannen, EuInsVO, 1. Aufl. 2007, Art. 27 a. F. Rn. 5; *Keller*, in: Vallender, EuInsVO, 2. Aufl. 2020, Art. 34 Rn. 5; *Undritz*, in: FS Vallender, 2015, S. 745 (750).

aber erst nach Eröffnung des Hauptinsolvenzverfahrens begründet, so weiß der im Niederlassungsstaat ansässige Gläubiger, dass das Hauptinsolvenzverfahren im Ausland eröffnet wurde. Er ist sich bewusst, dass seine Forderung gemäß Art. 7 Abs. 2 S. 2 lit. g) EuInsVO nach dem Recht des Staates des Hauptinsolvenzverfahrens behandelt wird. Im Gegensatz zu den Insolvenzgläubigern wird er nicht durch das ausländische Hauptinsolvenzverfahren und das fremde Recht überrascht. Daher ist er nicht schützenswert. Sekundärinsolvenzverfahren bezwecken daher nicht den Schutz solcher Gläubiger, deren Forderungen erst nach Eröffnung des Insolvenzverfahrens begründet werden.

(2) Geltendmachung einer Altmasseforderung im Sekundärinsolvenzverfahren

Meldet ein Insolvenzgläubiger seine Forderung gemäß Art. 45 Abs. 1 EuInsVO auch für das Sekundärinsolvenzverfahren an, so wird diese Forderung bei der Verteilung im Sekundärinsolvenzverfahren gemäß Art. 7 Abs. 2 S. 2 lit. i) EuInsVO nach dem Recht des Staates des Sekundärinsolvenzverfahrens behandelt. Das Gleiche gilt aber nicht für Gläubiger, deren Forderungen zwischen Eröffnung des Hauptinsolvenzverfahrens und Eröffnung des Sekundärinsolvenzverfahrens begründet wurden. Strittig ist bereits, ob die Masse des Sekundärinsolvenzverfahrens überhaupt für solche Forderungen haftet.[186] Diejenigen, die eine Mithaftung der Masse des Sekundärinsolvenzverfahrens bejahen, sind aber der Ansicht, dass auf diese Masseforderung auch dann das Recht des Staates des Hauptinsolvenzverfahrens anzuwenden ist, wenn die Forderung gegen die Masse des Sekundärinsolvenzverfahrens geltend gemacht wird.[187] Der im Niederlassungsstaat ansässige Massegläubiger, dessen Forderung vor Eröffnung des Sekundärinsolvenzverfahrens begründet wurde, kann seine Forderung also nicht nach dem Recht des Staates des Sekundärinsolvenzverfahrens gegen die Masse des Sekundärinsolvenzverfahrens geltend machen. Auch dies zeigt, dass ein Sekundärinsolvenzverfahren nicht die Interessen der lokalen Massegläubiger schützen will.

(3) Ergebnis

Sekundärinsolvenzverfahren dienen nicht dem Schutz solcher Gläubiger, deren Forderungen erst nach Eröffnung des Hauptinsolvenzverfahrens begründet wurden. Wird infolge der Abgabe einer Zusicherung kein Sekundärinsolvenzverfahren eröffnet, so berührt dies die Interessen dieser Gläubiger folglich nicht. Art. 36 EuInsVO bezweckt daher nicht den Schutz der Gläubiger, deren Forderungen nach Eröffnung des Insolvenzverfahrens begründet wurden.[188]

---

[186] Siehe dazu ausführlich S. 192 ff.

[187] Siehe dazu ausführlich S. 195 f.

[188] So ebenfalls *Reinhart*, in: Münchener Kommentar InsO, Band 4, 3. Aufl. 2016, Art. 36 EuInsVO 2015 Rn. 10. Allerdings zieht er aus dieser Erkenntnis einen falschen Schluss. Reinhart meint nämlich, dass die Gläubiger, deren Forderungen nach Eröffnung des Insolvenzverfahrens begründet werden, nicht so gestellt werden müssen, wie sie stünden, wäre ein

bb) Interessen der Gläubiger, deren Forderungen vor Eröffnung des Insolvenzverfahrens begründet werden

Virtuelle Sekundärinsolvenzverfahren dienen nicht dem Schutz der Gläubiger, deren Forderungen erst nach Eröffnung des Insolvenzverfahrens begründet werden. Deren Schutz erfordert es daher nicht, sie so zu behandeln, wie sie stünden, wäre ein Sekundärinsolvenzverfahren eröffnet worden.

Damit ist aber noch nicht entschieden, dass die Gläubiger, deren Forderungen nach Eröffnung des Insolvenzverfahrens begründet werden, von den Wirkungen der Zusicherung ausgenommen werden. Die Frage, wie diese Gläubiger zu behandeln sind, ist insbesondere auch unter Berücksichtigung des mit einem virtuellen Sekundärinsolvenzverfahren angestrebten Schutzes der Insolvenzgläubiger zu erörtern. Das virtuelle Sekundärinsolvenzverfahren dient den Insolvenzgläubigern als Ersatz für das Sekundärinsolvenzverfahren, das nicht eröffnet wird. Folglich müssen die Insolvenzgläubiger bei Durchführung eines virtuellen Haupt- und Sekundärinsolvenzverfahrens im Ergebnis genauso stehen wie im Fall der realen Verfahrenspluralität. Daher wird im Folgenden untersucht, wie die Insolvenzgläubiger stünden, würde man die Massegläubiger von den Wirkungen des Art. 36 EuInsVO ausnehmen.

(1) Auswirkungen auf die Erlösverteilung im Fall der Nichtbeachtung der virtuellen Verfahrenspluralität

Es ist zu ermitteln, welche Folgen es für die Erlösverteilung im virtuellen Hauptinsolvenzverfahren und die Erlösverteilung im virtuellen Sekundärinsolvenzverfahren hätte, würde man die Gläubiger, deren Forderungen, nach Eröffnung des Insolvenzverfahrens begründet werden, von den Wirkungen des Art. 36 EuInsVO ausnehmen. Diese wären dann so zu behandeln, als hätte der Verwalter keine Zusicherung abgegeben. Die durch Abgabe der Zusicherung bewirkte Spaltung der Masse müssten sie folglich nicht gegen sich gelten lassen. Ihnen würde also nicht nur eine Teilmasse haften, sondern die gesamte Masse des realen Insolvenzverfahrens. Für sämtliche Forderungen, die nach Eröffnung des Insolvenzverfahrens begründet werden, würde gemäß Art. 7 Abs. 2 S. 2 lit. g) EuInsVO die *lex fori concursus* gelten. Erst nachdem alle Masseforderungen befriedigt worden sind, würde der verbleibende Verwertungserlös zwischen der Masse des virtuellen Hauptinsolvenzverfahrens und der Masse des virtuellen Sekundärinsolvenzverfahrens aufgeteilt werden.

Die Insolvenzgläubiger, die ihre Forderungen für das virtuelle Sekundärinsolvenzverfahren angemeldet haben, stünden dann aber nicht so, wie sie stünden, wäre ein Sekundärinsolvenzverfahren eröffnet worden. Im Fall der realen Verfahrenspluralität haftet das im Niederlassungsstaat belegene Vermögen für Neumassever-

---

Sekundärinsolvenzverfahren eröffnet worden. Dabei übersieht er aber, dass dies zum Schutz der Gläubiger, deren Forderungen vor Eröffnung des Insolvenzverfahrens begründet wurden, erforderlich ist.

bindlichkeiten, die durch den Verwalter des Sekundärinsolvenzverfahrens begründet wurden.[189] Umstritten ist, ob die Masse des Sekundärinsolvenzverfahrens auch für Altmasseforderungen haftet. Die Masse des Sekundärinsolvenzverfahrens haftet aber auf keinen Fall für Neumasseverbindlichkeiten des Hauptinsolvenzverfahrens. Würde man im Fall der virtuellen Verfahrenspluralität die Gläubiger, deren Forderungen nach Eröffnung des Insolvenzverfahrens begründet werden, von den Wirkungen des Art. 36 EuInsVO ausnehmen, so würde das im Niederlassungsstaat belegene Vermögen aber für sämtliche Masseforderungen haften. Allerdings würde das Vermögen, das sich außerhalb des Niederlassungsstaats befindet, dann auch für solche Masseforderungen haften, die im Fall der realen Verfahrenspluralität ausschließlich gegen die Masse des Sekundärinsolvenzverfahrens geltend gemacht werden könnten. Daher lässt sich nur anhand von Beispielfällen feststellen, ob die Insolvenzgläubiger, wenn man die Massegläubiger von den Wirkungen des Art. 36 EuInsVO ausnimmt, tatsächlich schlechter stehen als im Fall der Eröffnung eines Sekundärinsolvenzverfahrens.

(a) Beispielfall 1: Neumasseverbindlichkeiten des Sekundärinsolvenzverfahrens höher als die des Hauptinsolvenzverfahrens

Sachverhalt: Das Vermögen des Schuldners hat einen Gesamtwert von zwei Millionen Euro. Eine Hälfte dieses Vermögens ist im Niederlassungsstaat belegen und die andere Hälfte außerhalb des Niederlassungsstaats. Die Masse des Hauptinsolvenzverfahrens und die Masse des Sekundärinsolvenzverfahrens haben somit jeweils einen Wert von einer Million Euro. Es bestehen Altmasseverbindlichkeiten in Höhe von 100.000 Euro. Die Neumasseverbindlichkeiten des Sekundärinsolvenzverfahrens belaufen sich auf 750.000 Euro. Die Neumasseverbindlichkeiten des Hauptinsolvenzverfahrens betragen 250.000 Euro.

Erlösverteilung im Fall der realen Verfahrenspluralität: Wie hoch der Erlös ist, der an die Gläubiger des Sekundärinsolvenzverfahrens verteilt werden kann, hängt davon ab, ob man hinsichtlich der Altmasseforderungen die Trennungs- oder die Mithaftungstheorie vertritt. Hält man die Trennungstheorie für vorzugswürdig, so haftet die Masse des Sekundärinsolvenzverfahrens nicht für Altmasseverbindlichkeiten. In diesem Fall würde die Masse des Sekundärinsolvenzverfahrens für Masseforderungen in Höhe von 750.000 Euro haften. An die Insolvenzgläubiger könnte folglich noch ein Erlös in Höhe von 250.000 Euro verteilt werden. Folgt man hingegen der Mithaftungstheorie, so haftet die Masse des Sekundärinsolvenzverfahrens zumindest anteilig auch für Altmasseverbindlichkeiten. Vereinfacht wäre davon auszugehen, dass die Masse des Sekundärinsolvenzverfahrens für Altmasseverbindlichkeiten in Höhe von ungefähr 50.000 Euro haftet. An die Insolvenzgläubiger des Sekundärinsolvenzverfahrens könnten daher nur 200.000 Euro verteilt werden.

---

[189] Zur Behandlung von Masseforderungen im Fall der Eröffnung eines Sekundärinsolvenzverfahrens siehe ausführlich S. 190 ff.

Erlösverteilung im Fall der virtuellen Verfahrenspluralität: Geht man davon aus, dass die Gläubiger, deren Forderungen nach Eröffnung des Insolvenzverfahrens begründet werden, nicht von den Wirkungen des Art. 36 EuInsVO betroffen sind, so käme man in diesem Beispielfall zu folgenden Ergebnissen. Den Massegläubigern würde die gesamte Masse haften. Diese Gesamtmasse würde für Masseforderungen in Höhe von 1,1 Millionen Euro haften. Nach Befriedigung aller Masseforderungen würde noch eine Restmasse in Höhe von 900.000 Euro verbleiben. Dieses verbleibende Vermögen müsste nun zwischen dem virtuellen Hauptinsolvenzverfahren und dem virtuellen Sekundärinsolvenzverfahren aufgeteilt werden. Das ursprüngliche Wertverhältnis wäre bei der Aufteilung zu wahren. Im hiesigen Fall hätte sowohl die Masse des virtuellen Hauptinsolvenzverfahrens als auch die Masse des virtuellen Sekundärinsolvenzverfahrens einen Wert von 450.000 Euro. An die Insolvenzgläubiger, die ihre Forderungen für das virtuelle Sekundärinsolvenzverfahren angemeldet haben, würde also ein Erlös von 450.000 Euro verteilt.

Fazit: Geht man davon aus, dass die Massegläubiger von den Wirkungen der Zusicherung ausgenommen sind, so stünden die Insolvenzgläubiger, die ihre Forderungen für das virtuelle Sekundärinsolvenzverfahren angemeldet haben, in diesem Beispielfall deutlich besser als im Fall der realen Verfahrenspluralität.

(b) Beispielfall 2: Neumasseverbindlichkeiten des Hauptinsolvenzverfahrens höher als die des Sekundärinsolvenzverfahrens

Sachverhalt: Das Vermögen des Schuldners hat einen Gesamtwert von zwei Millionen Euro. Eine Hälfte dieses Vermögens ist im Niederlassungsstaat belegen und die andere Hälfte außerhalb des Niederlassungsstaats. Die Masse des Hauptinsolvenzverfahrens und die Masse des Sekundärinsolvenzverfahrens haben somit jeweils einen Wert von einer Million Euro. Es bestehen Altmasseverbindlichkeiten in Höhe von 100.000 Euro. Die Neumasseverbindlichkeiten des Sekundärinsolvenzverfahrens belaufen sich auf 250.000 Euro. Die Neumasseverbindlichkeiten des Hauptinsolvenzverfahrens betragen 750.000 Euro.

Erlösverteilung im Fall der realen Verfahrenspluralität: Wie hoch der Erlös ist, der an die Gläubiger des Sekundärinsolvenzverfahrens verteilt werden kann, hängt davon ab, ob man hinsichtlich der Altmasseforderungen die Trennungs- oder die Mithaftungstheorie vertritt. Hält man die Trennungstheorie für vorzugswürdig, so haftet die Masse des Sekundärinsolvenzverfahrens nicht für Altmasseverbindlichkeiten. In diesem Fall würde die Masse des Sekundärinsolvenzverfahrens für Masseforderungen in Höhe von 250.000 Euro haften. An die Insolvenzgläubiger könnte folglich ein Erlös in Höhe von 750.000 Euro verteilt werden. Folgt man hingegen der Mithaftungstheorie, so haftet die Masse des Sekundärinsolvenzverfahrens zumindest anteilig auch für Altmasseverbindlichkeiten. Vereinfacht wäre davon auszugehen, dass die Masse des Sekundärinsolvenzverfahrens für Altmasseverbindlichkeiten in Höhe von ungefähr 50.000 Euro haftet. An die Insolvenzgläubiger des Sekundärinsolvenzverfahrens könnten daher nur 700.000 Euro verteilt werden.

Erlösverteilung im Fall der virtuellen Verfahrenspluralität: Geht man davon aus, dass die Gläubiger, deren Forderungen nach Eröffnung des Insolvenzverfahrens begründet werden, nicht von den Wirkungen des Art. 36 EuInsVO betroffen sind, so käme man in diesem Beispielfall zu folgenden Ergebnissen. Den Massegläubigern würde die gesamte Masse haften. Diese Gesamtmasse würde für Masseforderungen in Höhe von 1,1 Millionen Euro haften. Nach Befriedigung aller Masseforderungen würde noch eine Restmasse in Höhe von 900.000 Euro verbleiben. Dieses verbleibende Vermögen müsste nun zwischen dem virtuellen Hauptinsolvenzverfahren und dem virtuellen Sekundärinsolvenzverfahren aufgeteilt werden.

Das ursprüngliche Wertverhältnis wäre bei der Aufteilung zu wahren. Im hiesigen Fall hätte sowohl die Masse des virtuellen Hauptinsolvenzverfahrens als auch die Masse des virtuellen Sekundärinsolvenzverfahrens einen Wert von 450.000 Euro. An die Insolvenzgläubiger, die ihre Forderungen für das virtuelle Sekundärinsolvenzverfahren angemeldet haben, würde also ein Erlös von 450.000 Euro verteilt.

Fazit: Geht man davon aus, dass die Massegläubiger von den Wirkungen der Zusicherung ausgenommen sind, so stünden die Insolvenzgläubiger, die ihre Forderungen für das virtuelle Sekundärinsolvenzverfahren angemeldet haben, in diesem Beispielfall deutlich schlechter als im Fall der realen Verfahrenspluralität.

(c) Beispielfall 3: Neumasseverbindlichkeiten beider Verfahren gleich hoch

Sachverhalt: Das Vermögen des Schuldners hat einen Gesamtwert von zwei Millionen Euro. Eine Hälfte dieses Vermögens ist im Niederlassungsstaat belegen und die andere Hälfte außerhalb des Niederlassungsstaats. Die Masse des Hauptinsolvenzverfahrens und die Masse des Sekundärinsolvenzverfahrens haben somit jeweils einen Wert von einer Million Euro. Es bestehen Altmasseverbindlichkeiten in Höhe von 300.000 Euro. Die Neumasseverbindlichkeiten des Sekundärinsolvenzverfahrens belaufen sich auf 250.000 Euro. Die Neumasseverbindlichkeiten des Hauptinsolvenzverfahrens betragen ebenfalls 250.000 Euro.

Erlösverteilung im Fall der realen Verfahrenspluralität: Wie hoch der Erlös ist, der an die Gläubiger des Sekundärinsolvenzverfahrens verteilt werden kann, hängt davon ab, ob man hinsichtlich der Altmasseforderungen die Trennungs- oder die Mithaftungstheorie vertritt. Hält man die Trennungstheorie für vorzugswürdig, so haftet die Masse des Sekundärinsolvenzverfahrens nicht für Altmasseverbindlichkeiten. In diesem Fall würde die Masse des Sekundärinsolvenzverfahrens für Masseforderungen in Höhe von 250.000 Euro haften. An die Insolvenzgläubiger könnte folglich ein Erlös in Höhe von 750.000 Euro verteilt werden. Folgt man hingegen der Mithaftungstheorie, so haftet die Masse des Sekundärinsolvenzverfahrens zumindest anteilig auch für Altmasseverbindlichkeiten. Vereinfacht wäre davon auszugehen, dass die Masse des Sekundärinsolvenzverfahrens für Altmasseverbindlichkeiten in Höhe von ungefähr 150.000 Euro haftet. An die Insolvenzgläubiger des Sekundärinsolvenzverfahrens könnten daher nur 600.000 Euro verteilt werden.

Erlösverteilung im Fall der virtuellen Verfahrenspluralität: Geht man davon aus, dass die Gläubiger, deren Forderungen nach Eröffnung des Insolvenzverfahrens begründet werden, nicht von den Wirkungen des Art. 36 EuInsVO betroffen sind, so käme man in diesem Beispielfall zu folgenden Ergebnissen. Den Massegläubigern würde die gesamte Masse haften. Diese Gesamtmasse würde für Masseforderungen in Höhe von 800.000 Euro haften. Nach Befriedigung aller Masseforderungen würde noch eine Restmasse in Höhe von 1,2 Millionen Euro verbleiben. Dieses verbleibende Vermögen müsste nun zwischen dem virtuellen Hauptinsolvenzverfahren und dem virtuellen Sekundärinsolvenzverfahren aufgeteilt werden. Das ursprüngliche Wertverhältnis wäre bei der Aufteilung zu wahren. Im hiesigen Fall hätte sowohl die Masse des virtuellen Hauptinsolvenzverfahrens als auch die Masse des virtuellen Sekundärinsolvenzverfahrens einen Wert von 600.000 Euro. An die Insolvenzgläubiger, die ihre Forderungen für das virtuelle Sekundärinsolvenzverfahren angemeldet haben, würde also ein Erlös von 600.000 Euro verteilt.

Fazit: Geht man davon aus, dass die Massegläubiger von den Wirkungen der Zusicherung ausgenommen sind, so kommt man in diesem Beispielfall zu folgendem Ergebnis. Die Insolvenzgläubiger, die ihre Forderungen für das virtuelle Sekundärinsolvenzverfahren angemeldet haben, stünden in diesem Beispielfall genauso wie im Fall der realen Verfahrenspluralität, wenn man die Mithaftungstheorie für vorzugswürdig hält. Vertritt man hingegen die Trennungstheorie, so stünden die Insolvenzgläubiger, die ihre Forderungen für das virtuelle Sekundärinsolvenzverfahren angemeldet haben, schlechter als im Fall der Eröffnung eines Sekundärinsolvenzverfahrens.

(d) Ergebnis

Im ersten Beispielfall stehen die Insolvenzgläubiger, die ihre Forderungen für das virtuelle Sekundärinsolvenzverfahren angemeldet haben, besser als im Fall der realen Verfahrenspluralität. Im zweiten Beispielfall stehen sie schlechter als im Fall der Eröffnung eines Sekundärinsolvenzverfahrens. Im dritten Beispielfall stehen sie genauso wie im Fall der Eröffnung eines Sekundärinsolvenzverfahrens, vorausgesetzt man vertritt die Ansicht, dass die Masse des Sekundärinsolvenzverfahrens anteilig auch für Altmasseforderungen haftet (Mithaftungstheorie). Ist man hingegen der Auffassung, dass die Masse des Sekundärinsolvenzverfahrens nicht für Altmasseverbindlichkeiten haftet (Trennungstheorie), so stehen die Insolvenzgläubiger im dritten Beispielfall schlechter als im Fall der realen Verfahrenspluralität.

Diese Beispielfälle zeigen Folgendes. Würde man die Massegläubiger von den Wirkungen der Zusicherung ausnehmen, so stünden die Insolvenzgläubiger, die ihre Forderungen für das virtuelle Sekundärinsolvenzverfahren anmelden, in kaum einem Fall so, wie sie stünden, wäre ein Sekundärinsolvenzverfahren eröffnet worden.

(2) Ergebnis

Der Schutz der Insolvenzgläubiger erfordert es, auch die Gläubiger, deren Forderungen nach Eröffnung des Insolvenzverfahrens begründet wurden, so zu behandeln als sei ein Sekundärinsolvenzverfahren eröffnet worden. Sinn und Zweck eines virtuellen Sekundärinsolvenzverfahrens ist es, den Insolvenzgläubigern den gleichen Schutz zukommen zu lassen, den diese in einem realen Sekundärinsolvenzverfahren erfahren würden. Dieses Ziel wird aber nur dann erreicht, wenn sie bei der Erlösverteilung im virtuellen Sekundärinsolvenzverfahren genauso stehen wie in einem Sekundärinsolvenzverfahren. Sie sollen weder schlechter noch besser stehen, als sie stünden, wäre ein Sekundärinsolvenzverfahren eröffnet worden. Dabei kann es aber nicht darum gehen, finanziell exakt das Ergebnis eines Sekundärinsolvenzverfahrens zu erreichen. Das wäre schon deswegen nicht möglich, weil man nicht wissen kann, wie sich ein entsprechendes Sekundärinsolvenzverfahren entwickelt hätte. Allerdings müssen die Rahmenbedingungen die gleichen sein wie in einem Sekundärinsolvenzverfahren. Die Rahmenbedingungen sind aber nur dann die gleichen, wenn man auch die Forderungen, die nach Eröffnung des Insolvenzverfahrens begründet werden, so behandelt, als sei ein Sekundärinsolvenzverfahren eröffnet worden. Ließe man diese Forderungen hingegen von den Wirkungen des Art. 36 EuInsVO unberührt, so hätte dies gravierende Auswirkungen auf die Erlösverteilung im virtuellen Sekundärinsolvenzverfahren. Dies haben die obigen Beispielfälle gezeigt. Zu beachten ist auch, dass die lokalen Gläubiger wohl kaum für die Zusicherung stimmen würden, würden sie bei Erlösverteilung schlechter stehen als in einem Sekundärinsolvenzverfahren.

Die Massegläubiger, die im Fall der Durchführung eines virtuellen Haupt- und Sekundärinsolvenzverfahrens so behandelt werden wie im Fall der realen Verfahrenspluralität, sind auch nicht schutzbedürftig. Ihre Forderungen werden erst nach Eröffnung des Insolvenzverfahrens begründet. Der Verwalter des Hauptinsolvenzverfahrens sollte sie vor Begründung ihrer Forderungen über die Zusicherung und deren Rechtsfolgen informieren. Zu beachten ist zudem, dass die Massegläubiger auch nicht die Eröffnung eines Sekundärinsolvenzverfahrens verhindern könnten.

Es gibt noch ein weiteres Argument, das dafür spricht, die Forderungen, die nach Eröffnung eines Insolvenzverfahrens begründet werden, so zu behandeln, als sei ein Sekundärinsolvenzverfahren eröffnet worden. Im Schrifttum wird zum Teil die Ansicht vertreten, Sinn und Zweck der Eröffnung eines Sekundärinsolvenzverfahrens sei es auch, das im Niederlassungsstaat belegene Vermögen davor zu bewahren, dass dieses für Masseverbindlichkeiten des Hauptinsolvenzverfahrens haftet.[190] Da das virtuelle Sekundärinsolvenzverfahren den Gläubigern als Ersatz für ein reales Sekundärinsolvenzverfahren dient, werden mit ihm grundsätzlich die gleichen Ziele verfolgt. Sinn und Zweck eines virtuellen Sekundärinsolvenzverfahrens ist es

---

[190] So u.a. *Mankowski*, in: Mankowski/Müller/J. Schmidt, EuInsVO, 1. Aufl. 2016, Vor Art. 34–51 Rn. 45; *Smid*, in: Leonhardt/Smid/Zeuner, Internationales Insolvenzrecht, 2. Aufl. 2012, Art. 27 EuInsVO a.F. Rn. 6.

demnach also auch, das im Niederlassungsstaat belegene Vermögen davor zu schützen, für solche Masseforderungen zu haften, die im Fall der realen Verfahrenspluralität als Neumasseforderungen des Hauptinsolvenzverfahrens zu qualifizieren wären. Dies lässt sich aber nur dann erreichen, wenn man auch die Gläubiger, deren Forderungen nach Eröffnung des Insolvenzverfahrens begründet werden, den Wirkungen der Zusicherung unterwirft. Auch diese müssen die Spaltung der Masse gegen sich gelten lassen.

c) Gesamtergebnis

Gläubiger, deren Forderungen nach Eröffnung des Insolvenzverfahrens begründet werden, sind bei Durchführung eines virtuellen Haupt- und Sekundärinsolvenzverfahrens so zu behandeln, als sei ein Sekundärinsolvenzverfahren eröffnet worden.[191] Diese Gläubiger sind also ebenfalls von den Wirkungen des Art. 36 EuInsVO betroffen.

Dieses Ergebnis lässt sich nicht unmittelbar dem Wortlaut des Art. 36 EuInsVO entnehmen, da sowohl Art. 36 Abs. 1 S. 1 EuInsVO als auch Art. 36 Abs. 2 S. 1 EuInsVO sehr weit und unkonkret formuliert sind. Allerdings gebietet es der Sinn und Zweck des Art. 36 EuInsVO, auch die Gläubiger, deren Forderungen nach Eröffnung des Insolvenzverfahrens begründet wurden, so zu behandeln, als sei ein Sekundärinsolvenzverfahren eröffnet worden. Zwar dienen virtuelle Sekundärinsolvenzverfahren nicht dem Schutz der Gläubiger, deren Forderungen erst nach Eröffnung des Insolvenzverfahrens begründet werden. Vielmehr sollen durch das virtuelle Sekundärinsolvenzverfahren die Insolvenzgläubiger geschützt werden, deren Forderungen vor Eröffnung des Insolvenzverfahrens entstanden sind. Die Insolvenzgläubiger stehen aber nur dann genauso wie im Fall der Eröffnung eines Sekundärinsolvenzverfahrens, wenn auch die Gläubiger, deren Forderungen nach Verfahrenseröffnung begründet wurden, so behandelt werden, als sei ein Sekundärinsolvenzverfahren eröffnet worden.

2. Regeln

Die Gläubiger, deren Forderungen nach Eröffnung des Insolvenzverfahrens begründet werden, werden im Fall der virtuellen Verfahrenspluralität so behandelt, als

---

[191] A. A. *Reinhart*, in: Münchener Kommentar InsO, Band 4, 3. Aufl. 2016, Art. 36 EuInsVO 2015 Rn. 10; *Schmidt*, Die Zusicherung nach Art. 36 EuInsVO, 2019, S. 78 ff., 190 ff. Unklar bleiben die Ausführungen von Mohr und Poltsch/Reckenzaun. Ihren Beiträgen lässt sich nicht eindeutig entnehmen, ob die Gläubiger, deren Forderungen nach Eröffnung des Insolvenzverfahrens begründet werden, so behandelt werden sollen, wie sie stünden, wäre ein Sekundärinsolvenzverfahren eröffnet worden oder nicht. Vgl. *Mohr*, in: Nunner-Krautgasser/Garber/Jaufer, Grenzüberschreitende Insolvenzen im europäischen Binnenmarkt, 2017, S. 220 (228); *Poltsch/Reckenzaun*, in: Nunner-Krautgasser/Garber/Jaufer, Grenzüberschreitende Insolvenzen im europäischen Binnenmarkt, 2017, S. 235 (240).

sei ein Sekundärinsolvenzverfahren eröffnet worden. Nun stellt sich aber zunächst die Frage, was das eigentlich konkret bedeutet.

a) Grundlagen

aa) Haftung der Teilmassen

Im Fall der realen Verfahrenspluralität gelten folgende Regeln.[192] Forderungen, die vor Eröffnung des Sekundärinsolvenzverfahrens durch den Verwalter des Hauptinsolvenzverfahrens begründet werden, sind Altmasseforderungen. Für diese Forderungen haftet die Masse des Hauptinsolvenzverfahrens. Umstritten ist, ob für Altmasseforderungen zudem die Masse des Sekundärinsolvenzverfahrens haftet.[193] Forderungen, die nach Eröffnung des Sekundärinsolvenzverfahrens durch den Verwalter des Sekundärinsolvenzverfahrens begründet werden, sind Neumasseforderungen des Sekundärinsolvenzverfahrens. Für diese Forderungen haftet ausschließlich die Masse des Sekundärinsolvenzverfahrens. Forderungen, die nach Eröffnung des Sekundärinsolvenzverfahrens durch den Verwalter des Hauptinsolvenzverfahrens begründet werden, sind Neumasseforderungen des Hauptinsolvenzverfahrens. Für diese Forderungen haftet ausschließlich die Masse des Hauptinsolvenzverfahrens.

Das im Fall der realen Verfahrenspluralität geltende Haftungssystem ist auf den Fall der Durchführung eines virtuellen Haupt- und Sekundärinsolvenzverfahrens zu übertragen. Das heißt Folgendes. Der Eröffnung des Sekundärinsolvenzverfahrens entspricht die Abgabe der Zusicherung. Forderungen, die der Verwalter im Zeitraum zwischen Eröffnung des Insolvenzverfahrens und Abgabe der Zusicherung begründet, sind als Altmasseforderungen zu qualifizieren. Forderungen, die der Verwalter nach Abgabe der Zusicherung begründet, müssen als Neumasseforderungen gelten. Für die Altmasseforderungen haftet die Masse des virtuellen Hauptinsolvenzverfahrens. Ob für die Altmasseforderungen auch die Masse des virtuellen Sekundärinsolvenzverfahrens haftet, hängt davon ab, ob man die Trennungs- oder die Mithaftungstheorien für vorzugswürdig hält. Neumasseforderungen, die im Fall der realen Verfahrenspluralität Neumasseforderungen des Hauptinsolvenzverfahrens wären, müssen dem virtuellen Hauptinsolvenzverfahren zugeordnet werden. Für diese Forderungen haftet ausschließlich die Masse des virtuellen Hauptinsolvenzverfahrens. Neumasseforderungen, die im Fall der realen Verfahrenspluralität Neumasseforderungen des Sekundärinsolvenzverfahrens wären, sind dem virtuellen Sekundärinsolvenzverfahren zuzuweisen. Für diese Forderungen haftet ausschließlich die Masse des virtuellen Sekundärinsolvenzverfahrens.

---

[192] Siehe dazu ausführlich S. 190 ff.

[193] Zu diesem Streit siehe ausführlich S. 192 ff.

bb) Anwendbares Recht

Im Fall der Eröffnung eines Sekundärinsolvenzverfahrens gilt hinsichtlich des anwendbaren Rechts Folgendes.[194] Altmasseforderungen werden gemäß Art. 7 Abs. 2 S. 2 lit. g) EuInsVO nach dem Recht des Staates des Hauptinsolvenzverfahrens behandelt. Diejenigen, die die Auffassung vertreten, dass Altmasseforderungen auch gegen die Masse des Sekundärinsolvenzverfahrens geltend gemacht werden können (Mithaftungstheorien), sind der Meinung, dass diese Forderungen auch dann nach dem Recht des Staates des Hauptinsolvenzverfahrens zu behandeln sind, wenn sie gegen die Masse des Sekundärinsolvenzverfahrens geltend gemacht werden. Neumasseforderungen des Hauptinsolvenzverfahrens werden gemäß Art. 7 Abs. 2 S. 2 lit. g) EuInsVO nach dem Recht des Staates des Hauptinsolvenzverfahrens behandelt und Neumasseforderungen des Sekundärinsolvenzverfahrens gemäß Art. 7 Abs. 2 S. 2 lit. g) EuInsVO nach dem Recht des Staates des Sekundärinsolvenzverfahrens.

Auch diese Grundsätze müssen auf den Fall der Durchführung eines virtuellen Haupt- und Sekundärinsolvenzverfahrens übertragen werden. Altmasseforderungen sind, unabhängig davon gegen welche Teilmasse sie geltend gemacht werden, nach dem Recht des Staates des Hauptinsolvenzverfahrens zu behandeln. Neumasseforderungen, für die die Masse des virtuellen Hauptinsolvenzverfahrens haftet, werden gemäß Art. 7 Abs. 2 S. 2 lit. g) EuInsVO nach der *lex fori concursus* behandelt. Neumasseforderungen, für die die Masse des virtuellen Sekundärinsolvenzverfahrens haftet, sind gemäß Art. 36 Abs. 2 S. 1 EuInsVO nach dem Recht des Staates, in dem das Sekundärinsolvenzverfahren hätte eröffnet werden können, zu behandeln.

b) Qualifizierung der Forderungen

Eben wurden die Haftungsgrundsätze dargestellt. Es steht fest, welche Teilmasse für welche Art von Masseforderungen haftet. Fraglich ist aber, wie sich eine Forderung als eine bestimmte Art von Masseforderung qualifizieren lässt. Die Unterscheidung zwischen Altmasseforderungen und Neumasseforderungen ist unproblematisch. Alle Forderungen, die vor Abgabe der Zusicherung begründet wurden, sind Altmasseforderungen. Alle Forderungen, die nach Abgabe der Zusicherung begründet werden, sind hingegen Neumasseforderungen. Insoweit ergeben sich keine Probleme.

Bei den Neumasseforderungen ist aber eine weitere Differenzierung erforderlich. Es gibt zum einen Neumasseforderungen, für die ausschließlich die Masse des virtuellen Hauptinsolvenzverfahrens haftet. Zum anderen gibt es Neumasseforderungen, für die ausschließlich die Masse des virtuellen Sekundärinsolvenzverfahrens haftet. Im Fall der realen Verfahrenspluralität lässt sich eine Neumasseforderung unproblematisch dem Hauptinsolvenzverfahren oder dem Sekundärinsolvenzver-

---

[194] Siehe dazu ausführlich S. 191 ff.

fahren zuordnen. Wird die Neumasseforderung durch den Verwalter des Hauptinsolvenzverfahrens begründet, so haftet für diese ausschließlich die Masse des Hauptinsolvenzverfahrens. Wird die Neumasseforderung hingegen durch den Verwalter des Sekundärinsolvenzverfahrens begründet, so haftet ausschließlich die Masse des Sekundärinsolvenzverfahrens. Es wird also danach unterschieden, ob die Forderung durch den Verwalter des Hauptinsolvenzverfahrens oder durch den Verwalter des Sekundärinsolvenzverfahrens begründet wurde. Im Fall der Durchführung eines virtuellen Haupt- und Sekundärinsolvenzverfahrens gibt es aber nur einen Insolvenzverwalter, der beide Arten von Neumasseforderungen begründet. Die Frage, welcher Verwalter die Forderung begründet hat, kann daher nicht als Kriterium herangezogen werden, um die Forderung dem virtuellen Hauptinsolvenzverfahren oder dem virtuellen Sekundärinsolvenzverfahren zuzuordnen. Im Fall der virtuellen Verfahrenspluralität muss stattdessen folgende Frage gestellt werden. Wäre die betroffene Forderung im Fall der realen Verfahrenspluralität vom Verwalter des Hauptinsolvenzverfahrens oder vom Verwalter des Sekundärinsolvenzverfahrens begründet worden? Diese Frage muss anhand von Indizien beantwortet werden. Im Folgenden werden Indizien genannt, die dafür sprechen, dass die betroffene Forderung im Fall der realen Verfahrenspluralität vom Verwalter des Sekundärinsolvenzverfahrens begründet worden wäre.

Das Vertragsverhältnis, aus dem sich die Forderung ergibt, hat einen engen wirtschaftlichen Bezug zur Niederlassung.

Die vertraglich vereinbarte Gegenleistung kommt dem im Niederlassungsstaat belegenen Vermögen zugute.

Die Gegenleistung besteht in der Erbringung einer Dienstleistung und muss nach dem Inhalt des Vertrags im Niederlassungsstaat erbracht werden.

Kommt man zu dem Ergebnis, dass die Forderung im Fall der realen Verfahrenspluralität von dem Verwalter des Sekundärinsolvenzverfahrens begründet worden wäre, so haftet für diese Neumasseforderung ausschließlich die Masse des virtuellen Sekundärinsolvenzverfahrens. Kommt man hingegen zu dem Schluss, dass die Forderung auch im Fall der realen Verfahrenspluralität durch den Verwalter des Hauptinsolvenzverfahrens begründet worden wäre, so haftet für diese Neumasseforderung ausschließlich die Masse des virtuellen Hauptinsolvenzverfahrens. Die korrekte Zuordnung der Neumasseforderungen zum virtuellen Hauptinsolvenzverfahren und zum virtuellen Sekundärinsolvenzverfahren ist von erheblicher Bedeutung. Nur dann stehen die Insolvenzgläubiger, die ihre Forderungen für das virtuelle Sekundärinsolvenzverfahren angemeldet haben, so, wie sie stünden, wäre ein Sekundärinsolvenzverfahren eröffnet worden.

c) Vergütung des Verwalters und Gerichtsgebühren

Fraglich ist, ob für die Gerichtsgebühren des Insolvenzverfahrens und die Vergütung des Insolvenzverwalters beide Teilmassen haften oder nur die Masse des virtuellen Hauptinsolvenzverfahrens. Mohr ist der Auffassung, dass die Masse des virtuellen Sekundärinsolvenzverfahrens anteilig für die Gerichtsgebühren und die Vergütung des Insolvenzverwalters aufkommen muss.[195] Nur so würde eine Situation wie in einem Sekundärinsolvenzverfahren erreicht, so Mohr weiter. Seinen Aussagen ist zu entnehmen, dass die Masse des virtuellen Sekundärinsolvenzverfahrens pauschal immer für einen Teil der Kosten haftet. Dann bliebe aber das Haftungssystem, das im Fall der Eröffnung eines Sekundärinsolvenzverfahrens gelten würde, unberücksichtigt. Aus diesem Grund kann der Idee von Mohr nicht gefolgt werden.

Vielmehr sind die für den Fall der realen Verfahrenspluralität geltenden Haftungsgrundsätze auf das virtuelle Haupt- und Sekundärinsolvenzverfahren zu übertragen.[196] Auch bei Gerichtsgebühren und Vergütungsansprüchen des Insolvenzverwalters ist daher zunächst einmal zwischen Alt- und Neumasseforderungen zu unterscheiden.

Gerichtsgebühren und Vergütungsansprüche des Insolvenzverwalters, die im Zeitraum zwischen Eröffnung des Hauptinsolvenzverfahrens und Abgabe der Zusicherung entstehen, sind als Altmasseforderungen zu behandeln. Diesen Altmasseforderungen haftet die Masse des virtuellen Hauptinsolvenzverfahrens. Ob diesen Forderungen zudem die Masse des virtuellen Sekundärinsolvenzverfahrens haftet, hängt wiederum davon ab, ob man die Trennungs- oder die Mithaftungstheorien als vorzugswürdig betrachtet. Auf die Altmasseforderungen findet immer die *lex fori concursus* Anwendung.

Gerichtskosten und Vergütungsansprüche des Verwalters, die nach Abgabe der Zusicherung entstehen, sind Neumasseforderungen. Da es sich um Neumasseforderungen handelt, muss wiederum ermittelt werden, ob die Masse des virtuellen Hauptinsolvenzverfahrens oder die Masse des virtuellen Sekundärinsolvenzverfahrens für die jeweilige Gerichtsgebühr bzw. den in Frage stehenden Vergütungsanspruch haftet. Im Fall der realen Verfahrenspluralität gilt Folgendes.[197] Gerichtskosten des Hauptinsolvenzverfahrens und Vergütungsansprüche des Verwalters des Hauptinsolvenzverfahrens, die nach Eröffnung des Sekundärinsolvenzverfahrens entstehen, sind Neumasseforderungen des Hauptinsolvenzverfahrens. Für diese Forderungen haftet daher ausschließlich die Masse des Hauptinsolvenzverfahrens. Gerichtskosten des Sekundärinsolvenzverfahrens und Vergütungsansprüche des Verwalters des Sekundärinsolvenzverfahrens sind Neumasseforderungen des Sekundärinsolvenzverfahrens. Für diese Forderungen haftet daher ausschließlich die Masse des Sekundärinsolvenzverfahrens.

---

[195] *Mohr*, in: Nunner-Krautgasser/Garber/Jaufer, Grenzüberschreitende Insolvenzen im europäischen Binnenmarkt, 2017, S. 219 (228).

[196] Hinsichtlich der im Fall der realen Verfahrenspluralität geltenden Haftungsgrundsätze siehe ausführlich S. 190 ff.

[197] Zur Behandlung von Neumasseforderungen im Fall der realen Verfahrenspluralität siehe ausführlich S. 191 f.

Gibt der Verwalter des Hauptinsolvenzverfahrens gemäß Art. 36 EuInsVO eine Zusicherung ab, so wird kein Sekundärinsolvenzverfahren eröffnet. Es existiert somit nur das Hauptinsolvenzverfahren. Folglich entstehen nur die Gebühren des Gerichts, welches das Hauptinsolvenzverfahren eröffnet, und die Vergütungsansprüche des Verwalters des Hauptinsolvenzverfahrens. Daraus könnte man den Schluss ziehen, dass alle Gerichtsgebühren und Vergütungsansprüche dem virtuellen Hauptinsolvenzverfahren zugewiesen werden müssen. Die Masse des virtuellen Sekundärinsolvenzverfahrens würde somit für gar keine Gerichtsgebühren und Vergütungsansprüche haften.

Ein derartiges Ergebnis würde allerdings nicht der Tatsache gerecht, dass der Verwalter im Fall der virtuellen Verfahrenspluralität auch das Vermögen verwaltet, das im Fall der realen Verfahrenspluralität die Masse des Sekundärinsolvenzverfahrens bilden würde. Im Fall der realen Verfahrenspluralität verursacht die Verwaltung des im Niederlassungsstaat belegenen Vermögens Gerichtskosten und Vergütungsansprüche des Verwalters des Sekundärinsolvenzverfahrens. Für diese Kosten haftet ausschließlich die Masse des Sekundärinsolvenzverfahrens. Wird aufgrund der Abgabe einer Zusicherung kein Sekundärinsolvenzverfahren eröffnet, so verwaltet der Verwalter des Hauptinsolvenzverfahrens auch das im Niederlassungsstaat belegene Vermögen. Für den Verwalter des Hauptinsolvenzverfahrens steigt dadurch der Arbeitsaufwand. Auch das Gericht, das das Hauptinsolvenzverfahren eröffnet, kann zusätzlich belastet sein. Dieser Mehraufwand hat weitere Vergütungsansprüche des Insolvenzverwalters und höhere Gerichtskosten zur Folge. Es ist somit festzustellen, dass die zusätzliche Verwaltung des im Niederlassungsstaat belegenen Vermögens Kosten verursacht, die im Fall der realen Verfahrenspluralität von der Masse des Sekundärinsolvenzverfahrens getragen würden. Im Fall der virtuellen Verfahrenspluralität muss für diese Kosten folglich die Masse des virtuellen Sekundärinsolvenzverfahrens haften. Es verbietet sich somit, pauschal sämtliche Gerichtskosten und Vergütungsansprüche dem virtuellen Hauptinsolvenzverfahren zuzuordnen. Vielmehr ist für jeden Vergütungsanspruch des Verwalters zu ermitteln, ob dieser dem virtuellen Hauptinsolvenzverfahren oder dem virtuellen Sekundärinsolvenzverfahren zugewiesen werden muss. Das Gleiche gilt für die Gerichtsgebühren.

Es fällt allerdings schwer, die einzelnen Gerichtskosten und Vergütungsansprüche dem virtuellen Hauptinsolvenzverfahren und dem virtuellen Sekundärinsolvenzverfahren zuzuordnen. Im Gegensatz zum Fall der Eröffnung eines Sekundärinsolvenzverfahrens wird bei Durchführung eines virtuellen Sekundärinsolvenzverfahrens nur ein Insolvenzgericht und nur ein Insolvenzverwalter tätig. Folglich gibt es nur die Gebühren eines Gerichts und nur die Vergütungsansprüche eines Verwalters. Auch in diesem Fall ist daher mit einer Hypothese zu arbeiten.[198] Es müssen daher folgende Fragen gestellt werden. Wäre die betreffende Gerichtsgebühr im Fall der realen Verfahrenspluralität eine Gebühr des Gerichts, das das Hauptinsolvenzver-

[198] Siehe dazu bereits S. 212 f.

fahren eröffnet, oder eine Gebühr des Gerichts, welches das Sekundärinsolvenzverfahren eröffnet, gewesen? Wäre der jeweilige Vergütungsanspruch des Verwalters im Fall der realen Verfahrenspluralität ein Vergütungsanspruch des Verwalters des Hauptinsolvenzverfahrens oder ein Vergütungsanspruch des Verwalters des Sekundärinsolvenzverfahrens gewesen?

Um diese Fragen beantworten zu können, muss wiederum mit Indizien gearbeitet werden.

Im Folgenden werden beispielhaft Indizien genannt, die dafür sprechen würden, dass die betreffende Forderung im Fall der realen Verfahrenspluralität eine Forderung gewesen wäre, die gegen die Masse des Sekundärinsolvenzverfahrens hätte geltend gemacht werden können.

Der Verwalter erwirbt einen Vergütungsanspruch für mehrere Arbeitsstunden, die er damit verbracht hat, die Verwertung eines im Niederlassungsstaat befindlichen Gegenstands zu organisieren.

Der Verwalter hat einen Vergütungsanspruch für die Wahrnahme eines Termins, bei dem er die Arbeitnehmervertreter der Angestellten der Niederlassung über den Stand des Insolvenzverfahrens informiert hat.

Das Insolvenzgericht erhebt eine Gerichtsgebühr für einen Termin, in dem ausschließlich Fragen erörtert worden sind, die das im Niederlassungsstaat belegene Vermögen betreffen.

Kommt man zu dem Ergebnis, dass die Gerichtsgebühr bzw. der Vergütungsanspruch im Fall der realen Verfahrenspluralität eine Forderung gegen die Masse des Sekundärinsolvenzverfahrens gewesen wäre, so haftet für diese Neumasseforderung ausschließlich die Masse des virtuellen Sekundärinsolvenzverfahrens. Kommt man hingegen zu dem Schluss, dass die Gerichtsgebühr bzw. der Vergütungsanspruch auch im Fall der realen Verfahrenspluralität eine Forderung gegen die Masse des Hauptinsolvenzverfahrens gewesen wäre, so haftet für diese Neumasseforderung ausschließlich die Masse des virtuellen Hauptinsolvenzverfahrens.

Grundsätzlich kann man davon ausgehen, dass die Gerichtskosten bei Durchführung eines virtuellen Haupt- und Sekundärinsolvenzverfahrens niedriger ausfallen als die summierten Gerichtskosten von Haupt- und Sekundärinsolvenzverfahren.[199] Das Gleiche gilt für die Vergütungsansprüche des Verwalters. Von dieser Ersparnis profitieren die beiden virtuellen Insolvenzverfahren aber nicht gleichermaßen. Das virtuelle Hauptinsolvenzverfahren wird in den meisten Fällen überhaupt nicht profitieren. Stattdessen wird die Kostenersparnis, die mit der Vermeidung des

---

[199] In der Literatur wird immer wieder moniert, dass die Durchführung eines Sekundärinsolvenzverfahrens mit zusätzlichen Kosten verbunden ist, die zulasten der Gläubiger gehen. Auch aus diesem Grund wurde von vielen Kommentatoren die Einführung virtueller Sekundärinsolvenzverfahren gefordert. Vgl. u. a. *Dammann*, in: FS Beck, 2016, S. 73; *Fritz*, DB 2015, 1882 (1886); *Wimmer*, in: Wimmer/Bornemann/Lienau, Die Neufassung der EuInsVO, 2016, Rn. 415.

Sekundärinsolvenzverfahrens einhergeht, vor allem dem virtuellen Sekundärinsolvenzverfahren zugutekommen. Die liegt insbesondere daran, dass bestimmte Gerichtskosten sowohl im Haupt- als auch im Sekundärinsolvenzverfahren angefallen wären. Mit den Gebühren des Gerichts, welches das Sekundärinsolvenzverfahren eröffnet, wäre das im Niederlassungsstaat belegene Vermögen belastet worden. Wird das Sekundärinsolvenzverfahren nicht eröffnet, so profitiert davon folglich das im Niederlassungsstaat belegene Vermögen und somit die Masse des virtuellen Sekundärinsolvenzverfahrens. Die Tatsache, dass das virtuelle Hauptinsolvenzverfahren und das virtuelle Sekundärinsolvenzverfahren nicht gleichermaßen von der Kostenersparnis profitieren, ist zu akzeptieren. Die Gläubiger, die ihre Forderungen ausschließlich für das virtuelle Hauptinsolvenzverfahren anmelden, stehen dadurch nämlich nicht schlechter als im Fall der realen Verfahrenspluralität. Die Gläubiger, die ihre Forderungen für das virtuelle Sekundärinsolvenzverfahren anmelden, stehen aber besser als im Fall der Eröffnung eines Sekundärinsolvenzverfahrens. Diese Tatsache sollte der Verwalter gegenüber den lokalen Gläubigern bewerben, um diese von der Durchführung eines virtuellen Haupt- und Sekundärinsolvenzverfahrens zu überzeugen.

d) Kosten, die im Zusammenhang mit der Zusicherung entstehen

Zu beachten ist, dass es auch Kosten gibt, die nur dadurch verursacht werden, dass der Verwalter eine Zusicherung abgibt. Zum einen können im Rahmen der Vorbereitung und Durchführung des Verfahrens über die Abstimmung der Zusicherung Kosten entstehen. Beispielsweise holt der Verwalter Rechtsgutachten ausländischer Juristen ein, in denen das Abstimmungsverfahren nach den Regeln über die Annahme von Sanierungsplänen gemäß dem Recht des Staates, in dem das Sekundärinsolvenzverfahren hätte eröffnet werden können, erläutert wird. Die Abgabe der Zusicherung und das Abstimmungsverfahren sind für den Verwalter zudem mit Arbeit verbunden. Vergütungsansprüche, die der Verwalter durch diese Arbeit erwirbt, sind ebenfalls Kosten, die durch die Zusicherung verursacht werden. Zum anderen können auch nach Abstimmung über die Zusicherung noch Kosten entstehen, die im Zusammenhang mit der Zusicherung zu sehen sind. Beantragt nämlich ein Gläubiger innerhalb der in Art. 37 Abs. 2 EuInsVO genannten Frist die Eröffnung eines Sekundärinsolvenzverfahrens, so muss das zuständige Gericht gemäß Art. 38 Abs. 2 EuInsVO prüfen, ob die Zusicherung die allgemeinen Interessen der lokalen Gläubiger angemessen schützt. Diese Prüfung verursacht ebenfalls Kosten.

Die Forderungen, die im Zusammenhang mit der Zusicherung begründet werden, werden in der Regel nach Abgabe der Zusicherung entstehen. Ist dies der Fall, so handelt es sich um Neumasseforderungen. Dann stellt sich wiederum die Frage, ob die Masse des virtuellen Hauptinsolvenzverfahrens oder die Masse des virtuellen Sekundärinsolvenzverfahrens für die jeweilige Forderung haftet.

Die Frage, ob die jeweilige Forderung im Fall der Eröffnung eines Sekundärinsolvenzverfahrens vom Verwalter des Haupt- oder vom Verwalter des Sekundärinsolvenzverfahrens begründet worden wäre,[200] hilft hier nicht weiter. Die Forderung ist im Zusammenhang mit der Zusicherung zu sehen. Der Verwalter eines Sekundärinsolvenzverfahrens kann gemäß Art. 36 Abs. 1 S. 1 EuInsVO schon tatbestandlich keine Zusicherung abgeben und der Verwalter des Hauptinsolvenzverfahrens wird nach Eröffnung eines Sekundärinsolvenzverfahrens keine Zusicherung mehr abgeben, da diese nicht mehr die Eröffnung eines Sekundärinsolvenzverfahrens verhindern kann. Nach Eröffnung eines Sekundärinsolvenzverfahrens scheidet eine Zusicherung also aus. Die mit der Zusicherung verbundenen Kosten entstehen dann ebenfalls nicht. Wäre also ein Sekundärinsolvenzverfahren eröffnet worden, so gebe es diese Kosten nicht. Daher können die Forderungen, die im Zusammenhang mit der Zusicherung entstehen, nach den Haftungsgrundsätzen, die im Fall der Eröffnung eines Sekundärinsolvenzverfahrens gelten würden,[201] keiner der beiden Teilmassen zugewiesen werden. Daher erscheint es in diesem Fall sachgerecht, quasi im Wege eines Umkehrschlusses, ausnahmsweise die Masse des virtuellen Hauptinsolvenzverfahrens und die Masse des virtuellen Sekundärinsolvenzverfahrens für diese Forderungen gleichermaßen haften zu lassen. Die Insolvenzgläubiger, die ihre Forderungen für das virtuelle Sekundärinsolvenzverfahren anmelden, stehen dadurch insgesamt betrachtet auch nicht schlechter als im Fall der Eröffnung eines Sekundärinsolvenzverfahrens. Dadurch, dass auch die Masse des virtuellen Sekundärinsolvenzverfahrens für Kosten haftet, die im Zusammenhang mit der Zusicherung entstehen, stellt die Zusicherung zwar eine Belastung für das im Niederlassungsstaat belegene Vermögen dar. Insgesamt betrachtet, wirkt sich die Zusicherung aber positiv auf das im Niederlassungsstaat belegene Vermögen aus. Denn dadurch, dass das Sekundärinsolvenzverfahren nicht eröffnet wird, können zahlreiche Verfahrenskosten, die das Sekundärinsolvenzverfahren verursacht hätte, vermieden werden. Diese Verfahrenskosten hätten das im Niederlassungsstaat belegene Vermögen belastet.

e) Unterrichtung der Gläubiger über die Rechtsfolgen der Zusicherung

Es stellt sich die Frage, ob der Verwalter die Gläubiger, deren Forderungen nach Eröffnung des Insolvenzverfahrens begründet werden, bei Begründung ihrer Forderungen über die Durchführung eines virtuellen Haupt- und Sekundärinsolvenzverfahrens informieren muss. Weiß der jeweilige Gläubiger bei Begründung seiner Forderung nichts von der Durchführung eines virtuellen Haupt- und Sekundärinsolvenzverfahrens, so wird er davon ausgehen, dass seiner Forderung die universale Masse haftet und seine Forderung gemäß Art. 7 Abs. 2 S. 2 lit. g) EuInsVO nach der *lex fori concursus* behandelt wird.

---

[200] Hinsichtlich dieser Frage siehe S. 212 f.

[201] Hinsichtlich der im Fall der realen Verfahrenspluralität geltenden Haftungsgrundsätze siehe ausführlich S. 190 ff.

aa) Unterrichtungspflicht nach Art. 36 Abs. 5 S. 4 EuInsVO?

Eine Pflicht des Verwalters, die Gläubiger über die Zusicherung zu informieren, wird lediglich in Art. 36 Abs. 5 S. 4 EuInsVO normiert. Fraglich ist, ob sich aus Art. 36 Abs. 5 S. 4 EuInsVO auch eine Pflicht des Verwalters ableiten lässt, die Gläubiger, deren Forderungen nach Eröffnung des Insolvenzverfahrens begründet werden, über die Zusicherung und die Durchführung eines virtuellen Haupt- und Sekundärinsolvenzverfahrens zu informieren.

Gegen eine Unterrichtungspflicht gegenüber diesen Gläubigern spricht aber schon der Wortlaut des Art. 36 Abs. 5 S. 4 EuInsVO. Dieser normiert eine Unterrichtungspflicht des Verwalters nämlich nur gegenüber den lokalen Gläubigern.[202] Demnach wären von den Gläubigern, deren Forderungen nach Eröffnung des Insolvenzverfahrens entstehen, nur solche über die Zusicherung zu informieren, deren Forderungen in Zusammenhang mit dem Betrieb der Niederlassung begründet werden. Gläubiger, deren Forderungen nach Eröffnung des Insolvenzverfahrens begründet werden, die aber keinen Bezug zur Niederlassung aufweisen, wären demnach nicht über die Zusicherung zu informieren. Eine solche Unterscheidung ergibt aber insbesondere im Fall der Neumassegläubiger keinen Sinn. Denn alle Neumassegläubiger, egal ob lokal oder nichtlokal, sind von der, durch die Abgabe der Zusicherung ausgelösten, Teilung der Haftungsmasse betroffen. Dementsprechend haben sie alle ein berechtigtes Interesse daran, über die Zusicherung und deren Rechtsfolgen informiert zu werden.

Eine Unterrichtungspflicht des Verwalters gegenüber solchen Gläubigern, deren Forderungen nach Eröffnung des Insolvenzverfahrens begründet werden, aus Art. 36 Abs. 5 S. 4 EuInsVO abzuleiten, ist aber insbesondere nicht mit dem Sinn und Zweck und der Systematik der Norm vereinbar. Die Pflicht zur Unterrichtung der lokalen Gläubiger über die Zusicherung dient der Vorbereitung der Abstimmung über die Zusicherung. Dies ergibt sich aus der systematischen Stellung der Unterrichtungspflicht in Absatz 5, der ausschließlich Regelungen zum Abstimmungsverfahren enthält. Daraus muss gefolgert werden, dass gemäß Art. 36 Abs. 5 S. 4 EuInsVO nur die lokalen Gläubiger über die Zusicherung informiert werden sollen, die auch das Recht haben, an der Abstimmung über die Zusicherung teilzunehmen. Es können aber nur solche lokalen Gläubiger an der Abstimmung über die Zusicherung teilnehmen, deren Forderungen vor Eröffnung des Insolvenzverfahrens entstanden sind. Gläubiger, deren Forderungen nach Eröffnung des Insolvenzverfahrens im Zusammenhang mit der Niederlassung begründet werden, haben hingegen kein Recht an der Abstimmung über die Zusicherung teilzunehmen. Dies ergibt sich aus der Funktion der Abstimmung. Diese entscheidet letztlich darüber, ob ein Sekundärinsolvenz-

[202] Der Begriff des lokalen Gläubigers wird in Art. 2 Nr. 11 EuInsVO definiert. Lokale Gläubiger sind demnach solche Gläubiger, deren Forderungen gegen den Schuldner aus oder in Zusammenhang mit dem Betrieb einer Niederlassung in einem anderen Staat als dem Staat entstanden sind, in dem sich der Mittelpunkt der hauptsächlichen Interessen des Schuldners befindet.

verfahren eröffnet wird oder nicht. Nur solche Gläubiger, die durch ein Sekundärinsolvenzverfahren geschützt werden sollen, können daher an der Abstimmung über die Zusicherung teilnehmen. Die Eröffnung eines Sekundärinsolvenzverfahrens dient aber nicht dem Schutz solcher Gläubiger, deren Forderungen erst nach Eröffnung des Insolvenzverfahrens begründet werden.[203] Des Weiteren ist zu beachten, dass die Unterrichtungspflicht ohnehin nur bis zum Abschluss des Abstimmungsverfahrens besteht. Gemäß Art. 36 Abs. 5 S. 4 EuInsVO hat der Verwalter die lokalen Gläubiger noch über die Billigung oder Ablehnung der Zusicherung zu informieren, also über das Ergebnis der Abstimmung. Anschließend besteht die Unterrichtungspflicht aber nicht mehr. Wird eine Forderung also nach Ende des Abstimmungsverfahrens begründet, so würde die Informationsplicht aus Art. 36 Abs. 5 S. 4 EuInsVO ohnehin nicht mehr gelten.

Aus Art. 36 Abs. 5 S. 4 EuInsVO lässt sich daher keine Pflicht des Verwalters ableiten, die Gläubiger, deren Forderungen nach Eröffnung des Insolvenzverfahrens begründet werden, über die Zusicherung und die Durchführung eines virtuellen Haupt- und Sekundärinsolvenzverfahrens zu informieren.

bb) Das Informationsbedürfnis der Gläubiger

Der Verwalter ist nicht gemäß Art. 36 Abs. 5 S. 4 EuInsVO dazu verpflichtet, die Gläubiger, deren Forderungen nach Eröffnung des Insolvenzverfahrens begründet werden, über die Zusicherung und deren Rechtsfolgen zu informieren. Gegebenenfalls ergibt sich eine Unterrichtungspflicht gegenüber diesen Gläubigern aus Vorschriften des jeweils anwendbaren nationalen Insolvenzrechts. Sollte dies nicht der Fall sein, so erscheint es dennoch sehr sinnvoll, die Gläubiger, deren Forderungen nach Eröffnung des Insolvenzverfahrens begründet werden, über die Zusicherung und die Durchführung eines virtuellen Haupt- und Sekundärinsolvenzverfahrens zu informieren. Zwar treten die Rechtsfolgen des Art. 36 EuInsVO auch ohne eine Unterrichtung der Gläubiger ein. Massegläubiger müssen die Rechtsfolgen des Art. 36 EuInsVO also auch dann gegen sich gelten lassen, wenn sie bei Begründung ihrer Forderung nicht auf die Zusicherung und die Durchführung eines virtuellen Haupt- und Sekundärinsolvenzverfahrens hingewiesen worden sind. Informiert der Verwalter sie aber nicht, so wären die Rechtsfolgen der Zusicherung völlig überraschend für die betroffenen Gläubiger. Dies würde Rechtsstreitigkeiten provozieren.

Die Gläubiger sollten bei Begründung ihrer Forderungen folgende Informationen erhalten. Sie müssen wissen, dass die Abgabe der Zusicherung eine Teilung der Haftungsmasse bewirkt. Die Gläubiger sollten darüber informiert werden, welche Teilmasse ihnen jeweils haftet und welchen Wert diese hat. Des Weiteren müssen die Gläubiger wissen, nach welchem Recht ihre Forderung jeweils behandelt wird.

---

[203] Siehe dazu ausführlich S. 202 f.

Es erscheint aber dennoch sinnvoll, auch bei der Frage, welche Informationen die Gläubiger bei Begründung ihrer Forderungen benötigen, danach zu unterscheiden, ob die Forderung vor Abgabe der Zusicherung (Altmasseforderung) oder nach Abgabe der Zusicherung (Neumasseforderung) begründet wird.

(1) Altmasseforderungen

Wird eine Forderung vor Abgabe der Zusicherung begründet (Altmasseforderung), so bestimmt sich das Informationsbedürfnis des Gläubigers danach, ob der Verwalter die Trennungs- oder Mithaftungstheorien anwenden will.[204] Wendet er die Trennungstheorie an, so haftet für die Altmasseforderungen nur die Masse des virtuellen Hauptinsolvenzverfahrens. Dann sollte der Verwalter die Gläubiger bei Begründung ihrer Forderungen aber darüber informieren, dass er eine Zusicherung abgeben wird und ihren Forderungen dann nur die Masse des virtuellen Hauptinsolvenzverfahrens haftet.

Will der Verwalter hingegen die Mithaftungstheorien anwenden, so kann ein Hinweis auf die Zusicherung und deren Rechtsfolgen auch gänzlich unterbleiben.

(2) Neumasseforderungen

Wird eine Forderung nach Abgabe der Zusicherung begründet (Neumasseforderung), so ist die Unterrichtung über die Zusicherung und deren Rechtsfolgen besonders wichtig. Dies hat zwei Gründe. Würde ein Sekundärinsolvenzverfahren eröffnet werden, so wüsste der Neumassegläubiger zum Zeitpunkt der Begründung seiner Forderung, dass es zwei Insolvenzverfahren gibt und ihm nur die Masse eines Insolvenzverfahrens haftet. Im Fall der virtuellen Verfahrenspluralität hätte der Neumassegläubiger ohne einen Hinweis auf die Zusicherung und die Durchführung eines virtuellen Haupt- und Sekundärinsolvenzverfahrens aber keine Kenntnis davon, dass ihm lediglich eine Teilmasse haftet. Haftet für die Forderung die Masse des virtuellen Sekundärinsolvenzverfahrens, so ist die Unterrichtung des Gläubigers noch aus einem weiteren Grund von Bedeutung. In diesem Fall wird die Forderung des Neumassegläubigers gemäß Art. 36 Abs. 2 S. 1 EuInsVO nämlich nach dem Recht des Staates, in dem das Sekundärinsolvenzverfahren hätte eröffnet werden können, behandelt.[205] Ohne eine Unterrichtung über die Durchführung eines virtuellen Haupt- und Sekundärinsolvenzverfahrens wäre dies für den Gläubiger sehr überraschend.

f) Die temporale Abgrenzung von Alt- und Neumasseforderungen

Da auch im Fall der Durchführung eines virtuellen Haupt- und Sekundärinsolvenzverfahrens zwischen Alt- und Neumasseforderungen unterschieden werden

---

[204] Zu Trennungs- und Mithaftungstheorien siehe ausführlich S. 192 ff.

[205] Siehe dazu ausführlich S. 212.

muss, stellt sich die Frage, welcher konkrete Zeitpunkt die Grenze zwischen Alt- und Neumasseforderungen markiert. Die Beantwortung dieser Frage ist wichtig, da Neumasseforderungen anders behandelt werden als Altmasseforderungen.[206] Altmasseforderungen haftet, wenn man den Mithaftungstheorien folgt, neben der Masse des virtuellen Hauptinsolvenzverfahrens auch die Masse des virtuellen Sekundärinsolvenzverfahrens. Altmasseforderungen werden, auch wenn sie gegen die Masse des virtuellen Sekundärinsolvenzverfahrens geltend gemacht werden, nach der *lex fori concursus* behandelt. Für Neumasseforderungen haftet hingegen jeweils nur eine der beiden Teilmassen. Neumasseforderungen, für die die Masse des virtuellen Hauptinsolvenzverfahrens haftet, werden gemäß Art. 7 Abs. 2 S. 2 lit. g) EuInsVO nach der *lex fori concursus* behandelt. Für Neumasseforderungen, die dem virtuellen Sekundärinsolvenzverfahren zugewiesen werden, gilt gemäß Art. 36 Abs. 2 S. 1 EuInsVO das Recht des Staats, in dem das Sekundärinsolvenzverfahren hätte eröffnet werden können. Der Einfachheit halber wird den folgenden Ausführungen hinsichtlich der Behandlung der Altmasseforderungen ausschließlich die Mithaftungstheorie, in der Variante der unbeschränkten Außenhaftung der Masse des Sekundärinsolvenzverfahrens ohne internen Ausgleichsanspruch, zugrunde gelegt.[207] Die im Folgenden dargestellten Gedanken und Ergebnisse sind entsprechend auf die anderen Theorien zu übertragen.

aa) Reale Verfahrenspluralität

Für die zeitliche Abgrenzung von Alt- und Neumasseforderungen ist im Fall der realen Verfahrenspluralität auf den Zeitpunkt abzustellen, zu dem die Aktivmasse des Sekundärinsolvenzverfahrens entsteht. Ist nämlich bereits die Aktivmasse des Sekundärinsolvenzverfahrens entstanden, so kann der Verwalter des Hauptinsolvenzverfahrens nun keine Forderungen mehr begründen, denen die universale Masse des Insolvenzverfahrens haftet (Altmasseforderungen). Allerdings stellt sich die Frage, zu welchem Zeitpunkt die Aktivmasse des Sekundärinsolvenzverfahrens entsteht. Gemäß Art. 19 Abs. 1 UAbs. 1 EuInsVO wird die Eröffnung des Sekundärinsolvenzverfahrens in allen übrigen Mitgliedstaaten anerkannt, sobald die Entscheidung im Staat der Verfahrenseröffnung wirksam ist. Man muss also zu dem Ergebnis gelangen, dass die Aktivmasse des Sekundärinsolvenzverfahrens zu dem Zeitpunkt entsteht, zu dem die Entscheidung zur Eröffnung eines Sekundärinsolvenzverfahrens wirksam wird.[208] Es stellt sich dann aber wiederum die Frage, zu welchem Zeitpunkt die Entscheidung zur Eröffnung eines Sekundärinsolvenzverfahrens wirksam wird. Fehrenbach ist der Ansicht, dass die Wirksamkeit der Entscheidung zur Eröffnung eines Sekundärinsolvenzverfahrens bereits zu dem Zeitpunkt eintritt, zu dem die Merkmale eines Gesamtverfahrens im Sinne des Art. 1

[206] Hinsichtlich der Behandlung von Alt- und Neumasseforderungen im Fall der realen Verfahrenspluralität siehe ausführlich S. 190 ff.

[207] Zu dieser Theorie siehe ausführlich S. 195.

[208] *Fehrenbach*, Haupt- und Sekundärinsolvenzverfahren, 2014, S. 151, 188.

Abs. 1 EuInsVO a.F. (Art. 1 Abs. 1 EuInsVO n.F.) erstmalig gegeben sind.[209] Demnach ist die Entscheidung zur Eröffnung eines Sekundärinsolvenzverfahrens bereits zu dem Zeitpunkt wirksam, zu dem ein vorläufiges Sekundärinsolvenzverfahren eröffnet wird, wenn dieses vorläufige Verfahren schon die Merkmale eines Gesamtverfahrens im Sinne des Art. 1 Abs. 1 EuInsVO a.F. aufweist. Folgt man dem, so entsteht die Aktivmasse des Sekundärinsolvenzverfahrens also bereits zu dem Zeitpunkt, zu dem ein vorläufiges Sekundärinsolvenzverfahren eröffnet wird. Wie oben bereits dargestellt, ist für die Abgrenzung von Alt- und Neumasseforderungen der Zeitpunkt der Entstehung der Aktivmasse des Sekundärinsolvenzverfahrens maßgeblich. Da die Aktivmasse bereits zum Zeitpunkt der Eröffnung eines vorläufigen Sekundärinsolvenzverfahrens entsteht, sind alle Forderungen, die nach Eröffnung des vorläufigen Sekundärinsolvenzverfahrens begründet werden, als Neumasseforderungen zu qualifizieren.

bb) Virtuelle Verfahrenspluralität

Führt der Verwalter ein virtuelles Haupt- und Sekundärinsolvenzverfahren durch, so kommen für die Abgrenzung von Alt- und Neumasseforderungen grundsätzlich zwei Zeitpunkte in Betracht. Zu prüfen ist zum einen der Zeitpunkt, zu dem der Verwalter die Zusicherung abgibt. Denn bereits die Abgabe der Zusicherung bewirkt gemäß Art. 36 Abs. 2 S. 2 EuInsVO die Spaltung der Masse und lässt die Masse des virtuellen Hauptinsolvenzverfahrens und die Masse des virtuellen Sekundärinsolvenzverfahrens entstehen.

Der andere zu erörternde Zeitpunkt ist der, zu dem Rechtssicherheit darüber besteht, dass das virtuelle Haupt- und Sekundärinsolvenzverfahren durchgeführt werden kann. Wann dieser Zeitpunkt eintritt, hängt davon ab, ob innerhalb der von Art. 37 Abs. 2 EuInsVO genannten Frist ein Antrag auf Eröffnung eines Sekundärinsolvenzverfahrens gestellt wird oder nicht. Wird innerhalb der von Art. 37 Abs. 2 EuInsVO genannten Frist kein Antrag auf Eröffnung eines Sekundärinsolvenzverfahrens gestellt, so steht mit Ablauf dieser Frist fest, dass das virtuelle Sekundärinsolvenzverfahren durchgeführt werden kann. Wird hingegen innerhalb der von Art. 37 Abs. 2 EuInsVO genannten Frist ein Antrag auf Eröffnung eines Sekundärinsolvenzverfahrens gestellt, so trifft das mit diesem Antrag befasste Gericht

[209] *Fehrenbach*, Haupt- und Sekundärinsolvenzverfahren, 2014, S. 151, 188. Fehrenbach ist der Ansicht, der Begriff der Wirksamkeit des Eröffnungsbeschlusses des Sekundärinsolvenzverfahrens sei nicht nach dem mitgliedstaatlichen Insolvenzrecht zu bestimmen. Stattdessen sei dieser Begriff EuInsVO autonom zu definieren. Die Eröffnungsentscheidung sei deswegen wirksam, sobald alle Merkmale eines Gesamtverfahrens i.S.d. Art. 1 Abs. 1 EuInsVO gegeben sind. Zu diesem Ergebnis gelangt Fehrenbach, indem er die Grundsätze, die der EuGH zum Wirksamwerden der Entscheidung zur Eröffnung eines Hauptinsolvenzverfahrens aufgestellt hat, auf den Fall der Eröffnung eines Sekundärinsolvenzverfahrens überträgt. Siehe dazu ausführlich *Fehrenbach*, Haupt- und Sekundärinsolvenzverfahren, 2014, S. 128 ff.

gemäß Art. 38 Abs. 2 EuInsVO eine Entscheidung über den Antrag auf Eröffnung eines Sekundärinsolvenzverfahrens und die Zusicherung.

Zu prüfen ist also, ob für die Abgrenzung von Alt- und Neumasseforderungen der Zeitpunkt der Abgabe der Zusicherung entscheidend ist oder der Zeitpunkt, zu dem feststeht, dass das virtuelle Sekundärinsolvenzverfahren durchgeführt werden kann.

Wählt man für die Abgrenzung von Alt- und Neumasseforderungen den Zeitpunkt, zu dem die in Art. 37 Abs. 2 EuInsVO genannte Frist abläuft bzw. das Gericht eine Entscheidung über den Antrag auf Eröffnung eines Sekundärinsolvenzverfahrens gemäß Art. 38 Abs. 2 EuInsVO trifft, so hat dies den Vorteil, dass zu diesem Zeitpunkt feststeht, ob ein virtuelles Haupt- und Sekundärinsolvenzverfahren durchgeführt wird oder ob doch ein reales Sekundärinsolvenzverfahren eröffnet wird. Wird ein Sekundärinsolvenzverfahren eröffnet, so wäre der Zeitpunkt der Eröffnung dieses Verfahrens ohnehin maßgebend für die Abgrenzung.[210]

Problematisch wäre die Wahl der gerade genannten Zeitpunkte aber in anderer Hinsicht. Die Aufteilung des Universalvermögens in zwei Teilmassen findet gemäß Art. 36 Abs. 2 S. 2 EuInsVO bereits zum Zeitpunkt der Abgabe der Zusicherung statt. Verwunderlich wäre es dann aber, wenn trotz der Teilung des Vermögens weiterhin Forderungen begründet werden könnten, denen zum Zeitpunkt ihrer Begründung das universale Vermögen haftet (Altmasseforderungen). Dies wäre im Fall der Eröffnung eines Sekundärinsolvenzverfahrens nicht möglich. Des Weiteren würden sich Folgefragen ergeben, die sich nicht ohne Widersprüche beantworten ließen.

Zudem muss auch bei der Wahl des Zeitpunkts, der die Grenze zwischen Alt- und Neumasseforderungen bildet, beachtet werden, dass es Ziel eines virtuellen Sekundärinsolvenzverfahrens ist, die Interessen der lokalen Gläubiger zu schützen. Diese sollen so stehen, wie sie stünden, wäre ein Sekundärinsolvenzverfahren eröffnet worden. Im Fall der Eröffnung eines Sekundärinsolvenzverfahrens wird die zeitliche Grenze zwischen Alt- und Neumasseforderungen zum Zeitpunkt der Eröffnung des (vorläufigen) Sekundärinsolvenzverfahrens gezogen.[211] Die Masse des Sekundärinsolvenzverfahrens haftet, wenn man den Mithaftungstheorien[212] folgt, für Forderungen, die vor Eröffnung des Sekundärinsolvenzverfahrens durch den Verwalter des Hauptinsolvenzverfahrens begründet wurden (Altmasseforderungen). Die Masse des Sekundärinsolvenzverfahrens haftet aber nicht für solche Forderungen, die nach Eröffnung des Sekundärinsolvenzverfahrens vom Verwalter des Hauptinsolvenzverfahrens begründet werden (Neumasseforderungen des Hauptinsolvenzverfahrens).[213] Die Eröffnung des Sekundärinsolvenzverfahrens schützt das im Niederlassungsstaat belegene Vermögen also davor, für weitere Forderungen, die

---

[210] Siehe dazu ausführlich S. 222 f.

[211] Siehe dazu ausführlich S. 222 f.

[212] Zu den Mithaftungstheorien siehe ausführlich S. 194 ff.

[213] Siehe ausführlich S. 191 f.

durch den Verwalter des Hauptinsolvenzverfahrens begründet werden, haften zu müssen. Die lokalen Gläubiger haben daher großes Interesse daran, dass das Sekundärinsolvenzverfahren zu einem frühen Zeitpunkt eröffnet wird. Folglich werden sie den Antrag auf Eröffnung eines Sekundärinsolvenzverfahrens bald nach Eröffnung des Hauptinsolvenzverfahrens stellen. Aus diesem Grund wird der Zeitraum zwischen Eröffnung des Hauptinsolvenzverfahrens und der Eröffnung des (vorläufigen) Sekundärinsolvenzverfahrens in den meisten Fällen kurz sein.

Vergleichbar mit dem Zeitpunkt der Eröffnung des Sekundärinsolvenzverfahrens ist daher der Zeitpunkt der Abgabe der Zusicherung. Der Zeitpunkt, zu dem die in Art. 37 Abs. 2 EuInsVO genannte Frist abläuft, bzw. der Zeitpunkt, zu dem das Gericht eine Entscheidung über den Antrag auf Eröffnung eines Sekundärinsolvenzverfahrens und die Zusicherung gemäß Art. 38 Abs. 2 EuInsVO trifft, lässt sich hingegen nicht mit dem Zeitpunkt der Eröffnung eines Sekundärinsolvenzverfahrens vergleichen. Würde man diese späten Zeitpunkte zur Abgrenzung von Alt- und Neumasseforderungen heranziehen, so könnten für einen sehr viel längeren Zeitraum Altmasseforderungen begründet werden, als dies der Fall wäre, würde ein Sekundärinsolvenzverfahren eröffnet werden. Das im Niederlassungsstaat belegene Vermögen wäre im Fall der virtuellen Verfahrenspluralität dann stärker mit Altmasseforderungen belastet als im Fall der Eröffnung eines Sekundärinsolvenzverfahrens. Ein solches Ergebnis ist aber unvereinbar mit der Schutzfunktion des virtuellen Sekundärinsolvenzverfahrens.

Zu beachten ist auch, dass das weitere Prozedere nach Abgabe der Zusicherung (Abstimmung über die Zusicherung gemäß Art. 36 Abs. 5 EuInsVO, Zeitraum, in dem gemäß Art. 37 Abs. 2 EuInsVO noch ein Antrag auf Eröffnung eines Sekundärinsolvenzverfahrens gestellt werden kann, und Entscheidung des Gerichts über den Antrag auf Eröffnung eines Sekundärinsolvenzverfahrens und die Zusicherung gemäß Art. 38 Abs. 2 EuInsVO) ein Sonderfall der virtuellen Verfahrenspluralität ist. Im Fall der realen Verfahrenspluralität gibt es nichts Vergleichbares. Auch aus diesem Grund ist nur der Zeitpunkt der Abgabe der Zusicherung mit dem Zeitpunkt der Eröffnung eines (vorläufigen) Sekundärinsolvenzverfahrens vergleichbar.

Da der Zeitpunkt der Abgabe der Zusicherung dem Zeitpunkt der Eröffnung eines (vorläufigen) Sekundärinsolvenzverfahrens entspricht, bildet der Zeitpunkt der Abgabe der Zusicherung die zeitliche Grenze zwischen Alt- und Neumasseforderungen. Dieses Ergebnis steht auch im Einklang mit Art. 36 Abs. 2 S. 2 EuInsVO. Entscheidender Zeitpunkt zur Abgrenzung von Alt- und Neumasseforderungen ist also der Zeitpunkt der Abgabe der Zusicherung. Forderungen, die im Zeitraum zwischen Eröffnung des Hauptinsolvenzverfahrens und Abgabe der Zusicherung begründet werden, müssen als Altmasseforderungen behandelt werden. Forderungen, die nach Abgabe der Zusicherung begründet werden, sind Neumasseforderungen. Ihnen haftet jeweils nur eine der beiden Teilmassen.

cc) Sonderfall: Eröffnung eines Sekundärinsolvenzverfahrens nach vorheriger Abgabe einer Zusicherung

Lehnen die lokalen Gläubiger die Zusicherung mehrheitlich ab oder gelangt das mit einem Antrag auf Eröffnung eines Sekundärinsolvenzverfahrens befasste Gericht gemäß Art. 38 Abs. 2 EuInsVO zu der Überzeugung, dass die Zusicherung die allgemeinen Interessen der lokalen Gläubiger nicht angemessen schützt, so ist die Zusicherung gescheitert und folglich kann das virtuelle Sekundärinsolvenzverfahren nicht durchgeführt werden. Stattdessen wird in diesen Fällen ein Sekundärinsolvenzverfahren eröffnet.

Im Zeitraum zwischen Abgabe der Zusicherung und Eröffnung des (vorläufigen) Sekundärinsolvenzverfahrens hat die Zusicherung allerdings bereits rechtliche Wirkungen entfaltet. Die Abgabe der Zusicherung hatte gemäß Art. 36 Abs. 2 S. 2 EuInsVO die Aufteilung des universalen Vermögens in zwei Teilmassen zur Folge. Alle Forderungen, die im Zeitraum zwischen Abgabe der Zusicherung und Eröffnung des (vorläufigen) Sekundärinsolvenzverfahrens begründet wurden, wurden als Neumasseforderungen qualifiziert. Für diese Forderungen haftete jeweils nur eine der beiden Teilmassen. Forderungen, für die die Masse des virtuellen Sekundärinsolvenzverfahrens haftete, wurden nach dem Recht des Staats behandelt, in dem das Sekundärinsolvenzverfahren hätte eröffnet werden können.

Wird ein Sekundärinsolvenzverfahren eröffnet, so werden Forderungen, die vor Eröffnung des (vorläufigen) Sekundärinsolvenzverfahrens begründet wurden, grundsätzlich als Altmasseforderungen behandelt.[214] Diesen Forderungen haftet, wenn man den Mithaftungstheorien folgt, sowohl die Masse des Hauptinsolvenzverfahrens als auch die Masse des Sekundärinsolvenzverfahrens.[215] Sie werden ausschließlich nach dem Recht des Staates des Hauptinsolvenzverfahrens behandelt.

Es ist also festzustellen, dass die bei Eröffnung eines Sekundärinsolvenzverfahrens geltenden Grundsätze in diesem Fall mit den Wirkungen der Zusicherung kollidieren. Fraglich ist daher, wie mit den Forderungen, die zwischen Abgabe der Zusicherung und Eröffnung des (vorläufigen) Sekundärinsolvenzverfahrens begründet wurden, nach Eröffnung des Sekundärinsolvenzverfahrens verfahren werden muss. Sind die Forderungen, die im Zeitraum zwischen Abgabe der Zusicherung und Eröffnung des (vorläufigen) Sekundärinsolvenzverfahrens als Neumasseforderungen begründet wurden, nach Eröffnung des Sekundärinsolvenzverfahrens weiterhin als Neumasseforderungen zu behandeln oder müssen diese nun als Altmasseforderungen qualifiziert werden? Geprüft werden muss also, ob die Zusicherung auch nach Eröffnung des Sekundärinsolvenzverfahrens noch Wirkungen entfaltet.

---

[214] Siehe dazu ausführlich S. 190 f.

[215] Zu den Mithaftungstheorien siehe ausführlich S. 194 ff.

(1) Wegfall der Wirkungen der Zusicherung?

Wird trotz der Abgabe einer Zusicherung ein Sekundärinsolvenzverfahren eröffnet, so wurde die Zusicherung zuvor entweder durch eine Mehrheit der lokalen Gläubiger abgelehnt oder das mit dem Antrag auf Eröffnung des Sekundärinsolvenzverfahrens befasste Gericht war gemäß Art. 38 Abs. 2 EuInsVO der Überzeugung, dass die Zusicherung die lokalen Gläubiger nicht angemessen schützt. In beiden Fällen wird zum Ausdruck gebracht, dass die Zusicherung und ihre Rechtsfolgen nicht gewollt sind. Man könnte daher annehmen, dass die Zusicherung nach Eröffnung eines Sekundärinsolvenzverfahrens keine Wirkungen mehr entfaltet. Die Wirkungen, die die Zusicherung bis zur Eröffnung des Sekundärinsolvenzverfahrens bereits erzeugt hat, könnten ab Eröffnung des Sekundärinsolvenzverfahrens als ex tunc unwirksam betrachtet werden. Wäre dem so, müssten alle Forderungen, die nach Abgabe der Zusicherung als Neumasseforderungen begründet worden sind, nach Eröffnung des Sekundärinsolvenzverfahrens als Altmasseforderungen behandelt werden.

(2) Fortdauer der Wirkungen der Zusicherung?

Die besseren Argumente sprechen aber dafür, dass die Wirkungen, die die Zusicherung zwischen Abgabe der Zusicherung und Eröffnung des Sekundärinsolvenzverfahrens erzeugt hat, auch nach Eröffnung des Sekundärinsolvenzverfahrens fortgelten.

Dass die Zusicherung auch nach Eröffnung eines Sekundärinsolvenzverfahrens noch Wirkungen entfaltet, lässt sich anhand der Entstehung der Aktivmasse des Sekundärinsolvenzverfahrens nachweisen.

Die Aktivmasse des Sekundärinsolvenzverfahrens entsteht im Normalfall zum Zeitpunkt der Eröffnung des (vorläufigen) Sekundärinsolvenzverfahrens.[216] Die Vermögensgegenstände, die zu diesem Zeitpunkt im Niederlassungsstaat belegen sind, bilden die Aktivmasse des Sekundärinsolvenzverfahrens.[217] Vermögensgegenstände, die vor Eröffnung des Sekundärinsolvenzverfahrens aus dem Niederlassungsstaat entfernt worden sind, fallen hingegen nicht in die Aktivmasse des Sekundärinsolvenzverfahrens. Dies ergibt sich aus einem Umkehrschluss zu Art. 21 Abs. 2 S. 1 EuInsVO.

Anders stellt sich die Situation allerdings dar, wenn der Verwalter des Hauptinsolvenzverfahrens zuvor eine Zusicherung abgegeben hatte. Gibt der Verwalter des Hauptinsolvenzverfahrens gemäß Art. 36 EuInsVO eine Zusicherung ab, so wird das Universalvermögen in zwei Teilmassen aufgeteilt. Die Spaltung der universalen Masse findet zum Zeitpunkt der Abgabe der Zusicherung statt. Dies ergibt sich aus Art. 36 Abs. 2 S. 2 EuInsVO. Wird später trotz der Zusicherung ein Sekundärin-

---

[216] Siehe dazu ausführlich S. 222 f.

[217] *Fehrenbach*, Haupt- und Sekundärinsolvenzverfahren, 2014, S. 127 f.; *Paulus*, in: Paulus, EuInsVO, 6. Aufl. 2021, Art. 34 Rn. 15.

solvenzverfahren eröffnet, so stellt sich die Frage, ob für die Entstehung der Aktivmasse des Sekundärinsolvenzverfahrens der Zeitpunkt der Eröffnung des (vorläufigen) Sekundärinsolvenzverfahrens entscheidend ist oder der Zeitpunkt, zu dem die Zusicherung abgegeben wurde. Rein formal betrachtet entsteht die Aktivmasse des Sekundärinsolvenzverfahrens erst zum Zeitpunkt der Eröffnung des (vorläufigen) Sekundärinsolvenzverfahrens, da es vorher noch kein Sekundärinsolvenzverfahren gibt. Entscheidend ist aber letztlich, welche Vermögensgegenstände die Aktivmasse des Sekundärinsolvenzverfahrens bilden. Handelt es sich um die Vermögensgegenstände, die zum Zeitpunkt der Eröffnung des (vorläufigen) Sekundärinsolvenzverfahrens im Niederlassungsstaat belegen sind, oder um all jene Gegenstände, die zum Zeitpunkt der Abgabe der Zusicherung im Niederlassungsstaat belegen waren? Aus Art. 36 Abs. 6 S. 2 EuInsVO ergibt sich, dass an den Zeitpunkt der Abgabe der Zusicherung anzuknüpfen ist. Gemäß Art. 36 Abs. 6 S. 2 EuInsVO muss der Verwalter des Hauptinsolvenzverfahrens nämlich Gegenstände der Masse, die er nach Abgabe der Zusicherung aus dem Niederlassungsstaat entfernt hat, an den Verwalter des Sekundärinsolvenzverfahrens herausgeben. Die Aktivmasse des Sekundärinsolvenzverfahrens besteht also aus allen Vermögensgegenständen, die zum Zeitpunkt der Abgabe der Zusicherung im Niederlassungsstaat belegen waren. Auf den Zeitpunkt der Eröffnung des (vorläufigen) Sekundärinsolvenzverfahrens kommt es hingegen nicht an.

Dies hat auch einen guten Grund. Gibt der Verwalter des Hauptinsolvenzverfahrens eine Zusicherung ab und wird diese durch eine Mehrheit der lokalen Gläubiger abgelehnt bzw. kommt das mit einem Antrag auf Eröffnung eines Sekundärinsolvenzverfahrens befasste Gericht gemäß Art. 38 Abs. 2 EuInsVO zu dem Schluss, dass die Zusicherung die Interessen der lokalen Gläubiger nicht angemessen schützt, so wird das Sekundärinsolvenzverfahren deutlich später eröffnet, als dies der Fall wäre, hätte der Verwalter des Hauptinsolvenzverfahrens keine Zusicherung abgegeben. Der Grund für die späte Eröffnung des Sekundärinsolvenzverfahrens liegt also in der Abgabe der Zusicherung, die der Verwalter des Hauptinsolvenzverfahrens zu verantworten hat. Würde sich der Umfang der Aktivmasse des Sekundärinsolvenzverfahrens auch in diesem Fall nach dem Zeitpunkt der Eröffnung des Sekundärinsolvenzverfahrens bestimmen, so ginge dies zu Lasten der lokalen Gläubiger. Der Verwalter des Hauptinsolvenzverfahrens könnte die Zeit vor Eröffnung des Sekundärinsolvenzverfahrens nutzen und Gegenstände, die im Niederlassungsstaat belegen sind, aus diesem Staat entfernen. Die Zusicherung entfaltet also auch nach Eröffnung des Sekundärinsolvenzverfahrens noch Wirkungen. Dies dient aber dem Schutz der lokalen Gläubiger und gerade nicht den Interessen des Verwalters des Hauptinsolvenzverfahrens.

Die Regel, dass die zum Zeitpunkt der Eröffnung des (vorläufigen) Sekundärinsolvenzverfahrens im Niederlassungsstaat belegenen Gegenstände die Aktivmasse des Sekundärinsolvenzverfahrens bilden, wird durchbrochen, wenn der Verwalter des Hauptinsolvenzverfahrens vor Eröffnung des Sekundärinsolvenzverfahrens eine Zusicherung abgegeben hat. In diesem Fall ist nicht der Zeitpunkt der Eröffnung des (vorläufigen) Sekundärinsolvenzverfahrens entscheidend, sondern gemäß Art. 36 Abs. 6 S. 2 EuInsVO der Zeitpunkt der Abgabe der Zusicherung. Die Zusicherung entfaltet also auch nach Eröffnung des Sekundärinsolvenzverfahrens noch Wirkungen.

Wird eine Zusicherung abgegeben, so wird die Grenze zwischen Alt- und Neumasseforderungen zum Zeitpunkt der Abgabe der Zusicherung gezogen. Wird später trotz der Zusicherung ein Sekundärinsolvenzverfahren eröffnet, so stellt sich die Frage, ob die Grenze zwischen Alt- und Neumasseforderungen zum Zeitpunkt der Abgabe der Zusicherung oder zum Zeitpunkt der Eröffnung des (vorläufigen) Sekundärinsolvenzverfahrens zu ziehen ist. Letztlich geht es darum, ob die Zusicherung auch insofern nach Eröffnung des Sekundärinsolvenzverfahrens noch Wirkungen entfaltet.

Im Fall der realen Verfahrenspluralität gilt Folgendes. Die Eröffnung des Sekundärinsolvenzverfahrens bewirkt eine Spaltung der anfänglich universalen Aktivmasse. Das im Niederlassungsstaat belegene Vermögen wird durch die Eröffnung des Sekundärinsolvenzverfahrens aus dem Insolvenzbeschlag des Hauptinsolvenzverfahrens herausgelöst und bildet fortan die Aktivmasse des Sekundärinsolvenzverfahrens.[218] Die Eröffnung des Sekundärinsolvenzverfahrens und Entstehung der Aktivmasse des Sekundärinsolvenzverfahrens haben zur Folge, dass ab diesem Zeitpunkt begründete Forderungen entweder Neumasseforderungen des Hauptinsolvenzverfahrens oder Neumasseforderungen des Sekundärinsolvenzverfahrens sind.[219] Nach der durch die Eröffnung des Sekundärinsolvenzverfahrens verursachten Spaltung der Masse können keine Forderungen mehr begründet werden, denen sowohl die Masse des Hauptinsolvenzverfahrens als auch die Masse des Sekundärinsolvenzverfahrens haftet. Nach Teilung der Masse ist das Entstehen von Altmasseforderungen, denen zum Zeitpunkt ihrer Begründung das universale Vermögen haftet, ausgeschlossen. Gläubiger, deren Forderungen nach Eröffnung des Sekundärinsolvenzverfahrens begründet werden, wissen schließlich, dass es zwei selbstständige Insolvenzverfahren gibt. Insofern gibt es keinen Grund, dass für ihre Forderungen sowohl die Masse des Haupt- als auch die Masse des Sekundärinsolvenzverfahrens haftet.

Diese Grundsätze müssen auch für den Fall gelten, dass der Verwalter eine Zusicherung abgibt, später aber trotzdem ein Sekundärinsolvenzverfahren eröffnet wird. In diesem Fall findet die Teilung des Vermögens nicht erst zum Zeitpunkt der Eröffnung des Sekundärinsolvenzverfahrens statt, sondern wegen Art. 36 Abs. 6 S. 2 EuInsVO bereits zum Zeitpunkt der Abgabe der Zusicherung. Die Masse des Se-

---

[218] Vgl. u. a. *Brinkmann*, in: Karsten Schmidt, InsO, 19. Aufl. 2016, Art. 27 EuInsVO a. F. Rn. 16; *Herchen*, in: Pannen, EuInsVO, 1. Aufl. 2007, Art. 27 a. F. Rn. 45; *Mankowski*, in: Mankowski/Müller/J. Schmidt, EuInsVO, 1. Aufl. 2016, Vor Art. 34–51 Rn. 49; *Smid*, in: Leonhardt/Smid/Zeuner, Internationales Insolvenzrecht, 2. Aufl. 2012, Art. 27 EuInsVO a. F. Rn. 25.

[219] Siehe dazu ausführlich S. 190 ff.

kundärinsolvenzverfahrens wird also bereits zum Zeitpunkt der Abgabe der Zusicherung bestimmt. Dann kann einer Forderung, die nach Abgabe der Zusicherung begründet wird, aber nicht das universale Vermögen des Schuldners haften. Forderungen, die im Zeitraum zwischen Abgabe der Zusicherung und Eröffnung des Sekundärinsolvenzverfahrens begründet werden, sind nach Eröffnung des Sekundärinsolvenzverfahrens daher entweder als Neumasseforderungen des Hauptinsolvenzverfahrens oder als Neumasseforderungen des Sekundärinsolvenzverfahrens zu behandeln.

Es gibt auch keinen Grund, die Gläubiger, deren Forderungen im Zeitraum zwischen Abgabe der Zusicherung und Eröffnung des Sekundärinsolvenzverfahrens begründet wurden, nach Eröffnung des Sekundärinsolvenzverfahrens als Altmassegläubiger zu behandeln. Diese Gläubiger hatten bei der Begründung ihrer Forderung Kenntnis von der Zusicherung und deren Rechtsfolgen und wussten daher von der Aufteilung des Vermögens in zwei Teilmassen. Ihnen war bewusst, dass ihrer Forderung nicht das universale Vermögen des Schuldners, sondern nur eine Teilmasse haften würde. Diese Gläubiger sind insofern auch nicht schutzbedürftig, wenn zu einem späteren Zeitpunkt ein Sekundärinsolvenzverfahren eröffnet wird. Für sie ändert sich durch die Eröffnung des Sekundärinsolvenzverfahrens nichts.

Forderungen, die nach Abgabe der Zusicherung begründet wurden, müssen nach Eröffnung des Sekundärinsolvenzverfahrens aber insbesondere aus Gründen des Gläubigerschutzes weiterhin als Neumasseforderungen behandelt werden. Würde man diese Forderungen nach Eröffnung des Sekundärinsolvenzverfahrens als Altmasseforderungen behandeln, so würde die Masse des Sekundärinsolvenzverfahrens unter Umständen erheblich belastet. Folgt man nämlich den vorzugswürdigen Mithaftungstheorien, so haftet für Altmasseforderungen nicht nur die Masse des Hauptinsolvenzverfahrens, sondern auch die Masse des Sekundärinsolvenzverfahrens.[220] Wie bereits erläutert, haben die lokalen Gläubiger grundsätzlich ein Interesse an einer frühen Eröffnung des Sekundärinsolvenzverfahrens. Dadurch können sie verhindern, dass das im Niederlassungsstaat belegene Vermögen für weitere durch den Verwalter des Hauptinsolvenzverfahrens begründete Forderungen haften muss. Durch die Abgabe der Zusicherung und das weitere Prozedere wird die Eröffnung des Sekundärinsolvenzverfahrens zeitlich aber erheblich verschoben. Die Abgabe der Zusicherung hat aber der Verwalter des Hauptinsolvenzverfahrens zu verantworten. Aus diesem Grund kann die späte Eröffnung des Sekundärinsolvenzverfahrens nicht zu Lasten der lokalen Gläubiger gehen. Für die Abgrenzung von Alt- und Neumasseforderungen muss daher an den Zeitpunkt der Abgabe der Zusicherung angeknüpft werden. Der Zeitpunkt der Abgabe der Zusicherung entspricht dem Zeitpunkt, zu dem normalerweise ein Sekundärinsolvenzverfahren eröffnet werden würde.

[220] Hinsichtlich der Behandlung von Altmasseforderungen im Fall der realen Verfahrenspluralität siehe ausführlich S. 192 ff.

(3) Ergebnis

Forderungen, die im Zeitraum zwischen Abgabe der Zusicherung und Eröffnung des Sekundärinsolvenzverfahrens begründet wurden, wurden als Neumasseforderungen qualifiziert. Diesen Forderungen haftete also jeweils nur eine Teilmasse. Forderungen, denen die Masse des virtuellen Hauptinsolvenzverfahrens haftete, wurden nach dem Recht des Staates des Hauptinsolvenzverfahrens behandelt. Forderungen, denen die Masse des virtuellen Sekundärinsolvenzverfahrens haftete, wurden nach dem Recht des Staats, in dem das Sekundärinsolvenzverfahren hätte eröffnet werden können, behandelt. Wird trotz der Zusicherung ein Sekundärinsolvenzverfahren eröffnet, so müssen auch diese Forderungen, obwohl sie vor Eröffnung des Sekundärinsolvenzverfahrens begründet worden sind, im Sekundärinsolvenzverfahren als Neumasseforderungen behandelt werden. Die zeitliche Grenze zwischen Alt- und Neumasseforderungen wird in diesem Fall nicht durch die Eröffnung des Sekundärinsolvenzverfahrens markiert, sondern bereits durch die Abgabe der Zusicherung.

Konkret heißt das Folgendes. Die Masse des Sekundärinsolvenzverfahrens haftet für alle Forderungen, die im Zeitraum zwischen Abgabe der Zusicherung und Eröffnung des Sekundärinsolvenzverfahrens begründet und dem virtuellen Sekundärinsolvenzverfahren zugewiesen wurden. Diese Forderungen werden nach dem Recht des Staates des Sekundärinsolvenzverfahrens behandelt. Die Masse des Hauptinsolvenzverfahrens haftet für diese Forderungen nicht. Ausschließlich die Masse des Sekundärinsolvenzverfahrens haftet für diese Forderungen, obwohl diese vor Eröffnung des Sekundärinsolvenzverfahrens vom Verwalter des Hauptinsolvenzverfahrens begründet wurden. Es findet insofern ein partieller Forderungstransfer vom Haupt- zum Sekundärinsolvenzverfahren statt. Dies ist zu akzeptieren. Das Sekundärinsolvenzverfahren ist insofern auch nicht schutzbedürftig. Hätte der Verwalter des Hauptinsolvenzverfahrens keine Zusicherung abgegeben, so wäre das Sekundärinsolvenzverfahren wahrscheinlich zu einem früheren Zeitpunkt eröffnet worden. Diese Forderungen wären dann von dem Verwalter des Sekundärinsolvenzverfahrens begründet worden. Dann würde die Masse des Sekundärinsolvenzverfahrens auch für diese Forderungen haften. Der Gläubiger, für dessen Forderung nun die Masse des Sekundärinsolvenzverfahrens haftet, ist ebenfalls nicht schutzbedürftig. Er kann sich nicht darauf berufen, Gläubiger des Hauptinsolvenzverfahrens zu sein. Denn schon vor Eröffnung des Sekundärinsolvenzverfahrens haftete ihm nur das im Niederlassungsstaat belegene Vermögen und seine Forderung wurde nach dem Recht des Staats, in dem das Sekundärinsolvenzverfahren eröffnet werden kann, behandelt. Er steht durch Teilnahme am realen Sekundärinsolvenzverfahren also nicht anders, als er zuvor im Rahmen der Durchführung eines virtuellen Haupt- und Sekundärinsolvenzverfahrens stand. Zu beachten ist auch, dass bis zum Ablauf der in Art. 37 Abs. 2 EuInsVO genannten Frist bzw. der Gerichtsentscheidung gemäß Art. 38 Abs. 2 EuInsVO damit gerechnet werden muss, dass doch noch ein Sekundärinsolvenzverfahren eröffnet wird. Dieses Risiko ist bei Abgabe der Zusicherung immanent vorhanden.

Die Masse des Hauptinsolvenzverfahrens haftet nach Eröffnung des Sekundärinsolvenzverfahrens nur noch für die Forderungen, die zwischen Abgabe der Zusicherung und Eröffnung des Sekundärinsolvenzverfahrens begründet und dem virtuellen Hauptinsolvenzverfahren zugeordnet wurden. Diesen Forderungen haftet ausschließlich die Masse des Hauptinsolvenzverfahrens. Die Masse des Sekundärinsolvenzverfahrens haftet für diese Forderungen nicht.

F. Insolvenzanfechtung

Die EuInsVO erwähnt in Art. 21 Abs. 2 S. 2 EuInsVO und Art. 6 Abs. 1 EuInsVO die Anfechtungsklage. In Art. 7 Abs. 2 S. 2 lit. m) EuInsVO wird von Rechtshandlungen gesprochen, die anfechtbar sind, weil sie die Gesamtheit der Gläubiger benachteiligen. Der Begriff der Anfechtung in der EuInsVO ist verordnungsautonom und weit auszulegen.[221] Die §§ 129 ff. InsO werden sowohl von Art. 21 Abs. 2 S. 2 EuInsVO und Art. 6 Abs. 1 EuInsVO als auch von Art. 7 Abs. 2 S. 2 lit. m) EuInsVO erfasst.

Im Folgenden wird zunächst die Insolvenzanfechtung im Fall der Eröffnung eines Sekundärinsolvenzverfahrens dargestellt. Darauf aufbauend, soll eine sachgerechte Lösung für das virtuelle Sekundärinsolvenzverfahren entwickelt werden.

I. Reale Verfahrenspluralität

1. Anfechtungsbefugnis

Nicht nur der Verwalter des Hauptinsolvenzverfahrens kann zur Anfechtung befugt sein. Die Anfechtungsbefugnis kann auch dem Verwalter des Sekundärinsolvenzverfahrens zustehen. Dies ergibt sich aus Art. 21 Abs. 2 S. 2 EuInsVO.[222] Ist ein Sekundärinsolvenzverfahren eröffnet worden, so stellt sich also bei jeder anfechtbaren Rechtshandlung die Frage, welcher der beiden Verwalter anfechten kann. Die EuInsVO enthält keine näheren Regelungen dazu, in welchem Fall der Verwalter des Hauptinsolvenzverfahrens und unter welchen Umständen der Verwalter des

---

[221] *Hänel*, in: Vallender, EuInsVO, 2. Aufl. 2020, Art. 21 Rn. 39; *Paulus*, in: Paulus, EuInsVO, 6. Aufl. 2021, Art. 6 Rn. 5.

[222] In der Literatur ist man sich weitgehend einig, dass sich das Anfechtungsrecht des Verwalters des Sekundärinsolvenzverfahrens gemäß Art. 21 Abs. 2 S. 2 EuInsVO auf Gegenstände bezieht, die sich zum Zeitpunkt der Eröffnung des Sekundärinsolvenzverfahrens außerhalb des Niederlassungsstaats befinden. Befindet sich der anfechtbar weggegebene Gegenstand hingegen noch im Niederlassungsstaat, so bedürfe es Art. 21 Abs. 2 S. 2 EuInsVO nicht, da der Verwalter des Sekundärinsolvenzverfahrens dann ohnehin zur Anfechtung befugt sei. *Hänel*, in: Vallender, EuInsVO, 2. Aufl. 2020, Art. 21 Rn. 38; *Müller*, in: Mankowski/Müller/J. Schmidt, EuInsVO, 1. Aufl. 2016, Art. 21 Rn. 24; *Paulus*, in: Paulus, EuInsVO, 6. Aufl. 2021, Art. 21 Rn. 20.

Sekundärinsolvenzverfahrens anfechtungsbefugt ist. Richtigerweise ist zwischen einer anfechtbaren Minderung der Aktivmasse und einer anfechtbaren Mehrung der Passivmasse zu unterscheiden.[223]

a) Minderung der Aktivmasse

Hat die anfechtbare Handlung zu einer Minderung der Aktivmasse geführt, komme eine konkurrierende Zuständigkeit beider Verwalter nicht in Betracht, da der Gegenstand, den der Anfechtungsgegner anfechtbar erlangt hat, nur einmal zurückgegeben werden könne.[224] In diesem Fall soll es sich daher immer um eine ausschließliche Anfechtungsbefugnis eines Verwalters handeln.[225] Folglich muss immer dann, wenn die anfechtbare Handlung eine Minderung der Aktivmasse zur Folge hatte, festgestellt werden, welcher Verwalter im Einzelfall anfechtungsbefugt ist. Zu fragen ist dann, nach welchem Kriterium sich die Anfechtungsbefugnis bestimmt.

Die absolut h. M. ist der Auffassung, dass sich die Anfechtungsbefugnis nach der Belegenheit des anfechtbar weggegebenen Gegenstands zum Zeitpunkt der anfechtbaren Handlung richtet.[226] Die Vertreter dieser Ansicht begründen dies damit, dass ein Gegenstand, der zum Zeitpunkt der anfechtbaren Rechtshandlung im Niederlassungsstaat belegen war, ohne die anfechtbare Handlung Teil der Aktivmasse des späteren Sekundärinsolvenzverfahrens geworden wäre.[227] War der Gegenstand zum Zeitpunkt der anfechtbaren Handlung hingegen außerhalb des Niederlassungsstaats belegen, so wäre der Gegenstand ohne die anfechtbare Handlung in die Aktivmasse des späteren Hauptinsolvenzverfahrens gefallen.

Hingegen kann es für die Anfechtungsbefugnis keine Rolle spielen, in welchem Staat sich der anfechtbar weggegebene Gegenstand zum Zeitpunkt der Eröffnung des

---

[223] *Fehrenbach*, Haupt- und Sekundärinsolvenzverfahren, 2014, S. 282.

[224] *Fehrenbach*, Haupt- und Sekundärinsolvenzverfahren, 2014, S. 282.

[225] So im Ergebnis *Fehrenbach*, Haupt- und Sekundärinsolvenzverfahren, 2014, S. 282 ff.; *Hänel*, in: Vallender, EuInsVO, 2. Aufl. 2020, Art. 21 Rn. 40; *Paulus*, in: Paulus, EuInsVO, 6. Aufl. 2021, Art. 21 Rn. 20 f.

[226] *Fehrenbach*, Haupt- und Sekundärinsolvenzverfahren, 2014, S. 284 f.; *Hänel*, in: Vallender, EuInsVO, 2. Aufl. 2020, Art. 21 Rn. 40; *Keller*, in: Vallender, EuInsVO, 2. Aufl. 2020, Art. 34 Rn. 32; *Pannen/Riedemann*, in: Pannen, EuInsVO, 1. Aufl. 2007, Art. 18 a. F. Rn. 40; *Paulus*, in: Paulus, EuInsVO, 6. Aufl. 2021, Art. 21 Rn. 20; *Thole*, in: Münchener Kommentar InsO, Band 4, 3. Aufl. 2016, Art. 18 EuInsVO 2000 Rn. 17; wohl auch *Brinkmann*, in: Karsten Schmidt, InsO, 19. Aufl. 2016, Art. 18 EuInsVO a. F. Rn. 8.

[227] *Fehrenbach*, Haupt- und Sekundärinsolvenzverfahren, 2014, S. 284; *Hänel*, in: Vallender, EuInsVO, 2. Aufl. 2020, Art. 21 Rn. 40; *Paulus*, in: Paulus, EuInsVO, 6. Aufl. 2021, Art. 21 Rn. 21; *Thole*, in: Münchener Kommentar InsO, Band 4, 3. Aufl. 2016, Art. 18 EuInsVO 2000 Rn. 17.

Sekundärinsolvenzverfahrens befindet.[228] Der anfechtbar weggegebene Gegenstand gehört nämlich nicht mehr zum Vermögen des Schuldners.[229] Dieses Ergebnis folgt zudem aus Art. 21 Abs. 2 S. 2 EuInsVO. Nach h.M. besagt Art. 21 Abs. 2 S. 2 EuInsVO nämlich, dass der Verwalter des Sekundärinsolvenzverfahrens auch dann Anfechtungsklage erheben kann, wenn sich der Gegenstand, der anfechtbar weggegeben wurde, zum Zeitpunkt der Eröffnung des Sekundärinsolvenzverfahrens außerhalb des Niederlassungsstaats befindet.[230]

Folgt man der h.M., so ist der Verwalter des Sekundärinsolvenzverfahrens dann zur Anfechtung befugt, wenn der Gegenstand zum Zeitpunkt der anfechtbaren Handlung im Niederlassungsstaat belegen war. Ist der Verwalter des Sekundärinsolvenzverfahrens demnach zur Anfechtung befugt, so soll eine Anfechtung durch den Verwalter des Hauptinsolvenzverfahrens hinsichtlich desselben Anfechtungsgegenstands für die Dauer des Sekundärinsolvenzverfahrens ausgeschlossen sein.[231] War der Gegenstand zum Zeitpunkt der anfechtbaren Handlung hingegen außerhalb des Niederlassungsstaats belegen, so ist ausschließlich der Verwalter des Hauptinsolvenzverfahrens zur Anfechtung befugt.

b) Mehrung der Passivmasse

Es gibt auch Fälle, in denen die anfechtbare Handlung nicht zu einer Minderung der Aktivmasse führt, sondern eine Mehrung der Passivmasse zur Folge hat. Wurde in anfechtbarer Weise eine Forderung gegen den Schuldner begründet, so soll jeder Verwalter, in dessen Insolvenzverfahren die Forderung als Insolvenzforderung angemeldet wird, zur Anfechtung befugt sein.[232] Im Fall der Mehrung der Passivmasse handelt es sich also um eine konkurrierende Zuständigkeit der Verwalter.

---

[228] *Fehrenbach*, Haupt- und Sekundärinsolvenzverfahren, 2014, S. 285; *Paulus*, in: Paulus, EuInsVO, 6. Aufl. 2021, Art. 21 Rn. 21; *Thole*, in: Münchener Kommentar InsO, Band 4, 3. Aufl. 2016, Art. 18 EuInsVO 2000 Rn. 17.

[229] *Fehrenbach*, Haupt- und Sekundärinsolvenzverfahren, 2014, S. 283, 285; *Thole*, in: Münchener Kommentar InsO, Band 4, 3. Aufl. 2016, Art. 18 EuInsVO 2000 Rn. 14, 18.

[230] *Hänel*, in: Vallender, EuInsVO, 2. Aufl. 2020, Art. 21 Rn. 38; *Müller*, in: Mankowski/Müller/J. Schmidt, EuInsVO, 1. Aufl. 2016, Art. 21 Rn. 24; *Paulus*, in: Paulus, EuInsVO, 6. Aufl. 2021, Art. 21 Rn. 20f.

[231] *Hänel*, in: Vallender, EuInsVO, 2. Aufl. 2020, Art. 21 Rn. 41; ähnlich auch *Müller*, in: Mankowski/Müller/J. Schmidt, EuInsVO, 1. Aufl. 2016, Art. 21 Rn. 29; *Thole*, in: Münchener Kommentar InsO, Band 4, 3. Aufl. 2016, Art. 18 EuInsVO 2000 Rn. 17.

[232] *Fehrenbach*, Haupt- und Sekundärinsolvenzverfahren, 2014, S. 287; sich Fehrenbach anschließend *Hänel*, in: Vallender, EuInsVO, 2. Aufl. 2020, Art. 21 Fn. 93; ebenfalls Fehrenbach folgend *Keller*, in: Vallender, EuInsVO, 2. Aufl. 2020, Art. 34 Rn. 32.

c) Der Verwalter des Hauptinsolvenzverfahrens als Anspruchsgegner

Im Schrifttum ist man sich weitgehend einig, dass der Verwalter des Hauptinsolvenzverfahrens als Anfechtungsgegner nicht in Betracht kommt.[233] Dies sei nämlich weder mit dem Wortlaut noch mit dem Sinn und Zweck und der Systematik des Art. 21 Abs. 2 S. 2 EuInsVO vereinbar. Der Wortlaut fordert, dass die Anfechtungsklage den Interessen der Gläubiger dient. Hat der Verwalter des Hauptinsolvenzverfahrens den Gegenstand vor Eröffnung des Sekundärinsolvenzverfahrens aus dem Niederlassungsstaat verbracht, so fällt dieser zwar nicht mehr in die Aktivmasse des Sekundärinsolvenzverfahrens, dafür aber in die Aktivmasse des Hauptinsolvenzverfahrens. Da die Insolvenzgläubiger ihre Forderungen gemäß Art. 45 Abs. 1 EuInsVO aber sowohl für das Haupt- als auch für das Sekundärinsolvenzverfahren anmelden können, würden sie durch diese Vermögensverschiebung keinen Nachteil erleiden.[234] Könnte auch der Verwalter des Hauptinsolvenzverfahrens Anfechtungsgegner sein, so stünde dies zudem in eklatantem Widerspruch zu Art. 21 Abs. 1 EuInsVO.[235]

d) Ergebnis

Folgt man der h. M., so ist hinsichtlich der Anfechtungsbefugnis zunächst danach zu unterscheiden, ob die anfechtbare Handlung zu einer Minderung der Aktivmasse oder zu einer Mehrung der Passivmasse geführt hat. Wurde die Aktivmasse gemindert, so bestimmt sich die Anfechtungsbefugnis allein danach, in welchem Staat der anfechtbar weggegebene Gegenstand zum Zeitpunkt der anfechtbaren Handlung belegen war. Es spielt hingegen keine Rolle, wo sich der Gegenstand zum Zeitpunkt der Eröffnung des Haupt- oder der Eröffnung des Sekundärinsolvenzverfahrens befindet. Hat die anfechtbare Handlung hingegen zu einer Mehrung der Passivmasse geführt, so ist jeder Verwalter, in dessen Insolvenzverfahren die Forderung als Insolvenzforderung angemeldet wird, zur Anfechtung befugt.

2. Internationale Zuständigkeit für Anfechtungsklagen

Für Anfechtungsklagen sind gemäß Art. 6 Abs. 1 EuInsVO die Gerichte des Staats zuständig, in dessen Gebiet das Insolvenzverfahren gemäß Art. 3 EuInsVO eröffnet worden ist. Diese Zuständigkeit gilt bei allen Anfechtungsklagen. Es kommt

[233] *Brinkmann*, in: Karsten Schmidt, InsO, 19. Aufl. 2016, Art. 18 EuInsVO a.F. Rn. 10; *Geroldinger*, Verfahrenskoordination im Europäischen Insolvenzrecht, 2010, S. 179; *Müller*, in: Mankowski/Müller/J. Schmidt, EuInsVO, 1. Aufl. 2016, Art. 21 Rn. 25; *Paulus*, in: Paulus, EuInsVO, 6. Aufl. 2021, Art. 21 Rn. 22; a.A. wohl *Hänel*, in: Vallender, EuInsVO, 2. Aufl. 2020, Art. 21 Rn. 43 f.

[234] *Brinkmann*, in: Karsten Schmidt, InsO, 19. Aufl. 2016, Art. 18 EuInsVO a.F. Rn. 10; *Paulus*, in: Paulus, EuInsVO, 6. Aufl. 2021, Art. 21 Rn. 22. Hänel zweifelt dieses Argument an. *Hänel*, in: Vallender, EuInsVO, 2. Aufl. 2020, Art. 21 Rn. 44.

[235] *Müller*, in: Mankowski/Müller/J. Schmidt, EuInsVO, 1. Aufl. 2016, Art. 21 Rn. 25.

nicht darauf an, wo der Anfechtungsgegner seinen Gerichtsstand hat.[236] Es spielt auch keine Rolle, ob der anfechtbar weggegebene Gegenstand zum Zeitpunkt der Klageerhebung außerhalb des Staates der Verfahrenseröffnung belegen ist. Zu beachten ist insofern, dass Art. 21 Abs. 2 S. 2 EuInsVO keinen (besonderen) Gerichtsstand begründet.[237] Dies wäre mit dem Sinn und Zweck des Art. 6 Abs. 1 EuInsVO unvereinbar. Art. 6 Abs. 1 EuInsVO will gerade erreichen, dass das Insolvenzverfahren und die damit verbundene Anfechtungsklage nicht auseinandergerissen werden.[238] Dies wäre aber der Fall, wenn für das Insolvenzverfahren und die Anfechtungsklage Gerichte in verschiedenen Staaten zuständig wären. Art. 6 Abs. 1 EuInsVO bevorzugt ganz bewusst die Interessen des Verwalters gegenüber denen des Anfechtungsgegners.[239] Da Art. 6 Abs. 1 EuInsVO nicht nur auf Art. 3 Abs. 1 EuInsVO verweist, sondern auf Art. 3 EuInsVO als Ganzes Bezug nimmt, ist man sich einig, dass die Annexzuständigkeit des Art. 6 Abs. 1 EuInsVO auch für Sekundärinsolvenzverfahren gilt.[240]

3. Anwendbares Recht

Gemäß Art. 7 Abs. 2 S. 2 lit. m) EuInsVO regelt das Recht des Staates der Verfahrenseröffnung, welche Rechtshandlungen nichtig, anfechtbar oder relativ unwirksam sind, weil sie die Gesamtheit der Gläubiger benachteiligen. Unter Art. 7 Abs. 2 S. 2 lit. m) EuInsVO fallen im deutschen Recht die §§ 129 ff. InsO.[241] Art. 7 Abs. 2 S. 2 lit. m) EuInsVO ist nicht nur auf Hauptinsolvenzverfahren, sondern auch auf Sekundärinsolvenzverfahren anwendbar.[242] Ist also der Verwalter des Sekundärinsolvenzverfahrens zur Anfechtung befugt, so bestimmen sich die Anfech-

---

[236] *Mankowski*, in: Mankowski/Müller/J. Schmidt, EuInsVO, 1. Aufl. 2016, Art. 6 Rn. 7; *Paulus*, in: Paulus, EuInsVO, 6. Aufl. 2021, Art. 6 Rn. 1.

[237] So auch *Brinkmann*, in: Karsten Schmidt, InsO, 19. Aufl. 2016, Art. 18 EuInsVO a. F. Rn. 9; *Paulus*, in: Paulus, EuInsVO, 6. Aufl. 2021, Art. 21 Rn. 21. A. A. wohl *Mankowski*, in: Mankowski/Müller/J. Schmidt, EuInsVO, 1. Aufl. 2016, Art. 6 Rn. 32.

[238] *Paulus*, in: Paulus, EuInsVO, 6. Aufl. 2021, Art. 6 Rn. 2; ähnlich auch *Hänel*, in: Vallender, EuInsVO, 2. Aufl. 2020, Art. 6 Rn. 8.

[239] So ebenfalls *Hänel*, in: Vallender, EuInsVO, 2. Aufl. 2020, Art. 6 Rn. 7 f.; *Mankowski*, in: Mankowski/Müller/J. Schmidt, EuInsVO, 1. Aufl. 2016, Art. 6 Rn. 7; *Thole*, in: Münchener Kommentar InsO, Band 4, 3. Aufl. 2016, Art. 6 EuInsVO 2015 Rn. 3.

[240] *Hänel*, in: Vallender, EuInsVO, 2. Aufl. 2020, Art. 6 Rn. 43; *Lienau*, in: Wimmer/Bornemann/Lienau, Die Neufassung der EuInsVO, 2016, Rn. 272; *Mankowski*, in: Mankowski/Müller/J. Schmidt, EuInsVO, 1. Aufl. 2016, Art. 6 Rn. 7, 31.

[241] *Brinkmann*, in: Karsten Schmidt, InsO, 19. Aufl. 2016, Art. 4 EuInsVO a. F. Rn. 39; *Müller*, in: Mankowski/Müller/J. Schmidt, EuInsVO, 1. Aufl. 2016, Art. 7 Rn. 70; *Paulus*, in: Paulus, EuInsVO, 6. Aufl. 2021, Art. 7 Rn. 44.

[242] Vgl. u. a. *Brinkmann*, in: Karsten Schmidt, InsO, 19. Aufl. 2016, Art. 4 EuInsVO a. F. Rn. 41; *Fehrenbach*, Haupt- und Sekundärinsolvenzverfahren, 2014, S. 326; *Hänel*, in: Vallender, EuInsVO, 2. Aufl. 2020, Art. 21 Rn. 45; *Pannen/Riedemann*, in: Pannen, EuInsVO, 1. Aufl. 2007, Art. 18 a. F. Rn. 40; *Smid*, in: Leonhardt/Smid/Zeuner, Internationales Insolvenzrecht, 2. Aufl. 2012, Art. 4 EuInsVO a. F. Rn. 30.

tungsgründe und Rechtsfolgen der Anfechtung gemäß Art. 7 Abs. 2 S. 2 lit. m) EuInsVO nach dem Recht des Staates des Sekundärinsolvenzverfahrens.

4. Rückgewähr des anfechtbar erlangten Gegenstands

Der anfechtbar weggegebene Gegenstand ist an die Masse des Verfahrens zurückzugewähren, in deren Aktivmasse der Gegenstand ohne die anfechtbare Handlung gefallen wäre.[243] Es ist also immer zu fragen, ob der Gegenstand bei Hinwegdenken der anfechtbaren Handlung Teil der Aktivmasse des Hauptinsolvenzverfahrens oder Teil der Aktivmasse des Sekundärinsolvenzverfahrens geworden wäre. War der Gegenstand zum Zeitpunkt der anfechtbaren Handlung im Niederlassungsstaat belegen, so muss davon ausgegangen werden, dass der Gegenstand ohne die anfechtbare Handlung Teil der Aktivmasse des Sekundärinsolvenzverfahrens geworden wäre. Folglich muss der Gegenstand an die Aktivmasse des Sekundärinsolvenzverfahrens herausgegeben werden. War der Gegenstand zum Zeitpunkt der anfechtbaren Handlung hingegen außerhalb des Niederlassungsstaats belegen, so ist davon auszugehen, dass dieser ohne die anfechtbare Handlung Teil der Aktivmasse des Hauptinsolvenzverfahrens geworden wäre. In diesem Fall muss der Gegenstand folglich an die Masse des Hauptinsolvenzverfahrens zurückgewährt werden.

5. Gegenansprüche des Anfechtungsgegners

Hat der anfechtungsbefugte Verwalter die anfechtbare Rechtshandlung erfolgreich angefochten, so ist der anfechtbar erlangte Gegenstand an die Masse des Verfahrens zurückzugewähren, in die der Gegenstand bei Hinwegdenken der anfechtbaren Handlung gefallen wäre. Der Anfechtungsgegner kann nun Gegenansprüche geltend machen. Fraglich ist, nach welchem Recht sich die Gegenansprüche des Anfechtungsgegners bestimmen. Art. 7 Abs. 2 S. 2 lit. m) EuInsVO ist in diesem Fall nicht anwendbar. Gegenansprüche des Anfechtungsgegners werden vom Wortlaut des Art. 7 Abs. 2 S. 2 lit. m) EuInsVO nicht erfasst.

Zu beachten ist aber, dass es sich bei den in Art. 7 Abs. 2 S. 2 EuInsVO genannten Fällen nur um einen Beispielkatalog handelt, der nicht abschließend ist.[244] Daher ist zu prüfen, ob auch die Gegenansprüche des Anfechtungsgegners von Art. 7 EuInsVO erfasst werden. Gemäß Art. 7 Abs. 1 EuInsVO gilt, soweit die EuInsVO nichts Anderes bestimmt, für das Insolvenzverfahren das Insolvenzrecht des Staates der Verfahrenseröffnung. Art. 7 Abs. 1 EuInsVO erklärt also das Insolvenzrecht des Staates der Verfahrenseröffnung für anwendbar. Der Begriff Insolvenzrecht ist dabei

---

[243] *Fehrenbach*, Haupt- und Sekundärinsolvenzverfahren, 2014, S. 284.

[244] *Brinkmann*, in: Karsten Schmidt, InsO, 19. Aufl. 2016, Art. 4 EuInsVO a. F. Rn. 6.

verordnungsautonom auszulegen.[245] Bei einer Norm des nationalen Rechts handelt es sich dann um eine insolvenzrechtliche Norm im Sinne der EuInsVO, wenn diese nur dann angewendet werden kann, wenn ein Insolvenzverfahren eröffnet wurde.[246] In der InsO sind die Gegenansprüche des Anfechtungsgegners in § 144 InsO normiert. § 144 InsO setzt voraus, dass die anfechtbare Rechtshandlung zuvor durch den Insolvenzverwalter erfolgreich angefochten wurde, was wiederum nur dann möglich ist, wenn ein Insolvenzverfahren eröffnet wurde. Die Gegenansprüche des Anfechtungsgegners sind daher als insolvenzrechtlich im Sinne der EuInsVO zu qualifizieren.[247] Sie unterfallen daher ebenfalls Art. 7 EuInsVO. Die Gegenansprüche des Anfechtungsgegners bestimmen sich daher gemäß Art. 7 EuInsVO nach dem Recht des Staats der Verfahrenseröffnung.

6. Abschließende Beispielfälle

Fall 1

Sachverhalt: Die X-GmbH hat den Mittelpunkt ihrer hauptsächlichen Interessen in Deutschland. Die X-GmbH betreibt auch eine Niederlassung im Sinne des Art. 2 Nr. 10 EuInsVO in Frankreich. Zum Vermögen der französischen Niederlassung gehört ein teurer Laser, der sich im Juni 2017 in Frankreich befindet. L, der in Mannheim ansässig ist, erwirbt den Laser im Juni 2017 in anfechtbarer Weise von der X-GmbH in Frankreich. L bringt den Laser im August 2017 von Frankreich nach Deutschland. Im April 2018 wird über das Vermögen der X-GmbH ein Hauptinsolvenzverfahren gemäß Art. 3 Abs. 1 EuInsVO in Deutschland eröffnet. Über das in Frankreich belegene Vermögen wird im Mai 2018 ein Sekundärinsolvenzverfahren eröffnet. Zum Zeitpunkt der Eröffnung des Sekundärinsolvenzverfahrens befindet sich der Laser in Deutschland.

Lösung: Durch den anfechtbaren Erwerb des Lasers durch L wurde die Aktivmasse gemindert. Daher ist ausschließlich ein Verwalter zur Anfechtung befugt. Folglich muss geklärt werden, ob der Verwalter des Hauptinsolvenzverfahrens oder der Verwalter des Sekundärinsolvenzverfahrens anfechtungsbefugt ist. Zum Zeitpunkt der Eröffnung des Sekundärinsolvenzverfahrens befindet sich der Laser im Staat des Hauptinsolvenzverfahrens. Dies spielt aber keine Rolle für die Anfechtungsbefugnis, da der Laser nicht mehr zum Vermögen der X-GmbH gehört. Für die Anfechtungsbefugnis ist vielmehr entscheidend, in welchem Staat der Laser zum Zeitpunkt der anfechtbaren Handlung belegen war. Zum Zeitpunkt der anfechtbaren Handlung, dem Erwerb durch L, war der Laser in Frankreich belegen. Ohne die anfechtbare Handlung wäre der Laser in Frankreich geblieben und wäre somit später

---

[245] *Brinkmann*, in: Karsten Schmidt, InsO, 19. Aufl. 2016, Art. 4 EuInsVO a.F. Rn. 5; *Paulus*, in: Paulus, EuInsVO, 6. Aufl. 2021, Art. 7 Rn. 5.

[246] *Brinkmann*, in: Karsten Schmidt, InsO, 19. Aufl. 2016, Art. 4 EuInsVO a.F. Rn. 6.

[247] So wohl auch *Brinkmann*, in: Karsten Schmidt, InsO, 19. Aufl. 2016, Art. 4 EuInsVO a.F. Rn. 6.

Teil der Aktivmasse des Sekundärinsolvenzverfahrens geworden. Aus diesem Grund ist ausschließlich der Verwalter des in Frankreich eröffneten Sekundärinsolvenzverfahrens anfechtungsbefugt. Dass sich der Laser mittlerweile im Staat des Hauptinsolvenzverfahrens befindet, ist für die Anfechtungsbefugnis des Verwalters des Sekundärinsolvenzverfahrens wegen Art. 21 Abs. 2 S. 2 EuInsVO unerheblich. Für die Anfechtungsklage ist gemäß Art. 6 Abs. 1 EuInsVO ein französisches Gericht zuständig. Dass L seinen Gerichtsstand in Deutschland hat, spielt keine Rolle. Ob der Verwalter des in Frankreich eröffneten Sekundärinsolvenzverfahrens den Erwerb durch L anfechten kann, beurteilt sich gemäß Art. 7 Abs. 2 S. 2 lit. m) EuInsVO nach französischem Insolvenzrecht. Hat der Verwalter des Sekundärinsolvenzverfahrens den Erwerb durch L erfolgreich angefochten, so hat L den Laser an die Aktivmasse des Sekundärinsolvenzverfahrens herauszugeben. Inwieweit L nach erfolgreicher Anfechtung durch den Verwalter des Sekundärinsolvenzverfahrens Gegenforderungen geltend machen kann, ist gemäß Art. 7 EuInsVO ebenfalls nach französischem Insolvenzrecht zu beurteilen.

Fall 2

Sachverhalt: Die X-GmbH hat den Mittelpunkt ihrer hauptsächlichen Interessen in Deutschland. Die X-GmbH betreibt auch eine Niederlassung im Sinne des Art. 2 Nr. 10 EuInsVO in Frankreich. Zum Vermögen der X-GmbH gehört auch ein Laser. Der Laser befindet sich im Juni 2017 in Italien. In Italien unterhält die X-GmbH keine Niederlassung. Der in Toulouse ansässige T erwirbt diesen Laser in anfechtbarer Weise im Juni 2017 von der X-GmbH in Italien. Nach Erwerb bringt T den Laser nach Frankreich. Im April 2018 wird über das Vermögen der X-GmbH ein Hauptinsolvenzverfahren gemäß Art. 3 Abs. 1 EuInsVO in Deutschland eröffnet. Über das in Frankreich belegene Vermögen der X-GmbH wird im Mai 2018 ein Sekundärinsolvenzverfahren eröffnet. Zum Zeitpunkt der Eröffnung des Sekundärinsolvenzverfahrens befindet sich der Laser in Frankreich.

Lösung: Durch den anfechtbaren Erwerb des Lasers durch T wurde die Aktivmasse gemindert. Daher ist ausschließlich ein Verwalter zur Anfechtung befugt. Folglich muss geklärt werden, ob der Verwalter des Hauptinsolvenzverfahrens oder der Verwalter des Sekundärinsolvenzverfahrens anfechtungsbefugt ist. Zum Zeitpunkt der Eröffnung des Sekundärinsolvenzverfahrens befindet sich der Laser im Staat des Sekundärinsolvenzverfahrens. Dies spielt aber keine Rolle für die Anfechtungsbefugnis, da der Laser nicht mehr zum Vermögen der X-GmbH gehört. Für die Anfechtungsbefugnis ist entscheidend, in welchem Staat der Laser zum Zeitpunkt der anfechtbaren Handlung belegen war. Zum Zeitpunkt der anfechtbaren Handlung, dem Erwerb durch T, war der Laser in Italien belegen. Es ist davon auszugehen, dass der Laser ohne die anfechtbare Handlung in Italien geblieben wäre. Da die X-GmbH keine Niederlassung im Sinne des Art. 2 Nr. 10 EuInsVO in Italien betreibt, kann über das dort belegene Vermögen kein Sekundärinsolvenzverfahren eröffnet werden. Die in Italien belegenen Vermögensgegenstände der X-GmbH werden daher vom universalen Insolvenzbeschlag des Hauptinsolvenzverfahrens erfasst. Ohne den anfechtbaren Erwerb durch T wäre der Laser in Italien geblieben und daher später Teil der Aktivmasse des Hauptinsolvenzverfahrens geworden. Aus diesem Grund ist ausschließlich der Verwalter des in Deutschland eröffneten Hauptinsolvenzverfahrens anfechtungsbefugt. Für die Anfechtungsklage ist gemäß Art. 6 Abs. 1 EuInsVO ein deutsches Gericht zuständig. Dass T seinen Gerichtsstand in Frankreich hat, spielt keine Rolle. Ob der Verwalter des Hauptinsolvenzverfahrens den Erwerb durch T anfechten kann, beurteilt sich gemäß Art. 7 Abs. 2 S. 2 lit. m) EuInsVO nach deutschem Insolvenzrecht. Die §§ 129 ff. InsO sind anwendbar. Hat der Verwalter des Hauptinsolvenzverfahrens den Erwerb durch T erfolgreich angefochten, so hat T den Laser an die Aktivmasse des Hauptinsolvenzverfahrens herauszugeben. Die Gegenansprüche des T bestimmen sich gemäß Art. 7 EuInsVO ebenfalls nach deutschem Insolvenzrecht. T kann Gegenansprüche gemäß § 144 InsO geltend machen.

II. Virtuelle Verfahrenspluralität

Im Folgenden wird dargestellt, wie die Insolvenzanfechtungsfälle bei Durchführung eines virtuellen Haupt- und Sekundärinsolvenzverfahrens behandelt werden müssen.

1. Anfechtungsbefugnis

Da es bei Durchführung eines virtuellen Haupt- und Sekundärinsolvenzverfahrens nur einen Verwalter gibt, stellt sich die Frage, welcher Verwalter anfechtungsbefugt ist, natürlich nicht. Im Fall der virtuellen Verfahrenspluralität ist der Verwalter des Hauptinsolvenzverfahrens in sämtlichen Fällen anfechtungsbefugt.

2. Internationale Zuständigkeit für Anfechtungsklagen

Gemäß Art. 6 Abs. 1 EuInsVO sind für Anfechtungsklagen grundsätzlich die Gerichte des Staates zuständig, in dessen Hoheitsgebiet das Insolvenzverfahren nach Art. 3 EuInsVO eröffnet worden ist. Gibt der Verwalter gemäß Art. 36 EuInsVO eine Zusicherung ab, so wird nur ein Hauptinsolvenzverfahren gemäß Art. 3 Abs. 1 EuInsVO eröffnet. Daher müssten im Fall der virtuellen Verfahrenspluralität für sämtliche Anfechtungsklagen die Gerichte des Staats, in dem das Hauptinsolvenzverfahren eröffnet wurde, zuständig sein. Dies würde also auch für solche Anfechtungsklagen gelten, für die im Fall der realen Verfahrenspluralität die Gerichte in dem Staat, in dem das Sekundärinsolvenzverfahren eröffnet wurde, zuständig sind. Es ist daher zu prüfen, ob Art. 36 EuInsVO für die letztgenannten Fälle eine von Art. 6 Abs. 1 EuInsVO abweichende internationale Zuständigkeit für Anfechtungsklagen vorsieht.

a) Wortlaut der Norm

Art. 36 Abs. 1 S. 1 EuInsVO spricht davon, dass der Verwalter die Verteilungs- und Vorzugsrechte nach nationalem Recht wahrt, die Gläubiger hätten, wenn ein Sekundärinsolvenzverfahren eröffnet worden wäre. In Art. 36 Abs. 2 S. 1 EuInsVO heißt es, dass für die Erlösverteilung, für den Rang der Forderungen und für die Rechte der Gläubiger in Bezug auf Massegegenstände das Recht des Staats, in dem das Sekundärinsolvenzverfahren hätte eröffnet werden können, gelte. Die Zusicherung bezieht sich dem Wortlaut des Art. 36 EuInsVO nach also nur auf das anwendbare Recht. Hingegen findet sich im Wortlaut des Art. 36 EuInsVO kein Hinweis darauf, dass Art. 36 EuInsVO auch Fragen der internationalen Zuständigkeit regeln will.

b) Zweck der Norm

Der Anfechtungsgegner kann bei Durchführung eines virtuellen Haupt- und Sekundärinsolvenzverfahrens ein Interesse daran haben, dass für die Anfechtungsklage nicht die Gerichte in dem Staat, in dem das Hauptinsolvenzverfahren eröffnet wurde, international zuständig sind, sondern die Gerichte in dem Staat, in dem das Sekundärinsolvenzverfahren hätte eröffnet werden können. Ein solches (nachvollziehbares) Interesse an einer Zuständigkeit der Gerichte im Staat der Niederlassung besteht dann, wenn der Anfechtungsgegner seinen Gerichtsstand im Staat der Niederlassung hat und die Rechtshandlung, die der Verwalter nun anfechten will, im Zuge einer Geschäftsbeziehung zwischen der Niederlassung und dem Anfechtungsgegner vorgenommen wurde. Fraglich ist aber, ob der Gesetzgeber dieses Interesse auch schützen will. Zu beachten ist auch hier, dass sich der Schutzzweck des Art. 36 EuInsVO grundsätzlich mit dem eines Sekundärinsolvenzverfahrens deckt. Daher ist zunächst zu prüfen, ob durch die Eröffnung eines Sekundärinsolvenzverfahrens auch das Interesse des lokalen Anfechtungsgegners daran, dass für die Anfechtungsklage die Gerichte im Niederlassungsstaat zuständig sind, geschützt werden soll.

aa) Reale Verfahrenspluralität

In welchem Staat der lokale Anfechtungsgegner im Fall der Eröffnung eines Sekundärinsolvenzverfahrens verklagt wird, ist letztlich davon abhängig, in welchem Staat der anfechtbar weggegebene Gegenstand zum Zeitpunkt der anfechtbaren Handlung belegen war.[248] War der Gegenstand zum Zeitpunkt der anfechtbaren Handlung außerhalb des Niederlassungsstaats belegen, so ist der Verwalter des Hauptinsolvenzverfahrens anfechtungsbefugt. Gemäß Art. 6 Abs. 1 EuInsVO sind dann die Gerichte des Staats, in dessen Gebiet das Hauptinsolvenzverfahren eröffnet wurde, für die Anfechtungsklage zuständig.

---

[248] Vgl. dazu auch S. 238 ff.

War der Gegenstand zum Zeitpunkt der anfechtbaren Handlung hingegen im Niederlassungsstaat belegen, so ist der Verwalter des Sekundärinsolvenzverfahrens zur Anfechtung befugt. Gemäß Art. 6 Abs. 1 EuInsVO sind dann die Gerichte des Staates, in dessen Gebiet das Sekundärinsolvenzverfahren eröffnet wurde, für die Anfechtungsklage zuständig. Der lokale Anfechtungsgegner wird also, unter der Voraussetzung, dass der anfechtbar weggegebene Gegenstand zum Zeitpunkt der anfechtbaren Rechtshandlung im Niederlassungsstaat belegen war, vor den Gerichten des Staates verklagt, in dem er auch seinen Gerichtsstand hat. In einem solchen Fall sieht der lokale Anfechtungsgegner sein Interesse, vor heimischen Gerichten verklagt zu werden, berücksichtigt. Zu beachten ist aber, dass es nicht das gesetzgeberische Ziel des Art. 6 Abs. 1 EuInsVO ist, die Interessen des Anfechtungsgegners zu schützen. Ziel des Art. 6 Abs. 1 EuInsVO ist es vielmehr, Insolvenzverfahren und Anfechtungsklage vor den Gerichten desselben Staats zu ermöglichen und so die Durchführung des Insolvenzverfahrens und die Arbeit des Insolvenzverwalters zu erleichtern.[249] Auf den Gerichtsstand des Anfechtungsgegners kommt es in Art. 6 Abs. 1 EuInsVO eben gerade nicht an. Der Gesetzgeber hat mit der Schaffung des Art. 6 Abs. 1 EuInsVO eine bewusste Entscheidung zugunsten der Verfahrensökonomie und des Insolvenzverfahrens und zulasten der Anfechtungsgegner getroffen. Sind die Gerichte in dem Staat, in dem auch der Anfechtungsgegner seinen Gerichtsstand hat, für die Anfechtungsklage zuständig, so handelt es sich letztlich um einen vom Gesetzgeber nicht beabsichtigten Zufall.

Der folgende Beispielsfall soll verdeutlichen, dass es für die internationale Zuständigkeit nicht darauf ankommt, in welchem Staat der Anfechtungsgegner seinen Gerichtsstand hat, sondern darauf, in welchem Staat der anfechtbar weggegebene Gegenstand zum Zeitpunkt der anfechtbaren Handlung belegen war.

Sachverhalt: Die X-GmbH hat den Mittelpunkt ihrer hauptsächlichen Interessen in Deutschland. Die X-GmbH betreibt zudem eine Niederlassung im Sinne des Art. 2 Nr. 10 EuInsVO in Frankreich. Der Franzose T hat seinen Wohnsitz in Tours. T tritt geschäftlich mit der französischen Niederlassung in Kontakt. Mit den Mitarbeitern der französischen Niederlassung vereinbart er, von der X-GmbH einen Laser zu erwerben. T erwirbt den Laser im Juni 2017 in anfechtbarer Weise von der X-GmbH. Zum Zeitpunkt des Erwerbs (der anfechtbaren Rechtshandlung) befindet sich der Laser allerdings noch in einem Lager in Deutschland. Im April 2018 wird über das Vermögen der X-GmbH ein Hauptinsolvenzverfahren gemäß Art. 3 Abs. 1 EuInsVO in Deutschland eröffnet. Über das in Frankreich belegene Vermögen wird im Mai 2018 ein Sekundärinsolvenzverfahren eröffnet.

Lösung: Zum Zeitpunkt der Vornahme der anfechtbaren Rechtshandlung, dem Erwerb durch T, war der Laser in Deutschland belegen. Aus diesem Grund ist

---

[249] So auch *Hänel*, in: Vallender, EuInsVO, 2. Aufl. 2020, Art. 6 Rn. 7 f.; *Mankowski*, in: Mankowski/Müller/J. Schmidt, EuInsVO, 1. Aufl. 2016, Art. 6 Rn. 7 f.; *Paulus*, in: Paulus, EuInsVO, 6. Aufl. 2021, Art. 6 Rn. 1; *Thole*, in: Münchener Kommentar InsO, Band 4, 3. Aufl. 2016, Art. 6 EuInsVO 2015 Rn. 3.

ausschließlich der Verwalter des in Deutschland eröffneten Hauptinsolvenzverfahrens anfechtungsbefugt. Für die Anfechtungsklage ist gemäß Art. 6 Abs. 1 EuInsVO ein deutsches Gericht international zuständig. Dass T als Beklagter seinen Gerichtsstand in Frankreich hat, spielt keine Rolle. Auf das Interesse des T, in Frankreich statt in Deutschland verklagt zu werden, wird keine Rücksicht genommen.

bb) Virtuelle Verfahrenspluralität

Das virtuelle Sekundärinsolvenzverfahren will keinen über ein reales Sekundärinsolvenzverfahren hinausgehenden Schutz gewähren. Die in Art. 6 Abs. 1 EuInsVO zum Ausdruck kommende Abwägungsentscheidung des Gesetzgebers ist daher auch bei Auslegung des Art. 36 EuInsVO zu berücksichtigen. Das Interesse des lokalen Anfechtungsgegners an einer Zuständigkeit der Gerichte im Niederlassungsstaat wird folglich auch bei Durchführung eines virtuellen Sekundärinsolvenzverfahrens nicht geschützt. Vielmehr ist auch im Fall des Art. 36 EuInsVO dem Interesse des Verwalters, Insolvenzverfahren und Anfechtungsklage vor den Gerichten desselben Staates zu konzentrieren, der Vorrang eingeräumt.

c) Ergebnis

Art. 36 EuInsVO statuiert keine von Art. 6 Abs. 1 EuInsVO abweichende internationale Zuständigkeit für Anfechtungsklagen. Daher sind bei Durchführung eines virtuellen Haupt- und Sekundärinsolvenzverfahrens für sämtliche Anfechtungsklagen gemäß Art. 6 Abs. 1 EuInsVO die Gerichte des Staats zuständig, in dessen Gebiet das Hauptinsolvenzverfahren eröffnet wurde.

d) Abschließender Beispielfall

Sachverhalt: Die X-GmbH hat den Mittelpunkt ihrer hauptsächlichen Interessen in Deutschland. Die X-GmbH betreibt auch eine Niederlassung im Sinne des Art. 2 Nr. 10 EuInsVO in Frankreich. Zum Vermögen der X-GmbH gehört ein teurer Laser. Dieser befindet sich im Juni 2017 in Frankreich. F, der in Marseille ansässig ist, erwirbt den Laser im Juni 2017 in anfechtbarer Weise von der X-GmbH in Frankreich. Im April 2018 wird über das Vermögen der X-GmbH ein Hauptinsolvenzverfahren gemäß Art. 3 Abs. 1 EuInsVO in Deutschland eröffnet.

Var. 1: Über das in Frankreich belegene Vermögen wird im Mai 2018 ein Sekundärinsolvenzverfahren eröffnet.

Var. 2: Der Verwalter des in Deutschland eröffneten Hauptinsolvenzverfahrens H gibt gemäß Art. 36 EuInsVO eine Zusicherung ab und führt ein virtuelles Haupt- und Sekundärinsolvenzverfahren durch.

Lösung Var. 1: Zum Zeitpunkt der anfechtbaren Handlung, dem Erwerb durch F, war der Laser in Frankreich belegen. Ohne die anfechtbare Handlung wäre der Laser in Frankreich geblieben und wäre somit später Teil der Aktivmasse des Sekundärinsolvenzverfahrens geworden. Aus diesem Grund ist ausschließlich der Verwalter des in Frankreich eröffneten Sekundärinsolvenzverfahrens anfechtungsbefugt. Für die Anfechtungsklage ist gemäß Art. 6 Abs. 1 EuInsVO ein französisches Gericht zuständig.

Lösung Var. 2: Art. 36 EuInsVO statuiert keine von Art. 6 Abs. 1 EuInsVO abweichende internationale Zuständigkeit für Anfechtungsklagen. Die internationale Zuständigkeit für Anfechtungsklagen richtet sich also auch bei Durchführung eines virtuellen Haupt- und Sekundärinsolvenzverfahrens nach Art. 6 Abs. 1 EuInsVO. Da das Hauptinsolvenzverfahren in Deutschland eröffnet wurde, ist gemäß Art. 6 Abs. 1 EuInsVO ein deutsches Gericht für die Anfechtungsklage zuständig. Der französische Anfechtungsgegner kann sich bei Durchführung eines virtuellen Sekundärinsolvenzverfahrens nicht darauf berufen, dass im Fall der Eröffnung eines realen Sekundärinsolvenzverfahrens ein französisches Gericht gemäß Art. 6 Abs. 1 EuInsVO für die Anfechtungsklage zuständig gewesen wäre. Art. 6 Abs. 1 EuInsVO bezweckt nämlich nicht den Schutz des Anfechtungsgegners. Vielmehr soll durch Art. 6 Abs. 1 EuInsVO gerade eine Konzentration von Insolvenzverfahren und Anfechtungsklage vor den Gerichten desselben Staates erreicht werden.

3. Anwendbares Recht

Gibt der Verwalter des Hauptinsolvenzverfahrens gemäß Art. 36 EuInsVO eine Zusicherung ab, so wird kein Sekundärinsolvenzverfahren eröffnet. Zu problematisieren sind dann die Anfechtungsfälle, in denen der Gegenstand, der anfechtbar weggegeben wurde, zum Zeitpunkt der anfechtbaren Handlung im Niederlassungsstaat belegen war. Wäre nämlich ein Sekundärinsolvenzverfahren eröffnet worden, so wäre in diesen Fällen ausschließlich der Verwalter des Sekundärinsolvenzverfahrens zur Anfechtung befugt gewesen.[250] Folglich hätte sich gemäß Art. 7 Abs. 2 S. 2 lit. m) EuInsVO nach dem Recht des Staates des Sekundärinsolvenzverfahrens bestimmt, ob und unter welchen Voraussetzungen die Rechtshandlung angefochten werden kann.[251] Bei Durchführung eines virtuellen Sekundärinsolvenzverfahrens stellt sich dann die Frage, ob sich Anfechtungsgründe und Rechtsfolgen der Anfechtung ebenfalls nach dem Recht des Staates des möglichen Sekundärinsolvenzverfahrens bestimmen.[252]

---

[250] Siehe dazu ausführlich S. 233 f.

[251] Siehe dazu ausführlich S. 236 f.

[252] Auch Fehrenbach wirft die Frage auf, ob sich das Anfechtungsrecht bei Durchführung eines virtuellen Sekundärinsolvenzverfahrens nach der *lex fori concursus generalis* oder nach der *lex fori concursus secundarii* richtet. Er kommt zu dem Ergebnis, dass Art. 36 EuInsVO diesbezüglich völlig unklar ist. *Fehrenbach*, GPR 2017, 38 (41 f.).

a) Wortlaut der Norm

Art. 36 Abs. 1 S. 1 EuInsVO spricht davon, dass der Verwalter eine Zusicherung gibt, dass er bei der Verteilung des Vermögens oder des Verwertungserlöses die Verteilungs- und Vorzugsrechte nach nationalem Recht wahrt, die Gläubiger hätten, wenn ein Sekundärinsolvenzverfahren eröffnet worden wäre. Gemäß Art. 36 Abs. 2 S. 1 EuInsVO gilt für die Verteilung des Erlöses aus der Verwertung von Massegegenständen, für den Rang der Forderungen und für die Rechte der Gläubiger in Bezug auf Massegegenstände das Recht des Staats, in dem das Sekundärinsolvenzverfahren hätte eröffnet werden können. Dem Wortlaut nach ist das Recht des Staates des möglichen Sekundärinsolvenzverfahrens also nur dann anwendbar, wenn es um die Verteilung des Vermögens geht.[253] Ficht der Verwalter aber eine gläubigerbenachteiligende Rechtshandlung an, so sammelt er Masse.[254] Das Sammeln der Masse wird aber nicht vom Wortlaut des Art. 36 EuInsVO erfasst.

b) Zweck der Norm

Zu prüfen ist, ob sich, abweichend vom Wortlaut, aus dem Sinn und Zweck des Art. 36 EuInsVO ein anderes Ergebnis ergibt. Fraglich ist also, ob der Sinn und Zweck des Art. 36 EuInsVO es gebietet, bei Durchführung eines virtuellen Sekundärinsolvenzverfahrens, abweichend von Art. 7 Abs. 2 S. 2 lit. m) EuInsVO, das Insolvenzanfechtungsrecht des Staates, in dem das Sekundärinsolvenzverfahren hätte eröffnet werden können, anzuwenden. Voraussetzung dafür wäre, dass Art. 36 EuInsVO gerade auch den Anfechtungsgegner vor den Wirkungen eines für ihn fremden Rechtsstatuts schützen will. Die Durchführung eines virtuellen Sekundärinsolvenzverfahrens ist der Ersatz für ein reales Sekundärinsolvenzverfahren. Die Schutzfunktion des virtuellen Sekundärinsolvenzverfahrens deckt sich daher mit der Schutzfunktion eines realen Sekundärinsolvenzverfahrens. Aus diesem Grund muss zunächst geprüft werden, ob es Sinn und Zweck eines Sekundärinsolvenzverfahrens ist, den Anfechtungsgegner vor solchen Insolvenzanfechtungsregeln zu schützen, die sich aus einer für ihn fremden Rechtsordnung ergeben.

aa) Zweck eines realen Sekundärinsolvenzverfahrens

Für den Anfechtungsgegner kann es durchaus von Bedeutung sein, ob ein Sekundärinsolvenzverfahren eröffnet wird oder nicht. Dies soll anhand des folgenden Beispielfalls demonstriert werden.

---

[253] So ebenfalls *Reinhart*, in: Münchener Kommentar InsO, Band 4, 3. Aufl. 2016, Art. 36 EuInsVO 2015 Rn. 5.

[254] So auch *Paulus*, in: Paulus, EuInsVO, 6. Aufl. 2021, Einleitung Rn. 91 und Art. 6 Rn. 7 und Art. 7 Rn. 43.

(1) Beispielfall

Sachverhalt: Die X-GmbH hat den Mittelpunkt ihrer hauptsächlichen Interessen in Deutschland. Die X-GmbH betreibt auch eine Niederlassung im Sinne des Art. 2 Nr. 10 EuInsVO in Frankreich. Zum Vermögen der französischen Niederlassung gehört ein teurer Laser. Dieser befindet sich im Juni 2017 in Frankreich. L, der in Mannheim ansässig ist, erwirbt den Laser im Juni 2017 von der X-GmbH in Frankreich. Im April 2018 wird über das Vermögen der X-GmbH ein Hauptinsolvenzverfahren gemäß Art. 3 Abs. 1 EuInsVO in Deutschland eröffnet.

Nach deutschem Insolvenzanfechtungsrecht kann der Erwerb des Lasers durch L angefochten werden, nach französischem Insolvenzanfechtungsrecht jedoch nicht. (Hiervon wird aus Demonstrationszwecken ausgegangen.)

Lösung: Ob L den Laser an die Insolvenzmasse herausgeben muss, hängt grundsätzlich davon ab, ob in diesem Fall ein Sekundärinsolvenzverfahren eröffnet wird oder nicht.

Eröffnung eines Sekundärinsolvenzverfahrens: Zum Zeitpunkt der anfechtbaren Handlung, dem Erwerb durch L, war der Laser im Niederlassungsstaat belegen. Wird über das in Frankreich belegene Vermögen ein Sekundärinsolvenzverfahren eröffnet, so ist daher ausschließlich der Verwalter des Sekundärinsolvenzverfahrens befugt, den Erwerb des Lasers durch L anzufechten. Der Verwalter des Sekundärinsolvenzverfahrens kann das Insolvenzanfechtungsrecht nicht wählen. Er muss die Rechtshandlung gemäß Art. 7 Abs. 2 S. 2 lit. m) EuInsVO nach dem Insolvenzanfechtungsrecht der *lex fori concursus secundarii* anfechten. Das ist in diesem Fall das französische Insolvenzanfechtungsrecht. Das französische Anfechtungsrecht lässt die Anfechtung des Erwerbs durch L im hiesigen Fall aber nicht zu. Daher muss L den Laser im Fall der Eröffnung eines Sekundärinsolvenzverfahrens nicht an die Insolvenzmasse zurückgewähren.

Keine Eröffnung eines Sekundärinsolvenzverfahrens: Wird kein Sekundärinsolvenzverfahren eröffnet, so ist der Verwalter des Hauptinsolvenzverfahrens anfechtungsbefugt. Der Verwalter des Hauptinsolvenzverfahrens muss die Rechtshandlung gemäß Art. 7 Abs. 2 S. 2 lit. m) EuInsVO nach dem Insolvenzanfechtungsrecht der *lex fori concursus* anfechten. Da das Hauptinsolvenzverfahren in Deutschland eröffnet wurde, findet also deutsches Insolvenzanfechtungsrecht Anwendung. Nach deutschem Insolvenzanfechtungsrecht kann die Rechtshandlung, der Erwerb durch L, angefochten werden. Nach Anfechtung muss L den Laser an die Insolvenzmasse zurückgewähren.

(2) Der Schutz des Anfechtungsgegners in der EuInsVO

Der Beispielfall hat gezeigt, dass der Anfechtungsgegner im Einzelfall durchaus ein Interesse an der Eröffnung eines Sekundärinsolvenzverfahrens haben kann. Fraglich bleibt aber trotzdem, ob es auch Sinn und Zweck eines Sekundärinsolvenzverfahrens ist, den Anfechtungsgegner vor solchen Anfechtungsregeln zu schützen, die sich aus Sicht des Anfechtungsgegners aus einer fremden Rechtsordnung ergeben und die für ihn nachteilig sind. Bei Beantwortung dieser Frage ist Art. 16 EuInsVO zu beachten. Gemäß Art. 16 EuInsVO findet Art. 7 Abs. 2 S. 2 lit. m) EuInsVO keine Anwendung, wenn der Anfechtungsgegner nachweist, dass für diese Handlung das Recht eines anderen Staats als des Staates der Verfahrenseröffnung maßgeblich ist und diese Handlung im vorliegenden Fall in keiner Weise nach dem Recht dieses Staats angreifbar ist. Mit dieser Norm will der Gesetzgeber das Vertrauen des Anfechtungsgegners darauf, dass seine Rechtshandlung nach dem Recht des Staates, dass für die Rechtshandlung maßgeblich ist, nicht angefochten werden kann, schützen.[255]

Aus der Existenz des Art. 16 EuInsVO muss folgender Schluss gezogen werden. Sekundärinsolvenzverfahren verfolgen nicht das Ziel, Anfechtungsgegner vor solchen Anfechtungsregeln zu schützen, die sich aus Sicht des Anfechtungsgegners aus einer fremden Rechtsordnung ergeben und deswegen für ihn überraschend sind. Würden nämlich auch Sekundärinsolvenzverfahren den Schutz des Anfechtungsgegners bezwecken, so wäre Art. 16 EuInsVO weitgehend überflüssig. Des Weiteren ist zu beachten, dass Art. 16 EuInsVO die Beweislast, dafür, dass für die Handlung das Recht eines anderen Staats maßgeblich ist und diese Handlung in keiner Weise nach dem Recht dieses Staats angreifbar ist, dem Anfechtungsgegner auferlegt. Bei Eröffnung eines Sekundärinsolvenzverfahrens träfe den Anfechtungsgegner hingegen keinerlei Beweislast. Durch Beantragung eines Sekundärinsolvenzverfahrens könnte sich der Anfechtungsgegner also dieser Beweislast entziehen. Dies kann aber kaum gewollt sein. Es ist daher festzustellen, dass der Gesetzgeber den Anfechtungsgegner ausschließlich durch Art. 16 EuInsVO schützen will, nicht aber durch die Eröffnung eines Sekundärinsolvenzverfahrens.

bb) Zweck eines virtuellen Sekundärinsolvenzverfahrens

Da Sekundärinsolvenzverfahren nicht den Schutz der Anfechtungsgegner bezwecken, verfolgt auch Art. 36 EuInsVO nicht einen solchen Zweck. Das virtuelle Sekundärinsolvenzverfahren soll keinen weitreichenderen Schutz als ein Sekundärinsolvenzverfahren bieten. Es besteht auch kein Bedürfnis, den Anfechtungsgegner bei Durchführung eines virtuellen Sekundärinsolvenzverfahrens so zu stellen, wie er stünde, wäre ein Sekundärinsolvenzverfahren eröffnet worden. Art. 16 EuInsVO findet nämlich auch im Rahmen des Art. 36 EuInsVO Anwendung, so dass das Vertrauen des Anfechtungsgegners darauf, dass seine Rechtshandlung nach dem Recht des Staates, das für die Rechtshandlung maßgeblich ist, nicht angefochten

---

[255] Siehe zum Normzweck des Art. 16 EuInsVO zudem *Brinkmann*, in: Karsten Schmidt, InsO, 19. Aufl. 2016, Art. 13 EuInsVO a. F. Rn. 2; *Müller*, in: Mankowski/Müller/J. Schmidt, EuInsVO, 1. Aufl. 2016, Art. 16 Rn. 2; *Paulus*, in: Paulus, EuInsVO, 6. Aufl. 2021, Art. 16 Rn. 1; *Reinhart*, in: Münchener Kommentar InsO, Band 4, 3. Aufl. 2016, Art. 13 EuInsVO 2000 Rn. 1; *Thole*, in: Vallender, EuInsVO, 2. Aufl. 2020, Art. 16 Rn. 1.

werden kann, auch bei Durchführung eines virtuellen Sekundärinsolvenzverfahrens geschützt wird.

c) Ergebnis

Gemäß Art. 7 Abs. 2 S. 2 lit. m) EuInsVO regelt das Recht des Staates der Verfahrenseröffnung, welche Rechtshandlungen anfechtbar sind, weil sie die Gesamtheit der Gläubiger benachteiligen. Wird also nur ein Hauptinsolvenzverfahren eröffnet, so gilt für alle gläubigerbenachteiligenden Rechtshandlungen das Insolvenzanfechtungsrecht des Staates, in dem das Hauptinsolvenzverfahren eröffnet wurde. Dies gilt auch für den Fall, dass der Verwalter gemäß Art. 36 EuInsVO eine Zusicherung abgibt und ein virtuelles Sekundärinsolvenzverfahren durchführt. Denn weder dem Wortlaut noch dem Sinn und Zweck des Art. 36 EuInsVO lässt sich entnehmen, dass Art. 36 EuInsVO eine von Art. 7 Abs. 2 S. 2 lit. m) EuInsVO abweichende Regelung trifft. Die *lex fori concursus* des Hauptinsolvenzverfahrens gilt also auch für die Insolvenzanfechtungsfälle, in denen im Fall der realen Verfahrenspluralität ausschließlich der Verwalter des Sekundärinsolvenzverfahrens anfechtungsbefugt gewesen wäre und die Rechtshandlung folglich nach der *lex fori concursus secundarii* hätte angefochten werden müssen.[256] Im Übrigen ist zu beachten, dass sich der Anfechtungsgegner auch bei Durchführung eines virtuellen Haupt- und Sekundärinsolvenzverfahrens auf Art. 16 EuInsVO berufen kann.

d) Erweiterung der Anfechtungsmöglichkeiten

aa) Reale Verfahrenspluralität

Die Eröffnung eines Sekundärinsolvenzverfahrens kann im Einzelfall zu einer Verbesserung der Anfechtungsmöglichkeiten führen.[257] Vor Eröffnung eines Se-

---

[256] So wohl auch *Paulus*, in: Paulus, EuInsVO, 6. Aufl. 2021, Einleitung Rn. 100. A. A. ist Thole. Er ist der Meinung, die Anfechtung beurteile sich nach dem Recht des Niederlassungsstaats. *Thole*, IPRax 2017, 213 (219). Allerdings begründet Thole seine Auffassung nicht. Unverständlich sind die Äußerungen Schmidts. Er schreibt, das Zusicherungsstatut umfasse nicht die für die Insolvenzfestigkeit gläubigerbenachteiligender Rechtshandlungen maßgeblichen Vorschriften der *lex fori concurus secundarii. Schmidt*, Die Zusicherung nach Art. 36 EuInsVO, 2019, S. 92. Was er damit meint, bleibt unklar. Die Frage, ob sich Anfechtungsgründe und Rechtsfolgen der Anfechtung nach der *lex fori concursus* oder nach dem Recht des Staats, in dem das Sekundärinsolvenzverfahren hätte eröffnet werden können, bestimmen, beantwortet er nicht. Weitere Themen, die sich im Fall der Durchführung eines virtuellen Haupt- und Sekundärinsolvenzverfahrens hinsichtlich der Anfechtung einer Rechtshandlung stellen, werden von Schmidt ebenfalls nicht behandelt. Seine Ausführungen tragen daher nicht zum Verständnis der Behandlung der Insolvenzanfechtung im Fall der virtuellen Verfahrenspluralität bei. Vgl. insgesamt *Schmidt*, Die Zusicherung nach Art. 36 EuInsVO, 2019, S. 90ff.

[257] Vgl. dazu auch *Fehrenbach*, Haupt- und Sekundärinsolvenzverfahren, 2014, S. 324ff.; *Paulus*, in: Paulus, EuInsVO, 6. Aufl. 2021, Einleitung Rn. 100 und Art. 34 Rn. 1.

kundärinsolvenzverfahrens können gläubigerbenachteiligende Rechtshandlungen gemäß Art. 7 Abs. 2 S. 2 lit. m) EuInsVO ausschließlich nach den Insolvenzanfechtungsregeln angefochten werden, die das Recht des Staates des Hauptinsolvenzverfahrens vorsieht. Ist nach diesen Insolvenzanfechtungsregeln die Anfechtung einer bestimmten Rechtshandlung nicht möglich, so muss der Verwalter prüfen, ob die Beantragung eines Sekundärinsolvenzverwahrens hilfreich ist.

Wird ein Sekundärinsolvenzverfahren eröffnet, so gelten hinsichtlich der Anfechtung gläubigerbenachteiligender Rechtshandlungen folgende Regeln.[258] Nach welchem Insolvenzstatut eine Rechtshandlung angefochten werden kann, ist davon abhängig, welcher Verwalter zur Anfechtung befugt ist. Der Verwalter des Sekundärinsolvenzverfahrens ist anfechtungsbefugt, wenn der Gegenstand, der in anfechtbarer Weise weggegeben wurde, zum Zeitpunkt der anfechtbaren Handlung im Niederlassungsstaat belegen war. Ist der Verwalter des Sekundärinsolvenzverfahrens anfechtungsbefugt, so kann dieser die Rechtshandlung gemäß Art. 7 Abs. 2 S. 2 lit. m) EuInsVO nur nach Anfechtungsregeln der *lex fori concursus secundarii* anfechten. War der anfechtbar weggegebene Gegenstand zum Zeitpunkt der anfechtbaren Handlung hingegen außerhalb des Niederlassungsstaats belegen, so ist ausschließlich der Verwalter des Hauptinsolvenzverfahrens anfechtungsbefugt. Die Rechtshandlung ist dann gemäß Art. 7 Abs. 2 S. 2 lit. m) EuInsVO nach dem Insolvenzanfechtungsrecht des Staates des Hauptinsolvenzverfahrens anzufechten. Für beide Verwalter gilt, dass sie das Insolvenzanfechtungsrecht nicht wählen können.[259] Dem Verwalter des Hauptinsolvenzverfahrens ist es daher auch nach Eröffnung eines Sekundärinsolvenzverfahrens nicht möglich, eine Rechtshandlung nach den Insolvenzanfechtungsregeln des Staates, in dem das Sekundärinsolvenzverfahren eröffnet wurde, anzufechten. Umgekehrt kann der Verwalter des Sekundärinsolvenzverfahrens eine Rechtshandlung nicht nach den Anfechtungsregeln des Staates des Hauptinsolvenzverfahrens anfechten.

Daraus ergibt sich, dass die Beantragung eines Sekundärinsolvenzverfahrens zur Erweiterung der Anfechtungsmöglichkeiten nur dann sinnvoll ist, wenn folgende drei Voraussetzungen erfüllt sind. Die Anfechtungsregeln der *lex fori concursus secundarii* sind weiter gefasst als die der *lex fori concursus* des Hauptinsolvenzverfahrens und lassen die Anfechtung der betreffenden Rechtshandlung zu. Nach Eröffnung des Sekundärinsolvenzverfahrens muss gerade der Verwalter des Sekundärinsolvenzverfahrens befugt sein, die betreffende Rechtshandlung anzufechten, so dass gemäß Art. 7 Abs. 2 S. 2 lit. m) EuInsVO die Anfechtungsregeln des Staates des Sekundärinsolvenzverfahrens Anwendung finden. Zudem sollte es dem Anfechtungsgegner im Einzelfall nicht möglich sein, sich auf Art. 16 EuInsVO zu berufen.

---

[258] Siehe dazu ausführlich S. 232 ff.

[259] Hierauf macht ebenfalls Fehrenbach aufmerksam. Vgl. *Fehrenbach*, Haupt- und Sekundärinsolvenzverfahren, 2014, S. 327.

Sind diese Voraussetzungen alle erfüllt, so kann der Verwalter des Hauptinsolvenzverfahrens die Eröffnung des Sekundärinsolvenzverfahrens beantragen, um die Anfechtung der Rechtshandlung durch den Verwalter des Sekundärinsolvenzverfahrens zu ermöglichen. Ficht der Verwalter des Sekundärinsolvenzverfahrens die Rechtshandlung an, so ist das anfechtbar weggegebene Vermögen an die Masse des Sekundärinsolvenzverfahrens herauszugeben. Die Eröffnung des Sekundärinsolvenzverfahrens ermöglicht in dem hier beschriebenen Fall die Anfechtung einer Rechtshandlung, die vor Eröffnung des Sekundärinsolvenzverfahrens nicht hätte angefochten werden können. Insofern erfüllt das Sekundärinsolvenzverfahren dann eine Hilfsfunktion.

bb) Virtuelle Verfahrenspluralität

Kann, wie eben beschrieben, eine bestimmte Rechtshandlung nur nach den Anfechtungsregeln der *lex fori concursus secundarii*, nicht aber nach dem Anfechtungsrecht der *lex fori concursus* des Hauptinsolvenzverfahrens, angefochten werden, so ist die Abgabe einer Zusicherung und die Durchführung eines virtuellen Haupt- und Sekundärinsolvenzverfahrens problematisch. Im Fall der virtuellen Verfahrenspluralität können gläubigerbenachteiligende Rechtshandlungen gemäß Art. 7 Abs. 2 S. 2 lit. m) EuInsVO nämlich nur nach der *lex fori concursus* des Hauptinsolvenzverfahrens angefochten werden.[260] Dies gilt auch für die Rechtshandlungen, die im Fall der realen Verfahrenspluralität durch den Verwalter des Sekundärinsolvenzverfahrens nach dem Anfechtungsrecht der *lex fori concursus secundarii* hätten angefochten werden können. Die Abgabe der Zusicherung verhindert eben nicht nur die Eröffnung eines Sekundärinsolvenzverfahrens, sondern auch die Möglichkeit, Rechtshandlungen nach der *lex fori concursus secundarii* anzufechten. Im Ergebnis ist diese Rechtshandlung bei Durchführung eines virtuellen Sekundärinsolvenzverfahrens dann überhaupt nicht anfechtbar.

Dieser Tatsache muss sich der Verwalter des Hauptinsolvenzverfahrens bei Abgabe einer Zusicherung bewusst sein. Der Verwalter hat in einem solchen Fall vor Abgabe der Zusicherung genau zu prüfen, ob sich das bessere Ergebnis für die Gläubiger durch Beantragung oder Vermeidung eines Sekundärinsolvenzverfahrens erreichen lässt.[261]

Dabei hat er zum einen die zu verteilende Sollmasse für den Fall der Eröffnung eines Sekundärinsolvenzverfahren zu prognostizieren. Zu errechnen ist, welche Summe insgesamt (in Haupt- und Sekundärinsolvenzverfahren) an die Gläubiger verteilt werden könnte. Dabei ist positiv zu berücksichtigen, dass die gläubigerbe-

---

[260] Siehe dazu ausführlich S. 244 ff.

[261] Auch Paulus macht darauf aufmerksam, dass der Verwalter im Einzelfall überlegen muss, ob er in diesem Fall die Eröffnung eines Sekundärinsolvenzverfahren beantragt oder die Eröffnung durch die Abgabe einer Zusicherung gemäß Art. 36 EuInsVO verhindert. Vgl. *Paulus*, in: Paulus, EuInsVO, 6. Aufl. 2021, Einleitung Rn. 100.

nachteiligende Rechtshandlung im Fall der Eröffnung eines Sekundärinsolvenzverfahrens durch den Verwalter des Sekundärinsolvenzverfahrens nach der *lex fori concursus secundarii* angefochten werden könnte. Folglich wäre das anfechtbar weggegebene Vermögen vom Anfechtungsgegner an die Masse des Sekundärinsolvenzverfahrens zurückzugewähren. Negativ zu berücksichtigen sind die Kosten, die durch die Eröffnung des Sekundärinsolvenzverfahrens selbst verursacht werden.

Zum anderen hat der Verwalter die zu verteilende Sollmasse für den Fall der Abgabe einer Zusicherung zu prognostizieren. Dabei ist negativ zu berücksichtigen, dass die Rechtshandlung nun überhaupt nicht angefochten werden kann. Folglich kann das anfechtbar weggegebene Vermögen auch nicht zur Masse zurückverlangt werden. Allerdings entstehen auch nicht die mit einem Sekundärinsolvenzverfahren verbundenen Kosten. Dies ist positiv zu berücksichtigen.

4. Rückgewähr des anfechtbar erlangten Gegenstands

Nach erfolgreicher Anfechtung hat der Anfechtungsgegner den Gegenstand, den er durch die anfechtbare Rechtshandlung erlangt hat, an die Insolvenzmasse zurückzugewähren. Bei Durchführung eines virtuellen Haupt- und Sekundärinsolvenzverfahrens stellt sich die Frage, welcher Teilmasse der Gegenstand, der durch Anfechtung zurückerlangt wurde, zuzuordnen ist. Es sind zwei Fälle voneinander zu unterscheiden.

a) Gegenstand war außerhalb des Niederlassungsstaats belegen

War ein Gegenstand zum Zeitpunkt der Vornahme der anfechtbaren Rechtshandlung außerhalb des Niederlassungsstaats belegen, so muss dieser Gegenstand im Fall der Eröffnung eines Sekundärinsolvenzverfahrens an die Masse des Hauptinsolvenzverfahrens herausgegeben werden.[262] Bei Durchführung eines virtuellen Haupt- und Sekundärinsolvenzverfahrens ist ein Gegenstand, der zum Zeitpunkt der Vornahme der anfechtbaren Rechtshandlung außerhalb des Niederlassungsstaats belegen war, folglich der Masse des virtuellen Hauptinsolvenzverfahrens zuzuordnen.

b) Gegenstand war im Niederlassungsstaat belegen

War der Gegenstand zum Zeitpunkt der Vornahme der anfechtbaren Rechtshandlung im Niederlassungsstaat belegen, so wäre dieser im Fall der realen Verfahrenspluralität an die Masse des Sekundärinsolvenzverfahrens herauszugeben.[263] Bei Durchführung eines virtuellen Haupt- und Sekundärinsolvenzverfahrens ist allerdings fraglich, ob der Gegenstand, der zum Zeitpunkt der Vornahme der an-

---

[262] Siehe dazu ausführlich S. 237.

[263] Siehe dazu ausführlich S. 237.

fechtbaren Rechtshandlung im Niederlassungsstaat belegen war, der Masse des virtuellen Sekundärinsolvenzverfahrens zugeordnet werden kann. Einer solchen Zuordnung könnte Art. 36 Abs. 2 S. 2 EuInsVO entgegenstehen.

aa) Wortlaut der Norm

Gemäß Art. 36 Abs. 1 S. 1 i.V.m. Abs. 2 S. 2 EuInsVO bezieht sich die Zusicherung auf das Vermögen, das zum Zeitpunkt der Abgabe der Zusicherung in dem Staat, in dem ein Sekundärinsolvenzverfahren eröffnet werden könnte, belegen ist. Legt man Art. 36 Abs. 1 S. 1 i.V.m. Abs. 2 S. 2 EuInsVO wortgetreu aus, so hat dies erhebliche Folgen für den Umfang der Masse des virtuellen Sekundärinsolvenzverfahrens.

Bei wortgetreuer Auslegung des Art. 36 Abs. 1 S. 1 i.V.m. Abs. 2 S. 2 EuInsVO besteht die Aktivmasse des virtuellen Sekundärinsolvenzverfahrens nur aus den Gegenständen, die zum Zeitpunkt der Abgabe der Zusicherung zum Vermögen des Schuldners gehören. Gegenstände, die vor Abgabe der Zusicherung aus dem Vermögen des Schuldners ausgeschieden sind, und Gegenstände, die erst nach Abgabe der Zusicherung hinzukommen, würden danach nicht von der Aktivmasse des virtuellen Sekundärinsolvenzverfahrens erfasst.

Hat der Insolvenzschuldner vor Eröffnung des Insolvenzverfahrens einen Gegenstand in anfechtbarer Weise weggegeben, so ist dieser Gegenstand wirksam aus dem Vermögen des Insolvenzschuldners ausgeschieden.[264] Lediglich haftungsrechtlich wird dieser Gegenstand noch dem Insolvenzschuldner zugeordnet. Zum Zeitpunkt der Abgabe der Zusicherung gehört dieser Gegenstand also nicht mehr zum Vermögen des Schuldners. Bei wortgetreuer Auslegung des Art. 36 Abs. 1 S. 1 i.V.m. Abs. 2 S. 2 EuInsVO würde dieser Gegenstand nicht von der Aktivmasse des virtuellen Sekundärinsolvenzverfahrens erfasst. Wird der Gegenstand nach Abgabe der Zusicherung vom Anfechtungsgegner zurückgewährt, so würde dieser auch dann nicht Bestandteil der Aktivmasse des virtuellen Sekundärinsolvenzverfahrens werden.

Im Umkehrschluss wäre der zurückgewährte Gegenstand der Aktivmasse des virtuellen Hauptinsolvenzverfahrens zuzuordnen. Ein solches Ergebnis ergibt aber keinen Sinn. Die Gläubiger, die ihre Forderungen für das virtuelle Sekundärinsolvenzverfahren angemeldet haben, stünden schlechter als im Fall der Eröffnung eines Sekundärinsolvenzverfahrens. Im Fall der realen Verfahrenspluralität stehen Gegenstände, die zum Zeitpunkt der Vornahme der anfechtbaren Rechtshandlung im Niederlassungsstaat belegen waren, nämlich der Masse des Sekundärinsolvenzverfahrens zu.[265] Die Gläubiger, die ihre Forderungen für das virtuelle Hauptinsol-

---

[264] Vgl. u.a. *Fehrenbach*, Haupt- und Sekundärinsolvenzverfahren, 2014, S. 283, 285; *Thole*, in: Münchener Kommentar InsO, Band 4, 3. Aufl. 2016, Art. 18 EuInsVO 2000 Rn. 14, 18.

[265] Siehe dazu ausführlich S. 237.

venzverfahren angemeldet haben, stünden hingegen besser als im Fall der Eröffnung eines realen Sekundärinsolvenzverfahrens. Bei einem solchen Ergebnis würden die lokalen Gläubiger die Zusicherung regelmäßig ablehnen.

bb) Zweck der Norm

Art. 36 Abs. 2 S. 2 EuInsVO ist unglücklich formuliert. Zu fragen ist daher, welches Ziel der Gesetzgeber verfolgt, wenn er auf den Zeitpunkt der Abgabe der Zusicherung abstellt.

Ein Sekundärinsolvenzverfahren bezieht sich auf die Vermögensgegenstände, die zum Zeitpunkt der Eröffnung des Sekundärinsolvenzverfahrens im Niederlassungsstaat belegen sind.[266] Gegenstände, die vor Eröffnung des Sekundärinsolvenzverfahrens aus dem Niederlassungsstaat verbracht werden, fließen grundsätzlich nicht in die Aktivmasse des Sekundärinsolvenzverfahrens. Insbesondere kann der Verwalter des Hauptinsolvenzverfahrens im Zeitraum zwischen Eröffnung des Hauptinsolvenzverfahrens und Eröffnung des Sekundärinsolvenzverfahrens Gegenstände aus dem Niederlassungsstaat herausschaffen, ohne diese nach Eröffnung des Sekundärinsolvenzverfahrens an die Masse des Sekundärinsolvenzverfahrens herausgegeben zu müssen. Dieses Recht des Verwalters des Hauptinsolvenzverfahrens ergibt sich aus Art. 21 Abs. 1 S. 2 i. V. m. Abs. 2 S. 1 EuInsVO. Von dem Grundsatz, dass es auf den Zeitpunkt der Eröffnung des Sekundärinsolvenzverfahrens ankommt, wird allerdings eine Ausnahme gemacht. Hat der Insolvenzschuldner vor Eröffnung des Hauptinsolvenzverfahrens einen Gegenstand in anfechtbarer Weise weggegeben, so wird auf den Zeitpunkt abgestellt, zu dem die anfechtbare Handlung vorgenommen wurde.[267] War der anfechtbar weggegebene Gegenstand zum Zeitpunkt der Vornahme der anfechtbaren Handlung im Niederlassungsstaat belegen, so hat der Anfechtungsgegner diesen Gegenstand nach Eröffnung des Sekundärinsolvenzverfahrens an die Masse des Sekundärinsolvenzverfahrens herauszugeben. Die Aktivmasse des Sekundärinsolvenzverfahrens umfasst zudem Neuerwerb.[268] Damit sind solche Vermögensgegenstände gemeint, die der Schuldner erst nach der Eröffnung des Sekundärinsolvenzverfahrens erlangt.

Die Schutzfunktion des virtuellen Sekundärinsolvenzverfahrens gebietet es, Art. 36 Abs. 2 S. 2 EuInsVO gemäß den in einem realen Sekundärinsolvenzverfahren geltenden Grundsätzen auszulegen. Dem Zeitpunkt der Eröffnung des Se-

---

[266] *Brinkmann*, in: Karsten Schmidt, InsO, 19. Aufl. 2016, Art. 27 EuInsVO a. F. Rn. 16; *Herchen*, in: Pannen, EuInsVO, 1. Aufl. 2007, Art. 27 a. F. Rn. 62; *Paulus*, in: Paulus, EuInsVO, 6. Aufl. 2021, Art. 34 Rn. 15; *Reinhart*, in: Münchener Kommentar InsO, Band 4, 3. Aufl. 2016, Art. 27 EuInsVO 2000 Rn. 24; *Smid*, in: Leonhardt/Smid/Zeuner, Internationales Insolvenzrecht, 2. Aufl. 2012, Art. 27 EuInsVO a. F. Rn. 28.

[267] Siehe dazu ausführlich S. 233 f.

[268] Vgl. dazu auch *Reinhart*, in: Münchener Kommentar InsO, Band 4, 3. Aufl. 2016, Art. 36 EuInsVO 2015 Rn. 30; *Schultz*, in: Heidelberger Kommentar InsO, 10. Aufl. 2020, Art. 36 EuInsVO Rn. 23.

kundärinsolvenzverfahrens entspricht bei Durchführung eines virtuellen Sekundärinsolvenzverfahrens der Zeitpunkt der Abgabe der Zusicherung. Gemäß Art. 36 Abs. 2 S. 2 EuInsVO bezieht sich die Zusicherung grundsätzlich nur auf die Gegenstände, die zum Zeitpunkt der Abgabe der Zusicherung im Niederlassungsstaat belegen sind.

Art. 36 Abs. 2 S. 2 EuInsVO verfolgt zwei Ziele. Art. 36 Abs. 2 S. 2 EuInsVO ermöglicht es dem Verwalter des Hauptinsolvenzverfahrens, wie im Fall der realen Verfahrenspluralität, im Zeitraum zwischen Eröffnung des Hauptinsolvenzverfahrens und Abgabe der Zusicherung gemäß Art. 21 Abs. 1 S. 2 EuInsVO Gegenstände aus dem Niederlassungsstaat zu entfernen, ohne diese nach Abgabe der Zusicherung der Masse des virtuellen Sekundärinsolvenzverfahrens zuteilen zu müssen. Auf der anderen Seite dient Art. 36 Abs. 2 S. 2 EuInsVO bei Durchführung eines virtuellen Sekundärinsolvenzverfahrens als Ersatz für Art. 21 Abs. 2 S. 1 EuInsVO. Art. 21 Abs. 2 S. 1 EuInsVO schützt die Gläubiger eines Sekundärinsolvenzverfahrens ab Eröffnung des Sekundärinsolvenzverfahrens vor Vermögensverschiebungen in einen anderen Staat. Da bei Abgabe einer Zusicherung kein Sekundärinsolvenzverfahren eröffnet wird, greift Art. 21 Abs. 2 S. 1 EuInsVO bei Durchführung eines virtuellen Sekundärinsolvenzverfahrens nicht ein. Der Schutz der lokalen Gläubiger wird stattdessen durch Art. 36 Abs. 2 S. 2 EuInsVO verwirklicht. Die lokalen Gläubiger sind ab dem Zeitpunkt der Abgabe der Zusicherung vor Vermögensverschiebungen geschützt.

Aus dem Sinn und Zweck des Art. 36 Abs. 2 S. 2 EuInsVO lässt sich auch schlussfolgern, dass Art. 36 Abs. 2 S. 2 EuInsVO einer Ausnahme vom Zeitpunkt der Abgabe der Zusicherung in Insolvenzanfechtungsfällen nicht entgegensteht. Auf den Zeitpunkt der Abgabe der Zusicherung kann es dann nicht ankommen, wenn der Insolvenzschuldner einen Gegenstand vor Eröffnung des Insolvenzverfahrens in anfechtbarer Weise weggegeben hat. Wie im Fall der Eröffnung eines Sekundärinsolvenzverfahrens ist vielmehr entscheidend, in welchem Staat der Gegenstand zum Zeitpunkt der Vornahme der anfechtbaren Handlung belegen war. Würde man nicht an den Zeitpunkt der Vornahme der anfechtbaren Rechtshandlung anknüpfen, so stünden die lokalen Gläubiger bei Durchführung eines virtuellen Sekundärinsolvenzverfahrens schlechter als im Fall der Eröffnung eines Sekundärinsolvenzverfahrens. Folglich wäre dem Schutzzweck des Art. 36 EuInsVO nicht Genüge getan. Unter Umständen hat der Insolvenzschuldner vor Eröffnung des Insolvenzverfahrens einen Großteil des im Niederlassungsstaat belegenen Vermögens in anfechtbarer Weise weggegeben. Wären diese Vermögensgegenstände nach Rückgewähr durch den Anfechtungsgegner nicht der Aktivmasse des virtuellen Sekundärinsolvenzverfahrens zuzuordnen, sondern stattdessen der Aktivmasse des virtuellen Hauptinsolvenzverfahrens, so wäre das virtuelle Sekundärinsolvenzverfahren mehr oder weniger wertlos. Befand sich der anfechtbar weggegebene Gegenstand zum Zeitpunkt der Vornahme der anfechtbaren Rechtshandlung im Niederlassungsstaat, so ist dieser Gegenstand nach Rückgewähr durch den Anfechtungsgegner der Masse des virtuellen Sekundärinsolvenzverfahrens zuzuweisen.

Da die Aktivmasse eines realen Sekundärinsolvenzverfahrens auch Neuerwerb umfasst, muss auch die Aktivmasse des virtuellen Sekundärinsolvenzverfahrens Neuerwerb erfassen können.

Dies gebietet die Schutzfunktion des virtuellen Sekundärinsolvenzverfahrens.

Die Aktivmasse des virtuellen Sekundärinsolvenzverfahrens besteht somit aus dem Vermögen, das zum Zeitpunkt der Abgabe der Zusicherung im Niederlassungsstaat belegen ist, und aus Vermögensgegenständen, die nach Abgabe der Zusicherung neu erworben werden. Zudem sind der Aktivmasse des virtuellen Sekundärinsolvenzverfahrens auch Vermögensgegenstände zuzuordnen, die zum Zeitpunkt der Vornahme einer anfechtbaren Rechtshandlung im Niederlassungsstaat belegen waren.

cc) Ergebnis

War der anfechtbar weggegebene Gegenstand zum Zeitpunkt der Vornahme der anfechtbaren Handlung im Niederlassungsstaat belegen, so muss dieser Gegenstand nach Rückgewähr durch den Anfechtungsgegner der Masse des virtuellen Sekundärinsolvenzverfahrens zugeordnet werden. Art. 36 Abs. 2 S. 2 EuInsVO steht dem nicht entgegen.

5. Das Entstehen von Gegenansprüchen des Anfechtungsgegners

Die Gegenansprüche des Anfechtungsgegners richten sich gemäß Art. 7 EuInsVO grundsätzlich nach dem Recht des Staats der Verfahrenseröffnung. Da bei Abgabe einer Zusicherung nur ein Hauptinsolvenzverfahren eröffnet wird, müssten die Gegenansprüche der Anfechtungsgegner in allen Fällen der Insolvenzanfechtung nach dem Recht des Staats des Hauptinsolvenzverfahrens bestimmt werden. Es ist aber zu prüfen, ob Art. 36 EuInsVO das Recht des Staates, in dem das Sekundärinsolvenzverfahren hätte eröffnet werden können, auch hinsichtlich möglicher Gegenansprüche der Anfechtungsgegner für anwendbar erklärt.

Gemäß Art. 36 Abs. 1 S. 1 EuInsVO gibt der Verwalter eine Zusicherung ab, dass er bei Verteilung des Vermögens bzw. des Verwertungserlöses die Verteilungs- und Vorzugsrechte nach nationalem Recht wahrt, die Gläubiger hätten, wenn ein Sekundärinsolvenzverfahren eröffnet worden wäre. Art. 36 Abs. 2 S. 1 EuInsVO spricht davon, dass für die Erlösverteilung aus der Verwertung von Massegegenständen, für den Rang der Forderungen und für die Rechte der Gläubiger in Bezug auf Massegegenstände das Recht des Staats, in dem das Sekundärinsolvenzverfahren hätte eröffnet werden können, gilt. Dem Wortlaut nach ist das Recht des Staats, in dem das Sekundärinsolvenzverfahren hätte eröffnet werden können, also erst auf der Ebene der Vermögensverteilung anwendbar. Auf der Ebene der Vermögensverteilung geht es darum, wie die Ansprüche der Gläubiger bei der Vermögensverteilung konkret behandelt werden. Nach welchem Verteilungsschlüssel werden die Forderungen behandelt? Wird der jeweilige Anspruch bei der Verteilung privilegiert behandelt oder nicht? Welchen Rang hat der betroffene Anspruch? Das Vorhandensein eines Anspruchs wird zum Zeitpunkt der Vermögensverteilung natürlich vorausgesetzt. Die Frage, ob der Anfechtungsgegner, durch die Herausgabe des erlangten Gegenstands an die Insolvenzmasse, einen Gegenanspruch erwirbt, ist daher selbstverständlich vor Beginn der Vermögensverteilung zu beantworten. Der Wortlaut des Art. 36 EuInsVO enthält aber keinerlei Hinweis darauf, dass das Recht des Staates, in dem das Sekundärinsolvenzverfahren hätte eröffnet werden können, auch für diese, der Vermögensverteilung vorgelagerte, Frage gelten soll.

Es ist festzuhalten, dass das Recht des Staates, in dem das Sekundärinsolvenzverfahren hätte eröffnet werden können, gemäß Art. 36 EuInsVO nur auf die Frage anwendbar ist, wie eine bereits entstandene Forderung bei der Vermögensverteilung im Insolvenzverfahren zu behandeln ist. Die Frage, welche Gegenansprüche der Anfechtungsgegner durch Rückgewähr des erlangten Gegenstands erwirbt, ist bei Durchführung eines virtuellen Sekundärinsolvenzverfahrens also immer nach dem Recht des Staates, in dem das Hauptinsolvenzverfahren eröffnet wurde, zu beantworten. Dies gilt auch für die Fälle, in denen die Gegenansprüche des Anfechtungsgegners bei Eröffnung eines Sekundärinsolvenzverfahrens nach der *lex fori concursus secundarii* zu beurteilen gewesen wären. Ist das Hauptinsolvenzverfahren in Deutschland eröffnet worden und gibt der Verwalter des Hauptinsolvenzverfahrens eine Zusicherung gemäß Art. 36 EuInsVO ab und führt ein virtuelles Haupt- und Sekundärinsolvenzverfahren durch, so bestimmen sich die möglichen Gegenansprüche sämtlicher Anfechtungsgegner nach § 144 Abs. 1, Abs. 2 S. 1 InsO und § 812 BGB.

6. Teilnahme des Anfechtungsgegners mit seinen Gegenansprüchen an den virtuellen Verfahren

Abschließend ist zu erörtern, ob und inwieweit der Anfechtungsgegner mit seinen Gegenansprüchen am virtuellen Hauptinsolvenzverfahren und am virtuellen Sekundärinsolvenzverfahren teilnehmen kann. Die Teilnahme am virtuellen Hauptinsolvenzverfahren und am virtuellen Sekundärinsolvenzverfahren ist grundsätzlich von der Art der Gegenforderung abhängig. Es ist zwischen drei Arten von Gegenforderungen zu unterscheiden.

a) Das Wiederaufleben der ursprünglichen Forderung

Unter Umständen sieht die *lex fori concursus* vor, dass die ursprüngliche Forderung des Anfechtungsgegners gegen den Insolvenzschuldner (z. B. eine Forderung aus Kaufvertrag), die durch Erfüllung bereits erloschen war, nach Rückgewähr des anfechtbar erlangten Gegenstands rückwirkend wieder auflebt. Nach deutschem

Recht ist das gemäß § 144 Abs. 1 InsO der Fall, wenn der Verwalter nur das Erfüllungsgeschäft angefochten hat.[269] Der Anfechtungsgegner findet sich dann in der Gläubigerposition wieder. Er steht nun so wie alle anderen Gläubiger auch. Seine Forderung ist vor Eröffnung des Insolvenzverfahrens entstanden. Es handelt sich daher um eine Insolvenzforderung. Diese Forderung kann er nun zur Tabelle anmelden.[270] Im Fall der Eröffnung eines Sekundärinsolvenzverfahrens kann er diese Forderung aber nicht nur für das Insolvenzverfahren anmelden, dessen Verwalter die Rechtshandlung angefochten hat, sondern auch für jedes andere Verfahren. Dies ergibt sich aus Art. 45 Abs. 1 EuInsVO.

Kann der Anfechtungsgegner seine ursprüngliche Forderung aus dem Kausalgeschäft gemäß Art. 45 Abs. 1 EuInsVO sowohl für das Hauptinsolvenzverfahren als auch für das Sekundärinsolvenzverfahren anmelden, so muss der Anfechtungsgegner diese Forderung im Fall der virtuellen Verfahrenspluralität folglich für beide virtuelle Insolvenzverfahren anmelden können.[271] Es ist kein Grund ersichtlich, warum der Anfechtungsgegner seine Forderung nur für eines der virtuellen Insolvenzverfahren soll anmelden können. Meldet der Anfechtungsgegner seine Forderung für das virtuelle Hauptinsolvenzverfahren an, so wird diese Forderung bei der Erlösverteilung im virtuellen Hauptinsolvenzverfahren gemäß Art. 7 Abs. 2 S. 2 lit. i) EuInsVO nach der *lex fori concursus* behandelt. Meldet der Anfechtungsgegner die Forderung auch für das virtuelle Sekundärinsolvenzverfahren an, so wird diese bei der Verteilung des Erlöses aus der Verwertung der Masse des virtuellen Sekundärinsolvenzverfahrens gemäß Art. 36 Abs. 2 S. 1 EuInsVO nach dem Recht des Staats, in dem das Sekundärinsolvenzverfahren hätte eröffnet werden können, behandelt. Der folgende Beispielfall soll dem besseren Verständnis dienen.

Sachverhalt: Die L-GmbH ist ein Landmaschinengroßhändler. Sie hat den Mittelpunkt ihrer hauptsächlichen Interessen in Deutschland. Die L-GmbH betreibt auch eine Niederlassung im Sinne des Art. 2 Nr. 10 EuInsVO in Frankreich. Die C-AG ist ein Hersteller von Mähdreschern mit Sitz in Harsewinkel. Im Januar 2018 schließen die L-GmbH und die C-AG einen Vertrag über den Kauf von fünf Mähdreschern in Höhe von 2,5 Millionen €. Die C-AG liefert die Mähdrescher vereinbarungsgemäß im Mai 2018 an die L-GmbH. Im September 2018 zahlt die L-GmbH den Kaufpreis an die C-AG. Das Geld überweist die L-GmbH von ihrem Konto bei der örtlichen Sparkasse an die C-AG. Zum Zeitpunkt der Überweisung des Kaufpreises ist die L-

---

[269] Zu Einzelheiten des Anspruchs aus § 144 Abs. 1 InsO vgl. u. a. *Büteröwe*, in: Karsten Schmidt, InsO, 19. Aufl. 2016, § 144 Rn. 2 ff.; *Henckel*, in: Jaeger, InsO, Band 4, 1. Aufl. 2008, § 144 Rn. 8 ff.; *Kirchhof/Piekenbrock*, in: Münchener Kommentar InsO, Band 2, 4. Aufl. 2019, § 144 Rn. 6 ff.

[270] Vgl. dazu u. a. auch *Büteröwe*, in: Karsten Schmidt, InsO, 19. Aufl. 2016, § 144 Rn. 6; *Henckel*, in: Jaeger, InsO, Band 4, 1. Aufl. 2008, § 144 Rn. 13; *Mohr*, in: Kölner Kommentar InsO, Band 3, 1. Aufl. 2017, § 144 Rn. 18; *Thole*, in: Heidelberger Kommentar InsO, 10. Aufl. 2020, § 144 Rn. 3.

[271] So wohl im Ergebnis auch *Reinhart*, in: Münchener Kommentar InsO, Band 4, 3. Aufl. 2016, Art. 36 EuInsVO 2015 Rn. 15.

GmbH bereits zahlungsunfähig, was die C-AG auch weiß. Im Oktober 2018 wird über das Vermögen der L-GmbH ein Hauptinsolvenzverfahren gemäß Art. 3 Abs. 1 EuInsVO in Deutschland eröffnet. Um die Eröffnung eines Sekundärinsolvenzverfahrens über das in Frankreich belegene Vermögen zu vermeiden, gibt der deutsche Verwalter gemäß Art. 36 EuInsVO eine Zusicherung ab und führt ein virtuelles Haupt- und Sekundärinsolvenzverfahren durch. Der Verwalter ficht die Zahlung der L-GmbH an die C-AG gemäß § 130 Abs. 1 S. 1 Nr. 1 InsO an. Ein Bargeschäft im Sinne des § 142 InsO liegt nicht vor, da es an der Unmittelbarkeit des Leistungsaustauschs fehlt. Daraufhin zahlt die C-AG den erhaltenen Kaufpreis zurück an die Masse.

Lösung: Die Gegenansprüche des Anfechtungsgegners bestimmen sich auch bei Durchführung eines virtuellen Sekundärinsolvenzverfahrens gemäß Art. 7 EuInsVO ausschließlich nach dem Recht des Staates, in dem das Hauptinsolvenzverfahren eröffnet wurde. Da das Hauptinsolvenzverfahren in Deutschland eröffnet wurde, richten sich die Gegenansprüche der C-AG nach deutschem Recht. Der Verwalter hat lediglich die Zahlung der L-GmbH an die C-AG, also das Erfüllungsgeschäft, angefochten. Dass der Zahlung zugrunde liegende Kausalgeschäft, den Kaufvertrag, hat er hingegen nicht angefochten. Da die C-AG den erlangten Kaufpreis an die Masse zurückgezahlt hat, lebt ihr Anspruch auf Kaufpreiszahlung aus § 433 Abs. 2 BGB gemäß § 144 Abs. 1 InsO ex tunc wieder auf. Der Anspruch auf Kaufpreiszahlung ist vor Eröffnung des Insolvenzverfahrens entstanden. Es handelt sich daher um eine Insolvenzforderung im Sinne des § 38 InsO. Diese Forderung kann die C-AG gemäß Art. 45 Abs. 1 EuInsVO analog nun sowohl für das virtuelle Hauptinsolvenzverfahren als auch für das virtuelle Sekundärinsolvenzverfahren anmelden. Meldet sie den Anspruch für das virtuelle Hauptinsolvenzverfahren an, so wird der Anspruch bei der Verteilung des Erlöses aus der Verwertung der Masse des virtuellen Hauptinsolvenzverfahrens gemäß Art. 7 Abs. 2 S. 2 lit. i) EuInsVO nach deutschem Insolvenzrecht behandelt. Meldet sie ihren Anspruch auch für das virtuelle Sekundärinsolvenzverfahren an, so wird dieser bei der Erlösverteilung im virtuellen Sekundärinsolvenzverfahren gemäß Art. 36 Abs. 2 S. 1 EuInsVO nach französischem Insolvenzrecht behandelt.

b) Anspruch auf Rückgewähr der Gegenleistung

Der Anfechtungsgegner hat unter Umständen einen Anspruch auf Rückgewähr der von ihm bereits an den Insolvenzschuldner erbrachten Gegenleistung. Nach deutschem Recht ist dies der Fall, wenn der Verwalter das der Leistung zugrunde liegende Kausalgeschäft angefochten hat.[272] Dann fehlt es an einer Rechtsgrundlage für die Gegenleistung. Der Anfechtungsgegner kann dann gemäß § 144 Abs. 2 S. 1 InsO seine rechtsgrundlos erbrachte Gegenleistung zurückfordern, soweit diese in

[272] Vgl. u. a. *Büteröwe*, in: Karsten Schmidt, InsO, 19. Aufl. 2016, § 144 Rn. 7; *Kirchhof/Piekenbrock*, in: Münchener Kommentar InsO, Band 2, 4. Aufl. 2019, § 144 Rn. 23.

der Insolvenzmasse noch unterscheidbar vorhanden ist oder soweit die Masse um ihren Wert bereichert ist. Kann die Gegenleistung weder in Natura noch als Surrogat zurückgegeben werden, kommen nur Erstattungsansprüche in Betracht.

aa) Rückgabe der Gegenleistung in Natura bzw. Herausgabe des Surrogats

Bei Eröffnung eines Sekundärinsolvenzverfahrens kann der Anspruch auf Rückgewähr der Gegenleistung in Natura bzw. Herausgabe des Surrogats nur gegen den Verwalter des Verfahrens geltend gemacht werden, dessen Masse um die Gegenleistung bzw. das Surrogat bereichert ist. Im Einzelfall kann das dazu führen, dass der Anfechtungsgegner, den durch die anfechtbare Handlung erlangten Gegenstand an die Masse des Hauptinsolvenzverfahrens herausgeben muss, den Anspruch auf Rückgewähr der Gegenleistung aber gegen den Verwalter des Sekundärinsolvenzverfahrens geltend zu machen hat. Ein solcher Fall liegt vor, wenn der anfechtbar weggegebene Gegenstand zum Zeitpunkt der Vornahme der anfechtbaren Handlung außerhalb des Niederlassungsstaats belegen war, der Gegenleistungsgegenstand bzw. das Surrogat zum Zeitpunkt der Eröffnung des Sekundärinsolvenzverfahrens aber im Niederlassungsstaat belegen ist. Bei Durchführung eines virtuellen Sekundärinsolvenzverfahrens gibt es nur ein Insolvenzverfahren und nur einen Verwalter. Die Frage, ob der Anspruch auf Rückgewähr der Gegenleistung gegen den Verwalter des Hauptinsolvenzverfahrens oder gegen den Verwalter des Sekundärinsolvenzverfahrens geltend gemacht werden muss, stellt sich daher nicht. Ist der Gegenstand noch in Natura in der Insolvenzmasse vorhanden, so entnimmt der Verwalter den Gegenstand der Teilmasse, in der sich dieser befindet. Kann nur noch ein für den Gegenstand erlangtes Surrogat herausgegeben werden, so hat der Verwalter dies aus der Teilmasse zu entnehmen, die um das Surrogat tatsächlich bereichert ist. Hierauf ist insbesondere dann zu achten, wenn das Surrogat eine Geldleistung darstellt. Der Verwalter kann die als Surrogat herauszugebende Geldsumme dann nicht einer beliebigen Teilmasse entnehmen, sondern muss diese aus der Teilmasse zurückgewähren, in der sich das Surrogat tatsächlich befindet.

bb) Erstattungsansprüche

Wenn zum Zeitpunkt der Anfechtung weder die vom Anfechtungsgegner erbrachte Gegenleistung noch ein für die Gegenleistung erlangtes Surrogat in der Masse vorhanden ist, kann der Anfechtungsgegner nur Erstattungsansprüche geltend machen.

Im Fall der realen Verfahrenspluralität stellt sich die Frage, ob ein solcher Erstattungsanspruch gemäß Art. 45 Abs. 1 EuInsVO sowohl für das Hauptinsolvenzverfahren als auch für das Sekundärinsolvenzverfahren angemeldet werden kann oder ob der Erstattungsanspruch alternativ nur für das Insolvenzverfahren angemeldet werden kann, in dessen Masse sich die Gegenleistung bzw. das Surrogat zuletzt befand. Unter Umständen entsteht der Erstattungsanspruch erst nach Eröffnung des Sekundärinsolvenzverfahrens, also zu einem Zeitpunkt, zu dem die ursprüngliche Universalmasse bereits aufgespalten ist in die Masse des Hauptinsolvenzverfahrens und die Masse des Sekundärinsolvenzverfahrens. Es kann aber keine Rolle spielen, zu welchem Zeitpunkt der Erstattungsanspruch genau entsteht. Entscheidend muss vielmehr sein, dass der Grund für den Erstattungsanspruch schon vor Eröffnung des Insolvenzverfahrens, nämlich zum Zeitpunkt der Vornahme der anfechtbaren Rechtshandlung, gelegt war. Zum Zeitpunkt der Vornahme der anfechtbaren Rechtshandlung geht der (spätere) Anfechtungsgegner aber davon aus, dass seiner Forderung im Fall der Eröffnung eines Insolvenzverfahrens die gesamte Masse haftet. Insofern kann eine Parallele zur Behandlung solcher Gläubiger gezogen werden, deren Forderungen im Zeitraum zwischen Eröffnung des Hauptinsolvenzverfahrens und Eröffnung des Sekundärinsolvenzverfahrens begründet werden.[273] Diesen so genannten Altmasseforderungen haftet nach h. M. nicht nur die Masse des Hauptinsolvenzverfahrens, sondern auch die Masse des Sekundärinsolvenzverfahrens. Zum Zeitpunkt der Begründung ihrer Forderung gehen die Altmassegläubiger nämlich davon aus, dass ihnen die gesamte Masse haftet. Wenn aber den Altmasseforderungen sowohl die Masse des Haupt- als auch die Masse des Sekundärinsolvenzverfahrens haftet, dann muss dies erst recht für den Erstattungsanspruch des Anfechtungsgegners gelten. Der Anfechtungsgegner kann seinen Erstattungsanspruch daher gemäß Art. 45 Abs. 1 EuInsVO sowohl für das Haupt- als auch für das Sekundärinsolvenzverfahren anmelden. Folglich muss der Anfechtungsgegner seinen Erstattungsanspruch im Fall der virtuellen Verfahrenspluralität gemäß Art. 45 Abs. 1 EuInsVO analog sowohl für das virtuelle Hauptinsolvenzverfahren als auch für das virtuelle Sekundärinsolvenzverfahren anmelden können. Meldet der Anfechtungsgegner seinen Erstattungsanspruch für das virtuelle Hauptinsolvenzverfahren an, so wird dieser Anspruch bei der Erlösverteilung im virtuellen Hauptinsolvenzverfahren gemäß Art. 7 Abs. 2 S. 2 lit. i) EuInsVO nach der *lex fori concursus* behandelt. Meldet der Anfechtungsgegner seinen Erstattungsanspruch für das virtuelle Sekundärinsolvenzverfahren an, so wird dieser Anspruch bei der Erlösverteilung im virtuellen Sekundärinsolvenzverfahren gemäß Art. 36 Abs. 2 S. 1 EuInsVO nach dem Recht des Staats, in dem das Sekundärinsolvenzverfahren hätte eröffnet werden können, behandelt. Für den Anfechtungsgegner kann es unter Umständen günstig sein, den Erstattungsanspruch sowohl für das virtuelle Hauptinsolvenzverfahren als auch für das virtuelle Sekundärinsolvenzverfahren anzumelden. Nach deutschem Recht kann der, dem materiellen Recht zu entnehmende, Erstattungsanspruch gemäß § 144 Abs. 2 S. 2 InsO nur als Insolvenzforderung geltend gemacht werden. Unter Umständen gilt für die Erlösverteilung in dem anderen virtuellen Insolvenzverfahren aber eine Rechtsordnung, die dem Erstattungsanspruch bei der Verteilung eine privilegierte Stellung einräumt.

[273] Hinsichtlich der Behandlung der Altmassegläubiger im Fall der realen Verfahrenspluralität siehe ausführlich S. 192 ff.

G. Laufende Verträge

Die Eröffnung eines Insolvenzverfahrens hat Auswirkungen auf laufende Verträge des Schuldners. Das jeweils anwendbare Insolvenzgesetz kann vorsehen, dass der Vertrag aufgrund der Eröffnung des Insolvenzverfahrens automatisch erlischt. Es kann jedoch auch sein, dass der Vertrag trotz der Verfahrenseröffnung bestehen bleibt. Denkbar ist zudem, dass dem Verwalter das Recht eingeräumt wird, darüber zu entscheiden, ob der Vertrag erfüllt werden soll oder nicht.

Im deutschen Recht wird in den §§ 103 ff. InsO geregelt, welche Auswirkungen die Verfahrenseröffnung auf laufende Verträge hat. Die §§ 104 ff. InsO enthalten Regelungen für spezielle Vertragstypen und sind daher vorrangig zu prüfen. Wird der jeweilige Vertrag nicht von den §§ 104 ff. InsO erfasst, so ist zu ermitteln, ob der Tatbestand des § 103 InsO erfüllt ist. § 103 InsO gibt dem Verwalter ein Wahlrecht, ob er den Vertrag erfüllen will oder nicht. Die andere Vertragspartei hingegen hat kein Recht zu entscheiden, ob sie den Vertrag erfüllen will oder nicht. § 103 InsO dient den Interessen der Insolvenzmasse.[274] Kommt der Verwalter nämlich zu dem Schluss, dass ein Vertrag günstig für die Masse ist, so kann er diesen erfüllen. Ist dies nicht der Fall, so lehnt er die Erfüllung ab. § 103 InsO setzt tatbestandlich voraus, dass es sich um einen gegenseitigen Vertrag handelt, der zurzeit der Eröffnung des Insolvenzverfahrens vom Schuldner und vom anderen Teil nicht oder nicht vollständig erfüllt ist. Wählt der Verwalter die Erfüllung des Vertrags, so hat der Vertragspartner seine Leistung an die Masse zu erbringen. Der Verwalter hat die Forderung des Vertragspartners in diesem Fall gemäß § 55 Abs. 1 Nr. 2 InsO als vorrangig zu befriedigende Masseforderung zu erfüllen. Lehnt der Verwalter hingegen die Erfüllung des Vertrags ab, so kann die andere Vertragspartei gemäß § 103 Abs. 2 S. 1 InsO eine Forderung wegen Nichterfüllung nur als Insolvenzgläubiger geltend machen.

Hat eine der Vertragsparteien den Vertrag zum Zeitpunkt der Eröffnung des Insolvenzverfahrens bereits vollständig erfüllt, so ist § 103 InsO tatbestandlich nicht anwendbar. In diesem Fall hat der Verwalter also kein Wahlrecht. Der Vertrag bleibt stattdessen bestehen.[275] Hat der Insolvenzschuldner den Vertrag zum Zeitpunkt der Eröffnung des Insolvenzverfahrens bereits vollständig erfüllt, so hat der Insolvenzverwalter die andere Vertragspartei aufzufordern, die Gegenleistung an die Masse zu erbringen.[276] Hat hingegen die andere Vertragspartei den Vertrag bereits vollständig erfüllt, so kann diese ihren Anspruch auf die Gegenleistung nur als einfache Insolvenzforderung gegen die Masse geltend machen.[277] Die bereits er-

[274] Vgl. u. a. *Huber*, in: Münchener Kommentar InsO, Band 2, 4. Aufl. 2019, § 103 Rn. 2; *Marotzke*, in: Heidelberger Kommentar InsO, 10. Aufl. 2020, § 103 Rn. 8; *Ringstmeier*, in: Karsten Schmidt, InsO, 19. Aufl. 2016, § 103 Rn. 3.

[275] Vgl. u. a. *Ringstmeier*, in: Karsten Schmidt, InsO, 19. Aufl. 2016, § 103 Rn. 7.

[276] Vgl. u. a. *Huber*, in: Münchener Kommentar InsO, Band 2, 4. Aufl. 2019, § 103 Rn. 59.

[277] Vgl. u. a. *Huber*, in: Münchener Kommentar InsO, Band 2, 4. Aufl. 2019, § 103 Rn. 60.

brachte Leistung kann hingegen nicht zurückverlangt werden, da ein Rechtsgrund für die Leistung besteht.

I. Reale Verfahrenspluralität

Wird ein Sekundärinsolvenzverfahren eröffnet, so stellen sich hinsichtlich der Behandlung laufender Verträge des Schuldners mehrere Fragen.[278]

1. Zuordnung des Vertrags zu Haupt- und Sekundärinsolvenzverfahren

Als Erstes ist die Frage zu klären, welches der Insolvenzverfahren überhaupt für den Vertrag zuständig ist. Ein laufender Vertrag muss entweder dem Haupt- oder dem Sekundärinsolvenzverfahren zugewiesen werden. Die EuInsVO enthält keine Regelung, welche Verträge welchem Verfahren zuzuordnen sind. Art. 2 Nr. 9 viii) EuInsVO bestimmt lediglich, dass eine Forderung des Insolvenzschuldners gegen einen Dritten in dem Staat, in dessen Gebiet der zur Leistung verpflichtete Dritte den Mittelpunkt seiner hauptsächlichen Interessen hat, belegen ist. An einer Regelung, in welchem Staat ein laufender Vertrag belegen ist, fehlt es hingegen. Somit bleibt im Fall der Verfahrenspluralität unklar, welchem Verfahren der laufende Vertrag unterfällt. Die Beantwortung dieser Frage ist allerdings von entscheidender Bedeutung, denn gemäß Art. 7 Abs. 2 S. 2 lit. e) EuInsVO bestimmt sich nach der *lex fori concursus*, wie sich das Insolvenzverfahren auf laufende Verträge des Schuldners auswirkt. Demnach bestimmt die *lex fori concursus*, ob ein laufender Vertrag im Insolvenzfall automatisch beendet wird, ob der Vertrag fortbesteht oder ob der Verwalter ein Wahlrecht hinsichtlich der Erfüllung hat.

Im Schrifttum werden verschiedene Vorschläge gemacht, wie das Problem der Zuordnung eines laufenden Vertrags zu Haupt- oder Sekundärinsolvenzverfahren gelöst werden kann. Diese Lösungsvorschläge werden im Folgenden kurz vorgestellt.

a) Lösungsvorschläge im Schrifttum

aa) Belegenheit des Vertrags

Reinhart ist der Auffassung, dass auch das laufende Vertragsverhältnis ein Vermögensgegenstand im Sinne der EuInsVO ist.[279] Es sei daher zu prüfen, in welchem Staat das Vertragsverhältnis belegen ist. Entscheidend dafür sei wiederum der Ort, an dem die Aktivforderung des Insolvenzschuldners belegen ist. Die Belegenheit der

[278] Siehe dazu auch *Fehrenbach*, Haupt- und Sekundärinsolvenzverfahren, 2014, S. 288.

[279] *Reinhart*, in: Münchener Kommentar InsO, Band 4, 3. Aufl. 2016, Art. 27 EuInsVO 2000 Rn. 25.

zur Aktivmasse gehörenden Forderung richte sich nach Art. 2 lit. g) Spiegelstrich 3 EuInsVO a. F. (Art. 2 Nr. 9 viii) EuInsVO n. F.). Entscheidend sei also letztendlich, in welchem Staat der Vertragspartner den Mittelpunkt seiner hauptsächlichen Interessen habe. Hat also der Vertragspartner den Mittelpunkt seiner hauptsächlichen Interessen im Niederlassungsstaat, so sei das Sekundärinsolvenzverfahren für den laufenden Vertrag zuständig. Ist das nicht der Fall, so sei der Vertrag dem Hauptinsolvenzverfahren zuzuordnen.

bb) Beziehung des Vertrags zu den Verfahren

Die meisten Kommentatoren sind der Auffassung, dass der Vertrag dem Insolvenzverfahren zugeordnet werden muss, zu dem er die engste Beziehung aufweist. Strittig ist allerdings, welche Kriterien für die Nähebeziehung maßgebend sein sollen.

Trunk geht davon aus, dass laufende Verträge nur im Ausnahmefall dem Nebenkonkurs unterfallen.[280] Dafür müsse das Vertragsverhältnis einen qualifizierten Inlandsbezug aufweisen. Für einen qualifizierten Inlandsbezug kämen verschiedene Kriterien in Betracht. Grundsätzlich soll ein qualifizierter Inlandsbezug dann gegeben sein, wenn die Aktivforderung des Insolvenzschuldners im Inland belegen ist. Vom Belegenheitsort der Aktivforderung seien aber wiederum Ausnahmen zu machen. Letztendlich komme es für den qualifizierten Inlandsbezug auf den konkreten Einzelfall an. Dabei seien immer die Ziele des Nebenkonkurses zu berücksichtigen.

Weller unterscheidet strikt zwischen Forderungen und Vertragsverhältnissen.[281] Vertragsverhältnisse seien keine Vermögensgegenstände. Art. 2 lit. g) EuInsVO a. F. (Art. 2 Nr. 9 viii) EuInsVO n. F.) gelte nur für Forderungen. Auf Vertragsverhältnisse sei die Norm nicht anwendbar. Folglich könne Art. 2 lit. g) EuInsVO a. F. (Art. 2 Nr. 9 viii) EuInsVO n. F.) auch nicht herangezogen werden, um den laufenden Vertrag einem der Insolvenzverfahren zuzuordnen. Weller ist der Auffassung, dass es für die Zuordnung des Vertragsverhältnisses zu Haupt- oder Sekundärinsolvenzverfahren entscheidend sei, zu welchem der Verfahren der Vertrag die engste Beziehung aufweist.[282] Das Sekundärinsolvenzverfahren sei dann für den laufenden Vertrag zuständig, wenn die vertragscharakteristische Leistung einen qualifizierten Bezug zur Niederlassung des Schuldners aufweise. Zum einen sei dies der Fall, wenn der Vertragspartner die vertragscharakteristische Leistung gerade an die Niederlassung erbringen soll, so dass die Leistung der Niederlassung zugute kommt. Zum

---

[280] *Trunk*, Internationales Insolvenzrecht, 1998, S. 249 f. Zu beachten ist allerdings, dass sich Trunks Ausführungen nicht auf die EuInsVO, sondern auf das deutsche autonome internationale Insolvenzrecht nach der Konkursordnung beziehen.

[281] *Weller*, ZHR 2005, 570 (588 f.).

[282] *Weller*, ZHR 2005, 570 (590 ff.); sich Weller anschließend *Brinkmann*, in: Karsten Schmidt, InsO, 19. Aufl. 2016, Art. 27 EuInsVO a. F. Rn. 26; ebenfalls Weller folgend *Herchen*, in: Pannen, EuInsVO, 1. Aufl. 2007, Art. 27 a. F. Rn. 77; auch auf Weller verweisend *Keller*, in: Vallender, EuInsVO, 2. Aufl. 2020, Art. 34 Rn. 34.

anderen sei der qualifizierte Bezug auch dann gegeben, wenn die Niederlassung die vertragscharakteristische Leistung gegenüber dem Vertragspartner erbringen soll.

Auch Mankowski ist der Auffassung, dass ein laufender Vertrag einem der Insolvenzverfahren zugeordnet werden muss.[283] Es sei danach zu fragen, zu welchem Insolvenzverfahren der Vertrag eine stärkere Beziehung aufweise. Mankowski sucht dafür nach einem Kriterium und wird in Art. 4 Abs. 2 Rom I-VO fündig. Gemäß Art. 4 Abs. 2 Rom I-VO unterliegt der Vertrag dem Recht des Staates, in dem die Partei, welche die für den Vertrag charakteristische Leistung zu erbringen hat, ihren gewöhnlichen Aufenthalt hat, wenn die Parteien das auf den Vertrag anwendbare Recht nicht gewählt haben und der Vertrag auch nicht von Art. 4 Abs. 1 Rom I-VO erfasst wird. Die in Art. 4 Abs. 2 Rom I-VO getroffene Entscheidung solle man auf die EuInsVO übertragen, so Mankowski. Folgt man dem, so käme es bei einem Kaufvertrag darauf an, in welchem Staat der Verkäufer seinen gewöhnlichen Aufenthalt hat. Denn der Verkäufer erbringt die für den Vertrag charakteristische Leistung. Der Käufer zahlt hingegen den Kaufpreis. Die Zahlung einer Geldsumme sei aber nicht geeignet einen Vertrag von einem anderen zu unterscheiden, so Mankowski. Hat also der Verkäufer seinen gewöhnlichen Aufenthalt im Niederlassungsstaat, so wäre der laufende Vertrag dem Sekundärinsolvenzverfahren zuzuordnen.

cc) Mehrfachzuständigkeit

Einen völlig anderen Ansatz zur Lösung des Problems wählt Fehrenbach. Er geht davon aus, dass für laufende Verträge grundsätzlich sowohl Haupt- als auch Sekundärinsolvenzverfahren zuständig sind.[284] Er nennt dies die Mehrfachzuständigkeit für laufende Verträge. Sowohl der Verwalter des Hauptinsolvenzverfahrens als auch der Verwalter des Sekundärinsolvenzverfahrens seien berechtigt, hinsichtlich des Vertrags aktiv zu werden und den Vertrag ihrem eigenen Insolvenzverfahren zu unterstellen. Wählt keiner der Verwalter die Erfüllung des Vertrags, so entstünden lediglich Insolvenzforderungen, die gemäß Art. 45 Abs. 1 EuInsVO sowohl für das Haupt- als auch das Sekundärinsolvenzverfahren angemeldet werden könnten. Wählt hingegen einer der Verwalter die Erfüllung des Vertrags, so ist ab diesem Zeitpunkt dieses Verfahren für den laufenden Vertrag zuständig und hat diesen Vertrag zu erfüllen. Der Vertragspartner könne seine, wegen des Erfüllungsverlangens, vorrangig zu befriedigende Forderung nur gegen das Verfahren geltend machen, dessen Verwalter die Erfüllung des Vertrags gewählt hat.

---

[283] *Mankowski*, in: Mankowski/Müller/J. Schmidt, EuInsVO, 1. Aufl. 2016, Vor Art. 34–51 Rn. 68.

[284] *Fehrenbach*, Haupt- und Sekundärinsolvenzverfahren, 2014, S. 293 ff.

b) Stellungnahme

Dem Vorschlag von Fehrenbach kann nicht gefolgt werden. Fehrenbach vertritt die Ansicht, dass der Vertrag grundsätzlich sowohl Haupt- als auch Sekundärinsolvenzverfahren zugewiesen ist und jeder Verwalter den Vertrag an sich ziehen kann.[285] Dabei geht er davon aus, dass sowohl nach der *lex fori concursus* des Hauptinsolvenzverfahrens als auch nach der *lex fori concursus secundarii* ein Wahlrecht des jeweiligen Verwalters hinsichtlich der Erfüllung des Vertrags besteht. Dies muss aber nicht immer der Fall sein. Es sind Fälle denkbar, in denen die *lex fori concursus* des Hauptinsolvenzverfahrens die automatische Beendigung des Vertrags vorsieht, die *lex fori concursus secundarii* hingegen ein Erfüllungswahlrecht des Verwalters. Es kann auch sein, dass der Vertrag nach der *lex fori concursus* des Hauptinsolvenzverfahrens fortbestehen würde, die *lex fori concursus secundarii* dem Verwalter des Sekundärinsolvenzverfahrens aber ein Erfüllungswahlrecht einräumt. In diesen Konstellationen muss zwingend geklärt werden, welches Insolvenzstatut Anwendung findet. Dafür ist es aber erforderlich, dass der Vertrag einem Insolvenzverfahren zugeordnet wird. Die Problematik seines Vorschlags zeigt sich besonders deutlich, wenn keiner der Verwalter die Erfüllung des Vertrags wählt. Fehrenbach geht davon aus, dass in diesem Fall nur Insolvenzforderungen entstehen, die dann für beide Verfahren angemeldet werden können.[286] Sieht aber zum Beispiel die *lex fori concursus secundarii* das automatische Fortbestehen des Vertrags vor, so muss unbedingt geklärt werden, welches Verfahren zuständig und welches Recht anwendbar ist.

Reinhart ist der Meinung, dass laufende Verträge Haupt- und Sekundärinsolvenzverfahren in gleicher Weise wie einfache Forderungen zugeordnet werden müssen.[287] Dieser Ansicht muss man entgegenhalten, dass sich Vertragsverhältnisse nicht mit simplen Forderungen vergleichen lassen. Art. 2 Nr. 9 viii) EuInsVO kann daher nicht auch auf Vertragsverhältnisse angewendet werden. Sein Vorschlag führt zudem zu ungerechten Ergebnissen. Im Fall einer einfachen Aktivforderung ist es aus Sicht des Drittschuldners grundsätzlich egal, ob die Forderung der Aktivmasse des Haupt- oder der des Sekundärinsolvenzverfahren zugeordnet wird. Für den Fall laufender Verträge gilt dies aber nicht. Die *lex fori concursus* des Hauptinsolvenzverfahrens und die *lex fori concursus secundarii* behandeln einen laufenden Vertrag unter Umständen unterschiedlich. Bei laufenden Verträgen spielt der Schutz des Vertrauens des Vertragspartners in die Anwendbarkeit einer bestimmten Rechtsordnung daher eine größere Rolle.

---

[285] *Fehrenbach*, Haupt- und Sekundärinsolvenzverfahren, 2014, S. 293 ff.

[286] *Fehrenbach*, Haupt- und Sekundärinsolvenzverfahren, 2014, S. 294.

[287] *Reinhart*, in: Münchener Kommentar InsO, Band 4, 3. Aufl. 2016, Art. 27 EuInsVO 2000 Rn. 25.

Am sachgerechtesten erscheint der Vorschlag von Weller,[288] dem sich auch die meisten Kommentatoren angeschlossen haben. Weller stellt darauf ab, zu welchem Insolvenzverfahren der Vertrag die engste Beziehung hat. Hat das Vertragsverhältnis eine besonders enge Beziehung zur Niederlassung des Insolvenzschuldners, so erscheint es auch aus Vertrauensschutzerwägungen sachgerecht, den Vertrag dem Sekundärinsolvenzverfahren zuzuordnen. Aus diesem Grund wird der weiteren Darstellung, der Behandlung laufender Verträge im Fall der Eröffnung eines realen Haupt- und Sekundärinsolvenzverfahrens bzw. im Fall der Durchführung eines virtuellen Haupt- und Sekundärinsolvenzverfahrens, ausschließlich der Lösungsvorschlag der h. M. zugrunde gelegt.

2. Anwendbares Recht

Ist der laufende Vertrag dem Hauptinsolvenzverfahren zugeordnet worden, so bestimmt gemäß Art. 7 Abs. 2 S. 2 lit. e) EuInsVO die *lex fori concursus* des Hauptinsolvenzverfahrens, wie sich das Insolvenzverfahren auf den Vertrag auswirkt. Ist das Vertragsverhältnis hingegen dem Sekundärinsolvenzverfahren zugeordnet worden, so regelt gemäß Art. 7 Abs. 2 S. 2 lit. e) EuInsVO die *lex fori concursus secundarii*, welche Bedeutung die Eröffnung des Insolvenzverfahrens für den Vertrag hat. Wird das Vertragsverhältnis einem deutschen Insolvenzverfahren zugewiesen, so ergibt sich aus Art. 7 Abs. 2 S. 2 lit. e) EuInsVO, dass die §§ 103 ff. InsO anwendbar sind.[289] Die *lex fori concursus* bestimmt auch, ob Forderungen des Vertragspartners vorrangig befriedigt werden oder nur als einfache Insolvenzforderungen behandelt werden. Ob sich dies aus Art. 7 Abs. 2 S. 2 lit. g) EuInsVO oder aus Art. 7 Abs. 2 S. 2 lit. i) EuInsVO ergibt, kann dahinstehen, da beide die *lex fori concursus* für anwendbar erklären.[290]

3. Haftung der Verfahren für die Forderung des Vertragspartners

Des Weiteren stellt sich die Frage, ob der Vertragspartner Ansprüche sowohl gegen die Masse des Haupt- als auch gegen die Masse des Sekundärinsolvenzverfahrens geltend machen kann oder nur gegen die Masse des Verfahrens, dem das Vertragsverhältnis zugeordnet wurde. Bei Beantwortung dieser Frage ist zwischen

---

[288] *Weller*, ZHR 2005, 570 (590 f.).

[289] Vgl. dazu *Brinkmann*, in: Karsten Schmidt, InsO, 19. Aufl. 2016, Art. 4 EuInsVO a. F. Rn. 27 f.; *Liersch*, in: Vallender, EuInsVO, 2. Aufl. 2020, Art. 7 Rn. 21 f.; *Müller*, in: Mankowski/Müller/J. Schmidt, EuInsVO, 1. Aufl. 2016, Art. 7 Rn. 32; *Paulus*, in: Paulus, EuInsVO, 6. Aufl. 2021, Art. 7 Rn. 30; *Reinhart*, in: Münchener Kommentar InsO, Band 4, 3. Aufl. 2016, Art. 4 EuInsVO 2000 Rn. 27 ff.

[290] So auch *Brinkmann*, in: Karsten Schmidt, InsO, 19. Aufl. 2016, Art. 4 EuInsVO a. F. Rn. 32; *Liersch*, in: Vallender, EuInsVO, 2. Aufl. 2020, Art. 7 Rn. 27; *Reinhart*, in: Münchener Kommentar InsO, Band 4, 3. Aufl. 2016, Art. 4 EuInsVO 2000 Rn. 35.

der vorzeitigen Beendigung des Vertrags und der Durchführung des Vertrags zu unterscheiden.

a) Vorzeitige Beendigung des Vertrags

Die *lex fori concursus* kann vorsehen, dass die Eröffnung des Insolvenzverfahrens zur automatischen Beendigung des Vertrags führt. Dem Vertragspartner können wegen des vorzeitigen Erlöschens des Vertragsverhältnisses Schadensersatzansprüche zustehen. Diese Schadensersatzansprüche kann der Vertragspartner nicht nur für das Insolvenzverfahren anmelden, dem das Vertragsverhältnis zugeordnet wurde, sondern gemäß Art. 45 Abs. 1 EuInsVO für sämtliche Insolvenzverfahren. Gibt die *lex fori concursus* dem Verwalter hingegen ein Erfüllungswahlrecht und entscheidet sich der Verwalter, den Vertrag nicht zu erfüllen, so kann der Vertragspartner ebenfalls nur Schadensersatzansprüche geltend machen. Auch diese Schadensersatzansprüche kann der Vertragspartner gemäß Art. 45 Abs. 1 EuInsVO für sämtliche Verfahren anmelden.[291]

b) Durchführung des Vertrags

Anders stellt sich die Situation dar, wenn die *lex fori concursus* das Fortbestehen des Vertrags bestimmt oder der Verwalter sich aufgrund eines Erfüllungswahlrechts für die Erfüllung des Vertrags entschieden hat. In diesen Fällen ist zum einen zu klären, welche Insolvenzmasse den Anspruch gegen den Vertragspartner auf die noch ausstehende Leistung besitzt. Zum anderen ist auch hier die Frage zu beantworten, ob für die Forderung des Vertragspartners auf die Gegenleistung nur die Masse des Verfahrens haftet, dem das Vertragsverhältnis zugewiesen wurde, oder sowohl die Masse des Hauptinsolvenzverfahrens als auch die Masse des Sekundärinsolvenzverfahrens. Auf diese beiden Fragen wird im Schrifttum kaum eingegangen.[292]

Bei Beantwortung dieser Fragen ist Folgendes zu beachten. Die Eröffnung eines Sekundärinsolvenzverfahrens dient dem Schutz der lokalen Gläubiger. Das Sekundärinsolvenzverfahren erfasst alle Vermögensgegenstände, die zum Zeitpunkt der Eröffnung des Sekundärinsolvenzverfahrens im Niederlassungsstaat belegen sind. Nach Eröffnung des Sekundärinsolvenzverfahrens darf es zwischen Haupt- und Sekundärinsolvenzverfahren nicht mehr zu Vermögensverschiebungen kommen, die den Wert der Masse des Sekundärinsolvenzverfahrens mindern. Anderenfalls käme es zu einer Entwertung des Sekundärinsolvenzverfahrens mit der Folge, dass das Sekundärinsolvenzverfahren seinem Schutzzweck nicht gerecht würde.

Würde der Vertragspartner seine Leistung an die Masse des Hauptinsolvenzverfahrens erbringen, seinen Gegenanspruch aber gegen die Masse des Sekundär-

[291] So ebenfalls *Fehrenbach*, Haupt- und Sekundärinsolvenzverfahren, 2014, S. 288.

[292] Soweit ersichtlich äußert sich lediglich Fehrenbach genauer zu dieser Problematik. Vgl. *Fehrenbach*, Haupt- und Sekundärinsolvenzverfahren, 2014, S. 294 ff.

insolvenzverfahrens geltend machen, so hätte dies eine Vermögensverschiebung zwischen Haupt- und Sekundärinsolvenzverfahren zur Folge. Um solche Vermögensverschiebungen zu vermeiden, muss der Vertrag zwischen dem Vertragspartner und dem Insolvenzverfahren, dem das Vertragsverhältnis zugeordnet wurde, abgewickelt werden. Das Insolvenzverfahren, dem das Vertragsverhältnis nicht zugeordnet wurde, ist in den Leistungsaustausch grundsätzlich nicht einzubeziehen. Konkret bedeutet dies, dass nur die Insolvenzmasse des Verfahrens, dem das Vertragsverhältnis zugeordnet wurde, einen Erfüllungsanspruch gegen den Vertragspartner hat. Der Verwalter des anderen Insolvenzverfahrens kann hingegen nicht die Erfüllung des Vertrags verlangen.

Der Anspruch des Vertragspartners auf die vertraglich vereinbarte Gegenleistung ist vorrangig zu befriedigen. Der Vertragspartner muss diesen Anspruch gegen die Masse des Verfahrens geltend machen, dem das Vertragsverhältnis zugeordnet wurde. Allerdings ist davon auszugehen, dass die Masse des anderen Verfahrens auch für diese vorrangige Forderung des Vertragspartners haftet, wenn die Masse des Verfahrens, dem das Vertragsverhältnis zugeordnet wurde, nicht ausreicht, um die Forderung zu erfüllen. Es handelt sich also um eine Ausfallhaftung des anderen Verfahrens. Dies ist aus Gläubigerschutzgründen erforderlich. Zu beachten ist schließlich, dass der Vertragspartner seine Leistung an die Masse in dem Vertrauen erbringt, dass sein Erfüllungsanspruch vollständig befriedigt wird.

II. Virtuelle Verfahrenspluralität

1. Zuordnung des Vertrags zu virtuellem Haupt- und Sekundärinsolvenzverfahren

Im Fall der realen Verfahrenspluralität wird ein laufender Vertrag entweder dem Haupt- oder dem Sekundärinsolvenzverfahren zugeordnet.[293] Auch bei Durchführung eines virtuellen Haupt- und Sekundärinsolvenzverfahrens muss das Vertragsverhältnis einer der Teilmassen zugewiesen werden. Zwar besteht im Fall der virtuellen Verfahrenspluralität nicht die Gefahr, dass verschiedene Verwalter vom Vertragspartner die Erfüllung des Vertrags verlangen. Trotzdem gibt es Gründe, die eine Zuordnung des Vertragsverhältnisses zwingend erforderlich machen. Wird der Vertrag trotz der Eröffnung des Insolvenzverfahrens fortgeführt, so kommt es zu einem Leistungsaustausch zwischen dem Vertragspartner und der Insolvenzmasse. Dieser Leistungsaustausch hat Auswirkungen auf den Wert und die gegenständliche Zusammensetzung der Masse. Würde man den Vertrag keiner Teilmasse zuordnen, so bliebe zum einen unklar, welcher Teilmasse die vom Vertragspartner erbrachte Leistung zuzuweisen ist. Zum anderen würde sich die Frage stellen, ob die Forderung des Vertragspartners mit Mitteln aus der Masse des virtuellen Hauptinsolvenzverfahrens oder mit Mitteln aus der Masse des virtuellen Sekundärinsolvenzverfahrens

[293] Siehe dazu ausführlich S. 262 ff.

zu erfüllen ist. Der Verwalter kann über diese Fragen nicht nach Belieben entscheiden. Ein solches Vorgehen wäre mit dem von Art. 36 EuInsVO bezweckten Schutz der lokalen Gläubiger unvereinbar. Diese müssen sich darauf verlassen können, dass der Verwalter keine willkürlichen Eingriffe in die Masse des virtuellen Sekundärinsolvenzverfahrens vornimmt. Würde man den laufenden Vertrag keiner Teilmasse zuordnen, so bliebe zudem unklar, ob der Erfüllungsanspruch des Vertragspartners bei der Erlösverteilung gemäß Art. 7 Abs. 2 S. 2 lit. i) EuInsVO nach der *lex fori concursus* oder gemäß Art. 36 Abs. 2 S. 1 EuInsVO nach dem Recht des Staates, in dem das Sekundärinsolvenzverfahren hätte eröffnet werden können, behandelt werden muss.

Ein laufender Vertrag muss also auch bei Durchführung eines virtuellen Haupt- und Sekundärinsolvenzverfahrens einer Teilmasse zugeordnet werden. Der Verwalter ist aber auch bei der Zuordnung des Vertrags nicht völlig frei. Vielmehr muss die Zuordnung des Vertragsverhältnisses nach Kriterien erfolgen, die sowohl für den Vertragspartner als auch für die anderen Gläubiger objektiv nachvollziehbar sind. Für den Vertragspartner ist dies wichtig, weil die Zuordnung des Vertrags darüber bestimmt, ob der Erfüllungsanspruch nach der *lex fori concursus* oder nach dem Recht des Staates, in dem das Sekundärinsolvenzverfahren hätte eröffnet werden können, behandelt wird. Für die übrigen Gläubiger ist die Zuordnung des Vertrags von Bedeutung, da die Durchführung des Vertrags Einfluss auf den Wert und die gegenständliche Zusammensetzung der Teilmasse hat, der das Vertragsverhältnis zugeordnet wurde.

Die Zuordnung des Vertragsverhältnisses muss nach den gleichen Kriterien erfolgen wie im Fall der realen Verfahrenspluralität. Allerdings ist im Fall der Eröffnung eines Sekundärinsolvenzverfahrens umstritten, welches Kriterium darüber entscheiden soll, ob ein Vertrag dem Haupt- oder dem Sekundärinsolvenzverfahren zugeordnet wird.[294] Vorzugswürdig ist die Idee von Weller.[295] Er hat für den Fall der Eröffnung eines Sekundärinsolvenzverfahrens den Vorschlag gemacht, das Vertragsverhältnis dem Verfahren zuzuordnen, zu dem der Vertrag die engste Beziehung hat.[296] Dieser Vorschlag ist auf den Fall der Durchführung eines virtuellen Haupt- und Sekundärinsolvenzverfahrens zu übertragen. Für die Zuordnung des Vertrags kommt es also darauf an, zu welchem virtuellen Insolvenzverfahren das Vertragsverhältnis die engste Beziehung hat. Das Vertragsverhältnis hat dann eine besonders enge Beziehung zum virtuellen Sekundärinsolvenzverfahren, wenn der Vertragspartner die vertragscharakteristische Leistung gerade gegenüber der Niederlassung des Schuldners erbringen soll. Der laufende Vertrag hat auch dann eine besonders enge Beziehung zum virtuellen Sekundärinsolvenzverfahren, wenn gerade die Niederlassung des Schuldners die vertragscharakteristische Leistung gegenüber dem Vertragspartner erbringen soll. In allen anderen Fällen hat der Vertrag keinen engen

[294] Siehe dazu ausführlich S. 262 ff.

[295] Zu den Gründen, warum der Vorschlag Wellers vorzugwürdig ist, siehe S. 265 f.

[296] Zum Vorschlag Wellers siehe ausführlich S. 263 f.

Bezug zur Niederlassung des Schuldners und muss folglich dem virtuellen Hauptinsolvenzverfahren zugeordnet werden.

2. Anwendbares Recht

Im Fall der realen Verfahrenspluralität werden laufende Verträge entweder dem Haupt- oder dem Sekundärinsolvenzverfahren zugeordnet.[297] Hat die vertragscharakteristische Leistung einen engen Bezug zur Niederlassung des Schuldners, so wird der Vertrag dem Sekundärinsolvenzverfahren zugeordnet.[298] Folglich bestimmt dann gemäß Art. 7 Abs. 2 S. 2 lit. e) EuInsVO die *lex fori concursus secundarii*, wie sich das Insolvenzverfahren auf den laufenden Vertrag auswirkt. Weist das Vertragsverhältnis keinen engen Bezug zur schuldnerischen Niederlassung auf, so wird der Vertrag dem Hauptinsolvenzverfahren zugeordnet. In diesem Fall richten sich die Auswirkungen des Insolvenzverfahrens auf den laufenden Vertrag gemäß Art. 7 Abs. 2 S. 2 lit. e) EuInsVO nach der *lex fori concursus* des Hauptinsolvenzverfahrens.

Gibt der Verwalter des Hauptinsolvenzverfahrens gemäß Art. 36 EuInsVO eine Zusicherung ab, so wird kein Sekundärinsolvenzverfahren eröffnet. Verträge, die keinen engen Bezug zur Niederlassung des Schuldners haben, werden natürlich auch im Fall der virtuellen Verfahrenspluralität gemäß Art. 7 Abs. 2 S. 2 lit. e) EuInsVO nach der *lex fori concursus* behandelt. Bei Durchführung eines virtuellen Haupt- und Sekundärinsolvenzverfahrens stellt sich allerdings die Frage, wie mit solchen Verträgen umgegangen werden muss, die aufgrund ihrer engen Beziehung zur schuldnerischen Niederlassung im Fall der realen Verfahrenspluralität dem Sekundärinsolvenzverfahren zugeordnet worden wären. Bestimmt die *lex fori concursus* oder das Recht des Staates, in dem das Sekundärinsolvenzverfahren hätte eröffnet werden können, wie sich das Insolvenzverfahren auf solche Verträge auswirkt? Zu prüfen ist also, ob Art. 36 EuInsVO, abweichend von Art. 7 Abs. 2 S. 2 lit. e) EuInsVO, das Recht des Staates, in dem das Sekundärinsolvenzverfahren hätte eröffnet werden können, für anwendbar erklärt.

a) Wortlaut der Norm

In Art. 36 EuInsVO wird weder von laufenden Verträgen noch von Verträgen im Allgemeinen gesprochen. Die EuInsVO allerdings kennt den Begriff des laufenden Vertrags. In Art. 7 Abs. 2 S. 2 lit. e) EuInsVO heißt es, dass das Recht des Staates der Verfahrenseröffnung regelt, wie sich das Insolvenzverfahren auf laufende Verträge

[297] Siehe dazu ausführlich S. 262 ff.

[298] So *Weller*, ZHR 2005, 570 (590); sich Weller anschließend *Brinkmann*, in: Karsten Schmidt, InsO, 19. Aufl. 2016, Art. 27 EuInsVO a.F. Rn. 26; ebenfalls Weller folgend *Herchen*, in: Pannen, EuInsVO, 1. Aufl. 2007, Art. 27 a.F. Rn. 77; auch auf Weller verweisend *Keller*, in: Vallender, EuInsVO, 2. Aufl. 2020, Art. 34 Rn. 34.

des Schuldners auswirkt. Die Tatsache, dass der Gesetzgeber in Art. 7 Abs. 2 S. 2 lit. e) EuInsVO von laufenden Verträgen spricht, diesen Begriff aber nicht in Art. 36 EuInsVO verwendet, ist ein Indiz dafür, dass laufende Verträge nicht von Art. 36 EuInsVO erfasst werden und daher gemäß Art. 7 Abs. 2 S. 2 lit. e) EuInsVO ausschließlich nach der *lex fori concursus* behandelt werden sollen. Allerdings ist es eben nur ein Indiz.

Die von Art. 36 EuInsVO verwendeten Formulierungen lassen es auch nicht zu, laufende Verträge als von der Zusicherung erfasst anzusehen. Ein Vertrag als solcher ist insbesondere kein Vermögensgegenstand.[299] Spricht Art. 36 Abs. 2 S. 1 EuInsVO also von Rechten der Gläubiger in Bezug auf Gegenstände der Masse, so sind damit nicht die Auswirkungen des Insolvenzverfahrens auf laufende Verträge gemeint. Dem Wortlaut des Art. 36 Abs. 1 S. 1, Abs. 2 S. 1 EuInsVO nach ist das Recht des Staates des möglichen Sekundärinsolvenzverfahrens erst dann anwendbar, wenn es um die Verteilung des Vermögens geht.[300] Die Frage, wie sich das Insolvenzverfahren auf einen laufenden Vertrag auswirkt, ist aber der Frage der Vermögensverteilung vorgelagert.

b) Zweck der Norm

Der Wortlaut des Art. 36 EuInsVO spricht dafür, dass bei Durchführung eines virtuellen Sekundärinsolvenzverfahrens gemäß Art. 7 Abs. 2 S. 2 lit. e) EuInsVO ausschließlich die *lex fori concursus* bestimmt, wie sich das Insolvenzverfahren auf laufende Verträge auswirkt. Zu prüfen ist dennoch, ob der Sinn und Zweck des Art. 36 EuInsVO es gebietet, Verträge mit einem engen Bezug zur Niederlassung des Schuldners nach dem Recht des Staates, in dem das Sekundärinsolvenzverfahren hätte eröffnet werden können, zu behandeln. Die Durchführung eines virtuellen Sekundärinsolvenzverfahrens ist der Ersatz für ein reales Sekundärinsolvenzverfahren. Daher deckt sich der Schutzzweck des Art. 36 EuInsVO mit dem eines Sekundärinsolvenzverfahrens. Ziel des Art. 36 EuInsVO ist allerdings nicht, die Situation eines Sekundärinsolvenzverfahrens vollständig und in allen Einzelheiten zu simulieren. Aus diesem Grund muss zunächst geprüft werden, ob es Sinn und Zweck eines Sekundärinsolvenzverfahrens ist, den Vertragspartner des Insolvenzschuldners vor solchen Auswirkungen des Insolvenzverfahrens auf den Vertrag zu schützen, die sich aus einer für ihn fremden Rechtsordnung ergeben.

---

[299] So ebenfalls *Herchen*, in: Pannen, EuInsVO, 1. Aufl. 2007, Art. 27 a.F. Rn. 75; *Mankowski*, in: Mankowski/Müller/J. Schmidt, EuInsVO, 1. Aufl. 2016, Vor Art. 34–51 Rn. 67.

[300] So auch *Reinhart*, in: Münchener Kommentar InsO, Band 4, 3. Aufl. 2016, Art. 36 EuInsVO 2015 Rn. 5.

aa) Zweck eines realen Sekundärinsolvenzverfahrens

Zu prüfen ist also, ob Sekundärinsolvenzverfahren das Vertragsverhältnis vor solchen insolvenzrechtlichen Regeln schützen sollen, die sich für den Vertragspartner aus einem fremden Rechtsstatut ergeben. Will man diese Frage beantworten, so muss man zunächst einmal verstehen, wie laufende Verträge Haupt- oder Sekundärinsolvenzverfahren zugeordnet werden. Festzustellen ist, dass der Gesetzgeber es versäumt hat, die Zuordnung zu regeln. Insbesondere hat er es unterlassen, eine mit Art. 2 Nr. 9 viii) EuInsVO vergleichbare Regel für Vertragsverhältnisse zu schaffen. Dies spricht dafür, dass der Gesetzgeber gar keine Notwendigkeit gesehen hat, den Vertragspartner vor den insolvenzrechtlichen Auswirkungen eines für ihn fremden Rechtsstatuts zu schützen. Dieser Schluss wird zusätzlich dadurch untermauert, dass der Gesetzgeber für bestimmte Arten von Verträgen Sonderanknüpfungen geschaffen hat. Beispielsweise gilt für die Wirkungen des Insolvenzverfahrens auf einen Arbeitsvertrag gemäß Art. 13 Abs. 1 EuInsVO ausschließlich das Recht des Staates, das auf den Arbeitsvertrag anzuwenden ist. Eine Sonderanknüpfung besteht gemäß Art. 11 Abs. 1 EuInsVO auch für Verträge über einen unbeweglichen Gegenstand. Aus diesen Sonderanknüpfungen lässt sich der Umkehrschluss ziehen, dass der Gesetzgeber bei allen anderen Vertragstypen den Vertragspartner nicht als schutzbedürftig ansieht. Da die Zuordnung des Vertragsverhältnisses zu Haupt- oder Sekundärinsolvenzverfahren nicht gesetzlich geregelt ist, kann der Vertragspartner grundsätzlich auch nicht darauf vertrauen, dass sich die Wirkungen des Insolvenzverfahrens auf den Vertrag nach einem ganz bestimmten Insolvenzstatut richten.

Im Schrifttum ist umstritten, welche Kriterien für die Zuordnung des Vertrags zu Haupt- oder Sekundärinsolvenzverfahren ausschlaggebend sein sollen.[301] Der Mittelpunkt der hauptsächlichen Interessen des Vertragspartners des Insolvenzschuldners ist für die Zuordnung des Vertrags zu Haupt- oder Sekundärinsolvenzverfahren nur für Reinhart entscheidend. Alle anderen Autoren wählen andere Kriterien für die Zuordnung des Vertrags zu einem der Insolvenzverfahren. Für diese Kommentatoren spielt der Schutz des Vertragspartners bei der Zuordnung des Vertrags also keine Rolle. Der Vertrag kann also auch dann dem Hauptinsolvenzverfahren zugeordnet werden, wenn der Vertragspartner den Mittelpunkt seiner hauptsächlichen Interessen in dem Staat hat, in dem das Sekundärinsolvenzverfahren eröffnet wurde. Interessant ist zudem, dass selbst Reinhart seine Auffassung nicht mit dem Schutz des Vertragspartners begründet.[302]

Es ist festzustellen, dass Sekundärinsolvenzverfahren nicht dazu dienen, das Vertragsverhältnis vor solchen insolvenzrechtlichen Regeln zu schützen, die sich für den Vertragspartner aus einem fremden Rechtsstatut ergeben.

---

[301] Siehe dazu ausführlich S. 262 ff.

[302] Vgl. *Reinhart*, in: Münchener Kommentar InsO, Band 4, 3. Aufl. 2016, Art. 27 EuInsVO 2000 Rn. 25.

bb) Zweck eines virtuellen Sekundärinsolvenzverfahrens

Sekundärinsolvenzverfahren zielen nicht darauf ab, ein laufendes Vertragsverhältnis vor Wirkungen zu schützen, die sich für den Vertragspartner aus einem fremden Insolvenzstatut ergeben. Folglich ist dies auch nicht Zweck eines virtuellen Sekundärinsolvenzverfahrens.

c) Ergebnis

Bei Durchführung eines virtuellen Haupt- und Sekundärinsolvenzverfahrens richten sich die Wirkungen des Insolvenzverfahrens auf laufende Verträge gemäß Art. 7 Abs. 2 S. 2 lit. e) EuInsVO ausschließlich nach der *lex fori concursus*.[303] Dies gilt auch für solche Verträge, die im Fall der realen Verfahrenspluralität dem Sekundärinsolvenzverfahren zugeordnet worden wären. Das Recht des Staates, in dem das Sekundärinsolvenzverfahren hätte eröffnet werden können, ist nicht anwendbar. Für dieses Ergebnis sprechen sowohl der Wortlaut als auch der Sinn und Zweck des Art. 36 EuInsVO.

Gemäß Art. 7 Abs. 2 S. 2 lit. e) EuInsVO entscheidet also in allen Fällen die *lex fori concursus* darüber, ob der Vertrag trotz der Eröffnung des Insolvenzverfahrens bestehen bleibt oder ob das Vertragsverhältnis automatisch erlischt oder ob der Verwalter ein Erfüllungswahlrecht hat. Wird das Hauptinsolvenzverfahren in Deutschland eröffnet und führt der deutsche Hauptinsolvenzverwalter ein virtuelles Sekundärinsolvenzverfahren durch, so ergeben sich die Wirkungen des Insolvenzverfahrens auf laufende Verträge gemäß Art. 7 Abs. 2 S. 2 lit. e) EuInsVO in allen Fällen aus §§ 103 ff. InsO.

3. Die Forderung des Vertragspartners

Bei Durchführung eines virtuellen Haupt- und Sekundärinsolvenzverfahrens bestimmt gemäß Art. 7 Abs. 2 S. 2 lit. e) EuInsVO ausschließlich die *lex fori concursus*, wie sich das Insolvenzverfahren auf laufende Verträge auswirkt. Die *lex fori concursus* entscheidet folglich auch darüber, ob der ursprüngliche Erfüllungsan-

---

[303] Im Ergebnis wohl genauso Schmidt. *Schmidt*, Die Zusicherung nach Art. 36 EuInsVO, 2019, S. 93 f. Allerdings kann seine Begründung überhaupt nicht überzeugen. Er argumentiert, Erwägungsgrund Nr. 72 unterscheide zwischen der Verteilung des Erlöses und Wirkungen des Insolvenzverfahrens auf laufende Verträge. Zum einen übersieht Schmidt, dass Erwägungsgrund Nr. 72 ausschließlich Arbeitsverträge anspricht. Auf andere Verträge ist Erwägungsgrund Nr. 72 gerade nicht anwendbar. Des Weiteren stellt sich die Frage, wie Arbeitsverträge bei Durchführung eines virtuellen Haupt- und Sekundärinsolvenzverfahrens zu behandeln sind, gar nicht. Auch im Fall der virtuellen Verfahrenspluralität bestimmen sich die Wirkungen des Insolvenzverfahrens auf einen Arbeitsvertrag gemäß Art. 13 Abs. 1 EuInsVO nämlich ausschließlich nach dem Recht des Staats, das auf den Arbeitsvertrag anzuwenden ist. A. A. wohl *Reinhart*, in: Münchener Kommentar InsO, Band 4, 3. Aufl. 2016, Art. 36 EuInsVO 2015 Rn. 14.

spruch des Vertragspartners fortbesteht oder erlischt. Ordnet die *lex fori concursus* das Erlöschen des Vertrags an oder gibt diese dem Verwalter ein Erfüllungswahlrecht und entscheidet sich der Verwalter gegen die Erfüllung des Vertrags, so erlischt der Erfüllungsanspruch des Vertragspartners. Ob dem Vertragspartner in diesen Fällen Schadensersatzansprüche wegen Nichterfüllung zustehen, richtet sich ebenfalls nach der *lex fori concursus*.

4. Haftung der virtuellen Verfahren für die Forderung des Vertragspartners

Abschließend muss geklärt werden, ob und inwieweit der Vertragspartner mit seinen Ansprüchen am virtuellen Haupt- und Sekundärinsolvenzverfahren teilnehmen kann. Dabei ist zwischen Erfüllungsansprüchen und Ansprüchen auf Schadensersatz wegen Nichterfüllung zu unterscheiden.

a) Schadensersatzansprüche wegen Nichterfüllung

Im Fall der realen Verfahrenspluralität kann der Vertragspartner Schadensersatzansprüche wegen Nichterfüllung gemäß Art. 45 Abs. 1 EuInsVO sowohl für das Haupt- als auch für das Sekundärinsolvenzverfahren anmelden.[304] Das Gleiche muss dann auch bei Durchführung eines virtuellen Haupt- und Sekundärinsolvenzverfahrens gelten. Der Vertragspartner kann seinen Schadensersatzanspruch gemäß Art. 45 Abs. 1 EuInsVO analog also sowohl für das virtuelle Hauptinsolvenzverfahren als auch für das virtuelle Sekundärinsolvenzverfahren anmelden. Meldet er den Schadensersatzanspruch für das virtuelle Hauptinsolvenzverfahren an, so wird der Anspruch bei der Erlösverteilung im virtuellen Hauptinsolvenzverfahren gemäß Art. 7 Abs. 2 S. 2 lit. i) EuInsVO nach der *lex fori concursus* behandelt. Hat der Vertragspartner seinen Anspruch gemäß Art. 45 Abs. 1 EuInsVO analog auch für das virtuelle Sekundärinsolvenzverfahren angemeldet, so wird der Anspruch bei der Verteilung des Erlöses aus der Verwertung der Masse des virtuellen Sekundärinsolvenzverfahrens gemäß Art. 36 Abs. 2 S. 1 EuInsVO nach dem Recht des Staates behandelt, in dem das Sekundärinsolvenzverfahren hätte eröffnet werden können.

b) Erfüllungsansprüche

Im Fall der Eröffnung eines Sekundärinsolvenzverfahrens muss der Vertrag zwischen dem Vertragspartner und dem Insolvenzverfahren, dem das Vertragsverhältnis zugeordnet wurde, abgewickelt werden.[305] Das Insolvenzverfahren, dem das Vertragsverhältnis nicht zugeordnet wurde, ist in den Leistungsaustausch grundsätzlich nicht einzubeziehen. Anderenfalls käme es zu Vermögensverschiebungen

[304] Siehe dazu ausführlich S. 267.

[305] Siehe dazu ausführlich S. 267 f.

zwischen der Masse des Hauptinsolvenzverfahrens und der Masse des Sekundärinsolvenzverfahrens. Aus diesem Grund kann der Vertragspartner seinen Erfüllungsanspruch grundsätzlich nur gegen die Masse des Verfahrens geltend machen, dem das Vertragsverhältnis zugeordnet wurde. Wurde das Vertragsverhältnis dem Hauptinsolvenzverfahren zugeordnet, so wird der Erfüllungsanspruch des Vertragspartners gemäß Art. 7 Abs. 2 S. 2 lit. i) EuInsVO nach der *lex fori concursus* des Hauptinsolvenzverfahrens behandelt. Ist der Vertrag hingegen dem Sekundärinsolvenzverfahren zugewiesen worden, so wird der Erfüllungsanspruch des Vertragspartners gemäß Art. 7 Abs. 2 S. 2 lit. i) EuInsVO nach der *lex fori concursus secundarii* behandelt.

Diese Regeln sind auf die Situation eines virtuellen Haupt- und Sekundärinsolvenzverfahrens entsprechend zu übertragen. Denn auch im Fall der virtuellen Verfahrenspluralität gilt, dass es nach Abgabe der Zusicherung nicht mehr zu Vermögensverschiebungen zwischen den Teilmassen kommen darf, die den Wert der Masse des virtuellen Sekundärinsolvenzverfahrens mindern.

Das im Niederlassungsstaat belegene Vermögen ist gemäß Art. 36 Abs. 2 S. 2 EuInsVO ab dem Zeitpunkt der Abgabe der Zusicherung gegen Vermögensverschiebungen geschützt. Bringt der Verwalter einen im Niederlassungsstaat belegenen Gegenstand nach Abgabe der Zusicherung in einen anderen Staat, so bleibt dieser Gegenstand trotz der Verbringung ins Ausland Bestandteil der Masse des virtuellen Sekundärinsolvenzverfahrens. Es kommt also nicht zu einer Vermögensverschiebung zwischen der Masse des virtuellen Hauptinsolvenzverfahrens und der Masse des virtuellen Sekundärinsolvenzverfahrens. Im Rahmen der Abwicklung eines laufenden Vertrags kann die Schutznorm des Art. 36 Abs. 2 S. 2 EuInsVO allerdings umgangen werden. Zu einer Umgehung von Art. 36 Abs. 2 S. 2 EuInsVO käme es, wenn der Verwalter den Anspruch des Vertragspartners mit Mitteln erfüllen würde, die aus der Masse des virtuellen Sekundärinsolvenzverfahrens stammen, die Leistung des Vertragspartners aber der Masse des virtuellen Hauptinsolvenzverfahrens zukommen lassen würde. Eine Entwertung des virtuellen Sekundärinsolvenzverfahrens wäre die Folge.

Um solche Vermögensverschiebungen zwischen der Masse des virtuellen Hauptinsolvenzverfahrens und der Masse des virtuellen Sekundärinsolvenzverfahrens zu verhindern, muss der Vertrag zwischen dem Vertragspartner und dem virtuellen Insolvenzverfahren, dem das Vertragsverhältnis zugeordnet wurde, abgewickelt werden. Das virtuelle Insolvenzverfahren, dem das Vertragsverhältnis nicht zugeordnet wurde, ist in den Leistungsaustausch grundsätzlich nicht einzubeziehen. Konkret bedeutet dies, dass der Verwalter die Leistung des Vertragspartners der Masse des virtuellen Verfahrens zukommen lassen muss, dem das Vertragsverhältnis zugeordnet wurde. Umgekehrt hat der Verwalter den Anspruch des Vertragspartners mit Mitteln zu erfüllen, die aus der Masse des virtuellen Verfahrens stammen, dem das Vertragsverhältnis zugeordnet wurde.

Wurde das Vertragsverhältnis dem virtuellen Hauptinsolvenzverfahren zugeordnet, so wird der Erfüllungsanspruch des Vertragspartners bei der Verteilung im virtuellen Hauptinsolvenzverfahren gemäß Art. 7 Abs. 2 S. 2 lit. i) EuInsVO nach der *lex fori concursus* behandelt. Ist der Vertrag hingegen dem virtuellen Sekundärinsolvenzverfahren zugeordnet worden, so wird der Erfüllungsanspruch des Vertragspartners bei der Verteilung im virtuellen Sekundärinsolvenzverfahren gemäß Art. 36 Abs. 2 S. 1 EuInsVO nach dem Recht des Staates behandelt, in dem das Sekundärinsolvenzverfahren hätte eröffnet werden können.[306] In diesem Fall bestimmt also das Recht des Staates des möglichen Sekundärinsolvenzverfahrens darüber, ob der Anspruch vorrangig erfüllt wird oder nicht.

Kapitel 5

Forderungen, die vor Eröffnung des Insolvenzverfahrens begründet wurden

A. Reale Verfahrenspluralität

Gemäß Art. 45 Abs. 1 EuInsVO kann jeder Gläubiger seine Forderung im Hauptinsolvenzverfahren und in jedem weiteren Sekundärinsolvenzverfahren anmelden. In einem Hauptinsolvenzverfahren findet gemäß Art. 7 Abs. 1 EuInsVO grundsätzlich die *lex fori concursus* des Hauptinsolvenzverfahrens Anwendung. Dies gilt gemäß Art. 7 Abs. 2 S. 2 lit. i) EuInsVO auch für die Verteilung des Erlöses und den Rang der Forderungen. In einem Sekundärinsolvenzverfahren hingegen findet gemäß Art. 7 Abs. 1 EuInsVO (bzw. Art. 35 EuInsVO) grundsätzlich die *lex fori concursus secundarii* Anwendung. Auch die Verteilung des Erlöses des Sekundärinsolvenzverfahrens und der Rang der Forderungen richten sich gemäß Art. 7 Abs. 2 S. 2 lit. i) EuInsVO nach der *lex fori concursus secundarii*. Da in jedem Verfahren die jeweilige *lex fori concursus* über den Rang der Forderungen entscheidet, führt dies unter Umständen dazu, dass dieselbe Forderung in einem Insolvenzverfahren als vorranging, in einem anderen Insolvenzverfahren als nachrangig behandelt wird.[307]

---

[306] So wohl im Ergebnis auch *Reinhart*, in: Münchener Kommentar InsO, Band 4, 3. Aufl. 2016, Art. 36 EuInsVO 2015 Rn. 14.

[307] Siehe dazu auch *Brinkmann*, in: Karsten Schmidt, InsO, 19. Aufl. 2016, Art. 27 EuInsVO a.F. Rn. 4; *Fehrenbach*, Haupt- und Sekundärinsolvenzverfahren, 2014, S. 266f.; *Keller*, in: Vallender, EuInsVO, 2. Aufl. 2020, Art. 34 Rn. 10; *Paulus*, in: Paulus, EuInsVO, 6. Aufl. 2021, Art. 35 Rn. 6.

B. Virtuelle Verfahrenspluralität

Forderungen, die vor Eröffnung des Insolvenzverfahrens entstanden sind, können gemäß Art. 45 Abs. 1 EuInsVO analog sowohl für das virtuelle Hauptinsolvenzverfahren als auch für das virtuelle Sekundärinsolvenzverfahren angemeldet werden. Im Folgenden wird danach unterschieden, für welches der virtuellen Insolvenzverfahren eine Forderung angemeldet wurde.

I. Virtuelles Hauptinsolvenzverfahren

Wurde die Forderung gemäß Art. 45 Abs. 1 EuInsVO analog für das virtuelle Hauptinsolvenzverfahren angemeldet, so wird diese bei der Erlösverteilung im virtuellen Hauptinsolvenzverfahren gemäß Art. 7 Abs. 2 S. 2 lit. i) EuInsVO nach der *lex fori concursus* behandelt. Es gilt das insolvenzrechtliche Privilegiensystem des Staates, in dem das Hauptinsolvenzverfahren eröffnet wurde.

II. Virtuelles Sekundärinsolvenzverfahren

Zu prüfen ist, nach welchem Recht Forderungen zu behandeln sind, die vor Eröffnung des realen Hauptinsolvenzverfahrens entstanden sind und die gemäß Art. 45 Abs. 1 EuInsVO analog für das virtuelle Sekundärinsolvenzverfahren angemeldet wurden. Gemäß Art. 36 Abs. 2 S. 1 EuInsVO gilt für die Verteilung des Erlöses aus der Verwertung von Gegenständen der Masse des virtuellen Sekundärinsolvenzverfahrens, für den Rang der Forderungen und für die Rechte der Gläubiger in Bezug auf Gegenstände der Masse des virtuellen Sekundärinsolvenzverfahrens das Recht des Staats, in dem das Sekundärinsolvenzverfahren hätte eröffnet werden können. Bei der Auslegung des Begriffs „Rang der Forderungen“ ist zu beachten, dass die insolvenzrechtlichen Privilegiensysteme der Mitgliedsstaaten sehr unterschiedlich sind.[308] Während die deutsche InsO grundsätzlich nur zwischen ordentlichen Insolvenzforderungen gemäß § 38 InsO und nachrangigen Insolvenzforderungen gemäß § 39 InsO unterscheidet,[309] sehen die Insolvenzgesetze vieler anderer Staaten auch Insolvenzvorrechte zugunsten bestimmter Gläubiger vor. Dazu gehören beispielsweise Frankreich[310] und Italien[311]. Zudem gibt es auch Länder, in denen be-

---

[308] Zu den unterschiedlichen Privilegiensystemen siehe insbesondere *Fehrenbach*, Haupt- und Sekundärinsolvenzverfahren, 2014, S. 54 f., 218 ff., 267.

[309] In einigen Spezialfällen sind weitere Rangklassen zu bilden. Vgl. dazu *Eickmann*, in: Gottwald, InsO, 5. Aufl. 2015, § 61.

[310] *Niggemann*, in: Münchener Kommentar InsO, Band 4, 3. Aufl. 2016, Frankreich Rn. 64 ff.

[311] *Santonocito-Pluta/Mare-Ehlers*, in: Münchener Kommentar InsO, Band 4, 3. Aufl. 2016, Italien Rn. 70.

stimmte Forderungen, die vor der Eröffnung des Insolvenzverfahrens entstanden sind, zu Masseforderungen aufgewertet werden.[312] Fehrenbach weist richtigerweise darauf hin, dass solche Masseforderungen auch als ein Supervorrecht begriffen werden können.[313] Spricht Art. 36 Abs. 2 S. 1 EuInsVO vom Rang der Forderungen, so sind damit alle insolvenzrechtlichen Privilegiensysteme der Mitgliedstaaten gemeint. Dies ergibt sich aus einem Vergleich mit Art. 7 Abs. 2 S. 2 lit. i) EuInsVO und der Funktion des virtuellen Sekundärinsolvenzverfahrens. Das virtuelle Sekundärinsolvenzverfahren dient als Ersatz für ein reales Sekundärinsolvenzverfahren. Die Gläubiger sollen so behandelt werden, als sei ein Sekundärinsolvenzverfahren eröffnet worden. Im Fall der realen Verfahrenspluralität werden die Forderungen, die vor Eröffnung des Hauptinsolvenzverfahrens begründet wurden, im Sekundärinsolvenzverfahren gemäß Art. 7 Abs. 2 S. 2 lit. i) EuInsVO nach der *lex fori concursus secundarii* behandelt. Es gilt das insolvenzrechtliche Privilegiensystem des Staates, in dem das Sekundärinsolvenzverfahren eröffnet wurde. Das Gleiche muss dann auch bei Durchführung eines virtuellen Sekundärinsolvenzverfahrens gelten. Sämtliche Forderungen, die gemäß Art. 45 Abs. 1 EuInsVO analog für das virtuelle Sekundärinsolvenzverfahren angemeldet wurden, werden bei der Erlösverteilung im virtuellen Sekundärinsolvenzverfahren gemäß Art. 36 Abs. 2 S. 1 EuInsVO nach dem Recht des Staates, in dem das Sekundärinsolvenzverfahren hätte eröffnet werden können, behandelt. Es gilt das insolvenzrechtliche Privilegiensystem des Staates, in dem das Sekundärinsolvenzverfahren hätte eröffnet werden können.

III. Gesamtergebnis

Forderungen, die vor Eröffnung des Insolvenzverfahrens entstanden sind, können gemäß Art. 45 Abs. 1 EuInsVO analog sowohl für das virtuelle Hauptinsolvenzverfahren als auch für das virtuelle Sekundärinsolvenzverfahren angemeldet werden. Wurde die Forderung für das virtuelle Hauptinsolvenzverfahren angemeldet, so wird diese bei der Erlösverteilung im virtuellen Hauptinsolvenzverfahren gemäß Art. 7 Abs. 2 S. 2 lit. i) EuInsVO nach der *lex fori concursus* behandelt. Es gilt das insolvenzrechtliche Privilegiensystem des Staates, in dem das Hauptinsolvenzverfahren eröffnet wurde. Bei Anmeldung der Forderung für das virtuelle Sekundärinsolvenzverfahren wird die Forderung gemäß Art. 36 Abs. 2 S. 1 EuInsVO nach dem Recht des Staates behandelt, in dem das Sekundärinsolvenzverfahren hätte eröffnet werden können. Es gilt das Privilegiensystem des Staates, in dem das Sekundärinsolvenzverfahren hätte eröffnet werden können.

---

[312] *Fehrenbach*, Haupt- und Sekundärinsolvenzverfahren, 2014, S. 55, 238.

[313] *Fehrenbach*, Haupt- und Sekundärinsolvenzverfahren, 2014, S. 238, 249.

IV. Abschließende Beispielfälle

Fall 1 Eröffnung des Hauptinsolvenzverfahrens in Deutschland

Sachverhalt: Die W-GmbH stellt Campingmobile her. Sie hat den Mittelpunkt ihrer hauptsächlichen Interessen im Sinne des Art. 3 Abs. 1 EuInsVO in Werl in Deutschland. Die W-GmbH betreibt auch eine Niederlassung im Sinne des Art. 2 Nr. 10 EuInsVO in Zandvoort in den Niederlanden. G ist Gesellschafter der W-GmbH. Er hat seinen Wohnsitz in Unna. Im Januar 2017 schließt G mit der W-GmbH in Werl einen Darlehensvertrag in Höhe von 500.000 €. Anschließend überweist G die vereinbarte Summe auf ein Konto der W-GmbH. Im Januar 2018 wird über das Vermögen der W-GmbH gemäß Art. 3 Abs. 1 EuInsVO ein Hauptinsolvenzverfahren in Deutschland eröffnet. Um die Eröffnung eines Sekundärinsolvenzverfahrens in den Niederlanden zu verhindern, gibt der Verwalter des in Deutschland eröffneten Hauptinsolvenzverfahrens eine Zusicherung gemäß Art. 36 EuInsVO ab und führt ein virtuelles Haupt- und Sekundärinsolvenzverfahren durch. G meldet seine Forderung auf Rückgewähr des Gesellschafterdarlehens gemäß Art. 45 Abs. 1 EuInsVO analog sowohl für das virtuelle Hauptinsolvenzverfahren als auch für das virtuelle Sekundärinsolvenzverfahren an.

Lösung: Für die Erlösverteilung im virtuellen Hauptinsolvenzverfahren gilt gemäß Art. 7 Abs. 2 S. 2 lit. i) EuInsVO das insolvenzrechtliche Privilegiensystem des Staates, in dem das reale Hauptinsolvenzverfahren eröffnet wurde. Im vorliegenden Fall wurde das Hauptinsolvenzverfahren gemäß Art. 3 Abs. 1 EuInsVO in Deutschland eröffnet, so dass gemäß Art. 7 Abs. 2 S. 2 lit. i) EuInsVO die §§ 38, 39 InsO Anwendung finden. Die Forderung des G gegen die W-GmbH auf Rückgewähr des Gesellschafterdarlehens in Höhe von 500.000 € ist gemäß § 39 Abs. 1 Nr. 5 InsO eine nachrangige Forderung. Seine Forderung wird erst dann befriedigt, wenn alle Forderungen, die einen höheren Rang haben, vollständig berichtigt wurden.[314] Anders stellt sich die Situation hingegen bei der Erlösverteilung im virtuellen Sekundärinsolvenzverfahren dar. Für die Verteilung des Erlöses aus der Verwertung der Masse des virtuellen Sekundärinsolvenzverfahrens gilt gemäß Art. 36 Abs. 2 S. 1 EuInsVO das insolvenzrechtliche Privilegiensystem des Staates, in dem das Sekundärinsolvenzverfahren hätte eröffnet werden können. Im vorliegenden Fall hätte ein Sekundärinsolvenzverfahren in den Niederlanden eröffnet werden können, so dass gemäß Art. 36 Abs. 2 S. 1 EuInsVO das niederländische Privilegiensystem Anwendung findet. Im Gegensatz zum deutschen Insolvenzrecht behandelt das niederländische Insolvenzrecht die Forderung eines Gesellschafters auf Rückgewähr eines Gesellschafterdarlehens nicht als nachrangig.[315] Die Forderung des G ist den

---

[314] Vgl. u. a. *Bornemann*, in: Frankfurter Kommentar InsO, 9. Aufl. 2018, § 39 Rn. 1; *Ehricke/Behme*, in: Münchener Kommentar InsO, Band 1, 4. Aufl. 2019, § 39 Rn. 1; *Smid*, in: Rattunde/Smid/Zeuner, InsO, Band 1, 4. Aufl. 2019, § 39 Rn. 1.

[315] *Kortmann*, in: Münchener Kommentar InsO, Band 4, 3. Aufl. 2016, Niederlande Rn. 68.

Forderungen anderer einfacher Insolvenzgläubiger daher gleichgestellt und konkurriert mit diesen.

Fall 2 Eröffnung des Hauptinsolvenzverfahrens in Frankreich

Sachverhalt: Die F SARL[316] ist ein Weingroßhändler. Die F SARL hat den Mittelpunkt ihrer hauptsächlichen Interessen im Sinne des Art. 3 Abs. 1 EuInsVO in Dijon in Frankreich. Die F SARL betreibt auch eine Niederlassung im Sinne des Art. 2 Nr. 10 EuInsVO in Saarbrücken. Der Arbeitnehmer A ist Angestellter der F SARL. Er arbeitet für die Hauptverwaltung der F SARL in Dijon. Seinen Wohnsitz hat A ebenfalls in Dijon. Die F SARL befindet sich in wirtschaftlichen Schwierigkeiten. Aus diesem Grund erfüllt sie die Lohnforderungen ihrer Angestellten ab August 2018 nur noch teilweise. Im Oktober 2018 wird über das Vermögen der F SARL gemäß Art. 3 Abs. 1 EuInsVO ein Hauptinsolvenzverfahren in Frankreich eröffnet. Um die Eröffnung eines Sekundärinsolvenzverfahrens in Deutschland zu verhindern, gibt der Verwalter des in Frankreich eröffneten Hauptinsolvenzverfahrens gemäß Art. 36 EuInsVO eine Zusicherung ab und führt ein virtuelles Haupt- und Sekundärinsolvenzverfahren durch. A meldet seine Forderung auf rückständigen Lohn gemäß Art. 45 Abs. 1 EuInsVO analog sowohl für das virtuelle Hauptinsolvenzverfahren als auch für das virtuelle Sekundärinsolvenzverfahren an.

Lösung: Für die Erlösverteilung im virtuellen Hauptinsolvenzverfahren gilt gemäß Art. 7 Abs. 2 S. 2 lit. i) EuInsVO das insolvenzrechtliche Privilegiensystem des Staates, in dem das reale Hauptinsolvenzverfahren eröffnet wurde. Im vorliegenden Fall wurde das Hauptinsolvenzverfahren gemäß Art. 3 Abs. 1 EuInsVO in Frankreich eröffnet, so dass gemäß Art. 7 Abs. 2 S. 2 lit. i) EuInsVO das französische Privilegiensystem Anwendung findet. Das französische Insolvenzrecht behandelt die Forderung eines Arbeitsnehmers auf rückständigen Lohn als vorrangig zu befriedigende Forderung (*super privilège*).[317] Die Forderungen des A und anderer Arbeitnehmer auf rückständigen Arbeitslohn sind daher vor allen anderen Forderungen zu befriedigen. Anders stellt sich die Situation hingegen bei der Erlösverteilung im virtuellen Sekundärinsolvenzverfahren dar. Für die Verteilung des Erlöses aus der Verwertung der Masse des virtuellen Sekundärinsolvenzverfahrens gilt gemäß Art. 36 Abs. 2 S. 1 EuInsVO das insolvenzrechtliche Privilegiensystem des Staates, in dem das Sekundärinsolvenzverfahren hätte eröffnet werden können. Im hiesigen Fall hätte ein Sekundärinsolvenzverfahren in Deutschland eröffnet werden können, so dass die §§ 38, 39 InsO Anwendung finden. Das deutsche Insolvenzrecht behandelt die Forderung eines Arbeitsnehmers auf rückständigen Arbeitslohn als or-

[316] SARL ist die Abkürzung für Société à responsabilité limitée. Eine SARL entspricht in etwa einer deutschen GmbH. Vgl. *Dammann*, in: Sonnenberger/Dammann, Französisches Handels- und Wirtschaftsrecht, 3. Aufl. 2008, S. 214 ff.

[317] *Dammann*, in: Sonnenberger/Dammann, Französisches Handels- und Wirtschaftsrecht, 3. Aufl. 2008, S. 538 f.; *Niggemann*, in: Münchener Kommentar InsO, Band 4, 3. Aufl. 2016, Frankreich Rn. 65 f.

dentliche Insolvenzforderung im Sinne des § 38 InsO.[318] Die Forderung des A genießt bei der Verteilung des Erlöses im virtuellen Sekundärinsolvenzverfahren folglich kein Vorrecht. Vielmehr konkurriert seine Forderung auf rückständigen Arbeitslohn mit anderen ordentlichen Insolvenzforderungen im Sinne des § 38 InsO.

Kapitel 6

Verteilungsverfahren

A. Grundlagen

Grundsätzlich ist zwischen dem Verteilungsverfahren und der Erlösverteilung im engeren Sinne zu unterscheiden. Wird hier von der Erlösverteilung im engeren Sinne gesprochen, so geht es um die Frage, wie der Erlös unter den Gläubigern aufgeteilt wird. Wie der Gläubiger bei der Erlösverteilung behandelt wird, hängt vom Rang seiner Forderung ab. Es ist grundsätzlich zwischen vorrangig und nachrangig zu befriedigenden Forderungen zu unterscheiden. Das Verteilungsverfahren ist hingegen der Erlösverteilung vorgeschaltet. Im deutschen Recht ist das Verteilungsverfahren in den §§ 187 ff. InsO geregelt. Das Verteilungsverfahren legt fest, ob die Erlösverteilung durch das Insolvenzgericht oder den Insolvenzverwalter vorgenommen wird. Es bestimmt die Regeln zur Erstellung eines Verteilungsverzeichnisses und beantwortet die Frage, ob das Verteilungsverzeichnis durch das Insolvenzgericht geprüft wird. Das Verteilungsverfahren regelt auch, zu welchem Zeitpunkt die Erlösverteilung vorzunehmen ist. Zudem kann das Verteilungsverfahren vor der Schlussverteilung eine Gläubigerversammlung vorsehen, auf der die Gläubiger die Möglichkeit haben, Einwendungen gegen die beabsichtigte Verteilung zu erheben.

B. Virtuelle Verfahrenspluralität

Im Fall der virtuellen Verfahrenspluralität stellt sich die Frage, nach welchem Recht das Verteilungsverfahren durchzuführen ist. Auch hierbei muss zwischen dem virtuellen Hauptinsolvenzverfahren und dem virtuellen Sekundärinsolvenzverfahren unterschieden werden. Im virtuellen Hauptinsolvenzverfahren findet ausschließlich die *lex fori concursus* Anwendung. Dies gilt gemäß Art. 7 Abs. 2 S. 2 lit. i) EuInsVO auch für das Verteilungsverfahren. Problematisch ist hingegen die Durchführung des virtuellen Sekundärinsolvenzverfahrens. Es stellt sich die Frage, ob sich das Ver-

---

[318] Vgl. u. a. *Büteröwe*, in: Karsten Schmidt, InsO, 19. Aufl. 2016, § 38 Rn. 20; *Ehricke/Behme*, in: Münchener Kommentar InsO, Band 1, 4. Aufl. 2019, § 38 Rn. 84; *Lüdtke*, in: Hamburger Kommentar InsO, 7. Aufl. 2019, § 38 Rn. 41.

teilungsverfahren nach der *lex fori concursus* oder nach dem Recht des Staates, in dem das Sekundärinsolvenzverfahren hätte eröffnet werden können, richtet.

I. Wortlaut der Norm

Der Begriff „Verteilungsverfahren" wird in Art. 36 EuInsVO nicht benutzt. Daher ist zu prüfen, ob die in Art. 36 Abs. 1 S. 1 EuInsVO und die in Art. 36 Abs. 2 S. 1 EuInsVO verwendeten Formulierungen sich auch auf das Verteilungsverfahren beziehen.

Gemäß Art. 36 Abs. 1 S. 1 EuInsVO gibt der Verwalter eine Zusicherung des Inhalts, dass er bei der Verteilung des Vermögens oder des bei seiner Verwertung erzielten Erlöses die Verteilungs- und Vorzugsrechte nach nationalem Recht wahrt, die Gläubiger hätten, wenn ein Sekundärinsolvenzverfahren eröffnet worden wäre. Demnach gilt das Recht des Staates, in dem das Sekundärinsolvenzverfahren eröffnet werden könnte, nur für die Verteilungs- und Vorzugsrechte der Gläubiger. Art. 36 Abs. 1 S. 1 EuInsVO spricht nur von Gläubigerrechten, nicht aber von einem Verfahren, das eingehalten werden muss. Art. 36 Abs. 1 S. 1 EuInsVO bezieht sich also nur auf die Erlösverteilung im engeren Sinne.

Art. 36 Abs. 2 S. 1 EuInsVO spricht davon, dass für die Verteilung des Erlöses aus der Verwertung von Gegenständen der Masse, für den Rang der Forderungen und für die Rechte der Gläubiger in Bezug auf Gegenstände der Masse das Recht des Staats, in dem das Sekundärinsolvenzverfahren hätte eröffnet werden können, gilt. Der Begriff „Verfahren" wird auch hier nicht verwendet. Zu prüfen ist, ob mit „Verteilung des Erlöses" das gesamte Verteilungsverfahren oder nur die Erlösverteilung im engeren Sinne gemeint ist. Die Formulierung darf nicht isoliert betrachtet werden, sondern muss im Kontext ausgelegt werden. Art. 36 Abs. 2 S. 1 EuInsVO erwähnt auch den Rang der Forderungen, womit auf die Erlösverteilung im engeren Sinne Bezug genommen wird. Daraus könnte man nun den Schluss ziehen, dass sich die Formulierung „Verteilung des Erlöses" dann auf das gesamte Verteilungsverfahren bezieht. Anderenfalls würde Art. 36 Abs. 2 S. 1 EuInsVO die Erlösverteilung im engeren Sinne doppelt ansprechen. Die Formulierung „Verteilung des Erlöses" findet sich auch in Art. 7 Abs. 2 S. 2 lit. i) EuInsVO. Im Schrifttum ist man sich weitgehend einig, dass sich Art. 7 Abs. 2 S. 2 lit. i) EuInsVO sowohl auf die Erlösverteilung im engeren Sinne als auch auf das Verteilungsverfahren bezieht.[319] Allerdings wird diese Auffassung von niemandem mit Argumenten begründet. Ist man der Meinung, dass sich Art. 7 Abs. 2 S. 2 lit. i) EuInsVO auf das Verteilungsverfahren bezieht, so könnte man zu dem Schluss kommen, dass Art. 36 Abs. 2 S. 1 EuInsVO aufgrund der

[319] *Brinkmann*, in: Karsten Schmidt, InsO, 19. Aufl. 2016, Art. 4 EuInsVO a. F. Rn. 32; *Müller*, in: Mankowski/Müller/J. Schmidt, EuInsVO, 1. Aufl. 2016, Art. 7 Rn. 55; *Paulus*, in: Paulus, EuInsVO, 6. Aufl. 2021, Art. 7 Rn. 39; *Reinhart*, in: Münchener Kommentar InsO, Band 4, 3. Aufl. 2016, Art. 4 EuInsVO 2000 Rn. 40; wohl auch *Liersch*, in: Vallender, EuInsVO, 2. Aufl. 2020, Art. 7 Rn. 33.

gleichen Formulierung wie in Art. 7 Abs. 2 S. 2 lit. i) EuInsVO ebenfalls das Verteilungsverfahren meint.

Die Auslegung des Wortlauts des Art. 36 EuInsVO führt zu keinem eindeutigen Ergebnis. Problematisch ist insbesondere, dass der Gesetzgeber sich in Art. 36 Abs. 1 S. 1 EuInsVO und Art. 36 Abs. 2 S. 1 EuInsVO unterschiedlich ausdrückt. Dies führt zu widersprüchlichen Ergebnissen. Während der Wortlaut des Art. 36 Abs. 1 S. 1 EuInsVO eindeutig dafür spricht, dass sich die Zusicherung nur auf die Erlösverteilung im engeren Sinne bezieht, lässt der Wortlaut des Art. 36 Abs. 2 S. 1 EuInsVO sowohl die eine als auch die andere Interpretation zu. Zwar hat der Gesetzgeber das virtuelle Sekundärinsolvenzverfahren im engeren Sinn in Art. 36 Abs. 2 S. 1 EuInsVO normiert. Dennoch darf Art. 36 Abs. 2 S. 1 EuInsVO nicht isoliert von Art. 36 Abs. 1 S. 1 EuInsVO betrachtet werden. Schließlich definiert Art. 36 Abs. 1 S. 1 EuInsVO den Inhalt der Zusicherung. Die Zusicherung ist das Versprechen gegenüber den Gläubigern, ein virtuelles Sekundärinsolvenzverfahren durchzuführen. Die Durchführung des virtuellen Sekundärinsolvenzverfahrens ist die Erfüllung dieses Versprechens. Zusicherung und virtuelles Sekundärinsolvenzverfahren müssen folglich inhaltlich übereinstimmen, weshalb Art. 36 Abs. 1 S. 1 EuInsVO und Art. 36 Abs. 2 S. 1 EuInsVO einheitlich ausgelegt werden müssen. Als Ergebnis ist daher festzuhalten, dass sich die Frage, nach welchem Recht sich das Verteilungsverfahren richtet, nicht allein anhand des Wortlauts des Art. 36 EuInsVO beantworten lässt.

II. Zweck der Norm

Zu prüfen ist, ob der Sinn und Zweck des Art. 36 EuInsVO es gebietet, das Verteilungsverfahren nach dem Recht des Staates, in dem das Sekundärinsolvenzverfahren hätte eröffnet werden können, durchzuführen. Die Schutzfunktion eines virtuellen Sekundärinsolvenzverfahrens deckt sich grundsätzlich mit der eines realen Sekundärinsolvenzverfahrens.

1. Zweck eines realen Sekundärinsolvenzverfahrens

In einem Sekundärinsolvenzverfahren richtet sich das Verteilungsverfahren gemäß Art. 7 Abs. 2 S. 2 lit. i) EuInsVO nach der *lex fori concursus secundarii*. Zum Verteilungsverfahren gehören typischerweise auch Regeln, die dem Schutz der Gläubiger dienen. Zu nennen sind insbesondere Vorschriften, die es den Gläubigern erlauben, Einwendungen gegen das Verteilungsverzeichnis zu erheben. Eine Norm, die eine Überprüfung des Verteilungsverzeichnisses durch das Insolvenzgericht vorschreibt, schützt ebenfalls die Interessen der Gläubiger. Dies gilt auch für eine Vorschrift, die eine obligatorische Gläubigerversammlung vor Erlösverteilung statuiert. Auch wenn diese Vorschriften dem Schutz der Gläubiger dienen, so lassen sie sich doch nicht mit solchen Normen vergleichen, die den Rang einer Forderung festlegen. Ein Gläubiger wird wohl kaum jemals die Eröffnung eines Sekundärinsolvenzverfahrens beantragen, weil ihm das Verteilungsverfahren nach der *lex fori concursus secundarii* mehr zusagt als das Verteilungsverfahren nach dem Recht des Staates, in dem das Hauptinsolvenzverfahren eröffnet wurde. Vielmehr wird ein Gläubiger immer dann die Eröffnung eines Sekundärinsolvenzverfahrens beantragen, wenn die *lex fori concursus secundarii* seiner Forderung einen besseren Rang einräumt als das Recht des Staates, in dem das Hauptinsolvenzverfahren eröffnet wurde. Die Wahrung von Vorrechten ist folglich auch der primäre Zweck eines Sekundärinsolvenzverfahrens. Die Ausgestaltung des Verteilungsverfahrens spielt für die Gläubiger hingegen nur eine untergeordnete Rolle. Entsprechend wenig sind sie diesbezüglich schutzbedürftig.

2. Schutz der Interessen im virtuellen Sekundärinsolvenzverfahren

Von den Vorschriften eines Verteilungsverfahrens sind zwei Arten von Normen besonders bedeutsam für die Gläubiger. Dies sind zum einen solche Vorschriften, die die Erstellung und Veröffentlichung des Verteilungsverzeichnisses regeln. Zum anderen handelt es sich um die Normen, die festlegen, unter welchen Voraussetzungen Gläubiger Einwendungen gegen das Verteilungsverzeichnis erheben können.

Der Gesetzgeber nimmt in Art. 36 EuInsVO sowohl zur Erstellung und Veröffentlichung des Verteilungsverzeichnisses als auch zum Rechtsschutz der Gläubiger gegen ein unrichtiges Verteilungsverzeichnis Stellung.

Gemäß Art. 36 Abs. 7 S. 1 EuInsVO muss der Verwalter die lokalen Gläubiger über die geplante Erlösverteilung benachrichtigen, bevor er den Verwertungserlös verteilt. Inhalt dieser Benachrichtigung ist ein Verteilungsverzeichnis.[320] Dies ergibt sich aus dem Sinn und Zweck der Benachrichtigung. Die Benachrichtigung über die geplante Verteilung soll den lokalen Gläubigern die Möglichkeit geben, zu kontrollieren, ob das virtuelle Sekundärinsolvenzverfahren korrekt durchgeführt wird. Art. 36 Abs. 7 S. 1 EuInsVO hat die gleiche Zielrichtung wie im deutschen Recht § 188 InsO. Gemäß § 188 S. 1 InsO hat der Verwalter ein Verteilungsverzeichnis zu erstellen. Das Verteilungsverzeichnis ist gemäß § 188 S. 2 InsO auf der Geschäftsstelle zur Einsicht der Beteiligten niederzulegen. Entspricht die Benachrichtigung nicht dem Inhalt der Zusicherung oder dem geltenden Recht, so kann jeder lokale Gläubiger gemäß Art. 36 Abs. 7 S. 2 EuInsVO die Verteilung vor einem Gericht des Staates anfechten, in dem das Hauptinsolvenzverfahren eröffnet wurde. Art. 36 Abs. 7 S. 2 EuInsVO verfolgt insofern den gleichen Schutzzweck wie im deutschen Recht §§ 194, 197 Abs. 1 S. 2 Nr. 2 InsO. §§ 194, 197 Abs. 1 S. 2 Nr. 2 InsO ge-

[320] So ebenfalls *Mohr*, in: Nunner-Krautgasser/Garber/Jaufer, Grenzüberschreitende Insolvenzen im europäischen Binnenmarkt, 2017, S. 219 (229); *Paulus*, in: Paulus, EuInsVO, 6. Auf. 2021, Art. 36 Rn. 25, 31; im Ergebnis auch *Mankowski*, NZI 2015, 961 (968); *Mankowski*, in: Mankowski/Müller/J. Schmidt, EuInsVO, 1. Aufl. 2016, Art. 36 Rn. 54.

währen Gläubigern in einem deutschen Insolvenzverfahren das Recht, Einwendungen gegen das Verteilungs- bzw. das Schlussverzeichnis zu erheben.

Im Ergebnis ist festzustellen, dass der Gesetzgeber die für die Gläubiger besonders bedeutsamen Verteilungsfragen in Art. 36 Abs. 7 EuInsVO regelt. Dabei verweist er weder in Art. 36 Abs. 7 S. 1 EuInsVO noch in Art. 36 Abs. 7 S. 2 EuInsVO auf das Recht des Staates, in dem das Sekundärinsolvenzverfahren hätte eröffnet werden können. Vielmehr handelt es sich bei Art. 36 Abs. 7 EuInsVO um eine Sachnorm.[321] Alle anderen Fragen eines Verteilungsverfahrens haben für die Gläubiger weit weniger Bedeutung. Dies betrifft beispielsweise den Zeitpunkt der Verteilung und die Frage, wann Abschlagsverteilungen vorzunehmen sind. Hinsichtlich solcher Verteilungsfragen sind die Gläubiger wenig oder gar nicht schutzbedürftig. Der mit Art. 36 EuInsVO bezweckte Schutz der lokalen Gläubiger erfordert es daher nicht, das Verteilungsverfahren nach dem Recht des Staates, in dem das Sekundärinsolvenzverfahren hätte eröffnet werden können, durchzuführen. Die lokalen Gläubiger werden in ausreichendem Maße durch Art. 36 Abs. 7 EuInsVO geschützt. Zu beachten ist zudem, dass die in Art. 36 Abs. 7 EuInsVO geschaffenen Regelungen nicht notwendig wären, wenn das Verteilungsverfahren ohnehin nach dem Recht des Staates, in dem das Sekundärinsolvenzverfahren hätte eröffnet werden können, durchgeführt werden müsste.

3. Ergebnis

Die Wahrung von Vorrechten ist der primäre Zweck eines Sekundärinsolvenzverfahrens. Das Gleiche gilt für ein virtuelles Sekundärinsolvenzverfahren. Die Regeln des Verteilungsverfahrens haben für die Gläubiger hingegen nur eine untergeordnete Bedeutung.

Die wichtigsten Verteilungsfragen, nämlich die Veröffentlichung des Verteilungsverzeichnisses und die Frage des Rechtsschutzes der Gläubiger gegen ein unrichtiges Verteilungsverzeichnis, hat der Gesetzgeber eigens in Art. 36 Abs. 7 EuInsVO geregelt. Ein über Art. 36 Abs. 7 EuInsVO hinausgehender Schutz der lokalen Gläubiger ist nicht erforderlich. Dies spricht dafür, dass das Verteilungsverfahren ausschließlich nach dem Recht des Staates, in dem das Hauptinsolvenzverfahren eröffnet wurde, durchzuführen ist.

III. Internationale Zuständigkeit

In der Regel ist auch das Insolvenzgericht in das Verteilungsverfahren eingebunden. Die InsO sieht jedenfalls eine Beteiligung des Insolvenzgerichts vor. Über Einwendungen gegen das Verteilungs- bzw. Schlussverzeichnis entscheidet gemäß

[321] Zur Abgrenzung von Kollisions- und Sachnormen, vgl. u. a. *Rauscher*, Internationales Privatrecht, 5. Aufl. 2017, Rn. 159 ff.

§§ 194, 197 InsO das Insolvenzgericht. Gemäß § 196 Abs. 2 InsO darf der Verwalter die Schlussverteilung nur mit Zustimmung des Insolvenzgerichts vornehmen. Zudem bestimmt das Insolvenzgericht gemäß § 197 Abs. 1 S. 1 InsO einen Termin für eine abschließende Gläubigerversammlung. Wäre das Verteilungsverfahren tatsächlich nach dem Recht des Staates, in dem das Sekundärinsolvenzverfahren hätte eröffnet werden können, durchzuführen, so würde sich die Frage stellen, ob die Gerichte in dem Staat, in dem das Hauptinsolvenzverfahren eröffnet wurde, oder die Gerichte in dem Staat, in dem das Sekundärinsolvenzverfahren hätte eröffnet werden können, international für das Verteilungsverfahren zuständig sind. Auf dieses Problem ist der Gesetzgeber in Art. 36 EuInsVO aber an keiner Stelle eingegangen. Ist das Verteilungsverfahren hingegen nach dem Recht des Staates, in dem das Hauptinsolvenzverfahren eröffnet wurde, durchzuführen, so kommt die Frage danach, welche Gerichte international für das Verteilungsverfahren zuständig sind, nicht auf. In diesem Fall wären zweifellos die Gerichte des Staates international zuständig, in dem das Hauptinsolvenzverfahren eröffnet wurde. Die Tatsache, dass sich Art. 36 EuInsVO nicht dazu äußert, welche Gerichte international für das Verteilungsverfahren zuständig sind, ist also ein Indiz dafür, dass das Verteilungsverfahren nach dem Recht des Staates, in dem das Hauptinsolvenzverfahren eröffnet wurde, durchzuführen ist.

IV. Gesamtergebnis

Das Verteilungsverfahren bestimmt sich gemäß Art. 7 Abs. 2 S. 2 lit. i) EuInsVO ausschließlich nach den Regeln der *lex fori concursus*. Dies gilt auch für das Verteilungsverfahren im virtuellen Sekundärinsolvenzverfahren.[322] Art. 36 Abs. 2 S. 1 EuInsVO bezieht sich nicht auf das Verteilungsverfahren. Das Recht des Staates, in dem das Sekundärinsolvenzverfahren hätte eröffnet werden können, gilt also nicht für das Verteilungsverfahren. Für dieses Ergebnis spricht vor allem die Funktion eines virtuellen Sekundärinsolvenzverfahrens. Das virtuelle Sekundärinsolvenzverfahren dient dem Schutz der lokalen Gläubiger. Die lokalen Gläubiger haben allerdings kein schützenswertes Interesse, dass das Verteilungsverfahren nach dem Recht des Staates, in dem das Sekundärinsolvenzverfahren hätte eröffnet werden

[322] So im Ergebnis auch *Mohr*, in: Nunner-Krautgasser/Garber/Jaufer, Grenzüberschreitende Insolvenzen im europäischen Binnenmarkt, 2017, S. 219 (229). Mohr unterlässt es allerdings, seine Auffassung zu begründen. Ebenfalls Schmidt ist der Ansicht, das Verteilungsverfahren bestimme sich nach der *lex fori concursus*. *Schmidt*, Die Zusicherung nach Art. 36 EuInsVO, 2019, S. 77. Schmidt setzt sich allerdings nur oberflächlich mit der Problematik auseinander. Nicht überzeugend ist die Art, wie er sein Ergebnis begründet. Schmidt ist der Meinung, ein Verteilungsverfahren nach den Regeln der *lex fori concursus secundarii* würde sich als kaum praktikabel erweisen, ohne dies näher zu erläutern. Zudem argumentiert er, Art. 36 Abs. 7, Abs. 8 und Abs. 9 EuInsVO führten zu einer teilweisen Harmonisierung des Verteilungsverfahrens. Schmidt erklärt allerdings nicht, was er damit meint. Seine Argumentation ist somit nicht nachvollziehbar. A.A. *Wimmer*, in: Wimmer/Bornemann/Lienau, Die Neufassung der EuInsVO, 2016, Rn. 425. Wimmer erläutert seine Ansicht nicht.

können, durchgeführt wird. Vielmehr werden sie ausreichend durch Art. 36 Abs. 7 EuInsVO geschützt.

Kapitel 7

Die Rechtsnatur des Art. 36 Abs. 2 S. 1 EuInsVO

A. Fragestellung

Wurde eine Zusicherung gegeben, so gilt gemäß Art. 36 Abs. 2 S. 1 EuInsVO für die Verteilung des Erlöses, für den Rang der Forderungen und für die Rechte der Gläubiger in Bezug auf Gegenstände der Masse das Recht des Staats, in dem das Sekundärinsolvenzverfahren hätte eröffnet werden können. Strittig ist, welche Rechtsfolge Art. 36 Abs. 2 S. 1 EuInsVO konkret anordnet.

Mankowski ist der Auffassung, es handele sich um eine Sachnorm.[323] Das Recht des Staates, in dem das Sekundärinsolvenzverfahren hätte eröffnet werden können, sei nicht zur Anwendung berufen. Dieses gebe nur einen Maßstab ab, der bei der Verteilung zu beachten sei.

Demgegenüber hält die Mehrzahl der Kommentatoren Art. 36 Abs. 2 S. 1 EuInsVO allerdings für eine Kollisionsnorm.[324] Art. 36 Abs. 2 S. 1 EuInsVO verweise auf das Recht des Staates, in dem das Sekundärinsolvenzverfahren hätte eröffnet werden können. Die Autoren, die in Art. 36 Abs. 2 S. 1 EuInsVO eine Kollisionsnorm sehen, begründen ihre Auffassung allerdings nicht.

Im Folgenden soll ausführlich geprüft werden, ob Art. 36 Abs. 2 S. 1 EuInsVO eine Sachnorm oder eine Kollisionsnorm ist.

B. Der Unterschied zwischen Kollisionsnormen und Sachnormen

Kollisionsnormen und IPR-Sachnormen finden beide auf internationale Sachverhalte Anwendung. Der entscheidende Unterschied besteht in der angeordneten Rechtsfolge.[325]

---

[323] *Mankowski*, NZI 2015, 961 (963); *Mankowski*, in: Mankowski/Müller/J. Schmidt, EuInsVO, 1. Aufl. 2016, Art. 36 Rn. 18.

[324] *Delzant*, in: Braun, InsO, 8. Aufl. 2020, Art. 36 EuInsVO Rn. 24; *Fehrenbach*, GPR 2017, 38 (40); *Reinhart*, in: Münchener Kommentar InsO, Band 4, 3. Aufl. 2016, Art. 36 EuInsVO 2015 Rn. 29.

[325] *Kren Kostkiewicz*, Schweizerisches Internationales Privatrecht, 2. Aufl. 2018, Rn. 558; *Schurig*, in: Kegel/Schurig, Internationales Privatrecht, 9. Aufl. 2004, S. 53.

Eine Kollisionsnorm entscheidet auf der Rechtsfolgenseite darüber, welche Rechtsordnung maßgeblich sein soll.[326] Ist der Tatbestand der Kollisionsnorm erfüllt, so wird als Rechtsfolge eine bestimmte Rechtsordnung zur Anwendung berufen. Die Kollisionsnorm trifft also keine Entscheidung über den Sachverhalt. Der Sachverhalt wird erst durch Normen der Rechtsordnung entschieden, auf die verwiesen wurde.[327] Die Kollisionsnorm ist eine Verweisungsnorm.

Eine IPR-Sachnorm verweist hingegen nicht auf eine andere Rechtsordnung. Ist der Tatbestand der IPR-Sachnorm erfüllt, so trifft sie selbst auf der Rechtsfolgenseite eine unmittelbare und abschließende Entscheidung über den Sachverhalt.[328]

C. Untersuchung der Rechtsnatur

I. Wortlaut der Norm

Gemäß Art. 36 Abs. 2 S. 1 EuInsVO gilt das Recht des Staats, in dem das Sekundärinsolvenzverfahren hätte eröffnet werden können. Mankowski ist der Meinung, dass der Wortlaut des Art. 36 Abs. 2 S. 1 EuInsVO darauf hinweist, dass es sich um eine Sachnorm handelt.[329] Dem kann nicht gefolgt werden. Vielmehr spricht der Wortlaut dafür, dass Art. 36 Abs. 2 S. 1 EuInsVO eine Kollisionsnorm ist.

Mankowski behauptet, das Recht des Staates, in dem das Sekundärinsolvenzverfahren hätte eröffnet werden können, sei nicht im eigentlichen Sinne anwendbar.[330] Dieses Recht gäbe nur einen Maßstab für die Verteilung ab. Wäre das tatsächlich so, hätte der Gesetzgeber Art. 36 Abs. 2 S. 1 EuInsVO aber anders formuliert. Der Gesetzeswortlaut würde dann beispielsweise folgendermaßen lauten: *Wurde eine Zusicherung im Einklang mit diesem Artikel gegeben, so sind die Gläubiger hinsichtlich der Verteilung des Erlöses aus der Verwertung von Gegenständen der Masse nach* Absatz *1, hinsichtlich des Rangs der Forderungen und hinsichtlich der Rechte der Gläubiger in Bezug auf Gegenstände der Masse nach* Absatz *1 so zu stellen, als sei ein Sekundärinsolvenzverfahren eröffnet worden. Das*

[326] *Kren Kostkiewicz*, Schweizerisches Internationales Privatrecht, 2. Aufl. 2018, Rn. 549, 558; *Kropholler*, Internationales Privatrecht, 6. Aufl. 2006, S. 105; *Rauscher*, Internationales Privatrecht, 5. Aufl. 2017, Rn. 162; *Schurig*, in: Kegel/Schurig, Internationales Privatrecht, 9. Aufl. 2004, S. 53.

[327] *Kren Kostkiewicz*, Schweizerisches Internationales Privatrecht, 2. Aufl. 2018, Rn. 549; *Schurig*, in: Kegel/Schurig, Internationales Privatrecht, 9. Aufl. 2004, S. 53.

[328] *Kren Kostkiewicz*, Schweizerisches Internationales Privatrecht, 2. Aufl. 2018, Rn. 549, 578; *Kropholler*, Internationales Privatrecht, 6. Aufl. 2006, S. 105; *Rauscher*, Internationales Privatrecht, 5. Aufl. 2017, Rn. 164; *Schurig*, in: Kegel/Schurig, Internationales Privatrecht, 9. Aufl. 2004, S. 53.

[329] *Mankowski*, NZI 2015, 961 (963 f.); *Mankowski*, in: Mankowski/Müller/J. Schmidt, EuInsVO, 1. Aufl. 2016, Art. 36 Rn. 18.

[330] *Mankowski*, NZI 2015, 961 (964); *Mankowski*, in: Mankowski/Müller/J. Schmidt, EuInsVO, 1. Aufl. 2016, Art. 36 Rn. 18.

Recht des Staats, in dem das Sekundärinsolvenzverfahren hätte eröffnet werden können, dient dabei als Maßstab.

Auch ein Vergleich des Wortlauts des Art. 36 Abs. 2 S. 1 EuInsVO mit anderen Normen der EuInsVO spricht dafür, dass es sich um eine Kollisionsnorm handelt. Art. 7 Abs. 1 EuInsVO und Art. 13 Abs. 1 EuInsVO sind auf der Rechtsfolgeseite genauso formuliert wie Art. 36 Abs. 2 S. 1 EuInsVO. Gemäß Art. 7 Abs. 1 EuInsVO gilt für das Insolvenzverfahren und seine Wirkungen das Insolvenzrecht des Staats, in dessen Hoheitsgebiet das Verfahren eröffnet wird. Es ist völlig unstreitig, dass Art. 7 EuInsVO eine Kollisionsnorm ist.[331] In Art. 13 Abs. 1 EuInsVO heißt es, dass für die Wirkungen des Insolvenzverfahrens auf einen Arbeitsvertrag ausschließlich das Recht des Staats gilt, das auf den Arbeitsvertrag anzuwenden ist. Auch Art. 13 Abs. 1 EuInsVO ist eine anerkannte Kollisionsnorm.[332]

II. Zweck der Norm

Auch der Sinn und Zweck des virtuellen Sekundärinsolvenzverfahrens spricht dafür, dass Art. 36 Abs. 2 S. 1 EuInsVO eine Kollisionsnorm ist. Das virtuelle Sekundärinsolvenzverfahren dient dem Schutz der lokalen Gläubiger. Diese sollen so behandelt werden, als wäre das Sekundärinsolvenzverfahren eröffnet worden.[333] In einem Sekundärinsolvenzverfahren gilt für die Verteilung des Erlöses und für den Rang der Forderungen gemäß Art. 7 Abs. 2 S. 2 lit. i) EuInsVO die *lex fori concursus secundarii*. Art. 7 EuInsVO ist eine Kollisionsnorm.[334] Folglich ist das Recht des

[331] *Brinkmann*, in: Karsten Schmidt, InsO, 19. Aufl. 2016, Art. 4 EuInsVO a.F. Rn. 1 f.; *Dornblüth*, in: Heidelberger Kommentar InsO, 10. Aufl. 2020, Art. 7 EuInsVO Rn. 1; *Duursma-Kepplinger*, in: Duursma-Kepplinger/Duursma/Chalupsky, EuInsVO, 1. Aufl. 2002, Art. 4 a.F. Rn. 1; *Kindler*, in: Münchener Kommentar BGB, Band 13, 8. Aufl. 2021, Vorbemerkung (Vor Art. 7 EuInsVO) Rn. 3; *Knof*, in: Uhlenbruck, InsO, Band 2, 15. Aufl. 2020, Art. 7 EuInsVO Rn. 2; *Liersch*, in: Vallender, EuInsVO, 2. Aufl. 2020, Art. 7 Rn. 1; *Müller*, in: Mankowski/Müller/J. Schmidt, EuInsVO, 1. Aufl. 2016, Art. 7 Rn. 1; *Pannen/Riedemann*, in: Pannen, EuInsVO, 1. Aufl. 2007, Art. 4 a.F. Rn. 1; *Paulus*, in: Paulus, EuInsVO, 6. Aufl. 2021, Art. 7 Rn. 1; *Reinhart*, in: Münchener Kommentar InsO, Band 4, 3. Aufl. 2016, Art. 4 EuInsVO 2000 Rn. 1; *Smid*, in: Leonhardt/Smid/Zeuner, Internationales Insolvenzrecht, 2. Aufl. 2012, Art. 4 EuInsVO a.F. Rn. 1.

[332] *Brinkmann*, in: Karsten Schmidt, InsO, 19. Aufl. 2016, Art. 10 EuInsVO a.F. Rn. 1; *Dammann*, in: Pannen, EuInsVO, 1. Aufl. 2007, Art. 10 a.F. Rn. 2; *Dornblüth*, in: Heidelberger Kommentar InsO, 10. Aufl. 2020, Art. 13 EuInsVO Rn. 1; *Duursma-Kepplinger*, in: Duursma-Kepplinger/Duursma/Chalupsky, EuInsVO, 1. Aufl. 2002, Art. 10 a.F. Rn. 1; *Kindler*, in: Münchener Kommentar BGB, Band 13, 8. Aufl. 2021, Art. 13 EuInsVO Rn. 1; *Liersch*, in: Vallender, EuInsVO, 2. Aufl. 2020, Art. 13 Rn. 1; *Paulus*, in: Paulus, EuInsVO, 6. Aufl. 2021, Art. 13 Rn. 1; *Reinhart*, in: Münchener Kommentar InsO, Band 4, 3. Aufl. 2016, Art. 10 EuInsVO 2000 Rn. 20; *Zeuner*, in: Leonhardt/Smid/Zeuner, Internationales Insolvenzrecht, 2. Aufl. 2012, Art. 10 EuInsVO a.F. Rn. 1.

[333] Vgl. auch Erwägungsgrund Nr. 42 S. 1.

[334] *Brinkmann*, in: Karsten Schmidt, InsO, 19. Aufl. 2016, Art. 4 EuInsVO a.F. Rn. 1 f.; *Dornblüth*, in: Heidelberger Kommentar InsO, 10. Aufl. 2020, Art. 7 EuInsVO Rn. 1; *Duurs-*

Staates, in dem das Sekundärinsolvenzverfahren eröffnet wurde, selbst zur Anwendung berufen. Die lokalen Gläubiger haben daher ein berechtigtes Interesse, dass auch bei Durchführung eines virtuellen Sekundärinsolvenzverfahrens das Recht des Staates, in dem das Sekundärinsolvenzverfahren hätte eröffnet werden können, tatsächlich zur Anwendung gelangt. Gibt das Recht des Staates, in dem das Sekundärinsolvenzverfahren hätte eröffnet werden können, hingegen nur einen Maßstab ab, anhand dessen die Sachnormen des Hauptinsolvenzstatuts angepasst werden, wie von Mankowski behauptet,[335] so stünden die lokalen Gläubiger schlechter als im Fall der Eröffnung eines Sekundärinsolvenzverfahrens. Wäre Art. 36 Abs. 2 S. 1 EuInsVO also tatsächlich eine Sachnorm, so dürfte es dem Verwalter schwer fallen, die lokalen Gläubiger von der Zusicherung zu überzeugen. Letztlich wollen die lokalen Gläubiger eine Garantie, dass ihre Forderungen bei der Erlösverteilung genauso behandelt werden wie im Fall der Eröffnung eines Sekundärinsolvenzverfahrens. Eine solche Garantie gibt ihnen aber nur eine Kollisionsnorm, die das Recht des Staates, in dem das Sekundärinsolvenzverfahren hätte eröffnet werden können, für anwendbar erklärt. Nur dann ist das virtuelle Sekundärinsolvenzverfahren ein gleichwertiger Ersatz für ein reales Sekundärinsolvenzverfahren. Eine Auslegung des Art. 36 Abs. 2 S. 1 EuInsVO als Sachnorm wird den Interessen der lokalen Gläubiger hingegen nicht gerecht.

III. Nachteile einer hypothetischen Sachnorm

Wäre Art. 36 Abs. 2 S. 1 EuInsVO tatsächlich eine Sachnorm, so würden sich etliche Probleme praktischer und rechtlicher Art ergeben.

Mankowski, der Art. 36 Abs. 2 S. 1 EuInsVO für eine Sachnorm hält, schreibt, dass im Fall der virtuellen Verfahrenspluralität nur die *lex fori concursus* kollisionsrechtlich zur Anwendung berufen ist.[336] Demnach würde auch für die Erlösverteilung im virtuellen Sekundärinsolvenzverfahren das Recht des Staates gelten, in dem das Hauptinsolvenzverfahren eröffnet wurde. Laut Mankowski soll das Recht

---

ma-Kepplinger, in: Duursma-Kepplinger/Duursma/Chalupsky, EuInsVO, 1. Aufl. 2002, Art. 4 a.F. Rn. 1; *Kindler*, in: Münchener Kommentar BGB, Band 13, 8. Aufl. 2021, Vorbemerkung (Vor Art. 7 EuInsVO) Rn. 3; *Knof*, in: Uhlenbruck, InsO, Band 2, 15. Aufl. 2020, Art. 7 EuInsVO Rn. 2; *Liersch*, in: Vallender, EuInsVO, 2. Aufl. 2020, Art. 7 Rn. 1; *Müller*, in: Mankowski/Müller/J. Schmidt, EuInsVO, 1. Aufl. 2016, Art. 7 Rn. 1; *Pannen/Riedemann*, in: Pannen, EuInsVO, 1. Aufl. 2007, Art. 4 a.F. Rn. 1; *Paulus*, in: Paulus, EuInsVO, 6. Aufl. 2021, Art. 7 Rn. 1; *Reinhart*, in: Münchener Kommentar InsO, Band 4, 3. Aufl. 2016, Art. 4 EuInsVO 2000 Rn. 1; *Smid*, in: Leonhardt/Smid/Zeuner, Internationales Insolvenzrecht, 2. Aufl. 2012, Art. 4 EuInsVO a.F. Rn. 1.

[335] *Mankowski*, NZI 2015, 961 (964); *Mankowski*, in: Mankowski/Müller/J. Schmidt, EuInsVO, 1. Aufl. 2016, Art. 36 Rn. 18.

[336] Dies ist seinen Ausführungen im Wege eines Umkehrschlusses zu entnehmen. Vgl. *Mankowski*, NZI 2015, 961 (963 f.); *Mankowski*, in: Mankowski/Müller/J. Schmidt, EuInsVO, 1. Aufl. 2016, Art. 36 Rn. 18.

des Staates, in dem das Sekundärinsolvenzverfahren hätte eröffnet werden können, wegen Art. 36 Abs. 2 S. 1 EuInsVO allerdings einen Maßstab abgeben, anhand dessen die Sachnormen des Hauptinsolvenzstatuts angepasst werden.[337] Dies würde grundsätzlich dazu führen, dass die Rechtsordnungen zwei verschiedener Staaten bei der Lösung desselben Sachverhalts zu berücksichtigen sind. Letztlich kämen die Wertungen der *lex fori concursus* aber gar nicht zum Tragen, da diese durch das Recht des Staates, in dem das Sekundärinsolvenzverfahren hätte eröffnet werden können, modifiziert wird.

Dann stellt sich aber zwangsläufig die Frage, warum das Recht des Staates, in dem das Hauptinsolvenzverfahren eröffnet wurde, überhaupt zur Anwendung berufen wird. Der Zwischenschritt, das Abstellen auf die *lex fori concursus*, führt zu Widersprüchen und ist im Ergebnis völlig überflüssig. Der Sinn und Zweck dieses Zwischenschritts erschließt sich nicht.

Hält man Art. 36 Abs. 2 S. 1 EuInsVO hingegen für eine Kollisionsnorm, so lässt sich dieser Zwischenschritt vermeiden. Art. 36 Abs. 2 S. 1 EuInsVO ist dann lex specialis gegenüber Art. 7 Abs. 2 S. 2 lit. i) EuInsVO. Als Sonderanknüpfung verdrängt Art. 36 Abs. 2 S. 1 EuInsVO das Recht des Staates, in dem das Hauptinsolvenzverfahren eröffnet wurde. Für die Erlösverteilung im virtuellen Sekundärinsolvenzverfahren gilt dann gemäß Art. 36 Abs. 2 S. 1 EuInsVO ausschließlich das Recht des Staates, in dem das Sekundärinsolvenzverfahren hätte eröffnet werden können.

Gibt das Recht des Staates, in dem das Sekundärinsolvenzverfahren hätte eröffnet werden können, nur einen Maßstab ab, anhand dessen die Sachnormen des Hauptinsolvenzstatuts angepasst werden,[338] so würde dies des Weiteren die Frage aufwerfen, was genau unter Maßstab verstanden werden muss. Handelt es sich um einen rechtlichen oder wirtschaftlichen Maßstab? Muss der Verwalter die Gläubiger exakt so behandeln, wie sie stünden, wäre ein Sekundärinsolvenzverfahren eröffnet worden, oder handelt es sich bei dem Maßstab nur um einen ungefähren Richtwert, von dem der Verwalter auch abweichen darf? Dies wäre sowohl für den Verwalter als auch für das Gericht, das gemäß Art. 36 Abs. 7 S. 2 EuInsVO die geplante Verteilung überprüft, unklar. Die lokalen Gläubiger müssten befürchten, dass sie nicht genauso behandelt werden wie im Fall der Eröffnung eines Sekundärinsolvenzverfahrens. Diese Probleme ergeben sich nicht, wenn man Art. 36 Abs. 2 S. 1 EuInsVO als Kollisionsnorm begreift.

Mankowski argumentiert zudem, dass Art. 36 Abs. 2 S. 1 EuInsVO auch deswegen keine Kollisionsnorm sein könne, weil dies einen kaum möglichen fallbe-

---

[337] *Mankowski*, NZI 2015, 961 (964); *Mankowski*, in: Mankowski/Müller/J. Schmidt, EuInsVO, 1. Aufl. 2016, Art. 36 Rn. 18.

[338] So *Mankowski*, NZI 2015, 961 (964); *Mankowski*, in: Mankowski/Müller/J. Schmidt, EuInsVO, 1. Aufl. 2016, Art. 36 Rn. 18.

zogenen Rechtsimport verlangen würde.[339] Auch dieser Aussage kann nicht zugestimmt werden.

Die Aktivmasse des realen Insolvenzverfahrens wird durch Abgabe einer Zusicherung in zwei Teilmassen aufgespalten, nämlich die Masse des virtuellen Hauptinsolvenzverfahrens und die Masse des virtuellen Sekundärinsolvenzverfahrens. Die Aktivmasse des virtuellen Sekundärinsolvenzverfahrens besteht gemäß Art. 36 Abs. 1 S. 1 i. V. m. Abs. 2 S. 2 EuInsVO aus den Vermögensgegenständen, die zum Zeitpunkt der Abgabe der Zusicherung im Niederlassungsstaat belegen sind. Der Erlös aus der Verwertung der Masse des virtuellen Sekundärinsolvenzverfahrens wird gemäß Art. 36 Abs. 2 S. 1 EuInsVO nach dem Recht des Staates, in dem das Sekundärinsolvenzverfahren hätte eröffnet werden können, verteilt. Die Aktivmasse des virtuellen Hauptinsolvenzverfahrens wird aus den Vermögensgegenständen gebildet, die nicht zur Aktivmasse eines virtuellen Sekundärinsolvenzverfahrens gehören. Für die Verteilung des Erlöses aus der Verwertung der Masse des virtuellen Hauptinsolvenzverfahrens gilt gemäß Art. 7 Abs. 2 S. 2 lit. i) EuInsVO das Recht des Staates, in dem das Hauptinsolvenzverfahren eröffnet wurde. Die Verteilungsordnung der *lex fori concursus* und die Verteilungsordnung nach dem Recht des Staates, in dem das Sekundärinsolvenzverfahren hätte eröffnet werden können, treten nicht zueinander in Widerspruch, da sie bei der Verteilung unterschiedlicher Teilmassen zur Anwendung kommen. Aus diesem Grund verursacht der Rechtsimport keine Probleme.

Im Übrigen lässt sich der Rechtsimport auch dann nicht wirklich vermeiden, wenn man Art. 36 Abs. 2 S. 1 EuInsVO für eine Sachnorm hält. Gibt das Recht des Staates, in dem das Sekundärinsolvenzverfahren hätte eröffnet werden können, nur einen Maßstab ab, so wird zwar nicht das Recht selbst importiert, aber dennoch dessen Wertungen.

Zu beachten ist zudem, dass die EuInsVO zahlreiche Normen enthält, die einen partiellen Rechtsimport zur Folge haben. Art. 7 EuInsVO enthält die Grundsatznorm des Kollisionsrechts in der EuInsVO. Art. 7 EuInsVO erklärt grundsätzlich die *lex fori concursus* für anwendbar. Von dieser Regel werden in den Art. 8 ff. EuInsVO allerdings zahlreiche Ausnahmen gemacht. Unter den Art. 8 ff. EuInsVO sind mehrere Kollisionsnormen, in denen, abweichend von der *lex fori concursus*, ein anderes Rechtsstatut für anwendbar erklärt wird.

---

[339] *Mankowski*, NZI 2015, 961 (964); *Mankowski*, in: Mankowski/Müller/J. Schmidt, EuInsVO, 1. Aufl. 2016, Art. 36 Rn. 18.

IV. Ergebnis

Art. 36 Abs. 2 S. 1 EuInsVO ist eine selbstständige Kollisionsnorm.[340] Das Recht des Staates, in dem das Sekundärinsolvenzverfahren hätte eröffnet werden können, ist kollisionsrechtlich zur Anwendung berufen. Hierfür spricht zum einen der Wortlaut des Art. 36 Abs. 2 S. 1 EuInsVO. Zum anderen verlangt die Schutzfunktion des virtuellen Sekundärinsolvenzverfahrens eine Auslegung als Kollisionsnorm. Eine Kollisionsnorm bietet zudem Rechtssicherheit. Da das Recht des Staates, in dem das Sekundärinsolvenzverfahren hätte eröffnet werden können, selbst anwendbar ist, bleibt kein Raum für Spekulationen und Streit darüber, wie die Gläubiger genau zu behandeln sind. Eine Sachnorm, wie sie Mankowski beschrieben hat, hätte im Vergleich zu einer Kollisionsnorm ausschließlich Nachteile. Diese würde zu Widersprüchen und insbesondere zu erheblicher Rechtsunsicherheit führen, da unklar bliebe, wie die Gläubiger genau zu behandeln sind. Eine Sachnorm wäre mit erheblichen Risiken behaftet und daher kaum praktikabel.

Art. 36 Abs. 2 S. 1 EuInsVO ist lex specialis gegenüber Art. 7 Abs. 2 S. 2 lit. i) EuInsVO. Als Sonderanknüpfung verdrängt Art. 36 Abs. 2 S. 1 EuInsVO das Recht des Staates, in dem das Hauptinsolvenzverfahren eröffnet wurde. Für die Erlösverteilung im virtuellen Sekundärinsolvenzverfahren gilt dann gemäß Art. 36 Abs. 2 S. 1 EuInsVO ausschließlich das Recht des Staates, in dem das Sekundärinsolvenzverfahren hätte eröffnet werden können.

Art. 7 EuInsVO ist eine Sachnormverweisung.[341] Aus diesem Grund ist auch Art. 36 Abs. 2 S. 1 EuInsVO eine Kollisionsnorm in Form einer Sachnormverweisung.

---

[340] So im Ergebnis auch *Delzant*, in: Braun, InsO, 8. Aufl. 2020, Art. 36 EuInsVO Rn. 24; *Fehrenbach*, GPR 2017, 38 (40); *Reinhart*, in: Münchener Kommentar InsO, Band 4, 3. Aufl. 2016, Art. 36 EuInsVO 2015 Rn. 29. A. A. hingegen *Mankowski*, NZI 2015, 961 (963 f.); *Mankowski*, in: Mankowski/Müller/J. Schmidt, EuInsVO, 1. Aufl. 2016, Art. 36 Rn. 18.

[341] *Brinkmann*, in: Karsten Schmidt, InsO, 19. Aufl. 2016, Art. 4 EuInsVO a. F. Rn. 2; *Pannen/Riedemann*, in: Pannen, EuInsVO, 1. Aufl. 2007, Art. 4 a. F. Rn. 5; *Paulus*, in: Paulus, EuInsVO, 6. Aufl. 2021, Art. 7 Rn. 1; *Reinhart*, in: Münchener Kommentar InsO, Band 4, 3. Aufl. 2016, Art. 4 EuInsVO 2000 Rn. 1; *Smid*, in: Leonhardt/Smid/Zeuner, Internationales Insolvenzrecht, 2. Aufl. 2012, Art. 4 EuInsVO a. F. Rn. 1.

Teil 3

Anwendungsbereich

Kapitel 1

Übertragende Sanierung

A. Grundlagen

Die zur Aktivmasse gehörenden Vermögensgegenstände müssen nicht einzeln verwertet werden. Vielmehr können diese auch in ihrer Gesamtheit an einen Dritten verkauft werden. In einem solchen Fall schließt der Insolvenzverwalter für die Masse mit dem Erwerber einen Unternehmenskaufvertrag in Form eines Asset Deals.[1] Der Kaufpreis fließt als Verwertungserlös in die Masse. Im Gegenzug werden sämtliche erworbenen Vermögensgegenstände im Wege der Einzelübertragung auf den Rechtsträger des Käufers übertragen.[2] Die Kaufpreissumme als Erlös aus der Verwertung der Masse dient der Befriedigung der Gläubiger des Insolvenzschuldners.[3] Nach Befriedigung der Gläubiger wird der insolvente Rechtsträger liquidiert.[4] Diese Form der Verwertung ist dann sinnvoll, wenn durch den Verkauf des Unternehmens als organisatorische Einheit ein höherer Erlös als durch Einzelverwertung der Aktiva erzielt werden kann.

Karsten Schmidt hat die Übertragung des Unternehmens bzw. wesentlicher Unternehmensteile auf einen neuen Rechtsträger als übertragende Sanierung bezeichnet.[5] Auch wenn Karsten Schmidt von einer übertragenden Sanierung spricht,

---

[1] *Arends/Hofert-von Weiss*, BB 2009, 1538; *Bitter*, ZGR 2010, 147 (152); *Schmerbach/Staufenbiel*, ZInsO 2009, 458; *Spliedt*, in: Karsten Schmidt, InsO, 19. Aufl. 2016, § 217 Rn. 9; *Undritz*, ZGR 2010, 201 (205).

[2] *Arends/Hofert-von Weiss*, BB 2009, 1538; *Bitter*, ZGR 2010, 147 (152); *Undritz*, ZGR 2010, 201 (205).

[3] *Arends/Hofert-von Weiss*, BB 2009, 1538; *Bitter*, ZGR 2010, 147 (152 f.); *Eidenmüller*, in: Münchener Kommentar InsO, Band 3, 4. Aufl. 2020, § 217 Rn. 173; *Foerste*, ZZP 2012, 265 (269); *Hirte*, in: Uhlenbruck, InsO, Band 1, 15. Aufl. 2019, § 11 Rn. 166; *Zipperer*, NZI 2008, 206 (207).

[4] *Arends/Hofert-von Weiss*, BB 2009, 1538; *Bitter*, ZGR 2010, 147 (152 f.); *Undritz*, in: Kübler, HRI, 3. Aufl. 2019, § 2 Rn. 10.

[5] *K. Schmidt*, ZIP 1980, 328 (336).

so handelt es sich rechtlich betrachtet dennoch um eine Form der Liquidation,[6] da die Aktivmasse verwertet wird und der alte Rechtsträger insolvent bleibt. Der Begriff der übertragenden Sanierung ist daher irreführend. Trotzdem wird der Begriff auch in dieser Arbeit verwendet, da er in Deutschland seit langer Zeit etabliert ist.

Die Verwertung der Masse im Wege des Verkaufs der zur Aktivmasse gehörenden Vermögensgegenstände als organisatorische Einheit an einen Dritten ist selbstverständlich auch in anderen Staaten möglich.

B. Reale Verfahrenspluralität

Sowohl das Haupt- als auch das Sekundärinsolvenzverfahren können im Wege der übertragenden Sanierung beendet werden. Die übertragende Sanierung ist rechtlich betrachtet eine Form der Liquidation.[7] Daher war es bereits nach alter Rechtslage möglich, auch das im Niederlassungsstaat belegene Vermögen im Rahmen einer übertragenden Sanierung zu verwerten.[8] Ist eine übertragende Sanierung geplant, so lassen sich im Fall der Verfahrenspluralität grundsätzlich zwei Fallgruppen voneinander unterscheiden.

I. Beendigung nur eines Verfahrens im Wege der übertragenden Sanierung

Denkbar ist zum einen, dass nur eines der Insolvenzverfahren durch eine übertragende Sanierung beendet wird, während in dem anderen Insolvenzverfahren entweder eine Einzelveräußerung der zur Aktivmasse gehörenden Vermögensgegenstände stattfindet oder ein Sanierungsplan mit dem Ziel verabschiedet wird, den Rechtsträger zu sanieren.

Beispielfall: Die Aktivmasse des Hauptinsolvenzverfahrens besteht im Wesentlichen aus Vermögensgegenständen, die zum Verwaltungssitz des Unternehmens gehören. Hingegen befinden sich sämtliche zum Unternehmen gehörende Produktionsstätten im Niederlassungsstaat. Ein Konkurrent des Insolvenzschuldners will die Produktionsstätten erwerben. An dem Verwaltungssitz hat der Käufer aber kein

[6] *Brüning*, Gesellschafter und Insolvenzplan, 2006, S. 19 f.; *Eidenmüller*, in: Münchener Kommentar InsO, Band 3, 4. Aufl. 2020, § 217 Rn. 174; *Haas*, in: Heidelberger Kommentar InsO, 10. Aufl. 2020, § 217 Rn. 17; *Rattunde*, in: Rattunde/Smid/Zeuner, InsO, Band 2, 4. Aufl. 2019, § 217 Rn. 15.

[7] Siehe dazu im vorherigen Abschnitt.

[8] *Duursma-Kepplinger*, in: Duursma-Kepplinger/Duursma/Chalupsky, EuInsVO, 1. Aufl. 2002, Art. 27 a. F. Rn. 75; *Fehrenbach*, Haupt- und Sekundärinsolvenzverfahren, 2014, S. 348, 406 f., 412 f.; *Herchen*, in: Pannen, EuInsVO, 1. Aufl. 2007, Art. 27 a. F. Rn. 85; *Kübler*, in: FS Gerhardt, 2004, S. 527 (540); *Meyer-Löwy/Poertzgen*, ZInsO 2004, 195 (196); *Smid*, NZI 2009, 150 (151).

Interesse. Weitere Interessenten für das Unternehmen gibt es nicht. Die zur Masse des Sekundärinsolvenzverfahrens gehörenden Produktionsstätten werden daher als Gesamtheit an das Konkurrenzunternehmen verkauft. Das Sekundärinsolvenzverfahren wird also im Wege der übertragenden Sanierung beendet. Im Hauptinsolvenzverfahren findet dagegen eine Zerschlagung statt. Die zur Aktivmasse des Hauptinsolvenzverfahrens gehörenden Vermögensgegenstände werden einzeln veräußert.

In diesem Beispielfall wird zwischen den Verwaltern von Haupt- und Sekundärinsolvenzverfahren Einigkeit darüber bestehen, dass nur das Sekundärinsolvenzverfahren im Wege der übertragenden Sanierung beendet werden kann. Ein erhöhter Abstimmungsbedarf zwischen den Verwaltern hinsichtlich des weiteren Vorgehens wird daher nicht bestehen.

II. Beendigung beider Verfahren im Wege der übertragenden Sanierung

Unter Umständen besteht die Möglichkeit, das gesamte Unternehmen, also sowohl die zur Masse des Hauptinsolvenzverfahrens als auch die zur Masse des Sekundärinsolvenzverfahrens gehörenden Vermögensgegenstände, im Wege der übertragenden Sanierung an einen Investor zu veräußern.[9] Hilfreich ist es, wenn hinsichtlich des Verwertungsziels bereits Einigkeit zwischen den Verwaltern der verschiedenen Verfahren besteht. Ist das der Fall, so sollten sie sich bei der Suche nach einem Käufer untereinander abstimmen. Gemäß Art. 41 Abs. 2 lit. c) Hs. 1 EuInsVO obliegt es den Verwaltern, die Verwertung oder Verwendung der Insolvenzmasse zu koordinieren. Art. 41 Abs. 2 lit. c) EuInsVO spricht damit insbesondere Fälle an, in denen der Verkauf des Gesamtunternehmens im Wege der übertragenden Sanierung in Betracht kommt.[10] Ist ein Investor gefunden, der das gesamte Unternehmen kaufen will, so schließt der Verwalter des Hauptinsolvenzverfahrens für die Masse des Hauptinsolvenzverfahrens mit dem Erwerber einen Unternehmenskaufvertrag in Form eines Asset Deals. Für die Masse des Sekundärinsolvenzverfahrens kann er hingegen nicht tätig werden. Daher schließt der Verwalter des Sekundärinsolvenzverfahrens für die Masse des Sekundärinsolvenzverfahrens einen separaten Kaufvertrag mit dem Käufer.[11] Nach Schließung der Kaufverträge überträgt der Verwalter des Hauptinsolvenzverfahrens die zur Masse des Hauptinsolvenzverfahrens gehörenden Vermögensgegenstände und der Verwalter des Sekun-

---

[9] Siehe dazu auch *Fehrenbach*, Haupt- und Sekundärinsolvenzverfahren, 2014, S. 412 f.

[10] So wohl auch *Wimmer*, in: Wimmer/Bornemann/Lienau, Die Neufassung der EuInsVO, 2016, Rn. 472.

[11] Einen weiteren Vorschlag, wie das gesamte Unternehmen an einen Erwerber verkauft werden kann, wenn neben dem Hauptinsolvenzverfahren ein Sekundärinsolvenzverfahren eröffnet wird, macht Herchen. Vgl. dazu *Herchen*, in: Pannen, EuInsVO, 1. Aufl. 2007, Art. 27 a. F. Rn. 11.

därinsolvenzverfahrens die Vermögensgegenstände der Masse des Sekundärinsolvenzverfahrens auf den Rechtsträger des Erwerbers. Insoweit ergeben sich keine Schwierigkeiten.

Vor Schließung der Kaufverträge muss allerdings festgelegt werden, zu welchem Preis der Erwerber die zur Masse des Hauptinsolvenzverfahrens gehörenden Vermögensgegenstände erwirbt und zu welchem Betrag die Gegenstände der Masse des Sekundärinsolvenzverfahrens. Schließlich ist die Kaufpreissumme der Betrag, der dem jeweiligen Verfahren als Erlös für die Verwertung der eigenen Masse zufließt. Im Fall der Verfahrenspluralität ist die Bestimmung der Kaufpreise eine anspruchsvolle Aufgabe. Hat der Käufer ausschließlich Interesse an dem Unternehmen in seiner Gesamtheit, so haben die Vermögensgegenstände der Masse des Hauptinsolvenzverfahrens und die Vermögensgegenstände der Masse des Sekundärinsolvenzverfahrens für sich betrachtet überhaupt keinen Wert für ihn. Daher wird der Erwerber den Verwaltern in den Vertragsverhandlungen als Angebot nur einen Betrag für das gesamte Unternehmen nennen. Aus diesem Grund ist es Aufgabe der Verwalter, vor Schließung der Unternehmenskaufverträge das Wertverhältnis zwischen der Masse des Hauptinsolvenzverfahrens und der Masse des Sekundärinsolvenzverfahrens zu ermitteln. Ist das Wertverhältnis von der Masse des Hauptinsolvenzverfahrens und der Masse des Sekundärinsolvenzverfahrens berechnet, so ist der vom Erwerber genannte Gesamtkaufpreis entsprechend dieses Wertverhältnisses aufzuteilen. Die sich so ergebenden Beträge sind sodann in den verschiedenen Kaufverträgen als jeweilige Kaufpreise zu nennen.

C. Virtuelle Verfahrenspluralität

I. Übertragende Sanierung als zulässige Verwertungsart

Im Folgenden wird geprüft, ob das Insolvenzverfahren auch bei Durchführung eines virtuellen Haupt- und Sekundärinsolvenzverfahrens im Wege der übertragenden Sanierung beendet werden kann. Konkret ist zu ermitteln, ob der Verwalter die zur Masse des virtuellen Sekundärinsolvenzverfahrens gehörenden Vermögensgegenstände einzeln veräußern muss oder ob er diese Vermögensgegenstände auch als Gesamtheit an einen Investor verkaufen kann.

1. Wortlaut der Norm

Zunächst einmal ist darauf hinzuweisen, dass Art. 36 EuInsVO weder davon spricht, dass die Masse des virtuellen Sekundärinsolvenzverfahrens im Rahmen einer übertragenden Sanierung verwertet werden kann, noch davon, dass der Verkauf des Unternehmens als Ganzes möglich ist. Allerdings ist anzumerken, dass der Gesetzgeber diese beiden Begriffe in der gesamten EuInsVO nicht verwendet. Auch in den Erwägungsgründen findet sich kein Hinweis dazu, ob die zur Masse des virtuellen Sekundärinsolvenzverfahrens gehörenden Vermögensgegenstände als Gesamtheit an einen Investor verkauft werden können. Daher muss der Wortlaut des Art. 36 EuInsVO genauer untersucht werden. Gemäß Art. 36 Abs. 1 S. 1 EuInsVO gibt der Verwalter in Bezug auf das im Niederlassungsstaat belegene Vermögen eine Zusicherung des Inhalts, dass er bei der Verteilung dieses Vermögens oder des bei seiner Verwertung erzielten Erlöses die Verteilungs- und Vorzugsrechte wahrt, die Gläubiger hätten, wenn ein Sekundärinsolvenzverfahren eröffnet worden wäre. Für die Verteilung des Erlöses aus der Verwertung der Masse des virtuellen Sekundärinsolvenzverfahrens gilt gemäß Art. 36 Abs. 2 S. 1 EuInsVO das Recht des Staats, in dem das Sekundärinsolvenzverfahren hätte eröffnet werden können. Sowohl Art. 36 Abs. 1 S. 1 EuInsVO als auch Art. 36 Abs. 2 S. 1 EuInsVO setzen also voraus, dass das im Niederlassungsstaat belegene Vermögen verwertet wurde. Allerdings wird nicht darauf eingegangen, auf welche Art der Verwalter die Masse des virtuellen Sekundärinsolvenzverfahrens verwerten kann. Da Art. 36 EuInsVO keine Verwertungsart explizit ausschließt, ist davon auszugehen, dass der Verwalter die zur Masse des virtuellen Sekundärinsolvenzverfahrens gehörenden Vermögensgegenstände auf jede Art verwerten kann. Für dieses Ergebnis spricht zudem der Wortlaut des Art. 36 Abs. 1 S. 2 EuInsVO. Der Verwalter hat in der Zusicherung gemäß Art. 36 Abs. 1 S. 2 EuInsVO darzulegen, welche Möglichkeiten für die Verwertung der Masse des virtuellen Sekundärinsolvenzverfahrens bestehen. Offensichtlich geht der Gesetzgeber davon aus, dass die Masse des virtuellen Sekundärinsolvenzverfahrens auf verschiedene Weise verwertet werden kann. Der Wortlaut des Art. 36 EuInsVO legt folglich nahe, dass nicht nur die Zerschlagung der Masse des virtuellen Sekundärinsolvenzverfahrens durch Einzelveräußerung der Aktiva zulässig ist, sondern auch der Verkauf der zur Masse des virtuellen Sekundärinsolvenzverfahrens gehörenden Vermögensgegenstände als Gesamtheit an einen Dritten.

2. Gesetzgebungsmaterialien

Vorbild für die Einführung virtueller Sekundärinsolvenzverfahren auf europäischer Ebene waren die englischen Insolvenzverfahren MG Rover, Collins & Aikman und Nortel. In diesen Verfahren wurde die Insolvenzmasse jeweils im Wege der übertragenden Sanierung verwertet.[12] Dementsprechend wird die übertragende Sanierung als ein Anwendungsfall für virtuelle Sekundärinsolvenzverfahren in den Gesetzgebungsmaterialien genannt. So heißt es im Vorschlag der Europäischen Kommission zur Änderung der EuInsVO vom 12.12.2012:

> „Das mit einem Antrag auf Eröffnung eines Sekundärinsolvenzverfahrens befasste Gericht sollte auf Antrag des im Hauptverfahren bestellten Verwalters die Eröffnung ablehnen […] können, wenn die Eröffnung eines Sekundärinsolvenzverfahrens zum Schutz der Interessen der einheimischen Gläubiger nicht notwendig ist. Dies könnte beispielsweise dann der Fall sein, wenn ein Investor ein Kaufangebot für das noch aktive Unternehmen anbietet und

[12] Siehe ausführlich zu diesen Verfahren S. 59 ff.

dieses Angebot den einheimischen Gläubigern mehr bietet als eine Verwertung des Unternehmensvermögens. Die Eröffnung der Sekundärinsolvenz dürfte auch dann nicht nötig sein, wenn der Verwalter des Hauptverfahrens den Gläubigern am Ort der Niederlassung verspricht, dass sie im Hauptverfahren so behandelt werden, als sei das Sekundärinsolvenzverfahren eröffnet worden, und dass die Rechte, die sie in diesem Fall in Bezug auf die Feststellung und den Rang ihrer Forderungen gehabt hätten, bei der Verteilung des Erlöses aus der Verwertung der Masse beachtet werden. Das Konzept eines solchen ‚virtuellen' Sekundärinsolvenzverfahrens ist in einer Reihe von grenzüberschreitenden Insolvenzen entwickelt worden, bei denen das Hauptinsolvenzverfahren im Vereinigten Königreich eröffnet wurde (so u. a. die Verfahren gegen Collins&Aikman, MG Rover und Nortel Networks)."[13]

Des Weiteren wird in einer Mitteilung der Kommission an das Europäische Parlament vom 13.4.2015 die Ansicht geäußert, dass die Durchführung eines virtuellen Sekundärinsolvenzverfahrens aufgrund der Vermeidung eines realen Sekundärinsolvenzverfahrens dazu beitragen kann, dass sich die Chancen für den Erhalt des Unternehmens erhöhen.[14] Zusammenfassend ist zu sagen, dass der Gesetzgeber eine Kombination aus virtuellem Sekundärinsolvenzverfahren und übertragender Sanierung für möglich hält. Mit der Einführung virtueller Sekundärinsolvenzverfahren bezweckt der Gesetzgeber also gerade den Verkauf des gesamten Unternehmens aus einer Hand zu ermöglichen.

3. Ergebnis

Die Masse des virtuellen Sekundärinsolvenzverfahrens kann im Wege der übertragenden Sanierung verwertet werden. Dies ergibt sich eindeutig aus den Gesetzgebungsmaterialien. Zudem spricht der Wortlaut des Art. 36 EuInsVO, der hinsichtlich der Art der Verwertung keine Einschränkungen vornimmt, für dieses Ergebnis. Da auch die Masse des virtuellen Hauptinsolvenzverfahrens keinen Verwertungsbeschränkungen unterliegt, ist der Verkauf des Unternehmens als Ganzes auch bei Durchführung eines virtuellen Sekundärinsolvenzverfahrens möglich. Art. 36 EuInsVO steht einer übertragenden Sanierung also nicht im Wege. Ob im Einzelfall aber tatsächlich ein Verkauf des Unternehmens als Ganzes oder wesentlicher Teile möglich ist, richtet sich gemäß Art. 7 Abs. 2 S. 1 EuInsVO nach der *lex fori concursus* des Hauptinsolvenzverfahrens. Zu beachten ist hierbei, dass das Recht des Staates, in dem das Hauptinsolvenzverfahren eröffnet wurde, nicht nur für die Verwertung der Masse des virtuellen Hauptinsolvenzverfahrens, sondern auch für die

[13] Vorschlag der Kommission für eine Verordnung des Europäischen Parlaments und des Rates zur Änderung der Verordnung (EG) Nr. 1346/2000 des Rates über Insolvenzverfahren vom 12.12.2012, COM (2012) 744 final, S. 8.

[14] Mitteilung der Kommission an das Europäische Parlament gemäß Artikel 294 Absatz 6 des Vertrags über die Arbeitsweise der Europäischen Union betreffend den Standpunkt des Rates im Hinblick auf den Erlass einer Verordnung des Europäischen Parlaments und des Rates zur Änderung der Verordnung (EG) Nr. 1346/2000 über Insolvenzverfahren vom 13.4.2015, COM (2015) 173 final, S. 2.

Verwertung der Masse des virtuellen Sekundärinsolvenzverfahrens gilt.[15] Dies ergibt sich aus einem Umkehrschluss zu Art. 36 Abs. 2 S. 1 EuInsVO. Im Übrigen ist insbesondere auch Art. 21 Abs. 3 S. 1 EuInsVO zu beachten.

II. Regeln für eine übertragende Sanierung

Im Folgenden wird erklärt, was der Verwalter zu beachten hat, wenn er ein virtuelles Haupt- und Sekundärinsolvenzverfahren durchführt und das Unternehmen oder Unternehmensteile im Wege der übertragenden Sanierung verwerten will. Grundsätzlich ist dabei zwischen zwei Fallgruppen zu differenzieren. Denkbar ist zum einen, dass der Käufer nur die zu einer Teilmasse gehörenden Vermögensgegenstände erwerben will. Davon müssen die Fälle unterschieden werden, in denen die Vermögensgegenstände beider Teilmassen an denselben Investor verkauft werden.

1. Käufer erwirbt nur einen Unternehmensteil

Unter Umständen lässt sich kein Investor finden, der Interesse an dem Unternehmen als Ganzem hat. Es kann also sein, dass der Erwerber lediglich die zu einer Teilmasse gehörenden Vermögensgegenstände kaufen will. In diesem Fall sind drei verschiedene Konstellationen denkbar.

a) Verkauf der Unternehmensteile an verschiedene Investoren

Denkbar ist, dass die Unternehmensteile an verschiedene Investoren veräußert werden. Investor I interessiert sich nur für die Vermögensgegenstände, die zur Masse des virtuellen Hauptinsolvenzverfahrens gehören, und Investor II für die Vermögensgegenstände der Masse des virtuellen Sekundärinsolvenzverfahrens. In diesem Fall schließt der Verwalter für die Masse mit Investor I einen Kaufvertrag über die Vermögensgegenstände der Masse des virtuellen Hauptinsolvenzverfahrens. Die Kaufpreissumme fließt in die Masse des virtuellen Hauptinsolvenzverfahrens. Sie wird an die Gläubiger verteilt, die ihre Forderungen für das virtuelle Hauptinsolvenzverfahren angemeldet haben. Für die Verteilung dieses Erlöses gilt gemäß Art. 7 Abs. 2 S. 2 lit. i) EuInsVO das Recht des Staates, in dem das Hauptinsolvenzverfahren eröffnet wurde. Des Weiteren schließt der Verwalter für die Masse mit Investor II einen Vertrag über den Erwerb der zur Masse des virtuellen Sekundärinsolvenzverfahrens gehörenden Vermögensgegenstände. Der in diesem Vertrag vereinbarte Kaufpreis fließt in die Masse des virtuellen Sekundärinsolvenzverfahrens.

---

[15] So ebenfalls *Fehrenbach*, GPR 2017, 38 (40); *Keller*, in: Vallender, EuInsVO, 2. Aufl. 2020, Art. 36 Rn. 7; *Schultz*, in: Heidelberger Kommentar InsO, 10. Aufl. 2020, Art. 36 EuInsVO Rn. 11.

Er wird an die Gläubiger verteilt, die ihre Forderungen für das virtuelle Sekundärinsolvenzverfahren angemeldet haben. Für die Verteilung dieses Erlöses gilt gemäß Art. 36 Abs. 2 S. 1 EuInsVO das Recht des Staats, in dem das Sekundärinsolvenzverfahren hätte eröffnet werden können.

b) Verkauf nur des Unternehmensteils, der die Masse des virtuellen Hauptinsolvenzverfahrens bildet

Unter Umständen gibt es nur Interessenten für den aus den Vermögensgegenständen der Masse des virtuellen Hauptinsolvenzverfahrens bestehenden Unternehmensteil. In diesem Fall schließt der Verwalter für die Masse mit dem Investor einen Vertrag über den Kauf der zur Masse des virtuellen Hauptinsolvenzverfahrens gehörenden Vermögensgegenstände. Der Kaufpreis fließt in die Masse des virtuellen Hauptinsolvenzverfahrens. Die Summe wird an die Gläubiger verteilt, die ihre Forderungen für das virtuelle Hauptinsolvenzverfahren angemeldet haben. Für die Verteilung dieses Erlöses gilt gemäß Art. 7 Abs. 2 S. 2 lit. i) EuInsVO das Recht des Staates, in dem das Hauptinsolvenzverfahren eröffnet wurde. Da es keinen Interessenten gibt, der die zur Masse des virtuellen Sekundärinsolvenzverfahrens gehörenden Vermögensgegenstände als organisatorische Einheit erwerben will, muss dieser Unternehmensteil zerschlagen werden. Eine Reorganisation der Masse des virtuellen Sekundärinsolvenzverfahrens ist hingegen aus rechtlichen Gründen nicht möglich.[16] Daher muss der Verwalter die zur Masse des virtuellen Sekundärinsolvenzverfahrens gehörenden Vermögensgegenstände einzeln verwerten. Der hierdurch erzielte Erlös fließt in die Masse des virtuellen Sekundärinsolvenzverfahrens. Er wird an die Gläubiger verteilt, die ihre Forderungen für das virtuelle Sekundärinsolvenzverfahren angemeldet haben. Für die Verteilung dieses Erlöses gilt gemäß Art. 36 Abs. 2 S. 1 EuInsVO das Recht des Staats, in dem das Sekundärinsolvenzverfahren hätte eröffnet werden können.

c) Verkauf nur des Unternehmensteils, der die Masse des virtuellen Sekundärinsolvenzverfahrens bildet

Denkbar ist aber auch, dass sich mögliche Investoren nur für den sich aus den Gegenständen der Masse des virtuellen Sekundärinsolvenzverfahrens zusammensetzenden Unternehmensteil interessieren. In diesem Fall schließt der Verwalter für die Masse mit dem Erwerber einen Vertrag über den Kauf der zur Masse des virtuellen Sekundärinsolvenzverfahrens gehörenden Vermögensgegenstände. Die Kaufpreissumme fließt in die Masse des virtuellen Sekundärinsolvenzverfahrens. Dieser Verwertungserlös wird an die Gläubiger verteilt, die ihre Forderungen für das virtuelle Sekundärinsolvenzverfahren angemeldet haben. Für die Verteilung dieses Erlöses gilt gemäß Art. 36 Abs. 2 S. 1 EuInsVO das Recht des Staats, in dem das

[16] Siehe dazu ausführlich S. 312 ff.

Sekundärinsolvenzverfahren hätte eröffnet werden können. Für den Teil des Unternehmens, der sich aus den Vermögensgegenständen der Masse des virtuellen Hauptinsolvenzverfahrens zusammensetzt, findet sich hingegen kein Interessent. Die Masse des virtuellen Hauptinsolvenzverfahrens kann daher nicht im Wege der übertragenden Sanierung verwertet werden. Fraglich ist, wie mit dieser Teilmasse umzugehen ist. Es bestehen rechtlich zwei Optionen. Es kann der Versuch unternommen werden, diesen Unternehmensteil zu reorganisieren. Denn im Gegensatz zur Masse des virtuellen Sekundärinsolvenzverfahrens ist eine Sanierung der Masse des virtuellen Hauptinsolvenzverfahrens rechtlich möglich. Selbstverständlich kann dieser Unternehmensteil aber auch zerschlagen werden. Die Massegegenstände werden dann einzeln veräußert. Der hierdurch erzielte Verwertungserlös fließt in die Masse des virtuellen Hauptinsolvenzverfahrens. Dieser Verwertungserlös wird an die Gläubiger verteilt, die ihre Forderungen für das virtuelle Hauptinsolvenzverfahren angemeldet haben. Für die Verteilung dieses Erlöses gilt gemäß Art. 7 Abs. 2 S. 2 lit. i) EuInsVO das Recht des Staates, in dem das Hauptinsolvenzverfahren eröffnet wurde.

2. Käufer erwirbt das gesamte Unternehmen

Im Idealfall lässt sich ein Investor finden, der das gesamte Unternehmen erwerben will. Im Folgenden wird erklärt, was der Verwalter in diesem Fall zu beachten hat.

a) Verwertung der Teilmassen

Als Erstes stellt sich die Frage, ob der Verwalter die zur Masse des virtuellen Sekundärinsolvenzverfahrens gehörenden Vermögensgegenstände gemeinsam mit den Vermögensgegenständen der Masse des virtuellen Hauptinsolvenzverfahrens verwerten darf. Konkret geht es darum, ob das gesamte Unternehmen in einem Vertrag verkauft werden kann oder ob der Verwalter verpflichtet ist, für die Masse mit dem Erwerber zwei separate Verträge zu schließen, also einen Vertrag zum Verkauf der Vermögensgegenstände der Masse des virtuellen Hauptinsolvenzverfahrens und einen Vertrag zum Verkauf der Vermögensgegenstände der Masse des virtuellen Sekundärinsolvenzverfahrens. Im Fall der Eröffnung eines Sekundärinsolvenzverfahrens ist der Verkauf des gesamten Unternehmens an einen Investor mittels nur eines Vertrags nicht möglich.[17] Der Verwalter des Hauptinsolvenzverfahrens kann keinen Vertrag für die Masse des Sekundärinsolvenzverfahrens schließen. Nur der Verwalter des Sekundärinsolvenzverfahrens ist berechtigt, für die Masse des Sekundärinsolvenzverfahrens tätig zu werden. Dies ist bei Durchführung eines virtuellen Sekundärinsolvenzverfahrens naturgemäß anders. In diesem Fall gibt es nur einen Verwalter. Dieser ist selbstverständlich berechtigt, sowohl für die Masse des virtuellen Hauptinsolvenzverfahrens als auch für die Masse des virtuellen Sekun-

[17] Siehe dazu ausführlich S. 296.

därinsolvenzverfahrens zu handeln. Zu prüfen ist, ob Art. 36 EuInsVO den Verwalter dennoch dazu verpflichtet, die Masse des virtuellen Sekundärinsolvenzverfahrens und die Masse des virtuellen Hauptinsolvenzverfahrens getrennt voneinander zu verwerten. Fest steht, dass die Vermögensgegenstände der Masse des virtuellen Hauptinsolvenzverfahrens und die der Masse des virtuellen Sekundärinsolvenzverfahrens strikt voneinander zu trennen sind. Dies gebietet die Schutzfunktion des Art. 36 EuInsVO. Das virtuelle Sekundärinsolvenzverfahren ist der Ersatz für ein reales Sekundärinsolvenzverfahren. Daher muss die Masse des virtuellen Sekundärinsolvenzverfahrens im Umfang der Aktivmasse eines realen Sekundärinsolvenzverfahrens entsprechen. Es darf daher nicht sein, dass sich im Verlauf des Verfahrens nicht mehr feststellen lässt, ob ein Gegenstand zur Masse des virtuellen Sekundärinsolvenzverfahrens oder zur Masse des virtuellen Hauptinsolvenzverfahrens gehört. Die strikte Trennung der Teilmassen bedeutet allerdings nicht, dass sich Gegenstände der verschiedenen Teilmassen nicht am selben Ort befinden dürfen. Die Trennung gilt vielmehr nur für die Buchführung. Zu jedem Zeitpunkt des Verfahrens muss sich ohne Probleme feststellen lassen, ob ein Vermögensgegenstand zur Masse des virtuellen Hauptinsolvenzverfahrens oder zur Masse des virtuellen Sekundärinsolvenzverfahrens gehört. Fraglich ist allerdings, ob dieses Trennungsgebot auch für die Verwertung gilt. Ein ausdrückliches Verbot, Gegenstände beider Teilmassen gemeinsam zu verwerten, lässt sich Art. 36 EuInsVO nicht entnehmen. Man könnte ein solches Verbot aber aus dem Sinn und Zweck des virtuellen Sekundärinsolvenzverfahrens ableiten. Werden die beiden Unternehmensteile in zwei separaten Verträgen verkauft, so lässt sich jeder Teilmasse eindeutig ein Verwertungserlös in Form des in dem jeweiligen Vertrag festgelegten Kaufpreises zuordnen. Die Trennung der Masse des virtuellen Hauptinsolvenzverfahrens von der Masse des virtuellen Sekundärinsolvenzverfahrens bliebe bis zuletzt aufrechterhalten. Dennoch ist dieses Vorgehen abzulehnen. Nüchtern betrachtet, bestehen die soeben dargestellten Vorteile nämlich nicht. Will der Investor das gesamte Unternehmen erwerben, so hat er an einzelnen Unternehmensteilen in der Regel kein Interesse. Die beiden Unternehmensteile sind daher separat betrachtet ohne Wert für ihn. Daher wird er dem Verwalter auch nicht sagen können, zu welchem Preis er die zu einer Teilmasse gehörenden Vermögensgegenstände erwerben würde. Folglich wird der Investor keine separaten Angebote für die verschiedenen Unternehmensteile, sondern vielmehr nur ein Angebot für das gesamte Unternehmen abgeben. Gibt der Investor aber nur ein Angebot für das gesamte Unternehmen ab, so ist es Aufgabe des Verwalters, den im Angebot genannten Kaufpreis zwischen den Teilmassen aufzuteilen. Dann ist aber nicht von Nutzen, wenn die Vermögensgegenstände der Masse des virtuellen Hauptinsolvenzverfahrens und die der Masse des virtuellen Sekundärinsolvenzverfahrens getrennt in zwei Verträgen verkauft werden. Im Übrigen wäre ein solches Vorgehen auch nicht im Interesse der Gläubiger, da jeder Vertrag Kosten verursacht. Aus dem Sinn und Zweck des Art. 36 EuInsVO lässt sich folglich kein Gebot ableiten, die Masse des virtuellen Hauptinsolvenzverfahrens und die Masse des virtuellen Sekundärinsolvenzverfahrens getrennt voneinander zu verwerten. Es ist daher festzustellen, dass das Trennungsgebot nicht für die Verwertung gilt. Der Verwalter ist daher berechtigt, die Gegenstände der Masse des virtuellen Sekundärinsolvenzverfahrens und die Gegenstände der Masse des virtuellen Hauptinsolvenzverfahrens gemeinsam zu verwerten. Folglich muss er zum Verkauf des gesamten Unternehmens nur einen Vertrag für die Masse mit dem Erwerber schließen.

b) Aufteilung des Verwertungserlöses

Wird das gesamte Unternehmen an einen Investor verkauft, so muss der Verwalter, wie gerade festgestellt, nur einen Vertrag für die Masse mit dem Erwerber schließen. Daher gibt es auch nur einen Kaufpreis. Dieser fließt als Verwertungserlös in die Masse des Insolvenzverfahrens. Fraglich ist allerdings, wie dieser Verwertungserlös zwischen der Masse des virtuellen Hauptinsolvenzverfahrens und der Masse des virtuellen Sekundärinsolvenzverfahrens aufzuteilen ist. Aus Art. 36 EuInsVO ergibt sich, dass der Verwalter den Erlös aus der Verwertung der Masse des virtuellen Sekundärinsolvenzverfahrens der Masse des virtuellen Sekundärinsolvenzverfahrens zuteilen muss und den Erlös aus der Verwertung der Masse des virtuellen Hauptinsolvenzverfahrens der Masse des virtuellen Hauptinsolvenzverfahrens. Dies ist unproblematisch, wenn die zur Masse des virtuellen Hauptinsolvenzverfahrens und die zur Masse des virtuellen Sekundärinsolvenzverfahrens gehörenden Vermögensgegenstände getrennt voneinander verwertet werden. Werden die Gegenstände der beiden Teilmassen allerdings gemeinsam verwertet, so ist nicht feststellbar, welcher Erlös konkret durch Verwertung der Masse des virtuellen Sekundärinsolvenzverfahrens und welcher Erlös durch Verwertung der Masse des virtuellen Hauptinsolvenzverfahrens erzielt wurde. Art. 36 EuInsVO enthält keinerlei Regelungen für diese spezielle Problematik. Das Gleiche gilt für die Erwägungsgründe.

Im Schrifttum werden zur Lösung dieses Problems zwei Vorschläge gemacht, die sich allerdings sehr ähnlich sind. Wimmer ist der Meinung, dass der Wert der im Niederlassungsstaat belegenen Vermögensgegenstände geschätzt werden müsse.[18] Entscheidender Zeitpunkt für die Schätzung sei der Zeitpunkt der Abgabe der Zusicherung.[19] Spätere Wertveränderungen müssten unberücksichtigt bleiben.[20] Mohr ist der Auffassung, dass der Inhalt der Zusicherung auch die Aufteilung des Erlöses bei einer Gesamtverwertung erfasst.[21] Wird das Unternehmen als Ganzes verwertet, so sei der Erlös nach Schätzwerten auf die Teilmassen aufzuteilen.[22] Der Masse des

---

[18] *Wimmer*, in: Wimmer/Bornemann/Lienau, Die Neufassung der EuInsVO, 2016, Rn. 422, 432.

[19] *Wimmer*, in: Wimmer/Bornemann/Lienau, Die Neufassung der EuInsVO, 2016, Rn. 429.

[20] *Wimmer*, in: Wimmer/Bornemann/Lienau, Die Neufassung der EuInsVO, 2016, Rn. 429.

[21] *Mohr*, in: Nunner-Krautgasser/Garber/Jaufer, Grenzüberschreitende Insolvenzen im europäischen Binnenmarkt, 2017, S. 219 (223).

[22] *Mohr*, in: Nunner-Krautgasser/Garber/Jaufer, Grenzüberschreitende Insolvenzen im europäischen Binnenmarkt, 2017, S. 219 (224).

virtuellen Sekundärinsolvenzverfahrens stehe dann der Wert zu, den der Verwalter gemäß Art. 36 Abs. 1 S. 2 EuInsVO in der Zusicherung genannt hat.[23] Mohr ist also ebenfalls der Ansicht, dass für die Schätzung des Werts der Zeitpunkt der Abgabe der Zusicherung entscheidend sei. Den beiden Autoren ist zuzustimmen, dass der Wert des im Niederlassungsstaat belegenen Vermögens geschätzt werden muss. Ihren weiteren Ausführungen kann allerdings nicht gefolgt werden. Es reicht nicht aus, den Wert der Masse des virtuellen Sekundärinsolvenzverfahrens zu schätzen und diesen Wert dann der Verteilung im virtuellen Sekundärinsolvenzverfahren zugrunde zu legen. Vielmehr muss auch der Wert der Masse des virtuellen Hauptinsolvenzverfahrens ermittelt werden. Anschließend müssen beide Werte in eine Relation zueinander gesetzt werden. Entsprechend dieses Wertverhältnisses ist der Kaufpreis aufzuteilen. Beide Autoren sind zudem der Meinung, entscheidend sei der Wert der Masse des virtuellen Sekundärinsolvenzverfahrens zum Zeitpunkt der Abgabe der Zusicherung. Auch dieser Aussage muss hier widersprochen werden. Zum Zeitpunkt der Abgabe der Zusicherung ist sowohl die Masse des virtuellen Sekundärinsolvenzverfahrens als auch die Masse des virtuellen Hauptinsolvenzverfahrens eine Ist-Masse. Beide Teilmassen müssen erst noch im Laufe des Insolvenzverfahrens zu Soll-Massen bereinigt werden. Erst wenn dies geschehen ist, kann der Wert der jeweiligen Teilmasse ermittelt werden und anschließend in Bezug zu dem Wert der anderen Teilmasse gesetzt werden.

Des Weiteren stellt sich die Frage, ob bei Ermittlung der Werte der Teilmassen Liquidations- oder Fortführungswerte heranzuziehen sind. Auch diesbezüglich macht der Gesetzgeber keine Vorgaben. Wimmer und Mohr sind der Auffassung, dass der Schätzung Fortführungswerte zugrunde zu legen seien.[24] Ob für die Schätzung Liquidations- oder Fortführungswerte gewählt werden, kann aber dahinstehen. Die errechneten Werte werden schließlich nicht der Verteilung im virtuellen Haupt- und Sekundärinsolvenzverfahren zugrunde gelegt. Verteilt wird ausschließlich der durch den Verkauf des Unternehmens tatsächlich erzielte Erlös. Das Errechnen des Werts der Masse des virtuellen Hauptinsolvenzverfahrens und des Werts der Masse des virtuellen Sekundärinsolvenzverfahrens dient ausschließlich dazu festzustellen, in welchem Wertverhältnis die Teilmassen prozentual zueinander stehen. Daher ist es nicht erforderlich, eine Bewertungsmethode zu wählen, mit der sich besonders hohe Werte errechnen lassen. Wichtig ist nur, dass bei der Wertberechnung beider Teilmassen die gleiche Bewertungsmethode zugrunde gelegt wird. Unzulässig wäre es beispielsweise bei der Wertberechnung der Masse des virtuellen Sekundärinsolvenzverfahrens Fortführungswerte und bei der Wertberechnung der Masse des virtuellen Hauptinsolvenzverfahrens Liquidationswerte heranzuziehen.

---

[23] *Mohr*, in: Nunner-Krautgasser/Garber/Jaufer, Grenzüberschreitende Insolvenzen im europäischen Binnenmarkt, 2017, S. 219 (223 f.).

[24] *Mohr*, in: Nunner-Krautgasser/Garber/Jaufer, Grenzüberschreitende Insolvenzen im europäischen Binnenmarkt, 2017, S. 219 (223 f.); *Wimmer*, in: Wimmer/Bornemann/Lienau, Die Neufassung der EuInsVO, 2016, Rn. 422.

Den Fortführungswert einer Teilmasse zu berechnen, ist allerdings kaum möglich.[25] Will man diesen errechnen, müsste man wissen, welche Erträge gerade dieser Unternehmensteil in Zukunft erwirtschaften wird. Da die Vermögensgegenstände beider Teilmassen eine wirtschaftlich-organisatorische Einheit bilden, lassen sich künftige Erträge aber nicht einem Unternehmensteil zuweisen. Sinnvoll ist es daher, der Wertberechnung beider Teilmassen Liquidationswerte zugrunde zu legen. Liquidationswerte lassen sich schließlich immer ermitteln. Letztlich bleibt es aber dem Verwalter überlassen, ob er Liquidations- oder Fortführungswerte heranzieht.

c) Gesamtergebnis

Soll das gesamte Unternehmen an einen Investor verkauft werden, so gelten folgende Regeln. Die Masse des virtuellen Hauptinsolvenzverfahrens und die Masse des virtuellen Sekundärinsolvenzverfahrens darf der Verwalter gemeinsam verwerten. Er muss daher für die Masse mit dem Erwerber nur einen Kaufvertrag schließen. Es ist Aufgabe des Verwalters, den Kaufpreis zwischen den Teilmassen aufzuteilen. Dafür hat er zum einen den Wert der Masse des virtuellen Sekundärinsolvenzverfahrens und zum anderen den Wert der Masse des virtuellen Hauptinsolvenzverfahrens zu berechnen. Die Wertberechnung erfolgt nicht zum Zeitpunkt der Abgabe der Zusicherung. Vielmehr kann der Verwalter die Werte erst dann berechnen, wenn beide Teilmassen zu Soll-Massen bereinigt wurden. Der Wertberechnung kann er Liquidations- oder Fortführungswerte zugrunde legen. Dies bleibt ihm überlassen. Allerdings hat er der Berechnung beider Teilmassen die gleiche Bewertungsmethode zugrunde zu legen. Hat der Verwalter sowohl den Wert der Masse des virtuellen Sekundärinsolvenzverfahrens als auch den Wert der Masse des virtuellen Hauptinsolvenzverfahrens errechnet, so muss er beide Werte in ein Verhältnis zueinander setzen. Er hat also zu ermitteln, welchen prozentualen Anteil die Masse des virtuellen Hauptinsolvenzverfahrens und die Masse des virtuellen Sekundärinsolvenzverfahrens jeweils am Wert des Gesamtunternehmens haben. Entsprechend dieses Wertverhältnisses ist der Kaufpreis für das Unternehmen zwischen der Masse des virtuellen Hauptinsolvenzverfahrens und der Masse des virtuellen Sekundärinsolvenzverfahrens aufzuteilen.

Kapitel 2

Sanierung des Rechtsträgers

Unter Umständen will der Verwalter des Hauptinsolvenzverfahrens zunächst eine Zusicherung gemäß Art. 36 EuInsVO abgeben, um die Eröffnung eines Sekundär-

---

[25] So ebenfalls *Reinhart*, Sanierungsverfahren im internationalen Insolvenzrecht, 1995, S. 147 f., 303 f.

insolvenzverfahrens zu verhindern und anschließend den Unternehmensträger in seiner Gesamtheit sanieren. Es stellt sich daher die Frage, ob eine Sanierung des Rechtsträgers auch bei Durchführung eines virtuellen Haupt- und Sekundärinsolvenzverfahrens möglich ist.

Bevor man sich dieser Fragestellung widmet, ist es jedoch notwendig zu verstehen, welche Regeln für die Sanierung des Rechtsträgers im Fall der Eröffnung eines Sekundärinsolvenzverfahrens gelten. Aus diesem Grund wird im Folgenden zunächst die Sanierung des Unternehmensträgers im Fall der Eröffnung eines Sekundärinsolvenzverfahrens erläutert.

A. Reale Verfahrenspluralität

Haupt- und Sekundärinsolvenzverfahren sind Insolvenzverfahren über das Vermögen desselben Schuldners.

Dennoch handelt es sich bei Haupt- und Sekundärinsolvenzverfahren um selbstständige Insolvenzverfahren, die jeweils über eine eigene Aktivmasse verfügen und die im Wesentlichen unabhängig voneinander sind. Aus diesem Grund ist die Entscheidung, ob das jeweilige Verfahren als Liquidations- oder Sanierungsverfahren durchgeführt wird, grundsätzlich nicht abhängig von der Verfahrensart in anderen Insolvenzverfahren über das Vermögen desselben Schuldners. Ist beispielsweise das Hauptinsolvenzverfahren ein Liquidationsverfahren, so kann das Sekundärinsolvenzverfahren trotzdem Sanierungsverfahren sein.[26] Die Entscheidung, ob ein Verfahren als Liquidations- oder Sanierungsverfahren durchgeführt wird, obliegt sowohl im Haupt- als auch im Sekundärinsolvenzverfahren grundsätzlich den Beteiligten des jeweiligen Verfahrens.

Allerdings kann der Verwalter des Hauptinsolvenzverfahrens vor Eröffnung des Sekundärinsolvenzverfahrens gemäß Art. 38 Abs. 4 EuInsVO einen Antrag stellen, das für die Eröffnung des Sekundärinsolvenzverfahrens zuständige Gericht möge abweichend von der ursprünglich beantragten Art des Insolvenzverfahrens ein anderes Insolvenzverfahren eröffnen. Ist das Sekundärinsolvenzverfahren bereits eröffnet worden, so kann der Verwalter des Hauptinsolvenzverfahrens gemäß Art. 51 EuInsVO einen Antrag auf Umwandlung des Sekundärinsolvenzverfahrens in eine andere Art von Insolvenzverfahren stellen. Zudem ist der Verwalter des Hauptinsolvenzverfahrens gemäß Art. 47 Abs. 1 EuInsVO berechtigt, im Sekundärinsolvenzverfahren einen Vorschlag für einen Sanierungsplan zu machen.

Aus der Eigenständigkeit von Haupt- und Sekundärinsolvenzverfahren und der grundsätzlichen Unabhängigkeit der Verfahren voneinander ergibt sich auch, dass die Beendigung eines der Insolvenzverfahren keine Auswirkungen auf andere noch

[26] *Fehrenbach*, Haupt- und Sekundärinsolvenzverfahren, 2014, S. 433.

anhängige Insolvenzverfahren hat.[27] Diese Regel hat der Gesetzgeber nun in Art. 48 Abs. 1 EuInsVO normiert. Wird in einem der Insolvenzverfahren beispielsweise ein Sanierungsplan beschlossen, der zum Wegfall des Insolvenzgrunds führt, und dieses Verfahren deswegen aufgehoben, so bedeutet dies nicht, dass nun auch die noch laufenden Insolvenzverfahren über das Vermögen desselben Schuldners einzustellen wären.[28] Art. 48 Abs. 1 EuInsVO stellt dies nun ausdrücklich klar.

I. Gesamtsanierung

Wird eine Sanierung des gesamten Unternehmens angestrebt, so sind im Fall der Verfahrenspluralität folgende Besonderheiten zu beachten.

Ein Sekundärinsolvenzverfahren kann nicht vorzeitig eingestellt werden, um die Sanierung des Unternehmens im Hauptinsolvenzverfahren zu konzentrieren. Eine solche Möglichkeit sieht die EuInsVO nämlich nicht vor. Nach Eröffnung eines Sekundärinsolvenzverfahrens kann die Aktivmasse des Sekundärinsolvenzverfahrens folglich nicht mit der Aktivmasse des Hauptinsolvenzverfahrens wiedervereint werden.

Die EuInsVO kennt auch keinen verfahrensübergreifenden Gesamtsanierungsplan, der sich sowohl auf die Aktivmasse des Hauptinsolvenzverfahrens als auch auf die Aktivmasse des Sekundärinsolvenzverfahrens bezieht.

Vielmehr folgt aus der Eigenständigkeit und Unabhängigkeit der Verfahren, dass im Fall einer geplanten Gesamtsanierung in jedem der Insolvenzverfahren ein Sanierungsplan beschlossen werden muss.[29] Im Hauptinsolvenzverfahren muss gemäß Art. 7 EuInsVO ein Sanierungsplan nach der *lex fori concursus* des Hauptinsolvenzverfahrens verabschiedet werden, der zur Beendigung des Hauptinsolvenzverfahrens führt, und im Sekundärinsolvenzverfahren gemäß Art. 7 EuInsVO ein Sanierungsplan nach der *lex fori concursus secundarii*, der die Aufhebung des Sekundärinsolvenzverfahrens zur Folge hat.

---

[27] *Mankowski*, in: Mankowski/Müller/J. Schmidt, EuInsVO, 1. Aufl. 2016, Vor Art. 34–51 Rn. 61; *Reinhart*, in: Münchener Kommentar InsO, Band 4, 3. Aufl. 2016, Art. 48 EuInsVO 2015 Rn. 1; *Wimmer*, in: Wimmer/Bornemann/Lienau, Die Neufassung der EuInsVO, 2016, Rn. 489.

[28] Vgl. dazu auch *Fehrenbach*, Haupt- und Sekundärinsolvenzverfahren, 2014, S. 432 f.

[29] *Brinkmann*, KTS 2014, 381 (391); *Fehrenbach*, Haupt- und Sekundärinsolvenzverfahren, 2014, S. 412.

1. Koordinierung der Sanierungspläne

Soll das Unternehmen bzw. der Unternehmensträger erfolgreich saniert werden, so muss der Insolvenzgrund beseitigt werden. Dies geschieht in der Regel dadurch, dass im Sanierungsplan auf die Passivmasse eingewirkt wird.[30]

Wird sowohl im Haupt- als auch im Sekundärinsolvenzverfahren eine Sanierung angestrebt, so sind Modifikationen der Passivmasse allerdings problematisch. Zu beachten ist hierbei ein wichtiger Unterschied zwischen Aktivmasse und Passivmasse.

Die Aktivmasse des Sekundärinsolvenzverfahrens lässt sich klar von der Aktivmasse des Hauptinsolvenzverfahrens unterscheiden. Die Aktivmasse des Sekundärinsolvenzverfahrens wird gemäß Art. 34 S. 3 EuInsVO durch alle Vermögensgegenstände gebildet, die zum Zeitpunkt der Eröffnung des Sekundärinsolvenzverfahrens im Niederlassungsstaat belegen sind. Das Vermögen, das nicht zur Aktivmasse eines Sekundärinsolvenzverfahrens gehört, bildet die Aktivmasse des Hauptinsolvenzverfahrens. Jeder Vermögensgegenstand des Schuldners kann folglich nur einer Aktivmasse zugeordnet sein.

Diese Regeln gelten hingegen nicht für die Passivmasse. Gemäß Art. 45 Abs. 1 EuInsVO kann dieselbe Forderung sowohl für das Haupt- als auch für jedes Sekundärinsolvenzverfahren angemeldet werden. Die Passivmasse ist folglich auch im Fall der Verfahrenspluralität eine Universalmasse.[31]

Hat ein Gläubiger seine Forderung gemäß Art. 45 Abs. 1 EuInsVO im Haupt- und im Sekundärinsolvenzverfahren angemeldet, so können die Sanierungspläne der verschiedenen Verfahren auf diese Forderung unterschiedlich einwirken.[32] Beispielsweise kann der Sanierungsplan des Hauptinsolvenzverfahrens eine Kürzung der Forderung um 20 % vorsehen, im Sanierungsplan des Sekundärinsolvenzverfahrens wird dieselbe Forderung aber um 40 % gekürzt und im Sanierungsplan eines weiteren Sekundärinsolvenzverfahrens um 60 %. Nach Aufhebung aller Insolvenzverfahren stellt dies ein Problem dar, da sich die Forderung nunmehr wieder gegen einen Schuldner richtet.[33] Da dieselbe Forderung in den verschiedenen Sanierungsplänen unterschiedlich modifiziert wurde, bleibt unklar, welchen Inhalt die Forderung nun hat.

---

[30] Vgl. u. a. *Brünkmans*, in: Brünkmans/Thole, Handbuch Insolvenzplan, 1. Aufl. 2016, § 2 Rn. 5.

[31] *Fehrenbach*, Haupt- und Sekundärinsolvenzverfahren, 2014, S. 223; *Herchen*, in: Pannen, EuInsVO, 1. Aufl. 2007, Art. 27 a. F. Rn. 78; *Mankowski*, in: Mankowski/Müller/J. Schmidt, EuInsVO, 1. Aufl. 2016, Vor Art. 34–51 Rn. 31; *Paulus*, in: Paulus, EuInsVO, 6. Aufl. 2021, Art. 34 Fn. 27; *Smid*, in: Leonhardt/Smid/Zeuner, Internationales Insolvenzrecht, 2. Aufl. 2012, Art. 32 EuInsVO a. F. Rn. 2.

[32] *Fehrenbach*, Haupt- und Sekundärinsolvenzverfahren, 2014, S. 350, 415.

[33] *Fehrenbach*, Haupt- und Sekundärinsolvenzverfahren, 2014, S. 415.

Um dieses Problem zu verhindern, müssen die Sanierungspläne von Haupt- und Sekundärinsolvenzverfahren in Bezug auf die Modifizierung der Passivmasse miteinander abgestimmt werden.[34] Sanierungspläne, die die Passivmasse in unterschiedlicher Weise modifizieren, darf es nicht geben.[35] Gemäß Art. 41 Abs. 2 lit. a) EuInsVO obliegt es den Verwaltern, einander alle Maßnahmen zur Rettung oder Sanierung des Schuldners mitzuteilen. Des Weiteren verpflichtet Art. 41 Abs. 2 lit. b) EuInsVO die Verwalter der unterschiedlichen Verfahren, die Ausarbeitung und Umsetzung eines Sanierungsplans zu koordinieren. Stimmen die Verwalter die verschiedenen Sanierungspläne derart ab, dass diese die Passivmasse in gleicher Weise modifizieren, so kann sowohl der Sanierungsplan im Hauptinsolvenzverfahren als auch der Sanierungsplan im Sekundärinsolvenzverfahren bestätigt werden.[36] Der Sanierungsplan des Hauptinsolvenzverfahrens führt dann zur Aufhebung des Hauptinsolvenzverfahrens und der Sanierungsplan im Sekundärinsolvenzverfahren zur Aufhebung des Sekundärinsolvenzverfahrens.

2. Rechtsfolgen sich widersprechender Sanierungspläne

Wird, trotz Koordinationsversuchen der Verwalter, die Passivmasse in den verschiedenen Sanierungsplänen unterschiedlich modifiziert, so stehen die Sanierungspläne zueinander in Widerspruch. Aus diesem Grund darf nur einer der Sanierungspläne bestätigt werden. Art. 47 Abs. 2 EuInsVO enthält für den Konflikt sich widersprechender Sanierungspläne eine Regelung.

Gemäß Art. 47 Abs. 2 EuInsVO darf eine Beschränkung der Rechte der Gläubiger, wie zum Beispiel eine Stundung oder eine Schuldbefreiung, die sich aus einem im Sekundärinsolvenzverfahren vorgeschlagenen Sanierungsplan ergibt, ohne Zustimmung aller von ihr betroffenen Gläubiger keine Auswirkungen auf das nicht von diesem Verfahren erfasste Vermögen des Schuldners haben. Zu beachten ist, dass Beschränkungen der Rechte der Gläubiger, die im Sanierungsplan des Sekundärinsolvenzverfahrens getroffen werden, immer Auswirkungen auf das nicht von diesem Sekundärinsolvenzverfahren erfassten Vermögen haben. Schließlich handelt es sich bei der Passivmasse um eine Universalmasse, deren Modifikationen sich nicht territorial beschränken lassen.[37] Folglich erfordert ein Sanierungsplan im Sekundärinsolvenzverfahren gemäß Art. 47 Abs. 2 EuInsVO grundsätzlich immer die Zustimmung aller betroffenen Gläubiger.

---

[34] *Fehrenbach*, Haupt- und Sekundärinsolvenzverfahren, 2014, S. 351, 353, 415, 434 f., 438.

[35] *Fehrenbach*, Haupt- und Sekundärinsolvenzverfahren, 2014, S. 351, 353 f., 433 ff., 438.

[36] *Fehrenbach*, Haupt- und Sekundärinsolvenzverfahren, 2014, S. 434.

[37] *Fehrenbach*, Haupt- und Sekundärinsolvenzverfahren, 2014, S. 426; *Herchen*, in: Pannen, EuInsVO, 1. Aufl. 2007, Art. 34 a. F. Rn. 51; *Reinhart*, in: Münchener Kommentar InsO, Band 4, 3. Aufl. 2016, Art. 34 EuInsVO 2000 Rn. 14.

Fehrenbach plädiert allerdings dafür, eine Ausnahme vom in Art. 47 Abs. 2 EuInsVO aufgestellten Erfordernis der Einstimmigkeit zu machen.[38] Immer dann, wenn der Sanierungsplan im Haupt- und der Sanierungsplan im Sekundärinsolvenzverfahren die Passivmasse in gleicher Weise modifizieren, müsse der Sanierungsplan im Sekundärinsolvenzverfahren nicht, wie von Art. 47 Abs. 2 EuInsVO gefordert, von sämtlichen betroffenen Gläubigern gebilligt werden. Fehrenbach begründet dies damit, dass es in einem solchen Fall keinen Konflikt zwischen den Sanierungsplänen gebe, der gelöst werden müsste. Fehrenbach ist zuzustimmen. Anderenfalls würde eine Gesamtsanierung in vielen Fällen auch dann scheitern, wenn die Verwalter die Sanierungspläne aufeinander abgestimmt haben und es deswegen keine Widersprüche zwischen den Plänen gibt. Ein solches Ergebnis wird vom Gesetzgeber aber kaum gewollt sein.

Modifizieren die Sanierungspläne die Passivmasse aber in unterschiedlicher Weise, so ist Art. 47 Abs. 2 EuInsVO anzuwenden. Der Sanierungsplan im Sekundärinsolvenzverfahren darf in einem solchen Fall folglich nur dann bestätigt werden, wenn ihm alle betroffenen Gläubiger zugestimmt haben.

Ist das nicht der Fall, so darf der Sanierungsplan im Sekundärinsolvenzverfahren nicht bestätigt werden. Folglich muss das Sekundärinsolvenzverfahren in diesem Fall nun im Wege der Liquidation beendet werden.[39] Aus diesem Grund hat der Verwalter des Hauptinsolvenzverfahrens gemäß Art. 51 Abs. 1 EuInsVO das Recht, bei dem Gericht, das das Sekundärinsolvenzverfahren eröffnet hat, die Umwandlung des Sekundärinsolvenzverfahrens in ein anderes der in Anhang A aufgeführten Insolvenzverfahren zu beantragen.[40]

In Anhang A wird für Deutschland nur das Insolvenzverfahren genannt.[41] Eine Unterscheidung zwischen Regelinsolvenzverfahren und Insolvenzplanverfahren findet hingegen nicht statt. Folglich ist Art. 51 Abs. 1 EuInsVO nutzlos, wenn das Sekundärinsolvenzverfahren in Deutschland eröffnet wurde.[42] Der Verwalter des im Ausland eröffneten Hauptinsolvenzverfahrens kann dann nicht beantragen, das deutsche Sekundärinsolvenzverfahren, welches durch einen Insolvenzplan beendet werden soll, möge stattdessen als Regelinsolvenzverfahren durchgeführt werden. Ein solches Antragsrecht des Verwalters des Hauptinsolvenzverfahrens findet sich auch nicht an anderer Stelle in der EuInsVO.

---

[38] *Fehrenbach*, Haupt- und Sekundärinsolvenzverfahren, 2014, S. 434 f.

[39] *Fehrenbach*, Haupt- und Sekundärinsolvenzverfahren, 2014, S. 354, 434, 438.

[40] Vgl. dazu auch *Fehrenbach*, Haupt- und Sekundärinsolvenzverfahren, 2014, S. 354.

[41] Genannt werden zudem das Konkursverfahren, das gerichtliche Vergleichsverfahren und das Gesamtvollstreckungsverfahren. Diese Verfahren sind hier aber nicht von Relevanz.

[42] Dieses Problem sieht auch Brinkmann. Vgl. *Brinkmann*, KTS 2014, 381 (390). Siehe zudem *Kindler*, in: Münchener Kommentar BGB, Band 13, 8. Aufl. 2021, Art. 51 EuInsVO Rn. 3; *Reinhart*, in: Münchener Kommentar InsO, Band 4, 3. Aufl. 2016, Art. 51 EuInsVO 2015 Rn. 2; *Wimmer*, in: Wimmer/Bornemann/Lienau, Die Neufassung der EuInsVO, 2016, Rn. 497.

Gemäß Art. 34 Abs. 1 UAbs. 2 EuInsVO a.F. bedurfte ein Sanierungsplan im Sekundärinsolvenzverfahren grundsätzlich der Zustimmung des Verwalters des Hauptinsolvenzverfahrens. Im Zuge der Reform der EuInsVO hat der Gesetzgeber Art. 34 Abs. 1 UAbs. 2 EuInsVO a.F. allerdings ersatzlos gestrichen. Den Fall des Einheitsverfahrens, dass sich nicht gemäß Art. 51 Abs. 1 EuInsVO in eine andere Art von Insolvenzverfahren umwandeln lässt, scheint der Gesetzgeber bei der Aufhebung des Art. 34 Abs. 1 UAbs. 2 EuInsVO a.F. nicht bedacht zu haben.

II. Teilsanierung

Wird nur eines der Insolvenzverfahren durch einen Sanierungsplan beendet, alle weiteren Verfahren hingegen im Wege der Liquidation, so ergeben sich keinerlei Probleme.[43] Denn in einem solchen Fall wird die universale Passivmasse nur durch einen Sanierungsplan modifiziert. Folglich kann es nicht zu widersprüchlichen Modifikationen der Passivmasse kommen.

Ob es sich bei dem einen Insolvenzverfahren, das durch einen Sanierungsplan abgeschlossen wird, um das Hauptinsolvenzverfahren oder ein Sekundärinsolvenzverfahren handelt, spielt keine Rolle.[44]

Wird das Sekundärinsolvenzverfahren durch einen Sanierungsplan beendet, das Hauptinsolvenzverfahren aber im Wege der Liquidation, so wirken sich die im Sanierungsplan des Sekundärinsolvenzverfahrens beschlossenen Modifikationen der Passivmasse nicht auf die Aktivmasse des Hauptinsolvenzverfahrens aus, da die Aktivmasse des Hauptinsolvenzverfahrens verwertet und der Verwertungserlös an die Gläubiger dieses Verfahrens verteilt wird.[45] Folglich ist Art. 47 Abs. 2 EuInsVO nicht anwendbar. Dem Sanierungsplan im Sekundärinsolvenzverfahren müssen daher nicht sämtliche betroffene Gläubiger zustimmen.

B. Virtuelle Verfahrenspluralität

Soll das schuldnerische Unternehmen reorganisiert werden, so stellt sich die Frage, welche Regeln für eine Reorganisation gelten, wenn ein virtuelles Haupt- und Sekundärinsolvenzverfahren durchgeführt wird. Obwohl die Beantwortung dieser Frage von großer praktischer Bedeutung ist, ist sie bisher im Schrifttum von niemandem näher behandelt worden.

---

[43] *Fehrenbach*, Haupt- und Sekundärinsolvenzverfahren, 2014, S. 353, 433.

[44] *Fehrenbach*, Haupt- und Sekundärinsolvenzverfahren, 2014, S. 433, 437 f.

[45] *Fehrenbach*, Haupt- und Sekundärinsolvenzverfahren, 2014, S. 433 ff., 437 f.

I. Anwendbarkeit des Rechts des Staats, in dem das Sekundärinsolvenzverfahren hätte eröffnet werden können

Zunächst einmal ist zu prüfen, ob die Reorganisation des Schuldners, bei gleichzeitiger Durchführung eines virtuellen Sekundärinsolvenzverfahrens, nach den gleichen Grundsätzen erfolgen muss, die gelten, wenn neben dem Hauptinsolvenzverfahren ein reales Sekundärinsolvenzverfahren eröffnet wird.[46]

Wäre dies zu bejahen, so müssten die Masse des virtuellen Hauptinsolvenzverfahrens und die Masse des virtuellen Sekundärinsolvenzverfahrens getrennt saniert werden. Zur Sanierung der Masse des virtuellen Hauptinsolvenzverfahrens müsste ein Sanierungsplan nach den Regeln der *lex fori concursus* aufgestellt und von den Gläubigern bestätigt werden. Zur Sanierung der Masse des virtuellen Sekundärinsolvenzverfahrens wäre ein weiterer Sanierungsplan zu erstellen. Für diesen würde zumindest partiell das Recht des Staates, in dem das Sekundärinsolvenzverfahren hätte eröffnet werden können, gelten. Auch dieser Sanierungsplan müsste von den Gläubigern verabschiedet werden.

Diesem Modell entsprechend wird im Folgenden geprüft, ob für die Reorganisation der Masse des virtuellen Sekundärinsolvenzverfahrens tatsächlich das Recht des Staates, in dem das Sekundärinsolvenzverfahren hätte eröffnet werden können, gilt.

1. Wortlaut der Norm

Zunächst einmal ist der Wortlaut des Art. 36 EuInsVO zu prüfen.

Art. 36 Abs. 1 S. 1 EuInsVO spricht davon, dass der Verwalter eine Zusicherung des Inhalts gibt, dass er bei der Verteilung des im Niederlassungsstaat belegenen Vermögens oder des bei seiner Verwertung erzielten Erlöses die Verteilungs- und Vorzugsrechte nach nationalem Recht wahrt, die Gläubiger hätten, wenn ein Sekundärinsolvenzverfahren eröffnet worden wäre. Wurde eine Zusicherung abgegeben, so gilt gemäß Art. 36 Abs. 2 S. 1 EuInsVO für die Verteilung des Erlöses aus der Verwertung von Gegenständen der Masse des virtuellen Sekundärinsolvenzverfahrens, für den Rang der Forderungen und für die Rechte der Gläubiger in Bezug auf Gegenstände der Masse das Recht des Staates, in dem das Sekundärinsolvenzverfahren hätte eröffnet werden können.

Sowohl Art. 36 Abs. 1 S. 1 EuInsVO als auch Art. 36 Abs. 2 S. 1 EuInsVO sprechen also von der Verteilung des Vermögens bzw. der Verteilung des Verwertungserlöses. Das schuldnerische Vermögen bzw. der Verwertungserlös wird aber nur dann an die Gläubiger verteilt, wenn das Insolvenzverfahren als Liquidationsverfahren durchgeführt wird. Wird das Unternehmen hingegen im Rahmen einer Re-

---

[46] Zur Reorganisation im Fall der Eröffnung eines Sekundärinsolvenzverfahrens siehe ausführlich S. 307 ff.

organisation saniert, so wird die Aktivmasse nicht verwertet und folglich kein Verwertungserlös an die Gläubiger verteilt. Vielmehr bleibt die Aktivmasse im Fall einer Reorganisation erhalten. Die Gläubiger werden nicht aus Verwertungserlösen befriedigt, sondern aus den Erträgen, die das sanierte Unternehmen erwirtschaftet.[47] Wird in Art. 36 EuInsVO also die Verteilung des Vermögens bzw. die Verteilung des Verwertungserlöses genannt, so wird damit ein Liquidationsverfahren angesprochen, nicht aber ein Reorganisationsverfahren. Auch ansonsten finden sich in Art. 36 Abs. 1 S. 1 EuInsVO und Art. 36 Abs. 2 S. 1 EuInsVO keinerlei Hinweise auf ein Reorganisationsverfahren. Dem Wortlaut nach gelten die Verteilungs- und Vorzugsrechte und der Rang der Forderungen nach dem Recht des Staates, in dem das Sekundärinsolvenzverfahren hätte eröffnet werden können, also nur für den Fall der Liquidation.

Untersucht man nun den weiteren Wortlaut des Art. 36 EuInsVO, so muss man feststellen, dass Art. 36 EuInsVO die Begriffe Sanierung und Reorganisation, abgesehen von Art. 36 Abs. 5 EuInsVO, überhaupt nicht verwendet. Vielmehr spricht Art. 36 EuInsVO auch an anderen Stellen ausschließlich von der Verwertung des Vermögens und der Verteilung des Erlöses.

Gemäß Art. 36 Abs. 1 S. 2 EuInsVO soll die Zusicherung auch Möglichkeiten nennen, wie die Aktivmasse des virtuellen Sekundärinsolvenzverfahrens verwertet werden kann. Hätte der Gesetzgeber auch eine Sanierung der Masse des virtuellen Sekundärinsolvenzverfahrens im Sinn gehabt, so hätte er den Verwalter in Art. 36 Abs. 1 S. 2 EuInsVO zusätzlich auffordern können, Sanierungsmöglichkeiten in der Zusicherung zu beschreiben.

Auch Art. 36 Abs. 4 S. 2 EuInsVO und Art. 36 Abs. 7 EuInsVO erwähnen lediglich die Verteilung des Vermögens bzw. des (Verwertungs-)Erlöses.

Auch in den Erwägungsgründen findet sich kein Hinweis, dass eine Reorganisation der Masse des virtuellen Sekundärinsolvenzverfahrens nach dem Recht des Staates, in dem das Sekundärinsolvenzverfahren hätte eröffnet werden können, möglich ist. Zwar spricht Erwägungsgrund Nr. 42 S. 1 davon, dass die Gläubiger des virtuellen Sekundärinsolvenzverfahrens so behandelt werden sollen, als wäre ein Sekundärinsolvenzverfahren eröffnet worden. Dieser Erwägungsgrund ist allerdings viel zu allgemein gefasst, um daraus den Schluss ziehen zu können, das Recht des Staates, in dem das Sekundärinsolvenzverfahren hätte eröffnet werden können, gelte auch für den Fall der Reorganisation. Erwägungsgrund Nr. 43 wiederum erwähnt lediglich die Verteilung des Vermögens und die Verteilung des Verwertungserlöses.

---

[47] Vgl. u. a. *Eidenmüller*, in: Münchener Kommentar InsO, Band 3, 4. Aufl. 2020, § 217 Rn. 176; *Rattunde*, in: Rattunde/Smid/Zeuner, InsO, Band 2, 4. Aufl. 2019, § 217 Rn. 12.

2. Zweck der Norm

Dem Wortlaut des Art. 36 Abs. 2 S. 1 EuInsVO nach ist das Recht des Staates, in dem das Sekundärinsolvenzverfahren hätte eröffnet werden können, nur dann anwendbar, wenn das virtuelle Sekundärinsolvenzverfahren als Liquidationsverfahren durchgeführt wird. Dennoch stellt sich die Frage, ob der Sinn und Zweck des Art. 36 EuInsVO es gebietet, das Recht des Staates, in dem das Sekundärinsolvenzverfahren hätte eröffnet werden können, auch dann anzuwenden, wenn das virtuelle Sekundärinsolvenzverfahren als Reorganisationsverfahren durchgeführt wird.

Das virtuelle Sekundärinsolvenzverfahren ist der Ersatz für ein reales Sekundärinsolvenzverfahren. Die Schutzfunktion des virtuellen Sekundärinsolvenzverfahrens deckt sich daher grundsätzlich mit dem eines realen Sekundärinsolvenzverfahrens. Die Gläubiger des virtuellen Sekundärinsolvenzverfahrens sollen grundsätzlich so behandelt werden, als sei ein Sekundärinsolvenzverfahren eröffnet worden. Wird ein Sekundärinsolvenzverfahren als Reorganisationsverfahren durchgeführt, so gilt für das Reorganisationsverfahren und den Sanierungsplan gemäß Art. 7 Abs. 2 S. 2 lit. j) EuInsVO die *lex fori concursus secundarii*.[48] Folglich könnte man annehmen, dass für die Reorganisation der Masse des virtuellen Sekundärinsolvenzverfahrens ebenfalls das Recht des Staates, in dem das Sekundärinsolvenzverfahren hätte eröffnet werden können, gilt. Diese Annahme kann allerdings widerlegt werden. Dafür gibt es mehrere Gründe.

Hält man, entgegen des Wortlauts des Art. 36 Abs. 2 S. 1 EuInsVO, das Recht des Staates, in dem das Sekundärinsolvenzverfahren hätte eröffnet werden können, auch dann für anwendbar, wenn die Masse des virtuellen Sekundärinsolvenzverfahrens reorganisiert wird, so müsste es sich bei dem Wortlaut des Art. 36 EuInsVO um ein redaktionelles Versehen des Gesetzgebers handeln. Davon kann aber nicht ausgegangen werden.

In anderen Normen der EuInsVO differenziert der Gesetzgeber nämlich sehr genau zwischen der Verwertung und der Sanierung der Insolvenzmasse (Art. 41 Abs. 2 lit. b) EuInsVO und Art. 41 Abs. 2 lit. c) EuInsVO) bzw. zwischen einem Liquidations- und einem Reorganisationsverfahren (Art. 1 Abs. 1 EuInsVO und Art. 47 Abs. 1 EuInsVO).

Besonders wichtig ist dabei ein Vergleich zwischen Art. 36 Abs. 2 S. 1 EuInsVO und Art. 7 EuInsVO. Art. 7 EuInsVO ist die grundlegende Kollisionsnorm der EuInsVO. Art. 7 EuInsVO beruft das Recht des Staates, in dem das Insolvenzverfahren eröffnet wurde, zur Anwendung. Für den Sonderfall des virtuellen Sekundärinsolvenzverfahrens enthält Art. 36 Abs. 2 S. 1 EuInsVO eine spezielle Kollisionsnorm,

---

[48] *Brinkmann*, in: Karsten Schmidt, InsO, 19. Aufl. 2016, Art. 4 EuInsVO a.F. Rn. 34; *Kindler*, in: Münchener Kommentar BGB, Band 13, 8. Aufl. 2021, Art. 7 EuInsVO Rn. 43; *Müller*, in: Mankowski/Müller/J. Schmidt, EuInsVO, 1. Aufl. 2016, Art. 7 Rn. 57 ff.; *Pannen/Riedemann*, in: Pannen, EuInsVO, 1. Aufl. 2007, Art. 4 a.F. Rn. 63; *Paulus*, in: Paulus, EuInsVO, 6. Aufl. 2021, Art. 7 Rn. 40.

die, abweichend von Art. 7 EuInsVO, das Recht des Staates, in dem das Sekundärinsolvenzverfahren hätte eröffnet werden können, für anwendbar erklärt.[49]

Art. 7 Abs. 2 S. 2 lit. i) EuInsVO spricht die Verteilung des Verwertungserlöses und den Rang der Forderungen an. Die Voraussetzungen und Wirkungen eines Sanierungsplans werden hingegen von Art. 7 Abs. 2 S. 2 lit. j) EuInsVO erfasst.[50] Art. 7 EuInsVO unterscheidet also zwischen der Liquidation und der Reorganisation. In Art. 36 Abs. 2 S. 1 EuInsVO findet sich diese Differenzierung hingegen nicht. Art. 36 Abs. 2 S. 1 EuInsVO bezieht sich seinem Wortlaut nach nur auf den Fall der Liquidation.

Der Wortlaut des Art. 36 Abs. 2 S. 1 EuInsVO gleicht dabei im Wesentlichen dem des Art. 7 Abs. 2 S. 2 lit. i) EuInsVO. Offensichtlich hat sich der Gesetzgeber bei der Schaffung des Art. 36 Abs. 2 S. 1 EuInsVO der Formulierungen des Art. 7 Abs. 2 S. 2 lit. i) EuInsVO bedient. Dabei müsste ihm die Differenzierung zwischen Art. 7 Abs. 2 S. 2 lit. i) EuInsVO und Art. 7 Abs. 2 S. 2 lit. j) EuInsVO aufgefallen sein. Daher kann nicht davon ausgegangen werden, dass es sich bei dem Wortlaut des Art. 36 Abs. 2 S. 1 EuInsVO um ein redaktionelles Versehen handelt.

Hätte der Gesetzgeber gewollt, dass das Recht des Staates, in dem das Sekundärinsolvenzverfahren hätte eröffnet werden können, auch für die Reorganisation der Masse des virtuellen Sekundärinsolvenzverfahrens gilt, so hätte er sicherlich auch die Formulierungen des Art. 7 Abs. 2 S. 2 lit. j) EuInsVO in Art. 36 Abs. 2 S. 1 EuInsVO übernommen. Die Tatsache, dass er dies nicht getan hat, spricht folglich dafür, dass eine Reorganisation der Masse des virtuellen Sekundärinsolvenzverfahrens nach dem Recht des Staates, in dem das Sekundärinsolvenzverfahren hätte eröffnet werden können, nicht möglich sein soll.

3. Gesetzgebungsmaterialien

Auch aus den Gesetzgebungsmaterialien lässt sich schließen, dass das Recht des Staates, in dem das Sekundärinsolvenzverfahren hätte eröffnet werden können, nur für die Liquidation der Masse des virtuellen Sekundärinsolvenzverfahrens gilt, nicht aber für deren Reorganisation.

In den Gesetzgebungsmaterialien werden als Vorbild für das virtuelle Sekundärinsolvenzverfahren die Insolvenzfälle MG Rover, Collins & Aikman und Nortel

---

[49] Zum Rechtscharakter des Art. 36 Abs. 2 S. 1 EuInsVO siehe ausführlich S. 287 ff.

[50] *Brinkmann*, in: Karsten Schmidt, InsO, 19. Aufl. 2016, Art. 4 EuInsVO a. F. Rn. 34; *Kindler*, in: Münchener Kommentar BGB, Band 13, 8. Aufl. 2021, Art. 7 EuInsVO Rn. 43; *Müller*, in: Mankowski/Müller/J. Schmidt, EuInsVO, 1. Aufl. 2016, Art. 7 Rn. 57 ff.; *Pannen/Riedemann*, in: Pannen, EuInsVO, 1. Aufl. 2007, Art. 4 a. F. Rn. 63; *Paulus*, in: Paulus, EuInsVO, 6. Aufl. 2021, Art. 7 Rn. 40.

genannt.[51] In diesen Fällen hatten englische Insolvenzverwalter ausländischen Gläubigern zugesichert, diese im englischen Insolvenzverfahren so zu behandeln, als sei ein Sekundärinsolvenzverfahren eröffnet worden.[52] In allen drei genannten Insolvenzverfahren wurde das Vermögen des Schuldners im Rahmen einer übertragenden Sanierung verwertet. Die Insolvenzverfahren wurden also als Liquidationsverfahren durchgeführt. Hingegen wurde in keinem der Verfahren die Masse des virtuellen Sekundärinsolvenzverfahrens reorganisiert. Vorbild für das virtuelle Sekundärinsolvenzverfahren der EuInsVO waren also ausschließlich virtuelle Sekundärinsolvenzverfahren, in denen die Masse im Rahmen einer Liquidation verwertet und die Gläubiger aus dem Verwertungserlös befriedigt wurden.

In den Gesetzgebungsmaterialien finden sich keine Indizien dafür, dass der Gesetzgeber, abweichend von den drei genannten Insolvenzfällen, auch eine Kombination aus virtuellem Sekundärinsolvenzverfahren und Reorganisation für denkbar hält. Jedenfalls wird die Frage, ob die Masse des virtuellen Sekundärinsolvenzverfahrens nach dem Recht des Staates, in dem das Sekundärinsolvenzverfahren hätte eröffnet werden können, reorganisiert werden kann, in den Gesetzgebungsmaterialien nicht erörtert.

Lediglich ganz allgemein heißt es, dass die Durchführung eines virtuellen Sekundärinsolvenzverfahrens die Chancen für den Erhalt des betroffenen Unternehmens erhöhen kann.[53] Völlig unklar bleibt aber, ob damit neben dem Verkauf an einen Dritten (Übertragende Sanierung) auch eine Reorganisation des Schuldners gemeint ist.

An anderer Stelle in den Gesetzgebungsmaterialien wird als denkbarer Fall für die Durchführung eines virtuellen Sekundärinsolvenzverfahrens explizit eine übertragende Sanierung genannt.[54] Eine Reorganisation der Insolvenzmasse wird hingegen nicht erwähnt.

---

[51] Vorschlag der Kommission für eine Verordnung des Europäischen Parlaments und des Rates zur Änderung der Verordnung (EG) Nr. 1346/2000 des Rates über Insolvenzverfahren vom 12.12.2012, COM (2012) 744 final, S. 8.

[52] Siehe zu diesen Verfahren ausführlich S. 59 ff.

[53] Mitteilung der Kommission an das Europäische Parlament gemäß Artikel 294 Absatz 6 des Vertrags über die Arbeitsweise der Europäischen Union betreffend den Standpunkt des Rates im Hinblick auf den Erlass einer Verordnung des Europäischen Parlaments und des Rates zur Änderung der Verordnung (EG) Nr. 1346/2000 über Insolvenzverfahren vom 13.4. 2015, COM (2015) 173 final, S. 2.

[54] Vorschlag der Kommission für eine Verordnung des Europäischen Parlaments und des Rates zur Änderung der Verordnung (EG) Nr. 1346/2000 des Rates über Insolvenzverfahren vom 12.12.2012, COM (2012) 744 final, S. 3, 8.

4. Der fehlende Verweisungsumfang als Indiz

Noch ein weiteres Indiz stärkt die These, dass das Recht des Staates, in dem das Sekundärinsolvenzverfahren hätte eröffnet werden können, im Fall der Reorganisation der Masse des virtuellen Sekundärinsolvenzverfahrens nicht anwendbar ist.

Im Fall der Liquidation der Masse des virtuellen Sekundärinsolvenzverfahrens verweist Art. 36 Abs. 2 S. 1 EuInsVO nur partiell auf das Recht des Staates, in dem das Sekundärinsolvenzverfahren hätte eröffnet werden können. Dieses gilt nur für die Verteilung des Verwertungserlöses, beispielsweise aber nicht für die Verwertung des Vermögens.

Aus diesem Grund ist davon auszugehen, dass das ausländische Recht auch im Fall der Reorganisation der Masse des virtuellen Sekundärinsolvenzverfahrens nicht vollumfänglich anwendbar wäre. Hätte der Gesetzgeber also tatsächlich gewollt, dass für die Reorganisation der Masse des virtuellen Sekundärinsolvenzverfahrens partiell das Recht des Staates des möglichen Sekundärinsolvenzverfahrens gilt, so hätte er folglich detailliert festlegen müssen, für welche Phasen des Reorganisationsverfahrens das ausländische Recht gilt und für welche nicht. Dies betrifft insbesondere eine mögliche Gruppenbildung in einem Sanierungsplan und die Abstimmung der Gläubiger über den Plan.

Die Tatsache, dass sich der Gesetzgeber hierzu weder in Art. 36 EuInsVO noch in den Gesetzgebungsmaterialien äußert, lässt nur den Schluss zu, dass das Recht des Staates, in dem das Sekundärinsolvenzverfahren hätte eröffnet werden können, im Fall der Reorganisation der Masse des virtuellen Sekundärinsolvenzverfahrens überhaupt nicht anwendbar ist.

5. Ergebnis

Eine Reorganisation der Masse des virtuellen Sekundärinsolvenzverfahrens nach dem Recht des Staates, in dem das Sekundärinsolvenzverfahren hätte eröffnet werden können, ist nicht möglich.[55] Art. 36 Abs. 2 S. 1 EuInsVO bezieht sich ausschließlich auf den Fall der Liquidation der Masse des virtuellen Sekundärinsolvenzverfahrens. Für dieses Ergebnis streitet insbesondere der Wortlaut des Art. 36 EuInsVO. Für einen anderslautenden Willen des Gesetzgebers gibt es hingegen keinerlei Indizien.

---

[55] A. A. *Fehrenbach*, GPR 2017, 38 (42).

II. Anwendbarkeit des Rechts des Staats, in dem das Hauptinsolvenzverfahren eröffnet wurde

Wie bereits festgestellt wurde, ist eine Reorganisation der Masse des virtuellen Sekundärinsolvenzverfahrens nach dem Recht des Staates, in dem das Sekundärinsolvenzverfahren hätte eröffnet werden können, nicht möglich. Das Recht des Staates, in dem das Sekundärinsolvenzverfahren hätte eröffnet werden können, gilt gemäß Art. 36 Abs. 2 S. 1 EuInsVO nur für die Verteilung des Verwertungserlöses im Fall der Liquidation der Masse des virtuellen Sekundärinsolvenzverfahrens.

Dann scheint für die Reorganisation der Masse des virtuellen Sekundärinsolvenzverfahrens das Recht des Staates, in dem das Hauptinsolvenzverfahren eröffnet wurde, zu gelten. Erklärt Art. 36 Abs. 2 S. 1 EuInsVO das Recht des Staates, in dem das Sekundärinsolvenzverfahren hätte eröffnet werden können, nur partiell für anwendbar, so muss grundsätzlich für alle anderen Rechtsfragen, die sich in Bezug auf die Masse des virtuellen Sekundärinsolvenzverfahrens ergeben, gemäß Art. 7 EuInsVO das Recht des Staates, in dem das Hauptinsolvenzverfahren eröffnet wurde, gelten. Beispielsweise richtet sich die Verwertung der Masse des virtuellen Sekundärinsolvenzverfahrens gemäß Art. 7 Abs. 2 S. 1 EuInsVO nach der *lex fori concursus* des Hauptinsolvenzverfahrens.[56]

Ob eine Reorganisation der Masse des virtuellen Sekundärinsolvenzverfahrens nach der *lex fori concursus* des Hauptinsolvenzverfahrens aber tatsächlich möglich ist, wird im Folgenden ausführlich geprüft.

Wird dies bejaht, so würde sowohl für die Sanierung der Masse des virtuellen Hauptinsolvenzverfahrens als auch für die Sanierung der Masse des virtuellen Sekundärinsolvenzverfahrens das Recht des Staates, in dem das Hauptinsolvenzverfahren eröffnet wurde, gelten. Dann erscheint es aber wenig sinnvoll, für die Masse des virtuellen Hauptinsolvenzverfahrens und für die Masse des virtuellen Sekundärinsolvenzverfahrens getrennte Sanierungspläne aufzustellen, die jeweils von den Gläubigern bestätigt werden müssten. Andererseits ließe sich argumentieren, dass die Abgabe der Zusicherung und die Durchführung des virtuellen Haupt- und Sekundärinsolvenzverfahrens zu einer dauerhaften Spaltung der Masse in zwei Teilmassen geführt hat, die auch im Fall der Reorganisation zu berücksichtigen sei. Die Frage, ob es eines oder mehrerer Sanierungspläne bedarf, braucht aber nur dann beantwortet zu werden, wenn feststeht, dass eine Reorganisation der Masse des virtuellen Sekundärinsolvenzverfahrens nach dem Recht des Staates, in dem das Hauptinsolvenzverfahren eröffnet wurde, möglich ist.

Nochmals muss darauf hingewiesen werden, dass sich der Wortlaut des Art. 36 EuInsVO überhaupt nicht zur Reorganisation der Masse des virtuellen Sekundär-

[56] So auch *Fehrenbach*, GPR 2017, 38 (40); *Keller*, in: Vallender, EuInsVO, 2. Aufl. 2020, Art. 36 Rn. 7; *Schultz*, in: Heidelberger Kommentar InsO, 10. Aufl. 2020, Art. 36 EuInsVO Rn. 11.

insolvenzverfahrens äußert.[57] Das Gleiche gilt für die Gesetzgebungsmaterialien.[58] Daher wird im Folgenden ausführlich geprüft, ob eine Reorganisation der Masse des virtuellen Sekundärinsolvenzverfahrens nach der *lex fori concursus* des Hauptinsolvenzverfahrens mit dem Sinn und Zweck des Art. 36 EuInsVO vereinbar ist.

1. Vereinbarkeit mit dem Zweck der Norm

Das virtuelle Sekundärinsolvenzverfahren ist der Ersatz für ein reales Sekundärinsolvenzverfahren. Die Schutzfunktion des virtuellen Sekundärinsolvenzverfahrens deckt sich daher mit der eines realen Sekundärinsolvenzverfahrens. Wie sich aus Erwägungsgrund Nr. 42 S. 1 ergibt, sollen die Gläubiger bei Durchführung eines virtuellen Sekundärinsolvenzverfahrens grundsätzlich so behandelt werden wie in einem Sekundärinsolvenzverfahren.

Für die Reorganisation der Masse eines realen Sekundärinsolvenzverfahrens gilt gemäß Art. 7 Abs. 2 S. 2 lit. j) EuInsVO die *lex fori concursus secundarii*. Würde für die Reorganisation der Masse des virtuellen Sekundärinsolvenzverfahrens das Recht des Staates, in dem das Hauptinsolvenzverfahren eröffnet wurde, gelten, so stünden die Gläubiger nicht so, wie sie stehen würden, wäre ein Sekundärinsolvenzverfahren eröffnet worden.

Allerdings stellt sich die Frage, ob dies im Fall der Reorganisation überhaupt problematisch ist. Es ließe sich argumentieren, dass das anwendbare Recht im Fall der Reorganisation, im Gegensatz zur Liquidation in einem Regelinsolvenzverfahren, keine (entscheidende) Rolle spielt, da die Durchführung eines Reorganisationsverfahrens weitgehend der Gläubigerautonomie überlassen ist.

a) Bedeutung der Gläubigerautonomie in einem Reorganisationsverfahren

In einem Reorganisationsverfahren steht der Gedanke einer privatautonomen Lösung im Vordergrund.[59] Die Gläubiger können den Inhalt des Sanierungsplans weitgehend frei festlegen. Sie entscheiden unter anderem, ob die Aktivmasse erhalten oder (teilweise) verwertet wird. Des Weiteren bestimmen die Gläubiger, ob und wie die Passivmasse modifiziert werden soll. Dass die Gläubiger berechtigt sind, den Inhalt des Sanierungsplans zu gestalten, bedeutet aber auch, dass sie diesen untereinander aushandeln müssen. Dies ist ein entscheidender Unterschied zu einem

[57] Siehe dazu ausführlich S. 313 f.

[58] Siehe dazu ausführlich S. 316 f.

[59] Zur Gläubigerautonomie im deutschen Insolvenzplanverfahren vgl. u. a. *Eidenmüller*, in: Münchener Kommentar InsO, Band 3, 4. Aufl. 2020, Vor §§ 217–269 Rn. 1; *Lüer/Streit*, in: Uhlenbruck InsO, Band 1, 15. Aufl. 2019, Vor §§ 217–269 Rn. 17; *Münch*, in: Jaeger, InsO, Band 7, 1. Aufl. 2019, Vor §§ 217–269 Rn. 58 f.; *Rattunde*, in: Rattunde/Smid/Zeuner, InsO, Band 2, 4. Aufl. 2019, § 217 Rn. 5; *Spahldinger*, in: Kübler/Prütting/Bork, InsO, Band 4, Stand November 2018, § 217 Rn. 1; *Spliedt*, in: Karsten Schmidt, InsO, 19. Aufl. 2016, Einführung § 217 Rn. 1.

Regelinsolvenzverfahren. In einem Regelinsolvenzverfahren hat der Gesetzgeber die Interessen der verschiedenen Gläubigergruppen gegeneinander abgewogen und auf Grundlage dieser Interessenabwägung ein generell-abstraktes Rang- und Verteilungssystem normiert, das die Beteiligten schützen soll. Im Gegensatz hierzu ist es in einem Reorganisationsverfahren grundsätzlich Aufgabe der Gläubiger, ihre Interessen gegeneinander abzuwägen und tragfähige Kompromisse zu finden. Schließlich stimmen die Gläubiger über den aufgestellten Sanierungsplan ab. Sollten einzelne Gläubiger mit dem Inhalt des Sanierungsplans unzufrieden sein, so haben sie folglich die Möglichkeit, diesen abzulehnen. Erreicht der Sanierungsplan nicht die erforderliche Mehrheit der Gläubiger, so muss, wenn das Ziel der Restrukturierung weiterverfolgt werden soll, ein neuer Plan ausgearbeitet werden, der die notwendige Zustimmung der Gläubiger erhält.[60]

b) Einschränkungen der Gläubigerautonomie in einem Reorganisationsverfahren

Zu meinen, dass das anwendbare Recht im Fall der Reorganisation aufgrund der Bedeutung der Gläubigerautonomie, keine entscheidende Rolle spielt, wäre trotzdem verfehlt. Diese denkbare Argumentation soll daher umgehend widerlegt werden.

Zwar ist es richtig, dass die Gläubigerautonomie im Fall der Reorganisation eine wesentlich wichtigere Rolle einnimmt als im Fall der Liquidation in einem Regelinsolvenzverfahren. Dennoch gilt auch in einem Sanierungsverfahren der Grundsatz der Privatautonomie nicht uneingeschränkt. Vielmehr werden der Gläubigerautonomie auch in einem Reorganisationsverfahren Grenzen gesetzt. Dies geschieht vor allem, um einen sachgerechten Ausgleich der verschiedenen Gläubigerinteressen zu gewährleisten.[61] Wie im Regelinsolvenzverfahren wägt der Gesetzgeber die Interessen der verschiedenen Gläubigergruppen auch im Reorganisationsverfahren gegeneinander ab.

Im Folgenden wird anhand der Regelungen zum deutschen Insolvenzplanverfahren demonstriert, welche Einschränkungen der Gläubigerautonomie im Fall der Reorganisation denkbar sind.

aa) Unterscheidung zwischen vor- und nachrangigen Forderungen

In den §§ 224, 225 InsO wird geregelt, ob und wie der Insolvenzplan die Rechte der Insolvenzgläubiger und nachrangigen Insolvenzgläubiger modifizieren kann. Ob jemand Insolvenzgläubiger oder nachrangiger Insolvenzgläubiger ist, wird durch §§ 38, 39 InsO bestimmt. § 225 Abs. 1 InsO statuiert, dass die Forderungen der

---

[60] Zur wiederholten Planvorlage im deutschen Insolvenzplanverfahren vgl. u. a. *Eidenmüller*, in: Münchener Kommentar InsO, Band 3, 4. Aufl. 2020, § 218 Rn. 120 ff.; *Münch*, in: Jaeger, InsO, Band 7, 1. Aufl. 2019, § 218 Rn. 113.

[61] So ebenfalls *Münch*, in: Jaeger, InsO, Band 7, 1. Aufl. 2019, Vor §§ 217–269 Rn. 57.

nachrangigen Insolvenzgläubiger als erlassen gelten, wenn im Insolvenzplan nichts anderes bestimmt ist. Für die nicht nachrangigen Insolvenzgläubiger im Sinne des § 38 InsO existiert eine solche Regelung hingegen nicht. Für diese ist aber gemäß § 224 InsO im Insolvenzplan anzugeben, um welchen Bruchteil ihre Forderungen gekürzt, für welchen Zeitraum sie gestundet, wie sie gesichert oder welchen sonstigen Regelungen sie unterworfen werden sollen.

In den §§ 224, 225 InsO kommt zum Ausdruck, dass der Gesetzgeber die Interessen der nicht nachrangigen Insolvenzgläubiger und der nachrangigen Insolvenzgläubiger nicht nur im Regelinsolvenzverfahren, sondern auch im Insolvenzplanverfahren unterschiedlich gewichtet.

Des Weiteren regelt § 223 InsO die Rechte der Absonderungsberechtigten im Insolvenzplan. Auf die Absonderungsberechtigten muss hier aber nicht weiter eingegangen werden. Der Absonderungsberechtigte wird schließlich in besonderem Maße durch die EuInsVO geschützt.

Befindet sich der Gegenstand, an dem das Sicherungsrecht besteht, zum Zeitpunkt der Abgabe der Zusicherung im Niederlassungsstaat, so wird dieser Gegenstand zwar gemäß Art. 36 Abs. 1 S. 1 i. V. m. Abs. 2 S. 2 EuInsVO Teil der Masse des virtuellen Sekundärinsolvenzverfahrens. Trotzdem wird es dem Absonderungsberechtigten egal sein, ob eine Reorganisation der Masse des virtuellen Sekundärinsolvenzverfahrens nach dem Recht des Staates, in dem das Hauptinsolvenzverfahren eröffnet wurde, möglich ist oder nicht. Befand sich der Sicherungsgegenstand nämlich bereits zum Zeitpunkt der Eröffnung des Hauptinsolvenzverfahrens außerhalb des Staates, in dem das Hauptinsolvenzverfahren eröffnet wurde, so kann sich der Absonderungsberechtigte auf Art. 8 Abs. 1 EuInsVO berufen. Dieser findet auch bei Durchführung eines virtuellen Haupt- und Sekundärinsolvenzverfahrens Anwendung.[62] Gemäß Art. 8 Abs. 1 EuInsVO wird das dingliche Recht eines Gläubigers an Gegenständen des Schuldners, die sich zum Zeitpunkt der Eröffnung des Insolvenzverfahrens im Hoheitsgebiet eines anderen Staats befinden, von der Eröffnung des Verfahrens nicht berührt.

bb) Gruppenbildung und Gläubigergleichbehandlungsgrundsatz

Der Grundsatz der Privatautonomie wird des Weiteren durch den Gläubigergleichbehandlungsgrundsatz eingeschränkt, welcher in abgeschwächter Form auch im Insolvenzplanverfahren gilt. Dies ergibt sich aus § 226 i. V. m. § 222 InsO.[63]

---

[62] Siehe dazu ausführlich S. 166ff.

[63] Zum Gläubigergleichbehandlungsgrundsatz im Insolvenzplanverfahren vgl. u. a. *Breuer*, in: Münchener Kommentar InsO, Band 3, 4. Aufl. 2020, § 226 Rn. 2ff.; *Haas*, in: Heidelberger Kommentar InsO, 10. Aufl. 2020, § 226 Rn. 1; *Hirte/Lüer/Streit*, in: Uhlenbruck, InsO, Band 1, 15. Aufl. 2019, § 226 Rn. 1f.; *Jaffé*, in: Frankfurter Kommentar InsO, 9. Aufl. 2018, § 226 Rn. 2f.; *Münch*, in: Jaeger, InsO, Band 7, 1. Aufl. 2019, § 226 Rn. 1ff.; *Rattunde*, in: Rattunde/Smid/Zeuner, InsO, Band 2, 4. Aufl. 2019, § 226 Rn. 1; *Spahldinger*, in: Kübler/Prütting/Bork, InsO, Band 4, Stand April 2017, § 226 Rn. 1.

Gemäß § 222 Abs. 1 S. 1 InsO sind bei der Festlegung der Rechte der Beteiligten im Insolvenzplan Gruppen zu bilden, soweit Beteiligte mit unterschiedlicher Rechtsstellung betroffen sind. Zudem können gemäß § 222 Abs. 2 S. 1 InsO aus den Beteiligten mit gleicher Rechtsstellung Gruppen gebildet werden, in denen Beteiligte mit gleichartigen wirtschaftlichen Interessen zusammengefasst werden. § 226 Abs. 1 InsO statuiert schließlich, dass innerhalb jeder Gruppe allen Beteiligten gleiche Rechte anzubieten sind. Eine unterschiedliche Behandlung der Beteiligten einer Gruppe ist gemäß § 226 Abs. 2 S. 1 InsO nur mit Zustimmung aller betroffenen Beteiligten zulässig. Hingegen können Gläubigern verschiedener Gruppen unterschiedliche Rechte angeboten werden. Dies ergibt sich aus einem Umkehrschluss zu § 226 Abs. 1 InsO.

cc) Abstimmung in Gruppen

Der Gesetzgeber schützt die Interessen der verschiedenen Gläubigergruppen auch bei der Abstimmung über den Insolvenzplan.[64]

Da den Beteiligten verschiedener Gruppen unterschiedliche Rechte angeboten werden dürfen, wäre es nicht gerechtfertigt, wenn über den Insolvenzplan gruppenübergreifend abgestimmt würde. Denn dann könnte eine Mehrheit der Gläubiger, für die der Plan eine relativ günstige Rechtsposition vorsieht, einer Minderheit, denen der Plan eine relativ schlechte Position zuweist, ihren Willen aufzwingen. Das hielt der Gesetzgeber nicht für gerecht.

Daher hat er in § 243 InsO normiert, dass jede Gruppe der stimmberechtigten Beteiligten gesondert über den Insolvenzplan abstimmt. Zur Annahme des Insolvenzplans durch die Gläubiger ist gemäß § 244 Abs. 1 InsO erforderlich, dass in jeder Gruppe die Mehrheit der abstimmenden Gläubiger dem Plan zustimmt und die Summe der Ansprüche der zustimmenden Gläubiger mehr als die Hälfte der Summe der Ansprüche der abstimmenden Gläubiger beträgt. Da innerhalb jeder Gruppe allen Beteiligten gemäß § 226 Abs. 1 InsO die gleichen Rechte angeboten werden, ist es gerechtfertigt, wenn eine Mehrheit der Beteiligten einer Gruppe sich gegen eine Minderheit der Mitglieder derselben Gruppe durchsetzt.[65]

c) Ergebnis

Zwar spielt der Gedanke der Gläubigerautonomie im Fall der Reorganisation eine weit wichtigere Rolle als im Fall der Liquidation in einem Regelinsolvenzverfahren. Dennoch gilt auch in einem Reorganisationsverfahren der Grundsatz der Privatau-

---

[64] So auch *Bierbach*, in: Kübler, HRI, 3. Aufl. 2019, § 28 Rn. 9; *Hirte/Lüer/Streit*, in: Uhlenbruck, InsO, Band 1, 15. Aufl. 2019, § 226 Rn. 2; *Münch*, in: Jaeger, InsO, Band 7, 1. Aufl. 2019, Vor §§ 217–269 Rn. 57.

[65] Vgl. auch *Münch*, in: Jaeger, InsO, Band 7, 1. Aufl. 2019, § 226 Rn. 2; *Spliedt*, in: Karsten Schmidt, InsO, 19. Aufl. 2016, § 226 Rn. 1.

tonomie nicht uneingeschränkt. Vielmehr wird dieser auf unterschiedliche Weise beschränkt. Dies wurde hier anhand der Regelungen zum deutschen Insolvenzplanverfahren gezeigt. Mit diesen Beschränkungen der Privatautonomie versucht der Gesetzgeber, einen sachgerechten Ausgleich zwischen den unterschiedlichen Gläubigerinteressen zu finden.

Die Insolvenzgesetze anderer Staaten gewähren im Fall der Reorganisation ebenfalls keine grenzenlose Gläubigerautonomie. Vielmehr wird diese auch in anderen Insolvenzgesetzen eingeschränkt, um Konflikte zwischen widerstreitenden Gläubigerinteressen zu lösen. Dabei kann es sich dann allerdings um gänzlich andere Regelungen handeln. Den dortigen Beschränkungen der Privatautonomie liegt eine Abwägung zugrunde, bei denen die Interessen der verschiedenen Gläubiger unter Umständen anders gewichtet wurden.

Aus diesem Grund ist es für die Gläubiger auch im Fall der Reorganisation von entscheidender Bedeutung, welches Recht Anwendung findet. Die lokalen Gläubiger haben folglich ein schützenswertes Interesse, dass eine Sanierung der Masse des virtuellen Sekundärinsolvenzverfahrens nach der *lex fori concursus* des Hauptinsolvenzverfahrens nicht möglich ist. Eine Reorganisation der Masse des virtuellen Sekundärinsolvenzverfahrens nach dem Recht des Staates, in dem das Hauptinsolvenzverfahren eröffnet wurde, ist daher unvereinbar mit dem von Art. 36 EuInsVO bezweckten Schutz der lokalen Gläubiger.

2. Ergebnis

Eine Reorganisation der Masse des virtuellen Sekundärinsolvenzverfahrens nach dem Recht des Staates, in dem das Hauptinsolvenzverfahren eröffnet wurde, ist nicht möglich. Ein solches Vorgehen ist unvereinbar mit der Schutzfunktion des Art. 36 EuInsVO.

III. Das Gesamtergebnis und dessen Folgen

1. Pflicht zur Liquidation der Masse des virtuellen Sekundärinsolvenzverfahrens

Eine Reorganisation der Masse des virtuellen Sekundärinsolvenzverfahrens nach dem Recht des Staates, in dem das Sekundärinsolvenzverfahren hätte eröffnet werden können, ist nicht möglich. Art. 36 Abs. 2 S. 1 EuInsVO bezieht sich ausschließlich auf den Fall der Liquidation der Masse des virtuellen Sekundärinsolvenzverfahrens. Die Masse des virtuellen Sekundärinsolvenzverfahrens kann aber auch nicht nach dem Recht des Staates, in dem das Hauptinsolvenzverfahren eröffnet wurde, reorganisiert werden. Ein solches Vorgehen wäre unvereinbar mit der Schutzfunktion des Art. 36 EuInsVO. Im Ergebnis bedeutet dies, dass eine Reorganisation der Masse des virtuellen Sekundärinsolvenzverfahrens überhaupt nicht möglich ist. Das im Niederlassungsstaat belegene Vermögen ist nicht sanierungsfähig.

Folglich muss die Masse des virtuellen Sekundärinsolvenzverfahrens zwingend liquidiert werden. Aus Art. 36 Abs. 1 S. 1 EuInsVO ergibt sich demnach eine Pflicht des Verwalters, die Masse des virtuellen Sekundärinsolvenzverfahrens zu verwerten und den Verwertungserlös an die Gläubiger zu verteilen. Unterlässt der Verwalter die Verwertung der Masse des virtuellen Sekundärinsolvenzverfahrens und nutzt diese stattdessen für eine Reorganisation, so erfüllt er seine Pflicht zur Verwertung der Masse des virtuellen Sekundärinsolvenzverfahrens nicht. Ein solches Verhalten des Verwalters kann Schadensersatzansprüche der lokalen Gläubiger gemäß Art. 36 Abs. 10 EuInsVO auslösen.[66]

Da das virtuelle Sekundärinsolvenzverfahren nur als Liquidationsverfahren durchgeführt werden kann, ist eine Reorganisation der gesamten Masse ausgeschlossen. Allerdings ist eine separate Sanierung der Masse des virtuellen Hauptinsolvenzverfahrens möglich. Für die Reorganisation dieser Teilmasse gilt gemäß Art. 7 Abs. 2 S. 2 lit. j) EuInsVO das Recht des Staates, in dem das Hauptinsolvenzverfahren eröffnet wurde. Soll eine Reorganisation der Masse des virtuellen Hauptinsolvenzverfahrens versucht werden, so ist ein Sanierungsplan aufzustellen, der sich ausschließlich auf die Masse des virtuellen Hauptinsolvenzverfahrens bezieht. In diesem Fall kann es sinnvoll sein, zunächst die Masse des virtuellen Sekundärinsolvenzverfahrens zu verwerten und den Verwertungserlös an die Gläubiger zu verteilen und erst anschließend einen Sanierungsplan für die Masse des virtuellen Hauptinsolvenzverfahrens zu erarbeiten.

2. Informationspflichten des Verwalters

Wie gerade festgestellt, kann das virtuelle Sekundärinsolvenzverfahren nur als Liquidationsverfahren durchgeführt werden. Eine Reorganisation der Masse des virtuellen Sekundärinsolvenzverfahrens ist hingegen nicht möglich. Der Verwalter kann die Zusicherung auch nicht zurücknehmen, um eine Reorganisation des im Niederlassungsstaat belegenen Vermögens zu ermöglichen.

Daher sollte der Verwalter vor Abgabe einer Zusicherung alle Gläubiger über die hier dargestellten Rechtsfolgen der Zusicherung in Kenntnis setzen. Da die Durchführung eines virtuellen Sekundärinsolvenzverfahrens eine Reorganisation des gesamten Unternehmens ausschließt, sind diese Informationen nämlich nicht nur für die lokalen Gläubiger von erheblicher Bedeutung, sondern für sämtliche Gläubiger.

Will der Verwalter eines in Deutschland eröffneten Hauptinsolvenzverfahrens eine Zusicherung abgeben, um die Eröffnung eines Sekundärinsolvenzverfahrens in

---

[66] Zu den Tatbestandsvoraussetzungen des Art. 36 Abs. 10 EuInsVO siehe ausführlich S. 156 ff.

einem anderen Staat zu verhindern, so muss der Verwalter gemäß Art. 102c § 11 Abs. 1 EGInsO zuvor die Zustimmung des Gläubigerausschusses oder des vorläufigen Gläubigerausschusses nach § 21 Abs. 2 S. 1 Nr. 1a InsO einholen, sofern ein solcher bestellt ist. Bei Schaffung dieser Norm scheint der deutsche Gesetzgeber allerdings verkannt zu haben, dass die Durchführung eines virtuellen Sekundärinsolvenzverfahrens zur Folge hat, dass eine Gesamtreorganisation nicht mehr möglich ist. Die Abgabe einer Zusicherung ist also von erheblicher Tragweite für den weiteren Verlauf des Insolvenzverfahrens. Insofern erscheint die Zustimmung des Gläubigerausschusses als nicht ausreichend.

Vor Abgabe einer Zusicherung sollte der Verwalter daher zusätzlich einen Beschluss der Gläubigerversammlung einholen. Sinnvoll ist es, die Gläubigerversammlung im Berichtstermin gemäß § 156 Abs. 1 S. 2 InsO über die Möglichkeit der Durchführung eines virtuellen Sekundärinsolvenzverfahrens und die Rechtsfolgen eines solchen Verfahrens zu informieren. Sind die Gläubiger mehrheitlich der Meinung, es solle eine Reorganisation des gesamten Unternehmens versucht werden, so werden sie sich gegen die Durchführung eines virtuellen Sekundärinsolvenzverfahrens aussprechen und beschließen, dass der Verwalter keine Zusicherung abgeben soll. Kommen die Gläubiger hingegen mehrheitlich zu dem Schluss, das Unternehmen solle im Rahmen einer übertragenden Sanierung verwertet werden, so werden sie den Verwalter unter Umständen auffordern, eine Zusicherung abzugeben und ein virtuelles Sekundärinsolvenzverfahren durchzuführen.

Hat die Gläubigerversammlung beschlossen, dass ein virtuelles Sekundärinsolvenzverfahren durchgeführt werden soll und hat zudem der Gläubigerausschuss gemäß Art. 102c § 11 Abs. 1 EGInsO zugestimmt, so wird der Verwalter eine Zusicherung abgeben. Im nächsten Schritt muss die Zusicherung gemäß Art. 36 Abs. 5 EuInsVO von den lokalen Gläubigern gebilligt werden. Befinden die lokalen Gläubiger aber mehrheitlich, dass das im Niederlassungsstaat belegene Vermögen reorganisiert werden soll, so werden sie die Zusicherung ablehnen und stattdessen die Eröffnung eines Sekundärinsolvenzverfahrens beantragen. Im Gegensatz zu einem virtuellen Sekundärinsolvenzverfahren ermöglicht das reale Sekundärinsolvenzverfahren grundsätzlich eine Reorganisation des im Niederlassungsstaat belegenen Vermögens. Die in Art. 3 Abs. 3 S. 2 EuInsVO a. F. enthaltene Beschränkung von Sekundärinsolvenzverfahren auf Liquidationsverfahren wurde im Zuge der Reform der EuInsVO aufgehoben, so dass ein Sekundärinsolvenzverfahren nun immer auch durch Sanierung beendet werden kann.

3. Vorlage eines Gesamtsanierungsplans trotz virtuellen Sekundärinsolvenzverfahrens

Ist die Zusicherung bereits durch die lokalen Gläubiger gemäß Art. 36 Abs. 5 EuInsVO gebilligt worden, so ist eine Reorganisation der gesamten Masse nicht mehr möglich.

Legt ein Beteiligter, beispielsweise der Schuldner, dennoch einen Sanierungsplan vor, der sich auf die gesamte Masse bezieht, so darf ein solcher Sanierungsplan nicht bestätigt werden. Wurde das Hauptinsolvenzverfahren in Deutschland eröffnet, so muss das Insolvenzgericht diesen Insolvenzplan gemäß § 231 Abs. 1 S. 1 Nr. 1 InsO zurückweisen. Mit der Billigung der Zusicherung durch die lokalen Gläubiger verlieren alle Beteiligten das Recht, das im Niederlassungsstaat belegene Vermögen im Rahmen einer Reorganisation zu nutzen.

4. Gesamtbetrachtung

Die Durchführung eines virtuellen Sekundärinsolvenzverfahrens ist nur dann sinnvoll, wenn das gesamte Unternehmen im Rahmen einer übertragenen Sanierung verwertet werden soll.

Ist hingegen eine Restrukturierung des gesamten Unternehmens geplant, so darf keine Zusicherung abgegeben werden. Vielmehr muss in einem solchen Fall die Eröffnung eines Sekundärinsolvenzverfahrens beantragt werden. Da die in Art. 3 Abs. 3 S. 2 EuInsVO a. F. enthaltene Beschränkung von Sekundärinsolvenzverfahren auf Liquidationsverfahren im Zuge der Reform der EuInsVO aufgehoben wurde, können Sekundärinsolvenzverfahren nun immer auch als Reorganisationsverfahren durchgeführt werden.

Der Anwendungsbereich der virtuellen Sekundärinsolvenzverfahren ist also beschränkt auf Verfahren, in denen die Masse liquidiert werden soll. Dies scheint im Schrifttum bisher noch von niemandem wahrgenommen worden zu sein. Auf jeden Fall findet sich bisher keine Kommentierung zu Art. 36 EuInsVO, in der darauf hingewiesen wird, dass eine Reorganisation der gesamten Masse nach Billigung der Zusicherung nicht mehr möglich ist. Vielmehr behaupten mehrere Autoren, ohne die Problematik eingehend zu untersuchen, dass eine Reorganisation des gesamten Unternehmens auch nach Billigung der Zusicherung durch die lokalen Gläubiger noch in Betracht kommt.[67] In anderen Beiträgen wiederum wird die Frage der Vereinbarkeit von Zusicherung und Sanierung des Rechtsträgers aufgeworfen, ohne dass sich die Autoren auf eine Antwort festzulegen scheinen.[68]

---

[67] *Konecny*, in: Mayr, Handbuch des europäischen Zivilverfahrensrechts, 2017, Rn. 17.247 ff.; *Mohr*, in: Nunner-Krautgasser/Garber/Jaufer, Grenzüberschreitende Insolvenzen im europäischen Binnenmarkt, 2017, S. 219 (221); *Schmidt*, Die Zusicherung nach Art. 36 EuInsVO, 2019, S. 36; *Wimmer*, in: Wimmer/Bornemann/Lienau, Die Neufassung der EuInsVO, 2016, Rn. 423, 428.

[68] *Bornemann*, in: Graf-Schlicker, InsO, 5. Aufl. 2020, Art. 36 EuInsVO Rn. 28 ff.; *Fehrenbach*, GPR 2017, 38 (42).

Teil 4

Das Gesamtmodell der virtuellen Verfahrenspluralität – Ergebnisse dieser Arbeit

Zu Beginn dieser Arbeit wurden folgende Feststellungen hinsichtlich der Ausgangslage getroffen.[1] Auf viele wichtige Fragen zu einem virtuellen Sekundärinsolvenzverfahren im engeren Sinn gibt der Gesetzestext keine unmittelbare Antwort. Im Schrifttum wurde das virtuelle Sekundärinsolvenzverfahren im engeren Sinn bisher kaum erörtert. Erst recht fehlt es an einer umfassenden Darstellung des virtuellen Sekundärinsolvenzverfahrens im engeren Sinn und einer Präsentation eines schlüssigen Gesamtkonzepts. Aus diesen Gründen war bisher weder klar, in welchen Fällen die Anwendung eines virtuellen Sekundärinsolvenzverfahrens in Betracht kommt, noch welche Regeln für die Durchführung des Verfahrens gelten. Dies hatte zur Folge, dass ein Verwalter tatsächlich kein virtuelles Sekundärinsolvenzverfahren durchführen konnte.

Ziel dieser Arbeit war es, dies zu ändern. Verwalter sollen durch diese Arbeit erstmals in die Lage versetzt werden, ein virtuelles Sekundärinsolvenzverfahren durchführen zu können. Zur Erreichung dieses Ziels wurde im Hauptteil dieser Arbeit auf Grundlage von Art. 36 EuInsVO ein vollständiges Modell eines virtuellen Haupt- und Sekundärinsolvenzverfahrens entwickelt. Dieses gibt zum einen detailliert darüber Auskunft, wie ein virtuelles Haupt- und Sekundärinsolvenzverfahren durchzuführen ist, und beantwortet zum anderen die Frage, in welchen Fällen ein solches Verfahren angewendet werden kann.

Das vorliegende Kapitel dient der Präsentation des Gesamtmodells. Dabei handelt es sich um eine Zusammenfassung der Ergebnisse, die so aufbereitet ist, dass sie von Verwaltern als Kurzanleitung für die Durchführung eines virtuellen Haupt- und Sekundärinsolvenzverfahrens verwendet werden kann. Aufgrund der großen Anzahl der gewonnenen Erkenntnisse können im Folgenden allerdings nur die wichtigsten Ergebnisse vorgestellt werden. Antworten zu Detailfragen finden sich daher ausschließlich im Hauptteil dieser Arbeit.

---

[1] Siehe ausführlich zur Ausgangslage S. 31 ff.

Kapitel 1

Modell eines virtuellen Haupt- und Sekundärinsolvenzverfahrens

A. Aktivmasse

Art. 36 EuInsVO virtualisiert die im Fall der Eröffnung eines Sekundärinsolvenzverfahrens bestehende Verfahrenspluralität. Gibt der Verwalter des Hauptinsolvenzverfahrens gemäß Art. 36 EuInsVO eine Zusicherung ab, so wird kein Sekundärinsolvenzverfahren eröffnet. Es gibt folglich nur ein Insolvenzverfahren. Dieses eine Insolvenzverfahren gliedert sich allerdings in ein virtuelles Haupt- und ein virtuelles Sekundärinsolvenzverfahren.

Das virtuelle Sekundärinsolvenzverfahren erfasst gemäß Art. 36 Abs. 1 S. 1 i. V. m. Abs. 2 S. 2 EuInsVO ausschließlich die Vermögensgegenstände, die zum Zeitpunkt der Abgabe der Zusicherung im Niederlassungsstaat belegen sind. Gegenstände, die sich außerhalb des Niederlassungsstaats befinden, werden nicht Bestandteil der Aktivmasse des virtuellen Sekundärinsolvenzverfahrens. Die Aktivmasse des virtuellen Sekundärinsolvenzverfahrens ist territorial also genauso wie die Aktivmasse eines realen Sekundärinsolvenzverfahrens auf das in dem jeweiligen Niederlassungsstaat belegene Vermögen begrenzt. Im Fall der Eröffnung eines Sekundärinsolvenzverfahrens ergibt sich diese Beschränkung aus Art. 34 S. 3 EuInsVO.

Will der Verwalter in verschiedenen Staaten die Eröffnung eines Sekundärinsolvenzverfahrens verhindern, so muss er folglich mehrere Zusicherungen abgeben. Neben dem virtuellen Hauptinsolvenzverfahren können also, entsprechend der Anzahl möglicher realer Sekundärinsolvenzverfahren, viele virtuelle Sekundärinsolvenzverfahren durchgeführt werden.

Aus einem Umkehrschluss zu Art. 36 Abs. 2 S. 2 EuInsVO ergibt sich, dass Gegenstände, die im Zeitraum zwischen der Eröffnung des Insolvenzverfahrens und der Abgabe der Zusicherung aus dem Niederlassungsstaat entfernt werden, nicht von der Zusicherung erfasst und daher nicht Teil der Aktivmasse des virtuellen Sekundärinsolvenzverfahrens werden.

Im virtuellen Sekundärinsolvenzverfahren findet gemäß Art. 36 Abs. 2 S. 1 EuInsVO partiell das Recht des Staats, in dem das Sekundärinsolvenzverfahren hätte eröffnet werden können, Anwendung. Rechtsfragen, die nicht von Art. 36 Abs. 2 S. 1 EuInsVO erfasst werden, sind gemäß Art. 7 Abs. 1 EuInsVO grundsätzlich nach dem Recht des Staats, in dem das Hauptinsolvenzverfahren eröffnet wurde, zu behandeln.

Das virtuelle Hauptinsolvenzverfahren bezieht sich auf die Vermögensgegenstände, die nicht zur Aktivmasse eines virtuellen Sekundärinsolvenzverfahrens gehören. Im virtuellen Hauptinsolvenzverfahren gilt gemäß Art. 7 Abs. 1 EuInsVO ausschließlich das Recht des Staats, in dem das Hauptinsolvenzverfahren eröffnet wurde. Dies ergibt sich aus einem Umkehrschluss zu Art. 36 Abs. 2 S. 1 EuInsVO.

Der Verwalter des Hauptinsolvenzverfahrens ist gemäß Art. 21 Abs. 1 S. 2 i. V. m. S. 1 EuInsVO berechtigt, im Niederlassungsstaat belegene Gegenstände in einen anderen Staat zu bringen. Die Abgabe der Zusicherung hat keine Auswirkungen auf das Recht des Verwalters des Hauptinsolvenzverfahrens, Gegenstände aus dem Staat, in dem das Sekundärinsolvenzverfahren eröffnet werden könnte, zu entfernen. Eine Vorschrift, die es dem Verwalter verbieten würde, nach Abgabe der Zusicherung, Gegenstände aus dem Niederlassungsstaat zu bringen, existiert nicht. Der Verwalter kann also auch nach Abgabe der Zusicherung Gegenstände, die in dem Staat des möglichen Sekundärinsolvenzverfahrens belegen sind, gemäß Art. 21 Abs. 1 S. 2 i. V. m. S. 1 EuInsVO in einen anderen Staat verlagern.

Der Zeitpunkt der Abgabe der Zusicherung spielt gemäß Art. 36 Abs. 2 S. 2 EuInsVO nur eine Rolle für die Feststellung, welche Gegenstände von der Aktivmasse des virtuellen Sekundärinsolvenzverfahrens erfasst werden.

Wird ein zur Aktivmasse des virtuellen Sekundärinsolvenzverfahrens gehörender Gegenstand nach Abgabe der Zusicherung aus dem Niederlassungsstaat gebracht, so wird dadurch die Zugehörigkeit dieses Gegenstands zur Aktivmasse des virtuellen Sekundärinsolvenzverfahrens nicht aufgehoben. Im umgekehrten Fall gilt dies selbstverständlich auch. Bringt der Verwalter einen zur Aktivmasse des virtuellen Hauptinsolvenzverfahrens gehörenden Gegenstand nach Abgabe der Zusicherung in den Niederlassungsstaat, so bleibt dieser Gegenstand dennoch Teil der Aktivmasse des virtuellen Hauptinsolvenzverfahrens.

B. Passivmasse

I. Bestimmung der Passivmasse des virtuellen Haupt- und Sekundärinsolvenzverfahrens

Zu unterscheiden sind die Passivmasse des virtuellen Hauptinsolvenzverfahrens und die Passivmasse des virtuellen Sekundärinsolvenzverfahrens.

Art. 36 EuInsVO richtet sich an zahlreichen Stellen ausdrücklich nur an lokale Gläubiger. Beispielsweise können gemäß Art. 36 Abs. 5 S. 1 EuInsVO ausschließlich lokale Gläubiger über die Zusicherung abstimmen. Auch die in Art. 36 Abs. 7 – Abs. 10 EuInsVO enthaltenen Rechtsbehelfe können lediglich von lokalen Gläubigern in Anspruch genommen werden. Durch diese Regelungen entsteht der Gesamteindruck, das virtuelle Sekundärinsolvenzverfahren solle nur die Interessen der lokalen Gläubiger schützen.

Dennoch handelt es sich bei der Aktivmasse des virtuellen Sekundärinsolvenzverfahrens nicht um eine Sondermasse, die ausschließlich der Befriedigung der lokalen Gläubiger dient. Vielmehr sind alle Gläubiger, also auch sämtliche nichtlokale Gläubiger, berechtigt, an der Erlösverteilung im virtuellen Sekundärinsolvenzverfahren teilzunehmen.

Zwar äußert sich Art. 36 EuInsVO nicht explizit zum Umfang der Passivmasse des virtuellen Sekundärinsolvenzverfahrens. Auch bleibt unklar, ob mit dem Begriff Gläubiger in den Absätzen 1 und 2, in denen unter anderem die Erlösverteilung im virtuellen Sekundärinsolvenzverfahren behandelt wird, alle oder nur lokale Gläubiger gemeint sind.

Allerdings gebietet es der Sinn und Zweck des Art. 36 EuInsVO, sämtliche Gläubiger an der Verteilung der Aktivmasse im virtuellen Sekundärinsolvenzverfahren teilnehmen zu lassen. Ziel des Gesetzgebers war es, den Gläubigern Ersatz für das nicht eröffnete Sekundärinsolvenzverfahren und dessen Schutzfunktion zu bieten. Daher müssen die Grundsätze der Verfahrenspluralität auch bei Durchführung eines virtuellen Haupt- und Sekundärinsolvenzverfahrens gelten. Im Fall der Eröffnung eines Sekundärinsolvenzverfahrens wird eine gleichmäßige und gerechte Befriedigung der Gläubiger dadurch erreicht, dass alle Gläubiger ihre Forderungen gemäß Art. 45 Abs. 1 EuInsVO sowohl für das Haupt- als auch für das Sekundärinsolvenzverfahren anmelden und grundsätzlich an der Vermögensverteilung beider Verfahren partizipieren können. Nur dieses System gewährleistet, dass kein Gläubiger benachteiligt wird.

Zum Status der Aktivmasse des virtuellen Hauptinsolvenzverfahrens äußert sich Art. 36 EuInsVO überhaupt nicht. Aus dem soeben Gesagten ergibt sich aber, dass es sich auch bei der Aktivmasse des virtuellen Hauptinsolvenzverfahrens nicht um eine Sondermasse handeln kann, an deren Verteilung nur ein begrenzter Gläubigerkreis teilnimmt. Vielmehr können an der Erlösverteilung im virtuellen Hauptinsolvenzverfahren ebenfalls sämtliche Gläubiger partizipieren.

II. Anmeldung der Forderungen

Zunächst einmal müssen alle Gläubiger ihre Forderungen für das reale Hauptinsolvenzverfahren anmelden, da es sich um das einzige Insolvenzverfahren handelt.

Anschließend melden die Gläubiger ihre Forderungen gemäß Art. 45 Abs. 1 EuInsVO analog für das virtuelle Insolvenzverfahren an, an dem sie partizipieren wollen. Zwar äußert sich Art. 36 EuInsVO nicht zu einer derartigen internen Forderungsanmeldung. Der Sinn und Zweck des Art. 36 EuInsVO gebietet es aber, nach Anmeldung der Forderungen für das Insolvenzverfahren, eine gesonderte Forderungsanmeldung für das virtuelle Haupt- und Sekundärinsolvenzverfahren durchzuführen. Ziel des Art. 36 EuInsVO ist es, die Gläubiger, deren Interessen im Normalfall durch die Eröffnung eines Sekundärinsolvenzverfahrens geschützt werden, so zu stellen, wie sie im Fall der Eröffnung eines solchen Verfahrens stünden.

Im Fall der Eröffnung eines Sekundärinsolvenzverfahrens melden die Gläubiger ihre Forderungen gemäß Art. 45 Abs. 1 EuInsVO für das Verfahren an, an dem sie teilnehmen möchten. Gemäß Art. 45 Abs. 2 EuInsVO melden die Verwalter in den jeweils anderen Verfahren die Forderungen an, die in dem Verfahren, für das sie bestellt sind, bereits angemeldet worden sind, soweit dies für die Gläubiger zweckmäßig ist. Die Gläubiger sind gemäß Art. 45 Abs. 2 EuInsVO allerdings berechtigt, eine solche Anmeldung abzulehnen. Gläubiger sind somit nicht verpflichtet, auch an dem jeweils anderen Verfahren teilzunehmen. An welchem Verfahren sie partizipieren, obliegt letztlich immer ihrer Entscheidung. Dies dient dem Schutz der Gläubiger. Gläubiger haben unter Umständen ein Interesse daran, nur an einem Insolvenzverfahren teilzunehmen, welches nach einem ihnen bekannten Recht durchgeführt wird. Mit einer ihnen fremden Rechtsordnung wollen sie sich nicht auseinandersetzen müssen.

Die Situation im Fall der Durchführung eines virtuellen Sekundärinsolvenzverfahrens ähnelt der der realen Verfahrenspluralität. Für das virtuelle Hauptinsolvenzverfahren gilt gemäß Art. 7 Abs. 1 EuInsVO ausschließlich das Recht des Staats, in dem das Hauptinsolvenzverfahren eröffnet wurde. Hingegen findet im virtuellen Sekundärinsolvenzverfahren gemäß Art. 36 Abs. 2 S. 1 EuInsVO partiell das Recht des Staats, in dem das Sekundärinsolvenzverfahren hätte eröffnet werden können, Anwendung. Im virtuellen Haupt- und Sekundärinsolvenzverfahren gelten somit unterschiedliche Rechtsordnungen. Die Gläubiger können daher auch in diesem Fall ein Interesse haben, an der Erlösverteilung nur eines virtuellen Insolvenzverfahrens teilzunehmen. Da sich der Schutzzweck eines virtuellen Sekundärinsolvenzverfahrens mit dem Schutzzweck eines realen Sekundärinsolvenzverfahrens deckt, muss den Gläubigern auch im Fall der virtuellen Verfahrenspluralität das Recht eingeräumt werden zu entscheiden, ob sie an einem oder mehreren virtuellen Insolvenzverfahren partizipieren wollen. Eine automatische Teilnahme der Gläubiger an der Erlösverteilung beider virtueller Verfahren verbietet sich daher.

Meldet ein Gläubiger seine Forderungen weder für das virtuelle Hauptinsolvenzverfahren noch für das virtuelle Sekundärinsolvenzverfahren an, so hat dies allerdings nicht zur Folge, dass er von den Erlösverteilungen ausgeschlossen wird. Auch dieser Gläubiger hat seine Forderung für das reale Insolvenzverfahren angemeldet und damit hinreichend zum Ausdruck gebracht, dass er an der Erlösverteilung des Insolvenzverfahrens teilnehmen möchte. Das Verhalten des Gläubigers kann nur so ausgelegt werden, dass er auf sein Wahlrecht verzichtet. Folglich nimmt er dann sowohl am virtuellen Hauptinsolvenzverfahren als auch am virtuellen Sekundärinsolvenzverfahren teil.

Nachdem alle Gläubiger ihre Forderungen für das virtuelle Haupt- und Sekundärinsolvenzverfahren angemeldet haben, meldet der Verwalter gemäß Art. 45 Abs. 2 EuInsVO analog die Forderungen, die von den Gläubigern bislang nur für eines der virtuellen Insolvenzverfahren angemeldet worden sind, für das jeweils andere Verfahren an, soweit dies für die Gläubiger zweckmäßig ist und vorbehaltlich des Rechts dieser Gläubiger, eine solche Anmeldung abzulehnen. Im Rahmen der Zweckmäßigkeitsprüfung untersucht der Verwalter, ob die Gläubiger durch die

Anmeldung ihrer Forderungen für das jeweils andere virtuelle Verfahren einen Gewinn erzielen können.

Abschließend ist darauf hinzuweisen, dass im Fall der virtuellen Verfahrenspluralität auch Art. 23 Abs. 2 EuInsVO analog anzuwenden ist.

C. Die Bedeutung des in der Zusicherung gemäß Art. 36 Abs. 1 S. 2 EuInsVO zu nennenden Werts

Die Aktivmasse des virtuellen Sekundärinsolvenzverfahrens besteht gemäß Art. 36 Abs. 1 S. 1 i. V. m. Abs. 2 S. 2 EuInsVO aus den Vermögensgegenständen, die zum Zeitpunkt der Abgabe der Zusicherung im Niederlassungsstaat belegen sind. Der Verteilung im virtuellen Sekundärinsolvenzverfahren wird ausschließlich der tatsächlich erzielte Erlös aus der Verwertung von Gegenständen der Aktivmasse des virtuellen Sekundärinsolvenzverfahrens zugrunde gelegt, nicht aber der in der Zusicherung vom Verwalter gemäß Art. 36 Abs. 1 S. 2 EuInsVO genannte Wert des im Niederlassungsstaat belegenen Vermögens. Dieser Wert wird den Gläubigern nicht zugesichert. Die in der Zusicherung gemäß Art. 36 Abs. 1 S. 2 EuInsVO gemachte Wertangabe dient lediglich der Information der Gläubiger.

Ausweislich des ausdrücklichen Wortlauts wird der Inhalt der Zusicherung in Art. 36 Abs. 1 S. 1 Hs. 2 EuInsVO definiert. Art. 36 Abs. 1 S. 1 Hs. 2 EuInsVO spricht davon, dass der Verteilung im virtuellen Sekundärinsolvenzverfahren der Erlös aus der Verwertung der Aktivmasse des virtuellen Sekundärinsolvenzverfahrens zugrunde gelegt wird. Art. 36 Abs. 2 S. 1 EuInsVO, der die Rechtsfolgen einer gegebenen Zusicherung bestimmt, wiederholt dies.

Wird in Art. 36 Abs. 1 S. 1 Hs. 2 EuInsVO bereits festgelegt, dass der Verteilung im virtuellen Sekundärinsolvenzverfahren der Erlös aus der Verwertung des im Niederlassungsstaat belegenen Vermögens zugrunde gelegt wird, so kann den Gläubigern nicht gleichzeitig zugesichert werden, dass der Verteilung im virtuellen Sekundärinsolvenzverfahren ein bestimmter Wert zugrunde gelegt wird. Anderenfalls käme es immer dann zu einem unauflösbaren Widerspruch, wenn der Erlös aus der Verwertung der Aktivmasse des virtuellen Sekundärinsolvenzverfahrens nicht mit dem vom Verwalter zuvor in der Zusicherung genannten Wert des im Niederlassungsstaat belegenen Vermögens übereinstimmt.

Des Weiteren spricht auch der Wortlaut des Art. 36 Abs. 1 S. 2 EuInsVO dafür, dass der in der Zusicherung genannte Wert der Aktivmasse des virtuellen Sekundärinsolvenzverfahrens den Gläubigern nicht zugesichert wird. Der Wortlaut des Art. 36 Abs. 1 S. 2 EuInsVO unterscheidet sich nämlich deutlich von dem des Art. 36 Abs. 1 S. 1 Hs. 2 EuInsVO. Während Art. 36 Abs. 1 S. 1 Hs. 2 EuInsVO den Inhalt der Zusicherung statuiert, spricht Art. 36 Abs. 1 S. 2 EuInsVO lediglich von Annahmen, die der Zusicherung zugrunde liegen. Zu beachten ist insbesondere auch, dass die Verteilung in Art. 36 Abs. 1 S. 2 EuInsVO, im Gegensatz zu Art. 36 Abs. 1

S. 1 Hs. 2 EuInsVO, überhaupt nicht erwähnt wird. Es fehlt daher jeglicher Bezug zwischen dem in der Zusicherung zu nennenden Wert und der Verteilung.

Des Weiteren ist darauf hinzuweisen, dass eine Verteilung im virtuellen Sekundärinsolvenzverfahren unter Zugrundelegung des in der Zusicherung genannten Werts dem Ziel des Gesetzgebers widersprechen würde, die Gläubiger so zu behandeln, wie im Fall der Eröffnung eines Sekundärinsolvenzverfahrens. Ist der Erlös aus der Verwertung der Masse des virtuellen Sekundärinsolvenzverfahrens niedriger als der in der Zusicherung vom Verwalter genannte Wert, so müsste der Differenzbetrag der Aktivmasse des virtuellen Hauptinsolvenzverfahrens entnommen werden. Ist der Erlös aus der Verwertung der Masse des virtuellen Sekundärinsolvenzverfahrens hingegen höher als der in der Zusicherung angegebene Wert, so müsste der Mehrerlös an das virtuelle Hauptinsolvenzverfahren abgeführt werden. Solche Vermögensverschiebungen zwischen dem virtuellen Hauptinsolvenzverfahren und dem virtuellen Sekundärinsolvenzverfahren stellen aber einen Verstoß gegen den Grundsatz der strikten Trennung der Aktivmassen dar, welcher auch im Fall der virtuellen Verfahrenspluralität gilt. Zudem würden Vermögensverschiebungen die Befriedigungsaussichten der Gläubiger gegenüber denen im Fall der realen Verfahrenspluralität verändern. Einigen Gläubigern würde dies zum Vorteil gereichen, anderen aber zum Nachteil.

D. Von der Ist-Masse zur Soll-Masse

Der Verwalter wird die Zusicherung in der Regel bald nach Eröffnung des Hauptinsolvenzverfahrens abgeben, um einem Antrag auf Eröffnung eines Sekundärinsolvenzverfahrens zuvorzukommen. In dem kurzen Zeitraum zwischen Eröffnung des Hauptinsolvenzverfahrens und Abgabe der Zusicherung ist es dem Verwalter nicht möglich, die Ist-Masse zur Soll-Masse zu bereinigen. Zum Zeitpunkt der Abgabe der Zusicherung ist die Masse des virtuellen Sekundärinsolvenzverfahrens daher eine Ist-Masse.

Es ist Aufgabe des Verwalters, aus der Ist-Masse des virtuellen Sekundärinsolvenzverfahrens die Soll-Masse des virtuellen Sekundärinsolvenzverfahrens herzustellen. Die Masse des virtuellen Sekundärinsolvenzverfahrens wird einerseits noch gemindert, kann andererseits aber auch noch gemehrt werden. Hat der Verwalter die Soll-Masse des virtuellen Sekundärinsolvenzverfahrens hergestellt, so kann diese verwertet werden.

Der Erlös aus der Verwertung der Aktivmasse des virtuellen Sekundärinsolvenzverfahrens wird an die Gläubiger verteilt, die ihre Forderungen gemäß Art. 45 Abs. 1 EuInsVO analog für das virtuelle Sekundärinsolvenzverfahren angemeldet haben. Bei der Verteilung des Erlöses aus der Verwertung der Masse des virtuellen Sekundärinsolvenzverfahrens werden die Forderungen gemäß Art. 36 Abs. 2 S. 1

EuInsVO nach dem Recht des Staats behandelt, in dem das Sekundärinsolvenzverfahren hätte eröffnet werden können.

Können bei der Verwertung der Masse des virtuellen Sekundärinsolvenzverfahrens alle für das virtuelle Sekundärinsolvenzverfahren angemeldeten Forderungen befriedigt werden, so hat der Verwalter einen verbleibenden Überschuss gemäß Art. 49 EuInsVO analog an die Masse des virtuellen Hauptinsolvenzverfahrens abzuführen.

I. Aussonderung

Die Aktivmasse des virtuellen Sekundärinsolvenzverfahrens wird gemäß Art. 36 Abs. 1 S. 1 i. V. m. Abs. 2 S. 2 EuInsVO aus den Vermögensgegenständen gebildet, die zum Zeitpunkt der Abgabe der Zusicherung im Niederlassungsstaat belegen sind. Denkbar ist, dass von der Ist-Masse des virtuellen Sekundärinsolvenzverfahrens auch Gegenstände erfasst werden, die nicht zum Vermögen des Schuldners gehören und die daher ausgesondert werden müssen.

Das Recht auf Aussonderung eines Gegenstands wird durch die Eröffnung eines ausländischen Hauptinsolvenzverfahrens nicht berührt. Dies ergibt sich für das Recht des Eigentümers auf Aussonderung seines Eigentums aus Art. 8 Abs. 1, Abs. 2 lit. c) EuInsVO und für das Recht des Forderungsinhabers auf Aussonderung seiner Forderung aus Art. 8 Abs. 1, Abs. 2 lit. b) EuInsVO. Da die Interessen der Aussonderungsberechtigten bereits durch Art. 8 EuInsVO geschützt werden, bedürfen sie nicht des Schutzes durch ein reales Sekundärinsolvenzverfahren. Sekundärinsolvenzverfahren dienen daher nicht dem Schutz der Aussonderungsberechtigten.

Mit der Schaffung von virtuellen Sekundärinsolvenzverfahren verfolgt der Gesetzgeber das Ziel, die Gläubiger, deren Interessen im Normalfall durch die Eröffnung eines Sekundärinsolvenzverfahrens geschützt werden, so zu stellen als sei dieses Verfahren tatsächlich eröffnet worden. Eine vollständige Simulation eines Sekundärinsolvenzverfahrens ist hingegen nicht gewollt. Daher sind Aussonderungsberechtigte bei Durchführung eines virtuellen Sekundärinsolvenzverfahrens nicht so zu behandeln, wie sie stünden, wäre ein Sekundärinsolvenzverfahren eröffnet worden. Art. 36 Abs. 2 S. 1 EuInsVO findet somit keine Anwendung. Vielmehr gilt für die Aussonderung des Eigentums Art. 8 Abs. 1, Abs. 2 lit. c) EuInsVO und für die Aussonderung von Forderungen Art. 8 Abs. 1, Abs. 2 lit. b) EuInsVO.

II. Absonderung

Zur Aktivmasse des virtuellen Sekundärinsolvenzverfahrens werden häufig auch Gegenstände gehören, an denen Absonderungsrechte bestehen.

Für das Absonderungsrecht gilt nicht das Recht des Staates, in dem das Sekundärinsolvenzverfahren hätte eröffnet werden können. Zwar spricht Art. 36 Abs. 2 S. 1 EuInsVO davon, dass für die Rechte der Gläubiger in Bezug auf Gegenstände der Masse des virtuellen Sekundärinsolvenzverfahrens das Recht des Staats gilt, in dem das Sekundärinsolvenzverfahren hätte eröffnet werden können. Damit sind allerdings nicht dingliche Rechte gemeint. Dies zeigt ein Vergleich mit dem Wortlaut des Art. 8 EuInsVO, der sich explizit auf dingliche Rechte bezieht. Während Art. 36 Abs. 2 S. 1 EuInsVO Rechte „in Bezug" auf Gegenstände erwähnt, wird in Art. 8 EuInsVO von Rechten „an" Gegenständen gesprochen.

Des Weiteren ist zu beachten, dass das virtuelle Sekundärinsolvenzverfahren ausschließlich die Gläubiger schützen soll, deren Interessen anderenfalls durch ein Sekundärinsolvenzverfahren geschützt würden. Eine vollständige Simulation eines Sekundärinsolvenzverfahrens ist hingegen nicht gewollt.

Die Interessen der Absonderungsberechtigten werden durch Art. 8 EuInsVO geschützt. Gemäß Art. 8 EuInsVO wird das dingliche Recht eines Gläubigers oder eines Dritten an Gegenständen des Schuldners, die sich zum Zeitpunkt der Eröffnung des Hauptinsolvenzverfahrens im Gebiet eines anderen Staats befinden, von der Eröffnung des Hauptinsolvenzverfahrens nicht berührt. Sie bedürfen daher nicht des Schutzes durch ein Sekundärinsolvenzverfahren. Folglich bezweckt ein Sekundärinsolvenzverfahren nicht den Schutz der Absonderungsberechtigten.

Aus diesem Grund sind Absonderungsberechtigte im Fall der Durchführung eines virtuellen Sekundärinsolvenzverfahrens nicht so zu behandeln, wie sie stünden, wäre ein Sekundärinsolvenzverfahren eröffnet worden. Stattdessen können die Absonderungsberechtigten sich im Fall der virtuellen Verfahrenspluralität auf Art. 8 EuInsVO berufen.

Nach h. M. handelt es sich bei Art. 8 EuInsVO nicht um eine Kollisionsnorm, die auf das Recht des Staats des Belegenheitsorts verweist, sondern um eine Sachnorm. Folgt man dem, so unterliegt das Absonderungsrecht im Fall der Durchführung eines virtuellen Sekundärinsolvenzverfahrens überhaupt keinen insolvenzrechtlichen Beschränkungen. Der Inhaber des Sicherungsrechts kann den Gegenstand, an dem das Absonderungsrecht besteht, verwerten, ohne auf etwaige insolvenzrechtliche Verwertungsbeschränkungen Rücksicht nehmen zu müssen. Der Verwalter hat keine Möglichkeit, die Verwertung zu verhindern.

Reicht der Erlös aus der Verwertung des Sicherungsguts nicht aus, um die gesicherte Forderung des Gläubigers zu erfüllen, so wird dieser mit seiner Restforderung an der Erlösverteilung des Insolvenzverfahrens teilnehmen wollen. Gemäß Art. 7 Abs. 2 S. 2 lit. i) EuInsVO bestimmt das Recht des Staats, in dem das Hauptinsolvenzverfahren eröffnet wurde, ob und inwieweit der Gläubiger mit seiner Restforderung an der Erlösverteilung des virtuellen Hauptinsolvenzverfahrens teilnehmen kann. Ob und unter welchen Voraussetzungen der Gläubiger mit seiner Restforderung an der Erlösverteilung des virtuellen Sekundärinsolvenzverfahrens partizipieren kann, bemisst sich gemäß Art. 36 Abs. 2 S. 1 EuInsVO hingegen nach dem Recht des Staats, in dem das Sekundärinsolvenzverfahren hätte eröffnet werden können. Die Schutzfunktion des virtuellen Sekundärinsolvenzverfahrens deckt sich mit der Schutzfunktion des realen Sekundärinsolvenzverfahrens. Ein Sekundärinsolvenzverfahren dient unter anderem dem Schutz der Interessen der dinglich gesicherten Gläubiger bezüglich einer nach Verwertung der Sicherheit verbleibenden Restforderung. Zu beachten ist nämlich, dass Art. 8 EuInsVO nicht auf die gesicherte Forderung anwendbar ist.

III. Aufrechnung

Erklärt der Gläubiger die Aufrechnung im Zeitraum zwischen Eröffnung des Hauptinsolvenzverfahrens und der Abgabe der Zusicherung, so ist Folgendes zu beachten. Zuerst ist immer zu prüfen, ob nach materiellem Recht eine Aufrechnungslage gegeben ist. Umstritten ist allerdings, ob die materiellrechtlichen Voraussetzungen der Aufrechnung nach dem Aufrechnungs- oder dem Insolvenzstatut erfüllt sein müssen. Sind alle materiellrechtlichen Aufrechnungsvoraussetzungen erfüllt, so ist in einem zweiten Schritt festzustellen, ob die Aufrechnung auch insolvenzrechtlich zulässig ist. Die insolvenzrechtliche Zulässigkeit der Aufrechnung richtet sich gemäß Art. 7 Abs. 2 S. 2 lit. d) EuInsVO nach der *lex fori concursus* des Hauptinsolvenzverfahrens.

Möchte der Gläubiger erst nach Abgabe der Zusicherung aufrechnen, so ist danach zu unterscheiden, ob die Forderung des Insolvenzschuldners, gegen die der Gläubiger aufrechnen will, zur Aktivmasse des virtuellen Hauptinsolvenzverfahrens oder zur Aktivmasse des virtuellen Sekundärinsolvenzverfahrens gehört.

Ist die Forderung des Insolvenzschuldners, gegen die der Gläubiger aufrechnen möchte, Bestandteil der Aktivmasse des virtuellen Hauptinsolvenzverfahrens, so richten sich die materiellrechtlichen Voraussetzungen der Aufrechnung, abhängig davon, welche Auffassung man bevorzugt, nach dem Aufrechnungsstatut oder nach dem Insolvenzstatut. Die insolvenzrechtliche Zulässigkeit der Aufrechnung richtet sich gemäß Art. 7 Abs. 2 S. 2 lit. d) EuInsVO nach der *lex fori concursus* des Hauptinsolvenzverfahrens.

Gehört die Forderung des Insolvenzschuldners, gegen die der Gläubiger aufrechnen will, hingegen zur Aktivmasse des virtuellen Sekundärinsolvenzverfahrens, so gelten folgende Regeln. Folgt man der Ansicht, dass sich die materiellrechtlichen Voraussetzungen der Aufrechnung auch in der Insolvenz nach dem Aufrechnungsstatut bestimmen, so ergeben sich diesbezüglich auch bei Durchführung eines virtuellen Sekundärinsolvenzverfahrens keinerlei Probleme. Wer allerdings meint, dass für die materiellrechtlichen Aufrechnungsvoraussetzungen das Insolvenzstatut entscheidend sei, muss nun die Frage klären, ob sich die materiellrechtlichen Aufrechnungsvoraussetzungen nach dem Recht des Staates, in dem das Sekundärinsolvenzverfahren hätte eröffnet werden können, richten.

Die insolvenzrechtliche Zulässigkeit der Aufrechnung bestimmt sich gemäß Art. 7 Abs. 2 S. 2 lit. d) EuInsVO nach der *lex fori concursus* des Hauptinsolvenzverfahrens, obwohl gegen eine Forderung des Insolvenzschuldners aufgerechnet werden soll, die zur Aktivmasse des virtuellen Sekundärinsolvenzverfahrens gehört. Das Recht des Staats, in dem das Sekundärinsolvenzverfahren hätte eröffnet werden können, ist nicht anwendbar. Zum einen kann das Aufrechnungsrecht unter keinen der von Art. 36 EuInsVO verwendeten Begriffe subsumiert werden. Zum anderen dient das virtuelle Sekundärinsolvenzverfahren nicht dem Schutz der Interessen der Aufrechnungsberechtigten. Schließlich verfolgt der Gesetzgeber bereits mit einem realen Sekundärinsolvenzverfahren kein derartiges Ziel. Vielmehr existiert mit Art. 9 EuInsVO eine Norm, deren expliziter Zweck es ist, das Aufrechnungsrecht vor den insolvenzrechtlichen Wirkungen eines fremden Rechtsstatuts zu schützen. Art. 9 EuInsVO findet auch bei Durchführung eines virtuellen Haupt- und Sekundärinsolvenzverfahrens Anwendung.

IV. Forderungen, die nach Eröffnung des Insolvenzverfahrens begründet werden

Forderungen, die der Verwalter im Zeitraum zwischen der Eröffnung des Insolvenzverfahrens und der Abgabe der Zusicherung begründet, sind als Altmasseforderungen zu qualifizieren. Für Altmasseforderungen haftet die Masse des virtuellen Hauptinsolvenzverfahrens. Ob für Altmasseforderungen zudem die Masse des virtuellen Sekundärinsolvenzverfahrens haftet, hängt davon ab, ob man die Trennungs- oder die Mithaftungstheorien für vorzugswürdig hält. Altmasseforderungen sind gemäß Art. 7 Abs. 2 S. 2 lit. g) EuInsVO nach der *lex fori concursus* des Hauptinsolvenzverfahrens zu behandeln. Dies gilt auch dann, wenn eine Altmasseforderung, den Mithaftungstheorien folgend, gegen die Masse des virtuellen Sekundärinsolvenzverfahrens geltend gemacht wird.

Forderungen, die der Verwalter nach Abgabe der Zusicherung begründet, sind Neumasseforderungen.

Neumasseforderungen, die im Fall der Eröffnung eines Sekundärinsolvenzverfahrens Neumasseforderungen des Hauptinsolvenzverfahrens wären, müssen bei Anwendung des Art. 36 EuInsVO dem virtuellen Hauptinsolvenzverfahren zugeordnet werden. Für diese Forderungen haftet ausschließlich die Masse des virtuellen Hauptinsolvenzverfahrens. Neumasseforderungen des virtuellen Hauptinsolvenzverfahrens werden gemäß Art. 7 Abs. 2 S. 2 lit. g) EuInsVO nach dem Recht des Staats, in dem das Hauptinsolvenzverfahren eröffnet wurde, behandelt.

Neumasseforderungen, die im Fall der realen Verfahrenspluralität Neumasseforderungen des Sekundärinsolvenzverfahrens wären, sind dem virtuellen Sekundärinsolvenzverfahren zuzuweisen. Diesen Forderungen haftet nur die Masse des virtuellen Sekundärinsolvenzverfahrens. Für Neumasseforderungen des virtuellen

Sekundärinsolvenzverfahrens gilt gemäß Art. 36 Abs. 2 S. 1 EuInsVO das Recht des Staats, in dem das Sekundärinsolvenzverfahren hätte eröffnet werden können.

Für Forderungen, die nach Eröffnung des Insolvenzverfahrens begründet werden, gelten somit die gleichen Grundregeln wie im Fall der realen Verfahrenspluralität. Dies lässt sich zwar nicht unmittelbar dem Gesetzestext entnehmen. Ob Masseforderungen von Art. 36 Abs. 1 S. 1 EuInsVO und Art. 36 Abs. 2 S. 1 EuInsVO erfasst werden, kann auch nach Auslegung sämtlicher vom Gesetzgeber verwendeter Begriffe weder eindeutig bejaht noch verneint werden. Die Übertragung der für ein Haupt- und Sekundärinsolvenzverfahren geltenden Grundsätze auf den Fall der virtuellen Verfahrenspluralität ist aber zum Schutz der Interessen der Insolvenzgläubiger zwingend geboten. Den Insolvenzgläubigern dient das virtuelle Sekundärinsolvenzverfahren als Ersatz für das nicht eröffnete reale Sekundärinsolvenzverfahren, weshalb sie genauso behandelt werden sollen, als wäre dieses Verfahren eröffnet worden. Selbstverständlich ist es nicht Sinn eines virtuellen Sekundärinsolvenzverfahrens, Verwertungserlöse an die Gläubiger zu verteilen, die der Höhe nach exakt denen in einem vergleichbaren realen Sekundärinsolvenzverfahren entsprechen. Die Verfolgung eines derartigen Ziels würde schon an der Tatsache scheitern, dass der Ausgang eines hypothetischen Sekundärinsolvenzverfahrens unbekannt ist. Allerdings müssen die Rahmenbedingungen mit denen der realen Verfahrenspluralität übereinstimmen. Das ist aber nur dann der Fall, wenn auch die Gläubiger, deren Forderungen nach Eröffnung des Insolvenzverfahrens entstehen, den Wirkungen des Art. 36 EuInsVO unterworfen werden.

V. Insolvenzanfechtung

Ob und unter welchen Voraussetzungen gläubigerbenachteiligende Rechtshandlungen angefochten werden können, bestimmt sich bei Durchführung eines virtuellen Haupt- und Sekundärinsolvenzverfahrens gemäß Art. 7 Abs. 2 S. 2 lit. m) EuInsVO ausschließlich nach der *lex fori concursus* des Hauptinsolvenzverfahrens. Dies gilt auch für die Fälle, in denen der Gegenstand, der anfechtbar weggegeben wurde, zum Zeitpunkt der anfechtbaren Handlung im Niederlassungsstaat belegen war. Das Recht des Staats, in dem das Sekundärinsolvenzverfahren hätte eröffnet werden können, ist hingegen nicht anwendbar. Art. 36 Abs. 1 S. 1 EuInsVO und Art. 36 Abs. 2 S. 1 EuInsVO sprechen nur die Verteilung des Vermögens an, äußern sich aber nicht zum Sammeln der Masse. Zu beachten ist des Weiteren, dass es nicht Ziel eines realen Sekundärinsolvenzverfahrens ist, Anfechtungsgegner vor solchen Anfechtungsregeln zu schützen, die sich aus Sicht des jeweiligen Anfechtungsgegners aus einer fremden Rechtsordnung ergeben. Vielmehr will der Gesetzgeber Anfechtungsgegner ausschließlich durch Art. 16 EuInsVO schützen. Da das virtuelle Sekundärinsolvenzverfahren lediglich einen Ersatz für das reale Sekundärinsolvenzverfahren darstellt, dient auch dieses Verfahren nicht dem Schutz der Interessen der Anfechtungsgegner.

War der anfechtbar weggegebene Gegenstand zum Zeitpunkt der Vornahme der anfechtbaren Rechtshandlung außerhalb des Niederlassungsstaats belegen, so ist dieser nach Rückgewähr durch den Anfechtungsgegner der Masse des virtuellen Hauptinsolvenzverfahrens zuzuordnen. Ein Gegenstand, der sich zum Zeitpunkt der Vornahme der anfechtbaren Rechtshandlung im Niederlassungsstaat befand, ist hingegen der Masse des virtuellen Sekundärinsolvenzverfahrens zuzuweisen. Art. 36 Abs. 2 S. 2 EuInsVO steht dem nicht entgegen.

Die Frage, welche Gegenansprüche der Anfechtungsgegner durch Rückgewähr des erlangten Gegenstands erwirbt, ist gemäß Art. 7 EuInsVO nach der *lex fori concursus* des Hauptinsolvenzverfahrens zu beantworten. Dies gilt auch für die Fälle, in denen die Gegenansprüche des Anfechtungsgegners bei Eröffnung eines realen Sekundärinsolvenzverfahrens gemäß Art. 7 EuInsVO nach der *lex fori concursus secundarii* zu beurteilen gewesen wären. Das Recht des Staats, in dem das Sekundärinsolvenzverfahren hätte eröffnet werden können, bestimmt gemäß Art. 36 Abs. 2 S. 1 EuInsVO nämlich lediglich, wie eine bereits entstandene Forderung bei der Vermögensverteilung im Insolvenzverfahren zu behandeln ist.

Inwieweit der Anfechtungsgegner mit seinen Gegenansprüchen am virtuellen Haupt- und Sekundärinsolvenzverfahren teilnehmen kann, ist grundsätzlich von der Art der Gegenforderung abhängig. Es ist zwischen drei Arten von Gegenforderungen zu unterscheiden.

Die *lex fori concursus* kann vorsehen, dass die ursprüngliche Forderung des Anfechtungsgegners gegen den Insolvenzschuldner, die durch Erfüllung bereits erloschen war, nach Rückgewähr des anfechtbar erlangten Gegenstands ex tunc wieder auflebt. Ist das der Fall, so steht es dem Anfechtungsgegner frei, diese Forderung gemäß Art. 45 Abs. 1 EuInsVO analog sowohl für das virtuelle Hauptinsolvenzverfahren als auch für das virtuelle Sekundärinsolvenzverfahren anzumelden.

Unter Umständen hat der Anfechtungsgegner einen Anspruch auf Rückgewähr der von ihm bereits an den Insolvenzschuldner erbrachten Gegenleistung. Ist der Gegenstand noch in Natura in der Insolvenzmasse vorhanden, so entnimmt der Verwalter den Gegenstand der Teilmasse, in der sich dieser befindet. Kann nur noch ein für den Gegenstand erlangtes Surrogat herausgegeben werden, so hat der Verwalter dies aus der Teilmasse zu entnehmen, die um das Surrogat tatsächlich bereichert ist.

Ist weder die vom Anfechtungsgegner erbrachte Gegenleistung noch ein für die Gegenleistung erlangtes Surrogat in der Masse vorhanden, so ist zu prüfen, ob die *lex fori concursus* dem Anfechtungsgegner Erstattungsansprüche gewährt. Besteht ein Erstattungsanspruch, so kann der Anfechtungsgegner diesen gemäß Art. 45 Abs. 1 EuInsVO analog sowohl für das virtuelle Hauptinsolvenzverfahren als auch für das virtuelle Sekundärinsolvenzverfahren anmelden.

VI. Laufende Verträge

Das Vertragsverhältnis muss entweder dem virtuellen Hauptinsolvenzverfahren oder dem virtuellen Sekundärinsolvenzverfahren zugewiesen werden. Dafür gibt es zwei Gründe.

Wird der Vertrag trotz der Eröffnung des Insolvenzverfahrens fortgeführt, so kommt es zu einem Leistungsaustausch zwischen dem Vertragspartner und der Insolvenzmasse. Würde man den Vertrag keinem der virtuellen Verfahren zuordnen, so könnte der Verwalter die vom Vertragspartner erbrachte Leistung beispielsweise der Masse des virtuellen Hauptinsolvenzverfahrens zukommen lassen, die Forderung des Vertragspartners aber mit Mitteln des virtuellen Sekundärinsolvenzverfahrens erfüllen. Eine Vermögensverschiebung zwischen den Teilmassen wäre die Folge.

Unterließe man es, den Vertrag einem der virtuellen Verfahren zuzuordnen, so bliebe zudem ungeklärt, ob ein etwaiger Erfüllungsanspruch des Vertragspartners gemäß Art. 7 Abs. 2 S. 2 lit. i) EuInsVO nach der *lex fori concursus* oder gemäß Art. 36 Abs. 2 S. 1 EuInsVO nach dem Recht des Staats, in dem das Sekundärinsolvenzverfahren hätte eröffnet werden können, behandelt werden muss.

Die Zuordnung des Vertragsverhältnisses erfolgt nach den gleichen Kriterien wie im Fall der realen Verfahrenspluralität.

Die Wirkungen des Insolvenzverfahrens auf laufende Verträge bestimmen sich gemäß Art. 7 Abs. 2 S. 2 lit. e) EuInsVO ausschließlich nach der *lex fori concursus*. Dies gilt auch für solche Verträge, die im Fall der realen Verfahrenspluralität dem Sekundärinsolvenzverfahren zugeordnet worden wären. Das Recht des Staats, in dem das Sekundärinsolvenzverfahren hätte eröffnet werden können, findet keine Anwendung. Die *lex fori concursus* entscheidet folglich auch, ob der ursprüngliche Erfüllungsanspruch des Vertragspartners fortbesteht oder erlischt. Ordnet die *lex fori concursus* das Erlöschen des Vertrags an oder gibt diese dem Verwalter ein Erfüllungswahlrecht und entscheidet sich der Verwalter gegen die Erfüllung des Vertrags, so erlischt der Erfüllungsanspruch des Vertragspartners. Ob dem Vertragspartner in diesen Fällen Schadensersatzansprüche wegen Nichterfüllung zustehen, richtet sich ebenfalls nach der *lex fori concursus.*

Inwieweit der Vertragspartner mit seinen Ansprüchen am virtuellen Haupt- und Sekundärinsolvenzverfahren teilnehmen kann, ist von der Art des Anspruchs abhängig.

Billigt die *lex fori concursus* dem Vertragspartner Schadensersatzansprüche wegen Nichterfüllung zu, so kann er diese gemäß Art. 45 Abs. 1 EuInsVO analog sowohl für das virtuelle Hauptinsolvenzverfahren als auch für das virtuelle Sekundärinsolvenzverfahren anmelden.

Anders stellt sich die Situation dar, wenn der Erfüllungsanspruch des Vertragspartners noch besteht. Um Vermögensverschiebungen zwischen dem virtuellen Hauptinsolvenzverfahren und dem virtuellen Sekundärinsolvenzverfahren zu verhindern, muss der Vertrag zwischen dem Vertragspartner und dem virtuellen Verfahren, dem das Vertragsverhältnis zugeordnet wurde, abgewickelt werden. Das virtuelle Verfahren, dem das Vertragsverhältnis nicht zugeordnet wurde, ist in den Leistungsaustausch grundsätzlich nicht einzubeziehen. Wurde das Vertragsverhältnis dem virtuellen Hauptinsolvenzverfahren zugeordnet, so wird der Erfüllungsanspruch des Vertragspartners gemäß Art. 7 Abs. 2 S. 2 lit. i) EuInsVO nach der *lex fori concursus* behandelt. Ist der Vertrag hingegen dem virtuellen Sekundärinsolvenzverfahren zugewiesen worden, so findet gemäß Art. 36 Abs. 2 S. 1 EuInsVO das Recht des Staats, in dem das Sekundärinsolvenzverfahren hätte eröffnet werden können, Anwendung.

E. Forderungen, die vor Eröffnung des Insolvenzverfahrens begründet wurden

Forderungen, die vor Eröffnung des Insolvenzverfahrens entstanden sind, können gemäß Art. 45 Abs. 1 EuInsVO analog sowohl für das virtuelle Hauptinsolvenzverfahren als auch für das virtuelle Sekundärinsolvenzverfahren angemeldet werden. Wurde die Forderung für das virtuelle Hauptinsolvenzverfahren angemeldet, so wird diese bei der Erlösverteilung im virtuellen Hauptinsolvenzverfahren gemäß Art. 7 Abs. 2 S. 2 lit. i) EuInsVO nach der *lex fori concursus* behandelt. Es gilt das insolvenzrechtliche Privilegiensystem des Staats, in dem das Hauptinsolvenzverfahren eröffnet wurde. Hat der Gläubiger seine Forderung für das virtuelle Sekundärinsolvenzverfahren angemeldet, so unterliegt diese bei der Erlösverteilung im virtuellen Sekundärinsolvenzverfahren gemäß Art. 36 Abs. 2 S. 1 EuInsVO dem Recht des Staats, in dem das Sekundärinsolvenzverfahren hätte eröffnet werden können. Es gilt das Privilegiensystem des Niederlassungsstaats.

F. Verteilungsverfahren

Von der Erlösverteilung im engeren Sinn ist das Verteilungsverfahren zu unterscheiden. Sowohl im virtuellen Hauptinsolvenzverfahren als auch im virtuellen Sekundärinsolvenzverfahren bestimmt sich das Verteilungsverfahren gemäß Art. 7 Abs. 2 S. 2 lit. i) EuInsVO nach der *lex fori concursus*. Das Recht des Staats, in dem das Sekundärinsolvenzverfahren hätte eröffnet werden können, ist nicht anwendbar. Für dieses Ergebnis streitet vor allem der Normzweck. Ein reales Sekundärinsolvenzverfahren dient primär der Wahrung bestehender Vorrechte. Das Gleiche gilt für ein virtuelles Sekundärinsolvenzverfahren. Die Regeln des Verteilungsverfahrens haben für die Gläubiger hingegen nur eine untergeordnete Bedeutung. Die wichtigsten Verteilungsfragen, nämlich die Veröffentlichung des Verteilungsverzeichnisses und die Frage des Rechtsschutzes der Gläubiger gegen ein unrichtiges Verteilungsverzeichnis, hat der Gesetzgeber eigens in Art. 36 Abs. 7 EuInsVO geregelt.

Ein über Art. 36 Abs. 7 EuInsVO hinausgehender Schutz der lokalen Gläubiger ist nicht erforderlich.

G. Die Rechtsnatur des Art. 36 Abs. 2 S. 1 EuInsVO

Art. 36 Abs. 2 S. 1 EuInsVO ist keine Sachnorm. Der Auffassung, das Recht des Staats, in dem das Sekundärinsolvenzverfahren hätte eröffnet werden können, gebe lediglich einen Maßstab ab, der bei der Verteilung zu beachten sei, kann nicht gefolgt werden. Bei Art. 36 Abs. 2 S. 1 EuInsVO handelt es sich vielmehr um eine selbstständige Kollisionsnorm. Das Recht des Staats, in dem das Sekundärinsolvenzverfahren hätte eröffnet werden können, ist kollisionsrechtlich zur Anwendung berufen. Hierfür spricht zum einen der Wortlaut des Art. 36 Abs. 2 S. 1 EuInsVO. Zum anderen verlangt die Schutzfunktion des virtuellen Sekundärinsolvenzverfahrens eine Auslegung als Kollisionsnorm.

Art. 36 Abs. 2 S. 1 EuInsVO ist lex specialis gegenüber Art. 7 Abs. 2 S. 2 lit. i) EuInsVO. Als Sonderanknüpfung verdrängt Art. 36 Abs. 2 S. 1 EuInsVO die *lex fori concursus*. Für die im virtuellen Sekundärinsolvenzverfahren stattfindende Erlösverteilung gilt gemäß Art. 36 Abs. 2 S. 1 EuInsVO ausschließlich das Recht des Staats, in dem das Sekundärinsolvenzverfahren hätte eröffnet werden können. Art. 7 EuInsVO ist eine Sachnormverweisung. Aus diesem Grund ist auch Art. 36 Abs. 2 S. 1 EuInsVO eine Kollisionsnorm in Form einer Sachnormverweisung.

Kapitel 2

Anwendungsbereich

A. Übertragende Sanierung

Die Masse des virtuellen Sekundärinsolvenzverfahrens kann im Wege der übertragenden Sanierung verwertet werden. Zu beachten ist zum einen, dass Art. 36 EuInsVO keine Verwertungsart explizit ausschließt. Zum anderen lässt sich aus den Gesetzgebungsmaterialien folgern, dass der Verwalter berechtigt ist, die zur Aktivmasse des virtuellen Sekundärinsolvenzverfahrens gehörenden Gegenstände als Gesamtheit an einen Investor zu verkaufen. Die Masse des virtuellen Hauptinsolvenzverfahrens unterliegt ebenfalls keinen Verwertungsbeschränkungen. Eine Beendigung des Insolvenzverfahrens im Wege der übertragenden Sanierung ist daher auch dann denkbar, wenn der Verwalter ein virtuelles Haupt- und Sekundärinsolvenzverfahren durchführt.

Ob im Einzelfall aber tatsächlich ein Verkauf des Unternehmens als Ganzes oder wesentlicher Teile möglich ist, richtet sich gemäß Art. 7 Abs. 2 S. 1 EuInsVO nach der *lex fori concursus* des Hauptinsolvenzverfahrens. Schließlich ist zu beachten, dass die *lex fori concursus* nicht nur in Bezug auf die Masse des virtuellen Hauptinsolvenzverfahrens anwendbar ist, sondern auch bestimmt, wie die Masse des virtuellen Sekundärinsolvenzverfahrens zu verwerten ist. Dies ergibt sich aus einem Umkehrschluss zu Art. 36 Abs. 2 S. 1 EuInsVO.

B. Sanierung des Rechtsträgers

Ist eine Sanierung des Rechtsträgers geplant, so muss ebenfalls zwischen dem virtuellen Hauptinsolvenzverfahren und dem virtuellen Sekundärinsolvenzverfahren unterschieden werden.

Das virtuelle Sekundärinsolvenzverfahren kann nicht als Sanierungsverfahren durchgeführt werden. Eine Reorganisation der Masse des virtuellen Sekundärinsolvenzverfahrens nach dem Recht des Staats, in dem das Sekundärinsolvenzverfahren hätte eröffnet werden können, ist nicht möglich. Art. 36 Abs. 2 S. 1 EuInsVO bezieht sich ausschließlich auf den Fall der Liquidation. Die Masse des virtuellen Sekundärinsolvenzverfahrens kann aber auch nicht nach dem Recht des Staats, in dem das Hauptinsolvenzverfahren eröffnet wurde, reorganisiert werden. Ein solches Vorgehen wäre unvereinbar mit der Schutzfunktion des virtuellen Sekundärinsolvenzverfahrens.

Im Ergebnis bedeutet dies, dass das im Niederlassungsstaat belegene Vermögen nicht sanierungsfähig ist. Folglich muss die Masse des virtuellen Sekundärinsolvenzverfahrens zwingend liquidiert werden. Aus Art. 36 Abs. 1 S. 1 EuInsVO ergibt sich demnach eine Pflicht des Verwalters, die Masse des virtuellen Sekundärinsolvenzverfahrens zu verwerten und den Verwertungserlös an die Gläubiger zu verteilen. Da das virtuelle Sekundärinsolvenzverfahren nur als Liquidationsverfahren durchgeführt werden kann, ist eine Reorganisation des gesamten Unternehmens ausgeschlossen.

Der Verwalter kann die Zusicherung auch nicht zurücknehmen, um eine Reorganisation des im Niederlassungsstaat belegenen Vermögens zu ermöglichen. Ist eine Restrukturierung des gesamten Unternehmens geplant, so darf der Verwalter folglich gar nicht erst eine Zusicherung abgeben. Vielmehr muss in einem solchen Fall die Eröffnung eines Sekundärinsolvenzverfahrens beantragt werden. Da die in Art. 3 Abs. 3 S. 2 EuInsVO a. F. enthaltene Beschränkung von Sekundärinsolvenzverfahren auf Liquidationsverfahren im Zuge der Reform der EuInsVO aufgehoben wurde, können Sekundärinsolvenzverfahren nun immer auch als Reorganisationsverfahren durchgeführt werden.

Eine separate Sanierung der Masse des virtuellen Hauptinsolvenzverfahrens ist allerdings möglich. Für die Reorganisation dieser Teilmasse gilt gemäß Art. 7 Abs. 2 S. 2 lit. j) EuInsVO die *lex fori concursus*. In diesem Fall muss ein Sanierungsplan aufgestellt werden, der sich ausschließlich auf die Masse des virtuellen Hauptinsolvenzverfahrens bezieht.

Literaturverzeichnis

Arends, Volker/*Hofert-von Weiss*, Sebastian: Distressed M&A – Unternehmenskauf aus der Insolvenz, BB 2009, S. 1538 ff.

Beck, Siegfried: Verteilungsfragen im Verhältnis zwischen Haupt- und Sekundärinsolvenzverfahren nach der EuInsVO, NZI 2007, S. 1 ff.

Bitter, Georg: Sanierung in der Insolvenz – Der Beitrag von Treue- und Aufopferungspflichten zum Sanierungserfolg, ZGR 2010, S. 147 ff.

Blersch, Jürgen: Masseverbindlichkeiten im Spannungsfeld zwischen Haupt- und Sekundärinsolvenzverfahren – Welche Masse haftet? – Eine aktuelle Bestandsaufnahme, in: Kayser, Godehard/Smid, Stefan/Riedemann, Susanne (Hrsg.), Nichts ist beständiger als der Wandel, Festschrift für Klaus Pannen zum 65. Geburtstag, München 2017, S. 125 ff.

Braun, Eberhard (Hrsg.): Insolvenzordnung (InsO) InsO mit EuInsVO (2015) Kommentar, 8. Auflage, München 2020.

Brinkmann, Moritz: Grenzüberschreitende Sanierung und europäisches Insolvenzrecht, KTS 2014, S. 381 ff.

Brüning, Marc: Gesellschafter und Insolvenzplan, Eine Untersuchung ihrer Stellung in der Reorganisation insolventer Gesellschaften im Insolvenzplanverfahren (§§ 217 ff. InsO), Hamburg 2006.

Brünkmans, Christian/*Thole*, Christoph (Hrsg.): Handbuch Insolvenzplan, 1. Auflage, Köln 2017.

Dammann, Reinhard: Sinn und Zweck von Sekundärverfahren nach der Reform der EuInsVO, in: Exner, Joachim/Paulus, Christoph G. (Hrsg.), Festschrift für Siegfried Beck zum 70. Geburtstag, München 2016, S. 73 ff.

Duursma-Kepplinger, Henriette-Christine: Einfluss der Eröffnung eines Sekundärinsolvenzverfahrens auf die Befriedigung von zuvor begründeten Masseverbindlichkeiten, ZIP 2007, S. 752 ff.

Duursma-Kepplinger, Henriette-Christine/*Duursma*, Dieter/*Chalupsky*, Ernst: Europäische Insolvenzverordnung Kommentar, 1. Auflage, Wien 2002.

Fehrenbach, Markus: Haupt- und Sekundärinsolvenzverfahren, Zur sachgerechten Verfahrenskoordination bei grenzüberschreitenden Unternehmensinsolvenzen, Tübingen 2014.

Fehrenbach, Markus: Die reformierte Europäische Insolvenzverordnung (Teil II), GPR 2017, S. 38 ff.

FK-InsO Frankfurter Kommentar zur Insolvenzordnung mit EuInsVO, InsVV und weiteren Nebengesetzen, 9. Auflage, Köln 2018, hrsg. von *Wimmer*, Klaus.

Flöther, Lucas F. (Hrsg.): Konzerninsolvenzrecht, 2. Auflage, München 2018.

Foerste, Ulrich: Gläubigerautonomie und Sanierung im Lichte des ESUG, ZZP 2012, S. 265 ff.

Fritz, Daniel Friedemann: Die Neufassung der Europäischen Insolvenzverordnung: Erleichterung bei der Restrukturierung in grenzüberschreitenden Fällen? (Teil 1), DB 2015, S. 1882 ff.

Fritz, Daniel Friedemann: Besser Sanieren in Deutschland? Wesentliche Aspekte der Einpassung der Europäischen Insolvenzverordnung in das deutsche Recht, BB 2017, S. 131 ff.

Garcimartín, Francisco: The EU Insolvency Regulation Recast: Scope, Jurisdiction and Applicable Law, ZEuP 2015, S. 694 ff.

Geroldinger, Andreas: Verfahrenskoordination im Europäischen Insolvenzrecht, Die Abstimmung von Haupt- und Sekundärinsolvenzverfahren nach der EuInsVO, Wien 2010.

Gottwald, Peter (Hrsg.): Insolvenzrechts-Handbuch, 5. Auflage, München 2015.

Gottwald, Peter/*Haas*, Ulrich (Hrsg.): Insolvenzrechts-Handbuch, 6. Auflage, München 2020.

Graf-Schlicker, Marie Luise (Hrsg.): InsO Kommentar zur Insolvenzordnung, 5. Auflage, Köln 2020.

Hamburger Kommentar zum Insolvenzrecht InsO – InsVV – SchVG – Haftungsrecht – Steuerrecht – Strafrecht, 7. Auflage, Köln 2019, hrsg. von *Schmidt*, Andreas.

Haß, Detlef/*Huber*, Peter/*Gruber*, Urs/*Heiderhoff*, Bettina: EU-Insolvenzverordnung Kommentar zur Verordnung (EG) Nr. 1346/2000 über Insolvenzverfahren (EuInsVO), 1. Auflage, München 2005.

Heidelberger Kommentar Insolvenzordnung, 10. Auflage, Heidelberg 2020, hrsg. von *Kayser*, Godehard/*Thole*, Christoph.

Hess, Burkhard/*Oberhammer*, Paul/*Pfeiffer*, Thomas: European Insolvency Law, The Heidelberg-Luxembourg-Vienna Report on the Application of Regulation No. 1346/2000/EC on Insolvency Proceedings (External Evaluation JUST/2011/JCIV/PR/0049/A4), München 2013.

Jaeger Insolvenzordnung Großkommentar, Band 1 – §§ 1 – 55, 1. Auflage, Berlin 2004, hrsg. von *Henckel*, Wolfram/*Gerhardt*, Walter.

Jaeger Insolvenzordnung Großkommentar, Band 4 – §§ 129–147, 1. Auflage, Berlin 2008, hrsg. von *Henckel*, Wolfram/*Gerhardt*, Walter.

Jaeger Insolvenzordnung Großkommentar, Band 5 – Teil 1 – §§ 148–155; Insolvenzsteuerrecht, 1. Auflage, Berlin/Boston 2016, hrsg. von *Henckel*, Wolfram/*Gerhardt*, Walter.

Jaeger Insolvenzordnung Großkommentar, Band 7 – §§ 217–285, 1. Auflage, Berlin/Boston 2019, hrsg. von *Henckel*, Wolfram/*Gerhardt*, Walter.

Jeremias, Christoph: Internationale Insolvenzaufrechnung, Tübingen 2005.

Kegel, Gerhard/*Schurig*, Klaus: Internationales Privatrecht, 9. Auflage, München 2004.

Köhler-Ma, Christian/*Burkard*, Julia: Deutsches Insolvenzrecht = unflexibel? DZWIR 2007, S. 410 ff.

Kölner Kommentar zur Insolvenzordnung, Band 3 – §§ 129–216 InsO, 1. Auflage, Köln 2017, hrsg. von *Hess*, Harald.

Kren Kostkiewicz, Jolanta: Schweizerisches Internationales Privatrecht, 2. Auflage, Bern 2018.

Kropholler, Jan: Internationales Privatrecht einschließlich der Grundbegriffe des Internationalen Zivilverfahrensrechts, 6. Auflage, Tübingen 2006.

Kübler, Bruno M.: Der Mittelpunkt der hauptsächlichen Interessen nach Art. 3 Abs. 1 EuInsVO, in: Schilken, Eberhard/Kreft, Gerhart/Wagner, Gerhard/Eckardt, Diederich (Hrsg.), Festschrift für Walter Gerhardt, Köln 2004, S. 527 ff.

Kübler, Bruno M. (Hrsg.): HRI Handbuch Restrukturierung in der Insolvenz, Eigenverwaltung und Insolvenzplan, 3. Auflage, Köln 2019.

Kübler, Bruno M./*Prütting*, Hanns/*Bork*, Reinhard (Hrsg.): InsO Kommentar zur Insolvenzordnung, Band 3, Loseblattsammlung, 89. Ergänzungslieferung, Köln 2021.

Kübler, Bruno M./*Prütting*, Hanns/*Bork*, Reinhard (Hrsg.): InsO Kommentar zur Insolvenzordnung, Band 4, Loseblattsammlung, 89. Ergänzungslieferung, Köln 2021.

Kübler, Bruno M./*Prütting*, Hanns/*Bork*, Reinhard (Hrsg.): InsO Kommentar zur Insolvenzordnung, Band 5, Loseblattsammlung, 89. Ergänzungslieferung, Köln 2021.

Leonhardt, Peter/*Smid*, Stefan/*Zeuner*, Mark (Hrsg.): Internationales Insolvenzrecht Kommentar, 2. Auflage, Stuttgart 2012.

Madaus, Stephan: Die Zusicherung nach Art. 36 EuInsVO – Das Ende virtueller Sekundärinsolvenzverfahren? in: Kayser, Godehard/Smid, Stefan/Riedemann, Susanne (Hrsg.), Nichts ist beständiger als der Wandel, Festschrift für Klaus Pannen zum 65. Geburtstag, München 2017, S. 223 ff.

Mankowski, Peter: Anmerkung, NZI 2006, S. 418 f.

Mankowski, Peter: Kurzkommentar, EWiR 2006, S. 623 f.

Mankowski, Peter: Anmerkung, NZI 2009, S. 451 f.

Mankowski, Peter: Zusicherungen zur Vermeidung von Sekundärinsolvenzen unter Art. 36 EuInsVO – Synthetische Sekundärverfahren, NZI 2015, S. 961 ff.

Mankowski, Peter/*Müller*, Michael F./*Schmidt*, Jessica: Europäische Insolvenzverordnung 2015 Kommentar, 1. Auflage, München 2016.

Mayr, Peter G. (Hrsg.): Handbuch des europäischen Zivilverfahrensrechts, Wien 2017.

Meyer-Löwy, Bernd/*Plank*, Leo: Entbehrlichkeit des Sekundärinsolvenzverfahrens bei flexibler Verteilung der Insolvenzmasse im Hauptinsolvenzverfahren? NZI 2006, S. 622 ff.

Meyer-Löwy, Bernd/*Poertzgen*, Christoph: Eigenverwaltung (§§ 270 ff. InsO) löst Kompetenzkonflikt nach der EuInsVO, Zugleich Anmerkung zu AG Köln, Beschl. v. 23. 1. 2004 – 71 IN 01/04 – ZInsO 2004, 216 ff., in diesem Heft, ZInsO 2004, S. 195 ff.

Mock, Sebastian: Handlungsoptionen bei ausufernden Sekundärinsolvenzverfahren, Zugleich Anmerkung zu High Court of Justice London, Beschl. v. 11. 2. 2009 – [2009] EWHC 206 (Ch), ZInsO 2009, 914, in dieser Ausgabe, ZInsO 2009, S. 895 ff.

Mohr, Franz: Zusicherungen zur Vermeidung von Sekundärinsolvenzverfahren – ein Überblick, in: Nunner-Krautgasser, Bettina/Garber, Thomas/Jaufer, Clemens (Hrsg.), Grenzüberschreitende Insolvenzen im europäischen Binnenmarkt, Die neue EU-Insolvenzverordnung, Wien 2017, S. 219 ff.

Münchener Kommentar zum Bürgerlichen Gesetzbuch, Band 13 – Internationales Privatrecht II, Internationales Wirtschaftsrecht, Einführungsgesetz zum Bürgerlichen Gesetzbuche (Art. 50–253), 8. Auflage, München 2021, hrsg. von *Säcker*, Franz Jürgen/*Rixecker*, Roland/ *Oetker*, Hartmut/*Limperg*, Bettina.

Münchener Kommentar zur Insolvenzordnung, Band 1 – §§ 1–79, Insolvenzrechtliche Vergütungsverordnung (InsVV), 4. Auflage, München 2019, hrsg. von *Stürner*, Rolf/*Eidenmüller*, Horst/*Schoppmeyer*, Heinrich.

Münchener Kommentar zur Insolvenzordnung, Band 2 – §§ 80–216, 4. Auflage, München 2019, hrsg. von *Stürner*, Rolf/*Eidenmüller*, Horst/*Schoppmeyer*, Heinrich.

Münchener Kommentar zur Insolvenzordnung, Band 3 – §§ 217–359 InsO (mit Art. 103a–110 EGInsO), Insolvenzsteuerrecht, 4. Auflage, München 2020, hrsg. von *Stürner*, Rolf/*Eidenmüller*, Horst/*Schoppmeyer*, Heinrich.

Münchener Kommentar zur Insolvenzordnung, Band 4 – EuInsVO 2000, Art. 102 und 102a EGInsO, EuInsVO 2015, Länderberichte, 3. Auflage, München 2016, hrsg. von *Kirchhof*, Hans-Peter/*Eidenmüller*, Horst/*Stürner*, Rolf.

Nerlich, Jörg/*Römermann*, Volker (Hrsg.): Insolvenzordnung (InsO) Kommentar, Loseblattsammlung, 43. Ergänzungslieferung, München 2021.

Pannen, Klaus (Hrsg.): Europäische Insolvenzverordnung Kommentar, 1. Auflage, Berlin 2007.

Parzinger, Josef: Die neue EuInsVO auf einen Blick, NZI 2016, S. 63 ff.

Paulus, Christoph G.: Kurzkommentar, EWiR 2009, S. 177 f.

Paulus, Christoph G.: Über die Rolle der Erwägungsgründe in der revidierten EuInsVO, in: Exner, Joachim/Paulus, Christoph G. (Hrsg.), Festschrift für Siegfried Beck zum 70. Geburtstag, München 2016, S. 393 ff.

Paulus, Christoph G.: Europäische Insolvenzverordnung Kommentar, 5. Auflage, Frankfurt am Main 2017.

Paulus, Christoph G.: Europäische Insolvenzverordnung Kommentar, 6. Auflage, Frankfurt am Main 2021.

Penzlin, Dietmar/*Riedemann*, Susanne: Anmerkung, NZI 2005, S. 469 ff.

Penzlin, Dietmar/*Riedemann*, Susanne: Anmerkung, NZI 2005, S. 517 ff.

Pluta, Michael/*Keller*, Christoph: Das virtuelle Sekundärinsolvenzverfahren nach der reformierten Europäischen Insolvenzordnung, in: Graf-Schlicker, Marie Luise/Prütting, Hanns/ Uhlenbruck, Wilhelm (Hrsg.), Festschrift für Heinz Vallender zum 65. Geburtstag, Köln 2015, S. 437 ff.

Poltsch, Kathrin/*Reckenzaun*, Axel: Die Zusicherung aus dem Blickwinkel des Gerichts, der Gläubiger und des Verwalters, in: Nunner-Krautgasser, Bettina/Garber, Thomas/Jaufer, Clemens (Hrsg.), Grenzüberschreitende Insolvenzen im europäischen Binnenmarkt, Die neue EU-Insolvenzverordnung, Wien 2017, S. 235 ff.

Prager, Martin/*Keller*, Christoph: Der Entwicklungsstand des Europäischen Insolvenzrechts, WM 2015, S. 805 ff.

Rattunde, Rolf/*Smid*, Stefan/*Zeuner*, Mark (Hrsg.): Insolvenzordnung (InsO) Kommentar, Band 1 – §§ 1–147 InsO, 4. Auflage, Stuttgart 2019.

Rattunde, Rolf/*Smid*, Stefan/*Zeuner*, Mark (Hrsg.): Insolvenzordnung (InsO) Kommentar, Band 2 – §§ 148–359 InsO, 4. Auflage, Stuttgart 2019.

Rauscher, Thomas: Internationales Privatrecht, Mit internationalem Verfahrensrecht, 5. Auflage, Heidelberg 2017.

Reinhart, Stefan: Sanierungsverfahren im internationalen Insolvenzrecht, Eine rechtsvergleichende Untersuchung über die besonderen internationalrechtlichen Probleme liquidationsabwendender Insolvenzverfahren, Berlin 1995.

Riesenhuber, Karl (Hrsg.): Europäische Methodenlehre, 1. Auflage, Berlin 2006.

Ringstmeier, Andreas/*Homann*, Stefan: Masseverbindlichkeiten als Prüfstein des internationalen Insolvenzrechts, NZI 2004, S. 354 ff.

Schmerbach, Ulrich/*Staufenbiel*, Peter: Die übertragende Sanierung im Insolvenzverfahren, ZInsO 2009, S. 458 ff.

Schmidt, Karsten: Organverantwortlichkeit und Sanierung im Insolvenzrecht der Unternehmen, ZIP 1980, S. 328 ff.

Schmidt, Karsten (Hrsg.): Insolvenzordnung InsO mit EuInsVO Kommentar, 19. Auflage, München 2016.

Schmidt, Lukas: Die Zusicherung nach Art. 36 EuInsVO, Zugleich ein Beitrag zur Bewältigung grenzüberschreitender Konzerninsolvenzen, Tübingen 2019.

Schmüser, Gunnar Lennart: Das Zusammenspiel zwischen Haupt- und Sekundärinsolvenzverfahren nach der EuInsVO, Frankfurt am Main 2009.

Schumann, Kevin: Virtuelle Sekundärinsolvenzverfahren im europäischen Insolvenzrecht, Schattendasein oder ein wichtiger Schritt in Richtung europäischer Sanierungskultur? Baden-Baden 2020.

Schuster, Michael: Die Abgabe der Zusicherung nach Art. 36 I 2 EuInsVO durch den Hauptinsolvenzverwalter, Inhalt, Beschränkungs- und Erweiterungsmöglichkeiten, Formulierung und Haftung für Fehler bei der Abgabe der Zusicherung, NZI 2017, S. 873 ff.

Skauradszun, Dominik: Die „tatsächlichen Annahmen“ der Zusicherung nach Art. 36 Abs. 1 Satz 2 EuInsVO n. F., ZIP 2016, S. 1563 ff.

Skauradszun, Dominik: Einstweilige Maßnahmen und Sicherungsmaßnahmen nach Art. 36 Abs. 9 EuInsVO n. F., KTS 2016, S. 419 ff.

Smid, Stefan: Gegen den Strom – Eröffnet das deutsche Insolvenzgericht durch Bestellung eines vorläufigen Insolvenzverwalters ein Hauptinsolvenzverfahren? NZI 2009, S. 150 ff.

Sonnenberger, Hans Jürgen/*Dammann*, Reinhard: Französisches Handels- und Wirtschaftsrecht, 3. Auflage, Frankfurt am Main 2008.

Thole, Christoph: Die Reform der Europäischen Insolvenzverordnung, – Zentrale Aspekte des Kommissionsvorschlags und offene Fragen –, ZEuP 2014, S. 39 ff.

Thole, Christoph: Die neue Europäische Insolvenzverordnung, IPRax 2017, S. 213 ff.

Trunk, Alexander: Internationales Insolvenzrecht, Systematische Darstellung des deutschen Rechts mit rechtsvergleichenden Bezügen, Tübingen 1998.

Uhlenbruck Insolvenzordnung Kommentar, Band 1, 15. Auflage, München 2019, hrsg. von *Hirte*, Heribert/*Vallender*, Heinz.

Uhlenbruck Insolvenzordnung Kommentar, Band 2 – EuInsVO, 15. Auflage, München 2020, hrsg. von *Hirte*, Heribert/*Vallender*, Heinz.

Undritz, Sven-Holger: Restrukturierung in der Insolvenz, ZGR 2010, S. 201 ff.

Undritz, Sven-Holger: Sekundärinsolvenzverfahren nach der Europäischen Insolvenzordnung – Eine Geschichte von „loyalen Dienern", „Störenfrieden" und „virtuellen Welten" –, in: Graf-Schlicker, Marie Luise/Prütting, Hanns/Uhlenbruck, Wilhelm (Hrsg.), Festschrift für Heinz Vallender zum 65. Geburtstag, Köln 2015, S. 745 ff.

Vallender, Heinz: Gefahren für den Insolvenzstandort Deutschland, NZI 2007, S. 129 ff.

Vallender, Heinz: Europaparlament gibt den Weg frei für eine neue Europäische Insolvenzverordnung, ZIP 2015, S. 1513 ff.

Vallender, Heinz: EuInsVO 2017 – eine neue Herausforderung für Insolvenzgerichte, in: Exner, Joachim/Paulus, Christoph G. (Hrsg.), Festschrift für Siegfried Beck zum 70. Geburtstag, München 2016, S. 537 ff.

Vallender, Heinz (Hrsg.): EuInsVO Kommentar zur Verordnung (EU) 2015/848 über Insolvenzverfahren, 2. Auflage, Köln 2020.

Weller, Marc-Philippe: Inländische Gläubigerinteressen bei internationalen Konzerninsolvenzen, ZHR 2005, S. 570 ff.

Wenner, Christian: Die Reform der EuInsVO – Ein Verriss, ZIP 2017, S. 1137 ff.

Wimmer, Klaus: Die Regelungen zu den synthetischen Sekundärinsolvenzverfahren in der Neufassung der EuInsVO, in: Exner, Joachim/Paulus, Christoph G. (Hrsg.), Festschrift für Siegfried Beck zum 70. Geburtstag, München 2016, S. 587 ff.

Wimmer, Klaus/*Bornemann*, Alexander/*Lienau*, Marc D.: Die Neufassung der EuInsVO, Köln 2016.

Wiórek, Piotr Marcin: Das Prinzip der Gläubigergleichbehandlung im Europäischen Insolvenzrecht, Baden-Baden 2005.

Zipperer, Helmut: „Übertragende Sanierung" – Sanierung ohne Grenzen oder erlaubtes Risiko? NZI 2008, S. 206 ff.

Stichwortverzeichnis